Marko Demantowsky und Carina Siegl
DDR-Geschichtspropagandisten

Marko Demantowsky und Carina Siegl

DDR-Geschichts-propagandisten

Berufsbiographische Interviews (1997–2001)

DE GRUYTER
OLDENBOURG

ISBN 978-3-11-078730-6
e-ISBN (PDF) 978-3-11-078772-6
e-ISBN (EPUB) 978-3-11-078789-4

Library of Congress Control Number: 2023938291

Bibliografische Information der Deutschen Nationalbibliothek
Die Deutsche Nationalbibliothek verzeichnet diese Publikation in der
Deutschen Nationalbibliografie; detaillierte bibliografische Daten
sind im Internet über http://dnb.dnb.de abrufbar.

© 2023 Walter de Gruyter GmbH, Berlin/Boston
Einbandabbildung: © Marko Demantowsky
Satz: bsix information exchange GmbH, Braunschweig
Druck und Bindung: CPI books GmbH, Leck

www.degruyter.com

Inhalt

Carina Siegl
Einleitung

Wie stellen Sie sich eine Zeitkapsel vor? Welches Bild drängt sich Ihnen auf, wenn Sie an den Begriff denken? Vielleicht eine teuer glänzende Titankonstruktion oder doch mehr eine alte Keksdose, die im Garten hinter dem Elternhaus vergraben liegt?

Die Zeitkapsel, um die es hier geht, wurde 2021 ziemlich unerwartet wiederentdeckt – nach Phasen langer Lagerung in einem Umzugskarton, erst im deutschen Ruhrgebiet und dann in der Schweiz. Sie offenbarte sich als eine schlichte Schachtel aus braunem Karton – und in dieser Schachtel waren wiederum kleinere Zeitkapseln verborgen, in Form von vierzig Microkassetten. Ich war nicht diejenige, die sie wiederfand, und doch darf ich mit dem vorliegenden Band mit dazu beitragen, dass diese beiläufig zur Zeitkapsel gewordenen Tonbänder nach fünfundzwanzig Jahren öffentlich von dem Vergangenen erzählen können.

Genauer beinhaltet der Band siebzehn berufsbiographische Interviews, davon dreizehn Transkripte mündlicher Interviews und vier schriftliche Interviews, die in den Jahren 1997 bis 2001 geführt wurden, jedoch bis heute unveröffentlicht geblieben sind. In der Einleitung zu diesem Unterfangen des öffentlichen Einblickgewährens in die Zeitkapsel stellt sich in mehrfacher Hinsicht die Frage nach dem Sinn: Was kümmern uns diese alten Tonbänder heute? Warum sollen wir uns dafür interessieren, wovon sie erzählen – warum die DDR, warum ihr Bildungswesen? Auf den folgenden Seiten werde ich drei Erklärungsansätze bieten.

Doch zuvor möchte ich kurz die Grundlage skizzieren: Die Interviews entstanden im Rahmen der zeitgeschichtlichen Forschung, die Marko Demantowskys frühe akademische Karriere prägte. Recherchen zur kulturellen Ausformung der Aktivistenbewegung[1] mündeten in Fragen nach der Erfindung einer wissenschaftlichen Spezialdisziplin für historische Bewusstseinsformung.[2] Von dort aus kam schließlich die entsprechende Geheimforschung für das Zentralkomitee (ZK) der SED in den Blick.[3] Die vielen Stränge wiesen letztlich auf ein ganzes und wesentli-

---

1 Demantowsky, Marko. *Geschichtspropaganda und Aktivistenbewegung in der SBZ und frühen DDR: eine Fallstudie.* Bd. 9. Zeitgeschichte–Zeitverständnis. Münster: Lit, 2000.
2 Demantowsky, Marko. *Die Geschichtsmethodik in der SBZ und DDR: ihre konzeptuelle, institutionelle und personelle Konstituierung als akademische Disziplin 1945–1970.* 1. Aufl. Bd. 15. Schriften zur Geschichtsdidaktik. Idstein: Schulz-Kirchner, 2003.
3 Demantowsky, Marko. „Der Beginn demoskopischer Geschichtsbewußtseins-Forschung in Deutschland. Begründung, Aufbau und Wirken der Forschungsgruppe ‚Sozialistisches Geschichtsbewußtsein' am Institut für Gesellschaftswissenschaften beim Zentralkomitee der SED". *Zeitschrift für Geschichtsdidaktik* 4 (2005): 146–75.

https://doi.org/10.1515/9783110787726-001

ches System der pädagogischen Geschichtspropaganda hin,[4] so, wie man auch die
DDR als eine pädagogische Diktatur begreifen kann.

Dieser Forschung lagen zwei an dieser Stelle relevante Hypothesen zugrunde:
erstens, dass Geschichtspropaganda für die Politik der SED und ihren Staat von
zentraler Bedeutung war, und zweitens, dass die ausgewählten Interviewpartner:
innen in ihren Rollen im System der pädagogischen Geschichtspropaganda wesentliche Akteur:innen darstellten. Im ersten Teil der Einleitung werde ich diese
Hypothesen adressieren.

Zum Gegenstand: Geschichtspropaganda und ‚Geschichtsmethodik'

‚Propaganda' wird in diesem Band als ein analytischer Begriff verwendet. Der historische Begriff trägt – sowohl in den hier veröffentlichten Interviews als auch allgemein in der Tradition des Marxismus-Leninismus – verschiedenartige Bedeu-
tungen.[5] Ausgangspunkt ist die Definition von G. W. Plechanow aus dem Jahr 1892,
die 1902 von Lenin aufgegriffen wurde. Im Lenin'schen Verständnis unterscheidet
sich die ‚Agitation' als konkrete Handlung, die aus einer weltanschaulichen Motivation resultiert, von der ‚Propaganda' als systematische theoretische Erklärung
der Doktrin.[6] Die beiden Aspekte gehen Hand in Hand und dienen dem Ziel, das
Denken der Mitglieder der Gesellschaft zu formen. Wenngleich dieser heterogene
Begriffsgebrauch eine Definition verkompliziert,[7] gilt es dennoch, den Begriff als
Analyseeinheit zu definieren: „Als religiöse und/oder politische Propaganda lassen
sich alle Unternehmungen (intentionale und systematisch angelegte Handlungen)
begreifen, die Wissens- und Glaubensinhalte einer durch sie konstituierten Gruppe auf andere Individuen oder Gruppen zu übertragen und für sie Anerkennung
zu erhalten versuchen, um damit eine Integration der letzteren in erstere zu errei-

---

4 Dies wird auch nicht zuletzt in der Breite der Publikationen sichtbar, siehe Demantowsky,
Marko. *Das Geschichtsbewusstsein in der SBZ und DDR: historisch-didaktisches Denken und sein
geistiges Bezugsfeld (unter besonderer Berücksichtigung der Sowjetpädagogik): Bibliographie und
Bestandsverzeichnis 1946–1973.* Bestandsverzeichnisse zur Bildungsgeschichte 9. Berlin: Bibliothek für Bildungsgeschichtliche Forschung, 2000.
5 Eine rezente Darstellung der Begriffsgeschichte findet sich bei Nietzel, Benno. Die Massen lenken: Propaganda, Experten und Kommunikationsforschung im Zeitalter der Extreme. Bd. 135.
Quellen und Darstellungen zur Zeitgeschichte. Berlin, Boston: De Gruyter Oldenbourg, 2023.
6 Lenin, Vladimir Il'ič. *Was tun? Brennende Fragen unserer Bewegung.* 3. Aufl. Bücherei des Marxismus-Leninismus. Berlin: Dietz, 1946: 97–98. Auch bei Schieder, Wolfgang, und Christof Dipper.
„Propaganda". In *Geschichtliche Grundbegriffe. Historisches Lexikon zur politisch-sozialen Sprache
in Deutschland. Band 5*: 69–112. Stuttgart: Klett-Cotta, 2004, 99.
7 Nietzel 2023. *Die Massen lenken*, 1.

chen. Public Relation (PR) dagegen wendet Methoden der Propaganda an, um Konsumenten von Produkten zu überzeugen."[8]

*Geschichts*propaganda war in der marxistisch-leninistischen Auffassung nicht eine von vielen Formen der weltanschaulichen Erklärung, sondern eine grundlegende.[9] Die SED bezog ihre fundamentale politische Legitimation aus ihrer Geschichtsauffassung, dem Historischem Materialismus – in doktrinärer Auslegung. Diesem „HistoMat" in der Lesart der SED-Führung zufolge lassen sich Handlungsmaximen aus historischen Gesetzmäßigkeiten schlussfolgern, deren Befolgung – so die Annahme – in einer idealen Gesellschaftsordnung resultieren würde.[10] ‚Die Geschichte', teleologisch verstanden, ist also Ursprung jeder marxistisch-leninistischen Doktrin.[11]

Wie versuchte man nun, diese historische Doktrin als geltende in die Vorstellungen und das Denken der Bewohner:innen des SED-Machtbereichs einzufügen? Das war eine herausfordernde Aufgabe, nicht nur kurz nach dem Krieg, sondern andauernd bis zum Zusammenbruch der SED-Herrschaft Ende 1989. Dafür war es notwendig, professionelle Expert:innen auszubilden und institutionelle Rahmenbedingungen zu schaffen. Das Bildungswesen war dafür die beste, umfassendste und effektivste Struktur – wenn auch gewiss nicht die einzige (man denke etwa an Kino, Fernsehen oder Radio). Es war erstens durch die Lehrmittel zu steuern (wofür 1945 der ‚Volk und Wissen Verlag' gegründet wurde), zweitens durch eine effektive und möglichst evidenzbasierte Aus- und Fortbildung der Lehrpersonen (wofür 1946 die Pädagogischen Fakultäten und nachfolgend wissenschaftliche Strukturen geschaffen wurden). Drittens bemerkte man nach ca. 20 Jahren, dass die Geschichtspropaganda auf unerwartete Hindernisse stoßen konnte, was einen Bedarf an möglichst verlässlichen Daten schuf (wofür ab 1967 quantitative empiri-

---

8 Siehe Nachwort von Marko Demantowsky.
9 Laut Nietzel war die Propaganda ein „integraler Faktor politischer Herrschaft und gesellschaftlicher Mobilisierung", siehe Nietzel 2023. *Die Massen lenken*, 1.
10 Demantowsky 2000. *Geschichtspropaganda und Aktivistenbewegung*, 16–18.
11 Zum Stellenwert der Geschichte in der DDR: Sabrow, Martin. *Das Diktat des Konsenses: Geschichtswissenschaft in der DDR 1949–1969. Das Diktat des Konsenses*. Bd. 8. Ordnungssysteme. Berlin/München/Boston: Walter de Gruyter GmbH, 2001. Grundlegend für die Diskussion im breiteren Rahmen ist Kocka, Jürgen. „Wissenschaft und Politik in der DDR". In *Wissenschaft und Wiedervereinigung. Disziplinen im Umbruch. Interdisziplinäre Arbeitsgruppe Wissenschaften*. Berlin: Akademie Verlag, 1998. Außerdem aufschlussreich ist Malycha, Andreas. „Das Verhältnis zwischen Wissenschaft und Politik in der SBZ/DDR von 1945 bis 1961". *Aus Politik und Zeitgeschichte* 30–31 (2001): 14–21. Eine umfangreiche Bibliographie sowie differenzierende Beiträge zum Thema Wissenschaft und Politik in der DDR finden sich in folgendem Heft: Hechler, Daniel, und Peer Pasternack, Hrsg. „Ein Vierteljahrhundert später: Zur politischen Geschichte der DDR-Wissenschaft". *Die Hochschule. Journal für Wissenschaft und Bildung* 1 (2015). Demantowsky 2000. *Geschichtspropaganda und Aktivistenbewegung*, 16–18.

sche Bewusstseinsforschung im Apparat des Zentralkomitees der SED installiert wurde, die ihre Ergebnisse dann exklusiv den Machthabern zur Verfügung stellte). Die Interviews in diesem Band wurden mit wesentlichen Akteur:innen dieser drei Gruppen der neuen Propaganda-Expertise geführt.

Besonders bedeutsam war die Expertise der tertiären ‚Geschichtsmethodik'. An der Aus- und Fortbildung der schulischen Doktrin-Multiplikatoren war zwar auch das wissenschaftliche Personal der epochen- und sachspezifischen historischen Professuren und Institute beteiligt, dies aber nur nebengeschäftlich und amtlich verpflichtet. Die Geschichtsmethodiker:innen waren an allen lehrer:innenausbildenden Hochschulen verantwortlich koordinierend wirksam. Sie integrierten fachliches Studium, theoriebezogene Indoktrination und praktische Ausbildung nach Maßgabe der jeweils geltenden politisch-ideologischen Vorgaben und der immer umfänglicher zur Verfügung stehenden fach- und allgemeinpädagogischen Effizienzforschung.

Die Entwicklung der ‚Geschichtsmethodik' in der SBZ und DDR ist auch als Teil der fachdidaktischen Geschichte zu verstehen und doch ist die Differenzierung der beiden Begriffe – Methodik und Didaktik – bedeutsam. Während sich die Methodik auf das ‚Wie' des Lehrens, also auf die Medien, bezieht, behandelt die Didaktik nach heute geltender Auffassung darüber hinaus das ‚Was' und das ‚Warum': Sie reflektiert über Inhalte und Ziele des Unterrichts und in diesem Kontext über Medien und Methoden.[12] Wie Demantowsky zeigen konnte, fand zwischen 1945 und 1970 die Konstituierung der ‚DDR-Geschichtsmethodik' als akademische Disziplin statt und mit ihr eine etappenweise Umwandlung von einer in diesem Sinne fachdidaktischen (bis Ende der 1950er Jahre) hin zu einer ‚sozialistisch umgestalteten' fachmethodischen Ausrichtung.[13]

Bis Ende der 1950er Jahre war an den Fakultäten viel von reformpädagogisch inspirierten Auffassungen, insbesondere der Weimarer Republik, erhalten geblieben. Mit der III. Hochschulkonferenz der SED im Jahr 1958 setzte das Unterfangen einer vollständigen ‚sozialistischen Umgestaltung' nicht zuletzt der lehrer:innenausbildenden Disziplinen ein, welche als systemrelevant galten. Die Fragen nach Inhalten und Zielen des Unterrichts oblagen nun eindeutig dem Ministerium für Volksbildung und damit der SED-Führung.[14] Die ‚Geschichtsmethodik' als akademische Disziplin hingegen konzentrierte sich neben der Lehrer:innenaus- und -fortbildung auf die Etablierung einer hochmodernen empirischen Unterrichtsfor-

---

12 So jedenfalls in einem Selbstverständnis, das dem später paradigmatisch gewordenen, zeitgenössischen „Berliner Modell" folgt: Heimann, Paul, Wolfgang Schulz, und Gunter Otto. *Unterricht. Analyse und Planung*. Hannover u. a.: Schroedel, 1965.
13 Demantowsky 2003. *Die Geschichtsmethodik in der SBZ und DDR*.
14 Ebd., 408.

schung im Dienste der pädagogisch-propagandistischen Effektivitätssteigerung. In einem letzten Schritt der Umgestaltung wurden mit der Durchführung der III. Hochschulreform 1968 den Hochschulstandorten Forschungsschwerpunkte zugeordnet; kritischer Austausch zwischen den Instituten und eigenständige disziplinäre Forschungsdynamik kamen weitgehend zum Erliegen.

Dass diese Art der Geschichtspropaganda in der DDR außerordentlich wirksam war, mag heute erstaunen. Tatsächlich ist die Geschichte der Geschichtspropaganda als System der staatlich forcierten „Denkerziehung"[15] jedoch aufgrund ihrer Effektivität und ihres Beispielcharakters als Untersuchungsgegenstand bis heute relevant. Dass politisch Machthabende von schulischen Fächern, die sich für Gesinnungsbildung eignen, als einem propagandistischem Instrument Gebrauch machen, ist keineswegs ein Unikum der DDR, noch gehört dieses Vorgehen strikt der Vergangenheit an.

Aufgrund ihrer integralen Groß-Multiplikator:innenrolle an Universitäten, Hochschulen und staatlichen Einrichtungen können die Interviewpartner:innen dieses Bandes mit Fug und Recht als Protagonist:innen der Geschichtspropaganda bezeichnet werden. Die Menschen, die hier zu Wort kommen, waren bis zu vierzig Jahre lang hauptverantwortlich in der Aus- und Weiterbildung der Geschichtslehrer:innen des Landes tätig oder hatten andere zentral wichtige Positionen im System der pädagogischen Geschichtspropaganda inne und operationalisierten die vom Ministerium vorgegebenen Inhalte. Sie schrieben Lehrbücher, hielten Vorlesungen und Seminare, leiteten Praktika und gaben handlungsanweisende Zeitschriften für Multiplikator:innen heraus. Sie saßen in Fachkommissionen sowie Beiräten und waren an der Gestaltung der Lehrpläne beteiligt. Sie führten durchgehend empirische Forschung zur Effizienz ihrer geschichtspropagandistischen Praxis und Theorie durch, deren Ergebnisse nicht nur in die tertiäre Lehre einflossen, sondern auch großes Interesse seitens zentraler staatlicher Institutionen, allen voran des Ministeriums für Volksbildung, genossen (manchmal erlitten[16]).

Durch das systematische Einwirken auf Lehrer:innen, ihrerseits berufslebenslange Multiplikator:innen, sowie durch Vorschreibung und Bereitstellung der verwendeten Materialien und Methoden fand die staatlich gewünschte Geschichtspropaganda Eingang in jedes Klassenzimmer. Im Rahmen des Unterrichts sollten Lehrer:innen nicht nur die Bedingungen für Erkenntnis schaffen und das erkann-

---

15 Zum Beispiel Gentner, Bruno. „Zur Schaffung einer Ausgangsposition für die Denkerziehung im Geschichtsunterricht". *Geschichte und Schule* 7 (1965): 522–533.
16 Fälle eines solchen Leidensdrucks sind in den Interviews detailliert erörtert. Als ein Beispiel aus der umfangreichen Fachliteratur sei ein Artikel über die APW als zentrale Einrichtung und Objekt ministerieller Einflussnahme genannt: Malycha, Andreas. „Wissenschaft und Politik. Die Akademie der Pädagogischen Wissenschaften der DDR und ihr Verhältnis zum Ministerium für Volksbildung". *Die Hochschule: Journal für Wissenschaft und Bildung* 18, Nr. 2 (2009).

te, ‚richtige' Gedankengut in den Köpfen der Schüler:innen verankern, sondern dieses über die Kinder auch deren Familien und den kommenden Generationen vermitteln. Für die SED-Führung war diese historische „Denkerziehung" von Beginn an ein entscheidendes Legitimationsmittel des eigenen Machtanspruches, galt es doch auch, die Landesbewohner:innen schnell und effektiv zur Abkehr von ihrem eben noch so eifrig betriebenen oder jedenfalls internalisierten nationalsozialistischen Weltbild oder auch nur von ihren bisherigen herkömmlichen Vorstellungen (aus Weimarer Republik und Kaiserreich) zu bewegen. Der Historische Materialismus war jedoch nicht nur ein grundlegendes Denkschema der Parteiführung. Die Interviews in diesem Band belegen, dass auch für die pädagogischen Geschichtspropagandist:innen dieser Umgestaltungsgeneration kein Zweifel daran bestand, dass wahre, geschichts*wissenschaftliche* Erkenntnis nur in Übereinstimmung mit den Grundsätzen des Sozialismus existieren konnte. Dies war der Fall, selbst wenn sie mit den realen Ausformungen des DDR-Sozialismus nicht immer zufrieden waren und durchaus von Spielräumen für „Eigen-Sinn"[17] Gebrauch machten.

Der Aufstieg in einflussreiche Positionen war für die siebzehn Interviewpartner:innen zu Beginn ihres Berufslebens keineswegs vorgezeichnet gewesen. Möglich wurde der steile Karriereweg aus bescheidenen Verhältnissen durch die Personalpolitik der SED, die systematisch verstärkt mit dem ‚sozialistischen Frühling' die Bildungsexpert:innen alternativer Weltbilder sukzessive „ersetzte", um die Fakultäten endgültig ‚auf Linie' zu bringen. Grundsätzlich gilt, dass die meisten der Interviewpartner:innen in jungen Jahren und mit dürftiger Ausbildung in Zeiten des Mangels und der Ungewissheit als sogenannte Neulehrer[18] in die Unterrichtspraxis gleichsam gestolpert waren, während die politische Führung eine sich zunächst immer wieder ändernde Neukonzeption des Geschichtsunterrichts und der Geschichtslehrerausbildung forcierte. Als vielversprechende Studierende wurden sie von ihren Lehrenden als Assistent:innen rekrutiert oder von staatlichen pädagogischen Einrichtungen wie dem Deutschen Pädagogischen Zentralinstitut bzw. dem ‚Volk und Wissen Verlag' angeworben – sowie in aller Regel in die Reihen der SED aufgenommen, welcher sie ihren Aufstieg zu einem erheblichen Teil verdankten. An die jungen ‚Geschichtsmethodiker:innen' wurden zahlreiche, oft überwältigende Ansprüche gestellt: Neben den umfangreichen Lehraufträgen war es erforderlich, die für ihre Tätigkeit notwendigen Qualifizierungen zu erlangen, didakti-

---

17 Zum Begriff Lindenberger, Thomas. *Herrschaft und Eigen-Sinn in der Diktatur: Studien zur Gesellschaftsgeschichte der DDR.* Köln/Wien: Böhlau, 1999.
18 Gruner, Petra. *Die Neulehrer – ein Schlüsselsymbol der DDR-Gesellschaft. Biographische Konstruktionen von Lehrern zwischen Erfahrungen und gesellschaftlichen Erwartungen.* Weinheim: Dt. Studien-Verl., 2000; Handro, Saskia. *Geschichtsunterricht und historisch-politische Sozialisation in der SBZ und DDR (1945–1961). Eine Studie zur Region Sachsen-Anhalt.* Weinheim: Beltz, 2002.

sche und wissenschaftliche Schriften zu verfassen, im Rahmen von Dissertationen Forschung zu betreiben, an zahlreichen Gremien der Hochschulen, der Partei und des Ministeriums mitzuwirken und während der Freizeit auch noch „gesellschaftlichen Tätigkeiten" nachzugehen. Im Zusammenspiel dieser verschiedenen Ziele und Pflichten entstand ein Druck, von dem die Interviewpartner:innen in diesem Band anschaulich berichten.

Zum Rahmen: Das Vertraute und das Fremde

Ein erstaunliches Merkmal der geschichtswissenschaftlichen Debatte über die DDR ist die Beschäftigung mit der für die geschichtswissenschaftliche Disziplin mehr als unüblichen Frage, ob der Gegenstand nicht bereits „ausgeforscht"[19] sei. Wenngleich sie mittlerweile unisono verneint wird, wurde in Anlehnung daran argumentiert, dass bereits die Forschungsabsicht irrelevant und somit die DDR-Geschichte als Gegenstand „uninteressant"[20] sei. Der amerikanische Historiker Andrew I. Port etwa diagnostiziert eine Tendenz zu einem selbstgerechten, retrospektiven Blick auf die DDR, den er als „comfort food for those most interested in moralistic postures" beschreibt.[21] Sein deutscher Kollege Hans Günter Hockerts wählt andererseits gerade das Beispiel der DDR, um die kontroversielle Natur der zeithistorischen Forschung zu veranschaulichen. Er plädiert für die „Verknüpfung einer Struktur- und Erfahrungsgeschichte" – denn ohne eine solche riskiere man, dass „entweder die harten Kerne der Diktatur unterschätzt und verharmlost werden oder aber viele ehemalige DDR-Bürger die Nahbereiche ihres eigenen Lebens in den Produkten der Geschichtswissenschaft nicht hinreichend wiedererkennen."[22] Was die gegenwärtigen gesellschaftlichen Folgen dieses Sich-Nicht-Wiedererkennens sind, erläutert Hockerts als Historiker freilich nicht. Die Frage verdient es dennoch, von allen, ob Historiker:innen oder nicht, ernstlich bedacht zu werden.

---

19 Lindenberger, Thomas. „Ist die DDR ausgeforscht? Phasen, Trends und ein optimistischer Ausblick". *Aus Politik und Zeitgeschichte* 24–26 (2014). https://www.bpb.de/shop/zeitschriften/apuz/185600/ist-die-ddr-ausgeforscht-phasen-trends-und-ein-optimistischer-ausblick/ (zuletzt am 21.03.2023).
20 Ebd.
21 Port, Andrew I. „The Banalities of East German Historiography". In *Becoming East German. Socialist Structures and Sensibilities after Hitler*, von Mary Fulbrook und Andrew I. Port: 1–32. New York/Oxford: Berghahn Books, 2013: 14.
22 Hockerts, Hans Günter. „Zugänge zur Zeitgeschichte: Primärerfahrung, Erinnerungskultur, Geschichtswissenschaft". *Aus Politik und Zeitgeschichte* (2002): 15–30.

Den vorliegenden Band zu lesen und die Stimmen zu hören, ist eine Übung darin, die Balance zu halten, vereinfachende, moralisierende Erklärungen als unzureichend anzuerkennen und stattdessen die Komplexität der Menschen und ihrer Erinnerungen zu erfassen (zu versuchen). Der moralische Anspruch einer Trennung von wissenschaftlicher und politischer Tätigkeit, welcher heute als Selbstverständlichkeit behandelt wird – wenn auch wohl nicht immer frei von Scheinheiligkeit –, wird sich als Denkschablone beim Lesen der vorliegenden Interviews schnell als anachronistisch und erkenntnishindernd erweisen. Ebenso ist es irreführend, gegenwärtige Definitionen auf Quellenbegriffe wie ‚Wissenschaftlichkeit‘ oder ‚selbstständiges Denken‘ anzuwenden. Die Auseinandersetzung mit den Erzählungen ist anspruchsvoll und genau deshalb alles andere als „uninteressant". Der Reiz der Interviews als historische Quellen besteht gerade darin, dass sie uns intuitiv verständlich und zugänglich sind – im Geschriebenen sowie Gesprochenen, in einem Spannungsfeld zwischen Vorsicht, Emotionalität und Intimität –, sie zugleich aber unscharf und in unüberbrückbarer Ferne bleiben, denn sie sind als Zeitkapseln doppelt im Vergangenen versiegelt: erstens als das Erlebte und zweitens als das Erzählte.

Zurück zur Frage: Warum jetzt alte Interviews aus der Schublade holen? Eine Antwort kann lauten: Weil sie mit uns zu tun haben und gerade aus der Ambivalenz von Vertrautheit und Fremdheit entscheidende Überlegungen resultieren können und sollen. Beim Lesen (und Hören) der Interviews sind wir mit der berührenden und herausfordernden Menschlichkeit der Sprechenden konfrontiert. Wir erkennen uns in ihnen wieder. Zugleich sind es Erzählungen über einen untergegangenen Staat, einen, wie er offiziell bezeichnet wird, ‚Unrechtsstaat‘[23], über den wir heute richten und uns somit distanzieren – und freilich ist Skepsis angebracht, wenn beteuert wird, dass zwar jeder dabei, aber doch niemand wissend oder tätig war. Es ist das Dialogische, das beim Lesen und Hören der Interviews keine andere Wahl lässt, als sich der Ambivalenz bewusst zu bleiben. Die Erzählung nimmt uns in die persönlichen Erinnerungen mit, bis uns eine Formulierung, eine Frage oder ein Wortwechsel aufmerken und wieder zu einer distanzierteren Sichtweise wechseln lässt. Der Anspruch soll sein, beides zuzulassen: zu hören und zu lesen, *ohne* zu richten und gleichzeitig einen kritische Abstand zu bewahren.

Dieser Gedanke ist nicht besser zu formulieren, als es Nietzsche in seiner Schrift über den *Nutzen und Nachteil der Historie für das Leben* getan hat. Er fragt:

---

23 Deutscher Bundestag. Wissenschaftliche Dienste. *Ausarbeitung: Rechtsstaat und Unrechtsstaat: Begriffsdefinition, Begriffsgenese, aktuelle politische Debatten und Umfragen.* Berlin: Deutscher Bundestag, 2018. https://www.bundestag.de/resource/blob/575580/dddea7babdd1088-b2e1e85b97f408ce2/WD-1-022-18-pdf-data.pdf (zuletzt am 20.03.2023).

„Wer zwingt euch zu richten?" Und führt aus: „Als ob es auch die Aufgabe jeder Zeit wäre, gegen Alles, was einmal war, gerecht sein zu müssen! [...] Prüft euch nur, ob ihr gerecht sein könntet, wenn ihr es wolltet! Als Richter müsstet ihr höher stehen, als der zu Richtende; während ihr nur später gekommen seid."[24] Damit ist freilich kein Appell zur moralischen Gleichgültigkeit gegenüber der Historie gemeint, sondern die Vorrangigkeit der kritischen Auseinandersetzung mit der eigenen Gegenwart im Dienste des Lebens.

Zur Genese: Zufälle und Zweitbetrachtungen

In seiner Rolle als Professor für Public History bezieht sich Marko Demantowsky oft auf Friedrich Nietzsches Schriften. Im Herbst 2021 traf ich ihn erstmals an der Universität Wien, an die er jüngst berufen worden war, und erfuhr von den Protokollen und Tonbändern, die ihm im Zuge seiner Übersiedlung von Basel nach Wien nach zwanzig Jahren wieder in die Hände gefallen waren. In den Jahren 1997 bis 2001 war Demantowsky kreuz und quer durch das deutsche Beitrittsgebiet gefahren, die sogenannten fünf neuen Länder, um sich mit den damals schon betagten Zeitzeug:innen anhand von zwölf Leitfragen über ihr berufliches Leben und ihre Herkunft zu unterhalten. Einige der zentralen Akteur:innen des gewählten Untersuchungszeitraums waren bereits verstorben, andere gesundheitlich so angeschlagen, dass sie den Fragebogen nur schriftlich beantworten konnten. Der Erkenntnisgewinn der Studie ist jedoch bis heute bemerkenswert. Durch die Kombination von umfangreichen Archivstudien mit systematischer Oral History sowie der sozialhistorischen Methode der Kollektivbiographie und quantifizierenden Verfahren der Auswertung von Vorlesungsverzeichnissen konnte Demantowsky bisherige Befunde aus den texthermeneutischen Arbeiten bis Mitte der 1990er Jahre revidieren und weitere Spezialstudien aus der Zeit danach um wesentliche Facetten ergänzen und zum Teil auch herausfordern.[25]

---

24 Nietzsche, Friedrich. „Vom Nutzen und Nachteil der Historie für das Leben". In *Unzeitgemässe Betrachtungen*, 71: 95–197. Kröners Taschenbuchausgabe. Stuttgart, 1955 (1874): 150–151.
25 Hier sind vor allem zu nennen Handro 2002. *Geschichtsunterricht und historisch-politische Sozialisation in der SBZ und DDR (1945–1961)*; Bonna, Rudolf. *Die Erzählung in der Geschichtsmethodik von SBZ und DDR*. Bochum: Brockmeyer, 1996; Kowalczuk, Ilko-Sascha. *Legitimation eines neuen Staates. Parteiarbeiter an der historischen Front. Geschichtswissenschaft in der SBZ/DDR 1945 bis 1961*. Berlin: Links, 1997; Mätzing, Heike Christina. *Geschichte im Zeichen des historischen Materialismus. Untersuchungen zu Geschichtswissenschaft und Geschichtsunterricht in der DDR*. Hannover: Hahn, 1999; Jessen, Ralph. *Akademische Elite und kommunistische Diktatur. Die ostdeutsche Hochschullehrerschaft in der Ulbricht-Ära*. Göttingen: Vandenhoeck und Ruprecht, 1999.

In Österreich scheint das Bild der DDR als der „langweiligste Satellit der Sowjetunion"[26] durchaus verbreitet zu sein. Überspitzt formuliert wird die DDR-Geschichte im österreichischen Schulunterricht aktuell in zwei filmischen Zügen abgehandelt: erst *Das Leben der Anderen*,[27] dann eine Dokumentation über den Mauerfall. Als Wienerin und Millennial brachte ich also mangelnde Vorkenntnisse mit, als ich begann, mich durch die Transkripte und den Forschungsstand zu arbeiten. Am Anfang standen Fragen wie: „Wo liegt eigentlich Allenstein?" und „Warum heißt das denn ‚Methodik'?" Zu den Menschen, die sprachen, fand ich hingegen rasch einen emotionalen Zugang. Als Historikerin mit geschichtsdidaktischer Ausbildung berührte mich die enthusiastische und liebevolle Weise, in der viele der Interviewten über ihre Unterrichtserfahrungen und ihren jugendlichen, oft nicht verlorengegangenen, pädagogischen Idealismus sprachen.

Wie es bei Forschungsarbeit oft der Fall ist, vollzog sich mein Arbeitsprozess zu einem erheblichen Teil entlang von Verwirrung und Irrtum. Nach und nach wurden meine Vorannahmen herausgefordert und widerlegt, denn – wie oben im Allgemeinen skizziert – es erwies sich auch in meiner persönlichen Erfahrung weder als konstruktiv, mich voller Empathie auf die freundlichen Reden der Zeitzeug:innen einzulassen, noch in allem die Anzeichen einer „durchherrschten"[28] oder gar totalitären[29] Diktatur zu suchen. Neben der Fachliteratur und den Interviews in Ton und Schrift las ich auch die vielen Briefe der Protagonist:innen, die mir Demantowsky in einem dicken Ordner aus Basel mitgebracht hatte. Und je tiefer ich in diese mir vor kurzem noch so fremde Welt eindrang, desto klarer wurde mir, dass ich mich in meiner Rolle als Historikerin nicht ausschließlich mit der DDR-Geschichtsmethodik beschäftigen wollte oder konnte. Zunehmend begann ich die Interviews und Demantowskys Forschung zwischen 1997 und 2002 als ei-

---

26 Jarausch, Konrad H., Stefanie Eisenhuth, und Hanno Hochmuth. „Alles andere als ausgeforscht. Aktuelle Erweiterungen der DDR-Forschung". *Deutschland Archiv* (2016). https://www.bpb.de/themen/deutschlandarchiv/218370/alles-andere-als-ausgeforscht-aktuelle-erweiterungen-der-ddr-forschung/ (zuletzt am 20.03.2023).

27 *Das Leben der Anderen (2006) – IMDb*, 2006. https://www.imdb.com/title/tt0405094/ (zuletzt am 20.03.2023).

28 Kocka, Jürgen. „Eine durchherrschte Gesellschaft". In *Sozialgeschichte der DDR*, von Hartmut Kaelble: 547–553. Stuttgart: Klett-Cotta, 1994.

29 Zum Totalitarismustheorem siehe etwa Schroeder, Klaus. *Der SED-Staat: Geschichte und Strukturen der DDR 1949–1990*. 3., Vollst. überarb. Aufl. Köln: Böhlau, 2013. Zur Kritik Bispinck, Henrik, Dierk Hoffmann, Michael Schwartz, Peter Skyba, Matthias Uhl, und Hermann Wentker. „Die Zukunft der DDR-Geschichte. Potentiale und Probleme zeithistorischer Forschung". *Vierteljahrshefte für Zeitgeschichte* 53, Nr. 4 (15. Oktober 2005): 547–570. Sowie: Port 2013. *The Banalities of East German Historiography*.

nen eigenen Gegenstand geschichtswissenschaftlichen Interesses wahrzuneh-men.[30]

Sekundäranalysen von Quellen der Oral History sind anspruchsvoll, denn sie verlangen eine komplexe (Re-)Kontextualisierung – nicht nur der Aussagen der Zeitzeug:innen, sondern auch der Fragestellungen und Gesprächsführung der Interviewer:innen. Die Interviews sind „Produkte gemeinsamer Anstrengung" und werden als schriftliche Quellen erst vom ‚oral historian' geschaffen.[31] Demantowsky nutzte anders als viele Oral-History-Projekte der Zeit eine Methode der qualitativen Sozialforschung: das leitfadenbasierte Expert:inneninterview.[32] Die Transkripte der Tonbandaufnahmen dieser Gespräche wertete er in einem materialvernetzenden Verfahren aus und konnte somit Lücken füllen sowie Unstimmigkeiten aufdecken. Trotz der außergewöhnlichen Verfügbarkeit der originalen Tonbänder kann ich als Sekundärforschende niemals dasselbe Verständnis eines Gespräches erlangen, über das der Primärforschende auf Basis seines unmittelbaren Erlebens verfügt. Über unerwartete Wendungen und Tonbandabbrüche konnte ich mich oft nur wundern und glücklich schätzen, die Möglichkeit zu haben, beim Urheber der Interviews nachzufragen – doch wie es bei allen Zeitzeug:innen der Fall ist, konnte auch Demantowskys Gedächtnis über diese 20 bis 25 Jahre hinweg nicht alle Fragen klären. Positiv formuliert hingegen ist die Kehrseite meines sekundäranalytischen Blickes, dass die Distanz neue Erkenntnisse über Inhalt und Methode ermöglicht.[33] Auf jeder Stufe der Analyse gilt – um bei Max Weber Anleihe zu nehmen –, dass „das ‚Erlebnis', zum ‚Objekt' gemacht, Perspektiven und Zusammenhänge gewinnt, die im ‚Erleben' eben nicht ‚gewusst' werden."[34]

---

30 Zur Frage der Interviewer:innen als Personen des Forschungsinteresses Apel, Linde. „Oral History Reloaded: Zur Zweitauswertung von mündlichen Quellen". *Westfälische Forschungen – Zeitschrift des LWL-Instituts für westfälische Regionalgeschichte* 65 (2015), 251.
31 Grele, Ronald J. „Ziellose Bewegung: Methodologische und theoretische Probleme der Oral History". In *Lebenserfahrung und kollektives Gedächtnis*, von Lutz Niethammer: 195–220. Frankfurt am Main: Suhrkamp, 1985, 203.
32 Angelehnt an die US-amerikanische zeithistorische Forschung, die mit dieser Art Expert:inneninterviews langjährige Erfahrung sammeln konnte, nachzulesen bei Starr, Louis M. „Oral History in den USA. Probleme und Perspektiven": 37–74. In *Lebenserfahrung und kollektives Gedächtnis. Die Praxis der „Oral History"*, herausgegeben von Lutz Niethammer. Frankfurt a. M.: Suhrkamp, 1985.
33 Halbmayr, Brigitte. „Sekundäranalyse qualitativer Daten aus lebensgeschichtlichen Interviews: Reflexionen zu einigen zentralen Herausforderungen." *BIOS – Zeitschrift für Biographieforschung, Oral History und Lebensverlaufsanalysen* 21, Nr. 2 (2008): 256–267.
34 Weber, Max. „Objektive Möglichkeit und adäquate Verursachung in der historischen Kausalbetrachtung". In *Gesammelte Aufsätze zur Wissenschaftslehre*, herausgegeben von Johannes Winckelmann, 6. Aufl.: 266–90. Tübingen: Mohr Siebeck, 1985.

Das Zusammenspiel der verschiedenen Perspektiven haben wir im Team als sehr fruchtbar erlebt. Demantowskys Zugang zu den Quellen war nach zwanzig Jahren natürlich nicht mehr im klassischen Sinne ein ‚primärer'. Aus dem Dialog meiner Fragen und seiner Antworten, seiner Rückfragen und meiner Antworten entwickelten sich neue Betrachtungsweisen und Ansatzpunkte, weiterzudenken und weiter zu forschen. Diese führten letztlich auch dazu, dass dieser Band umfangreicher ist als die Protokolle, die als Anhang der Dissertation im Universitätsarchiv in Dortmund aufbewahrt werden, hinzugefügt wurde auch die thematisch ähnlich gelagerten Interviews zweier weiterer Projekte. Hierin begründet sich mein zweiter Erklärungsansatz auf die Eingangsfrage zum ‚Warum': Unsere zuversichtliche Einschätzung des Potentials für neue Erkenntnis durch Sekundäranalysen mit neuen Blickwinkeln, neuen Methoden und neuer Technologie ist einer der Gründe, die uns zur Publikation der Interviews bewogen haben. Vielversprechend könnten einerseits weitere Auswertungen der retrodigitalisierten Tonbandaufnahmen mithilfe neuer Software (insbesondere Computer-Aided Qualitative Data Analysis) erscheinen – wenn sie anonymisiert und vielleicht integriert in vergleichbare Datenkorpora erfolgten.[35] Andererseits gibt es unzählige andere Fragen, die an die Quellen gerichtet werden können und sollen. Etwa drängen sich geschlechtergeschichtliche Perspektiven regelrecht auf angesichts der Tatsache, dass unter siebzehn Gesprächspartner:innen sechzehn Männern eine Frau gegenübersteht. Die Evidenz der utopisch imaginierten Gleichheit von Menschen beiderlei Geschlechts in einer sozialistischen Gesellschaft sucht man in diesem Band vergeblich.

Zum Prozess: Rotstift und Reflexionen

Ein Schlüsselmoment unserer verschiedenartigen (Wieder-)Entdeckung der Interviews ereignete sich, als es endlich gelungen war, ein passendes Abspielgerät für die Mikrokassetten aufzutreiben. Voller Ehrfurcht hörte ich zum ersten Mal die Stimmen der Menschen, über die ich so viel gelesen hatte und die mir bereits beinahe vertraut erschienen. Doch dann erschrak ich: Text und Ton stimmten plötzlich nicht mehr überein! Zur Erklärung übergab mir Demantowsky (nach einiger Suche) einen weiteren prall gefüllten Ordner aus seinem Privatarchiv. Darin fand ich die ursprünglichen Protokolle, die die Interviewten am Postweg erhalten hatten, mit der Bitte, die Veröffentlichung freizugeben – sowie dem Angebot, die Texte nach eigenem Ermessen zu redigieren und in Folge zu autorisieren. Von dieser

---

35 Vgl. Pessanha, Francisca, und Almila Akdag Salah. „A Computational Look at Oral History Archives". *Journal on Computing and Cultural Heritage* 15, Nr. 1 (14. Dezember 2021): 1–16.

Möglichkeit hatten einige Interviewpartner – das Maskulinum ist bewusst gewählt – intensiven Gebrauch gemacht, und zwar weit über stilistische oder faktenbezogene Korrekturen hinaus.

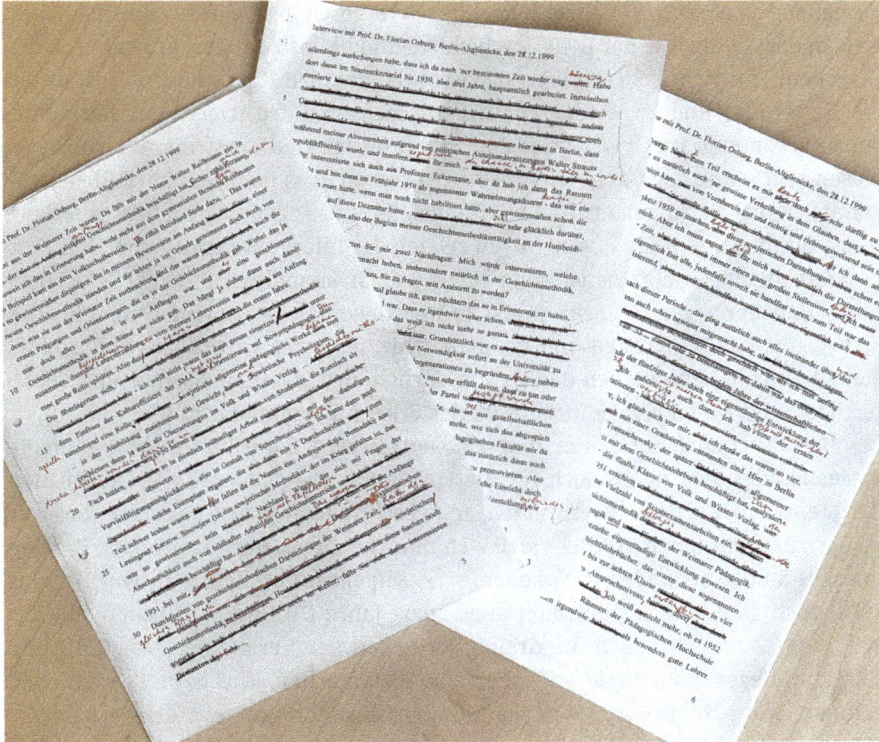

Abb. 1: Seiten eines durch den Interviewpartner redigierten Transkriptes. Foto: Carina Siegl.

Es ist einfach, Empörung darüber zu empfinden, dass Menschen, die ihre Karriere der Lehre von Geschichte widmeten, nicht davor zurückschraken, historisches Quellenmaterial zu zensieren. Doch vieles ist einfach für junge Menschen, die nichts mit dem Begriff ‚Abwicklung‘[36] verbinden, die weder schwerwiegende staatliche Repressionen vor 1990 noch das Ende ihres Staates, ihrer ‚Heimat‘, und die völlige Entwertung ihrer Berufsbiographie erlebt haben.

---

36 Pasternack, Peer. „Der Wandel an den Hochschulen seit 1990 in Ostdeutschland". *Bundeszentrale für politische Bildung. Lange Wege der deutschen Einheit. Dossier* (28. Oktober 2020). https://www.bpb.de/themen/deutsche-einheit/lange-wege-der-deutschen-einheit/310338/der-wandel-an-den-hochschulen-seit-1990-in-ostdeutschland/ (zuletzt am 20.03.2023).

Demantowsky resümiert, dass die Konstituierung der pädagogischen Geschichtspropaganda als Disziplin einem Teufelskreis geglichen habe, in dem den wissenschaftlichen Bemühungen und Erfolgen der Methodiker:innen und der Eigendynamik ihrer Forschungen immer wieder durch „dogmatischen Abbruch" ausgehend von der SED-Führung der Riegel vorgeschoben wurde: „Das bedeutet, dass in der Geschichte der DDR-Geschichtsmethodik bis zum Zusammenbruch der DDR kein Hochschullehrer einer solchen, für gläubige Kommunisten/Sozialisten erschütternden und für Wissenschaftler im Höchstmaß frustrierenden Disziplinierung entkommen ist."[37] Wie groß die Erschütterung und Frustration darüber gewesen sein muss, nach dem Jahr 1990 zu verlieren, was man sich hart, über Jahrzehnte beruflich aufgebaut hatte – finanzielle und soziale Sicherheit, Anerkennung, Einfluss, Identität –, wird nur in zweien der Interviews angedeutet. Für eine gesamtheitliche Kontextualisierung ist es jedoch unabdinglich, sich dieses Rahmens und der eigenen Position als „später Gekommene" bewusst zu sein. Das Schweigen, das Misstrauen und das Bedürfnis, über das schriftliche Endprodukt Hoheit zu behalten, werden dadurch erklärlich. In Abwesenheit eines ungerechtfertigten Überlegenheitsgefühls nimmt das Erkenntnispotential zu.

Dies führt mich zur dritten und letzten Antwort auf die Sinnfrage: Die Inhalte dieses Bandes sind heute noch für die Forschung relevant, weil die Geschichten der Menschen, die darin vorkommen, erst geschrieben werden müssen – dies war bisher gar nicht möglich, allein weil sich manche davon noch fortsetzen. Demantowskys Studie behandelt die akademische Dimension im Zeitraum von 1945 bis 1970, doch gilt es auch die weiteren zwanzig Jahre DDR-Geschichtsmethodik bis 1990 und ebenso dringlich die dreißig Jahre seit der Vereinigung von DDR und BRD zum Gegenstand historischer Forschung zu machen. Was in den Gesprächen erinnert und erzählt wird, wird von den Sprechenden großteils der Periode vor 1970 zugeordnet. Die Interviews sind jedoch Zeugnisse ihrer Zeit und der Bedingungen, unter denen sie entstanden; sie sind Zeugnis der Praxis der Oral History selbst. Auf das Potential für historische Untersuchungen, die sich mit den Jahren 1997 bis 2003 befassen, wurde bereits hingewiesen. Ebenso lohnend scheint mir aber das Potential für Reflexion, die einer solchen Entdeckung folgen kann. Wer je eine Zeitkapsel ausgegraben hat oder wem je beim Versuch, Ordnung zu schaffen, ein altes Tagebuch in die Hände gefallen ist, kann diesen Wunsch sicherlich nachvollziehen. In diesem Sinne dient der Band auch dem Ziel, an die Perspektiven jener zu erinnern, die noch nicht gefragt wurden oder die keine Äußerung wagten, Menschen, die im Nachhinein ihren Aussagen etwas hinzufügen wollten, doch nicht konnten, oder die sich wünschten, das Gesagte zurücknehmen zu können. Überlegungen dieser Art mögen dann die Fragen aufwerfen, warum Menschen

---

37 Demantowsky 2003. *Die Geschichtsmethodik in der SBZ und DDR*, 471.

entscheiden zu schweigen, warum sie sich öffnen und warum sie erhebliche Mühen auf sich nehmen, um Antworten zu finden. Und in der Reflexion wird es dann vielleicht möglich, zu erkennen oder immerhin ein tieferes Verständnis dafür zu entwickeln, was diese Zeit mit uns zu tun hat und was die darin aufgeworfenen Fragen aussagen über unsere Art, mit Vergangenheit und Gegenwart umzugehen, innerhalb und außerhalb eines wissenschaftlichen Rahmens.

Eine letzte Frage stellt sich und es gilt diese zu thematisieren, wenngleich ich eine Antwort schuldig bleiben muss. Wie komme ich dazu, die Einführung zu diesem Band zu schreiben? Durch einen glücklichen Zufall fiel die Wiederentdeckung der Transkripte bei Demantowskys Umzug nach Wien mit meinem Dienstantritt als seine Assistentin zusammen. So wurde ich die Erste, die mit der Erforschung der noch ungeschriebenen Geschichte der Interviews beginnen durfte. Aus dieser Perspektive schreibe ich hier. Wenn mir als Schlusssatz ein Schritt ins Hypothetische gestattet ist, so möchte ich vermuten, dass das Motiv des Co-Editors dieses Bandes, die Sichtweise einer jungen Historikerin mit wenigen Vorkenntnissen aber auch wenig Vorbelastung miteinzubeziehen, zusammenhängen mag mit den „Tröstungen und Vorrechten der Jugend, zumal dem Vorrecht der tapferen unbesonnen Ehrlichkeit und dem begeisternden Trost der Hoffnung".[38]

Zum Band

Die siebzehn Interviews lassen sich in drei Gruppen unterteilen: Die ersten beiden mündlichen Interviews mit Helmut Scheibner und Ehrenfried Schenderlein sowie die schriftliche Fragenbeantwortung von Georg Uhlmann entstanden im Rahmen von Marko Demantowskys Abschlussarbeit von 1998, die 2000 unter dem Titel *Geschichtspropaganda und Aktivistenbewegung in der SBZ und frühen DDR* als Buch erschienen ist.[39] Scheibner, Schenderlein und Uhlmann waren Neulehrer und Mitbegründer des sechsköpfigen Neuwürschnitzer „FDJ-Geschichtslehrerkollektivs ‚Fritz Scheffler'". Ihre Relevanz für den Gegenstand dieses Bandes begründet sich darin, dass sie als Autorenkollektiv zwischen 1949 und 1952 den tonangebenden Teil der geschichtsmethodischen Aufsätze in der Fachzeitschrift „Geschichte in der Schule" veröffentlichten und dadurch die Aufmerksamkeit des ‚Volk und Wissen Verlags' auf sich zogen. Als einziger Verlag mit pädagogischer Schwerpunktsetzung in der DDR hatte dieser eine Monopolstellung inne und gilt neben dem Deutschen Pädagogischen Zentralinstitut (DPZI) als die zu dieser Zeit wichtigste geschichtsmethodische Einrichtung der DDR. Anfang der 1950er Jahre rekrutierte

---

38 Nietzsche 1874. „Vom Nutzen und Nachteil der Historie für das Leben", 193.
39 Demantowsky 2000. *Geschichtspropaganda und Aktivistenbewegung.*

der Verlag Scheibner, Schenderlein und Uhlmann als Mitglieder des Kollektivs nach Berlin. Die jungen Männer aus dem Erzgebirge – der jüngste unter ihnen, Ehrenfried Schenderlein, war erst zweiundzwanzig Jahre alt – fanden sich plötzlich in einflussreichen Positionen in der Verlagsredaktion wieder.

1997 trat Marko Demantowsky in Austausch mit Helmut Scheibner, der sich sehr interessiert und hilfsbereit zeigte und wiederum den Kontakt zu Ehrenfried Schenderlein und Georg Uhlmann herstellte. Die drei Männer blieben bis zu ihrem Tod in enger Freundschaft verbunden; ihre Kameradschaft und gegenseitige Zuneigung wird auch in den Interviews deutlich. Aufgrund einer schweren Erkrankung konnte Georg Uhlmann nicht mehr an einem persönlichen Interview teilnehmen, doch setzte sich Helmut Scheibner dafür ein, dass eine schriftliche Beantwortung der Fragen erfolgte. Da die Fragen in unterschiedlichen Forschungskontexten entwickelt wurden, unterscheiden sich die Leitfragen dieser drei Interviews von jenen der anderen und beziehen sich vor allem auf Erfahrungen der Neulehrer in der unmittelbaren Nachkriegszeit, auf die Bedingungen der Kollektivgründung und ihre Zeit im Volk und Wissen Verlag.

Die zweite Gruppe sind elf mündliche Interviews mit Alfried Krause (Universität Greifswald), Florian Osburg (Humboldt-Universität zu Berlin), Rolf Rackwitz (Pädagogische Hochschule Leipzig), Hans Wermes (damals Karl-Marx-Universität Leipzig), Sigrid Kretschel (Friedrich-Schiller-Universität Jena), Heinrich Rühmann (Pädagogische Hochschule Magdeburg), Reinhold Kruppa (DPZI), Hans Treichel (damals Pädagogische Hochschule Potsdam, Akademie der pädagogische Wissenschaften), Werner Folde (Pädagogische Hochschule Dresden), Bruno Gentner (Pädagogische Hochschule Potsdam) und Reinhold Kruppa (DPZI). Drei schriftliche Beantwortungen derselben Leitfragen liegen vor von Rudolf Raasch (Assistent von Walter Strauss an der Humboldt-Universität zu Berlin), Martin Richter (damals Ernst-Moritz-Arndt-Universität Greifswald) und Kuno Radtke ('Volk und Wissen Verlag'). Dazu kommt ein mündliches Interview mit Helmut Meier (Institut für Gesellschaftswissenschaften beim ZK der SED) im Rahmen eines dritten Projektes im Themenbereich dieser Jahre.[40] Somit sind nicht nur – abgesehen von Halle – alle geschichtslehrer:innenausbildenden Hochschulstandorte vertreten, sondern auch die Perspektiven dreier zentraler Institutionen. Außerdem sind verschiedene Aufgabenbereiche innerhalb der institutionellen Rahmen repräsentiert. Dominant in den Erzählungen sind Lehre, Aktivitäten im Bereich Hochschulorganisation und -politik sowie empirische Forschung, doch auch die Blickwinkel aus Publikations- und Redaktionsarbeit, internationalem Austausch und gesellschaftlicher Tätigkeit finden Erwähnung.

---

40 Demantowsky 2005. Der Beginn demoskopischer Geschichtsbewusstseins-Forschung in Deutschland.

Den ‚Geschichtsmethodik'-Interviews liegt ein Leitfaden von zwölf Fragen zugrunde, der anschließend an diese Einleitung abgebildet ist. Die zwölf Fragen wurden allen Gesprächspartner:innen vorab zur Kenntnis gebracht. In den mündlichen Interviews kommt es aufgrund der unterschiedlichen Gesprächsdynamiken zu Variationen des Frageverlaufs und der Länge, wobei einerseits Rückfragen eine Rolle spielen, andererseits die Bereitschaft der jeweiligen Interviewten, ins Detail zu gehen. Im Falle der schriftlichen Interviews fallen die Antworten grundsätzlich knapper aus; auch die Möglichkeit, Rückfragen zu stellen, war aus offensichtlichen Gründen eingeschränkt. Alle Transkripte wurden von ihren ‚oral authors' in der jeweils von ihnen redigierten Form zur „wissenschaftlichen Nutzung" schriftlich autorisiert.

Aus den Leitfragen ergeben sich etliche Schwerpunkte, insbesondere bei Fragen zur Kultur und zu institutionellen Entstehungsdynamik der Disziplin. Im Fokus stehen das Selbstverständnis sowie die Beziehungen zwischen den Interviewten untereinander und zu anderen, etwa Fachhistoriker:innen, Parteiorganen, verschiedenen Institutionen im In- und Ausland, Studierenden, Lehrer:innen und Schüler:innen. Dabei konzentrieren sich die Gespräche oft auf die Art der Beziehungen, inwiefern sie also von Zusammenarbeit, Konkurrenz, (politischer) Einflussnahme, Abgrenzung oder Abhängigkeit gekennzeichnet waren. Jedoch bestehen nicht nur Unterschiede zwischen den Erzählungen der Interviewpartner:innen hinsichtlich ihrer Länge und Tiefe, sondern auch der Gewichtung der Themenkomplexe. In seltenen Fällen werden Antworten verweigert oder mit wenigen Worten abgewehrt. Es zeigt sich aber auch der Wunsch mancher Gesprächspartner:innen, über Themen zu sprechen, die zwar geringe Relevanz für das damalige Forschungsinteresse des Interviewers hatten, jedoch für Sekundäranalysen äußerst ergiebig sein können, wie an anderer Stelle bereits festgestellt wurde. Auf der Ebene der historischen Ereignisse gibt es vier Fixpunkte, die vielfach kommentiert werden: Auf der Bühne der großen Politik sind es der 17. Juni 1953 und der ‚Prager Frühling' 1968, im ‚geschichtsmethodischen' Kontext hingegen die Flucht Walter Strauss' und Rudolf Raaschs[41] einerseits und die Maßregelung des Doyens der Disziplin Bernhard Stohr durch Margot Honecker[42] andererseits.

Um eine bessere Orientierung zu ermöglichen und die gezielte Suche nach Themenbereichen zu unterstützen, ist dem Band ein umfangreiches Register angefügt, das unsere Edition auch im Vergleich mit ähnlichen Projekten auszeichnet.

---

41 Siehe Demantowsky, Marko. „Akademischer Ehrgeiz Im Politischen Mahlstrom. Walter Strauss 1898–1982". In *Ketzer, Käuze, Querulanten. Außenseiter Im Universitären Milieu*, herausgegeben von Matthias Steinbach und Michael Ploenus: 326–339. Jena/Quedlinburg: Verlag Dr. Bussert & Stadeler, 2008.
42 Siehe: Demantowsky 2003. *Die Geschichtsmethodik in der SBZ und DDR*, 455–462.

Dieses besteht aus einem Personen-, einem Sach- und einem topographischen Index und beinhaltet beinahe 800 Einträge.

Redaktionell kam es mehrfach zu Eingriffen in die Transkripte, die in ihrer ersten Fassung jeweils direkt nach den Interviews, also über einen Zeitraum von etwa fünf Jahren, entstanden sind. Erstens nutzten einzelne Gesprächspartner:innen die Möglichkeit, die Erstfassungen der Protokolle zu redigieren, wie bereits erwähnt wurde. An manchen Stellen kam es zu so umfangreichen Änderungen, dass die Markierung von Kassettenwechseln nicht mehr eindeutig möglich war. Um unterschiedliche Transkriptionsstile zu vereinheitlichen und im Sinne der Lesbarkeit sowie Fairness gegenüber jenen wenigen, die die Transkripte nicht überarbeiten konnten oder darauf verzichteten, kam es daher zu einer weiteren Überarbeitung durch die Editor:innen, in der Merkmale wie nonverbale Laute, übermäßiges Vorkommen von Füllwörtern, fehlerhafte grammatikalische Konstruktionen und Ähnliches korrigiert wurden, sofern sie keine Relevanz für die Bedeutung des Gesagten hatten. Diesen Eingriff in die Texte betrachten wir aus Fragen des Respekts einerseits als angemessen sowie andererseits als gerechtfertigt, da durch die Archivierung der retrodigitalisierten Tonbandaufnahmen Zugang zu allen Informationen ermöglicht wird. Zuletzt haben wir als Editor:innen Fußnoten mit zusätzlichen Kontextinformationen eingefügt, wenn wir dies für das Verständnis für unerlässlich hielten.

Leitfaden der Interviews 3–10 und 11–12

0.) biographischer Abriss
1.) Wenn Sie die Geschichte der Methodik des Geschichtsunterrichts in der DDR periodisieren wollten, welche Zäsuren würden Sie setzen?
2.) Wenn Sie die Hauptkontroversen in der Geschichte der Methodik des Geschichtsunterrichts in der DDR benennen wollten, welche wären das?
3.) Wie kamen Sie bzw. Ihre Abteilung zu Ihrem Forschungsschwerpunkt?
4.) Wie empfanden Sie seinerzeit die Bedingungen für Forschungstätigkeit an ihrer Hochschule? Was förderte, was hemmte Sie?
5.) Welche waren die für Sie maßgeblichen Wissenschaftstraditionen und welchen Einfluss hatten diese auf ihre Forschung? An wem orientierten Sie sich innerhalb Ihrer Disziplin?
6.) War das Verhältnis zu den Geschichtsmethodikern anderer Hochschulen, die zu ähnlichen Problemen arbeiteten wie Sie, eines der Konkurrenz oder der Kooperation? Wie gestaltete sich das Verhältnis konkret, wie war es organisiert? Wie würden Sie den Umgang innerhalb ihrer Disziplin überhaupt beschreiben?

7.) Welche Rolle kam zentralen Instanzen (Deutsches Pädagogischen Zentralinstitut, Deutsches Zentralinstitut für Lehrmittel, Staatssekretariat, Ministerium für Volksbildung, ‚Volk und Wissen Verlag‘ usw.) im Diskurs ihrer Disziplin zu?

8.) Als Mitglied der SED waren Sie der Parteidisziplin verpflichtet und im Sinne des demokratischen Zentralismus auch den Beschlüssen der Parteizentrale. Führte Sie das in Konflikte mit den Anforderungen Ihres Berufes? Sofern dies der Fall war: Welche Konflikte waren das konkret und welche Auswirkungen hatten sie auf Ihre weitere Tätigkeit?

9.) Wie würden Sie das qualitative und quantitative Verhältnis von Lehre, Verwaltung, Forschung und gesellschaftlicher Tätigkeit während ihrer Dienstzeit beschreiben?

10.) Wenn Sie an das Verhältnis der Methodiker und der Fachhistoriker denken, wie gestaltete es sich in ihrem Erfahrungsbereich?

11.) Welche Berufs- und Wissenschaftserfahrungen würden Sie als Ihre prägendsten bezeichnen? Warum?

12.) Was verstanden Sie als den Zweck Ihrer beruflichen Tätigkeit?

Berufsbiographische Interviews (1997–2001)

Mündliches Interview mit Helmut Scheibner

Neuwürschnitz, den 10.10.1997

Helmut Scheibner gehörte dem paradigmatischen FDJ-Geschichtslehrerkollektiv ‚Fritz Scheffler‘ Neuwürschnitz an,[1] 1951 Wechsel nach Berlin zum pädagogischen Monopolverlag der DDR, ‚Volk und Wissen‘. 1951–54 Chefredakteur der zentralen Fachzeitschrift ‚Geschichte in der Schule‘ und Parteisekretär des Verlags. 1954 Rückkehr ins Erzgebirge in eine Schullaufbahn.

M. D.: Ja, Herr Scheibner, als erste von meinen vielen Fragen würde mich interessieren, wie Ihr Lebensweg war von Ihrer Geburt bis in die Jahre ’46/’47.

Scheibner: Ich stamme aus einer Bergarbeiterfamilie. Dieses Gebiet ist bekannt für reichlich hundert Jahre Steinkohlenbergbau. Mein Vater ist 40 Jahre eingefahren, in den Schacht und das ganze Milieu einer Bergarbeiterfamilie. Meine Mutter hat in der Textilindustrie gearbeitet, meistens als Heimarbeiterin, das hat mich natürlich geprägt. Man muss dazu sagen, dass dieses Lugau-Oelsnitzer Steinkohlenrevier, gewissermaßen ein Nebenrevier des Zwickauers, geprägt war von einer Arbeiterbewegung besonderer, fortschrittlicher Art. Wir können hier also von einem Zentrum der Arbeiterbewegung sprechen. ’27 ist mein Vater in die KPD eingetreten … In der Nazizeit eingesperrt, sodass es für mich im Jahre 1945 ein Leichtes war, meinen Lebensweg zu finden. Ich wurde am 1. November 1945 Mitglied der KPD und übernahm dann viele Funktionen in der Partei, in der FDJ.

Am 1. November ’45 bin ich übrigens auch als Neulehrer eingestellt worden, hier in Neuwürschnitz. Ich muss hinzufügen, dass ich allerdings pädagogisch vorbelastet war. Der Schulleiter meiner Heimatschule hat meine Eltern so lange bearbeitet, bis sie ihre Bereitschaft erklärten, mich auf eine Lehrerbildungsanstalt zu schicken. Ich bin 1940 aus einer achtklassigen Volksschule entlassen worden und anschließend nach Frankenberg bei Chemnitz in eine nazistische Lehrerbildungsanstalt gegangen. Bis 1944 zu meiner Einberufung in den Arbeitsdienst und später in die Naziwehrmacht. Ich hatte also eine gewisse Vorkenntnis pädagogischer Arbeit, habe auch in der, in der Kriegszeit bereits in Frankenberg an der Volksschule Unterrichtsstunden halten müssen. Das wurde notwendig, weil viele Lehrer eingezogen waren und es einen Lehrermangel gab.

---

1 Die folgenden Interviews mit Scheibner und Schenderlein sowie die schriftliche Befragung von Georg Uhlmann gehören in einen Projektkontext, dessen Ergebnisse hier publiziert worden sind: Demantowsky 2000. *Geschichtspropaganda und Aktivistenbewegung in der SBZ und frühen DDR: eine Fallstudie.*

https://doi.org/10.1515/9783110787726-002

So dass ich also 1945 dem Aufruf der beiden Arbeiterparteien folgte, sich zu melden für den Neulehrerberuf. Meine Genossen hier, es war eine starke KPD-Ortsgruppe in Neuwürschnitz, schickten mich also ins Landratsamt nach Stollberg. Man muss dazu sagen, dass das Gebiet hier '45 Niemandsland war. Das heißt, wir haben mehrere Wochen ohne Besatzungsmacht gearbeitet. Die amerikanischen Besatzungstruppen hatten zwar eine Verwaltung ihrer Art eingesetzt, haben sich dann aber wieder in die Gegend nach Lichtenstein/Glauchau zurückgezogen. Ich meldete mich also bei einem Landrat bürgerlicher Herkunft, ein Mann mit altem Schrot und Korn, und er fragte mich, wie alt ich sei, und ich musste zugeben: 19. Und da hat er mich wieder nach Hause geschickt und hat zu mir gesagt: „Da kann ich Sie gar nicht einstellen als Lehrer. Stellen Sie sich vor, es stürzt durch den Beschuss," – die Gegend ist von amerikanischer Artillerie in den letzten Kriegstagen beschossen worden – „stürzt durch den Beschuss nachträglich noch eine Mauer ein, so und so viele Kinder werden dabei getötet, da können Sie gar nicht zur Verantwortung gezogen werden. Sie sind ja noch nicht volljährig." Volljährig war 21 Jahre. Für den Krieg waren wir volljährig genug gewesen.

Also bin ich nach Hause gegangen, habe in der Zwischenzeit Tanzmusik gemacht, ich konnte so bisschen … Ich war musikalisch interessiert. Und erst nach dem Wechsel, im Herbst '45, nachdem dann also ein kommunistischer Schulrat eingesetzt worden war, wurde ich sofort als Neulehrer eingestellt, auch noch nicht volljährig, und im April '46 mit der Leitung der Schule in Neuwürschnitz betraut. Und da war ich auch erst 20 Jahre, aber ich war immerhin, wenn man von Nadelarbeitslehrerin absieht, der Älteste. Und, wie ich schon sagte – und Schenderlein war ja mit 17 der Jüngste. Es war also eine Zeit wirklich revolutionären Aufbruchs, in die wir hineingekommen waren … So, das war also die unmittelbare Anfangszeit.

M. D.: Ja, ich würde da gern nochmal zurückfragen, und zwar nach dem Lehrerbildungsinstitut in Frankenberg.

Scheibner: Ja.

M. D.: Wie lange waren Sie da und was für einen Abschluss haben Sie da gemacht?

Scheibner: Keinen Abschluss. Es fehlte also praktisch das letzte Jahr. Ich habe dann … '45 bin ich dann per Anhalter und auf den Puffern des Zuges von Chemnitz nach Frankenberg gefahren, habe dort einen ehemaligen Lehrer angetroffen, und der hat uns – es war noch ein anderer mit dabei – und der hat uns eine Bescheinigung ausgestellt, dass wir von '40 bis '44 hier an der Lehrerbildungsanstalt tätig gewesen sind. Ich habe das nie gebraucht, ich bin, wie gesagt, als Neulehrer nochmal von der Pike auf, habe ich angefangen. Aber für mich war die Ausbildung ein gewisser Vorteil.

M. D.: Vier Jahre sind eine lange Zeit. Was wäre denn der Abschluss gewesen, wenn Sie fertiggemacht hätten?

Scheibner: Kann ich Ihnen nicht sagen. Das war einfach Volksschullehrer.

M. D.: Volksschullehrer.

Scheibner: Volksschullehrer. Hm.

M. D.: Und wo haben Sie bei der Wehrmacht gedient?

Scheibner: In einer Panzereinheit, die in Kamenz stationiert war, aber weil es gegen Ende des Krieges weder Panzer noch Benzin gab, wurden wir dann abgestellt zu den sogenannten Panzergrenadieren. Das war nach Leisnig, in die Garnison nach Leisnig. Das war eigentlich nur eine Infanterie mit einer anderen Uniform.

M. D.: Ja.

Scheibner: Und auf die Art und Weise habe ich dann praktisch an zwei Fronten den Krieg mitgemacht, bin aber aus Sachsen nie herausgekommen. Die eine Front war bei Leipzig und die andere war in der Lommatzscher Pflege, wenn Ihnen das ein Begriff ist, in der Gegend von Döbeln, gegen die Sowjetsoldaten, und die haben uns dann auch, und die haben mich dann auch gefangengenommen. Ungefähr am 6. oder am 7. Mai, so ganz genau weiß ich das nicht mehr, haben mich mit Brot, so einem halben Kommissbrot, mit Speck und mit Zigaretten versorgt, nicht nur mich, und haben uns nach Hause geschickt. „Domoi. Deutsch Soldat, russisch Soldat – egal. Krieg aus. Domoi. Domoi." Ich habe das nicht so richtig verstanden, aber ich habe genau gewusst, was sie meinten. Das waren … Kampfeinheiten der Roten Armee, die auf dem Wege nach Prag waren, um dort … Na, den Aufstand der Prager Arbeiter zu unterstützen und die hatten gar keine Zeit, uns, uns irgendwie weiter … zu bearbeiten.

Und so kam ich wirklich – ich hatte das unwahrscheinliche Glück, dass ich nach drei Tagen Marsch aus dem Osterzgebirge, immer durch die Wälder bis nach Hause, wohlbehalten zu Hause ankam. Hier bei uns gab es dann Plakate, an den Plakattafeln von der amerikanischen Besatzungsmacht, solche Leute wie ich, solche Heimkehrer sollten sich in Lichtenstein oder in Zwickau in der Garnison melden, und mein Vater hat das verhindert. Ohne Entlassungspapiere bekam man ja keine Lebensmittelkarte. Mein Vater hat das verhindert: „Und wenn wir nichts zu fressen haben, du gehst nicht dorthin." Viele, die dorthin gegangen sind, haben sich dann in Bad Kreuznach wiedergefunden, in diesem Schreckenslager. Also so war praktisch mein Lebensweg unmittelbar am Kriegsende.

M. D.: Darf ich nochmal rückfragen nach diesem Lehrerbildungsinstitut: Wie sah dort das Leben aus? Was waren das für Unterrichtsfächer, was für Leute?

Scheibner: Der Unterricht entsprach dem Inhalt einer sogenannten deutschen Oberschule, wie das zur Nazizeit üblich war. Die Qualität war einer Ausbildung – einer Oberschulausbildung – adäquat. Ansonsten ging alles militärisch zu von der Uniform, Jungvolk- oder Hitlerjugenduniform angefangen bis zur Gestaltung des Tages. Es gab früh Unterricht, es spielte sich alles in einer großen Schule ab, die ursprünglich als königliches Lehrerseminar gegründet worden war, am Bahnhof in Frankenberg, später, nach 1945 war sie Verwaltungsschule und wird es wohl heute noch sein, meines Wissens. Wie gesagt, nach dem Mittagessen gab es Freizeit in der Schule und dann hatten wir Arbeitsräume und bestimmte Gruppen. Und die Schüler waren in bestimmten Gruppen eingeteilt und zwar nicht mehr nach der Klasse, sondern in Altersunterschieden. Und dort gab es eine militärische Zucht: Der Zimmerälteste musste darauf wachen, dass alles ohne Lärm dort saß und wir die Schularbeiten gemacht haben. Gegen Abend gab es dann eine Stunde oder zwei Stunden Freizeit in der Stadt, die haben wir genutzt, um in eine Gaststätte zu gehen, die von einer alten Dame geleitet wurde, um uns zusätzlich Essen zu beschaffen. Kartoffelsalat – das war das Einzige, was man ohne Marken bekam und dort haben wir unsere Zeit durch ... Kegeln, mit Billard, so muss ich genauer sagen, vertrieben. Und wir haben in der Freizeit Tanzmusik gemacht, hatten eine eigene Kapelle aufgebaut und da spielte ich eben mit, daher so mein Interesse.

Mein Interesse lag auf musikalischem Gebiet, ich habe bei einem Lehrer dort in Frankenberg zusätzlich am Sonntag Musiktheorie gelernt, beigebracht bekommen. Da gehörte eben auch Kompositionstechnik und Instrument und das Arrangieren, das Instrumentieren, gehörte alles mit dazu. Das hat damals mein Leben ausgefüllt. Also insofern war das eine schöne Zeit, wenn man so an die Möglichkeiten ... der Beschäftigung denkt. Natürlich wurde diese relativ schöne Zeit dann abrupt beendet durch den Arbeitsdienst, vor allen Dingen durch den Kriegseinsatz. Und der Krieg und dann die Heimkehr zu meinen Eltern haben mir dann letztlich praktisch die Augen geöffnet, und mir einen Weg gewiesen in eine ... bessere Zukunft. Vor allen Dingen ohne Krieg, das war damals die Hauptfrage. Die Leute sagten: „Und wenn wir zehn Jahre nichts zu fressen haben, aber die Hauptsache kein Krieg mehr." Viele hatten das leider allerdings schon nach einigen Jahren wieder vergessen dieses Vorhaben.

M. D.: Gut.

Scheibner: Da kommt man ins Plaudern, ich weiß das schon!

M. D.: Das ist aber alles sehr interessant ... Ja, also der nächste Punkt, der mich interessiert, ist die Zeit ab '45 ... die außerunterrichtliche Tätigkeit, das Alltagsleben ...

Scheibner: Hm.

M. D.: ... in Neuwürschnitz, Lugau ...

Scheibner: Ja, ja ... Also, ich fange mal mit Neuwürschnitz an. Es gibt hier, es gab zwei Schulen, hier im Ortsteil II, da wurde Georg Uhlmann als Schulleiter eingesetzt und der größere Teil und die größere Schule im Ortsteil I wurde also mir zugewiesen. Dort habe ich angefangen 1945, wie ich Ihnen schon sagte, es waren alles Neulehrer. Ein einziger Altlehrer, der wurde aber dann auch noch wegen Zugehörigkeit zur Nazipartei entlassen. Sodass ich dann im April '46 als Schulleiter eingewiesen wurde in eine Schule mit dreizehn Kollegen und fünfhundert Kindern. Gleichzeitig hatte ich Funktionen in der Partei, Schriftführer. Und ich war Mitbegründer und dann auch Ortsvorsitzender der Freien Deutschen Jugend. Sodass also praktisch Freizeit und Beruf eine Einheit bildeten. Wir haben für diese Entwicklung in der Freien Deutschen Jugend, die ja damals alle Bereiche der Jugend erfasste, bis hin zu den christlichen Vertretern ... Das war für uns unsere Lebensaufgabe. Und daran waren alle diese Leute beteiligt, die dann auch schließlich das Geschichtslehrerkollektiv gegründet haben.

M. D.: Die Tätigkeit in der Schule, wie sah die aus?

Scheibner: ... Das kann ich Ihnen heute nicht mehr sagen, aber es war natürlich wesentlich mehr als zu DDR-Zeiten dann ... Sie müssen wissen, ich beispielsweise hatte noch eine eigene Klasse, ich war also nicht nur Schulleiter in dem herkömmlichen Sinne, wie man es heute versteht, sondern ich war auch gleichzeitig Klassenleiter oder Klassenlehrer. Als ich im November '45 in die Schule kam nach Neuwürschnitz I, wurde die Klasse, eine sechste Klasse, in der ich eine Woche hospitieren durfte, noch geleitet von einem Altlehrer. Interessant war, wie der Unterricht dort vor sich ging. Der Herr ließ die Schulbücher in drei Einheiten heraufnehmen. „Numero 1", oder „Einheit 1", da griffen die Schüler, wie von der Tarantel gestochen, unter die Schulbänke, fassten sich das Buch; „Teil 2", da hoben sie die Bücher hoch; und „Teil 3", da wurden sie auf den Tisch gelegt. Also in dieser militärischen Art und Weise wurde damals noch der Unterricht erteilt.

Und eine Woche später war dann ich der Klassenlehrer, und ich kam ja nie auf die Idee, nach solchen Anweisungen zu unterrichten, und ich habe gesagt: „So, nu' nehmt ihr mal eure Hefte oder eure..." – Hefte gab es nicht! Oftmals waren es ja nur Zeitungsränder zum Beschreiben – „Nehmt mal eure Bücher." Da haben die mich entgeistert angestarrt. Das war meine große Chance. Wenige Jahre älter als die Jungen und Mädeln vor mir, es waren immerhin 42 Jungen und Mädeln in einer Klasse, der neue Umgangston und die ganze Bereitschaft, nun endlich mal, was zu lernen nach den Wirren des Krieges, das war mein Plus. Mit diesen Schülern, mit diesen Menschen bin ich heute noch innig verbunden: Es gibt mindestens alle fünf Jahre ein Klassentreffen und dann werden meine Vorzüge gewürdigt, und dann wird auch ab und zu mal vermerkt, was ich so angestellt habe, was nicht in ihrem Sinne war. Diese Jahre von '46, von '45 bis zur Schulentlassung '48, das waren meine schönsten Lehrerjahre.

Der Unterricht war nur eine Seite, ich musste mich ja als Schulleiter auch noch um die materiellen Bedingungen kümmern. Da war zum Beispiel die Heizung – zum Glück hatten wir viele Bergarbeiterkinder in der Schule. Wir schrieben Briefe mit der Bitte an die Eltern, einen Teil des Deputats an Briketts der Schule zur Verfügung zu stellen. Das geschah auch. Außerdem stand Rohbraunkohle zur Verfügung, die war sehr nass und die heizte so nicht. Mit Hilfe eines pfiffigen Hausmeisters – eines antifaschistischen Widerstandskämpfers übrigens – gelang es uns, eine Belüftungsanlage für die Heizung zu entwickeln, sodass also eine Sauerstoffzufuhr erfolgte und wir auf die Art und Weise die einzige Schule waren, die auch in Winterszeiten ohne Unterrichtsausfall durchkam.

Es gab zu dieser Zeit viele Umsiedlerkinder, die kamen wirklich nur mit dem in die Schule oder überhaupt hier ins Land, was sie auf dem Leib hatten. Außer den normalen Sammlungen für Umsiedler haben wir dann mit Hilfe der Gemeindeverwaltung alte Schuhe gesammelt, wo das Oberleder noch einigermaßen in Takt war. Die Gemeinde stellte uns Holzsohlen für Holzpantoffel zur Verfügung, und dieses Material wurde von den ortsansässigen Schuhmachern zu Schuhen verarbeitet. Es war ein großer Erfolg, die Umsiedlerfamilien konnten mindestens mit einem Paar dieser Schuhe versorgt werden, und so konnte es passieren, dass am Montag die Tochter in die Schule kam und am Dienstag der Sohn, weil sie eben die Schuhe tauschen mussten.

Es gab dann eine Zeit lang eine sogenannte Quäkerspeisung, die wurde organisiert ... Jetzt muss ich lügen ... Also von irgendeiner internationalen Hilfsorganisation, Spenden aus Australien, aus Schweden und so weiter wurden hier angeliefert und für eine bestimmte Zeit zu einer Mittagsspeisung verwendet. Dann kam eine normale Frühstücksversorgung in Gang. Das Erste war ein 50-Gramm-Roggenbrötchen für jedes Kind ... Das war ein Festakt. Dann wurde das Roggenbrötchen durch ein Weizenbrötchen ersetzt, und schließlich kam dann auch noch in das Weizenbrötchen ein Schuss Marmelade hinein. Die wurden nicht aufgeschnitten, es wurde gleich so hineingedrückt. Die größte Schwierigkeit bestand darin, dafür zu sorgen, dass auch die Versorgung mit diesen Brötchen ordnungsgemäß erfolgte – die Lehrer hatten ja auch nichts zu essen. Also musste man auch noch mit kriminalistischem Scharfblick darauf achten, dass alle, denen das Brötchen zustand, es auch bekamen und nicht in fremde Hände gelangten.

Auf die Art und Weise haben wir also schon den ganzen Tag zugebracht, am Nachmittag war dann Weiterbildung für die Lehrer angesagt. Oftmals war das ja so, das trifft vor allen Dingen auf Fremdsprachenunterricht zu, dass die Lehrer an dem einen Tag lernten, was sie am nächsten ihren Schülern vermitteln mussten.

Die Stromsperre verhinderte oftmals einen normalen Unterricht, es gab eine ganze Zeitlang eine Einteilung der Stromsperrbezirke, sodass also jeden zweiten Nachmittag eben die Gemeinde betroffen war. Dann haben wir mit Kerzen ... gearbeitet. Und zu Hause vor allen Dingen bei Kerzenschein die Schularbeiten gemacht. Ich war ja gut raus, ich hatte hier das Haus meiner Eltern, '38 gebaut, war also meine Wirkungsstätte. Ich hatte zumindest ein warmes Zimmer dadurch, dass mein Vater als Bergarbeiter Deputat bekam. Aber viele Kinder haben hungrig und auch viele Lehrer hungrig und in der Kälte arbeiten müssen. Und das auch noch ohne Strom. Das streckte sich so einige Jahre hin, ich kann Ihnen nicht genau sagen, wann da Erleichterungen eingetreten sind.

Also wir waren buchstäblich für das Wohl und Wehe der Schüler in breitem Maße zuständig. Wir gehörten auch zu den Schulen, die zuerst die Kinderlandbewegung aufgebaut haben, die dann später in die Pionierorganisation übernommen wurden. Und da war eben der Schulleiter gleichzeitig auch noch der erste Pionierleiter, zumindest für eine Zeit. Und wir bauten dann eben Arbeitsgemeinschaften der verschiedensten Art auf: Chor, Schach, Sport ... Ich habe das alles aufgezeichnet, aus dem Gedächtnis heraus kann ich das nicht alles wiedergeben.

M. D.: Können wir ja nachher noch einmal gucken ... Erinnern Sie sich an Ihre Kollegen, und wie war das Verhältnis zwischen den Kollegen?

Scheibner: Also dieses Verhältnis war nicht nur einfach kollegial, es war familiär. Wir waren eins – in unserem Denken und auch in unserem Handeln. Wir hatten ja alle die gleiche Vergangenheit und demzufolge auch, wie gesagt, den gleichen Willen. Ich habe solche Verhältnisse – ich bin dann noch in vielen Schulen eingesetzt gewesen –, aber solche Verhältnisse nicht wieder gefunden. Dass wir so – wie sagt man da? – ein Herz und eine Seele gewesen sind. Meinungsverschiedenheiten gab es nur zu Detailfragen. Nun kommt noch dazu, dass wir auch, dass wir nahezu alle in der Sozialistischen Einheitspartei waren, in der Freien Deutschen Jugend, dass wir uns auch privat kannten und auch oftmals unsere Freizeit privatim gestaltet haben. Das alles spielte eben eine große Rolle für dieses unbedingte Aufeinander-Sich-Verlassen-Können, dieses Vertrautsein und auf diesen, ich sagte Ihnen das vorhin schon mal: auf diesen Idealismus, von dem wir gar nicht wussten, dass das Idealismus war, sondern dass das eben eine normale Arbeitsgewohnheit sei, und dadurch, dass wir dann eben auch in der Freizeit in so verschiedenen Dingen zusammenkamen, ergab sich auch die Möglichkeit der Aussprache über die Verbesserung unserer Unterrichtsarbeit.

M. D.: Wie gestaltete sich denn diese FDJ-Arbeit? Was haben Sie zusammen gemacht?

Scheibner: Also ... die FDJ-Arbeit war vielgestaltig. Die begann bei der Einrichtung eines Jugendheimes aus einer alten Baracke oder ... Also, durch eigene Arbeitsleistungen wurde eine wohnliche Einrichtung geschaffen. Dann gab es bei uns vielerlei politische Aussprachen. Die wurden geführt mit Hilfe der ersten – wie nennt man das? – Bildungshefte, „Der junge Marxist".

M. D.: Davon habe ich gehört.

Scheibner: Haben Sie gehört, ja? Die waren so populär formuliert, so leicht verständlich, wie das später leider nie wieder geschehen ist. So dass das regelrecht zu, zu ernsthaften Auseinandersetzungen geführt hat mit jungen Christen, aber auch mit anderen Kreisen. Ich erinnere mich an einen Zahnarztstudenten, der zu mir in so einer Aussprache sagte, er glaubt nicht an die Theorie des Volkseigentums: „Denk mal dran, ich als Zahnarzt, ich mache also jemanden eine Plombe und ich kriege in jedem Falle immer das Gleiche dafür, ob ich gut arbeite oder schlecht arbeite." Das waren so Argumente, mit denen wir uns auseinandersetzen mussten. Dann hatten wir einen breiten kulturellen Arbeitskreis, bei uns gab es einen FDJ-Chor, ich war der Leiter und mit diesem FDJ-Chor haben wir dann ...

Kassettenwechsel (29:45)

Scheibner: Mit dem FDJ-Chor haben wir viele Veranstaltungen gestaltet. Wir nahmen auch an Leistungsvergleichen teil, zum Beispiel haben wir zur Vorbereitung auf das erste Deutschlandtreffen 1950 in Berlin an einem Landesausscheid in Dresden teilgenommen. Wir waren dort bestimmt nicht die Besten, aber die Lautesten vom Gesang her und wurden dann auch nach Berlin delegiert. Das Gleiche erfolgte dann nochmal zum ... zu den ersten Weltfestspielen 1951 in Berlin und dort sind wir auch – wir hatten ja inzwischen Verbindungen zum Verlag –, sind wir auch das erste Mal aufgetreten – nicht auf dem Spittelmarkt, sondern dort in der Unterwasserstraße, im ehemaligen Gebäude dort, in dem niedrigen, niedriggehaltenen Saal. Außerdem gab es bei uns eine Theatergruppe, die auch in Erscheinung getreten ist im Umkreis der Gegend bis hinauf zu den Greifensteinen, die Freilichtbühne war, wurde damals noch nicht bespielt von Annaberg – aber wir waren eine der ersten Theatergruppen, die da zu Pfingsten, zu einem Pfingsttreffen mehrere tausend Mann angezogen haben. Also so ungefähr war die Breite unserer FDJ-Arbeit.

M. D.: Und in der SED?

Scheibner: Da habe ich eigentlich ... nur so eine Rolle im Vorstand gespielt, aber ich kann nicht sagen, dass das eine besonders breite Arbeit gewesen sei. Wenn Sie allerdings meinen, dass meine Schulungstätigkeit von Bedeutung ist, dann muss ich sagen, dass ich von Anfang an immer Zirkelleiter gewesen bin, hier in der Ortsgruppe der Partei.

M. D.: Und wen haben Sie da geschult?

Scheibner: Die Parteimitglieder.

M. D.: Bergarbeiter?

Scheibner: Das waren meistens Bergarbeiter, ja, Rentner, Hausfrauen und auch viele Textilarbeiterinnen, die den Weg zur Partei gefunden haben. Also ich kann mich noch gut erinnern, dass die ersten Schulungen so verliefen, dass die „Geschichte der KPdSU: Kurzer Lehrgang" Abschnitt für Abschnitt wie bei Analphabeten vorgelesen werden musste. Das änderte sich dann in späterer Zeit. Und es kam auch auf das eigene Geschick an, die Veranstaltungen, die Weiterbildungsveranstaltungen produktiv zu gestalten. Anscheinend musste das bei uns ganz gut angekommen sein, denn ich wurde nachher in der Kreisleitung – na, wie denn? – ... nebenberuflich beauftragt, die Anleitung der Zirkelleiter vorzunehmen.

M. D.: Und wann war das?

Scheibner: Das war später. Das war erst in den Fünfziger-, Sechzigerjahren.

M. D.: Und der Vorstand, in dem Sie gewesen sind, war das der Ortsvorstand?

Scheibner: Na, das ist so: Ich war nicht im Ortsvorstand. Die Anzahl der Mitglieder war damals relativ hoch. Ich sagte Ihnen schon, hier in diesem Bereich, wo die Arbeiterbewegung wirklich Traditionen aufzuweisen hatte ... Es gab zunächst mehrere Untergliederungen der Ortsgruppe und schließlich noch zwei: eine hier im Ortsteil II und eine im Ortsteil I. Und ich war der Zirkelleiter für einen Wohnbezirk oder, wenn man so will, ja, ich glaube ... Wohnparteiorganisation: WPO.

M. D.: Hier, in Oberwürschnitz?

Scheibner: In Neuwürschnitz. Das ist Neuwiese!

M. D.: Das ist Neuwiese.

Scheibner: Der Ortsteil II ist Neuwiese. Der Ortsteil I ist Oberwürschnitz. Und die Nazis haben 1934 aus Kadermangel, ohne zu fragen, die beiden Ortsteile ... zusammengeschlossen. Es ging denen wie mit der Einheit. Innerlich war die wohl nie, war das wohl nie perfekt geworden, dieser Zusammenschluss. So wie das heute mit der Einheit Deutschlands ist. Der Egon Bahr schreibt in der neuen „SuperIllu", das wird mindestens noch bis zum Jahr 2010 dauern, bis die innere Einheit vollzogen ist. Und er hofft auf die jüngere Generation, die einfach in die Zeit hineinleben wird. Da ist natürlich etwas Wahres dran.

Ja, also ich war in der WPO II eingesetzt. Da war ich nebenbei auch noch ehrenamtlicher Kreisvorsitzender der Lehrergewerkschaft. Sie wissen ja, wie das nun so damals zuging: Wir haben, wenn man einmal irgendeine Funktion hatte, und man hat sie gut gemacht, dann waren natürlich andere interessiert, auch einen Nutzen daraus zu ziehen. Ich war ja ledig, ein junger Kerl – ich habe wirklich meine ganze Lebenszeit für meinen Beruf und natürlich für meine politischen Ansichten eingesetzt.

M. D.: Gab es hier im Ort eine Organisation der Deutsch-Sowjetischen Freundschaft?

Scheibner: Ja, die gab es auch.

M. D.: Da waren Sie aber nicht aktiv?

Scheibner: Da war ich nicht aktiv, da war ich zahlendes Mitglied seit '49.

M. D.: Wie haben sich denn die von Ihnen erwähnten Privatkontakte zwischen den Kollegen gestaltet?

Unterbrechung[2]

Scheibner: Also, es gab vielerlei private Kontakte. Mit einem Teil, mit dem jüngeren Teil, bin ich zum Tanz gegangen, haben die Tanzlokale unsicher gemacht. Mit dem anderen Teil, die schon verheiratet waren, das war Rudi König und ... Georg Uhlmann. Da hatten wir dann familiäre Kontakte der Art, dass wir gemeinsame Spaziergänge in die nähere und weitere Umgebung unternommen haben und dass wir uns zu Geburtstagsfeiern und anderen Anlässen gesellig versammelt haben. Also, es gab einen ständigen Kontakt sowohl in der Schule als auch außerhalb. Man muss noch hinzufügen, dass man ja auch die Frauen oder die Bekannten und die Freundinnen, mit Ausnahme von Ehrenfried Schenderlein, der ja nicht von hier stammt, alle persönlich gut kannte.

M. D.: Haben Sie sich gegenseitig geholfen? Also, ich meine, gerade für den Herrn Schenderlein, der fremd in der Gegend war ...

Scheibner: Ja.

M. D.: ... war es ja sehr schwierig hier Fuß zu fassen.

Scheibner: Ja ... ja.

M. D.: Wie wurde ihm geholfen?

---

2 Frau Scheibner bat an dieser Stelle zu Tisch.

Scheibner: Also … Ihm wurde vor allen Dingen erstmal materiell geholfen. Der Mann brauchte eine Bleibe, die bekam er in der Nachbarschaft bei einem, in einer Familie dessen Sohn mit mir zusammen jahrelang auf einer Schulbank gesessen hat. Hier wurde also ein Untermieterverhältnis geschaffen. Noch viel schlimmer war die Ernährungsfrage: Der lange Mann, der lange Junge, hatte ja nach ungefähr zehn, zwölf Tagen seine Brotkarte abgegessen, sodass also für den Rest des Monats keine Ernährungsgrundlage mehr vorhanden war. Und damals hat sein Schulleiter, Georg Uhlmann, ist auf die Idee gekommen, mit Hilfe der … Ortspartei die Bauern anzusprechen, manchmal auch ein bisschen unter Druck, und zu vereinbaren, dass Ehrenfried täglich eine warme Mahlzeit bekam, ein warmes Mittagessen. Er wurde also praktisch weitergereicht von einem Landwirtschaftsbetrieb, von einem Bauern zum nächsten. Das hat ihm offensichtlich das Leben gerettet. Ehrenfried Schenderlein ging bei Georg Uhlmann ein und aus, so dass es also auch einen familiären Kontakt besonderer, innerer Art gegeben hat. Als wir dann seine spätere Frau kennenlernten, haben wir ihn auch in Werdau besucht, dort, wo die Frau dann wohnte. Die Ehe ist später dann auseinandergegangen.

M. D.: Die privaten und FDJ- und SED- und Chor- und so weiter Kontakte, erstrecken die sich auf beide Schulen hier in dem Ort, oder war gab es zwischen den Schulen eine Trennung?

Scheibner: Also, was die FDJ anbetraf und was die kulturellen Einrichtungen der FDJ anbetraf, war das also eine Angelegenheit beider Ortsteile. Was aber die Pionierarbeit, der Schulunterricht und die außerunterrichtliche Arbeit anbetraf, haben wir getrennt gearbeitet. Das gab uns die Möglichkeit, gegeneinander in Wettstreit zu treten. Wir haben mehrere Male Kontrollarbeiten und Prüfungsfragen gemeinsam ausgearbeitet und haben dann anhand der Ergebnisse gegenseitig aufgerechnet, wo die positiven Seiten der einzelnen Schule waren und wo Nachhilfebedarf bestand. Das betraf auch kulturelle Veranstaltungen. Es wurden Theater, Musik und andere Veranstaltungen organisiert, Elternveranstaltungen, die in … sowohl in Neuwiese als auch in Oberwürschnitz in Gaststätten abgehalten wurden, wo eine neutrale Jury auftrat und praktisch die einzelnen Beiträge der Schulen wertete. Also es gab einen gesunden Wettstreit in dieser Zeit, der wohl manchmal auch etwas konstruiert war.

M. D.: … Gut, Sie sind [*Tonbandausfall*]

Scheibner: Also, genau genommen haben wir uns selber fortgebildet. Es gab regelmäßig – ich kann heute nicht mehr sagen, in welchen zeitlichen Abständen – eine Weiterbildungsveranstaltung der Neulehrer. Wir Neuwürschnitzer waren zu diesem Zweck mit der Nachbargemeinde Niederwürschnitz zusammengeschlossen. Die Weiterbildungsveranstaltungen gingen von politischen Themen über, bis zu praktischen, unterrichtlichen Themen: beispielsweise zu Fragen der Rechtschreibung oder der Grammatik. Und es gab auch Weiterbildungsveranstaltungen in den einzelnen Disziplinen, in einzelnen Unterrichtsbereichen. Da es in beiden Schulen nur noch einen Altlehrer gab, der dann auch bald in Rente gegangen ist, teilten wir uns die Aufgaben untereinander auf.

M. D.: Gab es die Trennung zwischen obligatorischen und fakultativen Veranstaltungen in der Weiterbildung?

Scheibner: Zu dieser Zeit war das alles fakultativ. Also es wurde angeregt vom Schulrat, aber es gab keine regelmäßigen Pflichtveranstaltungen. Das hat sich erst später durchgesetzt.

M. D.: Wie war das organisiert, diese freiwillige Arbeitsgemeinschaft? Wer hat da teilgenommen?

Scheibner: Teilgenommen hat praktisch jeder interessierte Neulehrer und das war in der Regel jeder. Organisiert wurde das im Wechsel von den einzelnen Schulleitern. Genau genommen waren daran vier Schulen beteiligt: Die Schule Neuwürschnitz I, die Schule Neuwürschnitz II, die Schule Niederwürschnitz ... und in bestimmten Zeitabläufen auch noch die Schule in Neuoelsnitz. Die lagen alle eng aneinander. Die Veranstaltung begann mit einer Unterrichtslektion zu einem ganz bestimmten Thema. Wenn es nur für die Geschichtslehrer organisiert war, eben dann eine Geschichtsstunde und die wurde hinterher besprochen ... gewürdigt und es schloss sich dann ein entsprechendes methodisches oder auch geschichtstheoretisches Thema der Weiterbildung an.

M. D.: Es gab also die Trennung von Fortbildung für alle Lehrer ...

Scheibner: Ja.

M. D.: ... und für bestimmte Fach ...

Scheibner: So ist es. Ja, genau.

M. D.: Und in welchem Verhältnis?

Scheibner: Das kann ich Ihnen heute nicht mehr sagen ... Ja, wie gesagt, das fand an Nachmittagen statt. Bei uns, bei den Geschichtslehrern, die sich dann später zu dem Kollektiv zusammenfassten, war es eine ständige Einrichtung, dass wir uns sonnabends nach dem Unterricht, also nachmittags, trafen zu solchen Besprechungen geschichtsmethodischer Art. Natürlich hatte das alles einen sehr privaten, persönlichen und kameradschaftlichen Anstrich, aber wir nutzten die freie Zeit, um uns über unsere Arbeit, die Gedanken über unsere Arbeit auszutauschen. Und daraus wurde dann eben so eine mehr oder weniger über Monate zumindest regelmäßige Einrichtung des Kollektivs, bis dann drei von uns nach Berlin ... delegiert wurden.

M. D.: Haben alle Geschichtslehrer der vier Schulen an dieser Arbeitsgemeinschaft teilgenommen?

Scheibner: Ja, alle.

M. D.: Und wer war das?

Scheibner: Das waren in Neuwürschnitz II Georg Uhlmann und Ehrenfried Schenderlein, und in Neuwürschnitz I, außer meiner Person, Rudi König und Werner Rentsch und später kam noch dazu Walter Friedrich und Horst Heitel ... Aber, wie gesagt, bis auf die beiden waren wir alle Geschichtslehrer, hier, in diesen beiden Schulen. Horst Heitel kam, ähnlich wie Ehrenfried Schenderlein, zu späterer Zeit aus der Zwickauer Gegend zu uns hierher nach Neuwürschnitz, und Walter Friedrich hat mich in Neuwürschnitz im Jahre 1950 als Schulleiter abgelöst. Da bekam ich den Auftrag vom Schulrat, eine Schule, die größte Schule im Landkreis Stollberg, zu übernehmen. Das war die Grundschule in Lugau mit 1400 Kindern. Lugau liegt immerhin reichlich, also ich sage mal vier bis fünf Kilometer von hier entfernt. Es gab damals keine Transportmöglichkeiten. Ich hatte ein Fahrrad älterer Bauart, zur Bereifung Hartgummipfropfen, die auf ein Stahlseil aufgefädelt waren, so Hartgummipfropfen, wie man sie im Erlenmeyerkolben oder so – Sie wissen das ja –, verwendet, und die wurden draufgezogen auf die Felge, und dann ging es über die Pflastersteine, wo man jeden Pflasterstein in den Muskeln der Oberarme verspürte, ging es von hier aus nach Lugau. Und das zu der Zeit, da ich eben auch noch Kreisvorsitzender der Lehrergewerkschaft war, meine Funktion in der FDJ behalten hatte und auch in der Partei hier in Neuwürschnitz, und auch den FDJ-Chor noch leitete – also volles Programm ...

M. D.: Nun ist es ja eine Sache, sich Sonnabendnachmittag privat zu treffen, zu einer Arbeitsgemeinschaft, und eine andere, sich einen Namen zu geben, nämlich „FDJ-Geschichtslehrerkollektiv ‚Fritz Scheffler'", und Artikel zu schreiben. Das muss da ja einen Prozess gegeben haben, der Verfestigung dieses Kollektivs, dass es festere Formen angenommen hat. Können sie diesen Prozess mal ein bisschen beschreiben?

Scheibner: Das nachzuvollziehen ist schwierig ... Ausgegangen ist die ganze Sache mit diesem ungeheuren Aufschwung, der durch die Aktivistenbewegung in unserem Gebiet im Lugau-Oelsnitzer Steinkohlenrevier hervorgehoben war. Der Erfinder der Aktivistenbewegung war ja nicht Adolf Hennecke, sondern das waren die Jugendbrigaden auf den Steinkohlenschächten, die schon im Jahre 1947 begannen, durch Sonderschichten die Produktion zu fördern. Wir nahmen an dieser Entwicklung, obwohl wir ja zwar Bergarbeiterkinder waren, aber mit dem Schacht persönlich nichts zu tun hatten, wir nahmen daran Anteil. So besuchten wir auch – „besuchten" ist nicht der richtige Ausdruck –, so nahmen wir auch an Sonderschichten auf den Schächten teil. Die wurden sonnabendabends organisiert, Nachtschicht ... Jüngere und auch ältere Leute aus den Verwaltungen, aus den Schulen fuhren ein, unter der Anleitung vor allem jüngerer Bergleute und halfen mit, die Produktion zu steigern.

Wir fuhren also abends in einen Schacht und arbeiteten dann die ganze Nachtschicht durch am Kohlenstoß oder bei der Förderung der Kohle und das, und dafür gab es 10 Mark und ein Mittagessen oder ein Essen, wenn man den Schacht verließ. Ich habe das mehrere Male mitgemacht. Ich habe mir hinterher gesagt: Und wenn die 1000 Mark verdienen würden für eine Schicht, ich würde das nie mitmachen. Es war außerordentlich schwer und auch gefährlich. Und wenn ich am Sonntagfrüh nach Hause kam, schlief ich den ganzen Sonntag durch wir ein Toter, um mich wieder von diesen Anstrengungen zu erholen. Die Arbeitsbedingungen, die Schwere der Arbeit, die Hitze, das Dröhnen der Fördereinrichtungen, die wirkten auf mich so, dass ich an Essen überhaupt nicht gedacht habe. Das Einzige, was uns zur Verfügung stand, das war ein großer Krug schwarzen Malzkaffees, und den haben wir mehrere Male aufgefüllt. Es gab ja solche Möglichkeiten unter der Erde, solche Abfüllstationen.

So beeindruckend war diese ganze Arbeit. Das aber hat uns mit Respekt erfüllt gegenüber den Leistungen dieser Leute, vor allen Dingen derjenigen, die sich eben zu einer Aktivistenbewegung organisierten. Zu der dann der Höhepunkt praktisch im Oktober 1948, trat, als der ehemalige Werkleiter vom Karl-Liebknecht-Werk, Willy Melhorn diese Sonderschicht des Bergarbeiters Adolf Hennecke aus Lugau organisierte. Es war ein organisierter Einsatz mit dem Ziel, die Aktivistenbewegung zu verbreitern und auf eine höhere Stufe zu stellen. Aber sie war bereits vorhanden und war zu einem ... Lebensinhalt der Bevölkerung hier geworden, zumindest der, die sich an so etwas beteiligt haben. Wir beteiligten uns daran. Und deshalb kamen wir auf die Idee, in einer ähnlichen Weise eine gewisse Aktivistenarbeit zu leisten, und bald kam auch jemand von uns auf die Idee, da wir ja alles Bergarbeiterkinder sind und dem Bergbau verbunden waren, wir könnten uns ja ein Vorbild vom Schacht nehmen, ihm sogar seinen Namen für uns formulieren. Das haben wir dann getan. Der Fritz Scheffler stammte aus unserem Ort, war als Verdienter Bergmann des Volkes ausgezeichnet worden. Wir hatten persönliche Verbindungen zu ihm und haben dann angefragt, ob er erlaubt, uns seinen Namen zu geben. Das hat er mit Freuden getan.

Darüber hinaus hatte ich persönliche Beziehungen zu Adolf Hennecke; seine Kinder gingen zu mir ab 1950, als ich dort Schulleiter in Lugau wurde, in die Schule. Und habe diese Beziehungen, zumindest was die Frau Hennecke und die Kinder anbetrifft, nach dem Tode Henneckes auch weiter gepflegt. Wir, wir luden Adolf Hennecke, als er dann bereits als Arbeitsinstrukteur eingesetzt war, zu uns in die Grundschule Neuwürschnitz I ein, dort hielt er vor den Schulabgängern der achten Klasse einen Vortrag über die Bedeutung der Arbeit allgemein und über die Bedeutung des Steinkohlen- ... des Bergmannsberufes im Besonderen. Und auf die Art und Weise hat er also beigetragen, den Kindern volkswirtschaftlich wichtige, notwendige Berufe zu erläutern, für den Bergbau zu werben. Das sind so meine Verbindungen zu den Aktivisten zum Steinkohlenbergbau ... wozu auch mein Vater gehörte.

M. D.: Das heißt ...

Scheibner: Genau das. Dieser Gedanke ... etwas zu tun, was so aus dem Handelsüblichen, aus der Norm herausragte und Anregungen gab für eine Verbesserung unserer pädagogischen Arbeit.

M. D.: Und wie wurde das versucht? Also: Der Adolf Hennecke förderte Kohle.

Scheibner: Ja.

M. D.: Was machten die Aktivisten des Geschichtsunterrichts?

Scheibner: Die nahmen die Anregungen, die aus dem Volk und Wissen kamen, auf und schrieben unsere Erfahrungen auf dem Gebiet der Geschichtsmethodik auf. Hier muss man ja also sagen, dass die Geschichtszeitschrift bis zu diesem Zeitpunkt kaum methodische Beiträge brachte. Sie wartete buchstäblich darauf, aus der Praxis Material zur Verfügung gestellt bekommen. Und diese unmittelbare Verbindung zum Verlag und zur Redaktion ... die erfolgte einerseits durch den stellvertretenden Chefredakteur „der neuen schule", Johannes Rößler, und auf der anderen Seite durch eine Redakteurin der Zeitschrift „Geschichte in der Schule", die auch aus unserem Kreis stammt und in der Oberschule in Stollberg vorher unterrichtet hatte. Jetzt ist mir der Name entfallen – vielleicht fällt mir das noch ein. Aus diesen beiden persönlichen Beziehungen, Bindungen, die auch wussten, was wir hier unternommen haben, entstand dieses Vorhaben, geschichtsmethodische Beiträge aus unserer Erfahrungswelt zu formulieren. Dass die nun so ... als der Stein des Weisen betrachtet wurden, so dass sie in der Zeitschrift veröffentlicht wurden, hatten wir ja nicht beabsichtigt.

M. D.: Wann hat sich die Zeitschrift an Sie gewandt, mit der Bitte um Veröffentlichungen?

Scheibner: Das lässt sich jetzt schwer sagen ... Ich nehme an, zu Beginn der Fünfzigerjahre. Ich kann mich dafür nicht verbürgen. Da müsste man mal in die, in die Zeitschrift reingucken, in die Inhaltsverzeichnisse.

M. D.: Ja. Es ist bekannt, wann der erste Artikel erschienen ist.

Scheibner: Ja.

M. D.: Das kann ich Ihnen auch gleich sagen. Aber es bedarf ja eines gewissen Vorlaufes.

Scheibner: Ja.

M. D.: Also Ihr erster Artikel ist im April 1950 erschienen.

Scheibner: Hm. Also der Vorlauf war gegeben durch die, durch die sonnabendlichen Zusammenkünfte, die ja nicht durchgeführt wurden, um Artikel zu produzieren für die Zeitschrift, sondern um unseren eigenen Erfahrungsschatz zu bereichern, um uns gegenseitig anzuregen. Natürlich war das nicht eine ... reine trockene geschichtsmethodische Unterhaltung, sondern das hatte auch viel privaten Anstrich.

M. D.: Nun, und wie sind Sie dann nach Berlin gekommen?

Scheibner: Eben durch diese Arbeit in dem Geschichtslehrerkollektiv wurden die Leute, außer den beiden ... die Redakteurin hieß Inge und der Johannes – Hans – Rößler – wurden andere Leute aufmerksam. Das ist eine zwielichtige Sache.

Kassettenwechsel (58:54)

Scheibner: Das ist eine ... zwielichtige Angelegenheit. Der Artikel von Hans Rößler in „der neuen schule" war erschienen. Man wurde über den Geschichtsunterricht hinaus in anderen Bereichen des Verlages auf uns aufmerksam. So dass es das Bestreben gab, mich nach Berlin zur Redaktion zu holen. Später hat sich herausgestellt, es waren vor allen Dingen zwei Leute dran interessiert: der Chefredakteur „der neuen schule", Ernst Z. Ichenhäuser[3], der bis zu diesem Zeitpunkt als ehrenamtlicher Parteisekretär am Verlag funktionierte. Und zum Zweiten der Leiter der Geschichtsabteilung, Herbert Becher, der natürlich interessiert war, solche Leute, die geschichtsmethodische Artikel produzierten, direkt an den Verlag zu holen. Ich habe damals abgelehnt mit der Begründung: „Das müssen Sie verstehen, die Erzgebirgler, und ich gehöre dazu, die haben manchmal ganz eigenartige Beziehungen zu ihrer Heimat." Ich gehörte zu diesen und war nur bereit, nach Berlin zu gehen, wenn mich noch jemand begleitete. So ergab sich, dass Georg Uhlmann nach Berlin geholt wurde, weil er benötigt wurde als Autor für die neuen Ge-

---

3 Der Münchener Ernst Z. Ichenhäuser (1910–1998), vor 1945 Volksschullehrer und kommunistischer Funktionär, nach 1933 Inhaftierung, Flucht über Prag nach Großbritannien, nach der Rückkehr 1945 Gründungs-Chefredakteur der einflussreichen Lehrpersonenzeitschrift dns ,die neue schule' in Berlin (DDR).

schichtslehrbücher, die ja auch Herbert Becher im Zusammenhang mit dem damaligen Minister Paul Wandel[4] in der Hand hatte. Und Ehrenfried Schenderlein, der ja zu uns mit gehörte, der ging an die „neue schule", zu Ichenhäuser und ich kam … Bis das perfekt wurde am Ende des Schuljahres 1949/50, hatte inzwischen Georg Uhlmann seine Tätigkeit in Berlin bei der Redaktion der Geschichtsbücher aufgenommen. Ehrenfried Schenderlein und ich sollten am 1. September 1951 antreten.

Dienstbeflissen wie wir waren, sind wir schon in den letzten Tagen des Augusts hingezogen, hingefahren, haben übernachtet in der Familie des Nationalpreisträgers Ichenhäuser. Seine Frau war damals Redakteur der ABC-Zeitung. Und an einem der letzten Augusttage fand im Verlag eine Parteiversammlung statt, an der wir teilgenommen haben, und auf dieser Veranstaltung wurde ich, ohne schon Mitglied des Verlages zu sein, zum ehrenamtlichen Parteisekretär gewählt. Ich sage deshalb, es war eine zwielichtige Angelegenheit, weil man den Eindruck haben musste, sie haben jemanden gebraucht, der ihnen unliebsame Funktionen abnahm. So wurde ich also am 1. September 1951 Mitarbeiter des Verlages Volk und Wissen, wurde beschäftigt in der Redaktion der Zeitschrift „Geschichte in der Schule". Wir waren zwei Redakteure: Der eine, der Kollege Wettstädt, der später in die „Polytechnik" gegangen ist meines Wissens, der war für den geschichtswissenschaftlichen Teil zuständig, und ich für den geschichtsmethodischen. Chefredakteur war Herbert Becher.

Diese ehrenamtliche Tätigkeit als Parteisekretär habe ich mindestens ein Jahr durchgeführt. Ich war für eine solche Funktion, in einem solch bedeutenden Verlag intellektuell gar nicht vorbereitet und auch nicht … geeignet. Immerhin waren solche Leute wie der spätere Minister für Kultur, Klaus Gysi, Mitglied meines Parteivorstands, und da kann man sich vorstellen, mit welchen Minderwertigkeitskomplexen ich ausgerüstet war, wenn ich solche Leute an meiner Seite hatte, die in der Lage waren, aus freien Stücken, aus dem Handgelenk gewissermaßen, bedeutende Bemerkungen zur Diskussion zu bringen, während ich gezwungen war, das alles schriftlich und mit großem zeitlichen Aufwand vorzubereiten. Ich wurde dann abgelöst von einer hauptamtlichen Parteisekretärin, die hieß Iris Goldstein, war die Frau des ND-Korrespondenten Werner Goldstein in London. Sie blieb aber Mitglied der Parteileitung.

M. D.: Nun liegt ja zwischen der ersten Kontaktaufnahme des Verlages mit Ihnen im Frühjahr 1950 und dem Wechsel zum Verlag, 1. September 1951, doch ein gewis-

---

4 Der Mannheimer Paul Wandel (1905–1995), bis 1933 Funktionär der KPD, 1931–1945 politische Tätigkeit in Moskau, 1945–1952 Präsident der ‚Deutschen Zentralverwaltung für Volksbildung' bzw. Minister für Volksbildung der DDR. 1953–1957 Sekretär für Kultur und Erziehung im ZK der SED. 1957 politische Disziplinierung, ab 1958 außenpolitische Karriere.

ser Zeitraum. Warum dann doch so spät nach Berlin, und was ist in der Zwischenzeit passiert?

Scheibner: Also, warum so spät, das kann ich nicht beantworten. Auch damals mahlten die Mühlen der Verwaltung sehr langsam. Außerdem war ich ja hier festgehängt als Schulleiter in Lugau und als ehrenamtlicher Gewerkschaftsvorsitzender. Solche Wechsel wurden überhaupt nur am Schuljahresende möglich, und dieses Ende war wohl das Schuljahr 1950 – na, wie denn nun? – 1950/51. Dazu muss man noch wissen, dass bei uns zu dieser Zeit der Kreis Stollberg für eine Zeitlang, für zwei bis zweieinhalb Jahre, aufgelöst worden war und wir dem Landkreis Zwickau und das Steinkohlengebiet dem Landkreis Zwickau zugeordnet wurden. Es war also eine sehr verworrene Situation. Wir waren dennoch nicht untätig, gerade in dieser Zeit der ersten Kontaktaufnahme '50 bis zum Sommer '51, das war die Zeit in der unsere geschichtsmethodischen Beiträge erschienen ... Ja, so ungefähr müsste das gewesen sein.

M. D.: Sie haben vorhin erwähnt, dass Sie 1950 zum Deutschlandtreffen ...

Scheibner: Ja.

M. D.: ... schon mit dem Chor im Verlag ...

Scheibner: Ja.

M. D.: ... gesungen haben.

Scheibner: Nein, '51!

M. D.: Zu den Weltfestspielen?

Scheibner: ... Zu den Weltfestspielen mit dem Chor im Verlag gesungen haben. Ja, dabei wusste ich allerdings, dass in knapp vierzehn Tagen dann meine berufliche Heimat hier liegen würde. Ja, dieser Saal, der hat für mich eine besondere Bedeutung. In diesem Saal haben wir auch die Ereignisse des 17. Juni 1953 miterlebt Georg Uhlmann und ich. Wo Ehrenfried Schenderlein damals gewesen ist, das entzieht sich meiner Kenntnis, müsste man befragen ...

M. D.: Die Ereignisse des 17. Juni '53 und Ihr Erlebnis, das würde mich sehr interessieren. Vorher noch eine Frage ... Noch mal zu der Kontaktaufnahme des Verlages mit Ihnen hier in Neuwürschnitz ...

Scheibner: Ja.

M. D.: Ist der brieflich erfolgt oder hat man irgendwo angerufen oder wie war das?

Scheibner: Die Frage heute so zu beantworten, das ist mir nicht mehr möglich. Wir haben ja in einer Zeit der ständigen Anspannung, der ständigen Arbeit gestanden, so dass solche ... offiziellen – wie soll ich mich da mal ausdrücken? So dass es für uns nicht von einer grundlegenden Bedeutung war. Ich kann Ihnen nicht mehr sagen, ich nehme an, das ist erst einmal mündlich erfolgt. Ich weiß sogar noch genau, dass mich Ichenhäuser besucht hat, hier in diesem Raum. Ja, wie weit es dann bereits zu definitiven Absprachen gekommen ist, entzieht sich meiner Kenntnis. Offensichtlich ist mit mir ein Einstellungsvertrag abgeschlossen worden, der so aussah, dass die ersten Monate noch vom Kreisschulrat aus Zwickau bezahlt wurden für mich, und dass dann erst die Bezahlung durch den Verlag einsetzte. Ich weiß das deshalb, weil ich ja bei meiner Berentung alle diese Unterlagen beibringen musste. Eine schreckliche Angelegenheit. Ja, aber wie gesagt, Ichenhäuser hat hier gesessen und hat natürlich in seiner väterlichen Art auf mich eingeredet, hat mir die Idee schmackhaft gemacht. Und das war für mich nicht ohne Bedeutung, aber am bedeutungsvollsten war, dass wir drei gemeinsam gingen und nicht getrennt wurden.

M. D.: Warum fiel die Entscheidung für Sie drei und nicht für den Herrn König und den Herrn Friedrich und für den Herrn Rentsch? ... Das Kollektiv hat sich ja geteilt.

Scheibner: Ja, das hängt natürlich auch mit den inneren Beziehungen zusammen, die vorhanden gewesen sind. Wir drei waren Neuwieser, also wohnungsmäßig wohnten wir alle hier und kannten uns schon, wie gesagt, von Anfang an. Andere sind im Laufe der Zeit dazu gestoßen, zum Beispiel Werner Rentsch, der war ursprünglich Lehrer in Neuoelsnitz und kam erst Jahre später nach Neuwürschnitz an meine Schule. Rudolf König genauso, der kam aus Stollberg, und so weiter. Also der Kern, der also auch ... emotional zusammengewachsen war, das waren die drei.

M. D.: Wer hat die Artikel ausgearbeitet? Man schreibt ja nicht zu sechst einen Artikel.

Scheibner: Ja.

M. D.: Da muss es ja Verantwortlichkeiten geben.

Scheibner: Ja.

M. D.: Wer hat da die Feder geführt?

Scheibner: Das wurde verteilt. Wir kamen ja sonnabends zusammen unter einer ganz bestimmten Themenstellung. Und derjenige, der mit der Themenstellung beauftragt war, der musste auch die notwendigen inhaltlichen Vorbereitungen treffen. Der stellte Thesen auf und darüber wurde diskutiert, und wenn alles glatt ging, konnte zum Schluss derselbe damit beauftragt werden, den Artikel zu schreiben. Die, sagen wir mal: redaktionelle Schlussarbeit, die war mir dann vorbehalten. Das war so mein Faible von jeher, und das hat mich natürlich auch eine Zeitlang im Verlag befriedigt, redaktionelle Arbeit zu betreiben. Und das sehen Sie auch daran, dass ich das heute, bis auf den heutigen Tag gern mache. So, also es war eine – und das stellte auch Hans Rößler in seinem Beitrag in „der neuen schule" dar –, es war wirklich eine kollektive Arbeit, nicht bloß eine Ein-Mann- oder Drei-Mann-Arbeit, die dann den Titel „Kollektiv" aufgeklebt bekam.

M. D.: Also die Feder ging tatsächlich reihum?

Scheibner: Ja, auch ... Das hing auch damit zusammen, welche Erfahrung der eine oder andere mit diesem Thema gemacht hatte. Ehrenfried Schenderlein zum Beispiel hat sich mal eine ganze Zeit lang mit der Bewertung von Geschichtsarbeiten beschäftigt – ein heißes Eisen. Ich glaube, bis zum heutigen Tag ist das kompliziert. Schon: Welche Disziplinen sind zu bewerten? Und nach welchen Maßstäben muss überhaupt eine Bewertung vorgenommen werden? Ich bin überhaupt der Meinung, man sollte mal mit solcher Zensurierung und Bewertung vorsichtig sein, was Geschichte anbetrifft. Will ich mich hier nicht festlegen, aber es gibt viele Fächer, da ist eine Bewertung völlig fehl am Platz: Kunsterziehung, Zeichnen zum Beispiel, Musik und so weiter. Je nachdem, welche Interessenbereiche bei den Einzelnen vorhanden waren, die wurden dann auch so. Das ergab sich dann so.

M. D.: Hm.

Scheibner: Und immer, wenn draufsteht „Geschichtslehrerkollektiv ‚Fritz Scheffler'", war das wirklich eine gemeinsame Arbeit, gemeinsam erarbeitete Themenstellung, die dann ihren Niederschlag fand, der nur noch von einem oder anderen einer redaktionellen Bearbeitung bedurfte. Und da habe ich persönlich genau Wert darauf gelegt, dass nur das unter meinem Namen geschrieben wurde, was ich auch selber gemacht habe. Und als uns dann Becher in der Hand hatte, hat er natürlich immer darauf gedrungen, dass außerdem noch persönliche Artikel geschrieben wurden. Er wollte ja seine Zeitschrift repräsentativ gestalten. Und das war letztlich der Grund, weshalb er mich dann geholt hat. Und das war letztlich der Grund, weshalb er so verärgert war über mich, als ich nach zwei Jahren sagte: „Ich habe mein Pulver verschossen. Ich will nach Hause." Da spielten dann auch persönliche Angelegenheiten eine Rolle, aber die entscheidende war mein Beruf. Und da kam zu seinem Glück der 17. Juni dazwischen und da konnte ich nicht gehen, da wollte ich nicht gehen. Das ließ mir schon meine Ehre nicht zu, in so einem Zeitpunkt den Verlag zu verlassen, so dass das sich um ein Jahr verzögert hat.

M. D.: Gab es denn im Kollektiv dann Verständnis dafür, dass drei jetzt nach Berlin gehen?

Scheibner: Ja, was blieb ihnen denn weiter übrig? Es gab Verständnis. Wir haben ja auch noch eine Zeit lang zusammengearbeitet und wir haben erreicht, dass Werner Rentsch und Rudolf König auch noch eine Reihe eigenverfasster Artikel veröffentlichen konnten. Aber so tief danach gefragt, was wird da aus dem Schicksal des Kollektivs, kann ich mich schlecht erinnern. Es war ja auch zu viel, was auf einen einstürmte. Wir waren ja praktisch nun auf einer höheren Ebene angesiedelt. Haben das allerdings genutzt, um mit den Würschnitzer Kollegen weiter zusammenzuarbeiten.

M. D.: Also Neid gab es da nicht?

Scheibner: Könnte ich nicht … Nein. Haben wir eigentlich nie kennengelernt, und er ist nie geäußert worden. Wie gesagt, zwei sind schon gestorben … Bis zum Schluss und heute noch, mein Kollege Werner Rentsch – Sie sind vorbeigefahren, der wohnt noch hier –, da gibt es keine Probleme. Uhlmann, uns verbindet ja nach wie vor eine innigliche Freundschaft. Sie haben das ja angedeutet, Georg Uhlmann wird im November 75. Nun überlegen wir schon, wie wir da wieder mal so ein gemeinsames Treffen zum Leidwesen unserer Frauen durchführen könnten. Das Letzte zu seinem 70. Geburtstag, das begann nachmittags 14 Uhr und endete dann so um Mitternacht. Und bis auf die kleinen Pausen der Mahlzeiten, an denen dann auch die Frauen beteiligt waren, waren sie thematisch abgemeldet. Aber das muss man verstehen.

M. D.: Ja, und Walter Friedrich?

Scheibner: Ja … Walter Friedrich übernahm die „Schule des Friedens", so hieß sie dann, die Grundschule I in Neuwürschnitz, nachdem ich nach Lugau gegangen war, als Schulleiter. Und ging dann nach einigen Jahren an die Erweiterte Oberschule als Geschichtslehrer, Staatsbürgerkundelehrer und war Fachberater für Staatsbürgerkunde. Rudolf König übernahm die Schule in Neuwürschnitz I nach dem Weggang von Walter Friedrich, und die hat er dann auch jahrelang geführt, bis er an das Pädagogische Kreiskabinett berufen wurde. Werner Rentsch übernahm nach einer gewissen Zeit die Grundschule II in Neuwürschnitz als Schulleiter und wurde dann in die Abteilung Volksbildung beim Rat des Kreises berufen. Der war bis zu seiner Rente zuständig für die Ausbildung und Betreuung der Praktikanten, die von Universitäten und Pädagogischen Hochschulen kamen und die dann hier ihr Praktikum absolvierten. Horst Heitel war bis zu seinem Tode Geschichtslehrer, bis zu seiner Berentung Geschichtslehrer an der „Schule des Friedens" in Neuwürschnitz I und ist aber dann bald aus Krankheitsgründen gestorben. Rudi König ebenfalls. Alle anderen sind Rentner ...

M. D.: Jetzt würde ich gern mal chronologisch weitergehen. Und zwar mal einen Blick werfen auf Ihre Tätigkeit im Verlag ab ersten September ...

Scheibner: Ja.

M. D.: ... 1951. Was waren die wichtigsten Aufgaben der Zeitschrift in dieser Zeit? Was hatten Sie zu organisieren?

Scheibner: Also, ich persönlich hatte die Beziehungen zu anderen Geschichtslehrern zu organisieren, die sich durch Leserzuschriften bekanntgemacht hatten. Es gab ja damals so kleinere Zuschriften, die sowohl veröffentlicht wurden und die wir als Anregung nahmen, mit ihnen in Beziehungen zu kommen. Herbert Becher legte großen Wert darauf, dass viele Unterrichtsbeispiele geschaffen, von Praktikern ausgearbeitet und in der Zeitschrift veröffentlicht wurden. Und so nutzte ich alle diese brieflichen Beziehungen, die im Verlag zusammenliefen, um mit diesen Kollegen direkt in Verbindung zu treten. Zum Beispiel um sie aufzufordern und sie dann auch zu betreuen, eine eigene Unterrichtsstunde auszuarbeiten, mit Ablauf Vorbereitung, Ablauf Durchführung und Auswertung. Das ist uns in der Regel ganz gut gelungen.

Zweitens nahm ich Verbindung auf, und das war ich meistens nicht alleine, da war die ganze Abteilung Geschichte beteiligt mit den Volksbildungsabteilungen in ganz bestimmten Kreisen, wo sich herausgestellt hatte, dass dort aktive Lehrer tätig waren, sodass wir dort mit allen Geschichtslehrern eines solchen Kreises Konferenzen, Arbeitsberatungen durchführten. Und ich sagte schon: darunter eben auch in Dessau, Bitterfeld, in Burg, um ein paar Beispiele zu bringen, in Annaberg. Also wir haben den direkten Kontakt gesucht, haben uns einen Erfahrungsaustausch organisiert und gepflegt und haben dann auf die Art und Weise neue Mitarbeiter für die Geschichtszeitschrift bekommen.

Und drittens war meine Aufgabe, Kollegen, die sich durch ihre Mitarbeit an der Zeitschrift als besonders geeignet, prädestiniert gezeigt hatten, den damals, Anfang der Fünfzigerjahre, aufblühenden Fakultäten, an den geschichtsmethodischen Fakultäten oder den Geschichtsfakultäten mit einem methodischen Bereich an den Universitäten und den, an den frischgegründeten – na, wie hießen die? Pädagogischen Hochschulen – zu nominieren. Auf die Art und Weise habe ich ja einen Anteil daran, dass da viele später bedeutende ... oder weniger bedeutende Professoren und Dozenten ihren neuen Beruf gefunden haben.

M. D.: Erinnern Sie sich noch an einige Namen?

Scheibner: Ja: Roland Zeise, Leipzig ... Naumann, der stammte aus Zittau, war dann in Dresden tätig, Hänel, Dresden. Ich könnte da noch viele aus dem Gedächtnis mal herauskramen, wenn das gewünscht wird.

M. D.: Ja, würde mich interessieren.

Scheibner: Das waren ursprünglich Mitarbeiter, Artikelschreiber, für die Geschichtszeitschrift. Und wie gesagt, als damals der große Drang zur Errichtung von Universitäten und pädagogischen Fachschulen kam, da wurden solche Leute gesucht. Und da wandte man sich unter anderem, was den methodischen Bereich anbelangte, auch an die Zeitschrift.

M. D.: Sie sagten, dass Herbert Becher großen Wert darauf gelegt hätte, Unterrichtsbeispiele zu veröffentlichen.

Scheibner: Ja.

M. D.: Wie hat er das geäußert und wie hat er das begründet? Hat er sich auf irgendjemanden berufen?

Scheibner: Das ist zu schwer, das heute, so viele Jahre später zu beantworten. Ihm ging es offensichtlich darum, die Kopflastigkeit der Zeitschrift auf theoretischem Gebiet zu beseitigen und einen adäquaten Anteil geschichtsmethodischer, vor allen Dingen schulpraktischer, Beispiele in die Zeitschrift zu bringen. In diesem Vorgehen wurde er unterstützt von Bernhard Stohr[5] und Emil Hruschka. Das sind zwei Leute, die ich nie vergessen werde in meinem Leben. Ganz unterschiedlich, aber sie gingen für ihre Arbeit auf. Der etwas temperamentvolle Hruschka, zunächst im DPZI, und dann der sehr besonnene, sachliche, aber mit vielen Ideen ausgerüstete Geschichtsmethodiker Bernhard Stohr, der dann in Dresden ... Es kann sein, dass der auch vorher im DPZI war, das entzieht sich meiner Kenntnis. Ich habe das als junger Mann alles gar nicht so verkraften können, es einsortieren können. Ich habe die Person als solche genommen, und da waren die mir beide sehr wertvoll und sie unterstützten meine Arbeit auch dergestalt, dass nicht nur positive Entwicklungen dargestellt wurden, sondern dass also auch kritische Beiträge kamen, vor allen Dingen von Hruschka. Der musste oftmals gegen Becher und Helbig im Hintergrund ... meinen Standpunkt unterstützen ... oder ich seinen. So dass das nicht alles so ganz glatt ablief. Aber es war eine gute Mischung von

---

5 Bernhard Stohr (1899–1971) gilt als einer der Gründerfiguren einer sozialistischen „Geschichtsmethodik" in der DDR. Er wurde am Pädagogischen Institut Dresden zum Professor. Besonders einflussreich war seine Monographie: *Methodik des Geschichtsunterrichts. Probleme der methodischen Gestaltung des Geschichtsunterrichts in der allgemeinbildenden polytechnischen Oberschule.* Berlin (DDR): Volk und Wissen, 1962, deren 3. Auflage von 1968 politisch öffentlich verrissen wurde (dazu unten mehr).

Theorie und Praxis, von Wissenschaftlern und Praktikern, die dort zusammengearbeitet haben.

M. D.: Welche Rolle würden Sie Herbert Becher in diesem Geflecht zuschreiben?

Scheibner: Das ist ein ausgezeichneter Organisator. Ein Mann, der gearbeitet hat, der nur seine Arbeit kannte, der natürlich auch … der seine Mitarbeiter nicht mit Glacéhandschuhen anfasste und sie zu ähnlichen Leistungen anspornte. In dem Augenblick, in dem man Leistungen zustande brachte, die seinen Erwartungen entsprachen, da war man natürlich gut angesehen bei ihm. Es gab auch Auseinandersetzungen. Er gehörte zu denen, die wir heute als Opportunisten bezeichnen würden. Er wusste also immer zum richtigen Zeitpunkt, wo sich die stärkeren Bataillone befinden, sodass er sich gern anpasste. Aber das gab es nicht nur bei ihm. Ich habe an einer Kreisdelegiertenkonferenz des Kreises Mitte teilgenommen. Becher war Delegierter, ich war vom ‚Volk und Wissen Verlag' delegiert. Und wir saßen an einem Tisch mit all diesen intellektuellen Einrichtungen, Universitäten, Hochschulen und so weiter. An unserem Tisch saß auch Jürgen Kuczynski und Alfons Steininger …

Kassettenwechsel (01:27:55)

Also wir saßen an einem Tisch mit Jürgen Kuczynski und Alfons Steininger und vielen Studenten und Professoren an den Einrichtungen. Und dort kam es zu einer Kontroverse zwischen Kuczynski und dem damaligen Kreissekretär von Berlin-Mitte, einem verdienstvollen Arbeiter, der aber eine gewisse Politik der Intelligenzfeindlichkeit durchzudrücken versuchte. Und in dieser Auseinandersetzung standen wir natürlich an der Seite von Jürgen Kuczynski. Aber in dem Augenblick, in dem der ganze lange Tisch mit den Delegierten der Deutschen Reichsbahn sich spontan erhoben und dem Kreissekretär Schäfer Sympathie bekundeten, ohne dass die Diskussion zu Ende geführt worden war, da stand eben schließlich im letzten Augenblick eben auch der Herbert Becher mit auf, mit seiner Körperfülle, und klatschte diesem – wie nennt man das denn? – Bekundungsversuch Beifall. Als ich ihn daraufhin wutentbrannt ansprach: „Wie kannst denn du hier so was machen? Erst so und dann so?" Und dann spricht er: „Merke dir das mal, man muss zur richtigen Zeit wissen, wie man sich zu entscheiden hat." Das war so ein Beispiel von ihm … was ich ihm übelgenommen habe. Das war übrigens meine erste Verbindung zu Kuczynski.

M. D.: Gab es denn weitere?

Scheibner: Na, es gab dann nur noch insofern weitere, dass ich mir all das, was ich erwischen konnte von seinen Veröffentlichungen – und das ist ja nicht so leicht – zugelegt habe ...

M. D.: ... Ja.

Scheibner: ... Auch das Buch mit diesem Gespräch mit seinem Urenkel, was mir dann aus den Händen gerissen wurde und was ja damals wirklich so eine Sensation war. Georg Uhlmann sagte, das hat bei Hager fünf Jahre im Schreibtisch geschmort, bis er es dann zur Veröffentlichung freigab. Das war nun eine solche Sensation, die es gegeben hat.

M. D.: Wen würden sie als die entscheidenden Männer sehen, die die Gestalt und das Konzept des Geschichtsunterrichts damals geprägt haben?

Scheibner: Die würde ich nicht im Ministerium suchen, dort waren mehr oder weniger Befehlsempfänger oder -ausführende wie der Gutjahr, der sich ja über mehrere Minister hochgedient hat zum Professor. Was aus dem geworden ist, weiß ich nicht einmal, der also sowohl bei der Frau des ... Ministers für Staatssicherheit ... Ach, wie hieß der?

M. D.: Zaisser?

Scheibner: Zaisser?

M. D.: Else Zaisser.

Scheibner: Ja. Zaisser und dann bei Kaiser und dann bei Laabs, der hat sich also bei vielen durchgedient bis zur Honecker. Die maßgeblichen ... Impulse kamen vom DPZI. Das war der Prof. Dr. Friedrich Weitendorf[6] mit seinen Mitarbeitern, später war Kruppa mit dabei. Aber der Hauptanteil der pädagogischen Arbeit – ich will die Universitäten auslassen, also auch solche wie ... worüber wir gesprochen haben, der Leipziger Wermes und Szalai und wie sie alle hießen. Die muss ich auslassen, das kann ich nicht so beurteilen, denn die haben ja nachher ihre methodischen Handbücher und Anleitungen geschrieben, und das lag dann schon außerhalb meines Reiches, was ich beobachten konnte. Aber der Hauptanteil lag im Verlag, bei Becher, bei Mühlstädt[7] und anderen. So würde ich das einschätzen.

---

6 Der Rostocker Friedrich Weitendorf (1921–1990) hatte eine bewegte Biographie. Ab Ende der 1950er und in den 1960er arbeitete er am Deutschen Pädagogischen Zentralinstitut (DPZI) und leitete dort zuletzt die Abteilung Gesellschaftswissenschaften. Es war in seiner Zeit ein Faktor der „sozialistischen Umgestaltung" der historisch-politischen Bildung. Siehe Demantowsky 2003, *Die Geschichtsmethodik in der SBZ und DDR*: 118–121, 189–197 et ibid.

7 Der Sachse Herbert Mühlstädt (1919–1988) war in den 1950er Jahren Studiendirektor an der Berliner Arbeiter-und-Bauern-Fakultät und Chefredakteur der zentralen Fachzeitschrift ‚Ge-

M. D.: Ja ... In der frühen Periode?

Scheibner: Ja, in dieser früher Periode! Genau. Ja, und wie gesagt, in der folgenden Periode, nachdem die Pädagogischen Hochschulen entstanden, haben das dann die methodischen Abteilungen in breitem Maße übernommen. Wobei Stohr eine Spitzenstellung einnimmt. Er hat ja auch das erste – wie nennt man das? – methodische Handbuch geschrieben. Ich bin dann nur noch mittelbar beteiligt gewesen, ich habe an mehreren methodischen Handbüchern mitgearbeitet. Es gab dann noch in Potsdam eine Einrichtung ... Da waren zwei Professoren beteiligt, ein methodisches Handbuch oder überhaupt ein Handbuch für das Geschichtsstudium zu schreiben. Und die haben mich mal mit eingesetzt, ich sollte da noch ein ...

M. D.: Der eine war Eckermann?

Scheibner: Eckermann! Genau. Und dann der andere, der sich vor allen Dingen so für ... alte Geschichte interessierte. Hühns? Ne, Hühns nicht. Hühns war ... der wohnt noch in, Potsdam. So ein ganz Schmaler ... Das ist auch nicht so schlimm, das würde ich finden, wenn ich es suchen würde. Ganz bestimmt liegt das bei mir hier irgendwo. Eckermann ...

M. D.: ... Na gut, zurück in diese frühe Zeit. Sie sagen also, Mühlstädt und Becher wären die ausschlaggebenden Leute gewesen.

Scheibner: Hm.

M. D.: Ab wann war Mühlstädt am Verlag und ... welche Rolle spielte Paul Wandel? Für den Geschichtsunterricht.

Scheibner: Wandel meines Wissens nur insofern, als er der Schirmherr für die Ausarbeitung der ersten Geschichtsbücher gewesen ist. Von ihm stammte ja auch das Drehbuch, wenn man das so will, das ihm schon in ersten Jahren in Form einer Anweisung, wie Geschichtsunterricht zu handhaben ist, zu erteilen ist, erschien. Und auf dieser Grundlage wurden dann diese roten Lehrbücher geschrieben. Er nahm an der Endredaktion mit Herbert Becher teil. Mehr kann ich dazu nicht sagen.

Und Mühlstädt, was Mühlstädt anbetraf, so kam der erst nach uns in die Geschichtsredaktion, war dann dort jahrelang Abteilungsleiter für Geschichte und

---

schichte in der Schule' (als Nachfolger Scheibners). 1960 wechselte er für 4 Jahre an die Universität Rostock, dann arbeitete er wieder Geschichtslehrer, ab 1968 als freischaffender Schriftsteller. Nachmalig und bis heute im deutschsprachigen Raum bekannt und einflussreich ist er für seine vier Bände fiktional-dokumentarischer Weltgeschichte im historisch-materialistischen Sinne: *Der Geschichtslehrer erzählt. 3 Bände und ein Ergänzungsband.* Berlin (DDR): Volk und Wissen, 1962, 1964, 1965, 1972.

unterstützte unsere Ansichten in Bezug auf einen Geschichtsunterricht mit erzählerischen Funktionen. Was oftmals verpönt wurde, mit dem Begriff ‚novellistisch'. Aber uns ging es ja gar nicht darum, einen novellistischen Geschichtsunterricht zu erteilen, sondern einen wissenschaftlichen, der aber Elemente der emotionalen Aufbereitung, Darstellung enthielt. Und das war dann auch der Grund, weshalb solche, wie ich Ihnen das gezeigt habe, solche heimatgeschichtlichen Lesebücher entstanden, die gab es ja bei mir nicht nur in meinem Kreis, nicht nur für die Arbeitergeschichte, sondern auch für Geschichtsthemen aus dem Mittelalter und aus dem 19. Jahrhundert. Das kann ich Ihnen alles gar nicht zeigen. Und er griff ... dieses Problem auf, unterstützte uns und ging dann aus familiären Gründen vom Verlag weg an die Uni in ...

M. D.: Rostock.

Scheibner: ... Rostock. Ja, und dort hat er das zu seiner Lebensaufgabe gemacht.

M. D.: Wie haben Sie – wieder zurück in Neuwürschnitz – wie haben Sie den Schritt von der Orientierung an der Reformpädagogik zur Sowjetmethodik erlebt? Und was hatte das für Konsequenzen in der Geschichtsmethodik ... auch am Verlag dann?

Scheibner: Also mit der Reformpädagogik sind wir nur unbedeutend konfrontiert worden und gar nicht im Hinblick auf Geschichtsunterricht. Scheiblhuber[8] war für mich ein Fremder bis weit in die Sechziger- und Siebzigerjahre hinein, und als ich das dem Bonna mal mitgeteilt habe, dass ich über diesen Scheiblhuber weder was gelesen noch von dem was gehört hatte, hat der mich erstmal instruiert, wie das nun eigentlich war. Reformpädagogik spielte bei uns nur insofern eine praktische Rolle – ich sage das mal so ganz profan –, als in der Bibliothek der Grundschule I in Neuwürschnitz die Werke des Bremer Lehrervereins lagen. Das ist Ihnen doch ein Begriff? Bremer Lehrerverein? Die haben ja breite Teile der Geschichtsthematik in Erzählform gestaltet und das war für mich ein gefundenes

---

8 Der 1914 gestorbene Nürnberger Volksschullehrer erwies sich durch seine auf reformpädagogischen Überzeugungen gegründete Geschichtsdidaktik als außerordentlich wirksam, nicht zuletzt wieder nach 1945, da man in Ost und West nach unbelasteten didaktischen Ideen zu suchen begann und die Reformpädagogik in der sowjetischen Besatzungszone unter Paul Wandel zunächst viel Anerkennung erhielt. Siehe Scheiblhuber, Alois Clemens. *Beiträge zur Reform des Geschichtsunterrichtes mit Materialien für den Geschichtsunterricht.* Straubing: Attenkofer, 1901. Scheiblhuber, Alois Clemens. *Präparationen für den Geschichts-Unterricht in der Volksschule mit achtzig ausführlichen Lehrproben.* Nürnberg: Korn, 1907. Die offizielle Wertschätzung in der SBZ und DDR schlug bald, schon 1948, in langandauernde Gegenkampagnen um, was nur ein Indikator für die starke Wirkung dieser Didaktik war. Siehe z. B. Lindemann, Walter. „Um die Gestaltung des Geschichtsunterrichts in der Grundschule. Warnung vor Scheiblhuber". *die neue schule* 3 (1948): 346.

Fressen, den Unterricht interessant zu gestalten, und habe vieles davon aufgegriffen, in meinen Unterricht eingebaut. Ob das immer ideologisch sauber war, kann ich heute auch nicht mehr sagen. Jedenfalls diese Methode habe ich aufgegriffen. Also ich bin praktisch nur von der – na? – praktischen Seite her mit Reformpädagogik vertraut worden.

Die Sowjetliteratur und die Sowjetpädagogik, die wurde bei uns planmäßig aufgenommen, und viele dieser Veranstaltungen, von denen wir vorhin erzählt haben, entweder im großen Kreis unter allen Neulehrern oder auch im kleinen Kreis, die fanden statt auf der Grundlage solcher Bücher wie Jessipow und Gontscharow, Ogorodnikow[9] und so weiter. Das bezog sich später auch auf geschichtsmethodische Probleme und als Herbert Becher mir eines Tages ein sowjetisches Manuskript aufschnappte mit Geschichtserzählungen im Unterricht und so weiter, war das natürlich für mich eine dankenswerte Aufgabe. Ich habe das übersetzen lassen, habe das redigiert und wir waren praktisch die Ersten, die also auch Sowjetpädagogik auf dem Gebiet der Geschichtsmethodik veröffentlicht haben. Leider ist mir das Buch auch abhandengekommen. Bonna hat mich erst wieder darauf aufmerksam machen müssen. Aber sonst haben wir planmäßig die – und da gab es auch ein bestimmtes Interesse von den institutionellen Seiten, vom Schulrat und so weiter, an dieses Studium heranzugehen.

M. D.: Und wie haben Sie das Studium für sich erlebt, war das befruchtend?

Scheibner: Ja, es war zu großen Teilen eine Offenbarung. Ich habe meine zweite Lehrerprüfung gemacht ... Ich muss ... ich muss vorsichtig sein: Es kann auch die Erste gewesen sein, auf dem Gebiet der Psychologie. Ich bin ja nur in meinem Neulehrerkurs, den ich absolvieren musste mit bürgerlicher Psychologie vertraut gemacht worden, war das für mich eine Offenbarung, die sowjetischen Neuerscheinungen von Kornilow[10] zu sehen, kennenzulernen. Ich habe das Buch buchstäblich auswendig gelernt, wenn man das so sagen darf, und konnte die wichtigsten Passagen bei den Prüfungen aus dem Handgelenk wiedergeben. So dass eben die Prüfenden – na, die mussten passen, die hatten sich nicht mit den Neuesten beschäftigt. Der prüfende Lehrer sagt: „Ja, ja, das stimmt. Das sagt der Rubinstein. Ja, ja,

---

9 Ogorodnikov, Ivan T., und Pavel N. Schimbirjew. *Lehrbuch der Pädagogik*. Berlin: Volk u. Wissen, 1949; Jessipow, Boris P., und Nikolai K. Gontscharow. *Pädagogik. Lehrbuch für pädagogische Lehranstalten. Nach der 3. vermehrten und verbesserten Ausgabe*. Berlin: Volk und Wissen, 1948. Viele Auflagen beider Bücher bis 1954, Hunderttausende verkaufte Exemplare. Dazu zahlreiche in DDR-Zeitschriften publizierte Aufsätze. Diese beiden sowjetischen Autorenpaare galten als der neue Standard.
10 Kornilov, Konstantin N. *Einführung in die Psychologie*. Berlin: Volk u. Wissen, 1949.

das stimmt." Ich wusste von Rubinstein[11] gar nichts. Ich hatte ja bloß Kornilow gelesen. Ich will Ihnen das aber mal so sagen, da gab es eben so diese Aha-Effekte. Das war schon alleine von der ideologischen Seite, aber auch von der praktischen Seite so aufschlussreich, dass man ... sich damit identifizieren konnte. Und da spielte natürlich eine Soli-Haltung zur Sowjetunion eine besondere Rolle. Sie werden das ja hier lesen, wenn Sie mal dazukommen. Denn all das, was unter Stalin an Verbrechen begangen worden war, das war ja damals völlig unbekannt.

M. D.: Vielleicht erzählen Sie jetzt noch mal in den verbleibenden 15 Minuten mal noch etwas zum 15. zum ...

Scheibner: 17.

M. D.: ... 1953.

Scheibner: Ich weiß nicht, ob Sie den ‚Volk und Wissen Verlag' kennen? Waren Sie mal dort?

M. D.: Ich war mal dort, ja.

Scheibner. Auf dem Spittelmarkt?

M. D.: Dort, dieses v-förmige Gebäude.

Scheibner: Genau. Das grenzte ja mit der einen Giebelwand direkt an die Sektorengrenze und wenn wir aus dem, aus dem Bahnhof Spittelmarkt ausstiegen ... Ich wohnte mit dem Ehrenfried in einem Zimmer in der Schönhauser Allee, genauer in der Gleimstraße – dort, wo dann später das Metropoltheater untergebracht war, und jetzt ist es wieder Kolosseum-Kino – dort haben wir also vier, drei Jahre gemeinsam zugebracht. Wenn wir bis zum Spittelmarkt fuhren, konnten wir ja die Leipziger Straße entlanglaufen bis zum Potsdamer Platz. Auf dem Potsdamer Platz war die erste Leuchtschriftreklame angebracht, und da konnte man immer sehen: „Gestern haben wieder vier Vopos die Flucht in die Freiheit gewagt." Und so weiter. Also da wurde regelrecht Politik gegen die DDR gemacht. Und wenn man so die ausgerissenen Volkspolizisten betrachtete, die da im Monat weggingen, da mag auch einiges stimmen, da konnte man nun eigentlich, müsste man ja eigentlich jedes halbe Jahr einen neuen Bestand an „Vopos", wie sie sich ausdrückten ...

Und an diesem 17. Juni, früh, erlebten wir den großen Demonstrationszug Berliner Bauarbeiter von der Stalinallee ... mit ihren weißen, weißen Bauuniformen und Holzpantoffeln in Richtung Haus der Ministerien, Leipziger Straße. Und es

---

11 Späterhin nicht nur in der DDR noch hochberühmter Leningrader Psychologe. Die Zeitschrift pädagogik (‚Volk und Wissen Verlag') hatte 1948 und 1949 die ersten Übersetzungen publiziert. Rubinstein, Sergej L. „Die struktur des psychischen (teil I)". *pädagogik* 3 (1948): 399–409. Rubinstein, Sergej L. „Die struktur des psychischen (teil II)". *pädagogik* 4 (1949): 17–25.

war sehr aufschlussreich, wie die Reaktionen der einzelnen Leute aussahen. Der Becher ... hat seine Arbeit fortgesetzt, als wäre nichts weiter los gewesen. Das gesamte DPZI in der Burgstraße, dort an der ... hinter dem Berliner Dom, die haben ihre gesamte Arbeit so fortgesetzt. Und es gab nur ganz wenige, die gemerkt haben, was hier passierte. Und dazu gehörten zahlreiche Mitarbeiter des Verlages, auch Schorsch Uhlmann, der damals noch im Verlag war, und ich. Und da sind wir vor unser Haus gegangen am Spittelmarkt, weil da einzelne Leute aus dem Demonstrationszug heraus versuchten, das Transparent an unserem Gebäude zu entfernen. Es waren die üblichen Transparente vom Aufbau der Grundlagen des Sozialismus, und dort habe ich erlebt, wie Offiziere in amerikanischen Uniformen auf ihren Jeeps an diesem Demonstrationszug langzogen und gewissermaßen ... Aufträge erteilten an die Demonstranten. Also, wenn Sie mich fragen, meine Meinung aus meinem Erlebnisbereich heraus war, dass zwar eine Streikbewegung der Bauarbeiter – es ging um die veränderten Normen, aber die sofort von gegnerischen Kräften aufgegriffen, vielleicht sogar auch mitorganisiert waren, um einen Sturz der Regierung herbeizuführen. Und die zogen tatsächlich bis zum Haus der Ministerien und dort ist der Minister Selbmann damals rausgetreten, ist ihnen entgegengetreten. Wir haben daraufhin drei Tage lang unser Haus bewacht. Vor allen Dingen dann, nachdem ... Ich muss Ihnen noch sagen: Der Verlag hatte seinen neuen Teil – wir waren beim Umziehen –, und das neue Gebäude war im Entstehen ... am Spittelmarkt, das alte Gebäude war in der Unterwasserstraße und grenzte unmittelbar an das heutige ... oder an das spätere ZK-Gebäude an. Dort, wo die Jungfernbrücke drüber weggeht?

M. D.: Kenne ich, ja.

Scheibner: So, und auf einmal erlebten wir, dass aus der Telefonzentrale des Verlages ein Aufruf ergangen war: Es sollten alle Mitarbeiter auf die Straße treten zum Demonstrationszug auf den Marx-Engels-Platz, und niemand wusste, woher diese Aufforderung kam. Und da sind tatsächlich viele, haben viele Leute diesem Aufruf Folge geleistet. Und damals sind einige Genossen, nicht die führenden, aber so die in der mittleren Preislage, unter anderem eben Georg Uhlmann und ... Klaus Gysi und ich mit dazu – obwohl mir das Herz im Halse geschlagen hat – auf die Straße getreten und haben erreicht nach vielen Diskussionen, dass wir sie von ihrem Vorhaben, loszuziehen zum Marx-Engels-Platz, Abstand nehmen konnten und sie in den Thälmann-Saal in der Unterwasserstraße delegieren konnten. Und dort ging es haarig zu. Beide Parteien kamen dort zur Geltung. Es war eine der erregendsten Zusammenkünfte, die ich überhaupt erlebt habe in meinem Leben. Das war die Zeit als die Rosenbergs vor Gericht standen und ihr Todesurteil unmittelbar bevorstand.

Und ich stand mit Georg Uhlmann an der Seite am Fenster, wir hatten gar kein Platz bekommen, da habe ich eben erlebt, wie dort eine Frau in die Versammlung hineinrief, es würde bald Zeit, dass diese Verräter … Rosenbergs zum Tode verurteilt würden, hingerichtet würden. Und diesen Hinweis habe ich aufgegriffen und habe mich zu Wort gemeldet – ich hatte so eine FDJ-Khakijacke an, wie das damals üblich war – und da mich die meisten kannten, schon deshalb, aufgrund meiner Funktion, riefen sie: „Schon wieder ein Genosse! Wir wollen mal einen anderen hören!" Und da habe ich gesagt: „Ich will bloß zwei Minuten sprechen." Und habe praktisch nur das wiedergegeben, diese Mordhetze wiedergegeben, die diese Frau – sie war die Chefsekretärin von der Lehrerzeitung – die sie gesagt hatte. Da war die Stimmung dann mit einem Male umgeschwungen. Also das ging hin und her.

Zum Schluss kam ein Mitarbeiter des Verlages, der war später dann pädagogischer Direktor, der Name ist mir entfallen im Augenblick … Aber der Ehrenfried weiß das noch, der kam von einem Einsatz in den Verlag zurück, setzte sich mit auf das Präsidium, war blutüberschmiert, den hatten sie also in die Zange genommen. Der brauchte auch gar kein Wort zu sagen. Und dann kamen noch die Schüsse, die von sowjetischen Panzern auf dem Marx-Engels-Platz abgegeben wurden. Das besänftigte nun so allmählich die Gemüter. Von vormittags 10 Uhr bis nachmittags … 14 Uhr fand die Versammlung statt. Wir haben dann, wie gesagt, drei Tage das Gebäude bewacht. Wir haben profitiert von den Sendungen, die Karl-Eduard von Schnitzler aus der eingeschlossenen Masurenallee gesendet hat. Und das hat vielen Menschen in ihrem Bewusstsein einen Halt und eine Stärke gegeben. Dann kam noch dazu, dass in kürzester Zeit Sowjetsoldaten … Es gab einen dreifachen Kordon: Vorneweg die Sowjetsoldaten, dann die Berliner Polizei und dann die Kasernierte Volkspolizei, die sperrten die Sektorengrenzen ab, noch am ersten Tag, und haben dann auch viele solche Halbstarke, die Achtgroschenjungs, für die praktisch … die geglaubt hatten, sie könnten nun jetzt bei uns etwas erreichen, die sie wegschnappten.

Die Sowjetsoldaten haben sich dann im Handumdrehen auf diesem wüsten Gelände am Spittelmarkt – war ja alles noch zertrümmert –, in diesem Trümmerfeld, hineingegraben … Das kannte ich ja nur aus dem Krieg, wie die sowjetischen Soldaten das gemacht haben. Und damals spielten für die Bewusstseinsentwicklung der Menschen die Reportagen, die Stefan Heym in der Täglichen Rundschau veröffentlicht hat, eine große Rolle. Er berichtete davon, wie eben eine gutangezogene Frau an so einer Gegend vorbeigezogen ist, wo die sowjetischen Soldaten sich in die Erde gruben, und da hat die sich moniert über die verschmutzten Stiefel und Uniform der Sowjetsoldaten. Und das hat ein solcher Sowjetsoldat mitbekommen, der Deutsch gesprochen hat, und der hat geäußert: „Stiefel schmutzig, aber hier im Kopf sauber!" Und das hat Stefan Heym zu solchen täglichen Reportagen gut verarbeitet. Also ich habe wirklich erlebt, ich kann das bezeugen, dass das eine von außen organisierte, zumindest unterstützte ... Entwicklung war. Und zu meiner Genugtuung muss ich noch hinzufügen, dass es zu der Zeit in großen Gebieten der DDR, zum Beispiel in unserem Steinkohlengebiet, keinerlei Anzeichen von Revolten gegeben hat. Im Gegenteil: Bei uns wurden Zusatzschichten, Sonderschichten gefahren zur Erhöhung der Steinkohlenproduktion. Zum 17. Juni ist noch nicht alles ausdiskutiert. Also, von wegen Arbeiteraufstand, da muss ich wirklich meine Vorbehalte anmelden.

M. D.: Diese Versammlung, die Sie beschrieben haben, fallen Ihnen noch ein paar andere Beiträge ein ...

Scheibner: Ja.

M. D.: ... und fällt Ihnen noch das Verhalten zum Beispiel von Herbert Becher auf dieser Versammlung ein?

Scheibner: Ja.

M. D.: ... und von anderen für den Geschichtsunterricht wichtiger Leute?

Scheibner: Im Gegensatz zu seinem Verhalten am frühen Morgen hat er dort wenigstens versucht, in einem Diskussionsbeitrag die Leute zur Beruhigung zu bringen. Das hat er versucht. Ansonsten war die – wie ich es Ihnen schon sagte –, die große, die hohe Etage sehr zurückhaltend.

M. D.: Und was waren zu der Zeit die große, die obere Etage?

Scheibner: Das war Hagemann, der Hauptdirektor Hagemann, und sein Stellvertreter Plug, der dann später Direktor war, oder die Nationalpreisträger: einerseits Feuer, der den Nationalpreis für die erste Fibel bekommen hat, andererseits Ichenhäuser und wie sie alle hießen. In dieser Frage könnte ich Ihnen noch viel erzählen, zum Beispiel auch, was Westeinsätze anbetraf. Da ist nie einer von der Ober-Großen mitgewesen. Das waren so die mittleren Mitarbeiter ...

M. D.: Was heißt „Westeinsätze"?

Scheibner: Na, wir haben ... Aufklärungseinsätze in Westberlin durchgeführt mit Flugblättern und auch mit Diskussionen. Da waren beteiligt, neben Schenderlein und ... und Uhlmann auch ... Johannes Rößler, dann der Kinderschriftsteller ... Willy Meinck, der damals ja im ‚Volk und Wissen Verlag' in der Geschichtsabteilung war, der die Geschichtsbücher mitgeschrieben hat, der dann später als Lektor an einen Kinderbuchverlag oder Neues Leben gegangen ist. Und dann hat er sich, dann ist er freischaffend geworden. Mit dem war ich befreundet. Da gäbe es, wie gesagt, viel zu erzählen.

M. D.: Eine Frage noch zu dem Hagemann ...

Scheibner: Ja.

M. D.: ... der Ihr Chef war. Der war ja eigentlich Privatunternehmer, ne? Hat diesen Verlag als GmbH geführt. Er kommt ja nicht aus kommunistischem Hause und hat auch nicht der SED angehört. Welche Funktion hat der im Verlag gehabt, war der nur Geschäftsführer oder war der auch für die inhaltliche Arbeit zuständig?

Scheibner: Also meines Wissens überhaupt nicht für die inhaltliche Arbeit. Das war ein Manager. Aber woher der kam und wie das rechtlich, wie der Verlag rechtlich organisiert war, kann ich Ihnen nicht sagen. Bei meiner Ankunft ging er in Volkseigentum über.[12]

---

12 An dieser Stelle bricht die Aufnahme leider ab. Der Vorrat an Magnettonkassetten war zu Ende.

Mündliches Interview mit Ehrenfried Schenderlein

Berlin, den 16.09.1997

Ehrenfried Schenderlein gehörte dem paradigmatischen FDJ-Geschichtslehrerkollektiv ,Fritz Scheffler' Neuwürschnitz an, 1951 Wechsel nach Berlin zum ,Verlag Volk und Wissen', 1951–59 verschiedene Verlagstätigkeiten im Bereich Geschichte, 1959–66 Chefredakteur der zentralen Fachzeitschrift, ab 1966 Leiter der Sektion Zeitschriften beim pädagogischen Monopolverlag der DDR.

M. D.: Also, Herr Schenderlein zuerst würde mich interessieren, wie war Ihr Lebensweg von 1929 bis 1948?

Schenderlein: Ich bin in Zwickau geboren, habe aber dann in Königswalde bei Zwickau als Sohn eines Bergarbeiters gewohnt, bin in Königswalde in die Volksschule gegangen und 1941 hat mein Volksschullehrer meine Eltern überredet, mich zur Oberschule zu schicken. Dadurch bin ich zur Oberschule für Jungen in Zwickau gekommen, die ich zunächst bis gegen Kriegsende besucht habe, es war ja dann mehrere Monate keine Schule, und zwischendurch wurde ich dann noch von den Sowjets verhaftet und habe dann sieben Wochen im Zuchthaus gesessen in Zwickau und habe anschließend wieder die Oberschule besucht bis Januar '46.

Und im Januar '46 wurde ich vom Bürgermeister in Königswalde angesprochen, er möchte gern, dass ich – sie müssten so und so viele melden –, ob ich nicht Neulehrer werden möchte. Ich habe ihn darauf hingewiesen, dass ich dazu noch zu jung bin. Ich war ja zu diesem Zeitpunkt gerade 16 Jahre geworden. Und da meinte er, dass solle ich mal seine Sorge sein lassen, ich sei ja groß und das kommt schon irgendwie hin. Er hat es tatsächlich geschafft, er hat mich gemeldet und auf diese Weise kam ich zu einem sogenannten Achtmonatskurs für Neulehrer in Zwickau, der also im August '46 beendet wurde und ... Ich hatte mich dann für eine Stelle in Reinsdorf bei Zwickau beworben und erhielt im Gegensatz zu meiner Schwester, die auch am Neulehrerkurs teilgenommen hatte, keine Einstellung, also ich erfuhr einfach nichts.

Ich bin daraufhin zum Schulrat vom Landkreis Zwickau gegangen und der verkündete mir, dass er meinen Fall zur Entscheidung an die Landesregierung nach Dresden gegeben habe, weil ich für seine Meinung zu jung sei, also noch keine 18 und so. Und darauf, das habe ich dann unserem Rektor vom Achtmonatslehrgang gesagt – das war nebenbei gesagt mein Englischlehrer von der Oberschule –, und der hat gesagt: „Ich gebe dir eine Abschrift von deinen Beurteilungen und so weiter mit und da legst Du noch ein polizeiliches Führungszeugnis vom Bürgermeister dazu und dann fährst Du nach Stollberg zu meinem Freund Dreher," – das war der Schulrat des Kreises Stollberg – „Und sagst, ich schicke dich ..." und so weiter und so fort. Und das war dann schon 1. September, also die Schule war gerade schon losgegangen.

Bin ich dann nach Stollberg gefahren und dort hatte der Schulrat gerade eine Sitzung, also jedenfalls die Sekretärin hat mich nicht durchgelassen, aber sie hat mich von oben bis unten gemustert und ist dann in die Sitzung rein gegangen und wahrscheinlich hat sie eine Beschreibung meiner Äußerlichkeiten gegeben, jedenfalls kam sie wieder raus und sagte: „Der Herr Schulrat will es mit Ihnen versuchen." Und hat mich, hat mir aufgetragen, dass ich mich so schnell wie möglich in Neuwürschnitz II an der Schule bei Herrn Uhlmann melden möchte, um dort meinen Dienst anzutreten. Das habe ich dann am 3. oder 4. September gemacht, bekam dort ein Untermietezimmer zugewiesen und habe am nächsten Tag eine sechste Klasse übernommen ... in Neuwürschnitz II an der Grundschule.

M. D.: Das war 19- ...

Schenderlein: Das war 1946 ... Da war ich immer noch sechzehn Jahre. Ich habe nie so genau nachgeforscht, aber es steht zu befürchten, dass ich damals der jüngste Neulehrer in der sowjetischen Zone hier war.

M. D.: Ja ... Warum befürchten?

Schenderlein: [*lacht*]

M. D.: Was mich jetzt noch mal interessieren würde, wäre: Warum sind Sie verhaftet worden, aus welchen Gründen?

Schenderlein: Das war ganz einfach: Ich war in der HJ gewesen und zwar in der Motor-HJ. Das war so ein bisschen Tradition an unserer Oberschule, weil die ja hinten in der Nähe der Horch-Werke lag ... und weil der Dienst in der Motor-HJ nicht mit so einem Drill verbunden war, sondern wir hatten Ausbilder, Ingenieure vom Horch-Werk, konnten noch fahren, da gab es noch ab und zu Benzinkontingente, auch im Krieg. Ich war dann Mitglied einer Katastrophenstaffel, die dann also auch bei Fliegeralarm so als Melder im Katastrophenfall eingesetzt wurde ... Und bin durch die Mitgliedschaft in dieser HJ-Katastrophenstaffel gegen Kriegsende eingezogen worden. Das heißt also zunächst über Volkssturm und dann gingen unsere Motorräder kaputt und so weiter, und da wurden wir dann ... in eine Panzergrenadierdivision übernommen. Also ich war praktisch mit fünfzehn Jahren da in so einer Panzergrenadierdivision. Da waren wir zuletzt in einer Jugendherberge oben bei Annaberg, also Richtung Oberwiesenthal, in der Annaberger Straße, glaube ich, ist Ihnen vielleicht ... als Zwickauer da auch ungefähr ein Begriff, und erhielten den Befehl, als dann die Amerikaner näher rückten, wenn wir zerstreut würden oder uns auflösen müssten, dass wir uns dann wieder in dieser Jugendherberge melden sollten. Dort blieben auch unsere Zivilsachen, die wir noch hatten, zurück, und wir wussten auch, dass andere Abteilungen dort mit der Einlagerung von Lebensmitteln, zum Teil mit Vergraben im Wald und so weiter beschäftigt wurden, es war eigentlich auch für uns ziemlich eindeutig, dass man uns als Werwolf einsetzen wollte, wenn die Gegend besetzt würde. Dort war ja dann die Rote Armee zuerst und … die haben uns nicht angerührt, die haben uns praktisch nach Hause geschickt.

Ich bin dann ohne Gefangenschaft oder irgendetwas nach Hause gekommen, auch über die sowjetisch-amerikanische Demarkationslinie damals und wurde dann Anfang November '45 plötzlich von der Roten Armee verhaftet … und traf im Zuchthaus meine gesamte Kompanie wieder. Das heißt, die haben irgendwo die kompletten Unterlagen, also die Akten, gefunden, offensichtlich mit dem von uns befürchteten Eintrag, dass wir also als Werwölfe eingesetzt werden sollten, und aus diesem Grunde wurden wir als Werwolf-verdächtig verhaftet, also … da konnte man nicht mal was dagegen sagen, es war eigentlich eine ganz logische Sache, ne? Wenn ich jetzt in ein Gebiet als Besetzer komme und muss vermuten, dass dort bewaffneter Widerstand geleistet wird, über die Besetzung und über Waffenstillstand hinaus – logisch, dass man die Leute erstmal dingfest macht, ne? Und, na ja, ich bin etwa sieben Wochen da im Landgericht in Zwickau, wo wir inhaftiert waren, verhört worden, von sowjetischen Offizieren und bin dann da vor Weihnachten entlassen worden. Aber ich habe darüber keinerlei Unterlagen! Ich kann es also nicht mal beweisen. Der sowjetische Hauptmann, der uns entlassen hat, der für uns zuständig war, hat uns keinen Entlassungsschein mitgegeben, sondern uns nur mit der Bemerkung nachts oder morgens, frühmorgens, aus dem Zuchthaus rausgeschmissen: „Und wenn Sie gefragt werden, wo Sie waren, sagen Sie, Sie waren zur Erholung."

Nun gut, im Dorf war es kein Problem, der Bürgermeister wusste Bescheid, weil … die Verhaftung lief über einen Bürgermeister, die sowjetische Kommandantur hatte sich also an einen Bürgermeister gewandt, und das war ja der, der mich später dann als Neulehrer vorschlug, der mich gut kannte, weil ich schon im Sommer, als keine Schule war, hatte ich bei ihm mitgeholfen im Gemeindebüro, um was zu machen überhaupt, ne? So kam das.

M. D.: Ja, eine andere Frage ist dieser achtmonatige Kurs in Zwickau …

Schenderlein: Ja.

M. D.: Wissen Sie noch, wo der stattgefunden hat und wer dort gelehrt hat?

Schenderlein: Er fand an wechselnden Stellen statt. Meines Wissens waren wir zuerst in meiner angestammten Oberschule, also in der späteren Käthe-Kollwitz-Oberschule in Zwickau. Und die wurde dann sowjetisches Lazarett. Und da mussten wir raus, und da waren wir zeitweise untergebracht, kurze Zeit, in der Ingenieurschule, der hieß damals Stalinplatz, der große … Und die restliche Zeit waren wir dann in der neben unserer Oberschule gelegenen Pestalozzi-Schule. Also wir mussten reihum ziehen. Direktor war, wie gesagt, mein Englischlehrer von der Oberschule, der alte Dr. Müller, was uns zunächst sehr verblüfft hat, da wir von der Oberschulzeit wussten, dass er aus der Wehrmacht entlassener Reserveoffizier war, dass er also plötzlich als … Und dann erfuhren wir erst, dass er aber irgendwie einer Widerstandsgruppe der KPD oder was angehört hatte, dass er also im aktiven Widerstand war.

Wenn mich das Gedächtnis im Stich … Wir hatten als Klassendozentin eine Frau Döhler, die hat an der Entwicklung hier, der ersten Fibel im Verlag Volk und Wissen, mitgearbeitet. Dann hatten wir für Geschichte zum Beispiel einen Dr. Schweighofer, der mir noch in Erinnerung ist, vor allen Dingen deshalb: Er war ein Schlesier und hatte im Grunde genommen versucht, mit falschen Angaben unterzutauchen. Also er hat mir die ersten Vorstellungen vom Marxismus beigebracht, er hat bei uns im Geschichtsunterricht gelesen über Stalins Broschüre über Dialektischen und Historischen Materialismus und flog dann nach fünf oder sechs Monaten raus, weil es sich herausstellte, dass er Kreisleiter der NSDAP in irgendeinem schlesischen Kreis gewesen war. Aber das war damals nicht so selten: Ein anderer, der Vorlesungen in Psychologie gehalten hatte, der entpuppte sich als aktiver faschistischer Jagdflieger. Der wurde also auch recht bald entlassen und so, also da passierte jeden Tag … irgend so etwas.

M. D.: Und die Kommilitonen, die Sie damals hatten, was waren das für Leute?

Schenderlein: Meist Arbeiter, denen es natürlich ungleich schwerer fiel als … solchen wie mir, die also von der Oberschule kamen. Ich muss vielleicht noch dazu sagen, dass wir in dieser Klasse zu zweit von der Oberschule waren, also es war noch einer, der auch aus meinem Dorf stammte, die wir also schon an der Oberschule zusammen waren. Na ja, jung wie wir waren, erlaubten wir uns natürlich einige Frechheiten. Also wir haben schnell auch mal geschwänzt und so … Und dann kam eben noch diese unglückselige Verkettung dazu, dass wir den Direktor des Lehrerbildungsinstituts kannten, der uns öfter zweckentfremdete, indem er sagte: „Sagt mal ihr beiden, was habt ein ihr jetzt? Bio? Das kennt ihr doch alles von der Oberschule. Könnt ihr nicht mal rüber …?" – Er wohnte nicht weit von der Schule entfernt, „Könnt Ihr nicht mal rüber zu uns kommen und Kirschen pflücken, die Kirschen vom kleinen Baum?" Oder wir mussten seiner Frau die Waschmaschine irgendwohin fahren oder – im Schulgarten hatten die Lehrer da irgendwelche Beete unter sich aufgeteilt – Schulgartenbeet bestellen und so weiter. Und das führte natürlich zu Recht zu Protesten ... einiger Arbeiter, die also älter waren, denen es sehr schwerfiel, da also stofflich nun auch jetzt mitzukommen, die also frisch aus Kriegsgefangenschaft gekommen waren und so ... Und wir erlaubten uns also solche ... Zicken. Ja, das war natürlich nicht gerade schön. Also, da sind wir mit Mühe und Not dem Rausschmiss entgangen.

M. D.: Trotz der Deckung durch den Direktor?

Schenderlein: Ja.

M. D.: Gut ... Vielleicht machen wir jetzt einfach weiter. Sie sagen ... Sie haben vorhin erzählt, Sie sind in Neuwürschnitz gelandet und sollten sich beim Georg Uhlmann melden. Vielleicht erzählen Sie einfach etwas über die Situation in Neuwürschnitz und in den benachbarten Orten und unter den Lehrern, und wie war das Verhältnis zu den einzelnen, wen gab es da, an wen erinnern Sie sich?

Schenderlein: Neuwürschnitz hatte zwei Schulen, das hing unter anderem damit zusammen: Neuwürschnitz ist eine Kunstwortbildung, das war ... Bis 1934 bestand das aus zwei selbständigen Orten, aus Oberwürschnitz – deshalb gibt es auch heute noch Niederwürschnitz – und Neuwiese. Und aus Neuwiese und Oberwürschnitz wurde die neue Einheitsgemeinde Neuwürschnitz gebildet. Und in Oberwürschnitz war die Schule Neuwürschnitz I und in Neuwiese war also die Schule Neuwürschnitz II – in der landete ich. Die kleinere ... Neuwürschnitz I, dieser Ortsteil hatte etwa gut dreitausend Einwohner und Neuwürschnitz II hatte etwa zweitausendvierhundert. Der Schulleiter in ... Da ich mich dann, als ich dort antrat, noch verlaufen hatte, landete ich zunächst an der Schule in Neuwürschnitz I, Schulleiter war dort Helmut Scheibner. Und der schickte mich also dann weiter nach Neuwürschnitz II, wo also Georg Uhlmann Schulleiter war. Beide waren schon ein Jahr im Schuldienst, die hatten also beide 1945 angefangen. Die Schulsituation in Neuwürschnitz II war insofern noch kompliziert: Wir konnten noch nicht alle Klassenräume nutzen, die Schule gehörte zu den am meisten beschädigten mit im Kreis Stollberg. Die war einfach ein Stück lädiert.

Und das Kollegium ... Also, von denen, die '45 angefangen hatten, gleich wie Uhlmann, waren schon die meisten nicht mehr da. Eine war als Schulleiterin nach Neuoelsnitz versetzt worden, einige waren schon wieder gegangen. Also, wie das eben damals war ... alles war noch sehr instabil. Sodass wir also praktisch als Kollegium fast völlig neu zusammengesetzt waren. Es war seit '45 noch eine Kollegin da, die schon während des Krieges Lehrerin geworden war, die also eine ordentliche Lehrerausbildung hinter sich hatte, die CDU-Mitglied war und vorher NSDAP-Mitglied. Aber sie fiel unter den Jugendparagraphen. Da gab es ja von Sowjets da so Vereinbarungen, dass Leute, die also mit 18 oder 19 praktisch zwangsweise in

die NSDAP übernommen worden waren, dass die also amnestiert wurden, dass da
die Mitgliedschaft praktisch nicht galt. Die mussten also nicht entnazifiziert werden. Deshalb war sie also auch sofort wieder in den Schuldienst übernommen
worden. Ja, und die anderen waren genauso neu und frisch wie ich. Eine kam
auch von Zwickau, von unserem Neulehrerkurs, eine Kollegin, die kannte ich ja
schon vom Sehen, die war aber in der anderen Klasse gewesen. Im Kreis Stollberg
fingen damals mit mir vierzig Kollegen von diesem Neulehrerkurs in Zwickau an,
von diesem Achtmonatskurs. Das hing damit zusammen, dass in Zwickau damals
mehr ausgebildet wurden als Bedarf war. Und Direktor vom Neulehrerkurs …

Unterbrechung[1]

Der Leiter des Achtmonatskurses war ja bekannt mit dem Schulrat von Stollberg
und in Stollberg wurden keine Neulehrer ausgebildet, und da hat er ihm offensichtlich dieses Angebot gemacht, die überschüssigen Ausgebildeten da für seinen
Kreis zur Verfügung zu stellen. Und er hat eine ganz einfache Methode gewählt: Er
hat einfach alle Ledigen rausgesucht und hat alle Ledigen in den Kreis Stollberg
verfrachtet. Und das waren eben vierzig Kollegen, so dass also auch in den umliegenden Dörfern überall Bekannte da an den Schulen waren, die also auch von unserem Kurs in, in Zwickau kamen. Das also vielleicht dazu.

M. D.: Wie hat sich das Verhältnis, also wie haben Sie Georg Uhlmann ein bisschen
besser kennengelernt oder den Helmut Scheibner? Wie hat sich das entwickelt?

Schenderlein: Ja … Zum Teil war es eine Notgemeinschaft zunächst mal, das hing
mit Fragen zusammen, wo man sich also auch menschlich sehr schnell näherkam.
Also ich hatte zum Beispiel ab Januar, Februar '46 … wurde ich von meiner Ver-
mieterin praktisch aus der Verköstigung rausgenommen, weil sie sagte: „Die Kar-
toffeln sind alle, ich kann Ihnen nichts mehr zu essen bieten." Und … dann hat Uhlmann die Volkssolidarität mobilisiert. Dann habe ich also erst meine Kartoffelzu-
weisung außerplanmäßig von der Volkssolidarität bekommen, war aber nach
einem Monat fast wieder am Verhungern und dann hat sich der DFD eingeschaltet
und dann wurde ich zu Bauern vermittelt reihum. Da ging ich also jeden Mittag
zum Bauern essen – das kostete einige Überwindung, also das war nicht das Ange-
nehmste, will ich mal sagen, aber es war überlebensnotwendig.

Und durch solche … Und da wir also auch Genossen waren, also alle in der
SED organisiert, kam man sich ja auch durch die Versammlungen näher, aber
auch durch viele andere Dinge. Zum Beispiel wurde man dort in der Partei sofort
angesprochen: „Du bist jetzt neu als Lehrer hier, mittwochs ist Probe. Du kommst

---

1 Frau Schenderlein bringt an dieser Stelle Kaffee herein.

selbstverständlich zum Volkschor." Es waren faktisch alle männlichen Lehrer zumindest damals bei uns im Volkschor, der einen relativ guten Ruf, auch über die Ortsgrenzen hinaus, hatte. Also, da gab es überhaupt kein Entkommen, das wurde so selbstverständlich … Und, na ja, die Chorproben waren einmal in der Woche im Gasthof – na, da wurde natürlich auch etwas dabei getrunken und … Also, es gab viele Anhaltspunkte. Uhlmann hatte zum Beispiel eine Schulwohnung, ne? Der wohnte also unter dem Dach in der Schule. Wenn man Probleme hatte, dann konnte man also auch nachmittags noch mal hingehen oder blieb mal. Da hieß es dann: „Bleib mal nur noch ein bisschen", weil die wussten: Na ja, der arme Hund sitzt ja in einer Untermietebude, ne?

Also, da gab es wahnsinnig viel Ansatzpunkte, ja. So dass man sich relativ schnell näherkam. Und dann kam ja noch hinzu: Wir hatten ja auch regelmäßige Weiterbildung damals. Wir mussten ja ein Studienbuch führen, die Neulehrer, wo alles abgestempelt werden musste und eingetragen werden musste. Also, ob man an Lehrproben teilnahm oder Belegarbeiten schrieb – wir mussten ja öfter Belegarbeiten damals noch abgeben – oder eben Weiterbildungsveranstaltungen hatten mit Referaten und so weiter … Das spielte sich ja alles so in Neuwürschnitz, Niederwürschnitz, Neuoelsnitz, Oelsnitz, Lugau zum Teil noch dazu, ab, so dass also der Kreis nie zu groß war und man also durch all diese Dinge ständig in der Diskussion und ständig beisammen war. Also, man fand sich da eigentlich sehr schnell.

M. D.: Und haben Sie sich mit den Kollegen nur zu obligatorischen Weiterbildungsveranstaltungen getroffen oder hat man auch freiwillige Arbeitsgemeinschaften gebildet?

Schenderlein: Na ja … Wir haben angefangen, also zunächst unsystematisch, dass wir uns eben mal über die eine oder andere Frage, dass einer eben meinetwegen mit einer Frage kam, mit der er nicht fertig wurde im Unterricht, die ihm Probleme bereitete. Wir hatten ja faktisch kein Material, am Anfang, ne? Es waren ja zunächst keine Lehrbücher da. Die einzige Hilfe am Anfang – das war ja mehr als dürftig – waren eigentlich die Richtlinien der Deutschen Zentralverwaltung für Volksbildung für einen Geschichtsunterricht, die noch während des Krieges entstanden waren, eigentlich in Arbeitsgruppen des Nationalkomitees Freies Deutschland in der Sowjetunion. Da waren diese Sachen schon diskutiert worden, und die wurden dann von hier unter Wandel verabschiedet und an die Schulen gegeben. Das war im Grunde genommen zunächst unsere einzige Orientierung, so dass man eigentlich schon von dieser Seite her zum Gedankenaustausch, zu Diskussionen untereinander gezwungen wurde, wenn man nicht scheitern wollte im Unterricht.

M. D.: Und haben Sie sich dann regelmäßig getroffen mit Kollegen zu diesem Zweck?

Schenderlein: Na ja, daraus entwickelte sich ja dann dieses Geschichtslehrerkollektiv, das wir dann gebildet hatten. Also, wir hatten da nichts Bestimmtes vor. Es war nicht so, dass wir nun gesagt hatten: „Jetzt gründen wir ein Kollektiv" oder irgend so etwas. Das war nicht drin, sondern es war im Grunde genommen eben so eine Diskussionsgemeinschaft von zunächst Lehrern von zwei Schulen, der beiden Neuwürschnitzer Schulen. Und da wir uns eben aber auch privat schon recht gut verstanden, ging das auch bis in die private Ebene hinein. Also wir haben mit diesem Kollektiv auch zum Beispiel Himmelfahrt oder Pfingsten Ausflüge mit unseren Frauen gemacht, also das gehörte auch dazu, ne?

Kassettenwechsel (29:32)

Wir haben zum Beispiel ... Wenn wir ein, zwei Stunden diskutiert hatten, dann haben wir auf dem Schulhof noch etwas Sport getrieben, also Volleyball oder ... Also es gab da sehr viel private Berührungspunkte noch, ne? Und das kriegte eigentlich systematischeren Charakter eben dann ab 1950. Ich weiß nicht, ob Sie es gelesen haben: Hinter dem ersten Artikel, den wir veröffentlicht haben in der Zeitschrift, steht ja dann so eine kurze redaktionelle Anmerkung: „Anlässlich Deutschlandtreffen" und so weiter und so fort – na ja, das ist dann meist so die Legende, die hinterher gebildet wird. Sicher war das ein gewisser Einschnitt, aber es kam etwas anderes hinzu.

Wir wurden auch gebeten, also wir hatten uns nicht nur wild über bestimmte Dinge zusammengesetzt – am Anfang sicher, aber es kamen auch Anfragen aus der Redaktion: Ob wir nicht mal einen Artikel zu dem oder dem Problem schreiben könnten. Das hing nun wiederum damit zusammen, dass schon Mitarbeiter aus unserem Kreis in den Verlag gegangen waren, dass es also schon Vorläufer gab. Zum Beispiel war damals als ... ja, ich glaube als geschäftsführender Redakteur in der Zeitschrift, die ... Ingeborg Lösche. Die war vorher Geschichtslehrerin an der Erweiterten Oberschule in Stollberg. Die kannte uns, also sie war zum Beispiel die Begutachterin meiner schriftlichen Arbeit zur zweiten Lehrerprüfung. Also wir hatten da schon Kontakte gehabt. Dann war im Verlag, hier in „der neuen schule", der Johannes Rößler. Der war vorher Geschichtslehrer in Zwönitz gewesen im Kreis Stollberg und wurde dann Schulrat in Oelsnitz im Vogtland, bevor er in den Verlag ging, hier in „die neue schule". Und wenn nun Mitarbeiter gesucht wurden, war es ganz logisch, dass natürlich solche Leute dann Hinweise oder Empfehlungen gaben.

Also wir wurden so schrittweise, will ich mal sagen, in die Publikationstätigkeit einbezogen. Hinzu kam, dass Uhlmann schon mal ein halbes Jahr im Verlag war. Er war eben auch über unsere Artikel mit bekannt geworden und wurde als Teilautor für das Geschichtslehrbuch der achten Klasse eingesetzt. Er hat zum Beispiel damals den Abschnitt über die Weimarer Republik geschrieben, ne? Also so hat sich das so schrittweise entwickelt. Na ja, und wie das so war in dem Alter dann, sehr enthusiastisch, dann hieß es ... Na ja, ich kann es nicht mehr genau sagen, möglicherweise kam die Anregung vom Verlag, dass sie dann sagten: „Na, wenn ihr hier als Kollektiv schreibt, dann wäre es natürlich schön, wenn ihr einen Namen hättet und so weiter." Und da haben wir stundenlang drüber gebrütet: „Das ist albern und, und was sollen wir für ein Namen" und so. Na ja, und dann kamen wir also auf Fritz Scheffler, weil er einer der nächsten Nachfolger von Hennecke war, in der Aktivistenbewegung, der in unserem Ort wohnte, den wir also aus der Ortsparteiorganisation kannten, der uns also persönlich bekannt war – die Verbindung zur Aktivistenbewegung ergab sich auch deshalb.

Wir hatten damals eigentlich ziemlich schnell geschaltet. Hennecke wohnte ja in Lugau, also praktisch auch ein Nachbarort und Uhlmann hat als Schulleiter damals organisiert, dass Hennecke kurz nach seiner Aktivistenschicht bei uns in den oberen Klassen auftrat. Das heißt, kurz nachdem Hennecke bekannt geworden war als Aktivist, haben wir uns Hennecke an die Schule geholt und er hat damals bei Uhlmann in der achten Klasse gesprochen und bei mir in der sechsten ... Also, so dass wir mit diesen Leuten irgendwie – es war für uns etwas Vorstellbares. Weil die uns natürlich auch geschildert haben, dass das auch nichts Spontanes war, sondern dass das sehr wohl langfristig vorbereitet war, gründlich, dass das also viel mehr Kopftat war als mit der Hand. Und wir hatten auch eine Vorstellung von dieser Arbeit, also auch von daher lag die Beziehung nah, dass wir uns einen Bergarbeiter gewählt haben. Also erstens mal waren wir die meisten Bergarbeiterkinder – ich sagte es ja am Anfang schon so, Uhlmann war Bergarbeitersohn, Scheibner war Bergarbeitersohn, ne? Und wir sind selbst in dieser Zeit in einen Schacht eingefahren und haben unter Tage gearbeitet im Karl-Liebknecht-Schacht in Oelsnitz.

Das war ja damals Mode, dass Sonderschichten gefahren wurden von Nichtbergarbeitern ... Weil die Steinkohle, die ja damals der wichtigste Wirtschaftszweig war, ihren Plansoll nicht erfüllte, ne? Und da gab es eben solche Initiativen, dass wir von der FDJ, beziehungsweise auch als Lehrerkollegium, wer sich es zutraute, gesagt haben: „Also wir machen eine Schicht mit." Bei diesen FDJ-Schichten da war es zum Beispiel so: Wir hatten natürlich in der FDJ-Bergarbeiterlehrlinge, denn so ganz als Fremde hätte man uns natürlich nicht vor Ort gelassen, wir hätten ja mehr kaputt gemacht ... Und die sind dann die Schicht mitgefahren, ne? So dass wir also immer unter fachkundiger Anleitung waren ... Ich will damit nur –

das führt zu weit –, aber ich will damit nur sagen, dass wir also so vielfältige Beziehungen zu diesem ganzen Milieu hatten, dass also nahelag, uns ein Vorbild aus diesem Bereich zu nehmen. Und das kam natürlich auch ... Es gab sehr schnell auch im Verlag Zuschriften, also wir haben da eine gute Reaktion erfahren. Es kam sehr gut an, dass wir da als Kollektiv auftraten.

M. D.: Wer hat denn zu diesem Kollektiv gehört?

Schenderlein: Also, ich will mal sagen, der geistige Kopf unseres Kollektivs war Uhlmann ... Zweiter geistiger Kopf und Organisator war Scheibner. Und dann war von Scheibners Schule Werner Rentsch noch dabei ... Rudolf König, der war auch an Scheibners Schule, der war eigentlich der Älteste von uns, der war also ein paar Jährchen – der war schon um die Dreißig, der war schon schrecklich alt damals. Ja, und später stieß dann, auch von der Schule in Neuwürschnitz I, der Walter Friedrich noch dazu. Ja, und von Neuwürschnitz II war ich noch.

Ich weiß nicht, wie wir das geschickt machen können. Das erklärt auch ein bisschen, wie wir dann in näheren Kontakt mit dem Verlag kamen ... wie wir also dann praktisch angeworben wurden. Die Zeitschrift „neue schule", die war ja nun auch immer auf der Suche nach Begebenheiten und fortschrittlichen Lehrern, aus deren Arbeit sie zum Tag des Lehrers mal berichten konnte und so weiter. Und da tauchte die Redaktion irgendwann Anfang Juni oder Ende Mai '51 in Neuwürschnitz auf, zu einer unserer Sitzungen – also die hatten sich angemeldet, wir wussten das –, in Gestalt von Ichenhäuser, dem Chefredakteur „der neuen Schule" und in Gestalt dieses Johannes Rößlers. Also auch vorher in unserem Kreis tätig gewesen war, der Ihnen übrigens zumindest vom Namen her bekannt sein müsste, denn er war praktisch bis zur Berentung oder fast bis zu seinem Tode langjähriger Direktor des Herder-Instituts in Leipzig: Prof. Dr. Rößler.

M. D.: Da muss ich passen.

Schenderlein: Na ja, er war ja, als er vom Verlag wegging, wurde er dann Dozent und Rektor in der Hochschule für Ökonomie in Karlshorst, und von da aus wurde er dann nach Leipzig berufen und war dann am Herder-Institut, da war er lange Jahre Rektor ... Er ist seit einigen Jahren tot ... Ja, diese beiden tauchten damals bei uns auf und haben also da an der Sitzung teilgenommen und haben einen Artikel über uns geschrieben ... mit Bild, und da ist eigentlich auch sehr gut über unsere Arbeitsweise ausgesagt, wie wir das dort gemacht haben, nicht wahr? Das ist reiner Zufall, also einmal, dass ich diesen Band[2] damals mitgenommen habe und dass ich den im Moment oben in der Wohnung habe, sonst habe ich den unten im Keller liegen. Aber weil ich eben noch hier diese, diese andere Aufgabe habe vom

---

2 Jahresband 6 (1951) der Zeitschrift ‚die neue schule' (Berlin/DDR).

Verlag, da hatte ich mir einiges rausgesucht, und dadurch habe ich das parat liegen, das ist reiner Zufall.

M. D.: Ja, phantastisch! Gut, das schreibe ich mir nachher mal auf und werde es mir dann in der Deutschen Bücherei ausleihen. Aber das ist ein sehr guter Tipp. Wann sind Sie denn auf diese, wann war denn diese Namensfindung? Wann sind Sie denn darauf gekommen, sich „FDJ-Geschichtslehrerkollektiv ‚Fritz Scheffler' Neuwürschnitz" zu nennen?

Schenderlein: Das muss Ende '50 gewesen sein, ne? Denn in Heft 2 – oder war es '51? – erschien ja wohl der erste Artikel unter diesem Namen ...

M. D.: ... kann ich noch mal genau nachschauen.

Schenderlein: Ja, ja ... Und das ist wahrscheinlich in der zweiten Hälfte '50 gewesen, also auf alle Fälle nach dem Deutschlandtreffen, nach der Rückkehr vom Deutschlandtreffen. Und da hatten wir ja nun auch dann näheren Kontakt wieder mit dem Verlag gehabt und da liefen ja dann eben auch die Vorverhandlungen, dass sie also gleich drei Mann aus unserem Kollektiv haben wollten, ne? Und wir haben dann auch Tricks angewandt, um am Schulrat vorbeizukommen, um rauszukommen, das war ja damals gar nicht so einfach, ne? Und ... Uhlmann zum Beispiel – ich weiß gar nicht, unter welchen Vorwänden, der hat sich da irgendwas einfallen lassen –, hat bei uns die Schulleitung niedergelegt und ist als Lehrer nach Niederwürschnitz gegangen. Denn, wenn wir gekommen wären, also: Wir wollen von der kleinen Schule – zwei Mann auf einmal! – weg und beides Geschichtslehrer ... da hätte uns der Schulrat für verrückt erklärt, das wäre nie was geworden, ne? Also, da wurde auch mit solchen Tricks damals gearbeitet.

M. D.: Ich würde gern noch mal zurückkommen auf dieses Deutschlandtreffen. Dieses Deutschlandtreffen: Waren Sie da, war das gesamte Kollektiv in Berlin?

Schenderlein: Ja!

M. D.: Und wie kam es dazu?

Schenderlein: Na, wir waren alle noch aktiv in der FDJ.

M. D.: Haben Sie da schulfrei bekommen oder war das in den Ferien?

Schenderlein: Ne, das war ja mal im, im Juni wohl. Ja, ja, da haben wir frei bekommen. Also, wir hatten zum Beispiel, es gab ja in der FDJ damals so kleine Bildungshefte, die übrigens gar nicht schlecht geschrieben wurden, so philosophische Hefte. Wir hatten eine ... Na, man muss das schon so sagen, wir hatten eine gut funktionierende Ortsgruppe der FDJ. Ich meine, ich hatte ja vorhin über die Größe des Ortes etwas gesagt, das heißt, wir hatten rund fünfeinhalbtausend Einwohner und da hatten wir, ich weiß nicht mehr genau, aber hundertfünfzig oder zweihundert FDJ-Mitglieder im Dorf, also eine Größenordnung, wo man was machen konnte. Und wir hatten auch sehr kreative Mitglieder, das waren allerdings eben nicht mehr die jüngsten in jedem Fall, ne?

Also wir hatten zum Beispiel einen stellvertretenden Bürgermeister, der hat mit einem zweiten, der im Landratsamt in Stollberg arbeitete, eine Laienspielgruppe aufgezogen. Wir haben uns damit sogar unser Abendbrot manchmal verdient. Wir wurden also von umliegenden Orten angefordert, wenn wir gute Stücke einstudiert hatten und gut gespielt haben, also wir fuhren da über die Dörfer und haben da Laienspiel gemacht. Wir sind auf der Freilichtbühne in Greifenstein aufgetreten, oben. Und Uhlmann hatte zum Beispiel einen Zirkel „Junger Philosophen", der hat also anhand dieser Bildungshefte, marxistische Schulung gemacht, wenn man so will. Scheibner ... Ich hatte dann später, als es regulär FDJ-Schuljahr gab, hatte ich auch, war ich Leiter eines Zirkels im FDJ-Schuljahr. Und Scheibner hatte die Leitung des FDJ-Chores. Mit diesem Chor waren wir zum Beispiel dann vor den Weltfestspielen zum Landesausscheid in Dresden und sind also da auch mitgeschickt worden als Chor nach Berlin, also wir waren mit dem gesamten FDJ-Chor dann zu den Weltfestspielen '51 in Berlin. So ergab sich das eigentlich, dass die ganze Truppe geschlossen nach Berlin fahren konnte.

M. D.: War der Volkschor deckungsgleich mit dem FDJ-Chor oder war das was anderes?

Schenderlein: Das war was anderes! Es deckte sich nur personell in einigen Punkten. Die alten Herren vom Volkschor, die waren natürlich nicht im FDJ-Chor, aber ein Großteil der Mitglieder des FDJ-Chors war im Volkschor. Also Scheibner hat zum Beispiel – wir hatten einen Chorleiter, der war angestellt im Kulturhaus in Neuoelsnitz ... vom Schacht wurde der bezahlt, wie das üblich war, lief unter Kulturarbeit, und der hat also unseren Volkschor geleitet, und wenn der mal krank war oder nicht konnte, dann hat zum Beispiel Scheibner auch den Volkschor geleitet, dann ist der eingesprungen, also das ...

M. D.: Das heißt, Sie haben sich in der FDJ getroffen, im Chor ...

Schenderlein: Ja.

M. D.: ... in der Parteiarbeit ...

Schenderlein: Ja.

M. D.: ... in der Schule ...

Schenderlein: Ja.

M. D.: ... in der Arbeitsgemeinschaft ... Sie müssen ja permanent zusammen gewesen sein!

Schenderlein: Ja, das war aber auch, also man könnte sagen: Tag und Nacht, ne? Und man wurde auch sehr gefordert. Also, ich muss sagen, ich war ja fünf Jahre, war ich ja lediglich dort. Aber das ist ... auch in meiner Erinnerung so ein Stück ... Wegstrecke, ne? Da gibt es später Zeiten, wo ich über fünf Jahre überhaupt nichts sagen könnte, weil es ... mich ungeheuer geformt hat. Also eben auch in der Partei, unter den Bergarbeitern, die ja eine sehr direkte Sprache redeten. Man konnte sich da auch nicht drücken! Ich habe dort vor hundertfünfzig Mann das erste Mal in meinem Leben geredet, also ein Referat halten müssen. Das war völlig klar: Also, wenn es da irgendwie einen neuen Beschluss oder irgendwas gab, was nun durchzunehmen war, da hieß es: „Also, ihr Lehrer, ihr seid dran, ist völlig klar: Ihr müsst da reden", ne? Und da wurde man als Referent eingesetzt in Mitgliederversammlungen, ob man wollte oder nicht. Aber das ging auf der anderen Seite alles in so einem herzlichen, kumpelhaften Ton vor sich ... Das gehörte zum Leben einfach.

M. D.: Also ja, hier schon etwas gesagt ... Wie war denn das: Ich habe gelesen, dass Hennecke sich ja nicht nur Freunde gemacht hat mit seiner Aktivistentat ...

Schenderlein: Ne, sein erstes Auto, was er sich mit dem Nationalpreis verdient hatte, haben sie ihm ja abgefackelt.

M. D.: Wie war denn die Stimmung so unter den Leuten dort?

Schenderlein: ... Die überwiegende Meinung war eigentlich gegen ... Also, er musste sich – ihm war das auch sehr bewusst. Er kannte die Stimmung auf dem Schacht sehr gut ... und hat es eben auch damals vorbereitet. Und der Direktor vom Liebknecht-Schacht, Mehlhorn, das war damals auch ein guter alter Kumpel, der auch sehr gut Bescheid wusste ... Allgemeine Meinung war: Wir wollen erst mehr zu fressen haben. Und diese Umkehrung plötzlich, dass also jetzt plötzlich die Losung aufgestellt wurde: Wo soll denn das Essen herkommen, wenn nichts geschaffen wird.

Also wir müssen uns erstmal ein Kopf machen, wie wir mehr produzieren können, und dann besteht auch die Möglichkeit, mehr zu essen. Das war also ... unpopulär ist gar kein Ausdruck, ne? Vor dem haben sie ausgespuckt und alte Kumpel haben nicht mehr mit ihm geredet. Und es bedurfte einer harten Arbeit, um dann eben so ein halbes Dutzend zu finden – unter denen also dann Fritz Scheffler war, aus unserem Ort zum Beispiel auch noch ein ehemaliger Bayer der ... Sepp Nußbaumer, der war, glaube ich, vor Scheffler hat der noch gefolgt –, also es war sehr schwer, da eine Truppe zu finden, die bereit war, diesen Weg mitzugehen, ne? Und ich glaube, dass sich das dann mehr und mehr durchsetzte, also eine gewisse Massenbasis kriegte, war zunächst weniger der Überzeugung zu verdanken als vielmehr der Tatsache, dass es Prämien gab und eben auch begehrte Sachen, ne? Dass wir meinetwegen Anzugstoff kriegten als Sachprämie oder ein Paar Schuhe und diese Dinge, ne?

M. D.: Aber Sie sagten ja, dass die Arbeit der FDJ und der SED in den Dörfern sehr aktiv gewesen ist, sehr lebendig, also muss ja der Riss quer durch die Partei und quer durch die FDJ gegangen sein.

Schenderlein: Natürlich.

M. D.: Ja?

Schenderlein: Natürlich.

M. D.: Also, es war nicht gesagt, wer in der FDJ war, musste jetzt auch Henneckes Aktivistentat gut finden?

Schenderlein: Nein! Nein, absolut nicht. Ich sagte ja, wir hatten ja auch in der FDJ-Gruppe eine ganze Reihe Berglehrlinge, also die auf dem Schacht arbeiteten. Na ja, und die waren natürlich auch zunächst mal Träger der vorherrschenden Meinung auf dem Schacht, konnte ja gar nicht anders sein, die wurden ja von den Eltern entsprechend beeinflusst, ne? Und die Stimmung schlug, wie gesagt, eben so sukzessive um, dadurch, dass es gelang, den und jenen noch zu überzeugen, dass er auch so … Ich weiß noch, als wir selber also die Nachtschichten zum Beispiel machten: Da haben wir damals, glaube ich, 320 Prozent der Norm geschafft. Also für Laien, die nur von paar Berglehrlingen unterstützt wurden, war das eine ganz gewaltige Leistung, ne?

Aber das ging eben auch nur mit … Das ging doch bei Kleinigkeiten los. Wir haben es ja dann in der Arbeit selbst gesehen. Da hat man eine halbe Stunde mit dem Bohrhammer gearbeitet. Da brach der Bohrer ab, zum Teil, weil wir zu ungeschickt waren, zum Teil, weil es schlechtes Material war. Tja, ein Zweiter war vielleicht noch da, ein Dritter schon nicht mehr. Also die Bohrmeißel, die waren ja knapp, ne? Die gab es ja nicht und … Also, dass es schon von dieser Seite her dauernd zu Produktionsunterbrechungen kam, wie eigentlich in der gesamten Industrie, entweder aus Grundstoffmangel oder aus dem und jenem, Werkzeuge nicht vorhanden oder kaputt und so weiter … Aber dadurch, dass man sich auch in der Arbeit eben hier näher kennenlernte und so … Das bewirkte natürlich auf beiden Seiten auch eine Annäherung in Anschauungen, will ich mal sagen.

M. D.: Und ... die nächste Frage. Wann und wie sind Sie dann nach Berlin gekommen? Und wer ist von diesem FDJ-Geschichtslehrerkollektiv mit nach Berlin gegangen?

Schenderlein: Ich sagte ja, hier dieser Artikel, das war sozusagen die Vorbereitung dafür, dass man uns abwarb.[3] Und endgültig festgemacht wurde das, also jetzt formal-arbeitsmäßig, während der Weltfestspiele 1951, wo wir ja auch wieder dabei waren. Da sind wir – das war vorher brieflich abgesprochen worden –, sind wir zu Becher in den Verlag bestellt worden und dort wurde dann schon festgelegt, welche Aufgaben jeder übernehmen sollte im Verlag. Und es wurde die feste Einstellung vereinbart und zwar ging es um Uhlmann, Scheibner und mich. Wir drei haben also am 1. September '51 im Verlag angefangen. Und zwar übernahm Scheibner die ... Aufgabe als ... Becher war ja noch Chefredakteur der Zeitschrift, und Scheibner wurde geschäftsführender Redakteur. Weil ja Becher gleichzeitig Leiter der gesamten Geschichtsabteilung einschließlich aller Buchressorts wurde ... war. Ja, und Scheibner machte dann also praktisch die Zeitschrift als geschäftsführender Redakteur. Uhlmann wurde Ressortredakteur für die Lehrbücher und ich bekam eine völlig interessante aber ... könnte beinahe sagen: eine dämliche Aufgabe [*lacht*].

In diesem Jahr wurde der Vorbereitende Geschichtsunterricht in der vierten Klasse eingeführt. Ich weiß nicht, ob Ihnen das bei einem Artikel mal über den Weg gelaufen ist. Dafür fehlten ja jegliche Erfahrungen und ich kriegte die undankbare Aufgabe, dafür binnen eines Jahres eine Art Lehr- und Lesebuch für die Schüler zu entwickeln. Das zu einer Zeit, als nicht mal für den regulären Geschichtsunterricht alle Lehrbücher da waren. So dass also da auch noch nicht viel Erfahrung da war. Das ging so, dass Becher mir sagte: „Also hör zu, so und so, hier ist der Lehrplan für den Vorbereitenden Geschichtsunterricht, wir haben unten eine große Bibliothek, du musst dich mal paar Wochen da runter in die Bibliothek setzen und in alten historischen Romanen und Erzählungen, die möglicherweise noch vorhanden sind und die einigermaßen neutral und fortschrittlich sind, da zu blättern, um da vielleicht ein paar brauchbare Erzählungen zu finden ... Hier hast du eine Namensliste von Autoren, die schon mal in der Zeitschrift geschrieben haben und die uns vom Stil her, von der Lockerheit, für eine solche Aufgabe eventu-

---

3 Mit diesem Thema lag man vollkommen auf Linie der aktuellen propagandistischen Kampagnen der SED-Führung. Siehe Demantowsky 2000. *FDJ-Geschichtslehrerkollektiv „Fritz Scheffler"* Neuwürschnitz. „Was ist Objektivismus im Geschichtsunterricht, wie tritt er in Erscheinung und wie ist er zu beseitigen?" *Geschichte in der Schule* 4 (1951): 118–124. Wolf, Walter. „Objektivismus im Geschichtsunterricht". *die neue schule* 5 (1950): 892–893. Erläuternd dazu Demantowsky 2003. *Die Geschichtsmethodik in der SBZ und DDR*: 112–114.

ell geeignet erscheinen ... Na ja, und dann musst du dir eben noch selber Autoren suchen und gucken, wo du irgendwo was auftreiben kannst."

So ungefähr war die Aufgabenstellung. Und als ich das Manuskript fertig hatte und das Manuskript genehmigt wurde, wurde der Unterricht abgeschafft [*lacht*]. Das heißt, ich hatte ein Jahr für den Papierkorb ...

Kassettenwechsel (58:51)

Schenderlein: Na ja, und dann ergaben sich Umschichtungen eigentlich dadurch: Scheibner ging '54 nach Hause zurück. Er war ja später noch mal ein Jahr lang abgeordnet für Lehrplanarbeiten in der APW, aber damals stand er unter Druck seiner Eltern, da ging es ums Haus. Na ja, wie das so ist ...

M. D.: Also private Probleme?

Schenderlein: Ja, konnte dem Druck seiner Eltern da nicht standhalten und ging zurück. Und Uhlmann ... Ich war inzwischen ein Jahr abkommandiert worden, ich war da ein Jahr in „der neuen schule" hier, 1952 bis 1953, und ... Uhlmann wurde 1954 in die Aspirantur delegiert vom Verlag aus, an der Akademie für Gesellschaftswissenschaften, und ich übernahm dann seine Aufgabe, bis ich dann ... 1959 gebeten wurde, die Zeitschrift zu übernehmen, weil eben Mühlstädt damals wegging von Berlin nach Rostock, also so lebte sich das dann etwas auseinander ...

M. D.: ... Ja.

Schenderlein: ... arbeitsbedingt.

M. D.: Die Funktion von Uhlmann, die Sie übernommen haben, war Lehrbuch oder ...

Schenderlein: Das war Lehrbuch. Ja.

M. D.: Kommen wir mal zurück zum Jahr 1951 ... Das scheint für den Geschichtsunterricht ein sehr wichtiges Jahr gewesen zu sein, habe ich den Eindruck. Hat Ihr Vorbild, das Vorbild „FDJ-Geschichtslehrerkollektiv ‚Fritz Scheffler' Neuwürschnitz", hat das gewirkt? Gab es Nachahmer?

Schenderlein: Ja.

M. D.: Gab es eine Art Aktivistenbewegung?

Schenderlein: Na, Sie deuteten ja vorhin schon mal an, dass da '51 ... Also, mir ist noch in Erinnerung, dass damals erstmalig in größerem Umfang auch Geschichtslehrer ausgezeichnet wurden. Es war ja generell neu, dass Lehrer als Aktivisten ausgezeichnet wurden, und da waren also dann doch eine ganze Menge Geschichtslehrer dabei. Und es fanden sich auch, in größerem Umfang Kollektive. Also wenn man die Zeitschrift in diesen Jahren durchblättert, wird man feststellen – es war keine Massenerscheinung, also man darf da keine Illusion haben. Aber für damalige Zeiten war es eine sehr erfreuliche Entwicklung, dass sich doch an Schulen Geschichtslehrerkollektive zusammenfanden, die entweder in der Weiterbildung dann zusammenarbeiteten und ihre Erfahrung unter Umständen dann auch in einen Artikel fassten. Es gab ja viele Kollektive, die sich nicht getraut haben, in der Zeitschrift zu schreiben, aber die durchaus eben auch so kollektiv gearbeitet haben.

Es bildete sich zum Beispiel ... sind eigentlich die Bekanntesten: das Burger Geschichtslehrerkollektiv. Mit denen wir ja dann, als wir die ersten Beiträge von ihnen erhalten hatten und auf sie aufmerksam geworden waren, vom Verlag aus sehr eng, über Jahre hinweg, zusammengearbeitet haben. Und da war es ja dann auch so, dass wir mit ihnen gemeinsam, will mal sagen, bestimmte Dinge so in Gang gebracht haben, also uns zusammengerauft haben. Im Kreis Burg gab es auch ein sehr gutes Weiterbildungssystem. Die haben sich zu Beginn der Ferien immer eine Woche oder zwei zentral getroffen, also mehrere Unterrichtsfächer, auch die Unterstufenlehrer und so weiter. Und wir sind dann mehrfach zu diesen Tagungen des Burger Kollektivs mit hingefahren und haben mit denen Problemdiskussionen gemacht.

Also, zum Beispiel, ist dort endgültig die Idee geboren worden, Geschichtslesebücher herauszugeben für die Schüler, ne? Den Gedanken trug schon unser Abteilungsleiter schon eine Weile mit sich, also Mühlstädt, Abteilungsleiter und Chefredakteur damals, weil er selber ein bisschen in diese Arbeit verliebt war. Und bei dem Burger Kollektiv war es der Leiter, der Erich Pape, der also auch sehr fabulieren konnte und dem das sehr lag. Na, da findet man dann sehr schnell eine gemeinsame Sprache. Und da sind wir hingefahren und haben diskutiert: Wie müssten denn solche Bücher aussehen? Und was müsste man denn tun, damit die also möglichst verbindlich für die Schule zugelassen werden? Und wer käme denn als Autor in Frage? Was könnte man da aus der Literatur mit heranziehen? So in dieser Weise, im Grunde genommen war das eine ähnliche Arbeitsweise, wie wir sie vorher eben auch in Problemdiskussionen bei unserem Geschichtslehrerkollektiv Neuwürschnitz hatten. Und von diesen ... Ich glaube, in Brandenburg, da war auch so ein Kollektiv, das sich mehrfach geäußert hatte, in Stendal, in der Altmark und so ... Also es hatte sich einiges bewegt damals.

M. D.: Haben Sie ein Aktivistenabzeichen?

Schenderlein: Nein!

M. D.: Nein?

Schenderlein: Nein!

M. D.: Das ist ja merkwürdig.

Schenderlein: Na, das ist ... verständlich. Ich glaube, der Erste, der dann ausgezeichnet wurde – aber ich weiß das nicht mehr so genau –, war möglicherweise Scheibner, weil er dann ja auch wieder unten war. Ich weiß noch – allerdings habe ich das gar nicht auf offiziellen ... Doch, ich wurde mal aufgefordert, einige Daten aus meinem Leben einzureichen, und mir war nicht so recht klar, weshalb. Also, als ich kurze Zeit in Berlin war, wurde ich vom Kreis Stollberg aufgefordert. Und es stellte sich heraus, dass ich da auch als Aktivist eingereicht worden war. Und ... Das hatte von vornherein überhaupt keine Chancen. Wir hatten im Kreis so viele gute Lehrer, also wirklich: Da war es logisch und nur nachzuvollziehen, dass man nicht jemand nahm, der gerade dem Kreis den Rücken gekehrt hatte. Also das enge Kontingent, das konnte man im Kreis natürlich ... besser gebrauchen.

M. D.: Also über Aktivistenprämien ist auf lokaler Ebene entschieden worden?

Schenderlein: Ja! Ja, das war ... Da hieß das überhaupt noch nicht ‚Aktivistenprämie‘. Ich kann das noch ziemlich gut zeitlich einstufen: Ich habe 1948 die erste Prämie meines Lebens bekommen ... Fragen Sie mich nicht, wie der Name zustande gekommen ist, die nannte sich ‚Heil-Beihilfe‘. Und sie hatte allerdings wirklich geheilt, weil ich sie vierzehn Tage oder drei Wochen nach der Währungsreform von ’48 bekam. Und ich war unglückseligerweise während der Währungsreform nicht zu Hause, sondern auf einem FDJ-Lagerleiterlehrgang in Johnsdorf. So dass ich also völlig abgebrannt – der Lehrgang wurde während, wegen der Währungsunion, Währungsreform sogar noch verkürzt –, ich kam also völlig abgebrannt nach Hause. Und da habe ich damals, glaube ich, so 220 oder 240 Mark plötzlich da – das war eine Sensation, also so eine hohe Prämie! Aber wie gesagt, den Namen ‚Prämie‘ gab es noch nicht dafür, nannte sich ‚Heil-Beihilfe‘.

M. D.: Das was ’51 ... den Lehreraktivisten ausmachte, gerade als Geschichtslehrer, war ja die Veröffentlichung besonders guter Unterrichtsentwürfe, also sozusagen die Kohle, die gefördert wurde, waren die Unterrichtsentwürfe. Und die wurden, soweit ich aus den Akten ersehen konnte, ganz bewusst sozusagen, eingeworben von der Zeitschrift, ne?

Schenderlein: Ja.

M. D.: „Ihr habt gute Sachen, veröffentlicht die doch!“ ... Wie hat sich das, also wie wurde das organisiert in der Zeitschrift? Wie hat man sich mit den Lehrern in Verbindung gesetzt?

Schenderlein: Na ja, man musste, man musste jemanden kennen, das war wirklich immer die Voraussetzung. Denn der Autorenkreis und alles war ja noch sehr eng und musste wirklich versuchen, über jeden neuen, den man irgendwo zu Gesicht bekam auf einer Tagung, oder was weiß ich, sofort wieder weitere zu gewinnen. Nur, nur so lief das überhaupt, ne? Im Rahmen dieser ... Weiterbildung der Neulehrer wurden ja auch Unterrichtslektionen gehalten, und das lief bei Weitem nicht so, dass wir nun von Altlehrern was vorgesetzt bekamen und wir haben andächtig staunend dagesessen. Das ging schon deshalb nicht – das war geographisch sicher unterschiedlich –, bei uns im Kreis Stollberg waren fast keine Altlehrer mehr vorhanden.

Also, jetzt von der Vorstellung her, kann ich mich konkret an zwei oder drei erinnern, die haben natürlich auch mal, die haben uns vor der Lehrerprüfung auf Schulrecht und solche Sachen getrimmt, was uns ja ein Buch mit sieben Siegeln war, ne? Aber ansonsten mussten wir die Weiterbildungsveranstaltungen zum großen Teil selbst bestreiten. Und dazu gehörte eben auch, dass wir uns reihum auf Unterrichtsstunden vorbereiten mussten, die wir dann vor einem Kreis von zehn, zwölf, alle aus den umliegenden Schulen, von Geschichtslehrern oder Geographielehrern und so weiter halten mussten. Und das war ja bekannt. So dass man sich dann, als '51 dann diese Richtung vorgegeben wurde – also: Den Lehrern konkret helfen, durch Unterrichtsbeispiele und so weiter, durch Veröffentlichungen –, dass man sich also an die bekannten Leute wandte, die schon irgendwie einmal einen Artikel geschrieben hatten, und sie aufforderte, solche Beiträge einzuschicken. Man konnte da ... Die waren auch von der Qualität her völlig unterschiedlich, weil man eben keine großen Forderungen stellen konnte. Man war froh, wenn man von einem etwas bekam. Aber das waren ja auch die meisten Kollegen nicht gewohnt.

Ich kann das eigentlich aus der langjährigen Arbeit im Verlag sagen, das wird Ihnen jeder Zeitschriftenredakteur bestätigen: Wenn Sie einen Kollegen, der gute Praxiserfahrungen hat, ansprechen und sagen: „Hier!" – wenn man bei ihm hospitieren war – „Das hast du sehr schön gemacht, schreib das mal auf!" Dann konnte man in der Regel davon ausgehen, dass man beim ersten Entwurf sagen musste: „Thema verfehlt!" Einfach, weil er noch nicht die Erfahrung hatte, oder nicht wusste, worauf es eigentlich ankam. Der hat viele interessante Dinge aufgeschrieben, aber nicht das, worauf es eigentlich ankam: den anderen im großen Stil weiterzuvermitteln, ne? Also da musste man die meisten erst mit der Nase drauf stupsen und sagen: „Das ist alles gut und schön, was du schreibst, aber sag doch mal, warum bist du auf die Idee gekommen, hier methodisch so vorzugehen? Warum hast du den Weg gewählt und nicht einen anderen?" Weil das war bei ihm eben irgendwie intuitiv da, ne? Und die Frage hat er sich gar nicht gestellt. Und deshalb war das also sehr schwer, dafür Autoren zu finden. Und das war auch der Grund –

Sie fragten ja danach –, dass wir zum Beispiel auch nach Kreis Bitterfeld oder so gefahren sind. Irgendeiner hatte da eben mal an die Zeitschrift geschrieben und daraus entwickelte sich dann ein Schriftwechsel. Da haben wir gesagt: Wir kommen mal hin, wir sehen uns das an.

Aber das war natürlich zu einer Zeit, als wir schon in Berlin waren, da liefen zwar noch Artikel unter unserem Kollektivnamen, aber das Kollektiv in der alten Form existierte ja praktisch schon nicht mehr, drei oder vier waren noch unten in Würschnitz an der Schule und wir waren also hier am Verlag. Wir haben noch einige Zeit versucht, das Kollektiv aufrechtzuerhalten und auch als Kollektiv zu schreiben, indem wir meinetwegen denen den Auftrag gegeben haben: „Schreibt mal zu dem Thema einen Entwurf und wir bringen dann dazu noch unsere Meinung ein" – oder umgekehrt. Oder wir haben ihnen einen Entwurf geschickt und haben gesagt: „Sagt mal eure Meinung dazu." Aber es hat sich sehr bald gezeigt, also ... so ein Kollektiv lässt sich nicht aufrechterhalten auf die Dauer, wenn nicht die ständige persönliche Berührung da ist, ne? Also das, das geht ein Jahr gut, meinetwegen noch, und dann ist das nicht mehr aufrechtzuerhalten. Und deshalb sind wir zum Beispiel in Bitterfeld eben nur wir drei gewesen, die wir im Verlag schon tätig waren, nicht mehr das gesamte Kollektiv. Und auch in Burg, beim Burger Kollektiv, waren wir dann immer zu dritt von der Redaktion aus.

M. D.: Sie haben vorhin gesagt, dass gefordert wurde, die besten Erfahrungen, die jetzt gemacht worden sind, von Geschichtslehrern zu veröffentlichen. Von welcher Stelle kam denn diese Forderung?

Schenderlein: Also, meines Wissens – obwohl das, wenn man in der konkreten Arbeit drinsteckte, oft gar nicht so deutlich wurde – meines Wissens vom Ministerium. Also hier kommen dann Berührungspunkte. Ich meine, wir waren ja nun zu dieser Zeit kleine Redakteure, also ... ganz Berlin war für uns Neuland und für uns war eine ... große Autorität Herbert Becher, der uns also eingestellt hatte in die Geschichtsabteilung, von dem wir wussten, dass er den persönlichen Kontakt zu Wandel hatte, ne? So dass wir damals nicht hätten sagen können: „So, ist das jetzt eine Idee von Becher gewesen? Ist der auf die, hat der das ausgebrütet oder, was viel wahrscheinlicher ist, sind das Anstöße vom Ministerium gewesen, die uns durch Becher dann vermittelt wurden?" So wird es eigentlich auch dann gewesen sein, ne?

Wandel hat sich damals sehr intensiv um die Dinge gekümmert. Er sich hat nun weniger um einzelne Artikel in der Zeitschrift gekümmert, aber er hat, da er den Geschichtsunterricht für sehr wichtig hielt, eben auch für die Demokratisierung der gesamten Schule hat er natürlich versucht, Einfluss auf die Manuskripte der Bücher zu nehmen. Also, er hat meines Wissens damals alle Buchmanuskripte gelesen, bevor sie gedruckt wurden. Und hat viele ... Anregungen für Veränderung gegeben, also ... Deshalb ist es ja zum Beispiel so schade, dass das ganze Archiv weg ist, ne? Da waren die Manuskripte mit handschriftlichen Äußerungen von Wandel da, ne? Uhlmann hat ja an einer dieser Besprechungen bei Wandel direkt teilgenommen, wo es, glaube ich, damals so um die Neueste Zeit, also um das Lehrbuch der achte Klasse ging, und Wandel hat eben auch solche Hinweise an Becher gegeben, weil es ja ungeheuer schwer war, für diese Geschichtsbücher Autoren zu finden, die also jetzt eine zumindest annähernd marxistische Geschichtsschreibung ... draufhatten. Und der hat dann ja praktisch angeregt, dass also hier die besten Historiker, also jetzt Engelberg und ... und hier Berlin – wer war denn damals? Na, ist auch egal. Also jedenfalls, dass die Geschichtsprofessoren zusammengenommen wurden, zusammengespannt wurden mit den aktivsten Lehrern, dass also auf diese Weise Autorenkollektive gebildet wurden für die Lehrbucherarbeitung, ne? Also da hat Wandel sich sehr darum gekümmert, war sehr persönlich immer daran beteiligt.

M. D.: Nur in der Arbeit mit den Lehrbüchern oder auch an sonstiger Arbeit in der Geschichtsmethodik?

Schenderlein: Meines Wissens hat er – aber wie gesagt, das ist also jetzt mein eingeschränkter Gesichtskreis –, meines Wissens hat er sich um die Methodik damals noch nicht so gekümmert. Der Streit in der Methodik beschränkte sich eigentlich von der Verlagssicht aus gesehen, damals, und auch von der Ministeriumssicht aus, darum: Wie wissenschaftlich müssen die Lehrbücher sein und wie fasslich müssen sie sein? Und ist das zu vereinfachen? Das war eigentlich jahrelang der große Streit. Also, ich meine, wir hatten ja nur kurze Unterrichtserfahrung als Lehrer und noch kürzere als Redakteure, aber uns war zum Beispiel, ob nun Scheibner, Uhlmann oder wer da noch im Verlag war damals, schon nach kurzer Zeit völlig klar, dass die ersten Geschichtslehrbücher die Fasslichkeit weit überschritten. Und dass das kein Schüler je begreifen konnte, was wir forderten. Und da wurde auch von Wandel allerdings die These, auch von Becher in sehr starkem Maße, die These vertreten: Wichtig ist aber erstmal, dass wir ein wissenschaftlich einwandfreies Weltbild darlegen. Also auch auf die Gefahr hin, dass einiges noch zu hoch ist, dass einiges nicht begriffen werden kann, aber Wissenschaftlichkeit steht an erster Stelle. Denn wir müssen daran denken, dass das nicht nur Lehrbücher für die Schüler sind, sondern für die Lehrer sowieso und zum Großteil also auch für die Eltern und so, oder die Möglichkeit ist, die Eltern im Sinne des Fortschritts zu beeinflussen ... demokratisches Ideengut durchzusetzen und so weiter. Das spielte damals in der Argumentation eine große Rolle.

Wobei ich damit nicht gesagt haben wollte, dass es keinen Methodenstreit gab und keine Einflussnahme des Ministeriums, also ... etwa bis '50, '51 gab es ja auch den Streit, um die Arbeitsschule. Also, ich habe ja selbst in den fünf Jahren noch an Experimenten teilgenommen, bis zur Auflösung des Klassenverbandes: Arbeit in Arbeitsgruppen in der Klasse, Arbeit mit Lexika und was weiß ich … bis hin zur Anfertigung vom Modell eines germanischen Dorfes oder was weiß ich. Auf Kreislehrerkonferenzen wurden solche Arbeitsschulversuche vor allen Lehrern des Kreises demonstriert, vorgeführt. Also das spielte schon eine große Rolle.

Und in der Geschichte, das spielt ja dann wieder in die Fragen hier mit Burger Kollektiv, Geschichtslesebücher rein, gab es ja dann eine harte Diskussion – und die wurde natürlich vom Ministerium ausgelöst –, inwieweit sind also diese Arbeitsschulmethoden aus der Weimarer Republik für die neue Schule tragbar? Oder ist das nicht durchgängig alles reaktionär? Das war also zum Beispiel so ein Grund, weshalb man sich … Und wir hatten Bücher vom Bremer Lehrerverein noch aus der Weimarer Republik in die Hand bekommen. Und das war ja mit einer der Ansatzpunkte für die Lesebücher. Und ja, jetzt war aber der Streit entbrannt. Scheiblhuber war also für völlig reaktionär erklärt worden in den Artikeln.

Ein Kollege im Ruhrgebiet, in Dortmund, der hat über Geschichtserzählung in der DDR promoviert,[4] dem durfte ich auch einige Auskünfte geben, und er hat mir die Dissertation zugeschickt, die habe ich hier bei mir im Besitz. Der ist eben zum Beispiel drüber gestolpert, dass Mühlstädt in der Zeitschrift als Chefredakteur noch Artikel pro Scheiblhuber und pro Geschichtserzählung geschrieben hat und ein halbes Jahr später also einen Brandartikel gegen Scheiblhuber! Ja, da hat er natürlich ein Auftrag gekriegt vom Ministerium, da wird es also ganz offenkundig, na? Also dieser Streit war natürlich gleichzeitig auch im Gange.

M. D.: Würden Sie die Funktion und die Persönlichkeit von Herbert Becher skizzieren?

Schenderlein: Tja, Becher war ein sozialdemokratischer Lehrer, also aus der Weimarer Zeit, gehörte da zu den jungen Sozialdemokraten. Es gibt Auseinandersetzungen über seine Rolle in der Nazi-Zeit. Er war wohl zeitweise entlassen, und er gehörte einer Kapelle an und ist da irgendwie mal beim Aufmarsch gesehen worden. Es gab da Streit, ob er nicht in der SA gewesen sei, in der Nazi-Zeit. Auf alle Fälle war er in sowjetischer Kriegsgefangenschaft und hat dann vom Nationalkomitee Freies Deutschland einen Schulungslehrgang mitgemacht, in Krasnogorsk oder wo das war. Und hat wohl dann auch dort schon selber Kriegsgefangene mitgeschult, war da aktiv tätig. Und aus dieser Zeit rührte offensichtlich auch seine Bekanntschaft mit Paul Wandel. So dass er nach seiner Rückkehr aus Kriegsgefangenschaft dann im Ministerium eingestellt wurde.

---

4 Bonna, Rudolf. Die Erzählung in der Geschichtsmethodik von SBZ und DDR. Bochum: Brockmeyer, 1995.

Ich habe ihn das erste Mal '49 oder '50 auf einer Kreislehrerkonferenz in Stollberg erlebt, wo er als Vertreter des Ministeriums sprach. Und ... nun war ja damals die Personaldecke ungeheuer eng, also von der Zentralverwaltung für Volksbildung oder später dann im Ministerium in andere Bereiche wurde ja dauernd hin- und hergeschoben, weil man überall noch die geeigneten Leute suchte. Jedenfalls da also Becher das Vertrauen Wandels in hohem Maße genoss, wurde er beauftragt, in den Verlag zu gehen. Er hat das zunächst wohl noch in Doppelfunktion gemacht, war noch eine Weile im Ministerium, bis er dann ganz in den Verlag überwechselte, auf Bitte oder auf Weisung von Wandel – wird wohl mehr Letzteres gewesen sein – und bekam also die Aufgabe, die Geschichtsabteilung überhaupt erstmal aufzubauen. Es existierte ein älterer Kollege, der dann später das Übersetzungsressort leitete, der also versuchte, alte Bücher auszuschlachten, auf ihre Möglichkeit untersuchte, ob sie noch zu gebrauchen sind, und der auch dann versuchte, erste Übersetzungen aus dem Russischen herauszubringen. Aber an neue Bücher hier mit deutschen Autoren war noch gar niemand rangegangen.

Und diesen Auftrag kriegte eben Becher, sowohl als Chefredakteur die Zeitschrift herauszugeben und dann die Buchabteilung aufzubauen. Und ich würde so sagen: Becher war kein Wissenschaftler, er war eine ... Leuchte in der Beziehung schon gar nicht, aber er war ein hervorragender Organisator. Also in diesem Fall war das, glaube ich, das Wichtigere. Also die Leute, die als Autoren geeignet sind, die zusammenzubringen, na? Uhlmann hat das ja in dem halben Jahr, als er hier in Berlin war und da die *Weimarer Republik* schrieb, auch miterlebt, die hatten damals zum Beispiel im Verlag ein Gästezimmer oder mehrere Gästezimmer ...[5]

---

5 An dieser Stelle bricht die Aufnahme leider ab. Die letztvorgesehene Magnettonkassette hatte sich als schadhaft erwiesen.

Mündliches Interview mit Prof. Dr. Alfried Krause

Greifswald, den 06.08.1999

Alfried Krause, seit 1955 im Hochschuldienst (Leipzig), 1957 Wechsel als Abteilungsleiter nach Greifswald, 1961 Promotion, 1968 Habilitation, 1971 ordentliche Professur, Mitglied zahlreicher zentraler Gremien.[1]

Abb. 2: Alfried Krause, 1967. Quelle: GS 9 (1967), S. 1105.

M. D.: Prof. Krause, vielleicht beginnen wir mit einem kleinen Überblick über die Stationen Ihres Lebens bis zu Ihrer geschichtsmethodischen Arbeit.

Krause: Ich bin in Allenstein in Ostpreußen zur Schule gegangen, habe dort das Abitur auf einem humanistischen Gymnasium, altsprachlicher Zweig – das heißt, mit Griechisch und Latein – gemacht. Wurde dann eingezogen zur Wehrmacht. Habe den Krieg von 1941 bis '45 bei den Nachrichtentruppen mitgemacht. Kam dann in amerikanische Gefangenschaft in Österreich 1945. Wurde im Juni entlassen, wollte nach ... – suchte meine Familie, die weg war, zerstreut in alle Winde. Der Orientierungspunkt war meine jetzige Frau, in Störmthal bei Leipzig. Ich bin dann hier rübergekommen, bloß um zu sehen, wo meine Familie ist. Bin dann hiergeblieben. Und ich bekam dann ein Angebot, einen Achtmonatekurs zur Ausbildung von Neulehrern mitzumachen. Eigentlich war ich für Jura und Volkswirtschaft immatrikuliert, und zwar ursprünglich an der Universität in Königsberg. Da

---

1 Die folgenden Interviews sowie die schriftlichen Befragungen von Krause, Osburg, Rackwitz, Wermes, Kretschel, Rühmann, Kruppa, Treichel, Folde, Gentner, Raasch, Richter, Radtke (in chronologischer Ordnung) gehören in einen Projektkontext, dessen Ergebnisse hier publiziert worden sind: Demantowsky 2003. *Die Geschichtsmethodik in der SBZ und DDR: ihre konzeptuelle, institutionelle und personelle Konstituierung als akademische Disziplin 1945–1970.*

die Universität in Leipzig noch nicht aufgemacht hatte, nahm ich das Angebot an und habe dann den Lehrgang mitgemacht von Januar bis August '46. Das war im damaligen Schulwissenschaftlichen Institut in Leipzig in der Gustav-Freytag-Straße. Danach wurde ich Neulehrer für sechs Wochen in Sachsen … und wurde bald vorgeschlagen zum Studium an der neu eröffneten Pädagogischen Fakultät in Leipzig.

Ich habe dort von 1946, im Herbstsemester, bis 1950, auch im Herbstsemester, Pädagogik studiert mit dem Hauptfach Germanistik, Nebenfach Geschichte. Die Examensarbeit habe ich geschrieben in Germanistik bei Prof. Korff über den Unterschied zwischen innerer und äußerer Zeit in Goethes *Wilhelm Meister*. Ab 1. Januar wurde ich eingestellt als Lehrer in der einheitlichen Grund- und Oberschule in Leipzig. Es war die Helmholtzschule im Leipziger Westen, in Lindenau. Habe die Unterrichtsstunden eines gerade entlassenen Konrektors übernommen – der Gänze, das heißt Geschichtsunterricht von Klasse 6 bis Klasse 11 und Deutsch von Klasse 8 bis Klasse 10. Insgesamt waren das, glaube ich, 31 oder 32 Stunden. Ein solche Masse für einen Anfänger – ich ging am Stock. Und als dann das Angebot kam, einen Lehrgang in Dresden für Gegenwartskunde zu machen, habe ich sofort zugegriffen, weil ich das Ausmaß der Arbeit in Deutsch leider nicht mehr bewältigen konnte. Die Hausaufsätze blieben liegen und nun wollten sich die Schüler auch mit mir unterhalten, denn es kam dann *Doktor Faustus* von Thomas Mann heraus, und ich hatte es noch gar nicht, ich habe gar keinen Satz gelesen. Die Schüler haben das gemacht. Also es war – ich war überfordert.

Kam dann zurück im August, also im neuen Schuljahr. Und habe dann an der Helmholtz-Oberschule unterrichtet in diesen drei Fächern. Wurde dann auf besonderen Wunsch der Direktorin, Frau Niroslow, Konrektor. Das habe ich aber nicht lange ausgehalten, weil die Dame mich benutzen wollte, um die Kollegen in den Griff zu kriegen. Bin dann an die Richard-Wagner-Oberschule gegangen bis 1955. Habe dann aber die Erlaubnis bekommen – das war damals genehmigungspflichtig –, das Examen in der Philosophischen Fakultät noch zu machen, im Hauptfach Geschichte. Habe also zwei Semester noch extern studiert am Historischen Institut bei Sproemberg und Markov. Abgeschlossen habe ich das Studium mit einer Arbeit über Italien im 4. und 5. Jahrhundert: „Die Entstehung des Papsttums" bei Sproemberg, das war 1953.

1955 bin ich von Fritz Donath[2] geworben worden als Assistent an der Pädagogischen Fakultät, die aber 1955 umgewandelt worden ist zum Institut für Pädago-

---

2 Der Sachse Friedrich Donath (1908–1985), eine andere, neben Stohr, Gründerfigur einer „sozialistisch umgestalteten" historisch-politischen Bildung. Abteilungsleiter und Professor an den Universitäten Leipzig und Rostock und auch an der Deutschen Hochschule für Körperkultur (DHfK) Leipzig. Zahlreiche maßgebliche Schüler auf Professuren in der DDR.

gik an der Philosophischen Fakultät. Ich war der zweite Assistent im Bereich Geschichtsmethodik. Das war eine Sektion in der Abteilung Unterrichtsmethodik am Institut für Pädagogik. Habe dort das von mir vorgeschlagene Thema genehmigt bekommen für die Dissertation: der historische Film, Unterrichtsfilm oder der Dokumentarfilm ... Der Vorteil, den ich damals hatte, war, dass es dort in Leipzig eine ausgebaute Forschungsstelle gab für die Erreichung maximaler Bildungsergebnisse. Die wurde von der Abteilung Unterrichtsmethodik unter Prof. Reißmann geführt, und da hat sich jedes Fach beteiligt. Wir hatten eine Sekretärin, Frau Pfefferkorn, die die Tonbandaufnahmen, die wir gemacht haben – es war eine empirische Forschung –, abgeschrieben hat, sodass wir alles im Text vorliegen hatten. Ich habe also die Unterrichtsversuche gemacht zum Unterrichtsdokumentarfilm. Genauer gesagt: Unterrichtsdokumentarfilm im Vergleich, als Vergleichsobjekt die entsprechenden Lichtbilder, daher die Thematik „Laufbild und Stehbild".

Als ich das Material zusammen hatte, um es auswerten zu können, das war nach zwei Jahren, also 1957, wurde ich hierher nach Greifswald verpflichtet, um die Geschichtsmethodik zu übernehmen. Der Lehrstuhl war ein Jahr lang vakant, Prof. Eckermann, sein vorheriger Inhaber, war von Greifswald nach Potsdam gegangen. Habe hier also angefangen, mir zur Seite stand ein Lektor. Es waren drei verschiedene Studienjahre zu betreuen: das zweite und dritte Studienjahr für die Grundschulausbildung, das vierte Studienjahr für die erweiterte Oberschule. Das war also ziemlich umfangreich. Ich musste alles vorbereiten und auch selbst durchführen, so dass ich von der Lehre im Grunde genommen aufgefressen wurde. Ich kam zur Arbeit an meiner Dissertation eigentlich nur in den Semesterferien. Habe dann 1960 die Arbeit abgegeben. Im Dezember habe ich verteidigt. Na ja, es ging dann die zweite Phase los mit der Vorbereitung der Habilitation ... zum Thema Unterrichtsmittel, speziell zur politischen Karikatur.

Die Habilitation erfolgte im Herbst 1968. Hier in Greifswald habe ich angefangen als Oberassistent, wurde dann mit der Wahrnehmung einer Dozentur beauftragt ... 1970, 1969 ... oder '68 – weiß ich jetzt gar nicht mehr genau – wurde ich Dozent. Dann 1970 außerordentlicher Professor, weil ich inzwischen eine hauptamtliche Funktion übernommen hatte als Direktor für Erziehung und Ausbildung. Um das noch mal zu erläutern: Angestellt wurde ich als Prorektor für Studienangelegenheiten. Dann wurde das im Rahmen der Hochschulreform von einer nebenamtlichen Tätigkeit zu einer hauptamtlichen gemacht, und das brachte mir dann ein, dass ich, da ich dort hauptamtlich war, eben nicht den Lehrstuhl bekommen konnte, sondern lediglich die außerplanmäßige, die außerordentliche Professur. Rektor Scheeler hat sich dagegen protestierend in Berlin beim Minister angemeldet und ich wurde dann am 1. September 1971 zum Ordinarius gemacht und habe dann verärgert 1972 die Sache aufgegeben.

M. D.: Das Direktorat für Erziehung?

Krause: Das Direktorat, zumal das dann auch auf die Stufe eines wissenschaftlichen Sekretärs gesetzt worden ist. Und da war ich, da hatte ich den Eindruck, da sind andere dafür besser geeignet. Und ich habe mich dann wieder voll in die Geschichtsmethodik geworfen. Nicht lange, denn dann musste ... dann habe ich, ich will nicht sagen: ich musste, aber ich habe es dann getan: die Leitung der Ausstellung von Studentenarbeiten übernommen. Es gab also den studentischen Wettbewerb und in diesem Rahmen wurde eine Ausstellung gemacht. Das Ganze war eingebunden in die „Messe der Meister von Morgen" und ich hatte die Aufgabe gehabt, die Gruppe zur Ausstellungsgestaltung und zur Auswahl der Arbeiten zu leiten. Das war eine fürchterliche, eine sehr anspannende Arbeit, so dass ich dann wieder für fast ein Jahr ausgefallen bin von meiner Arbeit.

M. D.: Es ging da um die Zentrale Leistungsschau?

Krause: Die Zentrale Leistungsschau, ja. Es kam einfach daher, weil der Minister mich kannte: Ich war ja mit ihm zusammen Assistent in Leipzig. Der Beauftragte für die Leistungsschau, der kannte mich auch von Leipzig – war dort auch Assistent mit mir zusammen und auf diese Art und Weise kam ich zu dieser Funktion.

M. D.: Also waren Sie republikweit für die Leistungsschau verantwortlich?

Krause: Republikweit ja, republikweit. Es war für mich eine große Lehre. Aber da jetzt ins Detail zu gehen, würde zu weit führen. So, zwischendurch war ich dann noch mal amtierender Sektionsdirektor, weil der eigentliche Sektionsleiter Arbeitsurlaub bekommen hatte. Das hat mich auch wieder ein bisschen herausgerissen. Alles das wirkte sich dahingehend aus, dass ich doch immer wieder herausgerissen wurde aus meiner eigentlichen Forschungsarbeit ... Ja, ich wurde dann 1987 ordnungsgemäß emeritiert.

M. D.: Gut, dann zwei, drei kleine Rückfragen. Die Erste: Ich würde mich noch mal interessieren für das familiäre Umfeld, also das Milieu, aus dem Sie stammen, in Ostpreußen. Und dann hätte ich, würde ich gleich ... anschließen wollen die Frage, welches Verhältnis Sie zum Nationalsozialismus hatten? Waren Sie ein begeisterter junger Mann oder waren Sie zurückhaltend auf Grund des Umfeldes? ... Ja, vielleicht das erst mal.

Krause: Ja, mein Vater, also meine Eltern hatten eine Gastwirtschaft in einem Dorf in Ostpreußen. Mein Vater war ... meines Wissens Mitglied der Sozialdemokratischen Partei in der Weimarer Republik. Ich weiß noch, dass er 1939 vorübergehend von der Gestapo verhaftet wurde mit der Anschuldigung, er würde die polnische Minderheit im Orte begünstigen, er würde beim Juden einkaufen und er würde die Funktionäre der ... Die Verhaftung wurde ausgelöst durch eine Information, die er seinem Freund überreichte, durch einen Boten, und die wurde dann der Gestapo zugespielt. Ich erwähne das deswegen, weil das natürlich mein Verhältnis auch zur NSDAP geprägt oder mit sehr stark beeinflusst hat. Ich bin mit zehn Jahren nach Allenstein zum Gymnasium gekommen, ging dann zum Jungvolk und dann auch zur HJ. Habe nie gern Uniform getragen und durch dieses Erlebnis mit meinem Vater auch immer eine reservierte Haltung der Sache gegenüber gehabt. Seitdem konnte ich Uniformen nicht ausstehen ... So, das war mein Verhältnis zur NSDAP.

M. D.: Hat Ihre Abneigung gegen Uniformen nicht auch Ihre Stellung dann zur FDJ und ...

Krause: Ja.

M. D.: ... beeinträchtigt?

Krause: Ich war eigentlich aus dem Alter raus. Aber ich wurde, als in Leipzig die Kampfgruppen eingeführt wurden an der Universität, ein Monat, glaube ich, oder zwei Monate Mitglied der Kampfgruppen. Da man dort Uniformen anziehen musste, so einen Overall in brauner Farbe, Feldgrau oder so Feldbraun, hat mich das sehr rasch wieder rausgebracht. Aber es gab die Möglichkeit, dort wieder raus zu kommen.

M. D.: Ja ... Wenn Sie sich noch mal hineinversetzen in den Alfried Krause von '45, sagen wir, vom Mai '45. Was haben Sie erwartet von der Nachkriegszeit, was für Träume hatten Sie?

Krause: Eigentlich wenig Träume, nur Befürchtungen. Ich wurde ja dann eines Tages von einem amerikanischen Laster abgesetzt, am Autobahnsee in Augsburg ... mit dem, was ich am Leibe trug, und war mir selbst überlassen. Ich glaube, 20 Mark gab es noch so als Handgeld und stand nun da und musste sehen, wie ich mit dieser Welt zurechtkam. Bis dato hatte man mir ja gesagt, was ich essen soll und was ich anziehen soll und wo ich schlafen soll und was ich machen soll. Auf einmal war ich dann vollkommen mir selbst überlassen. Eine Situation, die mir nichts Gutes verheißen hat. Ich wusste nicht, wo meine Familie ist. Ich wusste nicht ... Ich hatte keinen Beruf. Ich war bloß Abiturient und war der Meinung, dass das Wichtigste wäre, das nächste Jahr zu überstehen ... Von dieser Überlegung ging ich aus.

M. D.: Haben Sie dann begonnen, über Ihr eigenes Schicksal hinaus zu denken und sich politisch zu betätigen?

Krause: Eigentlich gar nicht, das ist überzogen. Als ich diesen Kursus mitmachte, diesen Lehrgang zur Ausbildung von Neulehrern, verlangte man von mir, ich sollte mich irgendwie politisch betätigen. In welcher Partei, das hat man mir freigestellt, aber ich müsste mich irgendwie einer Partei anschließen. Und dann bin ich natürlich in die Sozialdemokratische Partei gegangen, einmal aus ... Tradition vielleicht, zum anderen, weil mein Nachbar damals ... Es war dann schon in Störmthal. Ich war nach Leipzig gekommen, um meine damalige Freundin abzuholen. Und da ich ja nun merkte, dass es im Osten gar nicht so schlimm war, wie das ausgemalt worden ist, denn es fuhren hier bereits die Züge, die Eisenbahn verkehrte, das kulturelle Leben war im Gange; und mit Erstaunen habe ich festgestellt, dass der Zirkus Aeros spielte. Es gab 50 Gramm Brot mehr hier im Osten, und es gab Tabakwaren. Das gab es alles in Bayern nicht. Und als ich dann 1945 im August dort verängstigt vom Bahnhof aus angerufen hatte, sagte meine jetzige Frau: „Ja, wir haben gerade Kohlen bekommen." Das war für mich alles fast ... unglaublich, es waren fast normale Verhältnisse. Es war also nicht so schlimm, man hatte mir in Bayern gesagt, jedes zweite Haus wäre hier ein Bordell und: „Wer nicht aufpasst, landet in Sibirien." Auch die Amerikaner sagten, sie könnten mich nach Leipzig entlassen, aber es wäre nicht ratsam, da die Russen mich dann sofort wieder einstecken würden. Also, ich wollte bloß meine Frau hier abholen und wieder zurückgehen und merkte auf einmal: Das war ja ganz anders! Dann bin ich hiergeblieben, zumal meine Frau auch hierbleiben wollte, weil ihre Eltern hier waren.

Ja, und auf diese Art kam ich nach Leipzig-Störmthal in einen Vorort ... und da habe ich dann noch Feldwache gestanden und ... bei dieser Gelegenheit hat mich dann mein Nachbar, der auch Sozialdemokrat war, geworben. Sagte, ich solle mal, na, gleich mitkommen. Und da wurde ich auch gleich Schriftführer in der Ortsgruppe Liebertwolkwitz und wurde dann mit verschmolzen. So kam ich dann in die SED ... Ich bin eigentlich so mit reingerutscht. Ja, das mag vielleicht erst mal genügen.

M. D.: Ja, es lief ja längere Zeit tatsächlich paritätisch in der SED ...

Krause: Ja.

M. D.: ... aber ab '47/'48 setzten dann die Kurse zur Geschichte der KPdSU und so weiter ein. Es veränderte sich auch die, die paritätische Aufteilung der Ämter. Wie haben Sie diesen Prozess wahrgenommen der Partei neuen Typus, der dort geschaffen wurde?

Krause: Na ja, es war das Problem, erst war es wirklich paritätisch, aber es dauerte nicht lange, ich glaub, de facto ging es schon '47 los, wo dann die ehemaligen Mitglieder ... Ich wurde zum Beispiel damals an der Pädagogischen Fakultät ... scheel angeschaut, weil man mich verbunden hat mit Sozialdemokratismus. Und das war etwas ganz Schlimmes. Und ich wurde diesen Makel dort in Leipzig auch gar nicht so richtig los und empfand das schon fast als Befreiung, als ich hier nach Greifswald kam, weil mich hier dann die Leute, mit denen ich dann in den Sozialdemokratismus reingekommen bin, nicht mehr kannten.

M. D.: Das heißt, dieser Makel haftete Ihnen bis '55/'57 an?

Krause: Ja, und hier, hier war das eben ... Hier konnte ich wieder von vorne anfangen.

M. D.: Aber Herrn Donath hat das ja nicht gestört, dass Sie diesen „Makel" hatten?

Krause: Nein, er war ... Also damals, der Donath war ein ... eigentlich war der auch ein Sozialdemokrat. Er kam aus der Arbeiterbewegung, ein sehr impulsiver junger Mann, fühlte sich immer als junger ... Also er war tolerant ... Und er hat mich in dieser Weise überhaupt nicht irgendwie falsch ... Es war nicht sonderlich angenehm, weil die Leipziger, also die Pädagogische Fakultät und nachher das Institut für Pädagogik ziemlich stramm ausgerichtet war. Und es dauerte auch nicht lange, ehe ich dann den ersten Zusammenstoß hatte mit – aber das ...

M. D.: Mit wem?

Krause: Na ja, das war der Parteisekretär des Instituts. Im Institut hatten sie einen Raum, in dem die Parteileitung jeden Tag zusammenkam. Eines Mittags hatte ich den Auftrag bekommen, eine Wandzeitung zu gestalten. Aber Fritze Donath hat mir schon ein paar andere Aufträge gegeben, so habe ich das gar nicht geschafft und mich dann geweigert, den zu machen. Ich würde einen Parteiauftrag nicht ausführen wollen. Und das hat mich dann auf die Palme gebracht, weil ich natürlich aus der Schule kam, und da war das Verhältnis eben ein anderes, eigentlich viel demokratischer. Und da saß er dann eben, flankiert von seinen Mitgliedern der Parteileitung, die mehr oder weniger dem, was er sagte, zugestimmt haben. Das hat mich auf die Palme gebracht und ich habe ihm dann ziemlich hart alles, na ja ... Ich bin mächtig mit ihm zusammengerasselt. Aber erstaunlicherweise hat der mir das nicht nachgetragen, dass ich mal aus der, aus der Haut gefahren bin und gesagt habe, das wäre gänzlich ungewöhnlich, dass man mit einem Mitglied der Partei so umginge, und gänzlich undemokratisch ... Da hatte ich nachher eigentlich ein gutes Verhältnis mit dem Menschen gehabt. Aber ich weiß nicht, ob das hier unbedingt rein muss?

M. D.: Gut, kommen wir mal zu einem ganz anderen Punkt. Angenommen, Sie würden jetzt meine Arbeit schreiben wollen, wie würden Sie die Geschichte der DDR- Geschichtsmethodik periodisieren?

Krause: Ich habe ja die Geschichtsmethodik erst einmal im schulwissenschaftlichen Institut bei dem Lehrgang kennengelernt und dann als Student in demselben Gebäude, aber als Pädagogischer Fakultät. Und dann im selben Gebäude wieder 1955 als Assistent der Abteilung Unterrichtsmethodik des Instituts für Pädagogik. Von dort aus ergibt sich wahrscheinlich auch schon so eine gewisse Abschnittseinteilung.

Kassettenwechsel (28:51)

Krause: Die erste Phase würde ich sehen von 1946 mit Gründung der Pädagogischen Fakultät. Man könnte auch schon das schulwissenschaftliche Institut nehmen, bis zur Gründung der Fakultät und Überleitung der Fakultät in das Institut für Pädagogik. Das ist eigentlich gekennzeichnet durch einen vorherrschenden Praktizismus in der ganzen Methodik, mit Dominanz der Didaktik. Die Fachspezifik war wenig herausgearbeitet und wurde auch wenig bewusst beachtet. Es ging dann hauptsächlich, jedenfalls in der letzten Phase, um didaktische Regeln und Prinzipien und um Fachwissen. Also die Methodik bestand aus Didaktik und Fachwissen, ohne eine organische Bindung herzustellen. Die Methodiker, es waren damals erfahrene oder erfolgreiche Lehrer wie zum Beispiel Prof. Riemann. Das war ein Gymnasial-, also dann Oberschullehrer, bei dem ich die Methodik an der Pädagogischen Fakultät hatte. Der hat Stories erzählt, also das, was man einem Schüler eigentlich so erzählen soll vom Stoff her, Stories und Episoden und so weiter. War alles sehr interessant, aber mit Methodik hatte das wenig zu tun gehabt. Und dann beim Schulwissenschaftlichen Institut war es Reißmann, dann Prof. Reißmann, ein Reformpädagoge. Ein sehr versierter Mann, aber eben nicht direkt als Methodiker ausgebildet. Das kam später erst. Also, er war theoretisch-pädagogisch gebildet, aber nicht methodisch. Die Methodik war eigentlich gar nicht ausgearbeitet. Inhalt des Geschichtsunterrichts wurde gelehrt, also was im Unterricht zu erzählen wäre, was wurde getan, was war geschehen, wann, wo und ... Handreichungen, Tipps. Stoff dem Schüler interessant machen: Episoden, hat man erzählt bekommen, Anekdoten. Das war etwa so die Situation bis 1955.

Dann mit '55, mit der Entwicklung des Instituts für Pädagogik wurde dann die Abteilung Unterrichtsmethodik gebildet. Also eine Zusammenfassung der einzelnen Methodiken, und die einzelnen Methodiken waren dann Sektionen. Wir waren also Sektion Geschichtsmethodik. Und da begann man nun das Fach, die Fachspezifik in den Griff zu nehmen, also die Herausarbeitung der Fachspezifik. Durch dieses Zusammenwirken in der Methodik der Abteilung Methodik gab es einmal eine Abgrenzung zwischen den einzelnen Fächern, den Fachmethodiken, aber auch mit dem Ziel der Koordinierung. Das war eine sehr, sehr trächtige Institution, die Abteilung Unterrichtsmethodik, geführt damals von Prof. Reißmann, weil man sich da nun anfing zu orientieren. Was ist denn eigentlich anders in der Geschichtsmethodik als in der Geographiemethodik, was ist gemeinsam? Wir haben uns damals unterhalten, ich sagte es schon mal, über den Inhalt des Unterrichts, aber was resultiert aus dem Inhalt des Unterrichts, ob das nun Methodik oder Stoff ist, für die Gestaltung des Unterrichts. Und außerdem begann dann dort auch die Erarbeitung … Aber das würde ich einschätzen als eine Bereicherung für die einzelnen Fachmethodiken, aber auch für die Didaktik, weil auch die Didaktik dann sich mehr definierte als eine Verallgemeinerung der Methodiken – also nicht abgehoben vom konkreten Unterrichtsprozess.

Und außerdem begann in dieser Abteilung Unterrichtsmethodik die Entwicklungsphase, die Erarbeitung spezieller Forschungsmethoden. Vor allen Dingen der empirischen Forschung. Wir hatten ja dann diese Erforschungsgruppe in Leipzig gehabt „Methoden zur Erlangung maximaler Bildungsergebnisse", und auch da hat man sich gegenseitig beraten und geschult. Also, ich bin dann zum ersten Mal konfrontiert worden mit solchen Verfahren wie „Rotierende Gruppe" oder „Über-Kreuz-Verfahren", Probleme der Signifikanzbestimmung und so weiter. Auch durch die Einbeziehung der Psychologen am Institut … und auch der Ermittlung und Erfassung von Ergebnissen der Dokumentation und der Präzision, der Bedingungen, die man bestimmen musste, um einen Unterrichtsprozess fassen zu können. Und daraus habe ich geschöpft für meine Arbeit, also die empirischen Untersuchungen zum Vergleich von Film, also Laufbild und Stehbild.

So … diese Phase reichte eigentlich bis zum Übergang der Methodik zum Fach. Meines Erachtens eine sehr wichtige Phase, weil sie zur Profilierung der einzelnen Methodiken beigetragen und auch zur Koordinierung mit den anderen Disziplinen. Denn in der Schule gibt es ja nicht ein Unterrichtsfach, es gibt ja Unterrichtsfächer, die auch untereinander koordiniert werden müssen. Da muss man eben doch ein bisschen über seinen Rand hinausgucken können. Und es ging wohl – auch damals wurde diskutiert dies Verhältnis von Fach und Methodik, Fachmethodik und allgemeine Didaktik. Ich habe das auch immer so gesehen, dass die Methodik eben eine pädagogische Disziplin ist. Dieser Übergang in das … hier in Greifswald, von der Pädagogik zum Fachinstitut ist meines Erachtens ein bisschen zu früh gekommen. Das heißt also, die Methodiken waren noch nicht in … in der Gänze ausgereift, um dann die Aufgaben erfüllen zu können, die sie dann haben sollten. Man musste erst mal wissen, was man selbst ist, ehe man dann auf die anderen einwirken konnte. Das wurde dann eben irgendwie nachgeholt. Der Entwicklungsstand der Einzelmethodik war auch sehr unterschiedlich.

So dann kam, also da entwickelten sich ja dann auch die eigentlichen Methodiker. Was in der ersten Phase Methodik gelehrt hat, war ja nicht methodisch ausgebildet. Das waren, wie gesagt, entweder Reformpädagogen, also Seminarlehrer von früher aus der Weimarer Republik oder erfolgreiche Lehrer in der Nachkriegszeit oder im Krieg in der Nazizeit ... Aber dann – zum Beispiel Fritze Donath hat ja im Fach promoviert. Der Erste, der in der Methodik promovierte, war Prof. Wagner. Das war der erste „Dr. päd.“. Und aus dieser an und für sich sehr fruchtbaren Leipziger Unterrichtsmethodik entwickelten sich dann die Methodiken, möchte ich sagen. Und auch als Fach, in der Fachspezifik. Und alle, die dann den Lehrstuhl in der späteren Zeit hier als Methodiker übernommen hatten, haben diese Phase eigentlich mit durchgemacht. Und dann schließlich – diese Phase würde ich sehen bis zur dritten Hochschulreform. Das war also '68.

M. D.: Das war also die zweite Phase?

Krause: Bis '68, denn dann wurden ja aus den einzelnen Instituten Sektionen gemacht und Lehrstühle eingerichtet. Es gab vor der dritten Hochschulreform einen Professor mit Lehrauftrag, mit vollem Lehrauftrag und mit Lehrstuhl. Und das wurde dann auch entsprechend honoriert, 2400, 2600, 2800 Mark. Und dann wurden, dann gab es nur noch außerordentliche Professuren und Lehrstuhlinhaber. Und da orientierte sich dann die Methodik als ein Fach für den Lehrstuhl. Und ich habe dann in Greifswald am Institut, am Historischen Institut einen Lehrstuhl für Methodik des Geschichtsunterrichts bekommen.

M. D.: Die Einbindung der Fachmethodiken ins Fach hatte schon etwas eher eingesetzt?

Krause: Ja, die hat '64 oder '65, müsste man noch mal nachschauen.

M. D.: Also würden Sie praktisch diese Einbindung eher als Prozess beschreiben, der '68 abgeschlossen war?

Krause: Ja, dadurch, dass dann '68 diese Lehrstuhleinteilung gemacht worden ist. Und dann eben für die Methodik – das hängt auch davon ab, wie der Qualifikationsgrad der Vertreter gewesen ist. Wer nicht habilitiert war und zwei Jahre gelaufen ist, bekam kein ... war nicht Lehrstuhlinhaber. Aber der Bereich wurde abgesteckt. Es war also gesagt, wenn die Voraussetzungen gegeben sind, ist das ein Lehrstuhlinhaber. Und ich habe die Zäsur so gesetzt, weil ... der Ausreifungsgrad der einzelnen Methodiken unterschiedlich war. Und ich glaube, bei uns in der Geschichtsmethodik war das für '68 eigentlich so ausgereift.

M. D.: Also das Kriterium ist sozusagen das sich selbst wissende und selbstbewusste Fach.

Krause: Ja, dass man sein, den Gegenstand seines Faches nun erkannt hat, abgesteckt hat, definiert hat und sich einordnen, zuordnen konnte. Ohne zu irgendeinem Anhängsel, zum fünften Rad am Wagen zu werden. Und es hat auch etwas zu tun mit der Herausarbeitung von Forschungs-, von eignen Forschungsmethoden.

Aber wie gesagt, da die Forschungsmethoden in der Geschichtsmethodik ja eigentlich entweder psychologischer oder soziologischer oder auch pädagogischer Art waren im Unterschied zur Geschichte. Ich kann natürlich eine Dissertation über die Geschichte des Geschichtsunterrichts machen. Das ist eine historische Forschung, ist ein historisches Vorgehen, aber wenn ich methodische Probleme erfassen will, ist das kein historisches Vorgehen. Sondern ...

M. D.: Und was war die Charakteristik der Phase nach '68? Das Fach war nun praktisch selbstbewusst?

Krause: Ja, selbständig und auch selbstbewusst, je nach ... Ist aber auch unterschiedlich von Fall zu Fall gewesen –, und damit auch in der Lage, sich dann weiter zu profilieren und auch die Funktion einzunehmen, die es dann im Fach haben sollte, in dem Fachinstitut. Nämlich diese Verbindung, in der DDR die Berufsorientierung, Berufsverbundenheit in der Ausbildung herzustellen. Was uns betrifft, hier in Greifswald, wir haben die Methodik, die Geschichtsmethodik gesehen als eine Disziplin, die sich, als eine pädagogische Disziplin, die sich aus dem Aneignungsprozess des Faches ableitet und sich dann differenziert nach den Aufgaben, die sich jeweils ergeben für die Schule, für die Hochschule, für die Erwachsenenqualifizierung, für die allgemeine historische Bildung, woraus sich dann Spezifika ergeben, entsprechend dem Adressatenkreis. Also die Schule hat eine systematische Vermittlung von Geschichte. In der allgemeinen ... Geschichtspropaganda kann man keinen systematischen Kurs aufmachen. Das ist punktuell oder ...

M. D.: Und das war Ihr Ansatz schon ... meinetwegen '57? Mit Ihrem Antritt hier in Greifswald oder hat sich das erst herauskristallisiert bis '68?

Krause: Das hat sich herausgebildet in dieser zweiten Phase. Weil ich bin immer davon ausgegangen, dass das, was ich mache, was ich lehre, auch lehrbar sein muss. Und dass das nicht ein Konglomerat von Regeln und Handreichungen ist, sondern sich ableiten muss aus – oder sich ableiten sollte – aus der Spezifik des Faches. Also meinetwegen: Was ist Geschichte? Was ist Geschichtsbewusstsein? Wie entsteht so was? Was muss ich tun, damit es entsteht? Und was muss ich dann in den bestimmten Schulstufen machen?

M. D.: Wenn wir uns jetzt den Hauptkontroversen in der Methodik des Geschichtsunterrichts zuwenden: Welche würden Sie da nennen und unterscheiden sich diese Kontroversen auch entlang Ihrer Periodisierung?

Krause: Die Kontroversen, die sich in der ersten Phase ergeben haben, waren eigentlich, soweit mir das jetzt noch gegenwärtig ist, mehr allgemeiner Art. Das ging also beispielsweise – ich erinnere mich – um die Inhalte des Unterrichts. Ist das nur das Fachliche oder ist das ... Gehört auch die Methodik dazu und die ganze

Organisationsform des Unterrichts? Und darüber wurde gestritten. Dann nachher auch über einzelne Verfahren. Auch über die Methoden: Was ist eine Methode? Ist der Lehrervortrag eine Methode und das Unterrichtsgespräch? Gibt es also diese – zum Beispiel: selbständige Schülerarbeit – oder gibt es andere? Gibt es die Methode der Arbeit mit dem Buch? Oder so was. Also diese Methodendiskussion wurde da geführt ... Dort meine ich ertragreich, wo man wirklich vom Aneignungsprozess, von der Spezifik des Aneignungsprozesses im Fach ausgeht. Geschichte ist ja, im Unterschied zur Biologie, zunächst einmal nicht unmittelbar wahrnehmbar. Ich kann eine Blume nehmen, kann die zerpflücken, sag': „Guckt die Euch an!" Aber die Geschichte ist weg, ich muss sie erst einmal rekonstruieren oder im günstigsten Falle, in Teilen reproduzieren, wenn ich ein Dokumentarfilm oder so ...

M. D.: Darauf würde ich später noch mal sehr gern zurückkommen, auch mit Bezug auf Ihre Dissertation ... Aber jetzt: Wer hat da gestritten in der ersten Phase?

Krause: Gestritten haben ... Ich muss jetzt immer wieder gehen in die erste Phase? Ja, das waren eigentlich die Leiter der Sektionen, also der Unterrichtsmethodiksektionen der Abteilung Unterrichtsmethodik, ja, so hieß das ja in Leipzig. Mit Einbeziehung der Assistenten, also die wurden auf diese Art und Weise allmählich mit reingebracht. Das war auch eine interessante Sache. Und jeder Assistent musste dann einmal ein Protokoll machen. Und das war für den, der es machen musste – also für mich war das schon eine ganz schöne Anforderung ... Als ich da ganz frisch reinkam und ich musste da das Protokoll anfertigen, musste also mit gespitzten Ohren das verfolgen und auch geistig bewältigen. Und das wäre meines Erachtens auch eine ganz gute Quelle zu dieser Frage: Was wurde diskutiert und wie hat sich das zusammengerauft? Die Protokolle müssten eigentlich vorliegen im Archiv in Leipzig. Ich fand, das war eigentlich eine gute Sache.

M. D.: Das heißt, wenn man nach dem Medium dieser Kontroversen in der ersten Phase fragt ... die liefen also nicht öffentlich, die liefen institutsintern.

Krause: Zunächst einmal: ja. Und dann als das Forum geschaffen worden ist für ... also mit den Jahrestagungen, wo dann die Methodiker zusammenkamen – da wurde das innerhalb der Methodik, das Gremium also verbreitert, in dem man sich dann stritt. Aber da ging es vor allen Dingen so, was mir in Erinnerung ist, dann auch mal um hitzige Diskussionen um Nebensächlichkeiten, wie die Klassifizierung des Lehrervortrags. Fritze Donath war ein Mann, der das alles in irgendwelche Rubriken bringen wollte, also auch um es lehrbar zu machen.

M. D.: Hochschuldidaktisch.

Krause: Hochschuldidaktisch, ja. Na, auch eine Disziplin muss ja nun, wenn sie vermittelt werden soll, auch lehrbar sein. Es kann nicht bloß aus dem hohlen Bauch gemacht werden. Muss ja auch in eine Systematik gebracht werden.

M. D.: Und das war die Diskussion in der zweiten Phase, dass man über diese Systematik diskutiert hat?

Krause: Ja, es war in der zweiten Phase und vor allen Dingen wurde das dann auch an den einzelnen Methodikbereichen gemacht. Also hier in Greifswald … Ich habe es ja eigentlich so nach dem Prinzip *docendo discimus*: Indem wir das lehren mussten, musst man sich klar werden: Was ist das denn eigentlich? Und in meiner Vorlesung, die ich hier gehalten habe, waren immer … Es war Pflicht, dass alle anwesend waren, die Assistenten. Und es war dann immer eine sehr kritische Auswertung.

M. D.: Danach oder am Ende der Vorlesung?

Krause: Am Ende der Vorlesung.

M. D.: Innerhalb des Vorlesungsforums noch oder dann oben?

Krause: Nein, nein … oben, meist bei der Tasse Kaffee. Aber dann sehr hart. Und das war natürlich auch für die Mitarbeiter sehr, sehr bildend, weil die, also die wurden auch gefordert. Und sie mussten auch … Die waren ja auch alle eingebunden. Es hat jeder seine Aufgabe gehabt bei mir. Martin Richter war immer zuständig für den Film, für das Filmgerät.

M. D.: Aber, um noch mal auf diese Disziplinkontroversen zurückzukommen …

Krause: Ja.

M. D.: Das eigentliche Medium von disziplinären Kontroversen ist ja eigentlich das Fachblatt. Das haben Sie aber noch nicht genannt?

Krause: Nein. Ja, im Fachblatt … Ich muss jetzt von meiner Situation ausgehen. Das Fachblatt war – und je weiter die Zeit ins Land ging, desto stärker machte sich das bemerkbar – sehr stark auch korrigierend. Also ich hatte nicht unbedingt … Es wurde von Seiten der Redaktion dann zu viel reinkorrigiert. In der ersten Zeit, bei „Geschichte in der Schule", war das noch erträglich, aber dann war dieses Vorgehen nicht sonderlich motivierend. Man hat dann eben nur unbedingt etwas gemacht, das man unbedingt machen musste.

M. D.: Das heißt, wenn man sich fachlich streiten wollte, mit einem Vertreter, beispielsweise aus Dresden oder aus Berlin, dann hat man das nicht über das Fachblatt ausgetragen …

Krause: Nein.

M. D.: Sondern über Tagungen – informell?

Krause: Über Tagungen, oder über – also, ich konnte jetzt hier meinetwegen über die Wissenschaftliche Zeitschrift der Universität konnte ich meine Meinung vertreten.

M. D.: Und das ist gelesen worden, auch von Vertretern in Dresden?

Krause: Es gab Freiexemplare und die haben wir schön verschickt.

M. D.: Aha.

Krause: Es wurde ja nicht honoriert, es gab ja kein Geld dafür, sondern es wurde ein Heft gebracht und die einzelnen Beiträge wurden dann als ...

M. D.: Sonderdruck?

Krause: ... als Sonderdruck rausgegeben. Beispielsweise die Struktur der Unterrichtsstunde: Ich glaube, wir sind die Einzigen, die diese Struktur der Unterrichtsstunde gelehrt und vertreten haben. Und ich hätte so einen Beitrag ... Ich habe es ja auch schon mal angeboten – wurde nicht genommen, weil das nicht in die verordnete Lehrmeinung passte. Aber in der Wissenschaftlichen Zeitschrift habe ich das veröffentlichen können. Zusammen damals mit Martin Herzig. Also, es war bei mir immer so, dass ich versucht habe, dann immer die Assistenten mit einzubeziehen in eine solche Veröffentlichung. Erst einmal, damit die auch eine haben, und zum anderen, damit die auch gezwungen werden, sich ... Und zum dritten ... Dann brauchte ich selbst nichts zu schreiben. Da ich die Angewohnheit habe zu marschieren und nachzudenken und ... na ja.

Also, wir gingen davon aus, dass – auch bisschen durch die Informationstheorie damals mit beeinflusst – dass die Struktur mit einer Ausgangsposition beginnt – also, man muss eine Basis haben, auf der man aufbauen kann, ein Fundament – und dass dann der Schüler animiert werden musste, etwas wissen zu wollen. Er muss ja denken wollen, denken können. Da fand ich eigentlich eine sehr große Hilfe bei Rubinstein, das ist dieser sowjetische Psychologe. Der Mensch fängt an zu denken, wenn er das Bedürfnis hat, etwas zu verstehen. Und dieses Bedürfnis etwas zu verstehen, entsteht in der Regel aus einer Problemsituation, die auch durch die konträre Situation Wissen und Nichtwissen entstehen kann. Wenn die Notwendigkeit bestand, etwas wissen zu wollen oder wissen zu müssen, gibt es auch eine Problemsituation. Also musste ich den Schüler erst einmal in die Situation bringen, etwas wissen zu wollen. Und das war bei mir die Problemsituation, die Problemstellung für die Unterrichtsstunde.

Und daraus ergibt sich jetzt: Um dieses Problem lösen zu können, brauche ich bestimmte Informationen, Tatsachenwissen, das ich in irgendeiner Weise vermitteln muss. Oder der Schüler braucht das. Mit diesem Tatsachenwissen, konnte er dann das Problem lösen. Damit das verständlicher wird, wurde das Stundenproblem in Teile aufgegliedert. Zwei, drei, vier – mehr nicht. Teile als Teilprobleme, die jeweils immer eine bestimmte Informationsmenge benötigten, die dann anschließend verarbeitet werden musste, um das Problem lösen zu können. Also, denken muss immer der Schüler, nicht der Lehrer. Zumindest muss der Schüler ... wenigstens nachdenken, was der vordenkt. Und wenn das abgeschlossen ist, am Ende der Stunde, wurde dann das Stundenproblem gelöst. In meinetwegen zwei oder drei Schritten. Und dann musste es noch befestigt werden. Das war also, daraus ergab sich eine einfache Struktur: Problem, Ausgangssituation, Problemstellung für die Stunde, Teilprobleme, Probleminformation, Lösung und Befestigung.

M. D.: Und im Hinblick auf die Hauptkontroversen kann man sagen, dass andere Geschichtsmethodiker oder Vertreter der Geschichtsmethodik hinsichtlich der Struktur der Unterrichtsstunde eine andere Auffassung vertreten haben?

Krause: Ja, und auch die Fachzeitschrift hatte sich in dieser Weise nicht orientiert und es war auch – man hätte sie ja zur Diskussion stellen können, aber das war auch nicht gewollt oder ...

M. D.: Aber der Streit wurde ausgetragen zwischen ... meinetwegen zwischen Leipzig und Greifswald?

Krause: Ja, aber mit dem Zug ... mit dem Ergebnis: „Na ja, gut, macht ihr es so, wir machen es so." Also, ich will auch nicht sagen, dass man das unbedingt so machen muss. Da gab es auch eine bestimmte Toleranz, aber für uns erschien das vom Ansatz her – es gibt ja auch unterschiedliche Ansätze, den Unterricht zu gestalten –, aber uns schien sich das vom Ansatz her logisch zu entwickeln.

M. D.: Aha, und gab es jetzt nicht irgendwie fachlich einen Fixpunkt, an dem man über die Geltung der einen oder anderen Auffassung entscheiden hätte können? Also, ich kann mir vorstellen, mit Rückgriff auf zum Beispiel Marx hätte man das didaktische Vorgehen über Problemstellung sehr gut rechtfertigen können. Ist so was angeführt worden, war so was Argument oder galt das nicht?

Krause: Nein, mit Marx haben wir da nicht argumentiert.

M. D.: Also, dann nur in den Fachpublikationen wurde es davor gesetzt, um ...

Krause: Ja, also es ist ja so, allmählich hat man da nun mitbekommen, dass ... eine Position, die als eine des Ministers ausgegeben worden ist, nicht angezweifelt wurde. Deshalb hat sich das als opportun ergeben – und das war dann faktisch auch opportunistisch –, nach Möglichkeit mit einem Zitat von Honecker oder von Margot Honecker zu beginnen. Und nun zu sagen: „Das, was jetzt kommt, das gehört dazu, um das auszuführen." Das hat sich immer als sehr praktisch erwiesen, oder sehr gut, sehr brauchbar erwiesen. Aber genauso, wie man … bestimmte Worte dann vorsetzte: Man hat dann nicht von Erziehung gesprochen, sondern von kommunistischer Erziehung. Aber im Prinzip konnte man das auch weglassen, ohne dass man den Inhalt verändert hat … In den meisten Fällen.

M. D.: In etlichen Arbeiten war es später Usus, vor den Quellenangaben zu sagen, was man von den marxistisch-leninistischen Klassikern gelesen hatte und es gab auch immer so einen Teil, wo man praktisch diese Klassiker ausgewertet hat. Hatte das für Sie einen heuristischen Wert oder …

Kassettenwechsel (57:48)

Krause: Was die Methodik betrifft, möchte ich sagen, was ich davon verwertet habe und angewandt habe, ist vor allen Dingen die marxistische Dialektik, die sich meines Erachtens als richtig und brauchbar erwiesen hat. Auch in der Betrachtung der Geschichte – also das Verhältnis von Basis und Überbau, also von Veränderungen in der ökonomischen Sphäre mit Konsequenzen für sozialen Bereich, von dort aus wieder für den politischen Bereich, und von dort aus wieder zum ideologischen Bereich und diese Wirkung/Rückwirkung: Das ist etwas, was sich auch in der Gegenwart bewährt, meines Erachtens. Ich habe … Wenn ich beispielsweise nach diesem Prinzip, ohne es direkt zu benennen, Schemata entworfen habe, um gegenwärtige Probleme aus der Geschichte heraus verständlich zu machen, dann hat das immer Aha-Effekte ausgelöst, ohne dass man sofort gespürt hat, dass es eine marxistische Basis ist, aus der heraus das kommt. Also, beispielsweise wenn ich hier einen Vortrag gehalten habe vor den Dänen, für die war das immer überzeugend. Aber … Es ist ja auch nicht notwendig, zu sagen, das ist jetzt …

M. D.: Ihre Dissertation trägt im Titel die Worte: „Zur Rekonstruktion des Historischen". Für einen Marxisten-Leninisten ist das ja eine relativ ungewöhnliche Fassung, weil man das Historische ja nicht rekonstruieren muss, sondern es liegt ja quasi vor und muss nur als gesetzmäßiger Ablauf erklärt werden. Haben Sie diesen Titel bewusst gewählt …

Krause: Ja.

M. D.: … in Abgrenzung zu vielleicht gängigen, auch ideologischen Positionen und hatten Sie damit Probleme?

Krause: Nein. Ich habe den Titel gewählt von den Aufgaben des Aneignungsprozesses her. Die Schüler kennen die Geschichte nicht und ich muss sie ihnen, muss Historisches rekonstruieren. Ich kann das ja nicht oder nur bedingt reproduzieren. Ich muss es wieder vor die Sinne und auch vor den Verstand der Schüler bringen. Und da der Erkenntnisprozess, wenn man ihn ganz schematisch nimmt, damit beginnt, dass ich erst einmal Tatsachen haben muss, bestimmte Vorstellungen von diesen Tatsachen, wenn sie inhaltlich gefüllt sein wollen, um auf dieser Basis den Begriff herausarbeiten zu können, aus der Begriffsbildung dann zu Urteilen und zu Schlussfolgerungen zu kommen, ergab sich, ganz schematisch gesehen, das Verhältnis von Wahrnehmungs- beziehungsweise Vorstellungsbildung, Begriffsbildung, Schlussfolgerung.

Und ich kann den Gegenstand des Unterrichts in der Biologie oder in der Geographie oder der Chemie immer vor die Augen der Schüler bringen. Ich kann ihn erfahrbar machen. In der Geschichte kann ich das nicht, sondern ich muss ... Ich kann nicht in der Geschichte sagen: „Guckt euch das", ich kann nicht in die Tasche greifen und die Geschichte hervorholen, sondern ich muss jetzt irgendwie ... Ich muss die Geschichte wahrnehmbar machen. Und das kann ich entweder direkt, nämlich Bilder zeigen oder, wenn es günstig geht, einen historischen Film oder Dokumentarfilm, oder ich kann das mittelbar machen, indem ich jetzt eine verbale Darstellung bringe und den Schüler, die Schüler veranlasse, vorhandene Vorstellungen zu neuen Vorstellungen zu komponieren. So ist es doch immer. Und da liegt natürlich erst einmal auch die Gefahrenquelle für die Vorstellungsbildung, weil die Schüler ja immer sehr subjektive Vorstellungen haben und mitunter dann in der Komposition vorhandener Vorstellungen zu neuen – sogenannten historischen – dann falsch werden.

Ich habe auch das praktische Beispiel von Bernhard Stohr genommen, der eine Hellebarde beschrieben hatte. Und ich habe das mit Studenten gemacht. Ich habe denen eine Hellebarde beschrieben und gesagt: „So nun nehmen Sie mal einen Bleistift und zeichnen Sie das mal auf!" Und es kam im Prinzip genau dasselbe raus wie bei den Schülern. Die haben dann die Hellebarde zusammengesetzt aus einem Stiel, Stück wie ein Schaufelstiel. Oben war es mit einer Speerspitze, oben an der einen Seite ist eine Axtform, ein axtförmiges Gebilde, an der anderen Seite ein Haken. Und je nachdem, welche Form man von einem Haken hatte, Vorstellung, wurde der Haken daran gebracht. Im schlimmsten Falle so ein Fleischerhaken. Und die Axt wurde dann auch unterschiedlichst gestaltet. Jetzt kürzlich hatte eine ehemalige Studentin auch gesagt, die haben sich mächtig amüsiert über das, was da rausgekommen ist.

M. D.: Gab es ideologische Einwände gegen diesen Ansatz?

Krause: Nein.

M. D.: Wenn der Lehrer die Schüler dazu befähigen würde, etwas zu rekonstruieren, dann liegt ja auf der Hand, dass diese Rekonstruktion ganz unterschiedlich, wie Sie es gerade beschrieben haben, ausfallen kann. Wer entscheidet dann über die richtige und die falsche Rekonstruktion und was ist das Kriterium für falsch und richtig?

Krause: Ja, in der Schule erst mal der Lehrer, nicht? Der sagt dann, was falsch ist und was ist richtig und begründet das.

M. D.: Und woher weiß das der Lehrer?

Krause: Der Lehrer weiß das, weil er sich klug gemacht hat.

M. D.: Wo?

Krause: In der Literatur oder in der Vorlesung oder im Museum. Es gab beispielsweise – bei Stohr ist das nachzulesen – einen Schüler, der malte das vollkommen richtig. Nach dem Grund befragt, stellte sich heraus: Der hat das im Museum schon mal gesehen. Aber wer da keine direkte Wahrnehmung hatte von diesem Gegenstand, der hat dann subjektive Vorstellungen.

M. D.: Nun ist es ja bei einer Hellebarde relativ leicht, das zu verifizieren. Wie macht man es mit ... großen Deutungen historischer Prozesse?

Krause: Historische Prozesse, wenn sie gedeutet werden, können nicht wahrnehmbar gemacht werden, sie können nur verstandesmäßig erfasst werden. Aber auch das eben nur auf einer konkreten Grundlage. Also, um das mit einem praktischen Fall zu ... Ich kann nicht den Kampf gegen den Faschismus richtig verstehen, wenn ich nicht weiß, was Faschismus ist und wie er sich ausgeprägt hat, was man bei uns in der Schule eben nicht gemacht hat. Man hat immer nur den Kampf der KPD gegen den Faschismus gebracht, aber nicht gesagt, was Faschismus ist.

M. D.: Es gab die Dimitroff-Definition.

Krause: Ja, gut, die Dimitroff ... Aber wer kann sich drunter etwas vorstellen? Die Schüler nicht. Die mussten immer nur sehen, wie die Arbeiter gegen den Faschismus gekämpft ... Das mussten sie glauben, weil vom Faschismus wenig gesagt worden ist. Weil es denen zu gefährlich schien ... Aber das ist ja das Paradoxe. Ja, also, Grundlage muss immer die Tatsache sein. Die Tatsache bekommt erst dann Gehalt, wenn sie auch mit dem konkreten Inhalt gefüllt wird. Die Geschichte ist – ich gehe mal davon aus –, ihrer Natur nach konkret, konkretes Geschehen, aber sie erschließt sich erst im Gedanken. Aber wenn ich nur den Gedanken nehme und nicht die konkrete Situation, kann ich verbalen Unterricht machen. Und von dort aus kam ich. Ich habe das aus der Praxis heraus so als notwendig empfunden.

Also, um das mal mit der konkreten Situation darzulegen: Als ich 1950 in der Helmholtz-Oberschule, einheitliche Grund- und Oberschule, von Klasse 1 bis Klasse 12, angefangen habe und alle Stunden des geschassten Konrektors übernehmen musste und der Unterricht morgens früh um sieben begann, und morgens früh um sieben im Januar ist es dunkel. So jetzt habe ich eben damals vier elfte Klassen gehabt und dann noch alle von Klasse 6 bis Klasse 11. Wir haben angefangen zu unterrichten und auf einmal ging das Licht aus. Was machen Sie jetzt? Bei vier Klassen können Sie sich die Namen der Schüler nicht einmal merken. Sie haben auch keinen Klassenspiegel, den Sie dann ablesen können. Sie mussten irgendetwas ... Sie mussten sehen, dass da nicht ... die Revolution ausbrach! Und dann habe ich mich so darauf eingerichtet, dachte so: Ich werde etwas Konkretes darlegen. Was ich noch bewältigen konnte. Und dann muss ich aber ein Problem haben, das die Schüler diskutieren, sonst werden die mir unruhig. Also von dort aus kam ich eigentlich, an dieser praktischen Erfahrung habe ich gemerkt, welche Bedeutung die geistige Aktivierung hat. Wenn die Schüler ein Problem hatten, nach Möglichkeit eins, das auch gegenwartsbezogen ist, dann haben sie diskutiert, dann haben sie mitgemacht, dann haben sie gedacht. Und dann waren sie auch ruhig.

M. D.: Konnte man auf diese Art und Weise die sehr harten Lehrplanforderungen der Zeit erfüllen?

Krause: Ja, man konnte das, wenn man in der Lage war, zu unterscheiden: was muss ich bringen, was kann ich weglassen.

M. D.: Konnte man etwas weglassen?

Krause: Ja, man konnte natürlich vieles übergehen, also sehr summarisch machen. Das sind so meine praktischen Erfahrungen, deshalb ist es sehr wichtig, dass man eine bestimmte praktische Basis hat. Ich hatte also dann in der Helmholtz-Oberschule Parallelklassen gehabt, und mein Kollege hatte auch welche gehabt. Und wir haben dann alle vier oder alle sechs Wochen eine Kontrollarbeit geschrieben mit den gleichen Fragen. Und der hat immer bessere Ergebnisse gehabt als ich. Und der war auch immer mit dem Stoff auf dem Laufenden, ich nicht. Bis ich dann rausbekommen habe – das haben wir dann diskutiert oder ausgewertet: Man muss in der Lage sein, zu wissen, was man bringen muss und was man weglassen kann. Das zu entscheiden, ist gar nicht so einfach, weil man den Prozess ja halten muss. Aber allmählich kriegt man das hin. Und dann kann man auch den Lehrplan erfüllen, wobei man natürlich eine bestimmte ... Freiheit sich nehmen muss.

Es gab natürlich dann auch Lehrer, die ... In der letzten Zeit wurde ja dann auch die Erkenntnis vorgeschrieben, zu der man in einer bestimmten Stunde kommen musste. Und es gab dann auch Inspektoren, die dann haarklein drauf gepocht haben. Dann war es natürlich kritisch. Aber dann ... Das ist ja – da unsere Schüler auch in dieser Richtung gelenkt wurden, wurde formales Wissen angeeignet. Zu einem großen Teil. Sie haben viel gelernt und nichts gewusst.

M. D.: Prof. Krause, Sie hatten ab Ende der Fünfzigerjahre ein Forschungsthema, das Sie dann hier in Greifswald zu einem Schwerpunkt ausgeweitet haben. Wie kamen Sie zu diesem Forschungsthema?

Krause: Aus der praktischen Erfahrung heraus. Wenn man ein reales Wissen vermitteln will, das letztlich vorstellungsmäßig fundiert sein muss, und dass es da bestimmte Schwierigkeiten in der Geschichte gibt. Und ich habe erfahren, dass man da sehr stark mit der Veranschaulichung arbeiten muss. Als ich Lehrer in Leipzig, in der Richard-Wagner- Oberschule war, hatte ich mir damals schon ein Geschichtskabinett eingerichtet. Die haben dann die Lichthöfe einfach zugemacht durch eine halbseitige Glaswand und haben daraus einen Vorbereitungsraum gemacht. Ich habe angefangen mit Geschichte und dann kam die Biologie dazu und oben war denn noch Physik und – oder Geographie und was war es denn noch?

Jedenfalls habe ich auf diese Art und Weise einen Vorbereitungsraum bekommen, in welchem ein Filmgerät stand, das der Schüler Wolfgang Lange beispielsweise bedienen konnte. Und wenn es so weit war, dass ich den Film benötigte, dann sagte ich: „Wola, mach die Türe auf!" Und da hat er die Türe aufgemacht, drückte auf den Knopf und da wurde durch die Türe auf die Wand projiziert. Und wenn die Informationsmenge, die ich benötigt habe, gegeben war: „Wola, mach die Türe wieder zu!" Da habe ich eben nun festgestellt, dass auch Schüler, die sich für die Geschichte sonst nicht interessiert haben und die zu Hause auch keine Möglichkeiten hatten, Schularbeiten zu machen – dazu gehörte auch beispielsweise Wolfgang Lange ... ein sehr intelligenter Schüler, der noch fünf Geschwister hatte zu Hause. Der Vater ... was war denn? Ach, der war Tischler in einem VEB und die Mutter hatte ... Buchstaben gestanzt. Und wenn er nach Hause kam, musste er seine Geschwister betreuen. Und dann hat er noch Nachhilfestunden gegeben. Und abends, sonnabends ging er immer noch mal in eine gute Schenke zum Witwenball.

Da hat er bei mir eine Eins gehabt in Geschichte, weil ich darauf aus war: Was die Schüler in Geschichte zu lernen hatten, haben sie im Unterricht zu lernen. Ich ging nicht davon aus, dass die noch viel Schularbeiten machen müssten, weil da gibt es genug Aufgaben. Im Deutschunterricht müssen sie Aufsätze schreiben, sie müssen lesen, und in Rechnen müssen sie Aufgaben lösen. Bei mir war es nie unbedingt nötig, Hausaufgaben zu machen. Die Schüler mussten alles lernen, was sie in der Stunde bekommen haben. Und das klappte, wenn es interessant war, wenn es mir gelungen war, die Schüler zum Denken zu animieren. Also, auf diese Art und Weise kam ich dann zum Film und kam dann auch zum historischen Unterrichtsfilm. Also zu dem Stiefkind, weil man da viel zu wenig von gemacht hatte. Und ich bin dann – als Donath sagte, ich könnte bei ihm promovieren, habe ich ihm das Thema vorgeschlagen: Machen wir einen Unterrichtsfilm!

M. D.: Donath hat gesagt: „Okay, machen wir?"

Krause: Ja, der hat sofort gesagt: „Okay!" Er war ja so: Ehe er mich „eingekauft" hat, hat er sich ja meine Unterrichtsstunde angeguckt. Und er hat sich auch mal, ehe er zugestimmt hat, auch so eine Stunde mit Film angesehen. Da war er sehr angetan, und da habe ich das gemacht. Ausgestattet jetzt mit den Möglichkeiten, die Leipzig geboten hat mit dieser empirischen Forschung. Von der Theorie her: Ich habe das im Überkreuzverfahren gemacht zunächst einmal. Also, ich habe die eine Klasse mit Film bedient, die andere Klasse mit dem Bild, ich habe mir dann Stehbilder von dem Film gemacht, und ansonsten den Unterricht gleich gehalten. In der nächsten Stunde getauscht – wer Bild hatte, bekam Film, wer Film hatte, bekam Bild. Und das über eine bestimmte Anzahl von Stunden. Und immer dann, wenn sich die Schüler mit dem Film beschäftigt haben, gab es eine bestimmte signifikante Ergebnissituation, und daraus konnte ich dann auch eine bestimmte Relevanz ableiten. Oder in der nächsten Phase war es die Rotierende Gruppe. Das heißt, man hat also Film, Bild, Lehrererzählung, also Wort, genommen, und das rotierte dann. Aber es mussten dann signifikante Ergebnisse eben immer für diese eine Unterrichtsart kommen, ganz gleich, wie die Klasse war. Und das hat sich bewährt und dann habe ich das weitergeführt.

M. D.: Das heißt, Sie haben Ihre Forschungsrichtung, die Sie dann bis zum Schluss eigentlich durchgehalten haben, ohne Blick auf zentrale Vorgaben oder zum Beispiel Pädagogischen Kongresse ...

Krause: Nein, ich habe ... Da das ja Sinn und Hand und Fuß hatte, konnte ich jede Forderung, die der pädagogische Kongress stellte, mit meinem Gegenstand bedienen, ob das nun die konkret-lebendige Darstellung war oder das reale Schülerwissen oder die Selbständigkeit der Schüler. Ich habe einen sehr interessanten Versuch gemacht, leider konnte ich den dann nicht mehr auswerten: Ich habe den Schülern eine Problemstellung gebracht, dann einen Film gezeigt und dann ein Arbeitsmaterial hingelegt, so dass ich in dieser Stunde vielleicht fünf Sätze gesprochen habe. Und dann haben die Schüler sehr interessiert zugeschaut, ganz intensiv gedacht anschließend und das Arbeitsmaterial ausgefüllt. Und gefragt nach der Beurteilung dieser Stunde, gesagt: „Das war sehr schwer, aber es hat Spaß gemacht." Das heißt also, die Schüler waren – es kann man natürlich nicht in jeder Stunde machen –, die waren fast hundertprozentig aktiviert in dieser Stunde, vom Konkreten her und vom Abstrakten her, so vom Durchdenken her. Und das ist natürlich sehr aufwendig.

Unter den jetzigen Bedingungen wäre das ja ein Klacks. Wir bedauern das außerordentlich, dass wir nicht diese Bedingungen hatten, die wir jetzt haben ... Also, das ging mit dem Film los. Wir haben es nachher ausgedehnt auf den Spielfilm. Wir haben es dann auf die Lichtbildreihe oder die Tonbildreihe ausgedehnt, dann auf diese sogenannte Radiovision. Das sind alles Möglichkeiten, wo man unter den technischen Bedingungen, die hier gegeben waren, das größtmögliche ...

M. D.: Da würde ich gleich ein paar Fragen anschließen, konkret zur Forschung: Es gab im Bereich Fernsehen die „Zentrale Forschungsgemeinschaft Schule und Fernsehen".

Krause: Ja.

M. D.: Wie ist die entstanden? Wie war die Zusammenarbeit dort?

Krause: Das ist, glaube ich, soweit ich mich noch erinnern kann, durch Hortzschansky gekommen, der das aus der Taufe gehoben hat '62 oder '63. Jedenfalls haben wir 1964 dann die unterrichtsergänzenden Sendungen gebracht – also das sogenannte Schulfernsehen. Es muss auch irgendwie ein Beschluss vorneweg gegangen sein, die Geschichte interessant und lebendig werden zu lassen ... Müsste ich jetzt mal nachschauen. Jedenfalls auf so etwas hat man sich dann immer bezogen, so dass dann auch nicht ohne Weiteres ausgewichen werden konnte. Und dann haben wir das mit Engagement gemacht.

M. D.: Wer hat mitgearbeitet in dieser Arbeits-, dieser Dienstgruppe?

Krause: Das war nach Fächern aufgegliedert und wir haben dieses unterrichtsergänzende Schulfernsehen in Greifswald mit aus der Taufe gehoben. Es waren, ich habe das damals mit Martin Herzig eingebaut. Der hat ja auch damit nachher promoviert. Und wir haben da Sendungen gemacht. Es war – blieb auch kein Auge trocken. Ich habe sogar Autogramme verschickt ... Erste Sendung war „An der Schwelle der Zukunft" oder „Ein Vertrag der Vernunft" über Rapallo. Das ging los wie ein Krimi, Rathenau im Auto, auf einmal knallten Schüsse und der fällt tot um. Das war ein Spielfilm. Und dann: „Ein Mord ist geschehen. Wer waren die Mörder? Was wollten sie? Wer waren die Auftraggeber? Na, wollen wir mal nachgehen!" Und dann wurde es aufgezäumt und am Ende kam dann eben ein Schema raus. Es war also alles sehr spannend. Oder vom „Kuli zum Herrn", also die Bewegung der Kolonien, die sich selbständig gemacht haben. Na, und ähnliche Dinge.

M. D.: Wer waren Ihre Kollegen in dieser Forschungsgemeinschaft, also der Hortzschansky war dabei?

Krause: Hortzschansky war der Chef. Ja, dann war das, ach Gott, jetzt komme ich nicht auf die Namen ...

M. D.: Und von Geschichtsmethodikern?

Krause: Nur Greifswald. Und dann habe ich eben auch die ganzen Fachhistoriker mit eingebunden. Also Schildhauer hat eine Sendung gemacht, Herbert Lange hat eine Sendung gemacht über den Dreißigjährigen Krieg: „Der Große Krieg". Prof. Schildhauer hat die moderiert. Es ging ja alles live, 45 Minuten lang, live. Dann Klaus Spading über die Französische Revolution ... Dann „Kompass, Globus, Karavelle", Entdeckung Amerikas. Ich glaube, das hat auch Schildhauer gemacht. Also jedenfalls, ich habe dann die Kollegen mit einbezogen. Das haben die dann mit Begeisterung auch gemacht und es hat natürlich auch einen großen Wert gehabt in Bezug auf die Berufsmotivation. Wenn Prof. Schildhauer oder Prof. Lange nun eine Sendung über Schülerprogramme machten für die Schule, dann wirkt das natürlich, wurde beim Studenten das Fach und auch die Methodik sehr aufgewertet.

M. D.: Man unterscheidet ja zwischen Schulprogramm im Fernsehen und zentralem Schulfernsehen. Das Projekt war ja zentrales Schulfernsehen – ist nicht realisiert worden. Was kann man sich unter zentralem Schulfernsehen vorstellen?

Krause: Na ja, also das Schulfernsehen, also die Sendungen, die wir gebracht haben, waren am Unterricht, am Lehrplan orientiert, aber sie waren eben unterrichtsergänzend, weil wir nicht die Möglichkeit hatten, Sendungen direkt für die Unterrichtsstunde zu machen. Da hätte der Lehrer Aufzeichnungsgeräte haben müssen. Und so wurden die Sendungen einmal am Vormittag gehalten, dann wurden sie am Nachmittag wiederholt, so dass man die Möglichkeit hatte, das in den Unterricht einzubeziehen. Deshalb haben wir auch Materialien vorgegeben, wo die Lehrer informiert worden sind über das, was kommt, so dass sie das einbauen konnten. Oder sie haben das dann als Aufgabe außerunterrichtlich machen konnten. Und wir haben dann auch Informationen gegeben, um andere Sendungen in den Unterricht mit einbeziehen zu können. Martin Herzig hat das damals mit ziemlich großem Aufwand gemacht. Es gab von der DEFA immer ein dickes Programmheft über die DEFA-Filme, die gesendet worden sind. Und die haben wir ausgewertet und dann so praktisch als Postwurfsendung an die Lehrer ausgegeben.

M. D.: Beim Schulfernsehen haben Sie mit dem Deutschen Fernsehfunk zusammengearbeitet?

Krause: Ja.

M. D.: Wie würden Sie die Zusammenarbeit charakterisieren?

Krause: Zunächst einmal sehr gut, als das im Anfang war. Auch gar nicht irgendwie dogmatisch, aber mit zunehmender Zeit wurde es problematisch. Ich weiß nicht, ob die Redakteure da nun einer bestimmten Kontrolle unterworfen wurden. Jedenfalls zunehmend mischten die ... Haben die nun die Sendung verändert. Ich habe dann eine Sendung gemacht mit Martin Herzig über die kampflose Befreiung Greifswalds, weil wir da auch Material hatten. Wir haben dann den Fernsehfunk auch hergeholt und 20 Jahre nach der kampflosen Befreiung am selben Ort mit denselben Leuten ein Gespräch geführt. Also mit Petershagen in seiner Wohnung, dort wo er die, die Parlamentäre ... eingeweiht hatte, mit der Angelika Petershagen. Wir haben die Generäle, die damals hier die Armeen geführt haben dann auch zum Interview gehabt. Und es war ja so, dass diese kampflose Befreiung in Greifswald für die, so sagten uns jedenfalls die sowjetischen Generäle, eine enorme Bedeutung hatten für die Moral der Truppe, weil sie gesehen haben, es gab auch Offiziere, die nicht bis zum letzten Blutstropfen gekämpft haben, sondern vernünftig.

Kassettenwechsel (01:26:22)

Krause: Die Tatsache, dass hier vernünftige Leute wie dieser Kampfkommandant Oberst Petershagen, Ritterkreuzträger, den Mut hatten, Greifswald nicht zu verteidigen, gegen den Auftrag des Kreisleiters der SE- ... der NSDAP, hat auf die Truppen sehr positiv gewirkt. Und Greifswald war ja der erste Fall an der Ostfront, wo so was passierte. Im Westen gab es ja viele solcher Kapitulationen, aber im Osten war Greifswald der erste Fall, später kam nachher noch Stralsund dazu. Und das wollten wir mal herausheben. Das haben die Leute nicht begriffen und haben uns gesagt, was ... haben uns das ganze Konzept verdorben, so dass wir dann, Martin Herzig und ich, per Telegramm gefordert haben, dass unsere Namen wegkommen vom Abspann. Wegen ... Ganz einfach: Ich konnte jetzt nicht vor meinen Studenten bestimmte Prinzipien oder Gestaltungskriterien für eine solche Sendung verkünden und mache das nachher nicht.

M. D.: Das ist methodisch verdorben worden?

Krause: Ja, ist methodisch verdorben worden und natürlich auch inhaltlich dabei. Also dieses Problem, diese Einmaligkeit und die Bedeutung dieser Sache in Greifswald, das haben die vollkommen untergepflügt. Und das war ... Es ging ihnen darum, oberflächliche Aufmerksamkeit zu erringen, also oberflächliche Spannung. Und das ganze Anliegen wurde verwässert. Weil Sie fragten, wie war die Zusammenarbeit? Und dann haben wir gesagt: „Schluss, machen wir nicht mehr."

M. D.: Das heißt, seit '65 sind keine TV-Sendungen mehr von Greifswald ...

Krause: Also von uns aus nicht, nein.

M. D.: Die sind aber weitergemacht worden dann vom DPZI aus, oder?

Krause: Ja, dann haben sie dann – es wurde ja dann extra ein Institut gegründet ... in Potsdam. Das hat dann erst Gentner gemacht und dann hat es – wer war sein Nachfolger? Aber da haben wir uns schon rausgehalten.

M. D.: Dieses Zentralinstitut für Schulfunk und Schulfernsehen.

Krause: Für Schulfernsehen, ja. Aber in dieser ersten Phase, wo wir wirklich unsere Intention umsetzen konnten, wo wir freie Hand hatten, da hat das Spaß gemacht ... Aber es ist wie in allen Fällen: Dann wurde das eben in die Regie irgendwelcher Leute gegeben, die das verwaltet haben ...

M. D.: Kommen wir zu einem anderen Projekt, dem Unterrichtsfilm. Warum gab es bis Anfang der Siebzigerjahre nur einen von Greifswald produzierten Unterrichtsfilm? Es gab ja dann späterhin mehr.

Krause: Ja, Unterrichtsfilme, die eigens für den Unterricht hergestellt worden sind, gab es eigentlich relativ wenig, weil das sehr aufwendig ist. Wir haben ja hier auf der Grundlage meiner Dissertation dann den ersten Film gemacht, der eigens gedreht worden ist in der Kombination von realer und symbolischer Darstellung, wo wir mit Trick gearbeitet haben. Und das ist natürlich aufwendig, weil ja für jede Sekunde etwa zwölf Phasen, mindestens zwölf Phasen gemalt werden mussten. Und wir hatten das ja zunächst einmal im eigenen Handverfahren hier gemacht, um erst mal die Leute davon zu überzeugen, dass das trächtig ist.

M. D.: Wer hat da gemalt?

Krause: Es wurden Symbole gemacht, die auf einer Kartengrundlage, beispielsweise Schlieffenplan.

M. D.: Und die wurden dann verschoben?

Krause: Die wurden verschoben, ja. Also unten saß Martin Richter, der die Dinger millimeterweise verschoben hat. Ich stand daneben, und oben war, stand dann auf einer Leiter Peters – das war einer von der Hochschulbildstelle –, der dann mit Handbewegungen irgendwelche ... jede Phase mit einem Klick versehen hatte.

M. D.: Also fotografiert oder ...

Krause: Fotografiert hat der – ein Film, nicht? Und darunter, da leuchten nun große Scheinwerfer drauf und Martin schwitzte. Na ja, und wenn sie das so eine Stunde gemacht haben, dann hat einer angestoßen, da war alles wieder hin, und wir mussten von vorne anfangen. Das wurde dann aber im ... Das habe ich dem Fischer zu verdanken, dass der sich da auch hat begeistern lassen, Regisseur Fischer – er hat dann diesen symbolischen Teil, den Trickteil, im Trickfilmatelier gemacht. Wir haben gemeinsam die Dokumentarfilme rausgesucht, zum Teil aus ungarischem Material, die wir uns herangeholt haben aus Ungarn. Und Hans Hendrick Weding hat die Musik gemacht, mit Begeisterung. Er hat ein Orchester von fünf Leuten gehabt, die dann durch die Elektronenorgel zu einem großen Orchester aufgemotzt wurden. Das hat ihm sehr viel Spaß gemacht, uns auch. Und gesprochen hat es dann Klaus Feldmann, das war der Nachrichtensprecher der Aktuellen Kamera. War also eine super Besetzung. Und es war auch ein Film, den die Leute heute noch gerne zeigen möchten.

M. D.: Aber warum nur einer? Also ...

Krause: Ja, weil das sehr aufwendig war. Und vielleicht auch das noch: Wir wollten, haben den Film einfach genannt „Militärischer Verlauf des Ersten Weltkrieges". Dann wurde der zur Abnahme vorgelegt. Sagten die: „Nee, Leute – ‚Militärischer Verlauf' – so einfach geht das nicht. Es muss da zumindest reinkommen noch die Situation in Deutschland und dann der Kampf der Arbeiterklasse gegen den Krieg." Also musste Lenin noch mit rein, also Liebknecht mit rein. Und dann kann das nicht einfach mit dem Kriegsende, also mit der Kapitulation enden, sondern mit der Novemberrevolution. Also wurde der Film dann noch verändert. Und es hat natürlich dann – na, bei dem ging es noch, aber es gab dann andere Filme ... um das mal weiterzuführen: Wir haben dann einen Film gemacht – machen wollen – über die Weltwirtschaftskrise. Einfach die Weltwirtschaftskrise, um ein Bild zu geben über den Alltag in der Weltwirtschaftskrise. Ging auch nicht durch. Der Film hieß nachher: „Der Kampf der KPD gegen Faschismus und Krieg in der Weltwirtschaftskrise".

M. D.: Das heißt, Sie haben den produziert, sehr aufwendig, und dann ist es in den Kommissionen ... gescheitert?

Krause: Weil man dann sagte: Das ist Geschichte der Partei und da muss die Partei mitreden ... Oder dann den Film über das Nationalkomitee Freies Deutschland. Die haben uns den nachher so mit Text vollgelastet, dass der unattraktiv wurde. Martin Richter hatte ja dann einen Versuch gemacht, indem er den Textteil ausgeholzt hat und viel stärker die Musik zum Tragen brachte. Hat ganz andere Ergebnisse gebracht.

M. D.: Die dritte Schiene Ihrer Forschungstätigkeit waren die Tonbildreihen und als Spezialfall die Radiovision, vertreten dann auch durch Frau Splanemann. Die Tonbildreihen wurden in mehrfacher Hinsicht als das effektivste Unterrichtsmittel eingeschätzt. Warum wurde die Arbeit parallel am Fernsehen und Unterrichtsfilm fortgeführt?

Krause: Es ist nicht so, dass die Tonbildreihen das Effektivste sind. Für bestimmte Themen ist es das Effektivste. Als wir uns zu dieser Thematik kundig gemacht haben, habe ich festgestellt, dass es mal in der Weltwirtschaftskrise ein amerikanisches Unternehmen gab, die mussten dann sehr schnell die Verkäufer umschulen von einer Sparte auf die andere. Und da gab es, wurde ein Auftrag erteilt, dafür das effektivste Mittel zu wählen. Und da ging man davon aus, das wäre der Film. Aber das war nicht der Film, sondern das war das Lichtbild, weil das Lichtbild, wenn es richtig gemacht ist, wenn eine Lichtbildreihe richtig aufgebaut ist, dann kann durch den Bildwechsel auch ein Denkrhythmus und eine Denkabfolge gesteuert werden. Und der Betrachter hat Zeit, den Gegenstand intensiv wahrzunehmen, während beim Film das alles flüchtig ist.

Und wir haben nachher auch den Versuch gemacht hier mit analogen Filmen. Wir haben aus dem Film „Ernst Thälmann, Sohn seiner Klasse und Führer seiner Klasse" auch Teile rausgeschnitten, die dann auch als Unterrichtsfilm rausgegeben worden sind. Wir haben dann Lichtbilder dazu gemacht und den Versuch: Film – Stehbild. Und in verschiedenen Fällen war der Film das Ertragreichere, aber in einem Fall war das Lichtbild ertragreicher, effektiver. Und das war dieser Film „Die Monopolisten bringen Hitler an die Macht", weil da die Information nicht aus dem Bild resultiert, sondern aus dem Wort. Da waren sehr viele Gespräche, Dialoge und nur wenig Leute, die dann hin- und hergelaufen sind. Und da die Aussage im Ton lag, und das Bild nur eine illustrierende Funktion hatte, war bei dem Bild, bei dem Lichtbild die Effektivität größer als beim Film. So dass wir, wenn wir jetzt Themen festgelegt haben für Lichtbilder oder für Filme, immer davon ausgingen: Wo liegt die Aussage, wo brauchen wir das bewegte Bild oder das Bild, wo brauchen wir hier den Ton? So dass man da auch relativ denken muss. Bloß die Bedingungen waren ja sehr beschränkt. Den Bildteil haben wir selbst ausgeliefert. Wir konnten den Tonteil über den Rundfunk bringen als Hörspiel oder als Hörbild – ist auch noch ein Unterschied – und dazu haben wir dann von uns aus die Bilder dazu geliefert. Das war dann die Radiovision.

M. D.: Wie ist diese Kooperation mit dem „Radio DDR" eigentlich entstanden, also wie kamen Sie zu diesen Leuten? Und die andere Frage, warum gab es seit 72 keine Radiovision mehr?

Krause: Wir waren ja nur daran interessiert, dass wir das in der Phase der Entwicklung, also in der Forschungsphase machen. Wir sind ja kein Produktionsbetrieb gewesen. Uns interessierte: Wie kann man so was machen? Wenn wir das erforscht hatten, dann konnten das andere machen. Da haben wir die Finger davon gelassen, weil das ja auch sehr aufwendig war. Und wenn wir nicht die großzügige Unterstützung der Hochschulbildstelle gehabt hätten, dann hätte man es nie machen können. Und wir haben auch das Verständnis gehabt bei den Rundfunkleuten und Redakteuren des Schulfunks. Da haben wir Ilse Splanemann hingeschickt und das ging dann. Und man muss dann auch mit persönlichen Sympathien und Antipathien operieren. Aber vielleicht noch dazu ...

M. D.: Ja?

Krause: Es ging uns ja nicht bloß oberflächlich, vordergründig um Bild und Nichtbild, sondern auch um die ästhetische Aneignung von Geschichte. Wir haben also beispielsweise diese Tonbildreihe gemacht über die Kultur – wie hieß sie doch mal?

M. D.: „Baukunst ... im 18. Jahrhundert" oder so?

Krause: Ja, ja, das war also eine Kombination von Originalbild und Originalmusik, also Kleine Nachtmusik von Mozart. Und das gab dann auch einen ästhetischen Effekt. Und mit der Ilse Splanemann ging es dann darum, dass man – diese Aufgabe hatte sie dann bekommen – zu ermitteln, inwieweit jetzt Geschichte, inwieweit eine ästhetische Aneignung effektiv wird. Weil wir gingen davon aus, dass Geschichte und Ästhetik in einer gewissen Weise verwandt sind. Es geht ja in der Geschichte auch darum, der Geschichtsvermittlung jedenfalls darum, dass man das Konkrete, den konkreten Fall verallgemeinert. Also im Konkreten das Allgemeine sichtbar macht oder das Allgemeine konkretisieren kann. Und das ist ja eigentlich das Wesen der ästhetischen Aneignung, dass ein Maler in der Lage ist, eben in seinem Bild das Wesen sichtbar zu machen.

M. D.: Prof. Krause, also Sie haben sehr intensiv geforscht in Ihrer Greifswalder Zeit. Was empfanden Sie für diese Forschungsarbeit als förderlich, und was empfanden Sie als hemmend?

Krause: Förderlich war zunächst einmal die Unterstützung, die ich hier gefunden habe bei der Hochschulbildstelle, bei meinem Institutsrektor oder Sektionsrektor ... Förderlich war auch die Resonanz, die ich an der Akademie der Pädagogischen Wissenschaften, Institut für Unterrichtsmittel, gefunden habe. Förderlich war, dass alle meine Mitarbeiter da mit Begeisterung mitgemacht haben, und ich auch die Möglichkeit hatte – das hat das Schulamt mir hier ermöglicht –, die entsprechenden Unterrichtsversuche zu machen, die Klassen mir zur Verfügung gestellt wurden. Was hinderlich war, na, das waren solche Dinge, die ich vorhin angeschnitten habe, dass zunehmend Reglementierungen stattgefunden haben. Wie beispielsweise, wir wollten die Filme etwas anders machen, als sie nachher rausgekommen sind, oder auch dass die Musik dann, oder dass die Textgestaltung dann verändert werden musste und, und, und. Wir haben zum Teil von einem Filmmanuskript, ich glaub, elf oder zwölf oder dreizehn Fassungen gemacht, weil immer wieder was verändert werden musste. Und es ging mitunter so weit, dass dann der Film eine ganz andere Konzeption hatte.

M. D.: In der Überführung in die Praxis gab es oft Probleme?

Krause: Ja, und dann natürlich auch die technischen Voraussetzungen, die nicht in jedem Falle so günstig waren, wie sie beispielsweise heute sind, oder sie vielleicht im Westen früher auch schon gegeben waren. Also wir haben hier beispielsweise mit viel Trick dann ein altes Betagerät, einen Videorecorder kaufen können. Es war alles reglementiert. Ich konnte also keinen Videorecorder kaufen, weil es die nicht gab. Ich konnte nur einen gebrauchten kaufen, aber gebrauchte durfte ich nicht kaufen. Also haben wir es verstanden, also versucht, und das ist dann auch geglückt, dass ein Privatmann der Firma Wickleder einen Videorecorder verkauft hat, so ein Betagerät. Und Wickleder hat dann, weil er für den Handel mit der Universität zugelassen war, uns den offiziell verkauft, aber zu einem wahnsinnig überhöhten Preis. Wir haben dafür 7000 Mark bezahlt. Im Westen hätte man da vielleicht noch 500 Mark bezahlt.

M. D.: Ja, Sie hatten bei Ihren Greifswalder Forschungen ein sehr – wie soll ich sagen? – elaboriertes theoretisches Konzept.

Krause: Ja.

M. D.: Nun haben Sie vorhin betont, dass der Bezug Ihrer Praxiserfahrung sehr wichtig war für dieses Konzept. Hatten Sie aber auch Wissenschaftstraditionen, auf die Sie sich bezogen haben, und welche waren das, und wie hatten diese konkret Einfluss auf Ihre Forschung?

Krause: Wissenschaftstraditionen, wenn Sie die am Ort meinen ... Man konnte allenfalls den Walter Eckermann nehmen mit seinen Untersuchungen zur Einheit vom Konkreten und Abstrakten in der Geschichte. Aber das war eigentlich mehr die Bestätigung für das, was ich ohnehin schon vorhatte. Ich bin ja anders zu der Problematik gekommen, eigentlich über die Psychologie und auch über die Philosophie. Also ich bin immer davon ausgegangen, dass der Gegenstand des Geschichtsunterrichts nicht die Geschichte, sondern das Geschichtsbild ist. Was wir vermittelt haben, war ja nicht Geschichte, sondern ein bestimmtes Geschichtsbild, das in sich abgeschlossen war. Das war nämlich ein Unterschied.

Und ich habe mich da an Bollhagen orientiert. Wenn Ihnen der ein Begriff ist. War meine Grundlage und alles andere war dann eigentlich mehr Bestätigung, was ich gesucht habe. Ich habe mich in der ästhetischen Problematik auf Borews „Über das Komische"[3] gestützt, in der Psychologie sehr stark auf Rubinstein ... Und

---

3 Borew, Jurij B. *Über das Komische*. Berlin: Aufbau-Verl., 1960.

alles andere war dann noch ergänzend … Was könnte ich denn noch nennen? Und in der Filmgestaltung auf das, was Hortzschansky gemacht hat. Aber dann auch auf Terveen.[4] Terveen war einer – ein Westdeutscher, nicht? –, der vor allen Dingen, der für die Jahreshefte für Zeitgeschichte über den Film, den Film als historisches Dokument geschrieben hat oder: „Historischer Film – Historisches Filmdokument" in „Geschichte in Wissenschaft und Unterricht" … Ja, und was von der Sowjetunion kam, war eigentlich lediglich die Wertschätzung oder Bewertung des Films. Über das Eigentliche war wenig rauszuholen. Und was jetzt das Philosophische oder Geschichtsphilosophische betrifft, war das dann auch noch Kon, also der sowjetische Methodologe. Von diesem Problem bin ich ausgegangen und habe dann versucht, unter Beachtung der Fachspezifik, das zu einer Geschichtsmethodik zu machen.

M. D.: Gab es innerhalb der geschichtsmethodischen Disziplin Vertreter auf die Sie sich besonders bezogen haben, von den Sie besonders profitiert haben, der für Sie vielleicht auch eine besondere Autorität gewesen ist?

Krause: Na ja, das war einmal der Bernhard Stohr, weil er auf einer großen Erfahrungsbasis eine Theorie aufgebaut hatte, also eine sehr praxisorientierte und praxisbezogene Theorie. So dass es auch ging, was er sagte, nicht nur, dass es stimmte. Das war denn aber auch Ebeling, den ich in dieser Phase vor allen Dingen aber für die Lehre ausgebeutet habe. Das war noch in der Zeit, wo es ohne Weiteres möglich war, Literatur rüber zu bekommen. Fritz Donath vor allen Dingen in der lebendigen Darstellung von Geschichte. Er konnte ja wunderbar erzählen und spannend erzählen. Was man an Fritz Donath schätzen musste, war, dass er jede Unterstützung gegeben hat, soweit er nur konnte, und auch in der Literaturbeschaffung geholfen hat. Er hat dann, wenn er was an sowjetischer Literatur hatte, was für uns einschlägig war, dann hat er einen Durchschlag mehr gemacht, und den hat man dann bekommen. Was noch so gemacht worden ist, von Florian Osburg oder von Bruno Gentner, lag eigentlich ein bisschen nicht auf meiner Strecke …

M. D.: Am Pädagogischen Institut Leipzig ist zu ganz ähnlichen Problemen gearbeitet worden wie hier in Greifswald. Haben Sie das eher als Kooperation oder eher als Konkurrenz verstanden?

Krause: Nein, nein, als Kooperation, Konkurrenz gar nicht. Wir haben ja auch gemeinsame Veranstaltungen gemacht, wo Hans Wermes dann mit seiner Truppe hier zu uns kam. Ich weiß nicht, worum ging es denn da? Kann ich jetzt gar nicht mehr genau sagen. Jedenfalls gab das heftige – also den konkreten Gegenstand

---

4 Terveen, Fritz. *Das Filmdokument in der historisch-politischen Bildungsarbeit.* Hamburg: Staatl. Landesbildstelle, 1961.

kann ich jetzt gar nicht mal sagen –, jedenfalls es war eine solch angeregte Diskussion, dass er hier einen Herzinfarkt bekommen hat und fünf Wochen in der Klinik hier verbrachte ... und dann die letzten Wochen bei mir zu Hause war. Also wir sind Freunde, aber wir haben unterschiedliche Ansätze. Und die haben wir dann bis zur ... verteidigt oder diskutiert, bis das nicht mehr weiterging.

M. D.: Und Sie und die Rolf-Rackwitz-Truppe, wie war das da?

Krause: Rackwitz. Rolf Rackwitz war ein auch sehr praxisorientierter Mann ... Den haben wir dann mit eingebunden in diese Veröffentlichung über die Arbeit mit Unterrichtsmitteln. Aber – also es muss ja, wenn man ein solches Buch herausbringt, muss ja eine einheitliche Konzeption da sein. Und er hat sich dann dort eingebaut. Und wir waren mit den Veränderungen ... Ich habe es dann so gemacht, wie die Zeitschrift das mit mir gemacht hat, ich habe das einfach verändert. Aber, nein das geht einfach darum, dass ... Wir haben uns ja orientiert an dem sogenannten System der Unterrichtsmittel, das dann noch von der APW akzeptiert wurde und ...

M. D.: Aber ... Also, die Rolf-Rackwitz-Gruppe hat ja schon seit den Sechzigerjahren den Forschungsschwerpunkt der audiovisuellen Unterrichtsmittel gehabt. Gab es da schon zum frühen Zeitpunkt ... ein Verhältnis oder blieb das eher parallel?

Krause: Also, da haben wir wenig davon profitiert. Und die haben es nachher auch sein gelassen, glaube ich.

M. D.: Die Geschichtsmethodik hat ja in der DDR eine Disziplin gebildet, wie Sie es vorhin beschrieben haben, in den Sechzigerjahren, Abschluss um '68/'70 ... Dieser Umgang innerhalb der Disziplin, was war das für einer, wie würden Sie den beschreiben?

Krause: An und für sich sehr kollegial und zum Teil auch freundschaftlich, aber auch mit der Austragung von unterschiedlichen Positionen. Ich möchte sagen, dass niemand verbohrt war, also in der bilateralen Zusammenarbeit, niemand verbohrt war, den anderen nun überzeugen zu wollen. Es ging darum, oder den anderen nun abwerten zu wollen, sondern es ging darum, dass man seine Position diskutiert hat und sich gegenseitig bereichert hat.

M. D.: Hat man sich als ein Kollektiv verstanden, das einer Aufgabe gefolgt ist oder war es eher so parallel?

Krause: Also, wenn man es so sagen möchte: Der gemeinsame Auftrag, der gemeinsame Gegenstand war eben die Methodik des Geschichtsunterrichts mit diesen Orientierungen, die von zentraler Seite gekommen sind, die man dann auch diskutiert hat. Aber die einzelnen Kollektive hatten ihre eigenen Positionen gehabt. Wermes hat andere Ausgangspositionen und ist auch in anderen Überlegungen reingegangen als wir. Wir haben das akzeptiert, ohne unkritisch zu sein, und er hat unsere akzeptiert, ohne unkritisch zu sein. Florian Osburg hat auch eine andere Position gehabt.

Kassettenwechsel (01:55:50)

Krause: Aber das ging alles sehr freundschaftlich und kollegial und kameradschaftlich zu. Also, die Geschichtsmethodiker trafen sich ja in den Fachkommissionen. Das waren meistens die Chefs, die dann zusammenkamen dann in den Gremien der Akademie der Pädagogischen Wissenschaften. Wir waren allerdings dann im Institut für Unterrichtsmittel angebunden, andere in den anderen Instituten. Dann waren diese bilateralen Gemeinsamkeiten oder Veranstaltungen, die man durchgeführt hatte, und dann vor allem die Jahrestagungen. Die Jahrestagungen waren dann immer so ein bestimmter Höhepunkt im Jahr. Es hatte dann jede Institution eine solche Jahrestagung im Wechsel auszurichten gehabt, und man legte seinen Ehrgeiz darein, dort neueste Erkenntnisse aus der eignen Arbeit vorweisen zu können und vor allen Dingen dann die Nachwuchskräfte zu exponieren. Für die war das ja auch ganz wichtig, mal vor der Öffentlichkeit standzuhalten, also von dort aus was Neues zu bringen, und dann aber auch das Außerwissenschaftliche so zu gestalten, dass es zum Erlebnis wurde, also mit kulturellen Bestandteilen oder auch dann mit geselligen Veranstaltungen.

Und gerade … Es ist ja nicht bloß in den Jahrestagungen so gewesen, dass im Grunde genommen sehr wichtige, wenn nicht gar die wichtigsten Gespräche immer außerhalb der Tagesordnung stattgefunden haben. Wenn man nun gesehen hat, was der oder der macht, dann hat man sich bei den nächsten Exkursionen den dann gegriffen: „Mensch, was machst du denn? Können wir das nicht gemeinsam machen?" Und darin lag der große Wert der Sache. Es ist bei den, es war bei den internationalen Tagungen eigentlich auch so, dass man außerhalb der Tagesordnung sich dann verständigte und sagt: „Aha, ist hier etwas, was wir zusammen machen können? Oder wo du mal zu uns kommen kannst?"

M. D.: Bei diesen internationalen Symposien zu Fragen des Geschichtsunterrichts in sozialistischen Ländern, war die Diskussion da – wie soll ich sagen? – auf einer Ebene oder galt die Autorität der sowjetischen Wissenschaftler mehr als die Ihre?

Krause: Das ist auch etwas unterschiedlich, wie das dann auch gehandhabt wurde, oder wie das gewertet wurde. Die Bulgaren waren sehr sowjethörig, muss ich sagen, während die Polen oder die Tschechen da etwas großzügiger waren. Und in der – es gab ja internationale Veranstaltungen zum Geschichtsunterricht oder auch zu Unterrichtsmitteln. Bei den Historikern, bei dem Geschichtsunterricht waren es, oder Geschichtsmethodik war es Kusin, der Nestor der sowjetischen Methodik, der dann ein sehr entscheidendes Wort zu sagen hatte.[5] Aber er wurde dann alt und älter und war dann nicht mehr so produktiv, so dass das nicht so gravierend wurde. Und bei den Methodikern, bei den Unterrichtsmitteln war es Schapowalenko.[6] Das war dann so, der hat dann auch so ein bisschen die absolute Wahrheit gesprochen für Leute, die sich darangehalten haben. So der Direktor des Instituts für Unterrichtsmittel an der APW, Horst Weiß. Der also da mein Partner war oder in bestimmter Weise dann auch mein Chef, weil ich mich da eingeordnet habe.

M. D.: Und die Kompetenz auf Seiten des APW und des DPZI war auch so, dass Sie da einen kompetenten Partner hatten?

Krause: Ja, als es die APW gab, gab es ja nicht mehr das DPZI. W die Unterrichtsmittel betrifft, war ja die Sektion 5 im DPZI für die Unterrichtsmittelproduktion zuständig. Es war nun etwas Besonderes, weil die ja nicht bloß die Theorie machten, sondern auch die Produktion. Die brachten ja die Filme oder die Unterrichtsmittel raus. So, Weitendorf, der seinerzeit dann in der APW für uns zuständig war, war ein sehr kluger Mann. Auch ein sehr kulanter Mann, der Meinungen, wenn sie auch nicht hundertprozentig mit der seinen übereinstimmten, gelten ließ. Dasselbe kann man auch von Höhn sagen. Die Leute hatten Profil genug gehabt, um das so handhaben oder so sich verhalten zu können. Dann wurde es anders. Wahrscheinlich auch, weil der Druck von oben oder die Direktive von oben etwas härter wurde. In der letzten Zeit wurde die Meinungsorientierung, die vom Ministerium für Volksbildung gegeben wurde, immer stringenter. Und auch was jetzt von der Akademie der Pädagogischen Wissenschaften von Neuner kam, das war immer, wurde immer stärker als Weisung gesehen ... Und das war nicht mehr auszuhalten.

M. D.: Kann man da auch die Zäsur um 1970 setzen, da Weitendorf und Höhn um diese Zeit ja ausgeschieden sind? Höhn ist ja gestorben dann ...

---

5 Zweifellos ein ideologischer Richtungsweiser, siehe Kusin, N. P. „Die Erziehung der Schüler im Geiste des Internationalismus und sozialistischen Patriotismus im Geschichtsunterricht der allgemeinbildenden Schulen in der UdSSR". *Geschichtsunterricht und Staatsbürgerkunde* 12 (1970): 898–907; Kusin, N. P. „Eröffnungsansprache. Gemeinsames Kolloquium der Akademie der Pädagogischen Wissenschaften der UdSSR und der Akademie der Pädagogischen Wissenschaften der DDR zu Fragen der sozialistischen und kommunistischen Erziehung der Schuljugend". *Pädagogik* 28 (1973): 418–423.
6 Schapowalenko, Sergej G. *Schule und wissenschaftlich-technischer Fortschritt*. Berlin (DDR): Volk und Wissen, 1962.

Krause: Ja, ich glaubte, dass – ist Höhn nicht erst 1974 bis '75 gestorben? Denn ich glaube, ich war mit ihm noch mal '75 zusammen in Ungarn … Dass der gestorben ist, das war ja eigentlich mehr Schicksal als geplant. Und dass der Weitendorf dort rausgegangen ist, das war nicht fachlich oder ideologisch, sondern das war wohl persönlich begründet.

M. D.: Prof. Krause, Sie waren einerseits Mitglied der SED und durch die Parteidisziplin auch an Beschlüsse gebunden, die gefällt wurden auf zentraler Ebene, andererseits haben Sie auch ein Berufsethos als Wissenschaftler entwickelt. Gab es Fälle, wo diese beiden Anforderungen und Ansprüche … nicht zusammengepasst haben, wo es Konflikte gab, und welche waren das, wie haben die sich ausgewirkt, wie hat sich das gestaltet?

Krause: Na ja, es gab da viel Konflikte, aber man kann sie aufnehmen und sie austragen, oder man kann ihnen ausweichen. Ich bin ihnen eigentlich meistens ausgewichen. Und … es hat sich dann als opportun erwiesen, wenn man etwas publiziert hat, es mit einem Honecker-Zitat einzuleiten, und ohne dass das so unbedingt als Zwangsjacke zu sehen war. Man kann das ja auch unterschiedlich interpretieren. Aber es hat sich dann gezeigt, dass bei den einzelnen Verlagen oder Redaktionen das vielleicht auch so als Absicherung gesehen worden ist. Wir haben das dann so gemacht, vielleicht auch manchmal bisschen zu viel. Aber es hat sich ganz gut gemacht. Dann … ansonsten – ich wurde nie ideologisch gezwungen.

Ach so, es gab ja denn auch hier an der Universität Leute, die in diese Richtung gedacht und gehandelt haben. Da musste man natürlich auch sich entsprechend verhalten. Ich möchte keinen besonderen Namen nennen, aber wir hatten hier so einen Philosophen, der sich auch anmaßte, die absolute Wahrheit zu sprechen in Glaubensdingen. Und er hat es auch immer fertiggebracht, dann das Wissenschaftliche auf die ideologische Ebene zu führen und dann das als unwissenschaftlich abzuqualifizieren. Also ich weiß noch, Prof. S., Gott habe ihn selig, konnte es ohne weiteres vertragen, wenn man ihm gesagt hätte: „Hier liegst du ideologisch schief." Aber wenn man ihm sagte: „Hier bist du unwissenschaftlich, weil du ideologisch schief bist", das hat genagt. Und es dauerte eine Weile, bis man wusste, wie man mit diesen Leuten umzugehen hat. Also zum Beispiel diesem Mann musste man – ich will den Namen eben mal nicht nennen – sehr hart entgegentreten. Dann war der ruhig … oder hat der sich nicht so gewagt. Also dieser Artikel, den ich da im „Forum" hatte, den hat er mir auch mal gegeben mit lauter roten Anmerkungen … Das hat er dann kommentiert und sehr vorwurfsvoll, aber … ich habe es genommen und weggeschmissen.

M. D.: Die Universitätsparteileitung, hat die Einfluss genommen auf Ihre Forschung?

Krause: Nicht negativ, aber das liegt auch daran, dass man auch da ... ein gewisses freundschaftliches Verhältnis entwickelt hat. Universitätsparteileitung war mal Gerhard Hahn, der ist ein sehr ... verträglicher und auch ein sehr vernünftiger Mann gewesen. Richard Bräu, mit dem man vollkommen gut umgehen konnte ... bis auf den heutigen Tag, auch Gerhard Hahn. Dann gab es andere, die man dann gemieden hat, aber ich glaube, dass wir uns eine Position hier am Institut oder an der Sektion geschaffen haben, wo wir das dann durchstehen konnten. Also man hat mir, ich wüsste jetzt nicht, wo man uns da ... Aber manchmal ging es dann um die Wissenschaftliche Zeitschrift, wo die dann anfingen.

M. D.: Prof. Krause, als Hochschullehrer war man in der DDR sehr stark einge-spannt in Tätigkeiten, die nichts mit Forschung zu tun hatten. Wie war denn das konkrete Verhältnis in Ihrer Tätigkeit zwischen Lehre, Verwaltung, Forschung, zwischen gesellschaftlicher Tätigkeit? Wie viel Zeit hatten Sie für Ihre Forschung?

Krause: Das war alles erträglich. Die gesellschaftliche Tätigkeit, die ich hatte, war entweder in der Gewerkschaft oder in der URANIA ... ging immer davon aus, dass das alles nicht in Arbeit ausarten darf. Die gesellschaftliche Arbeit ließ sich ver-kraften. Und Verwaltung und Forschung und Lehre ... was Zeit gekostet hat, das waren eben die unzulänglichen materiellen Bedingungen. Betrifft auch beispiels-weise, dass wir dann zum Schluss überhaupt keine Schreibkraft mehr hatten. In der ersten Zeit hatte ich noch die Kommission Unterrichtsmethodik und da hat ich eine halbe Schreibkraft gehabt, eine halbe Stelle Schreibkraft, so dass ich da meine Arbeiten aus der Geschichtsmethodik mit untergebracht habe. Aber dann wurde das auch verändert, ich habe es abgegeben, und dann musste eben Martin Rich-ter – der war der Einzige, der bei uns Schreibmaschine schreiben konnte –, der hat dann das Ganze gemacht. Also mich hat das nicht groß belastet, weil ich davon ausging, dass man die Arbeit auch schön verteilen kann. Leiten heißt, Arbeit ver-teilen.

M. D.: Und was die Lehrveranstaltungen betrifft?

Krause: Lehrveranstaltungen: Ich hatte die Vorlesung, ein Seminar und die unter-richtspraktischen Übungen. Das hat schon Arbeit gemacht, weil ich eine Vorlesung nie zweimal in der gleichen Weise gehalten habe, aber es sammelt sich ja dann ein Fundus an und man kann dann einfach aktualisieren. Aber ich habe dann immer für die Vorlesung ziemlich viel Zeit gebraucht. Nur da ich Leute hatte, die mir da-bei geholfen haben, und ich auch sehr viel mit Anschauungsmitteln gearbeitet ha-ben, mit Film und Lichtbildern und Folien. Meine Leute haben mich da sehr unter-stützt, so dass das auch auf breite Schultern verlagert wurde. Und ich habe sie dann in einer anderen Weise unterstützt. Das ging alles sehr gut. Da gab es keine Probleme in diesem Verhältnis.

M. D.: Ja, wenn Sie jetzt auf Ihre Tätigkeit zurückblicken, welche Berufs- und Wissenschaftserfahrungen haben Sie am meisten geprägt?

Krause: Na also einmal meine schulpraktische Tätigkeit, das muss ich sagen, die hat mir sehr geholfen, weil ich da erst einmal sehr stark gefordert worden bin, und weil ich da die Praxis am eignen Leib erfahren habe, für die ich dann in der Wissenschaft was gemacht gehabt. Es hat mich dann beeinflusst auch die Arbeit an der APW vor allen Dingen in der Abteilung Unterrichtsmittel, also im Institut für Unterrichtsmittel. Es war ein sehr kollegiales Verhältnis.

Und da war es auch wieder so, dass im Institut für Unterrichtsmittel die unterschiedlichsten Disziplinen zusammenkamen, angefangen von der Psychologie über die Allgemeine Didaktik und die einzelnen Fächer, so dass in der Diskussion von Problemen, die auch die Unterrichtsmittel betrafen, immer die Fachspezifik zum Tragen kam. Und das war dann immer eine gegenseitige Bereicherung. Man konnte sehen, was bei dem anderen eben anders ist. Das ist also, dass bestimmte Erscheinungen, von denen man glaubt, sie wären allgemeingültig, eben nur für die Geschichte gültig waren und wieder andere nicht, oder von denen man glaubt, sie wären bloß für die Geschichte zutreffend, sie allgemeingültig waren ... Wie natürlich alles, was Literaturgeschichte war, natürlich einen historischen Aspekt hatte, und dabei auch Dinge des Aneignungsprozesses der Geschichte relevant wurden. Wie auf der anderen Seite alles, was Literatur war, natürlich auch in der Geschichte eine Rolle hatte als ästhetische Aneignung von Geschichte. Das war also sehr ... günstig, und da hat man sich gegenseitig in die Hände gearbeitet.

Wie überhaupt dann die Medien, wir unterschieden ja immer zwischen Fachspezifik und Medienspezifik. Und alles das, was die Medienspezifik betraf, also den Film oder das Lichtbild oder das Fernsehen, dass man sich da auch sehr stark unterstützt hatte ... was die Psychologie betraf oder die Allgemeine Didaktik, das war dort sehr fruchtbar geworden. Es ging dann noch von der Grundschule, also von der Unterstufe bis zur Abiturklasse. Und Horst Weiß war in der Lage, das Ganze auch so in dem Sinne zu handhaben, wie ich das auch bei uns machte. Es war auch ... eine hedonistische Komponente immer dabei. Nachdem das Offizielle verkündet worden war, in einem Vortrag oder in einem Referat, dann kamen die wichtigen Gespräche, die sich dann daran anknüpften, immer außerhalb der Tagesordnung. Und da hat man sich dann kennen gelernt und schätzen gelernt und das war sehr fruchtbar.

M. D.: Im Herbst 1957 hat mit Ihnen zusammen Eckart Behling hier seine Tätigkeit aufgenommen ... Da gab es nun ein Problem und er ist ausgeschieden. Könnten Sie noch mal aus Ihrer Sicht berichten, um was es sich da handelte, und vor allen Dingen wie Sie das damals für sich bewertet haben?

Krause: Na ja, Eckart Behling war auch jemand, dem man es angesehen hatte, dass er nicht aus dem Proletariat stammte. Und auch in der Art und Weise wie er sich gebärdete. Er war ein sehr geistreicher Mann und auch sehr humorvoll. Also er war kein ... Aber er wusste, was zu sagen war. Er war ja dann auch Parteisekretär hier, Sekretär! Wir waren eine Grundorganisation „Geschichte, Kunsterziehung, Musikwissenschaft". Und er wusste schon, was man zu machen hatte, was man zu sagen hatte, und was man irgendwie zu werten hatte. Aber es waren nicht immer unbedingt auch bis zum letzten seine Überzeugungen.

Was ihn dann hier vertrieben hatte, war die Tatsache, dass er sich von einem Arzt in Barth Bücher ausgeliehen hatte, die bei uns auf dem Index standen. Beispielsweise „Doktor Schiwago", den ... ich dann auch von ihm noch gelesen habe. War dann heilfroh, dass ich ihn von ihm geliehen hatte und ... er hat es nicht aufgeschrieben. Aber der Arzt, von dem er es – ich glaube, es war ein Arzt –, von dem er diese Bücher da ausgeliehen hatte, der hat das immer aufgeschrieben, was er wem ausgeliehen hatte. Und dann hat er irgendwie einen politischen oder ideologischen Fehltritt begangen, und man hat dann Zugriff gehabt auf seine Ausleihliste. Und da stand dann auch Eckart Behling drauf. Und da hat man ihn dann in die Zange genommen und hat ihm dann ideologische Unreife ... oder hat bei ihm ideologische Fehler gefunden. Und das führte dann dazu, dass er ... hier die Universität verlassen musste. Er ist dann Lehrer in Stralsund geworden und dort gab es dann andere Dinge, die ihn dann schließlich in die Limonadenfabrik gebracht haben. Aber es waren keine politischen ... Es war wohl so, dass da irgendwo etwas mit ... Mädchen ...

Ich weiß das jetzt nicht im Einzelnen, und es hat mich auch nicht interessiert, ich habe auch nicht nachgegrast ... Es war schade, es war ein Verlust, weil ich dann alleine blieb. Und ich musste mir dann schnell einen ... Weil es alleine nicht zu bewältigen war, auch vor allen Dingen von den unterrichtspraktischen Übungen her. Ich habe mir dann einen neuen Lektor besorgt. Das war dann Christa Wagner, glaube ich, ja ... Und dann habe ich natürlich auch seine anderen Funktionen vorübergehend übernehmen müssen.

M. D.: Wie haben Sie das bewertet, diese ... Sache mit Behling, dass er jetzt wegen dieses Buches „Doktor Schiwago" von der Universität fliegt?

Krause: Ja, na ja, das war bitter für uns. Wir haben es. Ich weiß auch gar nicht, ob das ein Parteibeschluss war, und ob wir da einen Finger gehoben haben, ich kann das jetzt gar nicht mehr sagen ... Jedenfalls das Verhältnis von Behling zu mir, das persönliche Verhältnis, ist nicht gestört gewesen dadurch ... Es war eben so. Und ich war bloß froh, dass – da ich auch ein Buch von ihm, also aus dritter Hand dann hatte –, dass ich da nicht noch in die Maschine gekommen bin. Das hätte mir natürlich auch was anhaben können ...

M. D.: 1968 ist einiges vorgekommen. Es gab diese dritte, die Umsetzung der dritten Hochschulreform und es gab diese Ereignisse in der ČSSR ... Was war das Jahr 1968 für Sie? War das ein besonderes Jahr und wie haben Sie es erlebt?

Krause: Es war insofern ein besonderes Jahr, als ich da in meiner wesentlichen Qualifikationsphase stak ... Wie habe ich es erlebt? Wenn man die Situation in der Tschechoslowakei von der militärischen Seite aus betrachtet, so habe ich es damals gesehen, war es nicht sehr klug, den Bogen so zu spannen, weil man wusste, die Sowjetunion würde ... es als eine Bedrohung ansehen, wenn jetzt in der Tschechoslowakei irgendwie der Westen Fuß fassen könnte. Die Tschechoslowakei war ja immer der Schlüssel für Europa, strategisch gesehen, diese Funktion hatte sie. So dass ich das für nicht sehr klug angesehen habe, dass man das so weit getrieben hat. Ich wäre dafür gewesen, dass das behutsamer gemacht worden wäre.

Wir haben auch damals viel Verbindung zu Brünn gehabt, also zu den Tschechen. Und gerade in Brünn war ja diese kulturelle Seite. Dr. Juwa war der betreffende Mann, der sehr stark die enge sozialistische, ideologische Bindung da aufgebrochen hat, also die Engstirnigkeit aufgebrochen hat. Und das war auch sehr angenehm. Wir hatten bei den Studenten auch große Diskussionen. Zum Beispiel J., mein Assistent, nachmaliger Assistent, war damals Student im vierten Studienjahr, und der hat da natürlich als Tscheche diskutiert in der Gruppe. Peter M., mein nachmaliger Assistent, der aus Prinzip schon dagegen war, der immer etwas oppositionell veranlagt war. Außerdem hat er ja schon da seine Disziplinarstrafe weggehabt, weil er bei der militärischen Ausbildung auf „Schwejik" gemacht hat und „Dienst nach Vorschrift". Und da sollte er auch schon rausgeschmissen werden. Aber ich, ich habe ihn behalten. Sie wurden nachher alle beide meine Assistenten, weil sie was konnten, weil sie auch denken konnten und ... was brachten. Und auf diese Art und Weise mit sehr viel Vernunft haben wir die Situation gemeistert. Also es gab auch keine großen Probleme.

Kassettenwechsel (02:25:23)

Krause: Es ist in Greifswald so gewesen, wenn man von einigen Leuten absieht, dass man auf Verständnis gestoßen ist. Was man in Leipzig wahrscheinlich nicht so hätte handhaben können. Ich war sehr überrascht oder sehr positiv angetan, als ich von Leipzig nach Greifswald kam und hier diese ganze Atmosphäre kennengelernt habe. Wie wir hier am Institut oder an der Sektion diskutiert haben, dass es andere Leute in Erstaunen versetzt hat. Wir hatten beispielsweise einen Kollegen bekommen, der war Oberstleutnant bei der Marine, das nennt sich da wohl Korvetten- oder irgendwie: Fregattenkapitän, jedenfalls so ein Kapitän. Der hatte in der Sowjetunion noch ein Zusatzstudium absolviert und weil er dort aufgehört hatte, kam der jetzt zu den Historikern. Und war nun bass erstaunt, was wir uns hier so an Diskussionen erlaubten.

Also insofern war das bei uns noch sehr umgänglich. Und als ich dies Interview im Forum hatte, sind die, der Parteisekretär und auch noch der … da nach Rostock gerufen worden und mussten Rede und Antwort stehen, was der Krause für einer sei, der sich da erlaubt, den Geschichtsunterricht zu kritisieren. Aber das haben sie mir gesagt und auch: „Brauchst keine Angst zu haben, das geht alles in Ordnung." Während das in der Fachkommission anders war. Und ich sage heute, ich bin dem Wendelin Szalai bis zum heutigen Tag dankbar, dass er da ganz geharnischt und ganz kühn meine Position ergriffen hat … Weil ich das von ihm nicht erwartet hatte.

M. D.: Ja, noch mal zurück zu 1968. Gab es denn Maßnahmen in der Sektion nach dem 21. August 1968? Wie wurde darauf reagiert? Wurden da … ich habe einige Berichte gefunden, dass die wissenschaftlichen Mitarbeiter zusammengerufen wurden und eine Resolution verfasst haben und …

Krause: Ja, nun, es ist dann auch so eine Kommission gebildet worden, die nun die Probleme … Ich habe die sogar geleitet, aber glauben Sie, ich weiß da noch, was da so im Detail los war? Es hat mich gar nicht groß bewegt und die anderen wohl auch nicht.

M. D.: Es war nicht so relevant, also?

Krause: Sonst hätte sich das bei mir eingeprägt. Ich weiß nur, dass '68 diese Kommission gebildet worden ist, auch gerade für die Situation unter den Studenten. Und es hat keine … Mir ist nicht bewusst, dass ich da in Schwierigkeiten gekommen bin.

M. D.: Wie haben Sie die Kritik an Bernhard Stohr, etwa zur selben Zeit, empfunden?

Krause: Ich habe voll seine Position eingenommen und ihm mein Mitgefühl ausgedrückt.

M. D.: Brieflich?

Krause: Persönlich.

M. D.: Persönlich.

Krause: Na, so etwas macht man nicht brieflich.

M. D.: Und war es möglich, ihn öffentlich zu verteidigen?

Krause: Ja, man hatte ihn ja öffentlich auch dadurch öffentlich verteidigt, dass, wenn so etwas auf die Tagesordnung gesetzt war, keiner was dazu gesagt hat.

M. D.: In Sitzungen?

Krause: In Sitzungen, ja. Außer Kruppa und Ra- ... hat dann niemand was gesagt.

M. D.: War Schweigen?

Krause: Ja ... Also das Detail ist uns auch gar nicht so bekannt geworden. Er hat mir dann bloß ... seine dritte Auflage rübergeschickt und so ein Briefkärtchen reingelegt: „Hier hast Du das Ärgernis", und mir noch ein paar Zeilen dazu gebracht. Aber wie ich festgestellt habe, ist mein Buch verwechselt worden. Die Frau Magull hat meinen Text bekommen und ich habe ein Institutsexemplar hier behalten. Und vorn – da müssten wir nachgucken, da müsste ja die Karte mit drin sein oder sie hat sie weggeschmissen. Die hat ja alles weggeschmissen ... Es ist schlimm, es ist ... Ach, das will ich auch noch sagen: Eine Frau aus Freiburg im Breisgau promoviert über die Unterrichtsfilme, die wir gemacht haben. Die war auch hier und wollte sich dann hier an Ort und Stelle erkundigen und musste dann mit Entsetzen feststellen, dass da nichts da war. Das hat die alles weggeworfen ... Fürchterlich.

M. D.: Zum Schluss noch eine, so eine Abschlussfrage, die das Bild noch abrunden soll: Was verstand der Alfried Krause von 1970 als den Zweck seiner Tätigkeit?

Krause: Ich habe bei allem, was ich sagte, immer ein Anliegen gehabt. Wenn ich in der Vorlesung etwas vorgetragen habe, dann war das immer ein persönliches Anliegen. Ich habe also nichts gesagt, nur weil das zu sagen war. Mein persönliches Anliegen war, den Geschichtsunterricht so zu gestalten, dass er für die Zeit nutzbar war. Noch '68, als ich meine Habilarbeit geschrieben habe und im ersten Kapitel über das Geschichtsbewusstsein, bin ich immer noch davon ausgegangen, dass dieser Slogan: „Plane mit, Arbeite mit, Regiere mit!", dass das mal ernst genommen wird, und dass man den Mitbürger befähigen müsste auch ernsthaft und qualifiziert sich in die Gesellschaft einzubringen. Und dazu gehört auch zu wissen, wie was geworden ist. Und das war mein Anliegen. Also wirklich ein echtes Geschichtsbewusstsein zu entwickeln, über die Schule und über die Schule hinaus.

M. D.: Nun sagten Sie vorhin, dass der Geschichtsunterricht ja kein Geschichtsbewusstsein oder keine Geschichte vermittelt, sondern ein festes Geschichtsbild, gerade in der DDR-Zeit.

Krause: Der Gegenstand des Geschichtsunterrichts ist das Geschichtsbild als Bestandteil des Geschichtsbewusstseins.

M. D.: Aber das war in der DDR-Zeit ein ganz Bestimmtes?

Krause: Ja.

M. D.: Und Ihr Zweck war, sozusagen, die Schüler zu befähigen, dieses Geschichtsbild, das vermittelt werden sollte, sich praktisch selbständig immer wieder zu vergegenwärtigen an konkreten Ereignissen, oder worum ging es?

Krause: Ich wollte die Schüler befähigen, sich eine selbständige Meinung zu machen, indem ich immer davon ausging – also ich bin mir darüber im Klaren, dass jede Geschichtsdarstellung immer beeinflusst wird durch Auswahl und Anordnung. Alles, was geschehen ist, die hunderttausend Dinge, kann man ja gar nicht erfassen. Man muss eine Auswahl treffen, und man muss die in einer bestimmten Weise darlegen oder anordnen. Und das ist immer parteilich. Also diesen reinen objektiven Fall gibt es nicht. Bloß es muss natürlich verantwortlich sein. Und mir ging es darum, dass die Schüler nicht eine sogenannte Erkenntnis von sich geben und sich daneben setzen, sondern mir ging es darum … Ich wollte sie dazu bringen, dass sie ein tatsachenmäßig fundiertes Wissen bekommen, das für sie subjektiv bedeutsam wird, das für sie auch handlungsmotivierend wirkt. Und aus dem Grunde habe ich ja meinen Unterricht auch so aufgebaut.

Meine Studenten hatten unter anderem auch ein bestimmtes Aufgabensystem zu erkennen. Dieses System ging von historischen Tatsachen aus, die zu Erkenntnissen und zu Erlebnissen gebracht werden mussten, die sich dann in Wertungen manifestieren sollten, und die Wertung sollte handlungsmotivierend für das Umsetzen dieser Dinge sein. Nicht als dogmatische und auswendig gelernte Formeln, sondern als Überzeugung.

M. D.: Nun ist es ja so, dass die Schüler in der Regel nicht als unbeschriebene Blätter, was das Geschichtsbewusstsein betrifft, in den Geschichtsunterricht kommen, sondern immer ein Geschichtsbewusstsein mitbringen, das ja unterschiedlich sein kann, nämlich je nach Prägung, die man vorher erfahren hat. Das heißt, es geht nicht nur um das Erzeugen von Geschichtsbewusstsein, sondern auch um das Beeinflussen von Geschichtsbewusstsein.

Krause: Ja, es ist auch so, dass der Geschichtsunterricht oder das, was die Schüler über die Geschichte zu erfahren bekommen, nicht bloß aus der Schule kommt, sondern es gibt ja ein ganzes Gefüge. Die werden über die Jugendorganisationen mit Geschichte bekannt gemacht, sie werden über Rundfunk und Fernsehen bekannt gemacht aus verschiedenen Quellen heraus. Sie werden durch Bekannte, Tante, Onkel und gute Bekannte und Tante auch aus dem Westen bekannt gemacht mit Geschichte oder mit Gegenwart, die auch immer eine historische … Das ist alles so, aber dem Schüler es bewusst zu machen, wie viele Wirkfaktoren auf das Geschichtsbild oder auf das Geschichtsbewusstsein einwirken. Das habe ich den Studenten auch beibringen wollen. Nun, der Student muss das wissen, der

Lehrer muss das wissen, nicht in jedem Fall muss der Schüler das begreifen können. Aber der Lehrer muss sich so verhalten, dass er diese Dinge kalkuliert.

M. D.: Nun hat ja der Geschichtsunterricht in der DDR im Selbstverständnis seiner … Verantwortlichen auch eine politische Funktion gehabt. Es ging im Kern darum, ein System, wie es existiert, zu rechtfertigen, historisch. Wie haben Sie sich zu diesem politischen Anspruch an den Geschichtsunterricht verhalten?

Krause: Es gab zunehmend eine Diskrepanz zwischen dem, was verkündet worden ist, und dem, was in der Praxis war. Denken Sie bloß einmal, es stand immer noch im Geschichtslehrbuch drin, dass der Imperialismus die letzte Phase des Kapitalismus ist und … morbid, faulend, parasitär und den gesellschaftlichen … oder den gesamten Fortschritt hemmend. Das konnten sie doch keinem Schüler mehr beibringen, da ist doch jeder Schüler der neunten und zehnten Klasse darüber gestolpert. Wenn man ihm sagte: „Die Produktivkräfte im Westen werden gehemmt und bei uns können sie sich frei entfalten." Da ging das ja schon los, da gab es diese Diskrepanz, die so ohne Weiteres nicht zu lösen war, weil der Schüler ja ein Lehrbuch hatte. Selbst wenn der Lehrer nicht davon überzeugt war, dass das so ist, aber der Schüler hat das ja gesehen, hat es ja am eignen Leibe gespürt und eine eigene Erfahrung gehabt, dass das so nicht gehen kann. Und da ist das gedruckte Wort, da ist vielleicht auch sogar noch das Unterrichtsmittel, das so was bringt, und da ist dann die Wirklichkeit. Diese Diskrepanz hat letztlich ja dann … die konnte niemand lösen. Die hat sich dann als Implosion 1989 selbst gelöst.

M. D.: Als Geschichtsmethodiker haben Sie nicht die Stoffe und die Inhalte des Geschichtsunterrichts verhandelt, sondern den Weg, wie diese vorgegebenen Inhalte und Stoffe dem Schüler zu vermitteln sind.

Krause: Ich habe erst mal den Studenten, den ich ausgebildet habe, dargelegt: „Dass, was ihr dort im Unterricht macht, dass das eben das Geschichtsbild ist, nicht die Geschichte." Dass dieses Geschichtsbild immer eine bestimmte Auswahl und Anordnung ist, und dass diese Auswahl und Anordnung immer auch ideologisch bestimmt ist, auch politisch bestimmt ist. Das ist doch bis auf den heutigen Tag so. Selbst wenn man nicht wahrhaben möchte, das ist so. Es muss jeder eine Auswahl treffen. Und darüber muss man sich bewusst sein. Und dann muss man verantwortungsbewusst mit der Geschichte und mit dem Schüler umgehen.

M. D.: Die Frage ist nur, ob man als Wissenschaftler, der sich dem Geschichtsunterricht zuwendet, diese Stoffauswahl-Prinzipien selbst hinterfragt oder sie als gegeben hinnimmt. Und das Selbstverständnis der Geschichtsmethodik berührt ja nun erst mal nicht diese Stoffauswahl-Prinzipien, sondern die wurden über Lehrpläne, über Richtlinien … woanders verhandelt. Wie kamen Sie mit dem Konflikt klar?

Sie hatten ja offensichtlich ein teilweise anderes, ein reflektierteres Verständnis als die, die die Stoffauswahl-Prinzipien diktiert haben.

Krause: Ja, ich kam so klar, dass ich sagte: „Dieses Geschichtsbewusstsein oder diese Form des Geschichtsbewusstseins, wenn wir vom Geschichtsbild mal ausgehen, wird verordnet durch das Ministerium für Volksbildung. Und das ist eine Tatsache, das schlägt sich im Lehrplan nieder. Und ich muss das so sehen. Und nun muss ich das dem Studenten beibringen, dass er das auch so sieht ... Und nun muss er damit klarkommen." Also beispielsweise, ich habe mal einen Fehler gemacht – oder, was heißt Fehler? – vielleicht auch nicht. Ich sagte: „Wenn Sie in die Schule kommen, schlagen das Klassenbuch auf – wenn Sie ins Praktikum gehen – lauter Zweien und Einsen, und wenn Sie hinterher nachfassen, da ist nichts da. Habe gesagt: Machen Sie, wenn Sie in die Schule kommen oder nachher als Lehrer, machen Sie nicht den Fehler, dass Sie den Schülern dann nur Zweien und Einsen geben. Stellen Sie Forderungen, stellen Sie Anforderungen, denn wenn jetzt diese Anspruchslosigkeit zum Prinzip wird, dann können Sie an den Fingern einer Hand abrechnen, wann wir vom Weltmarkt weg sind, wenn das allgemein akzeptiert wird."

Ich habe gesagt: „Seien Sie gutwillig, aber schätzen Sie den realen Stand ein." Und ich sagte dann beispielsweise auch: „Natürlich, jeder wird nach dem bewertet, was er sagt. Wenn ein Direktor viele schlechte Lehrer hat, dann ist er ein schlechter Direktor, und wenn ein Schulinspektor oder ein Schulrat viele schlechte Direktoren hatte, ein schlechter Schulinspektor. Wer will dann schon ein schlechter Minister sein?" Und indem ich dann ... In dem Moment, wo das aus meinem Munde rauskam, erschrak ich auch etwas, weil wir da auch Leute hatten, die hellhörig waren.

So aber jedenfalls kommt dann ein Student, der ist dann in die Schule gekommen und war in der Schule Lehrer, in Berlin. Und der sagte: „Na, Sie haben mir ja was geraten." Der besuchte mich dann in den Schulferien. Ich sagte: „Was denn?" – „Na ja, Sie haben gesagt, ich soll die Schüler real einschätzen. Ich habe eine Klasse vorgefunden, die waren allenfalls, na, schon mal nichts. Ich habe sehr gutwillig ... aber ich hatte etwa die Hälfte Vieren und Fünfen. Und was meinen Sie, was da los war. Da kam der Direktor an und sagte: ,Wenn diese Vieren und Fünfen nicht weg kommen bis zum Schuljahresende, dann kommst du weg, also!'" Und dann habe ich gesagt: „Und was haben Sie dann gemacht?" – „Ich habe allen eine Zwei oder Drei gegeben." So, das ist die Situation ... Der Student, der dann, also der junge Lehrer, der wollte zunächst einmal eine solche Position einnehmen, wie man sie eigentlich erwartet hat, aber die Welt ist ... Die Verhältnisse sind nicht so. Aber er musste wissen, wie sie sind. Das wollt ich ihm klar machen ...

M. D.: Gut ... enden wir mit Brecht.

Mündliches Interview mit Prof. Dr. Florian Osburg

Berlin, den 28.12.1999

Florian Osburg, seit 1951 Im Hochschuldienst (HU Berlin), 1956 Promotion, 1956 Abteilungsleitung am Staatssekretariat für das Hochschulwesen der DDR, 1959 Abteilungsleitung an der HU Berlin, 1967 Habilitation, 1968 ordentliche Professur, Mitglied zahlreicher zentraler Gremien.

Abb. 3: Florian Osburg, 1968. Quelle: GS 10 (1968), S. 59.

M. D.: Prof. Osburg, ich freue mich, dass wir heute Gelegenheit gefunden haben, das Interview durchzuführen, und würde Sie bitten, bevor wir zum engeren Thema des Interviews kommen, dass Sie kurz eine Art Lebensbericht geben bis zu Ihrer Zeit in der Geschichtsmethodik.

Osburg: Ja, ich bin 1928 geboren, demzufolge war ich also zehn Jahre alt, als der Krieg begann, und das gehört schon zu meinen bewussten Erinnerungen, dass da irgendwas Schreckliches ... auf uns zukam. Ich gehöre also zu den Wenigen meines Jahrganges – ich kann das auch in Erinnerung an meine anderen Klassenkameraden sagen – die antinazistisch erzogen wurden. Ich bin bei einer alleinerziehenden Mutter aufgewachsen. Meine Eltern haben sich scheiden lassen als ich fünf Jahre alt war. Meine Mutter kommt aus der sozialistischen Arbeiterjugend, und ich bin im Krieg auch gegen den Krieg erzogen worden.

Ich bin 1943 mit fünfzehn Jahren gemustert worden, also fast sechzehn, aber noch fünfzehn, und war damals eigentlich schon erfüllt voller Angst, in den Krieg zu kommen und alles zu versuchen, um mich davor zu drücken. Dass mir das gelungen ist durch Vorspielen von Krankheiten, habe ich eigentlich meiner Mutter zu verdanken und dadurch sicher auch mein Leben. Insofern war 1945 für mich tatsächlich ... eine Befreiung von Angst vorm Krieg, von Nazismus und für mich ging eben 1945 die Welt eigentlich ziemlich unproblematisch los. Natürlich gab es

Dinge, die ... man nicht gut fand. Ich denke hier an die, an Begleiterscheinungen beim Einmarsch der Sowjetarmee, aber letzten Endes war es eben doch eine Befreiung, die mit der Sowjetarmee für mich von Anfang an bewusst verbunden war oder überhaupt mit den alliierten Armeen. Ich habe damals eigentlich weniger unterschieden, ob das die Sowjetarmee war oder die anderen Alliierten, die hierherkamen.

Ich habe dann unter dem Einfluss meiner Mutter, die wiederum unter dem Einfluss von Menschen stand, die aus Konzentrationslagern zurückkamen und ehemalige Freunde von ihr waren, mich doch sehr frühzeitig, im Spätsommer 1945, auch politisch betätigt. Ich bin hier in unserem Ort einer der Begründer des antifaschistischen Jugendausschusses, bin auch einer der Begründer der FDJ und der Pionierorganisation. Ich muss sagen, dass ich mich in meiner Kindheit, oder als ich dann etwas älter war, immer gern mit Kindern beschäftigt habe. Um mich herum waren immer jüngere Kinder, mit denen ich mich beschäftigt habe. Insofern war das eben auch eine bestimmte Weichenstellung, als meine Mutter 1945 praktisch von der Straße her Neulehrerin bei uns im Ort wurde, dass sich dann bei mir eben auch sehr bald der Wunsch verfestigte, Pädagogik zu studieren. Ich schwankte ein bisschen erst mit Architektur, mein Vater war Architekt, aber das blieb dann letzten Endes doch bei der Pädagogik.

Ich habe dann 1948 an der Pädagogischen Fakultät mit den Fächern Geschichte und Geographie studiert. Ich wollte unbedingt 1951, als ich fertig war, an meine alte Oberschule in Adlershof als Geschichtslehrer zurückgehen, war auch alles schon eingefädelt. Ich wurde dann von dem damaligen Ordinarius für Geschichtsmethodik, Prof. Walter Strauss, gefragt, ob ich nicht als Assistent an der Universität bleiben möchte.[1] Ich habe da gar nicht zuerst Ja gesagt, sondern das hat eine Weile von Überlegung gekostet, weil ich eben doch erfüllt davon war, in die Schule zu gehen und richtig Lehrer zu werden. Ich war dann von 1951 bis '53 wissenschaftlicher Assistent – der erste Assistent bei Strauss. Ende, also irgendwie im Laufe von 1953 kamen dann noch ein oder zwei Assistentenstellen dazu. Bin dann 1953 bis 1956 in die planmäßige Doktoraspirantur gegangen.

Das Thema, das mich eigentlich auch meine ganze berufliche Tätigkeit nicht mehr losgelassen hat: graphische Veranschaulichung im Geschichtsunterricht, Tafelbilderarbeit im weitesten Sinne. Ist eigentlich eine Thematik, die ich als Anregung dem Prof. Strauss zu verdanken habe, der mich für dieses Thema interessiert hat. Ich habe es immer als eine Notwendigkeit angesehen, eine enge Verbindung zwischen theoretischer Arbeit und praktischer Arbeit herzustellen. Ich selbst habe keine zusammenhängende Lehrertätigkeit, mal abgesehen von Tätigkeiten in der

---

1 Demantowsky 2008. Akademischer Ehrgeiz im politischen Mahlstrom. Walter Strauss (1898–1982). Siehe auch Demantowsky 2003, *Die Geschichtsmethodik in der SBZ und DDR*: 209–224.

Pionierorganisation, ausgeübt. Ich möchte aber betonen *ehrenamtlichen* Tätigkeiten ... – als das hauptamtlich wurde, habe ich dem angefangen schon sehr bald misstrauisch oder sagen wir mal zumindest nicht freudvoll entgegenzusehen, also insofern lege ich immer Wert darauf, dass ich zu den ehrenamtlichen FDJ- und Pionierfunktionären gehörte. Aber mir fehlte eben diese Praxis, und ich habe eigentlich schon als wissenschaftlicher Assistent dann nebenbei an einigen Tagen in der Woche einige Stunden Geschichte unterrichtet. Mit Unterbrechungen war ich viele Jahre direkt Lehrer an der Schule, aber eben als Stundenlehrer.

Ja, dann 1956 wurde mir, als ich promoviert hatte, das Angebot gemacht, entweder an die Universität Greifswald oder die Universität Rostock mit der Perspektive, dort für Geschichtsmethodik verantwortlich zu sein, zu gehen. Ich habe mich dann für die Universität Rostock entschieden. Da mir der Abschied aus Berlin, auch meiner Frau, sehr schwer ankam, habe ich da zugegriffen als unmittelbar vor meiner Abreise nach Rostock ein damaliger Freund, der im Staatssekretariat für Hochschulwesen gearbeitet hat, mich fragte, ob ich bereit wäre, für einige Jahre als Fachreferent für Pädagogik, Verantwortlicher für Lehrerausbildung an den Universitäten, dort zu arbeiten. Das war dann eigentlich ohne lange Überlegung, dass ich da zugegriffen habe und mir allerdings ausbedungen habe, dass ich da nach einer bestimmten Zeit wieder wegkönnte.

Ich habe dort dann im Staatssekretariat bis 1959, also drei Jahre, hauptamtlich gearbeitet. Inzwischen passierte hier in Berlin, dass während meiner Abwesenheit aufgrund von politischen Auseinandersetzungen Walter Strauss republikflüchtig wurde und insofern ergab sich für mich die Chance, in Berlin tätig zu werden. Dafür interessierte sich auch Prof. Eckermann, aber da habe ich dann das Rennen gemacht und bin dann im Frühjahr 1959 als sogenannter Wahrnehmungsdozent berufen worden – das war ein Status, den man hatte, wenn man noch nicht habilitiert hatte, aber gewissermaßen schon die Anwartschaft auf diese Dozentur hatte. Ich war sehr glücklich darüber. Das war denn also der Beginn meiner Geschichtsmethodikertätigkeit an der Humboldt-Universität.

M. D.: Gestatten Sie mir zwei Nachfragen: Mich würde interessieren, welche Studienerfahrungen Sie gemacht haben, insbesondere natürlich in der Geschichtsmethodik, und wie kam Walter Strauss dazu, Sie zu fragen, sein Assistent zu werden?

Osburg: Ja, also zunächst mal glaube ich, ganz nüchtern das so in Erinnerung zu haben, dass ich nicht seine erste Wahl war. Dass er irgendwie vorher schon ein oder zwei andere befragt hat, aber das weiß ich nicht mehr so genau. Grundsätzlich war es, wie es damals hieß, eine gesellschaftliche Notwendigkeit sofort an der Universität zu bleiben, dort zu promovieren, neue Wissenschaftlergenerationen zu begründen. Andere neben mir machten das auch, also insofern waren wir damals nun sehr erfüllt davon, das zu tun oder uns doch sehr ernsthaft zu überlegen, wenn uns von der Partei gesagt wurde, das sei aus gesellschaftlichen Erfordernissen wünschenswert. Ich weiß nicht mehr, wie sich das abgespielt hat, aber sicher war es eben auch so, dass die Parteileitung der Pädagogischen Fakultät mir da auch sehr zugeredet hat, das zu machen. Und irgendwie reizte mich das natürlich dann auch, die Aussicht, einmal wissenschaftlich tätig sein zu können, zu promovieren. Also hier verband sich eben sogenannte gesellschaftliche Einsicht doch auch mit dem Reiz, so etwas zu machen. Und immer war das mit der Vorstellung verbunden, wir könnten so die Welt verändern und besser machen.

M. D.: Sie haben Walter Strauss, oder er hat Sie, im Seminar kennen gelernt?

Osburg: Ja, na ja, im Rahmen der geschichtsmethodischen Ausbildung. Also, ich habe überhaupt nicht mehr in Erinnerung, wie während meiner studentischen Zeit meine Beziehung zu ihm war. Ich kann mich überhaupt nicht erinnern, dass ich mich für ihn mehr interessiert habe und warum er auf die Idee kam, mich da zu befragen.

M. D.: Die zweite Nachfrage, die ich hätte: Sie sagten, dass Sie auf Ihr Promotionsthema, das ja dann auch das Thema Ihres geschichtsmethodischen Lebens geworden ist, nämlich das Schema im Geschichtsunterricht, durch Walter Strauss gekommen sind. Wissen Sie da noch, wie das zustande kam und warum Walter Strauss sich für dieses Thema interessiert hat?

Osburg: Na ja, er war irgendwie für mich immer etwas widerspruchsvoll: Einerseits war er eben auch sehr praxisorientiert. So hat er zum Beispiel Fiala für seine Staatsexamensarbeit für die Kartenarbeit interessiert. Also er hat einerseits eben sehr konkret bezogene Themen angeregt und dazu zählte ja zweifellos auch die Arbeit mit dem Schema im Geschichtsunterricht, aber andererseits, als ich denn bei ihm gearbeitet habe, war mir vieles zu abstrakt. Da hatte er dann zu seinem Hauptthema und Hauptbedürfnis gemacht, die Geschichte des Geschichtsunterrichts zu erforschen. Da gab es dann solche Themen wie Diesterweg als Geschichtsmethodiker, was dann Gentner bei ihm machte, auch angeregt von ihm. Da gab es die Beschäftigung mit Kohlrausch als Geschichtsmethodiker. Und ich muss sagen, das war für mich doch sehr fremd, weil ich wusste, dass die Lehrer nun von uns methodische Hilfen erwarteten, und ihnen nicht mit solchen fernen Themen geholfen werden konnte.

M. D.: Zu dieser geschichtsmethodischen Arbeit an der Humboldt-Universität kommen wir sicher nachher noch einmal. Ich würde jetzt zu einer anderen Frage kommen: Wenn Sie die Geschichte der Methodik des Geschichtsunterrichts in der DDR periodisieren wollten, welche Zäsuren würden Sie setzen?

Osburg: Ich muss sagen, ich bin eigentlich durch Ihre Fragestellung zum ersten Mal angeregt worden, da nach irgendwelchen Perioden differenzierter zu suchen, auch jetzt mit Abstand zur Zeit meiner Lehrtätigkeit. Also, ich denke, dass man am Anfang von einer antifaschistisch-demokratischen Entwicklung unmittelbar nach dem Krieg sprechen kann. Das hängt ja auch damit zusammen, dass die ersten, die sich mit Geschichtsmethodik in der sowjetischen Besatzungszone beschäftigt haben, eben gestandene Pädagogen aus der Weimarer Zeit waren. Da fällt mir der Name Walter Reißmann ein in Leipzig, der sich anfangs mit Geschichtsmethodik beschäftigt hat. Sicher zählt auch Strauss dazu, der, soweit ich das in Erinnerung habe, wohl mehr aus dem gymnasialen Bereich kam. Reißmann zum Beispiel kam aus dem Volksschulbereich. Da zählt Bernhard Stohr dazu.

Das waren ja so gewissermaßen diejenigen, die in meinem Bewusstsein am Anfang einer neuen Geschichtsmethodik standen und die lebten ja im Grunde genommen doch noch von dem, was sie aus der Weimarer Zeit mitbrachten. Und das waren auch die ersten Prägungen und Orientierungen, die es in der Geschichtsmethodik gab. Wobei das ja nun doch alles noch sehr in den Anfängen war und es eine geschlossene Geschichtsmethodik in dem Sinne gar nicht gab. Das hängt ja sicher dann auch damit zusammen, dass beispielsweise die Lehrererzählungen vom Bremer Lehrerverein am Anfang eine große Rolle spielten. Also das waren die ersten Jahre.

Die überlagerten sich, ich weiß nicht, wann das dann genau einsetzte – unter dem Einfluss der Kulturoffiziere der SMA mit einer Orientierung auf Sowjetpädagogik. Diese also spielte zunehmend eine Rolle. Sowjetische allgemeine pädagogische Werke bekamen nun in der Ausbildung zunehmend ein Gewicht, auch sowjetische Psychologien, die erschienen dann ja auch als Übersetzungen im ‚Volk und Wissen Verlag' ... Geschichtsmethodische Arbeiten wurden dann so um 1950 herum von Studenten, die Russisch als Fach hatten, so in ziemlich mühseliger Arbeit übersetzt und mit den damaligen Vervielfältigungsmöglichkeiten, also in Gestalt von Schreibmaschinenskripten, vertrieben. Ich hatte dann auch solche Exemplare ergattert, die mit X Durchschriften zum Teil schwer lesbar waren. Mir fallen da die Namen ein: Andrejewskaja und Bernadskij aus Leningrad[2], Karzow[3], Sinowjew (ist ein sowjetischer Methodiker, der im Krieg gefallen ist, das war so gewisserma-

---

2 Andrejewskaja, N. W., und W. M. Bernadskij. *Methodik des Geschichtsunterrichts in der Siebenjahresschule.* Moskau: Manuskript-Übersetzung aus dem Russischen, ca. 1955, 1947.
3 Neben den Aufsätzen schon seit Ende der 40er Jahre am bekanntesten Karzow, Wladimir G. *Beiträge zur Methodik des Geschichtsunterrichts.* 1.-10. Tsd. Berlin (DDR): Volk und Wissen, 1954. Neben den offiziellen Publikationen kursierten aber auch Rohübersetzungen: Karzow, Wladimir G. *Skizzen der Methodik des Unterrichts der Geschichte der UdSSR in den 8.-10. Klassen. Aus den Erfahrungen der Arbeit.* Moskau: Manuskript-Übersetzung aus dem Russischen, ca. 1955, 1952.

ßen sein Nachlass), Wagin[4], der sich mit Fragen der Anschaulichkeit auch von bildhafter Arbeit und mit Tafelbildern im Geschichtsunterricht beschäftigt hat. Das waren die Anfänge 1955 bei mir. Das systematische Durchforsten von geschichtsmethodischen Darstellungen der Weimarer Zeit hatte den gleichen Rang wie sowjetische Geschichtsmethodik.

Zum Teil erscheint es mir heute doch sehr dürftig zu sein, aber damals war es natürlich auch eine gewisse Verheißung in dem Glauben, dass das, was aus der Sowjetunion kam, von Vornherein gut und richtig und richtungsweisend sein müsste. Als ich dann anfing, Vorlesungstätigkeit 1959 zu machen, haben diese sowjetischen Darstellungen schon eine große Rolle gespielt. Aber ich muss sagen, dass für mich die Darstellungen aus der Weimarer Zeit immer einen ganz großen Stellenwert hatten. Ich kann sagen, ich habe sie eigentlich fast alle, jedenfalls soweit sie handfest waren, zum Teil war das ja auch sehr theoretisierend, auch sehr gut gekannt.

Und dann denke ich, nach dieser Periode – das ging natürlich auch alles ineinander über, und das ist ja die Zeit, die ich dann auch schon bewusst mitgemacht habe, das Ende der Fünfzigerjahre doch eine eigenständige Entwicklung der Geschichtsmethodik in der DDR begann. Ich gehörte mit meinem Thema ja auch dazu. Ich habe 1956 mit meiner Arbeit eine der ersten geschichtsmethodischen Dissertationen vorgelegt. Aber da gab es noch einige andere, ich glaube auch vor mir, ich denke das waren so vier, fünf Arbeiten, die damals mit einer Graduierung entstanden sind. Hier in Berlin war es als erste Arbeit die von Karlheinz Tomaschewsky, der später allgemeiner Pädagoge war. Er hat sich mit der Arbeit mit dem Geschichtslehrbuch beschäftigt. Dazu analysierte er das erste Geschichtslehrbuch für die fünfte Klasse von ‚Volk und Wissen Verlag‘, das dann in einer richtigen festen Auflage 1951 erschien. Dann setzte auch eine Vielzahl von Staatsexamensarbeiten ein, die zu einer eigenständigen DDR-Geschichtsmethodik beitrugen – wie gesagt unter Einfluss von Sowjetpädagogik und der Weimarer Pädagogik. Aber das ist doch dann schon eine ganz gezielte eigenständige Entwicklung gewesen. Ich kann mich erinnern, dass diese ersten Geschichtslehrbücher, das waren diese sogenannten „Roten", die 1951 zum ersten Mal so in Totalität bis zur achten Klasse in vier Bänden erschienen. Diese hatten ein ziemlich hohes wissenschaftliches Anspruchsniveau, aber verlangten zu viel und waren zu wenig didaktisiert.

---

4 Wagin, A. A. *Wirtschaftsgeschichtliche Probleme im Geschichtsunterricht. Methodische Anleitung.* Berlin (DDR): Volk und Wissen, 1959; Wagin, A. A. *Zur Vorbereitung des Lehrers auf den Geschichtsunterricht.* Berlin (DDR): Volk und Wissen, 1955; Wagin, A. A., und N. W. Speranskaja. *Ausgewählte Kapitel zur Methodik des Geschichtsunterrichts der oberen Klassen.* Berlin (DDR): Volk und Wissen, 1962.

Ich weiß nicht mehr, ob es 1952 oder '53 war, dass der ‚Volk und Wissen Verlag' in Räumen der Pädagogischen Hochschule Potsdam, dreißig, vierzig Lehrer, die ihnen irgendwie als besonders gute Lehrer bekannt waren, zusammengezogen hat. Da waren auch einige dabei, die Geschichtsmethodik betrieben. Ich war jedenfalls da eingeladen, wer da eigentlich noch dabei war, weiß ich nicht mehr. Aber der Tenor wurde von Lehrern bestimmt, wir waren nur Randfiguren. Und dort wurde nun Seite für Seite diese Schulbücher durchgeforstet, um bessere Geschichtslehrbücher zu gestalten, die also nun nicht nur fachlich den damaligen Ansprüchen genügten, sondern eben auch methodisch so aufbereitet waren, dass sie doch möglichst interessant für Schüler und Lehrer waren. Und für mich war das eigentlich auch so diese erste umfassende Begegnung mit sehr tüchtigen Geschichtslehrern, die eigentlich auch meine ganze weitere Tätigkeit bestimmt haben: Nämlich, dass man Geschichtsmethodik sinnvoll nur in ganz enger Zusammenarbeit mit Lehrern betreiben kann und von Lehrern und damit von der Praxis eben auch ständig lernt und es dann bewältigt, solche Erfahrungen zu verallgemeinern. Das war eigentlich für mich von Anfang an das Credo in der Geschichtsmethodik.

Ende der Sechzigerjahre ... kam ein großer Einschnitt mit der dritten Hochschulreform. Das waren ja also auch doch Maßnahmen, die dann doch sehr forciert waren, um sozialistische Entwicklung voranzutreiben. Seit Anfang der Sechzigerjahre spielte dann die zentrale Planung durch das Deutsche Pädagogische Zentralinstitut (DPZI) eine zunehmende Rolle. Von dort wurde dann immer stärker auch die geschichtsmethodische Forschung gesteuert. Etwa mit der Hochschulreform von 1968 wurde dann die zentrale Planung der Geschichtsmethodik immer mehr durchgesetzt. Da konnte es auch passieren, dass man dann eben Themen zugewiesen bekam, die einen dann im Grunde genommen wenig berührt haben, und man nicht das, was man vorher erfolgreich gemacht hatte, weiterverfolgen konnte. Bei mir spielte dieses Verpassen dann meiner Strecken, und wo ich viele Staatsexamensarbeiten angesiedelt und auch die ersten Dissertationen, die ich dann betreut hatte, auch eine Rolle. Das waren eigentlich alles die Arbeiten zu Anschauungsmitteln, mit Unterrichtsmitteln.

Ich war von 1968 bis 1970 an der Humboldt-Universität hauptamtlich für Lehrerausbildung im Rahmen der Ergebnisse der dritten Hochschulreform verantwortlich. In dieser Zeit konnte ich mich um meine Disziplin nicht kümmern. Das war dann die Zeit, wo dann also die Weichen gestellt wurden und wir uns in Berlin nicht mehr im Schwerpunkt mit Unterrichtsmitteln beschäftigen konnten. Das landete dann zum Teil an der Universität Greifswald bei Alfried Krause und an der Pädagogischen Hochschule Leipzig bei Rolf Rackwitz.

Kassettenwechsel (27:53)

M. D.: Prof. Osburg, ich hätte auch hier wieder Nachfragen. Die Erste bezieht sich auf Ihre Ausführungen zur Sowjetpädagogik: Wie war eigentlich das Verhältnis eines Walter Strauss, der nun ganz stark aus der Weimarer Didaktik kam, zur Sowjetpädagogik? Und die zweite Frage: Es gab Zeiten, wo man sich sehr bewusst von der Weimarer Didaktik abwandte und der Sowjetpädagogik zuwandte. Wo es teilweise, sozusagen nicht mal opportun war, sich auf Weimarer Didaktik zu beziehen. Hat das auf Ihre persönliche Rezeption einen Einfluss gehabt, oder hat das nur darauf einen Einfluss gehabt, wie Sie Ihre Gedanken nach außen dargestellt haben?

Osburg: An die Meinung von Strauss zur Sowjetpädagogik kann ich mich nicht mehr erinnern. Ich würde allerdings vermuten, dass er das eben doch als sehr überzogen angesehen hat und sicher sehr nüchtern und zurückhaltend gesehen hat. Aber das ist eigentlich nur eine Vermutung. Ich selbst war eigentlich nie in dem Konflikt. Ich weiß, dass also in der Psychologieausbildung dann Sowjetpsychologie ganz stark im Vordergrund stand und sogenannte bürgerliche Psychologie stark zurückgedrängt wurde, und es da auch Auseinandersetzungen gab. Wie das eigentlich in der Pädagogik ablief, kann ich mich auch nicht mehr so erinnern. Geschichtsmethodik war ja doch in dem Sinne pädagogische Randdisziplin. Mir hat nie jemand Vorschriften gemacht, wonach ich mich zu orientieren habe. Und für mich war eigentlich ganz klar, dass ich für mein Thema eben in der Pädagogik der Weimarer Zeit viel, viel mehr holen konnte als in der sowjetischen Geschichtsmethodik. Zwei, drei Arbeiten zu Fragen der Anschaulichkeit im Geschichtsunterricht hatten für mich einen relativ hohen Stellenwert. Aber ich muss sagen, ohne dass ich deswegen auf die Idee gekommen wäre, die Führungsrolle der Sowjetpädagogik in Frage zu stellen, war für mich immer klar, dass ich mich mit meinem Thema auf die Weimarer Zeit beziehungsweise die vorhandene Schulpraxis der DDR-Schule orientieren müsste. Wie gesagt, für meine Entwicklung war die Zusammenkunft, die der ‚Volk und Wissen Verlag‘ in Potsdam organisiert hatte, eine ganz entscheidende Weichenstellung.

Also, wie gesagt, ich bin da nie in Konflikte gekommen, hatte auch keine Konflikte. Sicher spielt da auch rein, dass meine Russischkenntnisse immer sehr begrenzt waren. Ich habe auch als junger Mann, ich denke, das muss so ’54, ’55 gewesen sein, abgelehnt, als Aspirant in die Sowjetunion zu gehen, nicht weil ich irgendwelche prinzipiellen Einwände dagegen hatte. Aber ich war jung verheiratet und mein erstes Kind war da und ich habe also frei und fröhlich erklärt: „Ich bin glücklich in meiner Familie und ich gedenke nicht, mich da drei Jahre lang von meiner Familie zu trennen." Das wurde also auch akzeptiert, ohne dass man mir

Vorwürfe gemacht hat, wobei nun das damals eben sicherlich nicht überall nun so, als so gut angesehen wurde. Ich hatte dadurch keine Konflikte. Aber insofern spielte natürlich die Sprachbarriere, um die sowjetische geschichtsmethodische Zeitschrift eben regelmäßig auszuwerten, eine Rolle. Da war man immer angewiesen auf Studenten die dann Russisch hatten, die dann was übersetzt haben.

M. D.: Und in Ihren eigenen geschichtsmethodischen Überblicksvorlesungen, die Sie ab Anfang der Sechzigerjahre halten mussten ...

Osburg: Da war es '59.

M. D.: Ja, haben Sie sich da auf Weimarer Didaktik beziehen können?

Osburg: Ja, ja.

M. D.: Das war kein Problem?

Osburg: Nein. Aber ich muss sagen, es ... Im Mittelpunkt stand eben für mich wirklich immer die Auswertung von Erfahrung von Lehrern und die flossen ja eigentlich, wenn man sie gesucht hat, in reicher Weise. Denn wir hatten doch hoch engagierte und hochqualifizierte Geschichtslehrer, die dann auch in der Fachzeitschrift sich geäußert haben, die man da kennenlernen konnte. Ich habe immer in meinen Arbeiten sehr stark empirisch mit Lehrern zusammengearbeitet, also insofern hatte ich immer Lehrerkreise um mich herum, mit denen ich zusammengearbeitet habe. Für mich war das eigentlich immer die wichtigste Quelle auch meiner theoretischen Arbeiten.

M. D.: Was waren in Ihrer Sicht die Hauptkontroversen in der Geschichte der Geschichtsmethodik?

Osburg: Ja, es fällt mir auch gar nicht leicht, das also zu beantworten. Ich muss sagen, das ist eben meine ganz persönliche Sicht. Mir fällt da ein, dass es eben doch da die Kontroverse gab um... es war, ich muss dazu sagen: Die erste Auflage der Methodik des Geschichtsunterrichts unter der Verantwortung, der Federführung des DPZI, ich weiß gar nicht mehr genau, wann das war ...

M. D.: 1960.

Osburg: 1960?

M. D.: '57 war der methodische Lehrbrief. Und '60 die ...

Osburg: Da gab es eine Konzeption, die dann später als revisionistisch für den Geschichtsunterricht von Partei und Leitung des Ministeriums für Volksbildung bezeichnet wurde, nämlich in Klasse 5 und 6 „Geschichte in Bildern" zu unterrichten. Also Geschichte eben doch sehr kindertümlich zu gestalten, und das eckte dann an, weil es angeblich Vorstellungen des bürgerlichen Geschichtsunterrichtes der Weimarer Zeit gewesen wären. Und da hatten Paul Stampka und ich – Federführung hatte sicher ich – den Beitrag geschrieben, … und na ja das war eigentlich so ein erster Konflikt. Also dieser Artikel wurde wohl später auch dann mal zitiert als Beispiel für Revisionismus im Geschichtsunterricht, aber ich kann mich überhaupt nicht daran erinnern, dass es da mit mir irgendwelche Auseinandersetzungen gegeben hätte. Es wurde eben als Fakt genommen und es war ja eigentlich auch eine ziemlich untergeordnete Randfrage. Aber es ist mir doch in Erinnerung, dass das zum ersten Mal so ein massives zentrales Eingreifen in geschichtsmethodische Vorstellungen war, die sich da entwickelt hatten. Auf das Thema „Geschichte und Bilder" waren wir auch nicht gekommen. Uns fiel es zu bei irgendeiner Aufteilung, dass wir uns für dieses Thema interessierten und also den Beitrag dazu gemacht haben. Also die Erfinder waren wir nicht, aber es spielte dann wie gesagt in der Auseinandersetzung um Revisionismus in der Pädagogik eine gewisse Rolle.

Dann gab es eigentlich wichtigere Kontroversen um die Frage der Zielstellung im Geschichtsunterricht. Mir ist später eigentlich erst bewusst geworden, dass das auch was mit Strauss zu tun hat, der immer verlangt hat, dass für jede Geschichtsstunde eine „didaktische Zielsetzung" formuliert wurde. Das sind dann später, da war Strauss schon lange weg, vom Verantwortlichen für den Geschichtsunterricht im DPZI, Dr. Friedrich Weitendorf, ganze Erkenntnissysteme für den Geschichtsunterricht entwickelt und als Zielstellungen also doch immer weiter perfektioniert worden. Das war dann außerordentlich übersteuert und mit der Gefahr verbunden, die Lebendigkeit des Geschichtsunterrichts zu untergraben und den Geschichtsunterricht zu ideologisieren. Dazu wurde ja dann, ich glaube, das war mit in den ersten Generationen der Unterrichtshilfe, so ein dreifacher Zielaspekt: Erkenntnisziel, Erziehungsziel, Fähigkeitsziel entwickelt wurde, was dann auch zu Übersteuerungen und Schematisierungen geführt hat. Später hat sich ja das denn doch auch normalisiert.

Das war wohl so in den Achtzigerjahren, dass es dann nur eine komplexe Zielstellung gab, jedenfalls hier bei uns in Berlin. Es ging dann nicht mehr darum zu versuchen, diesen dreifachen Zielaspekt abzuarbeiten, sondern schwerpunktartig vorzugehen. In dieser Kontroverse, die aber eigentlich freundlich und freundschaftlich ausgetragen wurde, da spielten dann auch die Fragen der Begriffsbildung mit den Kontrahenten Bernhard Stohr und Fritz Donath eine Rolle. Ich denke, das war doch schon eine sehr gewichtige Auseinandersetzung, die meiner Meinung nach letzten Endes doch eigentlich auch konstruktiv war, natürlich mit Irrwegen.

M. D.: Wer hat die geführt?

Osburg: Na ja, die wurden eben dann doch sehr stark unter Federführung des DPZI dann, der Nachfolger von Weitendorf ist dann Dr. Reinhold Kruppa. Auch die Auseinandersetzung, die es dann mit Fritz Donath gab zur Frage der Begriffsbildung im Geschichtsunterricht. Dann hat sich mit diesen Zielaspekten Dieter Behrendt beschäftigt … Also weiter kann ich eigentlich dazu jetzt nichts mehr sagen. Aber das war eben doch eine sehr bewegende Frage, die eigentlich jahrzehntelang eine ganz wichtige Rolle in der Geschichtsmethodik der DDR gespielt hat. Letzten Endes ging es ja eigentlich darum: Warum unterrichtet man Geschichte, welchen Sinn hat Geschichte? Aber ich denke, dass dabei doch auch zum Teil … das Interessante am Geschichtsunterricht und für die Schüler Interessante und Bewegende auch zeitweilig Schaden nahm.

Dann war eine wichtige Kontroverse, eigentlich die dann auch mit den letzten damals noch tätigen Pädagogen, also die „Pädagogen der ersten Stunde", unseren großen Vorbildern geführt wurde. Meine großen Lebensvorbilder auf diesem Gebiet waren Walter Reißmann, der dann später eigentlich der Nestor der Geographiemethodik in der DDR war, hier in Berlin, Gertrud Rosenow, die ja am Anfang der Deutschmethodik stand, Stohr spielte natürlich dabei auch eine große Rolle. In Berlin gab es auch aus der Weimarer Zeit, das war eigentlich für mich auch ein großes Lebensvorbild, Prof. Haefke, der Geographiemethodik unterrichtet hat.[5] Das sind eigentlich die, die mich ganz besonders auch geprägt haben. Haefke hat dann auch meine Promotion mitbeurteilt zusammen mit Strauss. Walter Reißmann war dann eigentlich mein Hauptmentor für meine Habilarbeit.

Dann ging die Sache mit den Unterrichtshilfen los. Erst verlief das ja sehr sachte mit den ersten Unterrichtshilfen, die noch nicht so auf Vollständigkeit orientiert waren. Als dann diese Serien von Unterrichtshilfen ganz systematisch und gezielt für jedes Fach entwickelt wurden, für jede Stunde, kann ich mich – ich habe das damals vom Staatssekretariat aus mitinszeniert –, ich kann mich an viele Diskussionen mit meinem väterlichen Freund Walter Reißmann erinnern, der ein strikter Gegner von Unterrichtshilfen war und der Meinung war, damit würde eine schöpferische Tätigkeit der Lehrer untergraben. Ich habe damals die gängige Meinung vertreten, es sei besser, wenn 90 Prozent der Lehrer gleiche Stunden halten und die aber doch niveauvoll sind, als wenn 10 Prozent oder 20 Prozent eben wunderschöne Stunden machen und die anderen also eben doch den methodisch-didaktischen Aufgaben nicht so gewachsen sind. Aber, das war schon noch eine wichtige Diskussion, obwohl ich sagen muss, dass damals die warnenden Stimmen dieser Arbeitsschulpädagogen, die waren ja denn zum Teil auch schon emeritiert

---

5 Haefke, Fritz. *Das Karstphänomen am Südrande des Harzes.* Unlversität Berlin: Dissertation (Hochschulschrift), 1925. Haefke (1896–1980) ist Autor und Ko-Autor zahlreicher weitverbreiteter Atlanten und Karten. 1962 wurde er emeritiert.

zum Teil auch schon gestorben, dass die eigentlich auf verlorenem Posten standen, sich das letzten Endes durchgesetzt hat. Soweit es keine Gängelung der Lehrer war, bin ich heute eigentlich auch noch … unsicher, ob es, ob es wirklich falsch war, das so zu machen. Sicher war falsch, das also immer kleinschrittiger zu machen und den Lehrern immer mehr vorzugeben. Aber andererseits muss ich sagen, dass die letzte Generation der Unterrichtshilfen in der, jedenfalls für den Geschichtsunterricht ab Mitte der Achtzigerjahre – auch gesteuert vom Ministerium für Volksbildung – eben doch die Freiräume größer, wesentlich größer werden ließ und dieses Prinzip der Vollständigkeit, für jede Stunde und jeden Stundenabschnitt Hinweise zu geben und Vorschläge zu machen, dass die doch dann sehr stark zurückgenommen wurden.

Und dann denke ich an Kontroversen um Fragen der Fähigkeitsentwicklung, die sich ja dann vor allen Dingen rankten um die Arbeit an der Karl-Marx-Universität unter Anführung von Hans Wermes. Nach der Hochschulreform wurde die Karl-Marx-Universität zum Zentrum der Fähigkeitsentwicklung, in dem sehr viele methodische Disziplinen, Psychologie, allgemeine Pädagogik, sich mit Fragen der Fähigkeitsentwicklung beschäftigt haben. Das war eine wirklich zentrale Frage der Geschichtsmethodik der DDR. Dazu muss ich sagen, dass ich auch schon damals von Anfang an eigentlich mitvertreten habe, dass das zum Teil auch übersteuert war, wenn man sich dazu der vielen entstanden Arbeiten erinnert. Wermes hatte ja auch ganz enge Praxisverbindung, ich glaube, der hat zwanzig oder dreißig Lehrer zur Promotion geführt, die richtig Geschichtslehrer waren. Aber das ist zum Teil so differenziert gewesen und mit so vielen Schritten verbunden gewesen, diese systematische Fähigkeitsentwicklung, dass es nach meiner Meinung auch eigentlich noch nicht das war, was die Praxis brauchte und nach meiner Meinung übersteuert war.

Also das waren so nach meiner Erinnerung Fragen, die kontrovers diskutiert wurden. Dabei muss ich betonen, dass die Diskussion unter den Geschichtsmethodikern, ob die nun an Universitäten und Hochschulen gearbeitet haben oder eben auch in der Akademie der Pädagogischen Wissenschaften oder im ‚Volk und Wissen Verlag' oder im Institut für Unterrichtsmittel, die da für Geschichte Lehrmittel entwickelt haben, dass das immer außerordentlich kameradschaftlich war, nie böse verlief. Fast nie gab es Situationen, dass unbequeme Leute aufs Glatteis geführt wurden, politisch angezählt wurden. Natürlich gab es dann auch Steuerungsmechanismen, dass diejenigen, denen man eben nicht so über den Weg getraut hat, nicht zu internationalen Konferenzen mitgenommen wurden. Ich zähle zu denen, die niemals an einer geschichtsmethodischen Konferenz außerhalb der DDR teilgenommen haben. Da gab es Steuerungsmechanismen, aber die kamen auch nicht vorrangig aus dem Kreis der Geschichtsmethodiker, natürlich, die immer wieder fahren konnten, haben nicht gesagt: Jetzt trete ich mal zurück und dafür nehmen wir einen anderen mit. Sicher ging das auch nicht so weit.

Aber ich möchte sagen, dass, es ist immer eine wohltuende Atmosphäre gewesen, also die Schärfen – auch wenn ich denke an die Schärfen der Auseinandersetzung zum Beispiel mit Strauss, die ich nicht unmittelbar erlebt habe, weil ich zu der Zeit ja nicht an der Pädagogischen Fakultät gearbeitet habe – die kamen nicht aus dem Kreis der, der Geschichtsmethodiker, sondern die wurden eben von außen irgendwie herangetragen. Also von der Warte aus muss ich sagen, dass das eine außerordentlich angenehme und kollegiale Atmosphäre war, ohne dass man sich nicht gegenseitig auch kritisch begegnet wäre.

M. D.: Sie haben seit 1951 nicht nur an der Hochschule gelehrt, sondern Sie haben auch geforscht. Wie empfanden Sie seinerzeit die Bedingungen für Forschung an einer DDR-Universität? Was förderte Sie da und was hat Sie gehemmt?

Osburg: Ja, ich denke generell ist es eben so gewesen, dass die Lehrtätigkeit immer ganz eindeutig im Vordergrund stand. Und ich glaube, wenn ich das jetzt mal aus Berliner Sicht sage, dass wir ja also so gewissermaßen als Besonderheit der Lehrerausbildung an der Pädagogischen Fakultät immer einen besonders hohen Anteil von schulpraktischen Übungen und von Schulpraktika hatten. Diese waren natürlich zentral vorgegeben, aber dass wir doch in der Umsetzung, in der Praxis einen besonders hohen Anteil hatten.

Es hing ja immer davon ab, wie groß die Gruppen waren, mit denen wir zu den schulpraktischen Übungen gegangen sind, also die Größe der Studentenzahl. Wir hatten in Berlin so ein System, dass wir in der Regel Zweiergruppen gebildet haben und dadurch, wenn die Studenten eine schulpraktische Übung in der Woche hatten, jeder Student alle vierzehn Tage mindestens eine Unterrichtsstunde gegeben hat. Es gehörten natürlich viele Lehrer dazu, die in Berlin, auch als Besonderheit, bezahlt werden konnten. Aber wir waren selbst mindestens ein Mal in der Woche mit Studenten in der Schule und manchmal auch zwei Mal in der Woche. Dadurch war der Lehraufwand, das ist ja praktisch mehr oder weniger Einzelunterricht gewesen, doch sehr hoch gewesen, ich glaube höher als an anderen Hochschulen. Wobei ich dazu sagen muss, dass wir immer stolz waren, auf diese Form, diese praxisnahe Form der Ausbildung. Aber das ging natürlich auch von Forschungsarbeit ab.

An irgendeiner Stelle haben Sie gefragt, wie hoch diese Anteile sind. Ich meine, dass doch mindestens 70 Prozent der Arbeitszeit Lehrtätigkeit war. Ich bin sehr unsicher mit solchen Zahlen – 15 Prozent Verwaltungstätigkeit, also als Bereichsleiter für Methodik, und 15 Prozent vielleicht Forschungstätigkeit. Die Bedingungen für Forschungstätigkeit etwa an der Akademie waren günstiger, aber es waren ja da auch nur wenige als Geschichtsmethodiker tätig. Und was man heute von Bundeshochschulen kennt, dass es eben auch Zeiten gab, wo man für Forschungstätigkeit von der Lehrtätigkeit entbunden war, gab es nicht. Ausnahme war die planmäßige Aspirantur. Als ich meine Habilarbeit gemacht habe, musste man sich die Zeit dazu irgendwie erkämpfen.

Ich weiß nicht, ob an den Pädagogischen Hochschulen, vielleicht an so einer Musterhochschule wie der Pädagogischen Hochschule Potsdam, mit einem größeren Personalbestand größere Möglichkeiten für pädagogische Forschung vorhanden waren. Sicher spielt da auch mit rein, dass dort Menschen tätig waren, wenn ich an Bruno Gentner denke oder Dieter Behrendt, Wendelin Szalai, die eben doch ein ausgesprochenes Vergnügen hatten auch an theoretischer Tätigkeit.

M. D.: Das empfanden Sie aber nicht als Belastung – also diesen großen Lehranteil?

Osburg: Nein, also ich muss sagen, dass ich eigentlich immer glücklich war über diese Form von Hochschullehrertätigkeit, die eben doch aus ganz enger Zusammenarbeit mit Studenten und Lehrern bestand. Also für mich persönlich war das eigentlich diese ideale Kombination, beinahe tagtäglich mit unterrichtspraktischen Problemen konfrontiert zu sein, sie zu erleben, über Studenten, die herangeführt wurden, oder eben über erfahrene Lehrer, die bei diesen schulpraktischen Übungen auch immer zugegen waren. Insofern waren es ja auch immer Anreicherungen, was man aus praktischen Erfahrungen lernen konnte, wo man überlegen konnte, was ist geeignet, um es theoretisch zu verallgemeinern. Ich muss sagen, ich habe das nie als Belastung angesehen. Und das war ja nun eigentlich auch unser Vorzug, dass wir in der Regel ja ganz enge Beziehungen zu Studenten hatten. Bei dieser Vielzahl an schulpraktischen Übungen waren sie ja immer auf unsere Hilfe angewiesen, um in der Praxis zurechtzukommen. Also insofern war das natürlich sicher nicht nur Liebe und Zuneigung zu uns, wohl aber Vertrauen schon. Aber daraus haben sich für mich auch lebenslange und freundschaftliche Beziehungen entwickelt. Und ich zehre ja eigentlich noch heute davon, dass ich keine Veranstaltung mache, wo nicht Lehrer zu mir kommen und sich freundlich an mich erinnern. Ich hatte auch nach der Wende nie eine negative Begegnung.

Kassettenwechsel (56:58)

Ja, ich habe ja schon gesagt, diese Kollegialität unter den Geschichtsmethodikern, ich muss das aber auch sagen für die Pädagogische Fakultät, die ja nur in Berlin dann bis '68 bestanden hatte, war sehr groß. Mit dem Anschluss an die Sektion Geschichte … ergaben sich dann doch eine ganze Reihe von Problemen. Ich gehörte zu denen, die bis zuletzt versucht haben, alle Register zu ziehen, um die Auflösung der Pädagogischen Fakultät – wir waren ja die letzte, die es gab, – zu verhindern.

Ich kann mich an die letzte Diskussion im Senatssaal der Humboldt-Universität erinnern, als der damalige Rektor, Helmut Klein und ich eigentlich zu den Hauptsprechern dagegen bis zum Schluss gehörten. Es war ja damit als Beweggrund verbunden, die Methodiker an die Fachsektionen anzuschließen, um den Stellenwert der Lehrerausbildung an den Fachsektionen, also in meinem Fall an der Sektion Geschichte, zu erhöhen. So konnten von uns pädagogische Fragen dann innerhalb der Sektion ganz anders vertreten werden, als man dies vorher und nur als Gast machen konnte. Und ich denke, das hat sich also zweifellos in dem Sinne doch bewährt, dass der Stellenwert der Lehrerausbildung durch uns als „Gralshüter" der Pädagogik doch anders vertreten werden konnte. Was nicht ausschließt, dass es immer eine Reihe von Kollegen gab, die uns nicht so ganz für voll genommen haben. Wenn ich heute das Verhältnis zwischen Geschichtsdidaktik und Historikern in der Bundesrepublik sehe, habe ich den Eindruck, dass es ja also noch weitaus mehr auseinanderklafft als zu DDR-Zeiten.

Aber mit diesem Uns-für-voll-nehmen hatten eben eine Reihe von Kollegen Schwierigkeiten, geschichtsmethodische Forschung gleichwertig anzusehen wie geschichtswissenschaftliche Forschung. Aber ich muss sagen, dass durch beharrliche Arbeit doch der Kreis, der das akzeptiert hat, laufend größer geworden ist und unser wissenschaftliches Ansehen dann auch gewachsen ist. In Berlin haben wir, das hängt dann auch mit meinem Wirken zusammen, intensiv versucht, das zu kompensieren, durch einen sogenannten Beirat für Pädagogik, dem Vertreter aller pädagogischen Disziplinen angehörten. Diese trafen sich einmal monatlich, diskutierten inhaltliche Fragen der pädagogischen Forschung, stellten Forschungsfragen vor. Immer wieder ging es darum, übergeordnete Dinge da zu diskutieren, die eben mehr oder weniger für alle eine Rolle spielten, sich mit Ausbildungsfragen gegenseitig vertraut zu machen und so weiter.

Also das war so der Versuch, diese Lösung von der „Mutter Pädagogik" in Gestalt der Pädagogischen Fakultät und der ständigen Zusammenarbeit aller pädagogischen Disziplinen unter einem Dach zu kompensieren. In gewisser Beziehung ist es gelungen, aber es war natürlich so, wenn an der Sektion Geschichte Forderungen gestellt wurden, das war in anderen Sektionen auch so, dann galten eben die Forderungen der unmittelbaren Vorgesetzten und nicht die des Beirats für Pädagogik. Aber, wie gesagt, das war ein gewisses Entgegensteuern, was also auch durchaus eine Funktion hatte.

Dann gab es die Geschichtsmethodikertreffen, die fanden als jährliche Jahrestagungen statt. Mit der Ausrichtung wurden die Institutionen betraut, wo Lehrer ausgebildet wurden. Das waren die sechs Universitäten und vier Pädagogischen Hochschulen. Diese hatten das reihum zu gestalten, vor allen Dingen mit Forschungsthemen, die sie bearbeiteten und wo dann die anderen, soweit sie Berührungspunkte dazu hatten, ihre Beiträge geleistet haben. Und dazu kamen also fast alle diejenigen, die in der Geschichtsmethodik gearbeitet haben, natürlich nicht bis auf den letzten Mann, aber wir hatten Tagungen, wo das also sechzig, achtzig Personen da waren, vom Professor bis also zum Forschungsstudenten.

Und ich muss sagen, dass das eigentlich die Höhepunkte in der Arbeit der Geschichtsmethodiker der DDR waren. Man muss auch hier vor allem die kollegiale Atmosphäre betonen, die sowohl zwischen den leitenden Geschichtsmethodikern bestand, als aber auch zwischen Älteren und Jüngeren. Ich denke, dass auch die anderen Lehrstuhlleiter für Geschichtsmethodik davon erfüllt waren, so wie wir in unseren Anfängen kameradschaftlich, freundlich vollgenommen wurden von unseren Lehrern, das denen nachzutun. Das war ja die Generation aus der Weimarer Zeit, die ja zum überwiegenden Teil antifaschistisch orientiert war. Und dass ich denke, dass wir als Lehrstuhlleiter das als Orientierung alle immer vor Augen hatten. Und ich denke, das waren auch vorwärtstreibenden Momente in der Geschichtsmethodik der DDR.

M. D.: Wie kam es eigentlich überhaupt dazu, dass die Pädagogische Fakultät in Berlin 1955 nicht aufgelöst wurde?

Osburg: Ja, ich war als Zaungast bei der letzten Zusammenkunft der Dekane der Pädagogischen Fakultäten – das war dann 1953 – zugegen. Minister für Volksbildung war damals eine Frau Prof. Zaisser, … „scharfes politisches Rasiermesser". Ich habe also die letzte Zusammenkunft erlebt und auch gesehen, wie barsch und knarsch dort mit den Dekanen der Pädagogischen Fakultät von dieser Prof. Zaisser umgegangen wurde – die ja auch als Nebenbemerkung drauf hatte zu sagen: „Ich werde heute Abend mit meinem Mann, dem Genossen Minister für Staatssicherheit, darüber sprechen." In diesem Kreis gab es dann doch einige Dekane, die betreten waren und da beeindruckt waren und dann nichts mehr sagten. Da gab es dann auch den Dekan der Pädagogischen Fakultät der HUB, auch eines meiner großen Lebensvorbilder, Prof. Heinrich Deiters,[6] auch mit einer großen Vergangenheit aus der Weimarer Zeit in Ostpreußen, der dort also unbeeindruckt für den Erhalt der Pädagogischen Fakultät eingetreten ist. Ich denke, das war eben die Person von Heinrich Deiters, der ja auch einer der stellvertretenden Vorsitzenden des Deutschen Volksrates war, also eine sehr geachtete und respektierte Persönlichkeit mit vielen Verbindungen zu führenden Leuten in der DDR zu Abusch oder zu Grotewohl – an denen kam man nicht vorbei. Dann gab es ja noch einen zweiten Pädagogen, mit dem Fach Geschichte der Erziehung, Prof. Robert Alt, antifaschistischer Widerstandskämpfer, KZ-Häftling, Jude, Schöpfer der ersten, vielbewunder-

---

6 Demantowsky 2003. *Die Geschichtsmethodik in der SBZ und DDR*: 35–39, 88–99.

ten Fibel der sowjetischen Besatzungszone, ... zeitweilig ZK-Mitglied, also die eben davon erfüllt waren: Pädagogische Fakultät ist richtig und die brauchen wir. Also die Weiterexistenz der Pädagogischen Fakultät in Berlin hängt mit diesen Personen zusammen, die eben alle ihre Register gezogen haben, um die Pädagogische Fakultät bis 1968 zu erhalten. Also solange die da waren, kam man an denen auch nicht vorbei. Meine Frau ist in Berlin mit an der dritten Hochschulreform ziemlich aktiv beteiligt gewesen. Sie war damals wissenschaftlicher Sekretär beim Prorektor für Gesellschaftswissenschaften. Es gab ursprünglich viele demokratische Elemente, die dort angelegt waren, die aber zum großen Teil nicht zum Zuge kamen: Also, entweder nur Augenblicksfliegen waren oder von Vornherein nicht ernst genommen wurden. Wenn die dritte Hochschulreform so durchgeführt worden wäre, wie das zumindest in Berlin angedacht war, hätte das wirklich zu einer großen Demokratisierung und auch Effektivierung geführt.

M. D.: Sie sind ja schon auf die Jahrestagungen zu sprechen gekommen, mich würde noch interessieren: Wie hat sich die Geschichtsmethodik innerhalb der Zunft verständigt? War die „Geschichte in der Schule" und „Geschichtsunterricht und Staatsbürgerkunde" das Organ, wo sich die Geschichtsmethodik als Wissenschaft verständigte, oder waren es eher diese Jahrestagungen ... Hat man sich Sonderdrucke zukommen lassen, wie ist der Kommunikationsfluss gewesen?

Osburg: Ja, also ich denke nicht, dass die Zeitschrift das Organ war, vielleicht war sie auch überfordert dort, für eine wissenschaftliche Diskussion und Auseinandersetzung, da sie sich ja in erster Linie an Lehrer gewandt hat. Es spielte aber auch rein, dass die Aufsichtsführung durch das Ministerium für Volksbildung gegenüber diesen Zeitschriften doch sehr scharf und aufmerksam war. Wenn es dazu noch ängstliche Chefredakteure gab ... also wir hatten einen, der hieß Wolfgang Heidler und war viele Jahre Chefredakteur von „Geschichtsunterricht und Staatsbürgerkunde". Allerdings in dem Zeitraum, der Sie dann nicht mehr hier so bewegt, dann wurden da eben auch viele Dinge so zensiert und immer wieder zurückgegeben mit Überarbeitungsvorschlägen oder -wünschen. Dann hat man entweder nach einer bestimmten Zeit gesagt, also: „Das bringe ich nicht" oder „Das will ich nicht mehr bringen" oder „Jetzt habe ich die Schnauze voll". Diese Stilübungen habe ich nur ganz selten mitgemacht, also ich habe dann in der Regel irgendwann in solchen Fällen resigniert.

Also die Jahrestagungen spielten eben doch für die wissenschaftliche Diskussion eine ganz wichtige Rolle. Dazu haben manche in Abständen auch wissenschaftliche Tagungen durchgeführt, wo dann andere Interessierte eingeladen wurden. Ich habe ja auch sehr viel Lehrbucharbeit gemacht. So war ich häufig zu Lehrbuchkonferenzen, die im Zentrum der Lehrbuchforschung in Halle unter

Horst Diere[7] gemacht wurden. Auch diese regionalen Konferenzen waren immer mit sehr offenen und kritischen Diskussionen verbunden. In Halle, Leipzig, Potsdam, Dresden wurden in unregelmäßigen Abständen Publikationen zu ihren Gebieten herausgegeben. So über die Gestaltung von Unterrichtshilfen von der Pädagogischen Hochschule Dresden, also hier hat zweifellos ganz große Verdienste Szalai dabeigehabt. Die haben das eigentlich am regelmäßigsten gemacht. Am aktivsten war Szalai da, von dem ich auch der Meinung bin, dass er theoretisch der Versierteste unter uns war. Also das waren eigentlich die verschiedenen Stränge der Verständigung. Dazu kamen die öffentlichen Verteidigungen von Dissertationen und Habilitationen.

M. D.: Wer war innerhalb Ihrer Disziplin Ihr Vorbild, Ihr fachliches Vorbild, an wem orientierten Sie sich?

Osburg: Bernhard Stohr hat schon eine ganz große Rolle gespielt, das hing natürlich auch mit seinem Alter zusammen, auch damit, dass er eben aus der Zeit der Weimarer Pädagogik kam. Das waren für mich auch solche Leute wie Donath, der nun eine viel engere Beziehung zu Jüngeren hatte als der zurückhaltende Stohr. Stohr steht an erster Stelle, obwohl ich nie so eine persönliche Beziehung zu ihm hatte. Also für mich war das schon ein Leitbild, auch in Gestalt der Methodik des Geschichtsunterrichts, die er geschrieben hat, die ja nun so die erste Methodik war, mal abgesehen von den Lehrbriefen, die davor kamen.

Aber auch viele von denen, die gleichaltrig waren, haben auf mich eine große Wirkung gehabt … Hans Wermes, Alfried Krause, Horst Diere. Das hängt natürlich auch mit meinen Interessengebieten zusammen, die haben auf ähnlichen Gebieten gearbeitet, oder auf Gebieten die das stark tangiert haben. Also was die sagten und schrieben, hatte schon für mich einen hohen Stellenwert. Das hat sich auch damit verbunden, dass ich mich mit den dreien auch persönlich gut verstanden habe. Also deren Leistungen habe ich schon sehr respektiert. Wollten Sie noch etwas wissen zu diesen zentralen Institutionen?

M. D.: Ja, also das würde mich noch sehr interessieren, welche Rolle Sie diesen zentralen Instanzen im Diskurs der Geschichtsmethodik zuschreiben.

Osburg: Ich fang mal an mit dem Staatssekretariat für Hochschulwesen, weil ich ja da selber eine gewisse Zeit tätig war. Ich denke, dass die Steuerung, die durch … das Staatssekretariat für Hochschulwesen für Geschichtsmethodik ausging, doch eine sehr untergeordnete war. Später sind ja diese Funktionen auch gar nicht

---

7 Horst Diere (geb. 1928 in der preußischen Provinz Sachsen), Abteilungsleiter und Professor an der Universität Halle, historischer Bildungsforscher mit einem Fokus auf geistige Traditionen vor 1945 und danach, die der marxistisch-leninistischen Gesinnung feindlich gegenüberstanden.

mehr vom Staatssekretariat beziehungsweise vom Ministerium für Hoch- und Fachschulwesen wahrgenommen worden. Pädagogik war ja dann im Laufe der Entwicklung Domäne des Ministeriums für Volksbildung. Dort wurde letzten Endes die Musik gemacht und das ja zum Teil dann auch sehr knarsch.

Als es das DPZI noch gab ... war die Steuerung von dort zunächst eigentlich doch relativ zurückhaltend. Es war eigentlich doch mehr ein Nebeneinander, es ist verbunden mit dem Namen Weitendorf und später mit Reinhold Kruppa. In der Anfangszeit des DPZI ging es vor allen Dingen um Lehrplanentwicklung. Man hat sich gegenseitig in Ruhe gelassen, möchte ich mal sagen. Das hat sich dann eben doch später gewandelt – Ende der Sechzigerjahre, ich weiß es nicht –, wo dann doch die Forschungsleitung durch die APW immer strenger wurde und auch im Zusammenhang mit der Hochschulreform Forschungsvorhaben zentral vergeben wurden.

Na ja, ich persönlich habe mich mit meiner Habilarbeit um zentrale Planungen nicht groß drum geschert und habe später dann diese Strecken auch weiterverfolgt. Aber ich hatte auch so ein ungeliebtes Thema dann zugewiesen bekommen: Sozialistische Wehrerziehung. Ich muss ausdrücklich sagen, ich war überhaupt nicht dagegen, war also von der Notwendigkeit der Verteidigung des Sozialismus überzeugt, aber das ist nun auch eine Sache wo ich auch politisch eben meine Schwierigkeiten hatte, weil ich da eben nicht so funktioniert habe. Ich habe zum Beispiel niemals einen Artikel direkt über Wehrerziehung in der Zeitschrift veröffentlichen können, weil die da so viel dran rumzumäkeln hatten, dass ich eben nachdem ich zwei oder drei Mal Ansätze gemacht habe, dann also gesagt habe: „Ich lasse es sein." Und ganz schlimm, muss ich sagen, ist es besonders im Fall Fiala gewesen. Da war denn auch so ein Thema noch nicht abgedeckt: „Arbeitsgemeinschaft nach Rahmenprogramm" – im damaligen Verständnis ja eine wichtige Frage der Differenzierung der Arbeit in der Schule, das wurde nun dem Jochen Fiala zugeschustert, der national und international auf dem Gebiet der Entwicklung von Karten anerkannt war. Und das hat der nun auch bloß noch als Nebenbeschäftigung gemacht. An manchen Universitäten wurde das sehr strenggenommen, Rostock gehörte wohl dazu. Der ist nie mit seiner Habilarbeit auf dem Gebiet der Arbeit nach Rahmenprogramm zu Rande gekommen. Also das waren zum Teil auch tragische Sachen.

Und ... na ja, ich persönlich habe mich dann – aber das ist auch die Zeit, die Sie dann nicht mehr interessiert, – für das Thema „Differenzierte Arbeit im Geschichtsunterricht" interessiert. Ich habe denn da Anlehnung später gefunden an der Sektion Pädagogik, bin da also von der Wehrerziehung nach einer Weile wieder runtergekommen. Unsere Sektion Pädagogik hatte als großen Forschungsschwerpunkt „Differenzierte Arbeit mit Schülern" und dann haben wir auch „Differenzierte Arbeit im Geschichtsunterricht" gemacht. Heute sehe ich allerdings, dass differenzierte Arbeit in so einem strengen regulierten Schulsystem ein Widerspruch an sich war, dass das eigentlich gar nicht funktionieren konnte bei diesem zentralistischen Grundanliegen, was Schule hatte. Aber das hat mir Spaß gemacht und da habe ich auch verschiedene Dissertationen betreut.

Also wie gesagt, diese Steuerung von der APW ging dann doch ziemlich resolut und natürlich immer wieder mit Freiräumen. Das gehörte ja auch zu DDR-Funktionsmechanismen, dass es eben Wunschdenken und knarsche Vorgaben gab und in der Realität eben doch die Spielräume sehr groß waren. Ich erinnere mich dabei daran, ich gehörte selber zu einer Kommission, die mit vier oder fünf Personen, die Lehrprogramme für Methodik des Geschichtsunterrichts für den Hochschulunterricht gemacht haben. Da gab es ein paar Punkte, um die wir nicht drum herumkamen, die ich nie gemacht habe und wo zum Beispiel – das waren nicht bloß hochpolitische Sachen – vier oder sechs Vorlesungsstunden für Geschichte der Erziehung vorgesehen waren, was die Studenten in der Regel überhaupt nicht interessiert hat. Na, ich habe also zeitweise ein oder zwei Stunden gemacht und das hat niemand kontrolliert und hat mich niemand kritisiert.

Und das ist ja auch im ganzen Umgang mit Geschichtslehrplänen an Schulen, da stehen eben manchmal so kleinkarierte Dinge drin und wer das nur sieht, der denkt: „Was muss das für ein Geschichtsunterricht gewesen sein?" Aber in der Wirklichkeit haben es die Lehrer, auch unter Tolerierung der Fachberater so gemacht, wie sie es für richtig hielten. Also wie gesagt, die APW war eben dieses zentrale Forschungs-, auch auf unserem Gebiet, Forschungsleitzentrale, aber individuell mit den Einzelnen kam man auch normal durch, ja.

Dann spielte eben der ‚Volk und Wissen Verlag' ja bei der ganzen Lehrbucharbeit auch eine wichtige inhaltliche Rolle ... Das war eine sehr sympathische Zusammenarbeit, die natürlich gedrückt war durch das Ministerium für Volksbildung, und ähnlich war es am Zentralinstitut für Lehrmittel da war eigentlich die ... die Leine noch länger, weil das ja, man eben doch auch da sehr viel machen konnte, wie man das für richtig gehalten hat, und das waren alles Gremien, war ja so eine Mischung zwischen Wissenschaftlern und Lehrern und dann eben auch dem zuständigen Referenten des Ministeriums für Volksbildung, aber wo es eigentlich alles normal zuging und eigentlich letzten Endes eine freudvolle Zusammenarbeit war.

Kassettenwechsel (01:25:00)

M. D.: Was mir als Beobachter auffällt, ist die oftmalige Rede vom Ministerium als der Instanz, die wirklich auch ideologisch eingegriffen hat und vor der man mehr oder weniger auch Furcht haben musste. Das also, wenn die Rede auf den Verlag kommt, dann ist immer die Rede davon, dass die sich ... zum Ministerium hin rechtfertigen mussten und deshalb als Zensoren eingegriffen haben. Wer war das denn im Ministerium und war diese Furcht begründet oder war das auch so ein, wie soll ich sagen, so ein Konstrukt?

Osburg: Na ja, wie vieles ist ja nun auch manches heute überzeichnet, weil man damit ja auch eigene Verantwortung und eigene Rollen und wie man funktioniert hat, herunterspielen kann. Dabei ist es wie auf sehr vielen Ebenen der DDR, dass man einzeln mit fast allen Menschen unter vier Augen normal sprechen konnte und sie dann entsprechend eingebunden funktioniert haben. Also ich würde nicht mal sagen jetzt – oder ich möchte da sowieso keine Namen nennen –, dass da nun einzelne Fachreferenten für Geschichte besonders schlimm waren oder nicht. Sie waren eben doch eingebunden in dieses Ministerium für Volksbildung, was im Parteisinne durch die Person Margot Honecker vorbildlich funktioniert hatte. Natürlich war es nicht allein Margot Honecker, aber die eben doch ein strenges Regiment über das Schulwesen geführt und sich auch mit Brachialgewalt durchgesetzt hat.

Ich weiß nicht, ob Sie an solchen Anekdoten interessiert sind: An der Humboldt-Universität gab es so ein System, dass jeweils ausgewählte Hochschullehrer für die Studienberatung verantwortlich waren. Ich war für die große Erweiterte Oberschule in Köpenick verantwortlich. Da ich immer wieder da hinging, hatte ich zu den Lehrern, zur Schulleitung ein engeres, kollegiales Verhältnis. Irgendwie kam man mal so zwischendurch auf Westreisen. Ich fragte: „Fahrt ihr denn hier auch zu Verwandtenbesuchen?" Sagt die Schulleiterin: „Na ja, ich bin gerade aus einer Anleitung von der Kreisleitung gekommen und da habe ich gefragt, wie ich mich verhalten soll, wenn ein Lehrer so einen Antrag stellt. Da ist mir gesagt worden, unter Berufung auf die Leitung des Ministeriums für Volksbildung: ‚Ein Lehrer der Deutschen Demokratischen Republik weiß, dass er zu Verwandtenbesuchen in den Westen fahren darf, aber er fährt aus Bewusstsein nicht.‘"

So waren ja Lehrer und die ganze Volksbildung unter besondere Kuratel gestellt worden. Gegenüber Lehrern sind ja auch Dinge gemacht worden, die es ja arbeitsrechtlich eigentlich gar nicht gab, so diese strikte Bindung an den Arbeitsplatz. Nun muss man allerdings sagen, dass das MfV gegenüber seinen Pädagogischen Hochschulen, die unmittelbar unterstellt waren, natürlich auch viel schärfer eingreifen konnte, als meinetwegen auf mich, der an der Humboldt-Universität saß, einem anderen Ministerium unterstellt war, und wo es ja zumindest, wenn sie sich über irgendjemand beschweren wollten, eine ganz lange Leitung war, ehe man da herankam. Also insofern ist es so gewesen, dass wir von diesem Druck des Ministeriums für Volksbildung direkt auch viel weniger verspürt haben. Sicher spielte da natürlich auch rein, wie man mit dieser Gesellschaft verbunden war.

Also ich muss sagen, unabhängig von einzelnen unangenehmen Erlebnissen: Ich hatte keine Furcht vorm Ministerium für Volksbildung oder vor der Staatssicherheit, denn in meinem Bewusstsein waren das Instanzen dieses Staates, die dazugehörten. Wenn es Dinge gab, die mir nicht gefallen haben, oder die ich für ganz schlimm hielt, dann war ich in dem ... Irrglauben, das sind also Einzelerscheinungen, das sind Übergriffe von Einzelnen, die nicht das Typische ausmachen. Das ist ja auch ein Teil des Mechanismus, wie wir als Parteimitglieder funktioniert haben und eben auch Dinge, die wir als nicht gut angesehen haben, aber weggesteckt haben. Da ich nun nicht den gebührlichen Respekt gegenüber Genossen des Ministeriums für Volksbildung hatte und das also auch deutlich gemacht habe, wurde ich nicht für Delegationen ausgewählt, nun gut, da war ich eben nicht dabei. Aber ... Ich kann also nicht sagen, dass ich damit, mich als Verfolgter fühle.

M. D.: Wann sind Sie denn angeeckt? Das muss ja dann vor '65 gewesen sein, vor diesem ersten Symposium, oder?

Osburg: Das war Ende der Fünfzigerjahre noch im Staatssekretariat für Hochschulwesen. Als der Einfluss der FDJ immer weiter ging, da gab es so ein paar Gesprächsrunden, wo der stellvertretende Staatssekretär im Staatssekretariat für Hochschulwesen, der legendäre Franz Dahlem, teilnahm und Margot Honecker als Abteilungsleiterin im Ministerium für Volksbildung und noch ein paar, und ich war auch dabei. In dieser Runde wurde diskutiert, wie man die FDJ wieder attraktiv machen kann. Dort habe ich meinen Unwillen dargelegt, was aus der FDJ geworden ist. Da wurde mir von Margot Honecker gesagt: „Ja, das sind alles Illusionen von denen, die zurückgeblieben sind und die nicht verstehen, dass eben andere Entwicklungen notwendig sind, und die nur die schönen Anfänge der FDJ konservieren wollen."

Ich hatte das damals gar nicht mal als Anecken empfunden. Aber das sind natürlich auch Dinge, die sicher geprägt haben, wenn sie später den Namen Osburg vielleicht noch mal bewusst gehört hat, dass das verbunden hat: „Ach das ist doch der, der da rumgeschwärmt hat, wie schön es '45 war, und nicht kapiert hat, was heute nun beim Aufbau des Sozialismus für harsche Maßstäbe angelegt wurden." Ich habe eigentlich nie taktiert und auch gesagt, was ich mehr oder weniger gedacht habe, wo andere eben klüger waren und wussten, wann sie eben besser nichts mehr sagen sollten.

M. D.: Prof. Osburg, Sie waren Mitglied der SED. Wann sind Sie eigentlich eingetreten?

Osburg: Ich bin mit 17 Jahren, 1946, ein halbes Jahr nach der Vereinigung, SED-Mitglied geworden.

M. D.: Als Mitglied der SED waren Sie der Parteidisziplin verpflichtet und dadurch auch den Beschlüssen der Parteizentrale. Führte Sie das in Konflikte mit Ihrer wissenschaftlichen Tätigkeit?

Osburg: Wenn ich irgendwie aufrecht bin, habe ich das nicht als einen grundsätzlichen Konflikt angesehen, weil – was ich ja an anderer Stelle gesagt habe – es ja grundsätzlich keinen Zweifel an der inneren Übereinstimmung gab mit den hehren Zielen des Sozialismus und eigenem Tun und der eigenen Rolle dabei ... Also auf wissenschaftlichem Gebiet habe ich da, muss ich sagen, in meiner Entwicklung weniger Konflikte gehabt, als eben auf politischem Gebiet, weil ich eigentlich immer politisch aktiv war an der Universität und im Wohngebiet. Da habe ich viel mehr Konflikte gehabt mit ... einzelnen Parteifunktionären oder eben mit, mit generellen politischen Entwicklungen. Das sind eigentlich meine großen Konflikte gewesen, die aber eben nie auch so weit gingen, dass ich nun gezweifelt hätte, dass das, was wir auf unsere Fahnen geschrieben haben, nicht richtig sei.

Aber um es eben zu konkretisieren: Meine ersten Konflikte entstanden Ende der vierziger Jahre. Ich habe auch als Student noch ganz aktiv Jugendarbeit gemacht. Also in meinem konkreten Fall: Ich war hier für die Pionierarbeit im Ort an den zwei Schulen verantwortlich mit vielen Kindern. Dann musste ich erleben, wie sowohl die FDJ als auch die Pionierorganisation doch immer mehr institutionalisiert wurde, dass es immer weniger darum ging, Kinder oder Jugendliche in der FDJ oder Pionierorganisation zu vereinen, die dort gern hingekommen sind, denen das ein Bedürfnis war. Wo eben auch ein gewisser Druck ausgeübt wurde und dass es eben, zumindest was FDJ-Mitgliedschaft anbelangt, doch manchen ratsam erschien, dort Mitglied zu werden ... ohne eben diese innere Überzeugtheit davon zu haben. Also das sind Dinge, die sind ja etwa seit '48/'49 aufgetreten – ich meine, das lässt sich ja alles einbetten in die Entwicklung der SED zur „Partei neuen Typus". Das sind eigentlich schon so die ersten großen Konflikte gewesen, die ich hatte. Also zu kämpfen für absolute Freiwilligkeit der FDJ und eigene Entscheidung, dass es etwas Herausgehobenes ist, dort Mitglied zu sein, dieses Gemeinschaftsgefühl zu haben, dazugehören zu wollen. Also das ist so ein Einschnitt bei mir gewesen, der hat aber nicht dazu geführt, grundsätzlich zu zweifeln.

Dann muss ich sagen, gab es eine tiefe Empörung bei mir, was sich im Frühjahr 1953 dann abgespielt hat – eben dieser scharfe Kurs auf Sozialismus mit der Ausgrenzung von kleinen Gewerbetreibenden. Ich kannte hier im Ort viele, die dann keine Lebensmittelkarten mehr bekommen haben, und direkt nach Westberlin getrieben wurden, um dort einzukaufen. Also das waren Dinge, die mich sehr empört haben. Wobei ich die Demonstrationen am 17. Juni im Übrigen auch nicht als was Positives ansehen konnte. Aber ich war schon betroffen, als der „Neue Kurs" verkündet wurde und ich nun auch auf bestimmte Reformen, innerhalb unseres Gesellschaftssystems gewartet habe und darauf gehofft habe und gesehen habe, wie das doch nur fadenscheinige Dinge waren, die natürlich, wie man heute weiß, auch mit politischen Entwicklungen in der Sowjetunion zusammenhingen. Ich muss sagen, das war eine tiefe Enttäuschung bei mir, dass ... die Erkenntnis, dass „Neuer Kurs" ... dass so etwas eben doch nur letzten Endes auf dem Papier stand und nur zur Beruhigung der aufgewühlten Menschen diente, zur Disziplinierung.

In meinem Leben, beziehungsweise im Leben meiner Familie, gab es eben dann auch andere Konflikte, wie meine Frau hier aufgrund örtlicher Vorkommnisse gegen einen Abteilungsleiter des ZK bis zur zentralen Parteikontrollkommission ein Verfahren angestrengt hat. Und dieses Erleben, was es an Parteidemokratie doch für Möglichkeiten gab, ja, wenn man die Nerven hatte, aber noch mehr, wie vieles davon doch nur auf dem Papier stand – also dieses Herausgehobene von Funktionären, die je höher sie waren, um so mehr waren sie eben im Recht insgesamt. Ich habe auch andere kennengelert in meinem Leben. Aber ich hatte große Konflikte, auch an meiner eigenen Sektion, wo es darum ging, dass ein parteiloser Kollege entlassen werden sollte, weil er nicht Mitglied der SED werden wollte und ich ...

M. D.: Herr Tunn?

Osburg: Nein, Tunn nicht. Manfred Nitsch. Tunn ist ja auch als Parteiloser Dozent geworden. Ich hatte damals gesagt, wenn der gehen muss, gehe ich auch. Zumindest bin ich dann nicht gegangen und, aber wo ich doch versucht habe, mich für ihn dann zu engagieren. Also da ... das sind eigentlich meine großen politischen Konflikte gewesen, die dann '85 kulminierten, weil wir mit großen Augen auf Gorbatschow geguckt haben und den antisowjetischen Kurs der Parteiführung erlebt haben.

Also, um das nur zum Abschluss zu sagen: Insofern war das Ende der DDR für mich nur mit einer begrenzten Erschütterung verbunden, weil ich eigentlich dieses Ende kommen sah und wusste, wie der Zustand dieser Partei ist und diese Doppelzüngigkeit war. Dass ich mir mit meiner Frau immer wieder gesagt habe, bei einer Belastung bricht das zusammen wie ein Kartenhaus. Ich muss allerdings gestehen, als es dann eingetreten ist, war es eben doch eine Erschütterung. Etwas zu sagen und zu erleben sind eben Unterschiede.

Also, das sind meine Konflikte gewesen, die ich eben mit dem demokratischen Zentralismus hatte, aber immer wieder eingebettet in den Widerspruch: Prinzipiell ist Sozialismus richtig, aber nicht so wie er gemacht wird. Im Grunde genommen ging es darum, nicht zu erfassen, dass die Fehlentwicklungen letztlich nicht von Genossen abhängen, sondern vom System dieses Sozialismus. Aber das habe ich eigentlich nach der Wende erst voll verstanden, ja. Also das sind meine Konflikte gewesen.

M. D.: Hat 1968 Prag für Sie eine Rolle gespielt?

Osburg: Ja klar, ich war erschüttert darüber, aber ich habe das für richtig gehalten, was da geschehen ist. Ich muss sagen, dass ich auch erst nach der Wende richtig verstanden habe, worum es da ging und dass es eben eine Intervention war. Ich war nur erschüttert, dass so was passieren kann, aber dass solche Leute wie Havemann da Recht hatten, das habe ich nicht gesehen. Also insofern hat das keine Rolle in meinem Leben gespielt.

M. D.: Prof. Osburg, als Zusammenfassung noch mal zwei allgemeine Fragen: Welche Berufs- und Wissenschaftserfahrungen würden Sie als Ihre prägendsten bezeichnen?

Osburg: Das ist natürlich auch sehr pauschal und global, also ich habe das an verschiedenen Stellen eigentlich schon deutlich gemacht. Berufserfahrung, ja, das ist eben eigentlich von frühester Jugend an der Umgang mit Kindern, Einflussnahme auf Kinder, sich beschäftigen mit Kindern, dass sich das eigentlich dann doch auch fortgesetzt hat in der Tätigkeit im Jugendausschuss, der FDJ, nach 1945 Jugendliche eben dazu zu bringen, von ihrer Enttäuschung, die sie ja fast alle hatten, an ihren Idealen, scheinbaren Idealen aus der Nazizeit, dort Jugendliche doch zur Einsicht zu bringen, zum Mittun an der Schaffung einer neuen Welt.

Dann muss ich sagen, ist eben dieser ganz enge Kontakt, tägliche Kontakt mit jungen Menschen in Gestalt von Studenten, aber eben auch mit Lehrern. Ich denke, dass ich ... viele Hunderte von Lehrern näher kannte, dass man eben auch über persönliche Fragen gesprochen hat. Das sind eigentlich Dinge, die mich doch ... tief geprägt haben. Und wenn ich von Wissenschaftserfahrung spreche, dann spielt schon eine Rolle, das, was ich gemacht habe und worin ich meine Spezifik gesehen habe, von der ich ja nun heute auch noch zehre. Eben in Gestalt der pädagogischen Umsetzung, der theoretischen Umsetzung von praktischen Erfahrungen in dieser praxisorientierten Tätigkeit mit Lehrern. Und da spielt natürlich eine große Rolle diese Generation, die uns eben nach dem Krieg – meine Mutter angefangen, aber eben solche damals bekannten Pädagogen, Namen habe ich ja verschiedene Male genannt –, wie die uns eben an die Hand genommen haben, voller Geduld und ... mit großer Liebe und Leidenschaft. Also das sind eigentlich Dinge, die mich da geprägt haben.

Ja, und wenn ich zur letzten Frage da noch komme, die hier steht: Was verstehen Sie als den Zweck Ihrer Tätigkeit? Na ja, dann ist das schon die ... Menschen zu erziehen, wie ich damals glaubte, in der „richtigen" Weltanschauung. Ich habe zwar immer noch eine Weltanschauung, aber ich bin nicht mehr so vermessen, sie als die richtige und einzige zu bezeichnen, aber eben sie doch zu Menschen zu erziehen, die Krieg hassen, die für soziale Gerechtigkeit eintreten. Alles Worte, die heutzutage etwas abgegriffen sind, aber ich meine sie eigentlich noch so, wie … wie ich sie sage. Das ist eigentlich der Zweck meiner Tätigkeit. Und da ich das Glück hatte, eben doch an so einer Arbeitsstelle zu sitzen, – zur DDR-Zeit gab es ja den Begriff der Multiplikatorentätigkeit –, dass ich nun auch Lehrer für Lehrer war und das mit großer Leidenschaft und großer Hingabe war. Ich denke, dass das eben wirklich das ist, wo ich meine berufliche Erfüllung gefunden habe, trotz mancher Widrigkeiten und Enttäuschungen. Und wo ich eben heute auch sagen möchte: Das ist nicht vergebens gewesen. Manches war vergebens, aber nicht alles und dass man dann doch eben zufrieden mit sich in dieser Beziehung zurückblicken kann …

M. D.: Eine Nachfrage habe ich doch noch. 1958 begann die sozialistische Umgestaltung des Bildungswesens. Und in diesem Zusammenhang … wurde …

Osburg: 1958 – meinen Sie jetzt die Schulkonferenz der SED und so weiter als Einschnitt?

M. D.: Genau. Genau … Wurde nicht nur Walter Strauss gemaßregelt, sondern auch Heinrich Deiters und einige andere Hochschulpädagogen. Sie waren in der Zeit im Staatssekretariat. Aber das waren ja nun die Leute, mit denen Sie wissenschaftlich aufgewachsen sind. Hat das, hat das für Sie … wie hat Sie das beeinflusst, oder wie haben Sie das reflektiert in Ihrer Tätigkeit?

Osburg: Also, eine Maßregelung von Heinrich Deiters habe ich nie wahrgenommen und ich weiß nicht, worauf Sie … worauf sich das bezieht. Natürlich war es die Zeit, wo eben diese Antifaschisten … wo die antifaschistisch-demokratische Zeit zu Ende gegangen ist. Aber Heinrich Deiters, und das habe ich ja nun aus nächster Näher erlebt: Meine Frau war Assistentin bei ihm, war oft bei ihm zu Hause … Ich glaube nicht, dass Heinrich Deiters sich als gemaßregelt empfunden hat. Natürlich denke ich mir, werden viele Träume, die er gehabt hat, nicht realisiert worden sein. Ich kann mich erinnern, dass er selbst mal zu uns auf der Parteiversammlung gesagt hat: „Ich gehöre in eine andere Zeit und es wird Zeit, dass ich mich zurückziehe." Aber da war er ja auch schon Mitte siebzig. Uns hat das damals sehr beeindruckt, dass er das so gesagt hat.

Strauss, … Ja, ich habe diese Auseinandersetzung in der Pädagogischen Fakultät nicht miterlebt. Für mich … war das damals nicht mit einer Erschütterung verbunden, das hat mir leidgetan, aber da ich nur periphere Sachen – wir haben uns ja schon mal darüber ausgetauscht – wusste, die offensichtlich, wenn Ihre … Nachforschungen da zutreffen, eben doch wirklich nur peripher waren: Für mich waren das Dinge, wo ich also mir gedacht habe: „Na gut, der gehört hier wirklich nicht hierher." Und ... das sind so banale Sachen, aber ich kann mich erinnern, dass er mal in einer Vorlesung zu Studenten sagte, wo ich hospitiert habe: „Ich habe eine große Familie, ich verdiene so schlecht, dass ich mir die Margarine im Westen kaufen muss und Verständnis dafür haben muss." Das waren Sachen, also die mich damals maßlos empört haben, ja, weil ich ja nun wusste, dass Professoren viel mehr verdient haben als andere. Oder wenn er in Vorlesungen sich ganz lange über die Schlacht von Verdun und seine methodischen Überlegungen zur Schlacht von Verdun, an der er als Hauptmann teilgenommen hatte, und das immer wiederkehrende Themen waren.

Da war ich in meinem Urteil eben damals, dass ich dachte: „Das ist tragisch, wenn jemand weggeht", und jede Republikflucht hat man nun nicht als Triumph empfunden, aber dass ich da davon ausging: „Der gehört hier nun wirklich nicht her, der gehört in eine andere Welt." Ich denke heute auch oft darüber nach, dass man eben sicher vieles eben von ihm auch nicht gewusst hat, ja, und das eben ja nur von außen gehört hat. Er hat sich ja mit mir darüber nicht mehr unterhalten. Wir hatten ja auch nicht mehr dieses innige Verhältnis, was wir zu Anfang hatten. Ich habe das schon mal gesagt, dass ich '53 eigentlich froh war, in die Aspirantur gehen zu können, weil ich mich mit solchen Sachen nicht solidarisieren wollte und dachte, wenn du bei ihm Assistent warst, dann musst du zu ihm stehen und das ist doch nicht richtig, was er da sagt. Ich war froh, dass ich denn da nicht mehr bei ihm tätig war. Und eine andere Perspektive eröffnet bekommen habe.

Mündliches Interview mit Prof. Dr. Rolf Rackwitz

Weinböhla, den 29.08.2000

Rolf Rackwitz, seit 1961 im Hochschuldienst (Leipzig), Promotion 1962, Habilitation 1976, Professur 1976, Abteilungsleitung am Pädagogischen Institut Leipzig seit 1962.

Abb. 4: Rolf Rackwitz, 1967. Quelle: GS 9 (1967), S. 440.

M. D.: Herr Rackwitz, ich würde Sie am Anfang bitten, kurz Ihre Biographie darzustellen bis zum Antritt Ihrer Tätigkeit als Geschichtsmethodiker.

Rackwitz: Ich kam erst relativ spät aus der Kriegsgefangenschaft zurück, im Dezember 1947, da war der Markt schon überlaufen an den Universitäten oder Hochschulen, und ich konnte nicht mehr einsteigen. Da ich mit 27 ½ Jahren aber dann endlich mal zu Stuhle kommen wollte, hatte ich mich als Neulehrer beworben. Übrigens, ich wollte immer Berufsschullehrer werden, das war immer mein Ziel gewesen. Nach drei Tagen Hospitation habe ich in einer Grundschule eine Mädchenklasse – viertes Schuljahr mit 40 Mädchen – als Klassenleiter übertragen bekommen. Mit allen Unterrichtsstunden, dreißig Stunden in der Woche, die man so verkraften musste. Wir wurden von Altlehrern noch instruiert, was wir zu tun haben. Wir mussten unsere Pläne einreichen, eine Woche vorher. Abends gingen wir noch in die Volkshochschule und besuchten Lehrgänge: Wir waren also völlig ausgelastet. Aber bildungshungrig, wie man nun einmal war, hat man das alles auf sich genommen trotz mangelnder Verpflegung. Wenn wir dann die ersten Brötchen, diese schwarzen, in der Schule verteilt haben, da wurde Strichliste geführt, dass jeder dann eventuell nicht mal eins mehr bekam.

So, dann wurde ich mal nach anderthalb Jahren auf einen Lehrgang geschickt, einen sogenannten Neulehrerlehrgang, drei Monate in Lindenau bei Hoyerswerda. Es war eine sehr intensive Arbeit. Wir haben viel gelernt, arbeitsschulmäßig, und ich hatte dann die erste Lehrerprüfung ablegen können, obwohl der Schulrat das nicht unbedingt wollte. Ich hätte erst zwei Jahre Dienst tun müssen, dann bin ich nach Dresden gefahren ins Ministerium und habe mir dort die Genehmigung geholt, um in Lindenau die erste Lehrerprüfung zu absolvieren. Ich hatte auch die Befähigung mitbekommen, da ich ja der Älteste und Schülerratsvorsitzende war, für die Leitung einer Grundschule.

Ich habe dann weiter als Lehrer natürlich gearbeitet und wurde dann stellvertretender Schulleiter in Leipzig an einer Schule mit, wie soll ich sagen, einer Schule in einem sozial schlechten Milieu. Dort waren früher bis 1933 Kommunisten und SA zusammen in Häusern, die sich dann Schlachten geliefert haben. Die Schule war noch vorsintflutlich, vom Gang aus wurden die Klassenzimmer beheizt. Dann war ich Schulleiter an einer größeren Schule, wurde 1951 in einer besonderen Situation abgelöst. Es waren vielleicht 20, 30 Schulleiter, die abgelöst wurden. Mir wurde vorgeworfen, „Du warst Feldwebel, Offiziersanwärter der Wehrmacht, du kannst jetzt nicht Schulleiter sein!" Man gab mir aber die Gelegenheit in der neu gegründeten Mittelschule eine neunte Klasse zu übernehmen. Hat mir viel Spaß gemacht, 28 Stunden in der Woche in mehreren Klassenstufen, aber die neunte Klasse hatte ich als Klassenleiter. Ein Jahr später brauchte man einen Stellvertreter an der Leibniz-EOS, und da bin ich dann dort hingegangen. Und wieder ein Jahr später, 1953, wurde ich dann dort Direktor.

Die zweite Lehrprüfung hatte ich in der Zwischenzeit abgelegt. Ich habe dann als Externer an der Karl-Marx-Universität die Lehrbefähigung für die Abiturstufe erworben. Die Staatsexamensarbeit habe ich über die Leipziger Septemberunruhen 1830 bei Prof. Ernst Engelmann geschrieben. Alle Klausuren, alles musste ich innerhalb eines Jahres neben meiner offiziellen Tätigkeit als Schuldirektor abgeleistet haben.

Das habe ich dann sehr gerne gemacht, diese Schulleitertätigkeit an der Leibniz-EOS. Wir hatten ein besonderes Renommee in Leipzig: Viele hochdotierte Leute, Professoren, Wissenschaftler haben ihre Kinder zu uns gebracht. Wir hatten eine Kulturseite aufgeschlagen, wir hatten einen wunderschönen Chor unter Leitung von Olaf Dittam, einem bekannten Dirigenten in Leipzig. Man hat sozusagen experimentiert. 1961 bekam ich dann die Möglichkeit, am Pädagogischen Institut in die Geschichtsmethodik einzusteigen. In der Zwischenzeit hatte ich schon angefangen bei Prof. Friedrich Donath eine Dissertation in Angriff zu nehmen. Wir hatten schon unsere Kolloquia immer in der Gustav-Freytag-Straße während meiner Schulleitertätigkeit. Ich hatte dort angefangen, das heimatkundliche Prinzip im Geschichtsunterricht der Oberstufe zu bearbeiten. Ich habe dann 1962 als Externer in Rostock die Dissertation A verteidigen können.

Und dann habe ich die Methodik des Geschichtsunterrichts in der späteren Pädagogischen Hochschule übernommen. Wir waren fünf Kollegen und wurden dann aus der Sektion Pädagogik ausgegliedert und dem Wissenschaftsbereich Geschichte angegliedert. Dadurch kam es zu Differenzen. Wir wurden als Pädagogen in der Sektion Geschichte nicht ganz für voll genommen, so hatte ich den Eindruck. Es gab also einige Raufereien. Ich war schon mal drauf und dran wegzugehen dort, wegen dieser Differenzen. Wollte an die DHfK gehen, da hatten sie auch noch etwas Geschichtsmethodik, aber es ging dann einigermaßen. Wir wurden dann Hochschule und ich Hochschuldozent. Ich hatte eine Dissertation B angefangen, hatte mich aber eingelassen auf Programmierung im Geschichtsunterricht. Ich hatte eigentlich schon alles fertig und dann kam aber irgendwie von der Zentrale, vom Zentralkomitee – wer weiß, wo das herkam – kam die Weisung, das geht nicht, das darf es nicht geben oder ... gibt es nicht. Da habe ich eigentlich Schiffbruch erlitten, da wurde die Dissertation nicht angenommen.

Ich hatte diese Programmierung vor und hatte schon bestimmte Vorstellungen, wie das zu machen ist über den Erkenntnisprozess: Einzelnes – Allgemeines – Besonderes und diese anderen Kategorienpaare. Es gab bereits eine Lernmaschine für 20 Arbeitsplätze. Na gut, ich habe eine neue angefangen. Die Kollegen in der Sektion rieben sich die Finger: „Na, der hat es nicht geschafft". Ich habe neu angefangen an der Akademie der Pädagogischen Wissenschaften über Unterrichtsmittel und ihren pädagogischen Ort unter ökonomischen Bedingungen. Denn es wurden oftmals Unterrichtsmittel produziert mit erheblichem Aufwand, die dann nur zwei, drei Minuten im Unterricht eingesetzt wurden: Das ist unökonomisch. Besser sind Unterrichtsmittelkomplexe. Und habe dann verteidigt in der Akademie der Pädagogischen Wissenschaften.

So, ich habe dann einige Promovenden gehabt, die sich auch mit sozialistischer Wehrerziehung im Geschichtsunterricht beschäftigt haben. Wenn ich heute diese Promovenden treffe, sage ich: „Ihr braucht bloß Sozialismus zu streichen, dann passt das auch heute noch. Denn die drei Punkte die notwendig sind, warum einer Offizier oder Berufssoldat wird: Erstens mal aus sozialer Identifikation, als Notwendigkeit, zweitens aus Interesse an der modernsten Technik, die man da zur Verfügung hat und drittens auch aus ökonomischen Gründen, gehaltsmäßig." Das trifft auch heute überall zu, das kann man gar nicht bestreiten. Das war ein notwendiges Prädikat, das man in der damaligen Zeit in der DDR unbedingt reinbringen musste, diese Formulierung. Deswegen wurde ja auch die Philosophie des sogenannten Marxismus-Leninismus als Katechismus gelehrt.

Übrigens, ich habe mich nie als Kommunist bezeichnet, Marx war ein hervorragender Ökonom, dessen Lehren meiner Meinung nach heute noch gültig sind, aber meine Weltanschauung ist der dialektische Materialismus. Gibt mehr Möglichkeiten. Ich kenne die andere Philosophie auch, durch meinen Werdegang vor 1945, und in Gefangenschaft haben wir oft über solche Dinge polemisiert. Wir kannten Kant und Hegel. Und Feuerbach kannten wir auch. Aber das ist für mich auch heute noch das Fundament meiner Erkenntnis in der gegenwärtigen Situation.

M. D.: Wenn ich noch mal nachfragen darf: Aus welchem Milieu stammen Sie? Was haben Ihre Eltern gemacht?

Rackwitz: Ja, mein Vater war Schriftsetzer von Beruf, ich komme aus bäuerlichen Verhältnissen, ich habe meine Ahnengeschichte bis 1641 zurückverfolgt. Meine Ahnen sind in Kockwitz, im Amt Delitzsch, ansässig gewesen, das kennen Sie sicher, das ist nördlich von Schkeuditz. Also erst mal drei Generationen Handwerker und dann Bauern. So. Mein Vater war kriegsbeschädigt, hatte eine kleine Rente und die hat er benutzt, um meine Schulbildung abzusichern. Ich habe eine eigenartige Entwicklung, wenn Sie so wollen: Ich habe das Reformwerkgymnasium bis einschließlich der zehnten Klasse besucht, habe eine kaufmännische Lehre begonnen, habe nebenbei auf der öffentlichen Höheren Handelsschule in der Löhrstraße noch den Kurs besucht, immer sonnabends. Und ich habe in Abendkursen eine Textilfachschule besucht. Ich wollte auf die Handelshochschule, das war die Voraussetzung, dass man solche praktischen Seiten hat. Da genügte also diese Ausbildungsrichtung. Ich wollte Handelslehrer werden. Durch den Krieg, ich bin 1939 eingezogen worden, bin erst 1947 wiedergekommen, ist das etwas aus der Bahn geraten. Ich bin aber nicht unzufrieden.

M. D.: Wenn Sie die Geschichte der Methodik des Geschichtsunterrichts periodisieren wollten, welche Zäsuren würden Sie setzen?

Rackwitz: Also nach 1945 war ein Vakuum da, da hat man dann einige Leute geholt wie zum Beispiel in Leipzig Prof. Riemann. Der hat dann mehr oder weniger Histörchen gebracht. Der wusste zum Beispiel genau, welche Mätressen der französischen Könige welche Nachttöpfe benutzt hatten und wie sie ausgesehen haben. Es fing dann an bei uns mit Prof. Donath in Leipzig, aber auch der Bernhard Stohr aus Dresden. Das waren Leute, die viele Erfahrungen in der Vergangenheit hatten, die aber auch keine Faschisten oder Nazis waren, die holte man dann. Aber das hatte mehr oder weniger, wie ich es einschätze, keine theoretische Grundlage. Es waren praktische Erfahrungen, die man den Lehrern vermittelte. Aus der Arbeitsschule geboren, denn der Leipziger Lehrerverein war ja in dieser Beziehung führend gewesen. Im stadtgeschichtlichen Archiv beziehungsweise sogar im Alten Rathaus gab es eine ganze Menge Fundgruben. Meine erste literarische Sache war, in dem Volksbuch zur 135-Jahrfeier der Völkerschlacht bei Leipzig einen Artikel zu bringen über den Widerstand Leipziger Bevölkerung gegen die napoleonische Fremdherrschaft. Da fand man dort eine ganze Menge und das konnte man mit verwenden im Geschichtsunterricht, wenn man dann das Allgemeine herausfindet.

Es gab dann also diese Bernhard Stohrsche Darstellung, waren viele Beispiele, auch wie man das gestaltet, wie man eine Erzählung gestaltet, war recht erfolgreich. Es genügt aber dann nicht, man musste ja auch die Planung miteinbeziehen, wie man einen Unterricht plant, wie man ihn voraussehend gestalten will. Man muss Kenntnisse haben über das Handwerkszeug, das „Rüstzeug", in Anführungsstrichen, dass man einen Lehrervortrag differenzieren muss in Beschreibung, Erzählung, in Bericht, das Rationale, das Emotionale. Es wurde dann meistens dann in die Richtung gedrängt, dass es alles zu rational wurde der Geschichtsunterricht, dass das Emotionale ausgeklammert wurde, dass man wenig Anschauungsmaterial hatte. Es wurde dann immer bloß gesucht, den Hauptgedanken herauszufinden und zu verallgemeinern ohne das nötige Fundament an emotionalen oder konkreten Tatsachen. Das war abgehoben. Und aus diesem Grunde ist sicher nicht allzu viel hängen geblieben, wenn man das so macht.

Es fehlte insgesamt die Kulturgeschichte. Da wir später der Sektion Geschichte angegliedert wurden, wurde dort auch kein Wert darauf gelegt. Trotz unserer Forderung wurden wir abgetan: „Kulturgeschichte, das ist nicht das". Wahrscheinlich sind sie auch angehalten worden, das anders zu machen, eben Verschiedenes wegzulassen und Einiges hervorzuheben. Das führt aber zu einem falschen Geschichtsbild. Das ist in jeder Gesellschaftsordnung so. Ich kenne meinen Geschichtslehrer im Reformwerkgymnasium 1932, der erzählte über den Ersten Weltkrieg, wenn man ihn darauf brachte, stundenlang: „Jedes gemauste Klavier aus Frankreich damals, müssen wir heute durch Reparationen bezahlen." Also Nebensächlichkeiten.

Aber ist das überhaupt möglich, eine objektive Geschichtsschreibung zu haben? Meiner Meinung nach gibt es das gar nicht, es werden immer Aspekte gesetzt, Verallgemeinerungen. Aber das führt dazu, dass das historische Denken, wenn es ein solches gibt, nicht gefördert wird. Es ist erschreckend, wenn man hier solche Quizsendungen sieht, was da für Nichtwissen vorhanden ist. Die wissen mehr über Autoren von Jazzmusik und so weiter Bescheid als zum Beispiel über Antike oder Geographie. Leider.

M. D.: Wenn Sie die Hauptkontroversen in der Geschichtsmethodik benennen wollten, welche wären das?

Rackwitz: Dass wir nicht der Pädagogik zugeordnet waren, sondern der Geschichtswissenschaft. Und die hatten natürlich kein Interesse daran, den Geschichtsunterricht selbst zu beobachten, waren abgehoben und erfolgsverwöhnt. Einer zum Beispiel, den ich jetzt nicht mit Namen nenne, der hatte eben im Archiv gefunden, in der Comenius-Bücherei, die Schulzeugnisse von Clara Zetkin, und das war für ihn das größte Erlebnis, das war das wissenschaftliche Ereignis, weil das auch mal in Japan erwähnt wurde. Solche Dinge. Wir wurden also als zweite Hand betrachtet, deswegen sind eine ganze Reihe fähige Leute, die ich bei mir dann hatte in Methodik, die sind dann in die Geschichtswissenschaft abgewandert, wurden auch übernommen, weil sie gute Leute waren. Ja.

Dann das Verhältnis zum Ministerium: Wir sollten ja Unterrichtshilfen gestalten und wenn man dann eben etwas mehr Emotionales drin hatte, oder ein Gedicht, wie ich das zum Beispiel wollte, eine Satire, eine Anekdote, wurde es rausgestrichen. Angeblich wegen Platzmangel, wegen Papiermangel. Aber anscheinend ist das die zentrale Richtung gewesen, man wollte immer bloß das Wesentliche herausholen, das andere wurde beiseitegelassen. Eine unrühmliche Rolle hat dann nach meiner Sicht die Eva Steinbrück reingebracht. Ich wurde dann einmal, wie soll ich sagen ... bei einer Unterrichtshilfe hatte ich die Redaktion und es wurde mir weggenommen, das hat ein Kollege von mir übernommen. Ich habe dann bloß ein Kapitel gehabt und da wurde auch das Wesentlichste rausgenommen, was ich wollte. Und da habe ich dann nicht mehr mitgemacht. Das ist überall eigentlich so gewesen, in vielen Bereichen.

M. D.: Sie hatten in den Sechzigerjahren einen Forschungsschwerpunkt bei Unterrichtsmitteln, Unterrichtsmedien. Wie kamen Sie zu diesem Forschungsschwerpunkt?

Rackwitz: Weil ich darin eine Möglichkeit sah, die Anschaulichkeit zu verbessern. Denn sonst nur verbal alles zu bringen, da muss man viel Zeit dazu haben, um dann eine Erzählung aufzubauen mit handelnden Personen und das ließ die Zeit von 45 Minuten gar nicht zu oder 50 Minuten, wie es manchmal war. Und mit Unterrichtsmitteln, das ist von der Arbeitsschule her. Wir haben ja dann Applikationen einfach nass gemacht und an die Wandtafel geklebt. Ich habe Unterrichtsmittel dann selber hergestellt, zum Beispiel Funktionsmodelle für den Polylux[1]. Bin ich mal draufgekommen, dass im Physikunterricht ein kleiner Motor am Polylux angebracht wurde, der dann das Malteserkreuz drehte. Und das geht natürlich mit solchen Funktionsmodellen. Und habe ich eine ganze Reihe, ich weiß jetzt nicht mehr wie viel, angefertigt, um das meinen Studenten zu zeigen, was man da alles machen kann. Aber dazu gehörte eben auch ein bisschen Zeit und Liebe dazu, um so ein Funktionsmodell anzufertigen.

M. D.: Also hatten Sie selbst die Idee: Jetzt forsche ich über Unterrichtsmittel? Oder kam der Impuls vom DPZI oder ...

Rackwitz: Nein, der kam von mir selber. Und da bin ich dort mit reingekommen, ins DPZI. Wir hatten eine ganze Reihe Wandbilder, einige auch noch aus der Weimarer Zeit. Fugger, vor Venezuela, Waffenschmied und so. Ich habe die in einigen

---

1 Overhead-Projektor.

Schulen noch gefunden, habe gebeten, die mitzunehmen, die haben sie mir auch bereitwillig mitgegeben. Ich hatte eine ganze Sammlung. Wir hatten ein schönes Bild, das war eines der ... das Beste: mittelalterliche Stadt. Vielleicht kennen Sie es, da ist viel drin, da sieht man die Schweine auf der Straße und den Unrat, der rausgegossen wird, ein Pranger. Man sieht die Zeichen, die Fahnen, die dann auf ein bestimmtes Gasthaus, eine Unterkunft hinweisen. Es ist ein sehr schönes Bild, aber es ist zu viel drin, konnte man stundenlang ... Ich habe versucht, das mal auseinanderzunehmen. Ich habe das auseinanderschneiden lassen, um dann Einzelnes daraus zu machen, um das übersichtlicher zu machen.

Diese Bilder sind natürlich für die Schüler interessant und beeindruckend, dass sie sich mal eine Vorstellung machen können. Sie können natürlich nicht riechen, wenn so dieser Unrat auf die Straße gegossen wird. Aber man kann das dann sehr schön interpretieren oder interpretieren lassen, um die Sprachfertigkeit der Schüler, zumindest in den unteren Stufen herauszubilden. Es ist mitunter erschreckend, wie wenig sprachgewandt, die dann sind. Und das muss man dann zeigen, wie man ein Bild beschreibt: Vom Gesamtkomplex dann aufs Einzelne eingehen und dann wieder einzuordnen. Und das kann man mit diesen Bildern und überhaupt mit Unterrichtsmitteln kann man das gut machen. Es gehören ja auch noch die Dokumente dazu, als Ergänzung, und man hat ja die Möglichkeit des Polyluxes oder des Overhead-Projektors. Früher hatte man bloß die Tafel, und die Tafelschrift gehört auch mit dazu, ein schönes Tafelbild. Tafelzeichnen habe ich auch mitgebracht als Unterrichtsgegenstand in der Methodik, wie man einen Kreis malt, wie man Statistiken aufbaut. Es muss ein ästhetisches Bild sein, auch ästhetische Erziehung gehört dazu. Das wurde meiner Meinung nach alles vernachlässigt.

M. D.: Wie empfanden Sie seinerzeit die Bedingungen für Forschung an Ihrer Hochschule? Was förderte und was hemmte sie?

Rackwitz: Der Forschungsgegenstand musste selber gesucht werden. Hat uns niemand irgendwie was gesagt. Die Geschichte, die Fachhistoriker, die interessierten sich nicht dafür und sagten, das ist keine Wissenschaft, es ist nicht greifbar, es ist nicht mathematisch fassbar. In der Psychologie ist es ja noch schlimmer, was die heute aufwerfen! Ja, es kam auch durch Hinweise in „Geschichte in der Schule". Es wären ja viele Möglichkeiten gewesen, gerade die literarische Seite. Welche literarischen Inhalte könnte man in den Geschichtsunterricht mit einbauen? Ich hatte mich spezialisiert eben auf die praktische Seite: Tafelbild, Zeichnen, Unterrichtsmittel, Art und Weise der Anwendung und gleichzeitig noch, das kommt auch in unserer kleinen Broschüre vor, die Differenzierung des Lehrervortrages.

Vom Institut für Unterrichtsmittel wurden ja dann bestimmte Richtlinien rausgegeben, zum Beispiel eben Unterrichtsmittelkomplexe. Da ist man nie richtig zu Stuhle gekommen, das hat eigentlich nie geklappt. Was ist denn ein Komplex? Es kam dazu, dass wir rausgestrichen wurden in dem anderen Buch hier von der Eva Steinbrück: „Wie muss ein Fachkabinett aufgebaut sein?" Es sollte ja vorausschauend sein, aber: „Nein, das ist gar nicht möglich, das können wir gar nicht machen, das ist viel zu teuer." Das hat es in der Weimarer Republik schon gegeben, solche Kabinette. Ja, also wir haben es uns selbst gesucht.

M. D.: Welches waren für Sie die maßgeblichen Wissenschaftstraditionen, und welchen Einfluss hatten diese auf Ihre Forschung?

Rackwitz: Wissenschaftstraditionen ... meinen Sie jetzt von der Methodik her, also von der Methodik der Wissenschaft?

M. D.: Ja.

Rackwitz: Das wäre der Erkenntnisprozess. Da hat sich besonders auch der Gentner schon mal drum bemüht, in Potsdam, und sein Nachfolger, sein Famulus, der dann in Dresden dann ... Behrendt. Aber die machten das eben im rationalen Bereich zu sehr orientiert. Das bleibt sicher nicht aus, wenn man sich mit einem Forschungsgegenstand beschäftigt. Und dadurch kamen wir etwas in Widerspruch, weil ich mehr auf das Emotionale raus wollte.

M. D.: Hat da Ihre Prägung durch die Arbeitsschule eine wichtige Rolle gespielt?

Rackwitz: Richtig, ja, richtig. Die Arbeitsschule ... Denn diese Lehrer, die das damals machten, die wollten uns, soweit ich das sehe – da ich aus der französischen Gefangenschaft in Tunesien kam und das als Sozialist – beeinflusst durch 999er – und auch Parteimitglied wurde, und die Altlehrer waren da meist nicht dabei – die wollten uns Jungen zeigen: „Da, ihr könnt nichts, ihr könnt nichts!" Und im Gegenteil, ich habe den später mal getroffen, diesen Schulleiter Oelßner. Ich sagte: „Eigentlich, haben Sie etwas Gutes getan für mich, Sie haben mich gefordert, Sie haben mir viel Aufgaben aufgedrückt." Gleich am Anfang einen Vortrag über den Zweijahrplan und solche Dinge. Ich hatte auch die Geige mitgenommen und habe auch Musikunterricht gegeben. Gab es mal eine Sache, haben wir die neue Nationalhymne eingeübt, am anderen Tag kam die Parole der Parteikontrollkommission, ich hätte das Deutschlandlied gespielt, weil das bei den Kindern irgendwie ... Die haben zu Hause „Nationalhymne" gesagt und die Eltern haben gesagt: „Der spielt das Deutschlandlied."

Kassettenwechsel (28:41)

M. D.: Wenn Sie das Verhältnis zu anderen Geschichtsmethodikern in der DDR betrachten, war das Verhältnis eines der Konkurrenz oder eher der Kooperation?

Und wie gestaltete sich das Verhältnis konkret, wie würden Sie den Umgang innerhalb überhaupt beschreiben?

Rackwitz: Wir haben jedes Jahr eine Versammlung gehabt, das ging reihum, also einmal in Leipzig, da war ja noch der Hans Wermes da, also wir zwei, dann in Greifswald beim Krause und in Rostock beim Fiala, da wurden dann nun bestimmte Themen dieses Wissenschaftsbereiches dargestellt, gab es natürlich auch Streitereien ... gab es auch.

M. D.: Worüber?

Rackwitz: Über Inhalte. Manche, zum Beispiel die Potsdamer ... Hans Treichel, der opponierte gegen mich, weil ich mal geführt habe. Der hatte eben eine andere Auffassung von Darstellung, das wäre ihm „zu allgemein", solche Dinge gab es. Warum nicht? Nun, und sonst gab es eigentlich bloß diese Zusammenkünfte, und man hat sich gegenseitig informiert, was in den einzelnen Bereichen gemacht wurde. Die Stundenzahlen waren sicher überall gleich ... Eine Kooperation hatte ich eigentlich nur mit Alfried Krause und manchmal mit Hans Wermes.

M. D.: Und hat sich das verändert, nachdem das DPZI vielleicht die Koordination stärker übernommen hat? Es gab ja dann diese Sektionen?

Rackwitz: Es war ja dann nur das Institut für Unterrichtsmittel am DPZI, das uns zusammenhielt, und da waren nicht alle vertreten. Nur diejenigen, die sich mit Unterrichtsmitteln beschäftigten. Das war Alfried Krause, das waren aber auch andere Methodikdisziplinen aus anderen Wissenschaftsbereichen, auch Russisch zum Beispiel aus Dresden. Da waren aber auch die Musikwissenschaftler vertreten, auch Methodik, Prof. Pätzold.

Ach so, Sie könnten noch einen fragen, der genauer Bescheid weiß, das ist der Gerhard Dietze in Berlin. Der war im DPZI, Institut für Unterrichtsmittel, für den Geschichtsmethodikbereich zuständig, für die Unterrichtsmittel.

M. D.: Als Mitglied der SED waren Sie der Parteidisziplin verpflichtet und im Sinne des „Demokratischen Zentralismus" auch den Beschlüssen der Parteizentrale. Führte Sie das in Konflikte mit den Anforderungen Ihres Berufes, und sofern dies der Fall war, welche Konflikte waren das und welche Auswirkungen hatten die?

Rackwitz: Ja, das war also nur insofern, dass das über die Eva Steinbrück dann ging. Anders nicht. Ich bin dann gar nicht mehr dahin gegangen zu der. Ich war mal eingeladen, da waren auch mal ein paar Ungarn da, da bin ich gleich nach dem ersten Tag noch wieder weggefahren. Was soll das? Ich habe diese Dame für inkompetent gehalten, aber die hatte sicher ihre Anweisungen über andere Institutionen oder Einrichtungen. Da ging es ja eben um ökonomische Fragen. Aber die war so überheblich. Und wir waren eben dann, wir standen unten am Fuße des Olymps und die schmiss mit Ziegelsteinen von oben runter.

M. D.: Wie würden Sie das qualitative und quantitative Verhältnis von Lehre, Forschung, Verwaltung und gesellschaftlicher Tätigkeit während Ihrer Dienstzeit beschreiben?

Rackwitz: Die gesellschaftliche Tätigkeit war zum Teil ein notwendiges Übel, wenn man die Gewerkschaftsversammlungen betrachtete, das war eigentlich Unsinn. In der Parteiversammlung gab es Streitereien, ich jedenfalls zum Beispiel habe mir nicht alles gefallen lassen. Ich habe aber auch mitunter gesagt: „Was soll's, kannst den Daumen nicht auf die Schienen legen, um eine Lokomotive zu bremsen."

Man hatte immer gehofft, dass die oberen Einrichtungen besser waren. Ich habe ein Jahr – 1957 – in der Schulkommission mit gesessen der SED-Bezirksleitung. Und da gab es einen Sekretär, Hans Wetzel, der war ein – Hut ab vor diesem Mann – wirklich ein Sozialist. Er sagte: „Ihr seid die Fachleute, ich kann das nicht beurteilen, beratet mich, was soll gemacht werden?" Das war klasse. Da bin ich gern hingegangen, weil das was brachte, wo die Entwicklung hingeht, was man tun sollte, aber das war allgemein Pädagogik, das war ja nicht Geschichtsmethodik. Das war die Gestaltung der schulischen Situation selbst.

Ich hatte einen guten Stellvertreter, der ist leider gestorben, schon lange. Wenn da solche Inspektoren vom Schulamt kamen, Schulrat, und die brachten irgendwelche Sachen, da sagten wir also: „Beweise das mal, theoretisch!" Dadurch wurden wir überheblich, waren verschrien. Das stand in der Beurteilung mal drin: „Er ist etwas aggressiv gegenüber übergeordneten Stellen."

Es gab einen Austausch zwischen sowjetischen Geschichtsmethodikern, Prof. Gora, vom Lenin-Institut in Moskau. Und was die uns als Methodik verkauften, war allgemeine Pädagogik. Und ich war mal vier Wochen in Moskau, vier Wochen in Kiew, die wollten eigentlich nur wissen, wie die Studenten leben. Da musste man viel darüber erzählen, und alles andere ging etwas unter. Es kam nichts dabei heraus.

M. D.: Also haben Sie von der sowjetischen Geschichtsmethodik nicht so viel profitiert?

Rackwitz: Nein, nur indirekt durch diesen ukrainischen Lehrer, bei dem man mal was bekommen hat – mir ist der Name entfallen –, der eben auch mit Symbolen arbeitete, um dann die Inhalte mehr zu präzisieren, wo die Vorstellungen entwickelt wurden. Mit den Ungarn hatten wir auch Beziehungen, ich war auch ein paar Mal in Pécs, aber da ist auch nicht viel rausgekommen. Die Russen waren gar nicht daran interessiert, sie stellten sich immer heraus, als wären sie die Großen: der große Bruder.

M. D.: War das dann auch so bei diesen internationalen Symposien, dass da nicht viel rausgekommen ist?

Rackwitz: Nein, ist nicht viel rausgekommen.

M. D.: Zum Schluss noch zwei allgemeinere Fragen: Welche Berufs- und Wissenschaftserfahrungen würden Sie als ihre prägendsten bezeichnen und warum? Was hat Sie am meisten geprägt?

Rackwitz: Wissenschaftliche Erfahrungen, dass man manche Erfahrungen über Bord werfen muss, dass man neue Erkenntnisse gewinnt, die dann das Lebensziel etwas verändern. Ich habe mich auch mit der Antike beschäftigt und ich bin fasziniert von Epikur. Epikur und Stoa. Ich bin der Meinung, heute müsste man auf der Grundlage des dialektischen Materialismus – für mich – auch etwas von Epikur und von Stoa aufnehmen. Epikur, das heißt „carpe diem", nutze die Zeit, nutze alles, andererseits Stoa, dass man einiges nicht verändern kann. Und in meinem Alter mit 80 Jahren kann ich sowieso nichts verändern, ich muss also sehen, dass ich noch gesundheitlich noch gut über die Runden komme.

M. D.: Und als allerletzte Frage: Was verstanden Sie als den Zweck Ihrer beruflichen Tätigkeit, den Sinn?

Rackwitz: Ja, das ist ein humanistisches Ziel, was ich habe. Ich habe den Krieg miterlebt, ich habe einen ersten Schock bekommen 1941, bin bis Wjasma vorgekommen mit meiner Truppe, und als wir zurückfuhren im Anfang November, weil wir woanders eingesetzt wurden, da sah ich einen Gefangenenzug von vielleicht einigen Tausend Leuten, die sich da hin schleppten, oben drüber ein Fieseler Storch, das war dieses kleine Flugzeug, und ein paar ältere deutsche Landser und auf hundert Meter habe ich mal gezählt, fünf Tote, die nicht weiterkonnten, die legten sich in den Straßengraben und kriegten dann einen Schuss in den Mund. Da habe ich gesagt: „Das sind doch Familienväter, was machen die hier?"

Und das zweite, ein amerikanischer Stoßtrupp, ich hatte tausend Meter Frontlinie und die blieben natürlich in unserem Feuer liegen. Und die riefen dann auf Deutsch: „Hört's auf mit der Schießerei!" Ich habe es heut noch in den Ohren: „Hört's auf mit der Schießerei!" Nun und dann war Ruhe, als es heller wurde, zwei Tote haben sie liegenlassen. Ich habe die Paybooks denen entnommen, habe eine Zeichnung fürs Internationale Rote Kreuz angefertigt, wo wir sie in die Erde gebracht haben, der eine hieß Frank Veitenheimer und der andere Arthur Schum aus Los Angeles, ungefähr so alt wie ich, Bilder der Familie dabei. Hab ich gefragt: Hat Liebknecht nicht vielleicht doch recht? „Der Feind steht nicht vor euch, sondern hinter euch!" Aber wenn wir nicht geschossen hätten, hätten die geschossen. Das ist die Ironie der Geschichte, dass so etwas passiert. Dass eigentlich diejenigen, die Freunde sein müssten, sich gegenseitig umbringen. Aber der Mensch hat eben noch einige Raubtiergene von früher und da gibt es, die Psychologen werden das bestätigen können, diese Rangordnung und Unterschiede. Mit einem Bein stehen wir noch im Atavismus drin. Das sind solche Dinge. Dann habe ich erlebt in Gefangenschaft, Leute, die was darstellen wollten, ehemaliger Arbeitsdienstführer und ein Amtsgerichtsrat, die haben sich benommen, schlimm. Schlimm also als Menschen, ja. Da ging es eben bloß ums nackte Überleben, da haben sie alles nichts mehr gekannt.

Und dieses Gerangel. Es war etwas besser in der DDR. Da hat es so eine Art, na ja, Gemeinschaft hat es durchaus gegeben. Und zwar, es geht eben nicht – na, wie soll ich sagen? Es geht nicht um den Besitz, sondern es geht um die gemeinsame geistige Grundlage, die verbindet zusammen. Und ob das nun ein Neger ist oder ein Russe oder ein Schwarzer, wenn der die gemeinsame ähnliche Denkweise oder Anschauung hat wie ich, ist das da. Und das ist nicht der Fall. Und nach wie vor gilt: Basis – Überbau, meiner Meinung nach. Die ökonomische Grundlage bildet auch das Bewusstsein und das wirkt wieder zurück.

Mündliches Interview mit Prof. Dr. Hans Wermes

Eibau, den 31.08.2000

Hans Wermes, seit 1956 im Hochschuldienst (Leipzig), Promotion 1961, Habilitation 1965, ordentliche Professur 1970, Abteilungsleitung seit 1961, Mitglied zahlreicher zentraler Gremien.

Abb. 5: Hans Wermes, 1968. Quelle: GS 10 (1968), S. 165.

M. D.: Prof. Wermes, am Anfang unseres Gespräches würde ich Sie bitten, eine kurze Geschichte ihres Lebens zu erzählen, von der Geburt bis zum Beginn Ihrer Tätigkeit als Geschichtsmethodiker.

Wermes: Ja, 1926 geboren, Vater war Volksschullehrer, und zwar SPDler, kriegte frühzeitig Ärger mit seinem Schulrat wegen Kirchenfragen. 1933 wurde er entlassen, pensions- und fristlos, und hat sich in der Nazizeit als Vertreter von Papier-, später Schreib- und Rechenmaschinen betätigt, wurde dann einberufen. Diese ganze Entwicklung hat mich beeinflusst, obwohl er mir die näheren Hintergründe seinerzeit nicht erzählt hatte. Ich bin jahrelang die meiste Zeit in einer Waldorfschule gewesen, in der Dresdener, die die letzte war, die es in Deutschland noch gab, die anderen waren a) ausgebombt und b) verboten worden. Das war eine sehr glückliche Zeit, weil vor allen Dingen dann im Kriege es wie eine geruhsame Burg, geschützte Burg gewesen ist. Mit der Philosophie, Anthroposophie habe ich nie was zu tun gehabt und die hat auch in der Schule äußerlich und für uns keine Rolle gespielt. Aber das musische Klima zum Beispiel, die vielen handwerklichen Arbeiten und auch das geistige Klima waren doch sehr angenehm im Unterschied zu dem, was an anderen Schulen zu der Zeit passierte.

Als die Schule 1941 geschlossen wurde, kam ich nach Radeberg in die Realschule und 1944 bin ich einberufen worden zur Kriegsmarine als Freiwilliger, denn ich war schon in der Marine-HJ. Ich wollte immer auf See. So kam das auch dann ... Dort bin ich 1944 im Dezember verwundet worden, Oberschenkelamputation. Amerikanische Luftangriffe auf Gotenhafen[1] und landete dann in verschiedenen Lazaretten. Weihnachten '45 kam ich dann mit Krücken nach Hause und die Frage war: Was tun? Mein Vater war schon da, der wurde Neulehrerausbilder und danach auch Schulrat in Dippoldiswalde. Und er empfahl mir: „Schiffsmaschinenbau zu studieren in nächster Zeit wird nicht möglich sein, zumindest nicht in Dresden. Mach doch Neulehrer erstmal, wenigstens erstmal!" Hab ich gemacht, zwei Monate Ausbildung und dann also in den Schuldienst in Hellerau bei Dresden.

Meine Fächer waren Geschichte, daran war ich schon immer interessiert, und Russisch. Die jüngsten Lehrer mussten Russisch lernen, und wir waren immer eine Woche vor den Schülern präpariert auf das Kommende. Dann bot sich die Möglichkeit, an die Arbeiter- und Bauernfakultät zu gehen, das heißt, die haben mich geholt als – wie nannten sie das? – Lehrkraft, für Russisch und Gesellschaftskunde. Von dort aus bin ich dann aber nach Leipzig. Nachdem ich Direktor des Instituts für Lehrerbildung Russisch in Leipzig wurde, mit fünfundzwanzig Jahren und fünfzig Lehrkräften und mehreren hundert Fachschülern.

Dass ich damals und auch noch dann länger ... bewusster Bürger der DDR war – die DDR war mein Staat, so habe ich das immer gesehen vom ersten Tage an –, ist klar. Die Tätigkeit brachte Probleme für mich. Als ich auf einem Lehrgang war, setzte mich, ohne mich vorher zu informieren, unsere liebe Volksbildungsministerin ab, und ich wurde dann Lehrer an diesem Institut, ganz loyal und es war auch sehr schön mit dieser Klasse, die ich da hatte. Das waren Vierzehnjährige, die dann Unterstufenlehrer werden sollten. Aber das konnte nicht lange so bleiben, ich kriegte die Möglichkeit an die Uni zu gehen als Assistent für Geschichtsmethodik bei Dr. Friedrich Donath ... Das war Anfang 1956, im Januar oder Februar. Die Tätigkeit dort war höchst interessant, weil wir für Friedrich Donath, der sich gerade habilitierte, eine Auswertung von empirischen Arbeiten, Tonbandprotokollen vornahmen: mit Alfried Krause, der später in Greifswald landete, Rolf Rackwitz, der dann an der Pädagogischen Hochschule in Leipzig tätig gewesen ist, Direktor einer Oberschule war zu dieser Zeit. Ich beschäftigte mich, da war Fritz Donaths Rat maßgebend, mit Heimatgeschichte. Die Wirkung der Heimatgeschichte, wie sie im Unterricht genutzt werden könnte – habe dann auch ein paar empirische Untersuchungen gemacht. Vor allen Dingen war sehr viel Literaturarbeit notwendig. Ist es zu ausführlich?

M. D.: Nein, nein, wunderbar.

---

1 Gdynia, Polen.

Wermes: War viel Literaturarbeit, günstig mit der DB in Leipzig, erforderlich, um die Geschichte dieser Verwendung der Heimatgeschichte im Unterricht zu packen. Auch das war für mich in vielem eine Offenbarung, weil ich dadurch viele politische, historische Verhältnisse kennen lernte aus dem 19. Jahrhundert und 20. Jahrhundert, die mir auf andere Weise überhaupt noch nie so zugänglich gewesen waren. Weil die Leute, die sich mit Heimatgeschichte befassten, doch immer relativ volksverbunden waren, denn so etwas abzusetzen, da ging es nicht um die obersten Schichten, sondern um die untersten, weil man die ja ansprechen wollte. Dann wurde ich also Oberassistent und mit der Wahrnehmung einer Dozentur beauftragt, wie das damals so hieß. Ich habe mich sofort an die Habilitation gemacht, das war an der Leipziger Uni im Institut für Pädagogik einfach so Mode. Die jüngeren Leute, wie ich damals, versuchten alle schnell, sich zu habilitieren. Ich hatte nie an so eine Möglichkeit gedacht. Ich hatte auch nicht dran gedacht, überhaupt an die Uni zu gehen, aber die Möglichkeit bot sich und so habe ich es halt getan.

Dieser Übergang an die Uni brachte für mich große finanzielle Verluste, denn ich hatte vorher als Direktor und auch als Lehrkraft am IfL relativ gut verdient. Inzwischen hatten wir dann fünf Kinder und meine Frau war Lehrerin, musste dann mal unterbrechen, also es gab schon Probleme. Wir wohnten dann in der Hüfferstaße in Leipzig in einem Einfamilienhaus, so ein kleines Siedlungshaus. Aber gut ...

1970 wurde ich ordentlicher Professor für Geschichtsmethodik. Da hat die Margot Honecker zu mir gesagt: „Wir erwarten noch viel von euch. Was früher war, vergessen wir jetzt." Ich hatte auch den Drang und hatte mich in der Habilarbeit mit Selbständigkeit der Schüler befasst. Das heißt, wir wollten herauskriegen, wie man mit Hilfe eingeübter Denkweisen, zum Beispiel Analysieren oder Vergleichen historischer Sachverhalte, die Schüler befähigen könnte, selbständiger sich mit Geschichte zu befassen, auseinanderzusetzen. Und auf dieser Strecke sind wir dann geblieben, trotz des Ärgers mit Margot Honecker dann, weil sie nämlich annahm unsere Forschungsgruppe, zu der auch noch die Allgemeine Pädagogik, Didaktik und die anderen Methodiken gehörten, die an der Leipziger Uni waren, würden uns vom Stoff, somit vom Lehrplan entfernen und die Schüler nicht mit dem Wichtigen, in unserem Falle historischen Stoff, versorgen und den lehren, sondern formale ... reformpädagogische Untersuchungen betreiben. Dem haben wir widersprochen und wir haben uns auch nicht da irgendwie stören lassen durch diese Dinge.

Das Wichtigste, was ich schon sofort an der Uni rausgekriegt hatte bei Fritz Donath, war, mich mit interessierten Lehrern zu umgeben – außer meinen direkten Mitarbeitern, ich hatte ja dann als Lehrstuhlleiter Dozenten, Assistenten, Oberassistenten, Forschungsstudenten –, mich mit interessierten Lehrern zu umgeben, die unsere Forschung in ihren Klassen in ihrer Heimat mitmachen konnten. Und das hat sich ausgebaut. Wir haben das dann Oberseminar oder Forschungskolloquium genannt. Wir hatten bis zu zwanzig Lehrer um uns, aber meistens waren es nur sechs oder acht, sagen wir zehn, die zu den acht-, neunmal im Jahr stattfindenden Kolloquia nach Leipzig kamen.

1968 hat der erste dieser Lehrer promoviert, Franz Uhl aus Werdau/Steinpleis, mit einer Arbeit über die neunte Klasse. Und diese Qualifizierungsarbeiten wurden der Hauptinhalt unserer Forschungstätigkeit. Es musste die Konzeption vorgelegt werden, für alle im Forschungskolloquium, die wurde dann zerrupft, wie wir sagten, ohne Rücksicht auf Verluste. Da gab es keine Gnade in diesen Diskussionen zur Sache. Und dann später kam es bis zur Verteidigung und zu den von unserem Lehrstuhl berüchtigten, berühmten Feiern. Es gab böse Stimmen, die sagten: „Die feiern mehr, als dass sie arbeiten." Aber es gibt ja immer Neider zu irgendwas.

Diese Arbeiten verteilten sich auf die verschiedensten Klassenstufen 5 bis 10. Und unser wichtigstes Vorhaben war, die Entwicklung von Schülern und Klassen von Klasse 5 bis 10 zu verfolgen. Das haben wir im Grunde zweimal hintereinander getan, daneben noch andere Dinge, die ich jetzt vielleicht nicht erwähnen muss, und eben mit Lehrern gemeinsam. Die Lehrer hatten ihre Schulklasse, führten die weiter, jedenfalls haben wir uns immer bemüht, dass sie sie durchführen konnten bis zur zehnten, weil das ja auch ein wichtiges Element ist der Erziehung. Immer hat das nicht geklappt. Und ich glaube, dass wir auf diesem Gebiet die wichtigsten Dinge, die wir zustande bringen konnten, getan haben. Dass es sehr anregend war auch, und dass wir als Geschichtsmethodiker von jeglicher unnützen Theoretisiererei bewahrt wurden, einfach durch die Schulpraxis, durch die Schüler, durch die Lehrer, uns auf die notwendige Theorie zurückgezogen haben oder uns bei dieser aufgehalten haben, das war wohl auch eine wichtige Angelegenheit.

Ich kann ruhig sagen, dass wir diese Feiern anlässlich einer Promotion, die derjenige selber zu bezahlen hatte und entsprechend ausgestaltete, auch immer verbunden hatten mit einer Rede, die ich hielt, sozusagen eine kontraproduktive zu der gerade verteidigten Dissertation. Das gab viel Spaß und wir haben dort manche Dinge gesagt, die wir in der Verteidigung nicht nannten. Und wir hatten auch immer auf denjenigen und auf seine Arbeit etwas gedichtet und gesungen, so dass das ein gewisser Rhythmus war, ein Ritual: Es gab einen Stein der Weisen, der weitergegeben wurde vom vorhergehenden auf den nächsten. Geht zu weit, was?

M. D.: Nein, nein, das ist alles sehr interessant.

Wermes: Und der vorhergehende Promovierte musste dann seine entsprechende Rede halten auf den neuen Stein des Weisen – das war ganz einfach ein Stein auf einem Blechtablett. Aber das gehörte zu dem Zusammenhalt der Truppe dazu. Es war für uns ganz wichtig. Man kann ja keine solchen anstrengenden Forschungen betreiben, vor allen Dingen für die Lehrer anstrengend. Man kann ja von den Lehrern nicht unbedingt verlangen, dass sie sich zusätzlich hinsetzen und nach Leipzig fahren auf eigene Kosten und mitdiskutieren. Wenn man nicht dafür sorgt, dass es ein, na ja, ein Kollektiv gibt, wo man sich wohlfühlt und gerne mitarbeitet, wo man auch selber Nutzen von zieht. Insofern war das also alles schon bedeutungsvoll.

Inzwischen waren dann zum Schluss rund dreißig Dissertationen verteidigt, ich glaube, dabei sind ein paar Habilitationen, wo halt die Betreuung anders war. „Dr. sc." hieß es damals. Und das Ganze habe ich dann nach der Wende zusammengefasst und im eigenen Verlag auf eigene Kosten drucken lassen und verteilt. Weil ich einfach wollte, dass das zusammengehalten wird und so eines Tages mal wieder irgendjemand aufgreift und natürlich kritisch verarbeitet. In dieser Publikation fehlt aber natürlich sehr viel, ich konnte ja nicht alles aufarbeiten. Aber ich habe auch ein zumindest beinah vollständiges Register unserer Publikationen darin und andere Ausarbeitungen. Die Wichtigste scheint mir heute noch zu sein eine Konzeption über die Entwicklung der geistigen Tätigkeiten im Geschichtsunterricht Klasse 5 bis 10, eine Art Tabelle.

Ja, dann kam die Wende. Ich muss sagen, dass wir in Leipzig an der Uni in der Sektion Geschichte eine sehr große SED-Grundorganisation hatten und dass wir schon 1989 im Sommer die Kreisleitung der SED für abgesetzt erklärt haben, weil sie absolut tonlos zu den Ereignissen des Abgehens der DDR-Bürger über Ungarn und so weiter gewesen ist. Wie ja auch das Politbüro und gegen die vorzugehen, hatten die sich sowieso nicht getraut in der Kreisleitung ...

Hier muss ich aber einschieben, dass mich, als ich an die Uni kam, aus der Volksbildung heraus, von Anfang an die Linie der Partei an der Uni beeindruckt hatte. Die hieß nämlich: Beste wissenschaftliche Ergebnisse schaffen mit möglichst geringem Aufwand. Und allein diese Zielstellung, die nicht vordergründig ideologisch gefärbt war, im Hintergrund selbstverständlich, die hatte mich sehr beeindruckt. Da hatte ich Diskussionsreden gehört, gleich am Anfang, als ich hinkam an die Uni, wo eben einer auftrat mit einem Buch, ich weiß gar nicht mehr, was es war, aus der Geschichte der Pädagogik irgendwas, einen Abschnitt vorlas und sagte: „Also hört mal zu, das muss man doch mal ernsthaft durchdenken, da ist doch was dran, das können wir doch nicht einfach so liegen lassen. Auch wenn offiziell jetzt gegen die ... Reformpädagogik vorgegangen wird."

Und da habe ich mir gedacht: „Menschenskind, wo ist denn das Parteiarbeit?" Ich kannte das bloß anders, nur auf der Strecke der so im engen Sinne ideologischen ... dann erst später immer mehr stalinistischen Parteiarbeit. Also das war ein starker Eindruck für mich. Bloß um zu sagen, dass ich da voll engagiert war. Ich war auch eine Zeit lang Parteisekretär im Institut für Pädagogik und zwar in der Übergangszeit zur Hochschulreform 1968. Hab da den Übergang mitgemacht, wo alle Methodiker an die Fachsektionen gingen.

So, die Wende, zu der Zeit war ich leider etwas krank, wieder mal am Herzen, und habe weiter Lehrveranstaltungen durchgeführt, Forschung war dann nichts, nur Aufarbeitung. Meine Mitarbeiter, wie Wollschläger, Meltzer und andere machten ihre Lehrtätigkeit, und ich schied dann '91 aus, da hatte ich nämlich das Alter von 65 Jahren erreicht. Und außerdem war das wahrscheinlich der beste Moment, denn sonst wäre ich noch in diese sogenannten Abwicklungs- oder Evaluationsgespräche reingeraten. Dazu hatte ich natürlich keine Lust, obwohl ich an sich gar nichts zu verbergen hatte.

M. D.: Gestatten Sie mir zwei Nachfragen.

Wermes: Ich will noch eins erst ergänzen. Ich hatte schon 1977 den ersten Herzinfarkt, und ich weiß, dass das vorwiegend an der geistigen Überbeanspruchung lag, dies war nicht körperlich bedingt vorrangig. Und ich hatte dann 1992 einen Zusammenbruch, der dazu führte, dass ich Bypässe bekam und einen Schrittmacher. Und mit der Beinverwundung aus dem Krieg ... Amputation des linken Oberschenkels, war ich dann 100 Prozent schwerbehindert und habe mich durch sportliche Tätigkeit, vor allen Dingen Schwimmen, Radfahren immer aufrecht behalten. Das wollt ich bloß noch ergänzen.

M. D.: Die erste Nachfrage: Die Leipziger Parteigruppe des Instituts für Pädagogik hat im Jahr 1957/58 eine wichtige Rolle gespielt bei der Auseinandersetzung mit dem Hans Herbert Becker in Halle. Man hat den berühmten Artikel im ND geschrieben. Wie hat sich, wie haben sich diese Ereignisse aus Ihrer Sicht damals gestaltet?

Wermes: Überhaupt nicht, denn ich war noch nicht an der Uni.

M. D.: Das war '57/58, da waren Sie schon da.

Wermes: Nein.

M. D.: '56 sind Sie gekommen.

Wermes: Wir brauchen uns nicht streiten. Aber das ist einfach beim ... ja, denn '60 habe ich promoviert. Und '65 habilitiert. Also war ich schon dort. Keine Erinnerung, muss ich ehrlich sagen. Das hat mich irgendwie nicht erfasst ... weiß nicht warum. Ich war damals voll unter Dampf. Neu an der Uni und mit der Promotionsarbeit beschäftigt, habe Tag und Nacht in der DB gesessen, wenn ich konnte und so ... Ich habe keine Erinnerung daran. Für mich war das ... kein Gegenstand damals.

M. D.: Nächste Frage: Sie haben erwähnt die Auseinandersetzung, in die Sie geraten sind mit Ihrem Forschungskonzept der Fähigkeitsentwicklung. Könnten Sie etwas genauer beschreiben, wie sich dieser Konflikt vollzogen hat?

Wermes: Ja, kann ich natürlich ... Es ging also um die Forschungsgemeinschaft Fähigkeitsentwicklung, später Könnensentwicklung an der Leipziger Universität, geleitet von Prof. Helmut Faust, Didaktiker, wobei alle anderen Pädagogen und Methodiker dort Mitglied waren, also mitwirkten. Es war ein gemeinsames Vorhaben, es sollte auch für die Schüler von allen Fächern her bedacht werden ... Wir wollten eigentlich darauf dringen, dass das für Schüler – auch machbar – von allen Fächern her abgestimmt erforscht wird. Es gibt da Einzelarbeiten zum Beispiel hier in der Nähe in Ebersbach war einer über vierzig Jahre Schuldirektor, der hat das in allen Fächern betrieben, nahm auch an unserem Forschungskolloquium teil. Die Margot Honecker hat das aufgegriffen, nachdem es schon Sticheleien gab, oder auch sagen wir besser: harsche Kritiken auf der Magdeburger Schulaktivisten– oder so ähnlich hieß es – Konferenz.

M. D.: Darf ich kurz zwischenfragen? Diese harsche Kritik, war die von Siegfried Wolf?

Wermes: Siegfried Wolf auch mit, ja.

M. D.: Und wer noch?

Wermes: Obwohl wir mit Siegfried Wolf sehr gut eigentlich Kontakt hatten. Es war ein kluger Mann gewesen, ist es heute noch, aber von dem ging stark die Kritik in der Richtung aus, wie es auch dann Margot Honecker aufgegriffen hat, Trennung des Faches vom Methodischen oder anders gesagt: die Methoden der Erlernung des selbständigen Herangehens getrennt von Stoff. Das war die Hauptkritik und da war auch immer was dran, an diesem Problem. Das war wirklich ein Problem. Du kannst natürlich hingehen und den Schüler lehren, wie man einen Vergleich durchführt. Ganz formal, ganz formal, du brauchst gar keinen Stoff unbedingt. Du nimmst Apfel und Birne ... So, aber wie das nun fachspezifisch aussieht und ob es überhaupt viel Fachspezifisches dabei gibt – natürlich gibt es das –, das waren die Fragen, die wir hatten, und dort hat Siegfried Wolf mal richtig reingebohrt. Und das hat uns nichts geschadet. Wir waren für solche sachliche Kritik, wie von Siegfried Wolf, ja immer sehr aufgeschlossen. Es konnte uns ja gar nichts Besseres passieren, als dass jemand, der nicht bei uns war, wo die Gefahr natürlich immer war, dass man sich vereinseitigt, der uns da geholfen hat, das zu verhindern.

M. D.: Ja gut, aber Margot Honecker hat dann diese sachliche Kritik aufgegriffen und vermutlich in weniger sachlicher Art und Weise ...

Wermes: Ja, in ihrer feinen Art. Das dort auch dieser Magdeburger … diese Schrittmacher-Konferenz oder Aktivistenkonferenz in der Pädagogik vorgetragen. Ja, das haben wir natürlich ernst genommen. Mussten wir auch ernst nehmen.

Kassettenwechsel (28:17)

Wermes: Wir mussten das natürlich ernst nehmen. Wir haben auch drauf reagiert und deutlich gemacht, dass wir für jedes Fach versuchen, auch für Geschichte, die Spezifika der geistigen Tätigkeit am historischen Stoff, der was anderes ist als chemischer, herauszuarbeiten und auch damit zu arbeiten bei den Schülern. Im Grunde genommen haben wir überhaupt nichts verändert. Wir haben nichts verändert, wir haben nur manches nicht immer so offen wie vorhergesagt oder geschrieben. Einfach um dem Ärger zu entgehen, x Besprechungen und Beratungen in Berlin und so weiter und keine Zeit für die Forschung. Sind wir so darum herumgekommen. Und es hat auch dann eigentlich kaum mehr auf dieser Ebene Kritiken gegeben, möglicherweise haben die Berater von Margot Honecker, die waren ja nicht alle dumm, auch ihr gesagt, dass die Dinge eigentlich ganz ordentlich laufen und sie froh sein könnte, dass sie Leute hat, die so konsequent forschen.

M. D.: Hat es denn nach diesem Referat auf der Schrittmacher-Konferenz noch ein Nachspiel gegeben, also sind Sie noch mal eingeladen worden nach Berlin? Oder wurde es nur …

Wermes: Sind nicht noch mal eingeladen worden. Aber es spielte dann auf den Fachtagungen der Methodiker und der Didaktiker eine Rolle. Wir mussten da oder sollten uns dazu äußern und haben das auch getan. Und im Kreise der Fachmethodiker Geschichte, wo wir regelmäßig die Jahrestagungen hatten, wurde es auch als sehr vernünftig und normal angenommen, was wir da machen, die waren ja auch in Leipzig zu solchen Tagungen. Wir haben demgegenüber, unseren eigenen Kollegen gegenüber, alles völlig offen vorgetragen und auch die Mängel und Fehler, die festgestellt wurden, die wir selber festgestellt hatten, genannt. Da gab es kein Geheimnis.

M. D.: Und der Begriffswechsel von „Fähigkeitsentwicklung" zur „Könnensentwicklung" war dann eher so Etikettenschwindel, um äußerlich der Kritik zu entsprechen?

Wermes: Das hat auch eine Rolle gespielt, aber der Hauptgrund war nicht dieser, sondern der Hauptgrund war, dass wir zu der Auffassung kamen, dass Fähigkeiten zu sehr psychologisch gedeutet werden und zu einseitig gedeutet werden, in der Richtung auch, dass die angeborenen, wie sagt man, Anlagen, dass die Anlagen eine viel größere Rolle spielten. Wir waren dann mehr der Auffassung, dass Können ein breiterer Begriff ist, in den wir das, was wir wirklich vorhatten, auch stecken konnten. Es war also eine Begriffsbereinigung, weil wir ja nicht die Psychologen zwingen konnten, Fähigkeiten nun so zu sehen wie wir. Da mussten wir unterliegen, das ist ganz klar. Und so schien uns der Begriff „Können" als der breitere und auch dem, was wir tun, angemessenere.

Im Russischen gibt es übrigens gar nicht die Unterscheidung. „Spasobnost", „umenije"[2] ist dann Können. Aber das sehen die auch wieder bisschen anders. Also wir hatten da auch uns nicht nach den sowjetischen Kollegen gerichtet. Es war eine ganz eigene Entscheidung unserer Forschungsgemeinschaft, wo, wie gesagt, der Helmut Faust der führende Kopf war.

M. D.: Gut, gehen wir zur nächsten Frage über: Wenn Sie die Geschichte der Methodik des Geschichtsunterrichts periodisieren wollten, welche Zäsuren würden Sie setzen?

Wermes: Das ist eine schwere Frage. Weil ich da eigentlich nicht darüber nachgedacht habe. Oder jedenfalls nicht explizit. Auf jeden Fall gab es die Anfangsperiode, die ich als Geschichtsmethodiker noch nicht mitgemacht habe, sozusagen die Konstituierung an den Universitäten, die PHs bestanden ja damals noch nicht. Das war eine ganz wichtige Entscheidung gewesen, die Geschichtsmethodiker, wie auch die anderen Methodiker, an den Instituten für Pädagogik unterzubringen, beziehungsweise ganz am Anfang an der Pädagogischen Fakultät, die ja dann bald aufgelöst worden ist. In Leipzig gibt es heute noch einen Arbeitskreis „Pädagogische Fakultät Leipzig". Das wissen Sie sicher.

M. D.: Nein, das wusste ich nicht.

Wermes: Ja, das war also eine Eingangsperiode, wo nichts weiter geschah, als dass man anfing mit den Studenten in die Schulen zu gehen, wo dann auch dieses System, was in der DDR-Lehrerausbildung galt, entwickelt wurde mit den schulpraktischen Übungen im Unterschied zu dem Zweistufigen in Westdeutschland mit der Referendarsausbildung und so fort. Die nächste Etappe besteht darin – das ist auch in der Literatur nachgewiesen –, nicht als nächste Etappe, aber als Tatsache, dass die Methodiker – auch die Übergeordneten im Ministerium beziehungsweise im DPZI, später die Akademie für Pädagogische Wissenschaften mit dem hochtrabenden Namen –, dass also alle der Meinung waren, die damit beschäftigt gewesen sind: Jetzt muss man die Methodik auf ein wissenschaftliches Niveau bringen. Man kann nicht bei Empirie bleiben und so. Der beste Praktiker ist zwar ein sehr wichtiger Mann als Vorbild, aber das kann nicht die Ebene sein, die auf

---

2 Спасобность / умение.

der Universität eine Lehre vorträgt, und auch dann vielleicht Forschung, die für die künftigen Lehrer etwas Dauerhaftes bringt. Diese zweite Etappe begann kurz vor der Zeit, zu der ich hinkam. Vielleicht so 1952/53, würde ich sagen.

Die nächste Etappe, die unmittelbar darauf folgte, aber mit Jahren könnte ich sie jetzt nicht festlegen. Würde meinen, das war so um 1960 herum, schon vorher auch, ja, vorher im Ansatz, dass breiter werdende Forschung – direkt theoretische Forschung – betrieben werden musste, sollte, unbedingt. Und das war für die Methodik, auch für die Geschichtsmethodik, verbunden mit der vorhin schon besprochenen Frage der Experimente in Schulklassen. Zugleich – ob nun als neuer Abschnitt? – begann, als ich gerade zwei Jahre an der Uni war, die Zusammenarbeit der Geschichtsmethodiker in der ganzen DDR. Ich glaube, da waren die Geschichtsdidaktiker ... Geschichtsmethodiker bisschen vorneweg. So viel ich gehört habe, haben auch alle anderen Methodiken dann DDR-weit zusammengearbeitet. Die Initiative ging von Fritz Donath in Leipzig aus, und die erste Tagung fand auch in Leipzig statt. Das war ein wichtiges Ereignis, was dann ja jährlich durch die Geschichtsmethodikertagung jeweils an einem anderen Ort, Universitäts- oder Hochschulort, fortgesetzt wurde. Und wo jeweils die Einrichtung, die die Hand dafür, den Kopf dafür hergeben musste, ihre Dinge ausführlich vortragen konnte, zur Kritik stellen konnte. Das hat sich bis ... die letzte Tagung war schon nach der Wende 1990 in Dresden, wo denn auch westdeutsche Kollegen teilnahmen.

Der größte Mangel war bei allen Geschichtsmethodikern, mit Unterschieden, die Frage der unzureichenden Auseinandersetzung mit der damaligen Entwicklung in Westdeutschland auf dem Gebiet des Geschichtsunterrichts. Nun ist die Entwicklung dort anders vor sich gegangen, aber es gab doch bedeutende Leute, die sich zu solchen Fragen geäußert haben. Nun hat jeder Geschichtsmethodiker von uns sich mit diesem oder jenem beschäftigt. Ich zum Beispiel stark mit Lehrbüchern und die anderen auch mehr oder weniger, wir waren ja alle auch zugleich Lehrbuchautoren für bestimmte Klassenstufen. Übrigens auch eine bemerkenswerte Geschichte meiner Ansicht nach. Aber die Auseinandersetzungen mit dem westdeutschen Geschehen, die ja überhaupt insgesamt schwach war, außer auf höchster, auf politischer Ebene, wo bestimmte Dinge vor sich gingen. Und in der Geschichtsmethodik besonders schwach, während die Historiker das viel stärker betrieben haben, die Fachhistoriker und auch andere natürlich, aber das überschaue ich jetzt nicht. Jedenfalls, wir waren dort unter dem Niveau. Ich habe das auch in dem Buch, was in Hamburg herauskam, so dargestellt und sehe das auch heute noch so. Warum eigentlich? Ja, warum eigentlich? Aus Überheblichkeit ... aus Dummheit. Einfach, das war ja auch unwissenschaftlich, man muss sich ja mit dem, was es gibt, aus seinem Fachgebiet auseinandersetzen, ganz egal, wo es erscheint, muss ja nicht gerade mit Australien anfangen. Aber BRD wäre doch durchaus naheliegend gewesen.

M. D.: Hätten Sie die Möglichkeit gehabt?

Wermes: Ja, die Möglichkeit hätten wir gehabt. Es ist ja auch, wenn auch nicht vollständig, ist ja vieles da erschienen. Und ich meine, wir haben ja auch persönlich zum Teil da miteinander korrespondiert, und wir haben uns auch was schicken lassen und so fort. Und die DB hatte, wenn man das denn wollte und sie es nicht von sich aus getan hatte, allemal das notwendige Material, also gerade in Leipzig waren wir da gut dran.

M. D.: Eine Nachfrage: Mit der Periode, die Sie jetzt skizziert haben, da war die Geschichtsmethodik schon sozusagen abgerundet, als Disziplin? Oder gab es da noch einen Bruch? War das praktisch die letzte Entwicklungsetappe die Aufnahme dieser Jahrestagungen, die Aufnahme der breiten empirischen Forschung?

Wermes: Ja, das würde ich so sehen. Manche setzen ab davon die Frage der immer stärkeren Beeinflussung durch die Akademie, die Leute an der Akademie, und das Ministerium. Da muss ich aus meiner Sicht und, ich glaube, überhaupt für die Geschichtsmethodik sagen, wir hatten mit denen einen ausgesprochen guten Kontakt. Es gab zwar im Ministerium einige bösartige, auf deren Namen ich jetzt auf Anhieb nicht komme, aber unsere führende Forschungseinrichtung war ja die Akademie der Pädagogischen Wissenschaften. Dort war Dr. Kruppa der Chef und Frau Dr. Seidel und ich weiß nicht, wer dort noch alles war. Mit denen hatten wir einen normalen Kontakt, die haben zwar Kritik geübt und Fragen gestellt, harte Fragen auch und so, aber auf ganz, sagen wir mal: auf einer Ebene der Gleichberechtigung. Die haben nicht mit Prikass[3] und Befehlen, was weiß ich wie, uns sozusagen belästigt.

Natürlich haben sie dafür gesorgt, und das war ja ihr Recht, ihre Pflicht, dass in der DDR, in den Einrichtungen, wo es Geschichtsmethodik gab, auch die Aufgaben sinnvoll verteilt waren. Dass nicht alle meinetwegen über Lehrbücher geforscht haben oder sonst was. Sondern dass es ein doch relativ abgedecktes Bild der Forschung gegeben hat. Das finde ich also ist eine sehr vernünftige Sache, das sollte man in der BRD schon längst gemacht haben, aber dort geht das natürlich alles auf freiwillig, freiheitlich demokratischer Basis: Da macht jeder, was er will. Dort hat es dann manchmal auch die Diskussion gegeben: „Also hör mal zu, was soll das, wenn du jetzt über Heimatgeschichte schreibst, das machen die doch schon dort?" Bloß als Beispiel genannt. Dann haben wir eben mit den Leuten diskutiert und wir haben versucht, da also einen für allen gangbaren Weg zu finden. So gab es ein Netz der geschichtsmethodischen Forschung, mehr oder weniger stark an den Einrichtungen, das ich für gut hielt. Allerdings manche Sachen haben auch gefehlt.

---

3 Приказ = Befehl, Anordnung, Anweisung.

M. D.: Wenn Sie die Hauptkontroversen in der Geschichte der Geschichtsmethodik benennen wollten, welche wären das? Worüber hat man sich gestritten so bis 1970?

Wermes: Die Hauptkontroversen in der Geschichtsmethodik. Bleiben wir ruhig bei der Bezeichnung, so hieß es ja, offiziell. Das wäre eine Sache, über die man wahrscheinlich länger nachdenken müsste. Können wir ja auch noch, kann ich ja auch noch nachholen. Es gab zum Beispiel, aber jetzt in ungeordneter Reihenfolge, über die Benutzung von Unterrichtsmitteln Diskussionen. Das ist, wo die Unterrichtsmittel sozusagen das Entscheidende sein sollten im Unterricht. Also: Wenn viele Unterrichtsmittel, dann ist der Unterricht gut – vereinfacht dargestellt.

Nun sind die Unterrichtsmittel sehr wichtig, das ist keine Frage, aber mit guten Unterrichtsmitteln kann man eine Konzeption des Unterrichts durchaus auseinanderschlagen. Denn es steht nicht die Frage: Was sollen sie lernen in dem Jahr in der Geschichte? Sondern welche besonders guten, interessanten, für die Schüler packenden Unterrichtsmittel sind vorhanden? Denn wenn ich diesen Film zeige, habe ich die ganze Stunde sozusagen erledigt. Da sind die Schüler interessiert – bloß, ob sie was gelernt haben, die Frage steht da nicht. Also, da konnte man nicht zufrieden sein. Der Einfluss kam übrigens nicht direkt aus Westdeutschland, obwohl es dort solche Bestrebungen auch gegeben hat. Der kam aus Ungarn, vor allem aus Ungarn. Im Gefolge auch mit Tschechoslowakei, dort gab es Geschichtsmethodiker, die eben ein solche Meinung vertraten. Ich will jetzt nicht sagen „extrem". Aber Unterrichtsmittel über alles! Gute Filme und dergleichen mehr und was noch alles da erfunden worden ist.

Vielleicht kann ich hier auch gleich noch einfügen: Diese Diskussion war international, denn die sozialistischen Länder hatten ja, auf Initiative von Bernhard Stohr in Dresden am Pädagogischen Institut, die Internationalen Tagungen für Geschichtsunterricht aufgebaut. Darüber habe ich jetzt nicht mehr im Einzelnen Kenntnis, wann das losging und so weiter. Ich weiß nur, dass das von größter Bedeutung gewesen ist, eben auch gerade die genannte Frage der Unterrichtsmittel. Weil eben dort die anderen so vorgingen und beispielsweise die Bulgaren, die Russen und wir dagegen auftraten, aber in einer Form, die man auf internationalen Tagungen machen kann. Nicht so scharf, wie wir es unter uns Geschichtsmethodikern gemacht haben. Und ich glaube, das hat sich dann auch allmählich so verflüchtigt.

Eine andere Diskussion war seit eh und je die Frage, was kann eine Unterrichtshilfe und was kann sie nicht. Unterrichtshilfen für den Geschichtslehrer. Die es ja für jede Klassenstufe gab. Wie weit soll man dort gehen? Soll man sie überhaupt machen? Nun, die Praxis zeigte, dass die Lehrer relativ gern dazu griffen. Aber die Frage, ob man dadurch nicht dem Lehrer seine Eigeninitiative, seine

möglicherweise phantasievolle Gestaltung des Unterrichts wegnimmt oder ab-
schwächt, die ist nie gelöst worden und kann wahrscheinlich auch nicht gelöst
werden. Es kam ja noch dazu, der heimliche Verdacht von uns, die Margot in Berlin, die Königin auf dem Gebiete des Schulwesens, die hat Berater und die haben
ihr gesagt, wenn wir das haargenau aufgliedern, wie viel Stunden für den Fachteil
oder diesen Stoff, wenn wir das ganz genau aufgliedern, da weißt du jederzeit, wo
sie in der DDR sein müssen in jedem Fach. Der Verdacht ist nicht ganz unberech-
tigt, aber es ist natürlich übertrieben, es so auszudrücken, wie ich es jetzt gemacht
habe. Eine Frage der Kontrollmöglichkeit und so fort.

Sicher, wir vertraten immer die Auffassung: „Gut, Unterrichtshilfen, aber sieh
dir das an," – wir haben es auch in den Schulpraktischen Übungen so gehalten –
„Sieh dir das an und mach es besser. Lass dir die Anregungen von Nutzen sein und
auch die Hinweise." Das war ja gar nicht so schlecht gemacht in vielen Fällen –
außer Klasse 10, aber das ist eine andere Frage. Das lag am Stoff auch beim Lehrbuch. Sonst war das ja gar nicht schlecht gemacht. Ich habe ja selber solche Unterrichtshilfen mitgeschrieben. Wir haben uns da eigentlich um Möglichkeiten des
Schöpfertums des Lehrers immer bemüht.

Weitere Kontroversen gab es in der Frage, wie weit kann der Erkenntnisprozess der Schüler durch den Unterricht gesteuert werden. Da hängt schon mit die
Frage dran, die wir untersucht haben: Grenzen der Fähigkeitsentwicklung, aber
das ist nicht das Vordergründige. Dieser Erkenntnisprozess, der von der Anschauung zum abstrakten Denken und so weiter in der Pädagogik immer eine Rolle gespielt hat oder, sagen wir, seit Ende des 19. Jahrhunderts vor allen Dingen, da wurde von einigen – wie die Mehrheit meinte – in übertriebener Weise versucht, in
den Unterricht hineinzubringen. Das waren zeitweise die Potsdamer und die Dresdener, als es dann die PH Dresden gab.

Hier ging es einfach darum, dass man nicht minutiös voraussagen kann, so
und so wird die Erkenntnis verlaufen. Das war die Zeit, wo noch ungenügend auf
die Individualität der Schüler geachtet und eingegangen wurde. Wo man also annahm, wenn wir das so vortragen und so wiederholen lassen und noch einmal
Hausaufgaben und vielleicht noch eine schriftliche Arbeit, dann sitzt das. Puste-ku-
chen, nichts sitzt. Das hängt von den Bedingungen ab, die es dazu jeweils gibt. Das
hängt davon ab, wie die Qualität der wirklichen Anschauung im Geschichtsunterricht ist, ob Schüler wirklich eindringen, selbständig eindringen, ob es wirklich
auch dabei etwas Spannendes gibt. Ein Geschehen, eben Geschichte, das konkrete
Geschehen.

Ein Beispiel: Wasserradseilwinde im Mittelalter im Erzgebirge in den Kohle-
gruben, sechste Klasse war das. Das kann man doch so oder so machen. Entweder
man sagt: „Guckt euch das Bild an", da war ein Schema noch dabei und eine Abbil-

dung und stand dann eins, zwo, drei der Ablauf und so. „Und nun also habt ihr es gelesen? Wiederholt noch einmal", und so fort. Natürlich kann man es so machen, aber solchen formalen Geschichtsunterricht haben die guten Geschichtslehrer schon vor hundert Jahren oder mehr verurteilt. Wenn man diese Wasserradseilwinde als Schwerpunkt ansehen will, und davon hängt das schon ab, wie man es macht, sich darauf stark konzentrieren will, was sich ja lohnt, weil da der Zusammenhang: neue Produktivkräfte – neue Produktionsinstrumente – Arbeitsproduktivität, ohne die Worte in der sechsten Klasse zu benutzen, natürlich deutlich wird und weil die Schüler das selber erkennen können.

Wenn man ihnen also die entsprechende Aufgabe stellt, sie in die Richtung bringt: „Überlegt euch mal, für wen hatte das Nutzen? Aber seid wachsam, das hat ganz verschiedenen Nutzen gehabt und jetzt guckt es euch mal an! Aber erst erzähl ich euch mal, wie das vor sich ging. Wie der Mann da oben das bedient hat und so fort und wie das Wasser rauschte und so weiter. Und nun guckt euch mal an hier die zwei Fragen!" Hinterher Diskussion drüber, wo die Schüler eben feststellen: Also es war eine Erleichterung für den Bergknappen, der dort arbeitete, ganz klar. Und es war Nutzen für den Besitzer des Bergwerks, darauf kamen nicht alle Schüler auf Anhieb. Ja, also das war die Frage jetzt nach der Auseinandersetzung auch mit dieser Geschichte. Das ist eine Lebensfrage des Geschichtsunterrichts, Erkenntnisprozess. Muss man eben tief eindringen und das nicht einseitig und verkürzt sehen wollen. Und da haben wir immer dran gearbeitet, das war nicht mit einer Auseinandersetzung getan, wie überhaupt die meisten Dinge immer wieder auftauchten.

Eine Kontroverse gab es auch in der Frage der Könnens- und Fähigkeitsentwicklung. Die entsprach dem, was wir vorhin schon gesagt haben, was die Zentrale so brachte, dass die Gefahr bestünde, das Formale überzubetonen und den Stoff zu unterschätzen.

Kontroversen gab es immer bei den Lehrbüchern und alle Jahre wieder, wenn jedes Jahr ein Neues entwickelt wurde, aber das beschränkte sich im Wesentlichen auf Klasse 9 und 10, ganz besonders auf Klasse 10. Wir konnten nicht einsehen, warum das Politbüro, also Kurt Hager, das Zentralkomitee, die Abteilung Wissenschaft, unbedingt dieses Lehrbuch machen musste, weil sie doch keine Ahnung haben von Lehrbuchmachen. Entsprechend war es auch, es war für die Lehrer eine Zumutung dieses Lehrbuch zu benutzen. Wie weit sie es gemacht haben, weiß ich nicht. Natürlich waren gute Fakten, aber insgesamt war es kein Lehrbuch. Von der Ideologie mal ganz abgesehen, die aus jedem Knopfloch guckte. Genauso die Unterrichtshilfen Klasse 10. Die arme Sigrid Kretschel, Jena, die die hat machen müssen, die haben wir da immer bedauert. Und die wird sich ja möglicherweise dazu geäußert haben.

Kassettenwechsel (57:19)

M. D.: Wie war die Sache mit Stohrs Handbuch und der dritten Auflage 1968?

Wermes: Das kam von den Oberen, die glaubten, das kann man so nicht machen, weil da paar Stellen waren, die ihrer Meinung nach unvertretbar waren. Da war so ein kurzer Satz drinnen über Kybernetik, dass Kybernetik künftig eine Rolle spielen müsste oder so ähnlich. Und in dieser Zeit, wo Kybernetik noch als feindliche Ideologie galt in der DDR – jedenfalls bei der Obrigkeit, nicht bei Wissenschaftlern –, da hat man das dort oft an dieser Stelle und noch bei anderen aufgezogen. Das waren aber in meinen Augen heute noch unwesentliche Dinge. Das traf nicht den Kern. Wir hatten keine bessere Methodik damals. Wir hatten überhaupt keine andere. Und die dann gemeinsam gemacht wurde, war sicher in manchen weiterentwickelt, aber insgesamt auch nicht besser. Für die Lehrer war die Stohrsche jedenfalls gut brauchbar.

M. D.: Aber warum hat man ... Also, waren das nur ... Nur weil man mal Kybernetik gesagt hat, hat man ihm dann, ist man da mit ihm so umgegangen? Ich meine, er war doch der verdiente Geschichtsmethodiker! Mit solchen Leuten geht man doch anders um?

Wermes: Ja! Ja, ich weiß eben leider nicht mehr, was noch dahinterstand, was man ihm noch vorgeworfen haben könnte. Er war ja auch Antifaschist und so, also von dort her kann es auch nicht kommen. Und großer Krieger war er auch nicht. Also ich weiß nicht, ich komme nicht dahinter.

M. D.: Gut, ungefähr seit 1964 haben Sie zur Fähigkeitsentwicklung geforscht. Wie kamen Sie eigentlich zu diesem Forschungsschwerpunkt?

Wermes: Das war so: Ich hatte ja meine Promotion A auf einem ganz anderen Gebiet geschrieben. Bei diesen Studien bin ich aber auf die Frage Selbständigkeit der Schüler und so was gestoßen, weil das da immer bei vielem eine Rolle spielte. Und dann kam hinzu, dass Donath in seiner Habilschrift ja so eine Überschrift hatte. Ja, komme ich jetzt natürlich nicht drauf, wie sie genannt war, die Schrift – und der auch in den Untersuchungen immer von Selbständigkeit der Schüler sprach und das stimmte aber so nicht. Das konnte so nicht sein, die Einzelheiten habe ich auch nicht mehr im Kopfe. Dann habe ich durch das Studium der Reformpädagogik vor allen Dingen viele Anstöße gekriegt. Wie wichtig selbständiges Denken, selbständiges Handeln sein kann oder ist. Donath war ja dann inzwischen weg und es bahnte sich in Leipzig am Institut für Pädagogik schon so eine Sache an, dass mehrere das Gebiet Selbständigkeit der Schüler, selbständiges Denken entwickeln. Und so habe ich mich entschlossen, in dieser Frage etwas mehr zu tun. Und dann drangesetzt und Lehrergruppe zusammengesucht und so weiter und diskutiert und gelesen und so ging das dann los. Das ging ja – '65 habe ich die Habilitation verteidigt – ja, es ging dann unmittelbar los. Ich hatte schon alles vorbereitet. Sie haben es ja auch eben gesagt von der Jahreszahl her.

M. D.: Und die Forschungsgemeinschaft unter Leitung von Helmut Faust war nicht ... praktisch der Auslöser ...

Wermes: Nein!

M. D.: ... sondern kam dann dazu?

Wermes: Die kam später dazu.

M. D.: War das Ihre Idee?

Wermes: Ich würde sagen, da haben wir eine große Rolle gespielt, aber schon bevor Faust kam, da kam der dann erst her von irgendwo ... aus dem Harz, glaube ich. War dann schon in der Abteilung Unterrichtsmethodik, wo alle Methodiken zusammen waren im Rahmen des Instituts für Pädagogik. Da ging es schon in der Richtung. Bei vielen, bei mehreren Methodikern, so dass sich das ganz natürlich entwickelte, und Faust hat nachher also alle, die da dran beteiligt werden konnten, vereinigt. Das war dann, wie ich sagte, die Forschungsgemeinschaft Fähigkeitsentwicklung, dann hieß sie Könnensentwicklung. Gibt es auch eine ganze Menge gemeinsame Publikationen. Da war Faust der absolut führende Mann. Ist keine Frage. Also die haben mich nicht dazu gebracht. Die gab es noch nicht.

M. D.: Wie empfanden Sie seinerzeit die Bedingungen für Forschungstätigkeiten in Ihrer Hochschule? Was förderte, was hemmte Sie?

Wermes: Ich habe vorhin schon mal im anderen Zusammenhang gesagt, dass mich die Anregung an der Uni zu forschen, viel zu forschen, möglichst viel zu forschen, schon stimuliert hatte, und die Bedingungen fand ich ja dann vor. Als Assistent bei Donath hatte ich ja relativ wenig Lehrverpflichtung und da konnte man schon was machen. Von daher sah ich es günstig, materiell war es den damaligen Bedingungen entsprechend. Wir hatten Tonbandgeräte und es gab genug Papier und es gab sogar eine Frau, die die Aufzeichnungen, Tonbandaufzeichnungen abschrieb, hauptamtlich am Institut für Pädagogik, war dafür eine aufgeschlossene Atmosphäre. Die Volksbildung, soweit sie uns anging, hat in jedem Falle, wir haben natürlich über die Kreisschulräte die Lehrer dann gebeten, in jedem Falle gerne mitgemacht.

Nur einen bösen Fall gab es. Es ist hier der Ebersbacher Zschietzschmann,[4] den wir auch vorhin schon erwähnt hatten. Der wollte promovieren, hatte wirklich viel Material an der ganzen Schule von nahezu allen Fächern über Könnensentwicklung gesammelt, und da hat es der Bezirksschulrat verboten. Er wollte das nicht. Gründe haben sie mir gegenüber nicht genannt. Nein, der ist Direktor, da hat er genug zu tun. Die wollten das einfach nicht. Aus Angst, aus ... was weiß ich, dass er ihnen den Rang ablaufen könnte vielleicht. Das hätte er auch ohne Weiteres gekonnt mit seinen Fähigkeiten. Aber sonst, die Bedingungen ... Ja, ich kann nur sagen, von der Uni her, von meinen Mitarbeitern her, im Institut sowieso und von den Lehrern her: Das war ja für mich, wie ich schon sagte, von großer Bedeutung, eine ganze Anzahl von Lehrern ständig einzubeziehen. Sofern waren alle Bedingungen gut. Zusätzliche Mittel haben wir nicht gekriegt. Das gab es gar nicht. Bis auf eben Papier und so was, und technische Sachen, die wir brauchten und die Schreiberin da. Aber sonst ... Bedingungen: gut, konnte sie mir nicht besser vorstellen.

M. D.: Welches waren die für Sie maßgeblichen Wissenschaftstraditionen? Und welchen Einfluss hatten diese auf Ihre Forschung? An wem orientierten Sie sich innerhalb Ihrer Disziplin?

Wermes: Ja, da sind natürlich für meine beiden Qualifizierungsarbeiten die Dinge unterschiedlich. Aber immerhin manchmal auch übereinstimmend. Also bei der Heimatgeschichte hat der Tecklenburg mit seinen Arbeiten eine ganz große Rolle gespielt. Dann aus der Zeit der Weimarer Republik die Schulreformer vor allen Dingen, dort kam auch die Selbständigkeit schon stark ins Denken. Die ganze Arbeit, die zur Geschichte des Gegenstandes Heimatgeschichte ging, hatte mein Traditionsbewusstsein auf dem Gebiet entwickelt. Bei der Habilschrift dann habe ich aus der Tradition, die habe ich schon genannt, die Tradition die ich dort hatte, war zunächst mal auf die Fragen der Heimatgeschichte und drum herum natürlich begrenzt. Aber dann hat ich auch noch ganz speziell – ich komm jetzt einfach nicht auf den Namen –, eine sowjetische Kollegin spielte dabei eine Rolle. Die kann ich nennen, die sowjetischen Autoren, aber es hat ja keinen Zweck. Oder wollen Sie das hören?

M. D.: Ja, interessiert mich schon.

---

4 Zschietzschmann, Wolfgang. „Einige Erfahrungen zur Arbeit mit zeitweiligen Denkhilfen bei der Befähigung der Schüler, selbständig Wissen zu erwerben". In *Entwicklung des Könnens im Fachunterricht. Ausgewählte Beiträge zum III. Kolloquium der Forschungsgemeinschaft „Fähigkeitsentwicklung" der Karl-Marx-Universität Leipzig am 24. und 25. Oktober 1972*, herausgegeben von Helmut Faust, 152–157. Berlin (DDR): Volk und Wissen, 1974.

Wermes: Also, alles Professoren an der Pädagogischen Akademie Moskau, mit Ausnahme des Professors Gora, Lehrstuhlleiter für Geschichtsmethodik am Lenininstitut in Moskau, Pädagogisches Institut. Prof. Kinkulkin[5], Prof. Korowkin[6], Frau Solowjowa[7], Herr Dairi[8] ... sind übrigens zum Teil Juden gewesen, alle tot inzwischen. Ja, und andere auch noch. Waren Stücker zehn, mit denen ich da engen Kontakt hatte. Auch mit einem Lehrer, I. S. Osjorski,[9] da habe ich heute noch Briefwechsel, Geschichtslehrer und also örtlicher Methodiker in einem Stadtbezirk in Moskau.

M. D.: Und Karzow?

Wermes: Ja, aber nur schriftlich. Also nur über seine Bücher. Die Bücher kannte ich natürlich alle. Die da aus sowjetischer Hand erschienen waren. Wir hatten ja ein großes Buch, das wissen Sie ja aus dem Literaturverzeichnis, gemacht mit dem Gora zusammen. Sein Lehrstuhl, mein Lehrstuhl. Das aber in der DDR nicht erschienen ist. Es wäre zu speziell. Es ging um die Fragen, die auch der Gora im Mittelpunkt hatte,[10] und es wäre zu speziell gewesen. Das könnte man nicht machen. Also da hörte die Deutsch-Sowjetische Freundschaft manchmal schnell auf. War ja auch auf anderen Gebieten so. Das hätten wir gerne natürlich gemacht.

M. D.: Und bei der empirischen Forschung zur Fähigkeitsentwicklung, auf wen haben Sie sich da gestützt? Die sowjetische Forschung zum einen ...

---

5 Kaschin, M. P., und A. T. Kinkulkin. „Erziehung der Schüler zum proletarischen Internationalismus – eine der Hauptaufgaben der sowjetischen Schule". *Pädagogik* 27 (1972): 1101–1109.
6 Korowkin, Fedor P. „50 Jahre Geschichtsunterricht in der Sowjetunion". *Geschichtsunterricht und Staatsbürgerkunde 10 (1968): 392–400, 494–501. Wagin, A. A. Methodik des Geschichtsunterrichts in den Klassen 5 und 6: Alte Welt und Mittelalter. 1. Aufl. Berlin: Volk u. Wissen, 1973.*
7 Solowjowa, A. F. „Die selbständige Arbeit der Schüler mit dem Lehrbuch in der Unterrichtsstunde". *Pädagogik* 15 (1960): 985–999.
8 Dairi, N. G. „Die Aktivität der Schüler und die Effektivität des Unterrichts: a) zu den Stundenvarianten, b) zum Problemerfassen und Problemlösen im Geschichtsunterricht". In *Schöpferische Aktivität der Schüler im sowjetischen Geschichtsunterricht. Aus den Erfahrungen von Lehrern und Methodikern,* herausgegeben von Sieglinde Müller und Hans Wermes, 22–34. Berlin (DDR): Volk und Wissen, 1970; Dairi, N. G. „Die schöpferische Aktivität der Schüler – ein Prinzip der sowjetischen Methodik des Geschichtsunterrichts". In *Schöpferische Aktivität der Schüler im sowjetischen Geschichtsunterricht. Aus den Erfahrungen von Lehrern und Methodikern,* herausgegeben von Sieglinde Müller und Hans Wermes, 9–14. Berlin (DDR): Volk und Wissen, 1970.
9 Осёрский, И. С. „Исторический музей в школе (Das historische Museum in der Schule)". *Преподавание истории в школе (Geschichtsunterricht in der Schule)* 21, Nr. 2 (1956). Übersetzung von M. D.
10 Gora, Pjotr V., Hrsg. *Wege zur Erhöhung der Erkenntnisaktivität der Schüler.* Übersetzt von Hans Wermes. 1. Aufl. Berlin (DDR): Volk und Wissen, 1976.

Wermes: Die sowjetische Forschung im Gebiet der Geschichtsmethodik hat kaum was aufzuweisen in dieser Beziehung. Ist minimal. Mal eine kurze Untersuchung oder so, aber uns ging es ja um Langfristigkeit, Kontinuität. Weil du Schüler nicht erziehen, auch nicht zum Denken erziehen kannst, in drei Monaten oder einem Schuljahr. Braucht längere Zeit. Nein, das ist dort nicht verbreitet gewesen. Hier war es Donath, der enthusiastisch – und ein bisschen übertrieben, seine eigene Bedeutung – so vorging. Dann waren es der Kossakowski[11] von der Psychologie, der an der Akademie war, glaube ich, vorher aber an der Leipziger Uni und am Institut für Jugendforschung, die pädagogischen Psychologen in Leipzig auch.

Sonst in der Geschichtsmethodik erinnere ich mich jetzt nicht, ob ich mich auf jemanden direkt in der empirischen Untersuchung bezogen habe. Aber sicher gab es in dieser Zeit schon einige Kollegen, die das auch gemacht haben, also ausschließlich waren wir da nicht. Und wenn, dann war es Alfried Krause, damals zunächst noch in Leipzig, mit seinen Unterrichtsfilmen und so fort. Und dann war es, na ja, Diere in Halle auch nicht, Magdeburg auch nicht, Berlin auch kaum ...

M. D.: Und die Potsdamer?

Wermes: Potsdam noch! Gentner, Waade[12] und so weiter. Hora dann später, das ist erst viel später gewesen. Ja, die machten auch so was. Und die lagen uns ja in manchem ziemlich nahe. Gibt ja auch eine sowjetische Dissertation in Moskau *Die Potsdamer und Leipziger Geschichtsmethodiker zur Frage des Denkens der Schüler im Geschichtsunterricht.*

M. D.: Die haben Sie aber nicht zufällig hier?

Wermes: Hab ich nicht hier! Ich hatte aber mal, nun muss ich mal nachgucken, ich hatte mal die Thesen.

M. D.: Kommen wir zur nächsten Frage: War das Verhältnis zu den Geschichtsmethodikern anderer Hochschulen eines der Konkurrenz oder der Kooperation?

Wermes: Zu den Geschichtsmethodikern natürlich nur ausgesprochen gut, unterschiedlich intensiv, unterschiedlich freundschaftlich und kollegial, aber zu allen, zu allen war ein gesundes Verhältnis vorhanden. Und man hat sich in der Truppe wohlgefühlt. Natürlich gab es auch persönliche Dinge, wo man mit dem anderen nicht so übereinstimmte. Aber von der Sache her und auch einschließlich des

---

11 Friedrich, Walter, und Adolf Kossakowski. *Zur Psychologie des Jugendalters.* Berlin (DDR): Volk und Wissen, 1962.

12 Waldemar Waade wurde 1975 Nachfolger Bruno Gentners (siehe unten) in der Abteilungsleitung an der Pädagogischen Hochschule Potsdam. Er war ein weithin geachteter Kollege, der sich viel mit vormodernen Epochen in seinen Publikationen auseinandersetzte und seine Forschung auf das Problem des Geschichtsinteresses fokussierte (Habilitation dazu 1975).

Streites, den es gab über bestimmte Fragen, war das ein gedeihliches, gediegenes Verhältnis zu den anderen. Wir nannten uns die Familie der Geschichtsmethodiker und da war vieles, vieles dran.

M. D.: Also, in ein direktes Konkurrenzverhältnis sind Sie nicht getreten?

Wermes: Es gab natürlich von der Sache her, ohne dass es ausgesprochen wurde – jedenfalls kann ich mich dran nicht erinnern, dass es ausgesprochen worden ist – Konkurrenz: Wer macht das beste Lehrbuch, die beste Unterrichtshilfe? – war ein gesunder Wettbewerb, würde ich mal sagen. Und sonst, na ja, wir hatten keine schlechte Lage mit unseren Forschungsthemen, mit dem, was wir gemacht hatten. Wir hatten was aufzuweisen und so fort, das haben wir auch alle anerkannt. Vielleicht hat mancher sich gesagt, „Das hätte ich auch gekonnt", sicher. Und wir haben auch manchmal gedacht, zum Beispiel gegenüber den Potsdamern: „Donnerwetter! Auf die Idee hätten wir auch schon mal kommen können." Ist so in dieser Art, ohne dass es da zu Konkurrenzkämpfen oder nicht einmal Konkurrenzgefühlen kam, nein ... Nein.

M. D.: Wie schätzen Sie die Rolle des Volkseigenen Verlages Volk und Wissen ...

Wermes: Volk und Wissen ein?

M. D.: ... und überhaupt Publikationstätigkeit, welche Bedingungen ...

Wermes: Erstens: Wir hatten gar keine andere Möglichkeit, zu veröffentlichen. Zeitweilig hat der Deutsche Verlag der Wissenschaften einige geschichtsmethodische Sachen gebracht, zum Beispiel von Donath – zweimal und dann noch einige andere. Als ich dort wollte mit meiner Promotion A zur Heimatgeschichte, war schon Manuskript dort und alles, die Fahnen waren sogar schon fertig, wurde das gestoppt, da gab es im ZK einen Prikass: Alle „unnützen" Veröffentlichungen sind bei den Verlagen zu streichen. Da fiel ich auch drunter. Von dem Moment an hat der Verlag das überhaupt nicht mehr gemacht. Also es gab für uns nur Volk und Wissen. Die Geschichtsabteilung unter Leitung von Emmy Breyer und die Kollegen von ihr, die dort waren, die hatten ein enges Verhältnis zu uns, ein positives, produktives. Natürlich haben sie ihre Meinung gesagt. Sie waren ja auch in manchem erfahrener als wir, bei Lehrbuchsachen und Druckdingen überhaupt. Aber ganz kollegial wurde das gelöst. Sie haben uns nie geschnitten oder hintergangen oder etwas gedruckt, was wir nicht wollten. Nein, mit dem Verlag sind wir gut zurechtgekommen. Das muss ich sagen.

M. D.: Und mit der Zeitschrift?

Wermes: ... Zeitschrift im Speziellen? Die war ja auch im Verlag angelegt. Na ja, da waren wir keine so schlechten Kunden, keine so schlechten Mitstreiter. Da gab es über jeden Artikel natürlich eine Diskussion, aber auch auf einer, ich sag mal: DDR-gemäßen, freundschaftlichen Basis. Wir wollten denen nichts wegnehmen, die wollten uns nichts wegnehmen. Wir wollten gemeinsam was veröffentlichen unter unserem Namen, und da haben wir uns gegenseitig unterstützt. Da kann ich … Sicher hat es mal Ärger auch gegeben. Keine Erinnerung, Sie wissen ja, die negativen Sachen vergisst man zuerst. Aber große Streitereien hat es mit denen nicht gegeben. Es sei denn über das vorhin genannte Buch mit dem Gora in Moskau zusammen, aber da waren sie nicht die Schuldigen. Denn über Bücher haben sie nicht in der Geschichtsabteilung, bei der Zeitschrift erst recht nicht, entschieden.

M. D.: Wer hat es entschieden? Im Ministerium?

Wermes: Ministerium, ja. Bei solchen Büchern: Ministerium. Beziehungsweise die ZK-Abteilung „Schulen" oder „Wissenschaften" oder beide. Das konnte man selber nicht unbedingt erfahren. Ich habe mich dann geregt, als diese Promotion A als Druck, als Büchlein, Broschürchen raus war aus der Aufstellung der Bücher, habe auch an die ZK-Abteilung geschrieben. Dort waren zwei Mann, die aus Leipzig stammten, Methodiker anderer Fächer. Und die haben gesagt: „Es hat keinen Zweck, du brauchst dich nicht strubbeln, du kommst nicht durch. Im Moment ist hier nichts zu holen." Das waren eben Sparsamkeitsgründe damals in der DDR. Die auch dringend nötig waren. Nicht wegen unseren Büchern, sondern insgesamt der gesellschaftlichen Entwicklung. Das muss also vor 1970 gewesen sein.

M. D.: Als Mitglied der SED waren Sie der Parteidisziplin verpflichtet und im Sinne des demokratischen Zentralismus auch den Beschlüssen der Parteizentrale. Führte Sie das in Konflikte mit den Anforderungen Ihres Berufes? Und sofern dies der Fall war, welche Konflikte waren das konkret und welche Auswirkungen hatten sie auf Ihre weitere Tätigkeit?

Wermes: Ja, ich bin am Tag der Vereinigung 1946 der SED bewusst beigetreten. Mein Vater war schon etwas eher zurück, der war auch SED-Mitglied. Und vor 1933 war er SPD und SAP. Das war meine Partei, in eine andere vorhandene konnte ich gar nicht gehen, da hätte ich gar nicht hingepasst. Ich hatte mich ja informiert und Fritze Donath, der in der Geschichtslehrerausbildung in Dresden-Wachwitz, schon bevor er an die Uni kam, eine ganz wichtige Rolle gespielt hat, der hat uns ja in vielen Dingen über die Geschichte die Augen geöffnet und das war auch wichtig für mich. Für den Eintritt in die SED. Bewusst bin ich an dem Tag der Vereinigung beigetreten. Und dann habe ich die Rolle der Partei, auch die Parteidisziplin, als etwas hingenommen, was unbedingt sein muss, weil sonst alles auseinander flattert und so habe ich gedacht. Und ich habe auch die Sache Parteidisziplin einigen versucht beizubringen, die eintreten wollten. Das hat immer eine Rolle gespielt dabei. Ich selber habe keine Parteistrafen gehabt, außer in einem Falle, da war ich dann schon an der Uni, da ging es aber um eine persönliche Sache, die spielt hier keine Rolle. Und, wie gesagt, ich war schon an der Schule, wo ich ja nur bis 1950 gewesen bin, schon Parteisekretär. Der Jüngste, aber einer musste es ja machen. Dann bei den Pädagogen, habe ich auch schon gesagt, zur Zeit der Hochschulreform. Und war öfter Parteileitungsmitglied und so.

Ich habe bis Gorbatschow, das kann ich ganz ehrlich sagen, Gorbatschow hat bei mir innerlich etwas angerüttelt. Ich dachte: „Menschenskind, das geht aber über die alte bolschewistische Norm ein ganzes Stück raus, das ist doch ganz anders." Wie der die Rede hielt vor der UNO über die weitere Weltentwicklung, das ist heute noch lesbar. Ich sage, das ist ein ideales Ding, wenn es nur in die Richtung ginge. Da fing ich und andere auch in meinem Lehrstuhl, wir waren ja eine Parteigruppe, haben wir schon öfter drüber geredet. Da fingen wir an manchem an zu zweifeln. Die alten Männer, die Sturheit in vielen Fragen, da war die Vorbereitung dann des Pädagogischen Kongresses, dieses berühmten und letzten, aber auch vorher schon, an der Auswahl der Kandidaten für Auszeichnung: Verdienter Lehrer. Ich bin übrigens auch Verdienter Lehrer des Volkes 1974 geworden. Es war ja immer einer von den Unis dabei. Wie ich dazu kam, weiß ich nicht, ich war stellvertretender Direktor der Sektion für Ausbildung und Erziehung, und es war halt so.

Ich habe dann auch in Bezug auf die Publikationssache, die lag ja schon zurück, habe ich dann mit einbezogen und Punkte gesucht und gefunden, wo mir was nicht richtig schien, wo mir auch Beschlüsse nicht richtig schienen, Personalentscheidungen nicht richtig schienen. Das Verhältnis zur Sowjetunion, da hatte ich dann durch polnische Kollegen ... die hatten ja schon viel länger die Dinge im Griff. Was da wirklich los gewesen war 1939 und so -- bisschen die Augen geöffnet und ich dachte: „Menschenskind, warum sagen wir das nicht? Wir hätten doch allen Grund, das öffentlich zu sagen." Da bin ich auf die Frage gestoßen, der Unwahrheit auch mancher Parteiwissenschaftler und -politiker. Konnten es vielleicht nicht besser wissen. Dass diese Dinge nicht öffentlich gesagt wurden. Denn ich sagte mir immer: „Das muss gesagt werden, dazu muss Stellung genommen werden." Und wenn es falsch war, war es falsch. Aber es ist öffentlich und bekannt. Aber solcherlei Diskussionen waren natürlich gerade nicht gelitten.

Wir in der Parteiorganisation an der Uni, worüber ich vorhin auch schon sprach, waren sehr kritisch dank der Historiker, einiger Historiker, dazu gehört zum Beispiel Kossok.[13] Und die nahmen oftmals kein Blatt vor den Mund, dadurch wurde mein Bewusstsein noch mehr geschärft, für Dinge, die nicht in Ordnung sind. Unsere Sorge wurde langsam immer größer. Denn es geschah nichts. Zuerst haben wir ja gedacht, ich auch persönlich, die Genossen, die sind große Antifa-

---

13 Manfred Kossok (1930–1993), seit 1963 Professor an der Karl-Marx-Universität Leipzig, international renommierter Lateinamerika- und Revolutionshistoriker.

schisten, die sind ja nicht dumm, die werden das schon sehen, die werden das schon ändern zu gegebener Zeit, nichts, nichts war!

Dann kam dieser Herbst '88 mit dieser Zeitschrift „Sputnik", die ich abonniert hatte und die ich dann nicht mehr bekam, aber vier Mark zurück von der Post für die Gebühren. Wo ich gegen geschrieben habe. Einen bösen Brief, den habe ich leider nicht aufgehoben, auch eine Antwort kriegte, die war formal. Und nun sagten viele: „Pass mal auf Du, jetzt kriegst Du aber eins auf die Birne von der Kreisleitung" oder so. Weil es solche Fälle gab.

Kassettenwechsel (01:26:05)

Wir wurden ständig kritischer wurden – wirklich echt kritisch. Trotzdem immer noch annahmen, das würde sich ... die würden selber etwas ändern von oben her. Der Umschwung war dann die Ereignisse in Ungarn und so weiter. Ich hatte das Jahr vorher oder zwei vorher noch eine Sache:

Meine Frau trat aus der Partei aus, die war WPO-Sekretär, weil sie mit der Kreisleitung und darüber hinaus gehend großen Ärger hatte. Da war nämlich in unserer Ecke in Schleußig ein Haus gebaut worden vom Außenministerium. Das war für besondere Gäste mit besonderen Mädchen vorgesehen. Das Haus steht heute noch. Und meine Frau als WPO-Sekretär dieses Gebietes hat da mächtig aufgedreht und völlig, völlig zurecht. Aber es passierte wie üblich in solchen Fragen gar nichts, und sie trat aus. Da nahm ich natürlich an, das würde auf mich irgendwie zurückstoßen. Solche Fälle gab es ja. Leider! Nicht wahr? Wie nennt man das? Familienhaftung.

M. D.: Sippenhaft.

Wermes: Jawohl! Aber da ist nichts passiert. Nicht mal, nicht mal eine Frage gekommen. Es war vielleicht auch schon zu spät. In der Zeit hatte die Partei schon andere Sorgen, als sich um so etwas zu kümmern, nehme ich an. Außerdem hätte ich kein schlechtes Gewissen gehabt, darüber zu reden, weil ich es genauso sah. Bloß zum Austritt war für mich kein Grund. So, fast alle Mitarbeiter bei mir wurden im Laufe der Zeit Mitglied der SED von sich aus. Und das sah ich auch als ganz normal an. Nein, zweie hatte ich, die waren in der NDPD. Ja, sind inzwischen Professoren. Gute, sehr gute Leute. Aber das war kein Hindernis, mit uns zu arbeiten. Mehlhorns, ja. So hatte ich also ein – sagen wir mal jahrzehntelang – für damalige Zeiten normales Verhältnis zur Partei und dann ein immer kritischer werdendes, besorgtes Verhältnis. Ausgetreten bin ich nicht, als dann die Parteibücher auf den Tisch des Sekretärs flatterten.

Und so habe ich kein Geheimnis, das zu sagen, dass ich in der SED war, gegenüber niemanden. Wer es wissen will, kann es gerne wissen. Ich habe auch kein schlechtes Gewissen. Ich habe als SED-Mitglied nichts Schlechtes getan. Wenn ich gefragt wurde von westdeutschen Bekannten oder anderen Leuten, dann habe ich immer gesagt: „Es ist verdammt schwer, Kommunist zu sein. Da muss man sich nämlich in manchen Dingen ganz schön zusammennehmen und nachdenken." Also, da kann ich ohne Scheu und ohne schlechtes Gewissen darauf zurückblicken. Dass wir nicht fähig waren, das zu ändern, bevor es zu spät war, da sehe ich mich mitschuldig.

M. D.: Wie würden Sie das qualitative und quantitative Verhältnis von Lehre, Forschung, Verwaltung und gesellschaftlicher Tätigkeit während Ihrer Dienstzeit beschreiben?

Wermes: Das quantitative Verhältnis, also im Durchschnitt muss man das dann natürlich machen. Lehre im Durchschnitt dreißig, vierzig Prozent, Forschung auch und das andere das Übrige.

M. D.: Wenn Sie an das Verhältnis der Methodiker und der Fachhistoriker denken: Wie gestaltete es sich in Ihrem Erfahrungsbereich?

Wermes: Also bei uns in Leipzig war das ein gutes Verhältnis. Wir haben oft die Historiker konsultiert. In konkreten Fragen, die auftauchten auch bei der Lehrbuchschreibung und Unterrichtshilfen, wo zusätzliche Quellen waren. Da hatten wir mit allen Lehrstühlen der Geschichtswissenschaft Kontakt. Auch mit dem Methodologie-Professor Berthold, mit allen. Besonders eng war es zu Prof. Günther, Urgesellschaft, Alte Geschichte; zum Mittelalter-Professor Steinmetz, als er noch lebte; Deutsches Mittelalter, aber auch allgemeines Mittelalter: Prof. Werner. Das hing mit unserem Spezifikum Lehrbuch Klasse 6, da war das ja Hauptinhalt, natürlich eng zusammen. Aber das waren sehr enge, gute Verhältnisse. Verfeindet waren wir mit niemanden aus der Geschichtswissenschaft. Kritisch geäußert haben wir uns zu Dingen, wo wir mitreden konnten.

Wir haben sie immer bewundert für ihr gutes Verhältnis zu westdeutschen Geschichtskollegen. Was sich ja auch durch Hin- und Herfahren auswirkte, die Erlaubnis. Wir durften ja nicht, da war ja der Prikass der Ministerin, da wurde immer vom Ministerium oder der APW einer geschickt, der von irgendwas, aber nicht von der Geschichtsmethodik eine Ahnung hatte, zu den Kongressen. Da gab es ja Einladungen! Aber wir durften nicht fahren. Ich durfte einmal zusammen mit Historikern nach Jugoslawien fahren, um Vorträge zu halten über meine Dissertation B, einen Teil davon.

Das Verhältnis ... besonders intensiv zeitweilig zu Prof. Kossok, weil der der Verantwortliche für die Hochschullehrbücher für Geschichte gewesen ist. Außerdem war Kossok ein Genie in meinen Augen. Aber der sagte: „Also, Hans ... So geht das nicht, wir müssen uns von methodischer Seite mal mit der Frage auseinandersetzen, was im Hochschullehrbuch sein könnte." Da habe ich eine Studie gemacht und so weiter, natürlich ging ich viel zu weit, und es war auf Anhieb nicht möglich, jetzt das gleich völlig zu verändern, aber in Ansätzen fingen die Veränderungen an mit Kossoks Unterstützung. Ich bin da aufgetreten auf den Tagungen dieser Autoren. Ich war Gutachter bei jedem Hochschullehrbuch, eben aus dem Grunde. Und kann sagen: ein ausgezeichnetes Verhältnis. Sicher nicht zu allen, aber im Ganzen problemlos. Und schön, ich habe mich dort wohlgefühlt. Man hatte immer eine sichere Basis, konnte selbst über Einzelheiten jemanden fragen, also besser kannst du es gar nicht haben.

M. D.: 1963/64 ist die Methodik-Abteilung aus dem Institut für Pädagogik ausgegliedert worden und ...

Wermes: Das war 1968.

M. D.: Das war Leipzig erst 1968? Also in anderen Unis war ...

Wermes: Das war dann die Hochschulreform. Ja, und da waren wir noch bei den Pädagogen. Ich war damals Parteisekretär, deswegen kann ich es sagen.

M. D.: Dann war das in Leipzig später. Weil in anderen Unis war das eher und da gab es große Probleme.

Wermes: Bei uns war das 1968. Und ich gehörte ja damals schon zum Rat der Geschichte oder wie das hieß. Die hatten, die Historiker, am Petersteinweg, die hatten so eine Einrichtung da, Rat, es hieß vielleicht auch anders.

M. D.: Sie waren ja auch in der Deutschen Historikergesellschaft der Vorsitzende der Fachgruppe Geschichtsunterricht, nicht wahr?

Wermes: War ich auch! Zeitweilig. Ja, ich war sogar Präsidiumsmitglied und ich war auch ... wie sagt man? Stellvertretender Chef! Ja, aber es ging jetzt noch mal um die Frage Vereinigung. Diese Vereinigung der Didaktiker, Methodiker mit den Fächern spielte ja jahrelang eine Rolle. Ich persönlich war eigentlich hin- und hergerissen. Die eine Bindung mit den Pädagogen, siehe auch unsere Forschungsgemeinschaft ,Könnensentwicklung', war natürlich sehr wichtig. Aber von der Sache des Geschichtsunterrichts her, was unser Hauptgegenstand war in Lehre und Forschung, war natürlich ein Hingehen zu den Geschichtswissenschaftlern unmittelbar das Wichtigere.

Und so ist es ja auch geworden. Mit unserer Zustimmung sind wir in Petersteinweg gezogen, kriegten unser Zimmer, genau wie es die anderen hatten. Das war also auch ein normaler Fall, dass wir dort gelandet sind und wie wir gelandet sind. Ich war dann bald stellvertretender Direktor, habe ich schon gesagt, für Erziehung an der Sektion. Da gab es einige Diskussionen, aber gemeinsam, über die

Auseinandersetzung mit westdeutschen Historikern. Da habe ich zum Teil mitgewirkt, weil ich vorher mal etwas gelesen hatte. Also auch das problemlos ohne … Oder ich habe sie vergessen, aber das glaube ich nicht. Nein! Solche Streitereien hätte ich mir sicher ernsthafterweise gemerkt.

M. D.: War dann auch das nur abhängig von den Personen und von den Institutionen, wo es stattgefunden hat?

Wermes: Ganz zweifellos hing das davon ab. Natürlich hatte man nicht zu jedem ein enges freundschaftliches Verhältnis. Das ist ganz klar. Aber im Allgemeinen: ganz gut. Deutsche Geschichte, so Neuzeit hatten wir nicht so ein enges Verhältnis wie zu anderen, zur DDR-Geschichte … na ja, teils-teils. Nur da ärgerte uns auch manches von der Sache her, ich weiß ja nicht mehr was. Es hing mit dem Lehrbuch Klasse 10 zusammen, was wir zwar nicht gemacht haben, aber dessen Auswirkungen wir ja auch mit verkraften mussten, und wo wir wussten, dass die Leipziger da auch eine gewisse Rolle, nicht nur die Parteihistoriker in Berlin, dabei gespielt haben. Allerdings auch andererseits waren die Leipziger kritisch gerade zu diesem Lehrbuch Klasse 10, wo es um die DDR-Geschichte ging.

M. D.: Zum Schluss und zur Abrundung zwei allgemeinere Fragen. Welche Berufs- und Wissenschaftserfahrungen würden Sie als Ihre prägendsten bezeichnen und warum?

Wermes: Lehrer wollte ich eigentlich nie werden. Aber durch meinen Vater beeinflusst, aber hauptsächlich durch mich selber: Als ich es dann war, wollte ich es nicht mehr aufgeben. Ich habe Schulklassen von Klasse 1 bis 8 damals in der Grundschule unterrichtet. Erst zwei erste Klassen habe ich gehabt. Es war eine wunderbare Sache. Hauptsächlich hatte ich Geschichte und Russisch, wie gesagt. Aber ich hatte auch zum Beispiel Physik, gab es keine Geräte, habe ich von zu Hause Elektromotor mitgebracht und so weiter. Ich habe auch Singunterricht gemacht, Sport konnte ich nicht. Also, ich war dann fest überzeugt: Lehrer ist für mich ein guter Beruf. Ich wollte gar nicht mehr weg. Mit der Geschichte … Da hatte ich schon betont, dass ich mich für Geschichte interessierte. Zunächst war ich ja da beim Russischinstitut in Leipzig Direktor, das hat aber mit der Geschichte nicht unmittelbar zu tun. Und war dann aber glücklich in der Geschichtsmethodik zu landen bei Fritze Donath. Prägend war also meine eigene Lehrertätigkeit, gewiss auch mein Vater. Und prägend war dann Fritz Donath schon vor seiner Universitätszeit, wie gesagt.

Und an der Universität selber, na ja … da gab es schon große Leute. Den Chef von der Methodik-Abteilung: Prof. Reißmann, Geographiemethodiker, ein – ja, wie soll man sagen? – ein Mensch voll und ganz, der einem auch half. Dann natürlich auch geprägt … Ja, wodurch wurde man noch geprägt? Durch die Entwicklung in der DDR natürlich, wenn man es so grob nimmt. Auch durch die Partei, ich habe vorhin schon mal Beispiele gebracht, das ist gar keine Frage. Von Einzelpersönlichkeiten: mit Alfried Krause, heute Greifswald, hatte ich ein sehr enges Verhältnis. Ich hatte aber auch mit anderen Methodikern des Instituts für Pädagogik und Allgemeine Pädagogen, mit einigen daraus, sehr enge Beziehungen. Das hat mich immer wieder stimuliert.

Dann die sowjetischen Kollegen, ich kannte ja Kollegen aus allen sozialistischen Ländern. Und ich war da vorne an, ohne anzugeben, weil ich nämlich einigermaßen Russisch konnte, was den anderen Geschichtsmethodikern völlig abging, bis auf paar Worte manchmal. So dass ich immer der Kontaktmann war, nicht bloß zur sowjetischen, das sowieso, zu allen anderen, weil es nämlich in den anderen auch welche gab, die Russisch konnten. Deutsch manchmal: die Ungarn einige und die Tschechen einige, aber alle anderen ... Russisch konnten sie. Und da war ich so bisschen der Verbindungsmann zwischen allen.

Ich war auch der Chefdolmetscher für die sowjetische Delegation unter dem ehemaligen General und dann Prof. N. P. Kusin – als nämlich in der Tschechoslowakei das Treffen war. Es war alle zwei Jahre in einem anderen Land. Bei Prag, auf einer Burg 1968, wo die Tschechen erklärten, sie hätten keine Russisch-Dolmetscher und die Russen sollten sehen, wie sie verstehen, was auf der Tagung gesagt wird, denn Deutsch war neben Russisch Konferenzsprache. Da war Wermes dran! Und das konnte ich ja nun wirklich nicht: wissenschaftlichen Text simultan übersetzen – also da habe ich schwer ... habe ich nur geschwitzt! Haben sie vielleicht das Wichtigste mitgekriegt, aber mehr auch nicht. Da war der Einfluss dieser Internationalen Tagung, wo ich auf jeder mit war. Und auf jeder auch ein Referat hatte, auch sehr prägend.

Es war auch eine größere Gemeinschaft immer mit dem Bedauern – zuletzt waren dort auch ein oder zwei Westdeutsche dabei –, immer mit dem Bedauern, dass nicht andere westliche dabei waren. Auf die Historiker-Kongresse, die Weltkongresse durften wir ja nicht fahren! Wohl die aus Bulgarien, mancher aus Ungarn und aus der Sowjetunion, aber die Deutschen nicht! Dort gab es ja auch immer eine methodische Veranstaltung, wie Sie wissen.

M. D.: Was verstanden Sie als den Zweck Ihrer beruflichen Tätigkeit? Als den Sinn?

Wermes: Na ja, etwas zu tun für die Schüler. Dann eben eingegrenzt auf das, was ich gemacht habe. Und später dann eben differenziert wissenschaftlich etwas zu tun, was helfen könnte, vielleicht. Den Geschichtsunterricht insgesamt etwas zu verbessern oder an einer Stelle einen kleinen Schubser mitzugeben, auch im Interesse der Schüler, die Geschichte lernen sollen. Es spielte natürlich auch eine Rolle, dass ..., wenn man dann Dozent ist oder gar Professor wird, da hat man natürlich auch Grund zu sagen: „Also, was konnte mir schon Besseres passieren, als so und so." Da ist auch ein bisschen Stolz dabei, vielleicht berechtigt, vielleicht nicht. Und manchmal sich ab da ein bisschen abzukoppeln, aber große Rolle spielt dann eben auch die Familie. Gearbeitet werden musste, ich verdiente schon als Direktor des Instituts für Lehrerbildung Russisch relativ viel. Dann sehr wenig als Assistent, deswegen haben mich auch manche für verrückt erklärt und dann aber als Dozent und Professor für DDR-Verhältnisse gut. Die Familie zu erhalten, die große, war natürlich auch eine Frage, die dazugehört, nicht zu trennen ist.

M. D.: Ja, wir haben noch zehn Minuten Zeit, deswegen würde ich noch eine Nachfrage stellen.

Wermes: Na klar!

M. D.: Und zwar, Sie haben jetzt kurz 1968 angeschnitten und das Internationale Symposium in Prag. Wie haben Sie damals die 68er Ereignisse im sozialistischen Weltsystem gesehen und …

Wermes: Erst verwundert und erstaunt, dann dummerweise den konkreten Inhalt nicht gehabt und auch nicht versorgt – hätte ich ja ohne Weiteres kriegen können, die Dokumente von Schick und was weiß ich, was es da gab. Dann das Erlebnis, was ich geschildert habe, wo die Prager Kollegen sich wirklich schoflig benahmen, was eigentlich nicht notwendig war. Und dann mit abgestimmt, dass wir gegen diese Sache sind, ohne den Inhalt konkret zu kennen, nur was in Reden und im damaligen ND geschrieben stand, aufgrund dessen mit abgestimmt. Und das ist eine Ohrfeige, die ich mir im Nachhinein immer wieder geben könnte: Wieso ich abgestimmt habe über so eine grundsätzliche Sache, ohne sie ganz genau zu kennen. Ich halte im Nachhinein vieles von den Vorschlägen des Prager Frühlings für sehr gut und für brauchbar und im Grunde geht es auch heute darum, solche Sachen zu verwirklichen.

M. D.: Und haben Sie an Ihrer Hochschule eine Art Klimaveränderung wahrgenommen um 1968? Also wurden die ideologischen Zügel angezogen oder hatte es keinen Einfluss?

Wermes: Es war also bei uns nach der Hochschulreform in Leipzig … Ja, das hing auch sehr von den Personen ab, wer erster Sekretär war und so. Wir hatten mal einen, der wurde dann rausgeschmissen, unter dem passierte gar nichts. Da war Joachim Böhme schon weg und andere, nein … in der Erinnerung keine merkliche Veränderung! Natürlich, es ging immer straffer in der Partei und so weiter, dort wurde angezogen, aber wir haben ja vorhin schon im wissenschaftlichen Bereich darüber gesprochen. Wir haben davon viel weniger gemerkt als zum Beispiel die Kollegen an den PHs. Die wurden vom Ministerium ganz anders maßgenommen als wir, die wurden ja so richtig unterdrückt oftmals. Ich weiß nicht, ob die Kollegen das heute auch so sehen und erzählen. Das Hochschulministerium: Die wollten Ergebnisse sehen, möglichst international ansehnlich und weiter nichts! Das war Joachim Böhme.

M. D.: Eine ganz andere Nachfrage: Sie kannten Herrn Donath aus Dresden-Wachwitz. Wie kam er auf Sie zehn Jahre später zurück? Wie kamen Sie wieder zueinander? Sie hatten ja inzwischen vollkommen getrennte Lebenswege gehabt. Und nun sind Sie plötzlich bei ihm wieder Assistent.

Wermes: Das war ganz einfach: Ein Kollege vom Institut für Lehrerbildung Russisch, der zeitweilig Parteisekretär war, kam darauf ... Der wurde Mitarbeiter SED-Bezirksleitung. Mit dem war ich einigermaßen befreundet, und der sagte eines Tages zu mir: „Hans, da ist eine Assistentenstelle bei Donath Fritze." „Was, bei Donath Fritze? An der Uni, was denn?" „Na ja, hier, Methodik des Geschichtsunterrichts. Verstehst Du doch was davon!" Ich habe kurz entschlossen Ja gesagt. So war das. Die Vermittlung, also man kann nicht sagen, offiziell durch die SED-Bezirksleitung, das hat damit gar nichts zu tu. Das waren private Kenntnisse, Bekanntschaften durch die das kam. Ich bin also von niemanden delegiert worden. Ich wurde gefragt und bin gegangen.

M. D.: Hatten Sie Alternativen?

Wermes: Auch keine gesucht! Damals jedenfalls nicht. Am Institut für Lehrerbildung, als ich dann nicht mehr Direktor war nach diesem Lehrgang in Weimar, sondern ein Lehrer, ein Klassenlehrer auch so ... Ich hatte da genug zu tun, viel Freude und so was, aber ganz im Inneren hat mich das natürlich gekreppt, dass mich die Honecker rausgeworfen hat als Direktor.

M. D.: Aber aus welchem Grund eigentlich?

Wermes: Ich wäre nicht reif genug, um Direktor zu sein! Und das hängt mit Folgendem zusammen: Kurz nachdem sie als Minister angefangen hat – ich weiß nicht mehr, welches Jahr –, war ich schon Direktor des IfL [Instituts für Lehrerbildung, M. D.] Russisch in Leipzig. Wir zogen dann um. Und da kam ein Anruf: „Zu Euch kommt eine tschechische Delegation, an Euer Institut. Die wollen unbedingt zu Euch und so weiter und organisiert das mal." Und da habe ich gesagt: „Ist gut, ich freue mich." Es war damals nicht üblich solche Besuche. „Ich freue mich und werde es gleich mit dem Parteisekretär besprechen." Das war die Erste: „Der ist nicht fähig, allein zu entscheiden." Das war doch damals groß, die Alleinentscheidungsrechte oder Pflicht des Direktors, ja. „Der will also gleich einen Parteisekretär fragen." So was Irrsinniges, das muss man sich mal vorstellen, bei dieser Rolle der Partei! Es war mir so selbstverständlich wie nur irgendwas.

Dann ging ich auf Lehrgang, das liegt eigentlich zeitlich schon vorneweg. Weimar: Ein-Jahres-Qualifizierungslehrgang für alle Direktoren und Stellvertreter der Institute für Lehrerbildung, die nicht ganz artig waren. Eine zünftige Truppe und einen feinen Fasching gefeiert: die Ministerienmitarbeiter ausgesetzt in der Wüste am Roten Meer, natürlich bloß gespielt zum Fasching. Da kriegte ich einen Auftrag, ich glaube vierzehn Tage, bevor das losging, sollte ich irgendeine Lehrerweiterbildung in Leipzig organisieren. Zusätzlich – das hatte mit meiner sonstigen Sache nichts zu tun. Und da habe ich ein paar Tage gewartet, dann habe ich geschrieben: „Ich habe keine Zeit, ich muss nach Weimar", und sie sollen jemand anderen nehmen. Das hat sie mir sehr übelgenommen. Das hieß dann: „Nichterfüllung ministerieller Aufträge". Das war der zweite Grund.

Der Dritte war: Ich hatte zeitweilig im IfL Russisch Pionierleiter zur Aus- und Weiterbildung. Das war eine dufte Truppe, die haben wenigstens Leben in die Bude gebracht – auch ihre Lehrkräfte. Denen zuliebe habe ich montags früh Appell gemacht auf dem Schulhof Weißenfelser Straße. So, mit unserem Institutsradio: Ertönt der Moskauwalzer, hat alles auf dem Schulhof zu gehen. Das hat sie mir nie übelgenommen, das hat sie gar nicht gewusst. Nein! Aber dass ich dort montags früh mit FDJ-Bluse und dieser Jacke – da gab es so eine Jacke bei der FDJ, so eine braune, bräunliche ... Jacke und da hatte ich auch eine. Die zog ich an zum Appell, dann begrüßte ich alle und so fort. Das hat sie mir übelgenommen. Ein Direktor kann nicht in FDJ-Bluse und FDJ-Jacke gehen. Ich habe ihr dann später mal gesagt, wo ich sie zufällig getroffen habe: „Ich muss Dir ehrlich sagen, das ist mir scheißegal." Würdest du da heute noch drauf bestehen? Sinnlos darüber zu reden. Es war die dritte Sache. Es waren solche kleinen Fische. Lächerlichkeiten. Also ich war persönlich nicht reif genug, na, ich war ja auch 26, 27, älter war ich ja nicht.

M. D.: Na gut, in dem Alter haben andere schon im Ministerium gearbeitet oder im Staatssekretariat und haben ...

Wermes: Ja, sie! *[lacht]*

M. D.: *[lacht]* ... So.

Wermes: ... Ja, noch was?

M. D.: Nein, ist vorbei.

Mündliches Interview mit Dr. Sigrid Kretschel

Jena, den 09.09.2000

Sigrid Kretschel, seit 1960 im Hochschuldienst (Jena), 1968 Promotion, Habilitation 1983, Abteilungsleitung ab 1969.

M. D.: Frau Dr. Kretschel, ich begrüße Sie zu dem Gespräch, und zu Anfang würde ich Sie bitten, einen kurzen Abriss Ihrer Biographie zu geben, von Ihrer Geburt, Ihrem Elternhaus bis zum Beginn Ihrer Tätigkeit an der Universität Jena.

Kretschel: Ich bin 1932 in Ohorn, Kreis Kamenz, geboren, habe dort in einer zunächst Arbeiterfamilie eine relativ normale Kindheit in diesen Jahren gehabt, habe einen Acht-Klassen-Abschluss. Vier Jahre bin ich in die Volksschule gegangen, und danach gab es in der Nazi-Zeit eine Hauptschule, die einen Mittelschulcharakter hatte, würde ich sagen. Die habe ich mit der achten Klasse abgeschlossen, dann bin ich in der Landwirtschaft meiner Eltern geblieben, die dann nach 1945 Bodenreformland zu einer kleinen Wirtschaft empfangen hatten und jetzt einen kleinen landwirtschaftlichen Betrieb von etwa sechs Hektar betrieben haben. Dort habe ich eine Art Lehre angetreten, hatte aber dann den Wunsch, mich sozusagen auch weiterzuentwickeln, habe dann die Lehre bei einem Großbauern fortgesetzt in der Meißner Pflege. Das hat meine Liebe zur Landwirtschaft nicht verstärkt, schon wegen der ganzen sozialen Verhältnisse im großbäuerlichen Milieu.

Ich habe die Lehre aber abgeschlossen – nicht dort, sondern auf einem Schulgut an der Fachschule in Kamenz. In Kamenz habe ich die Fachschule für Landwirtschaft als Unterstufe besucht und danach in Weimar die Mittel- und Oberstufe. Die Fachschule habe ich als staatlich geprüfter Landwirt abgeschlossen. Ich habe mit großem Interesse gelernt, ohne dass ich sagen könnte, dass die Landwirtschaft wirklich meine große Liebe gewesen wäre. An der Fachschule hatte ich eigentlich Interesse am Lehrerberuf gefunden und auch vor allen Dingen an den Fächern, die gar nicht mit der Landwirtschaft zusammenhingen, wie etwa Deutsch oder Gesellschaftswissenschaften. Und damals bestand für mich die Möglichkeit, als Lehrassistentin zu arbeiten; das war ein Sonderstatus für Fachschulabsolventen. Das habe ich dann auch getan für die Fächer Biologie und Deutsch, was eigentlich ganz ungewöhnlich war, weil ich eigentlich keine anderen Voraussetzungen hatte als den Fachschulabschluss.

Und von dieser Fachschule für Landwirtschaft in Bannewitz bei Dresden bin ich dann an die medizinische Fachschule nach Dresden gegangen, also einfach, weil ich dort eine andere Möglichkeit hatte, verstärkt in Deutsch zu arbeiten. Das hing auch damit zusammen, dass in Bannewitz nicht mehr so viele Stellen zur Verfügung standen. Und dort in Dresden habe ich dann überwiegend Deutsch unterrichtet und doch festgestellt – da ja auch unter den Schülern, meistens Schülerinnen, Abiturienten waren –, dass hier meine Voraussetzungen für einen qualifizierten Deutschunterricht zum Beispiel nicht reichten.

Und von da aus habe ich mich beworben zunächst mal für ein Fernstudium in Potsdam, dann an den Universitäten Leipzig und Jena. In Jena bin ich angenommen worden und habe dann 1957 das Lehrerstudium für die Fächer Deutsch und Geschichte aufgenommen. Ich hatte schon mal dargestellt, dass man vorher eine Sonderreifeprüfung machen musste, diese Gelegenheit gab es also, die Hochschulreife in irgendeiner Form nachzuweisen, weil ich ja kein Abitur hatte. Die Prüfung habe ich hier in Jena abgelegt an der ABF und wurde daraufhin angenommen.

Zur Geschichte bin ich eben nun rein zufällig gekommen, weil die Kombination Deutsch und Biologie gar nicht ging. Da war ich zu naiv – also ich habe gedacht, man kann das so wählen, wie man will. Aber ich muss natürlich zugestehen, dass ich von jeher großes politisches und geschichtliches Interesse hatte; mehr aber auch nicht an Voraussetzungen, also außer dem Interesse. Insofern hat es mich dann auch gereizt, Geschichte zu studieren. Aber ich würde schon sagen, im Lehrerstudium habe ich schon beide Fächer gleichwertig studiert, also da würde ich keinen Unterschied sehen.

Als wir schulpraktische Übungen hatten, da hatte ich zweifellos einen Vorsprung: Erstens hatte ich natürlich gegenüber meinen Kommilitonen einen Altersvorsprung von sieben Jahren etwa. Und die Unterrichtstätigkeit auch nun bei Heranwachsenden – das andere waren mehr Erwachsene – hat mir also Spaß gemacht. Und ich muss sagen, ich war geschickt: Also ich hatte methodisches Feeling, ja, ich hatte keine Hemmungen da aufzutreten. Das ist sicher den Methodikern von der Geschichtsmethodik aufgefallen und da ja immer Interesse an jungen Leuten bestand, wurde an mich das Angebot herangetragen, dass ich in der Methodik des Geschichtsunterrichts als Assistentin arbeiten könnte. Das war also auch mehr zufallsbedingt. Wobei ich sagen muss, dass ich eben nach drei Jahren diesen Mittelstufenabschluss gemacht habe und als Assistentin dann den Oberstufenabschluss im Fach Geschichte, weil ich dann in der Geschichtsmethodik war. Dann habe ich also 1960 diese Tätigkeit angetreten, war bis 1967 Assistentin. Etwa '62 oder '63, das kann ich nicht genau sagen, habe ich den Oberstufenabschluss gemacht, danach die Dissertation begonnen, die ich 1968 verteidigt habe. Abgeschlossen habe ich sie etwas früher.

Ich wurde dann wissenschaftliche Mitarbeiterin, wobei eigentlich nicht von vornherein feststand, dass ich da bleiben würde. Das war eigentlich keine vorgesehene Laufbahn weiterhin. Es war ja dann immer so, wenn ein jüngerer Mensch einen Abschluss hatte, dass es auch an der Universität und im Umkreis viel Interesse gab, den für eine Funktion haben zu wollen. Zum Beispiel wurde ich mal angesprochen wegen einer Funktion für den Kulturbund in Jena. Ich habe es dann abgelehnt, ich kann den Zusammenhang nicht mehr sagen. Aber ich will von vornherein sagen, dass also auch selbst zu diesem Zeitpunkt noch nicht die Linie festgelegt war.

Und das hat sich dann eben durch den tragischen Todesfall der Lehrstuhlleiterin Prof. Straube ergeben. Da war ich zu diesem Zeitpunkt die einzige promovierte Kraft in der Methodik des Geschichtsunterrichts. Ja, ich muss sagen, hier ging es ja zunächst einmal um die Aufrechterhaltung der Ausbildungsaufgaben. Und da wurde ich hineingebeten und -geworfen, da war aber noch nicht entschieden, ob ich die Verantwortung weiterhin übernehmen könnte. Da wir damals der Sektion Geschichte angeschlossen waren, also dort integriert, sind verschiedene Versuche gestartet worden, andere Leute heranzuholen; Jenenser haben es abgelehnt, die im pädagogischen Bereich waren. Dann wurde auch mal Prof. Donath angesprochen, also letzten Endes wurde dann gesagt: „Wir machen es so: Du wirst das übernehmen und du wirst dich qualifizieren und du hast eine Perspektive."

So habe ich dann die Tätigkeit aufgenommen – ja, die Tätigkeit, die Verantwortung für die wissenschaftliche Arbeit, vor allen Dingen in der Ausbildung. Ich muss natürlich gestehen, dass wir stark ausbildungsorientiert gearbeitet haben und da auch unsere Hauptverantwortung gesehen haben. Wiewohl dann natürlich noch weitere Assistenten da waren, zu dem Zeitpunkt war Hoffmann als Assistent schon da, er hatte bei Prof. Straube schon angefangen, Kilian war schon weg. So, hier will ich mich aber nicht vertiefen. Dann ging es darum, entsprechend in der Tätigkeit und im Profil dafür die Dissertation B anzufertigen und erst einmal zu einer Dozentur zu kommen. Ich habe Letzteres von mir aus, muss ich sagen, nicht so stark betrieben, weil es mir daran lag, die Voraussetzung zu haben, also die Habilitation beziehungsweise Dissertation B, um berufen zu werden. Aber es war damals auch möglich, vorher zu berufen – die sogenannten Wahrnehmungsdozenturen. Das ist dann auch für mich beantragt worden und da gab es viele Gutachten. Es scheiterte dann an einer politischen Frage.

Das ist heute eigentlich ein bisschen zum Lachen: Ich hatte mich mal geäußert in einem kleinen Kreis, dass ich noch in der evangelischen Kirche wäre, meinen Eltern zuliebe, die eigentlich auch nicht christlich waren, aber es gehörte dazu. Das kann ich überhaupt nicht erklären, wie das so war. Und es wurde dann in dem Zusammenhang vorgebracht, dass ich das verheimlicht hätte, und dass eben das Politische nicht einwandfrei war, weil ich es auch verheimlicht hatte. Na ja, kurz und gut, ich muss allerdings sagen, dass mir damals keine großen Schwierigkeiten gemacht worden sind – verglichen zum Beispiel mit anderen Querelen. Das wurde dann zurückgezogen mit der Wahrnehmungsdozentur, das war klar, aber sonst hat da keiner darüber gesprochen. Ich muss mal sagen, mir hat das nie weh getan, weil ich unter Stress war, in dem Sinne: Du bist in der Position, hast aber noch nicht die Voraussetzungen. Es hat sich dann zwar sehr lange hingezogen, die B-Promotion, ja ... bis 1980 so etwa, 1983. Dann ...

So, jetzt waren wir stehengeblieben bei der Dozentur, Übernahme der Aufgabe. Ich habe dann eben immer versucht, ein Thema zu finden, beziehungsweise den Anforderungen gerecht zu werden, die eben an so eine Laufbahn gestellt wurden. So, dann kam dazu ein Aufenthalt in der Sowjetunion. Dazu musste ich erst mal richtig Russisch lernen, was mir nicht gelungen ist, aber zumindest so, dass man sich dort bewegen kann. Das hat auch Kraft absorbiert. Dann hat man entsprechende Funktionen gehabt: Ich bin mal eine längere Zeit Sektionsgewerkschaftsvorsitzende gewesen, also mehr in der Gewerkschaft, muss ich sagen. Und dann waren die Ausbildungsaufgaben – ich würde sagen, damit waren die Siebzigerjahre bis zur Hälfte gefüllt.

Dann wurde ich aber von zentraler Stelle in Forschungsaufgaben, Publikationsvorhaben integriert. Also die Fachmethodik wurde geschrieben, da wurden Aufgaben verteilt. Der Kontakt zu den anderen Methodikern und meine Stellung hier, also das hat sich dann, würde ich sagen, schon so weit gefestigt. Ja, und so habe ich dann bis 1990 als Dozentin gearbeitet. Ich war im Übrigen noch Vorsitzende der Zentralen Frauenkommission an der Universität, das war auch eine ganz interessante Aufgabe, ohne dass sehr große Fortschritte zu erreichen gewesen wären, wie das auch heute noch so ist. Ich kenne auch jetzt die Frauenbeauftragte.

Na ja, gut, so war das eigentlich in der Sektion. Es sind dann auch neue junge Mitarbeiter geworben worden, das war immer eine sehr schwierige Sache, da komme ich aber in einem anderen Zusammenhang noch mal dazu. Ich würde sagen, das wäre mein Leben gewesen, bis dahin erst einmal.

M. D.: Ja, wenn Sie zurückblicken auf die Tätigkeit zusammen mit Frau Dr. Straube damals, Anfang der Sechzigerjahre – was war das für eine Atmosphäre an Ihrem Lehrstuhl? Was für eine Person war Frau Dr. Straube?

Kretschel: Also ich muss sagen, sie war eine sehr schwierige Person. Sie war schon eine Persönlichkeit – rhetorisch sehr begabt, sehr engagiert für das Fach, überaus, das muss ich sagen. Im Vergleich bin ich diesem Engagement nicht so gerecht geworden; also sie hat schon für ihre Sache gebrannt. Aber die Atmosphäre war durch ihren Charakter etwas schwierig – wobei: Ich habe nicht so darunter gelitten. Ich hatte eigentlich ein gutes Verhältnis, habe jetzt auch noch einmal einen Brief gefunden. Sie war manchmal giftig, auch mit den Männern. Es war also ein bisschen kompliziert, aber nicht für mich.

Sie strahlte so einen wissenschaftlichen Geist aus, also das war klar. Sie hatte Ansehen am Institut, sie war sehr befähigt. Aber ich hatte es schon mal angedeutet, sie kam eben, wie man so sagt, nicht zu Papier, das war eines ihrer schwierigsten Probleme. Als ich begann, stand sie damals noch selbst vor dem Abschluss ihrer Habilitation. Das war ein großes Problem, also nicht im Sinne der Fähigkeiten, das würde ich so nicht sehen. Ich weiß nicht, ob Ihnen das Thema geläufig ist, es ging um die polytechnische Bildung im Geschichtsunterricht; das war also auch der Entwicklung so geschuldet. Also sicher widersprüchlich, sie war damals auch in einer schwierigen Lebenssituation. Ich weiß, sie hatte auch eine alte Mutter zu betreuen und insofern war es ein bisschen problematisch vielleicht.

Aber sie war schon sehr darauf bedacht, uns voran zu bringen, wenn wir bei ihr als Assistenten angefangen haben. Sie hat sich auch Zeit genommen, um mit uns zu reden über die wissenschaftliche Arbeit. Also wir haben ja gemeinsam das Thema gefunden, und es war ja damals ein Zug drin, den ich mir jetzt mal so im Nachgang mit dem Gespräch mit Ihnen überlegt habe:[1] Wir schoben ja im Grunde genommen alles ab. Also: „Sie ist verantwortlich, sie muss uns das Thema geben, und sie muss uns betreuen, davon hängt alles ab." Wir waren wenig selbstständig, ohne dass ich sagen möchte, sie hätte uns nun gegängelt, das wäre auch nicht ganz richtig. Aber die Linie war so in etwa vorgegeben; dass man sagte: „Der ist verantwortlich für den Nachwuchs." Und nun ist das mehr oder weniger weidlich ausgenutzt worden; wenn es nicht klappte, hatte man auch jemanden, auf den man es schieben konnte.

Ich weiß nicht, ob ich es persönlich so gemacht habe, aber das war immer ein Punkt, dass das schnell auf den Verantwortlichen geschoben wurde. Heute sieht man das ganz anders, die Eigenverantwortung. Gleichwohl hatten wir vielleicht auch nicht so viel Freiheit, uns das Thema zu suchen und zu bestimmen und auch nicht die Fähigkeit immer gehabt, klar. Ja, das vielleicht zu dem Verhältnis. Sie können aber gern noch nachfragen. Sie ist ja dann auch ernannt worden, erst in der Zeit, zur Professorin, das weiß ich jetzt nicht genau …

M. D.: 1966.

Kretschel: '66, nicht? Dann war ihre Stellung natürlich eine andere. Also ihre Stellung am Institut für Pädagogik, Abteilung Unterrichtsmethodik war vielleicht komplizierter: Da gab es natürlich auch Anfeindungen und so weiter. Also, eine Frau hat es ja auch nicht so leicht gehabt, das muss ich natürlich noch dazu sagen. Und sie war wohl klüger als der eine und andere Mann hier. Und ihr etwas sprödes Wesen – sie war keine sehr ansehnliche Frau –, das hat es ihr auch nicht immer leicht gemacht. Ich weiß, als Dorst kam, gab es ernsthafte Probleme.

---

1 Der Interviewer hat mit jedem seiner Gesprächspartner ein Vorgespräch geführt, um eine Vertrauensbasis zu schaffen und der kommenden Erinnerungsarbeit beim Interviewtermin durch die Vorabinformation über wesentliche Aspekte des Interviews einen Rahmen zu geben.

Als wir dann in die Sektion Geschichte integriert wurden, war für sie das Leben unkomplizierter. Sie ist zwar dort weidlich ausgenutzt worden in einer Funktion, Direktor für Erziehung und Ausbildung: Das war also immer eine wichtige Funktion. Das war dann am Ende auch ihr Tod, muss man sagen: An dem Tag, als sie die Funktion übergab, ist sie dann tödlich verunglückt. Sie war vielleicht so froh und high, dass das passiert ist – das ist so eine Auslegung von mir. Ja, in der Sektion Geschichte war es leichter. Zumal sie auch die Anerkennung von Prof. Fricke besaß, der war ja Sektionsdirektor und hatte einen großen Namen in der Partei, in der Forschung und so weiter. Er hat sie also so persönlich immer anerkannt. Das war für sie vielleicht die bessere Zeit. Ja, das vielleicht dazu.

M. D.: Auf das Verhältnis zu den Fachhistorikern würde ich später noch mal zurückkommen ... Jetzt würde ich Sie erst mal darum bitten, einen Vorschlag zu machen zur Periodisierung der Geschichte der DDR-Geschichtsmethodik: Welche Etappen würden Sie da ausmachen?

Kretschel: Bis 1960 kann ich dazu nicht gut etwas sagen. Bis Anfang der Sechziger war ja, also ich gehe mal von Jena aus, die Geschichtsmethodik in die Unterrichtsmethodiken integriert, und insofern auch sicher abhängig von der didaktischen Bestimmung, also wer dort das Sagen hatte. Das kann ich noch mal spezifizieren: In Jena war das also die Biologiemethodik, die im Grunde genommen die wissenschaftliche Leitfunktion ... Also Prof. Uhlig war ein sehr angesehener Biologiemethodiker und hatte im Grunde genommen schon seine eigene Schule in etwa. Es gibt so ein Kernstück daraus, was dann von anderen Methodiken auch mit übernommen worden ist und ...

M. D.: Was war das für ein Kernstück?

Kretschel: Das waren die Repräsentationsformen des Stoffes. Haben Sie das schon mal gehört?

M. D.: Ja, habe ich schon gehört.

Kretschel: Ja, das wollte ich Ihnen nun ausführlich erzählen. Das war so ein Berührungspunkt, nicht für alle, aber doch für viele Methodiken – zum Beispiel für deutsche Literatur und so könnte ich es mir nicht vorstellen –, aber ein Berührungspunkt des biologischen Stoffes und des historischen Stoffes. Und das ist übrigens von Frau Straube sehr stark akzeptiert worden, das hat sie mit großer Leidenschaft in der Lehre vorgetragen. Wir waren der Meinung als Studenten, das müssen wir unbedingt wissen, und wir haben es auch akzeptiert. Ich habe es dann im historischen Rückblick auch noch mal den Studenten in der Vorlesung vorgetragen – es hatte Reize, Ansatzpunkte: wie man näher an die Geschichte herankommt, den Unterricht lebendig macht. Das war also diese Etappe, die dann natürlich abgebrochen wurde mit dem Übergang an die Fachsektion.

Ich würde aber sagen, dass ... Also, wenn Sie sagen „Etappen": In den Sechzigerjahren haben sich die Methodiken herausgelöst aus den mehr didaktischen Bindungen und haben versucht, ihren eigenen Gegenstand zu bestimmen – sehr unterschiedlich, wenn ich von der DDR ausgehe. Ich glaube doch, dass in den Sechzigerjahren in der Forschung zumindest, dann auch in der Lehre, das Problem der Denkerziehung in den Mittelpunkt gerückt worden ist. Bis Anfang der Siebziger hat das schon eine große Rolle gespielt und ist dann noch weitergeführt worden von Behrendt in Dresden, aber nicht direkt als Denkerziehung ... Na ja, also losgelöst von den Unterrichtsmethodiken, integriert in die Sektion, aber das hat noch nicht unbedingt so schnell zu einer Profilierung der Wissenschaftsdisziplin geführt, zumindest ist der Einfluss nicht von den Sektionen gekommen. Der ist eher von einzelnen führenden Methodiken gekommen. Das ist natürlich unterschiedlich gewesen, und da war Jena nicht vorn, also das muss ich uneingeschränkt sagen. Das also zu Denkerziehung. Das war es also bis Mitte der Siebzigerjahre, würde ich vielleicht sagen.

Dann sind die Methodiken stärker ... Nein, dann ging es wieder rückwärts, jetzt in Bezug auf Jena – also nicht rückwärts, das ist jetzt falsch. Dann wurden intersektionelle Forschungsgemeinschaften gegründet, ab den Siebzigerjahren in Jena. Das war nun ulkig, das war wieder die Biologiemethodik, hatte aber mit Uhlig, der schon lange dann verstorben war, nichts mehr zu tun. Aber die hatten eben eine ziemlich gute Position, auch an der Universität. Und von dort war also für Jena als Schwerpunkt die Leistungsermittlung und -bewertung gewählt worden. Das wurde dann von der Biologiemethodik betrieben, und da waren wir, die Deutschmethodiker – also, die meisten Methodiken – wieder dabei. So war es wieder mehr oder weniger didaktisch, wenn auch jeder versucht hat, sich auf das eigene Fach zu beziehen. An den anderen Einrichtungen ist das ähnlich gewesen, das ist klar. Da hat es solche interdisziplinären Vorhaben an der Einrichtung selbst gegeben. Ja, das wäre das.

Na ja, und dann – das ist zwar jetzt nicht ganz logisch – ab Ende der Siebziger-, Achtzigerjahre ist alles sehr viel stärker zentral bestimmt gewesen, also die Hauptarbeit sozusagen lag auf der Erarbeitung von Unterrichtsmaterialien. Sicher sind die eigenen Sachen weitergeführt worden. Hier ist dann meine Arbeit noch zur Leistungsermittlung eingeflossen, dann hatte auch Niemann noch etwa in der Richtung gearbeitet. Also, es gab speziellere Untersuchungen in der Forschung, zum Beispiel hier hatten wir das: Bindung der Zensur an den Inhalt. Klingt sehr interessant, ja, und da ist auch sehr viel gemacht worden, unter anderem auch von uns. Das ist aber eine schulisch nicht umsetzbare Sache. Sagen wir einmal, die Zensuren zu bestimmten Stoffeinheiten zuzuordnen, also das war nicht schlecht.

Dann war das auch so ein bisschen mit „Elemente beantworten", also es ging dann auch schon ein bisschen zur Computersache – also als Voraussetzung, etwa was in den Jahren möglich war. Die sind dann wieder aufgelöst worden, diese Forschungsgemeinschaften – warum weiß ich nicht. Das ist dann wieder ... wahrscheinlich war es nicht ertragreich aus zentraler Sicht.

Und dann in den Achtzigerjahren ist dann in Jena wieder eine neue Forschungsgemeinschaft gegründet worden zur Mitgestaltung des Unterrichts durch die Schüler. Das ging dann wieder von der Didaktik aus, da war Prof. Wenge, da waren die Methodiken integriert. Es hat einerseits an den Einrichtungen eine widerspruchsvolle Profilierung gegeben. Und ob es dienlich war, lasse ich noch offen: also, dass wir mal da zugeordnet waren, mal da. Ich glaube, in den seltensten Fällen ist eine Fachmethodik der Kern gewesen, sondern das ist immer die Didaktik gewesen ... Na ja, nicht immer die Didaktik, manchmal war es auch etwas anderes. In den Achtzigerjahren hatte sich das natürlich im Wesentlichen stabilisiert.

Und dann eben waren wissenschaftliche Dienstleistungen zu erbringen: Unterrichtshilfen, das waren Lehrbücher – die sind ja mehr von Historikern geschrieben worden, also es war eher Gutachtertätigkeit. Es war widerspruchsvoll und es war immer das Bemühen da ... Es ist immer sehr viel darüber gesprochen worden: „Wir müssen unseren Gegenstand vom Fach her ableiten." Aber es ist nie wirklich überzeugend gelungen, also das Problem ist geblieben, würde ich sagen. Vielleicht wäre es möglich gewesen – ob es gut gewesen wäre, ist eine andere Frage, aber dann wurde ja immer gesagt: „Ihr habt für die Schule da zu sein. Nur das ist gut, was der Schule dient." Und insofern war dann der Spielraum nicht gegeben, das so auszuweiten. Ich weiß nicht, ob es Ihnen so genügt?

M. D.: Ja! Klar, ja.

Kretschel: Es ist ein bisschen widersprüchlich, nicht?

M. D.: Ja, so ist die Geschichte.

Kretschel: Ja, ja.

Kassettenwechsel (27:57)

M. D.: Frau Dr. Kretschel, der nächste Fragenkomplex: Wenn Sie die Hauptkontroversen in der Geschichte der Methodik des Geschichtsunterrichts benennen wollten, welche wären das, und welche Personen waren beteiligt und so weiter?

Kretschel: Ja, also ich glaube, ich kann sie nur auf Personen beziehen. Zu dem Zeitpunkt, wo sie vehement ausgetragen wurden, war ich wissenschaftlich noch nicht so reif, um das tiefer durchleuchten zu können. Ich würde also Kontroversen sehen in den Sechzigerjahren, zwischen Donath und Stohr. Das müsste auch nachlesbar sein – ich habe jetzt doch noch ein paar Hinweise gesehen. Auch zwischen Stohr und Gentner. Worauf sie sich aber nun bezogen haben, das ist mir nicht ganz klar. Donath hatte ja auch über die Begriffsbildung gearbeitet und dieses Thema der Begriffsbildung hat sicher eine große Rolle gespielt. Ich habe es dann stärker empfunden, als Weitendorf auftrat, der ja wohl von Potsdam kam, dann aber das DPZI vertrat und ja auch wirklich mit dieser Begriffsbildung im Geschichtsunterricht … die ja dann faktisch fast Gesetz wurde über die Lehrpläne. Da bin ich der Meinung, dass erst schon über die Sache debattiert worden ist, wiewohl sie ja dann durchgegangen ist und den Geschichtsunterricht sehr negativ beeinflusst hat.

M. D.: In der Weitendorf'schen Fassung?

Kretschel: Ja, das würde ich so sagen. Also das ist mir schon erinnerlich. Mag sein, dass wir dann auch nur, wenn wir uns wieder nach Jena zurückgezogen haben, darüber geredet haben, und dass da vielleicht so ein bisschen Furcht war – er war ja auch die Autorität als DPZI-Vertreter. Also, mit Donath wurde viel gestritten. Inwieweit es damals darum ging, dass er vielleicht der Nestor der Geschichtsmethodik war – er hat sich als Nestor gefühlt und auch benannt –, und die Nachwuchswissenschaftler, die ja dann auch schon junge Professoren waren oder auf dem Wege dazu, natürlich auch weiterentwickelte Auffassungen hatten … Das mag auch auf dieser Linie gelegen haben. Im Wesentlichen wurden Konflikte auf Methodiker-Tagungen ausgetragen als wirkliche Kontroversen. Und da gab es schon einen Meinungsstreit. Wenn wir auch mit vorbereiteten Beiträgen hingefahren sind, das ist klar, und wenn auch zu wenig Zeit war – aber trotzdem.

Also in Potsdam kann ich mich erinnern, dass mal sehr heftig gestritten worden ist. Ich habe da auch eine kleine Anekdote: Das war Donath – wir waren ja nun alle per Du, also die meisten –, und da sagt Donath zu Stohr: „Bernhard, ich verstehe Dich nicht" – also sinngemäß –, da sagt Stohr: „Das muss nicht an mir liegen." Also, das ist sehr harmlos, aber in dieser Hinsicht … Stohr war zweifellos die größere Autorität, aber er ist dann früh gestorben. Ich habe ihn also höchstens ein- oder zweimal erlebt, ich kann das nicht so genau sagen.

Es war vielleicht auch mit dem Ringen um bestimmte Führungsansprüche verbunden … Also, da bin ich etwas unschlüssig. Ich habe mir schon ein bisschen Gedanken darüber gemacht. Es hängt nicht unbedingt mit den Kontroversen zusammen: Die Meinungsmacher oder die tonangebenden Leute waren ja im Prinzip die Vertreter der pädagogischen Hochschulen, weil die ja sozusagen die Hausmacht hatten, die unterstanden dem Ministerium für Volksbildung. Man hatte manchmal schon das Gefühl, dass da direkte Beziehungen bestanden und dass man ihnen auch eine gewisse Verantwortung übertragen hat – also in der Richtung: „Ihr müsst dafür sorgen, dass in der Lehrerbildung eine einheitliche Linie ist oder in der Methodikausbildung der Lehrer." Darum ging es denen ja, um die Forschung ist es ja nicht so gegangen. Und insofern spielten Gentner und Stohr ohne Zweifel eine führende Rolle. In den Sechzigerjahren auf jeden Fall, Ende der Sechziger dann Gentner. Stohr ist Ende der Sechziger-, Anfang der Siebzigerjahre gestorben. Also, das war ganz ohne Zweifel so.

Und die Lehrstühle an den Universitäten haben nach meinem Dafürhalten dann zwar auch eine gewisse Eigenständigkeit behalten. Sie haben mehr oder weniger gemacht, was sie wollten. Aber das ist nicht in die zentralen Sachen eingegangen. Da haben die Pädagogischen Hochschulen schon mehr Möglichkeiten gehabt. So sehe ich das. Also, ich wüsste kaum eine Universität, die da irgendwie von Einfluss gewesen wäre. Ich glaube nicht, dass das so ernsthaft vertreten worden ist, also dass das von ministerieller Seite und DPZI und der Zeitschrift immer so … – bei der Zeitschrift war es sicher auch faktisch ein bisschen anders, aber insgesamt waren das vielleicht doch zwei unterschiedliche Sachen. Also es ging um die Kontroversen. Später ist auch gestritten worden, so ist es nicht. Aber jeder hatte dann schon so in etwa seinen eigenen Gegenstand. Und darüber konnte man reden und sich austauschen, aber wenn …

M. D.: … die Grundstücke waren aufgeteilt.

Kretschel: Genau. Ganz genau, so ist es. Und da hat das nicht mehr so eine Rolle gespielt. Es standen ja auch nicht alle so drin in den Geschichten. So, das ist schon richtig.

M. D.: Könnte man die Aufteilung der Grundstücke zeitlich parallelisieren mit der Abfassung der kollektiven Fachmethodik, also ab 1970 bis 1974 so ungefähr?

Kretschel: Na ja, da waren sie schon im Großen und Ganzen eigentlich verteilt. Sonst wäre es ja dann immer noch … Dabei waren wir dann in gewisser Weise mit unserer Festigung und Leistungsermittlung sogar etwas im Vorteil. Das war aber auch echt ein bisschen Zufall, die ganze Sache. Doch im Prinzip hatten die schon Forschungsergebnisse, die Lehrstühle. Also sagen wir mal, Halle hatte jetzt die Lehrbucharbeiten, Lehrbuch, diese Geschichte. Unterrichtsmittel in Greifswald, die Karten hatte Fiala noch, das war klar. Osburg hatte das Tafelbild, davon konnte er leben und war sehr anerkannt. Also, das sind natürlich jetzt nur mal die Kernstücke.

Leipzig war sicher etwas schwierig, die hatten die Könnensentwicklung, und Leipzig hat eigentlich viel gemacht, muss ich sagen. Also ich glaube, im Sinne einer richtigen großen Forschungsgemeinschaft habe ich Leipzig eigentlich immer sehr geschätzt, ja. Aber ich weiß jetzt nicht, inwieweit die reingekommen sind? Kann ich jetzt noch nicht einmal bei den Fachmethodiken richtig sagen. Dann war natürlich Waade in Potsdam, ein interessanter Mann und von uns allen akzeptiert, auch mit seinen Forschungen, er war der Nachfolger von Gentner. Er hatte ja mehr die Problematik des Geschichtsinteresses und auch des lebendigen Unterrichts. Das war schon sehr anregend. Aber Sie müssen auch mit verstehen: Die Mobilität war ja damals nicht so groß, und auch die Fahrten kosteten Geld, und die Verbindungen ... Im Grunde kam man eben das eine Mal im Jahr zusammen in der Regel und dann in der Fachkommission und so weiter. Ja, das vielleicht zu den Kontroversen.

M. D.: Gut. Da könnte man ja an dem, was sie über die Kontroversen gesagt haben, ja auch periodisieren? Also eigentlich ist es ja auch dann Zensur, dass diese Grundstücke, diese geistigen, aufgeteilt gewesen sind, die Grundsatzdebatten im Wesentlichen abgeschlossen, und das wäre im Übrigen dann meine Periodisierung.

Kretschel: Ja, ja, doch.

M. D.: Sie haben dazu schon das eine oder andere gesagt, aber noch mal direkt gefragt: Ihre Abteilung hatte seit Ende der Sechzigerjahre den Schwerpunkt Leistungsermittlung und -bewertung – wie kamen Sie zu diesem Schwerpunkt?

Kretschel Ja, also offenbar über diese intersektionelle Gemeinschaft. Da müsste ich jetzt wirklich noch mal nach...

M. D.: Also Ihr persönliches Interesse hat da nicht den Ausschlag gegeben?

Kretschel: Nein. Das ist mehr oder weniger Zufall gewesen, war aber ein Gegenstand, für den man sich sehr gut begeistern und einsetzen konnte. Ich habe das dann ganz gerne gemacht, hatte auch viel Widerhall, wenngleich dann natürlich auch Exzesse kamen von der Praxis her, vor allem Einstellungen und Überzeugungen zu bewerten. Also, das war ja nun ein Thema, wo unmittelbar das Bedürfnis von der Praxis da war, ja. Und wenn man – wie soll ich sagen? – sich einigermaßen verständlich ausdrücken konnte, dass man das rüberbringen konnte, da hatte man schon großes Ansehen und auch Anregung. Ja, durch diese Forschungsgemeinschaft „Leistungsermittlung, Leistungsbewertung" haben wir uns der Sache zugewendet.

M. D.: Und da kam der Verantwortliche auf Sie zu, hat Sie gefragt? Erschien Ihnen das als ein Auftrag oder als eine Bitte teilzunehmen?

Kretschel: Na, wenn so eine Forschungsgemeinschaft gegründet wurde, dann war man ja immer froh. Also das habe ich – wie soll ich jetzt sagen? – als verbindlich angesehen. Da war ich auch ein sehr angepasster Mensch, das sage ich ganz unbesehen, und ich hatte ja im Grunde auch nichts aufzugeben. Wenn andere etwas anders gemacht hatten oder schon ihren Namen hatten auf einem bestimmten Gebiet, war es für sie schwer. Also da bin ich eigentlich immer sehr unbefangen hereingekommen in die ganze Sache. Und das war hier der Prof. Günther, der die Biologiemethodik hatte, und die hatten eine gute Besetzung, auch gute Leute. Da war er vielleicht gar nicht so führend. Und die haben natürlich viel gemacht, aber die anderen waren auch dabei, doch das war …

M. D.: Daran anschließend: Wie empfanden Sie seinerzeit die Bedingungen für Forschungstätigkeit? Was förderte, was hemmte Sie?

Kretschel: Na ja, die Geschichtsmethodik ist natürlich zuvorderst eine Ausbildungsdisziplin gewesen. Die Forschung hing eigentlich überwiegend mit der Graduierung, also mit den Qualifizierungsarbeiten zusammen, das kann man ja generell sagen. Begonnen von Diplomarbeiten, wo wir aber nicht viele Meriten haben. Das hat sich irgendwie nicht so ergeben – über die Doktorarbeiten lief im Grunde genommen die Forschungstätigkeit. Anders kann man das gar nicht sagen; da wäre gar kein Potential dafür dagewesen. Die Bedingungen … Es war nicht so, dass wir uns selbst verantwortlich gefühlt hätten für die Gegenstandsbestimmung. Es war eben doch alles ein bisschen von oben her bestimmt. Natürlich war da ein Spielraum da, etwas auszuprägen nach dieser oder jener Richtung, etwa mehr fachlich-didaktisch und so das Thema zu finden. Ich glaube auch, dass ich bei meiner ersten Dissertation die Stoffeinheiten, das Thema „Französische Revolution" schon selbst gewählt habe. Also nicht, dass man nicht mitreden gekonnt hätte, aber es ist nicht wirklich gefordert worden, und insofern hing das eben sehr stark an dem Lehrstuhlleiter oder Professor, also der betreuenden Persönlichkeit. Ich glaube, die sind da manchmal auch überfordert gewesen bei der ganzen Sache.

Ja, zur Zielstrebigkeit der Arbeit, es waren ja immer vier Jahre vorgesehen, in denen in der Assistenz die Dissertation fertiggestellt werden sollte. Na ja, verglichen mit heute waren die Bedingungen sicher sehr primitiv. Die Wohnbedingungen waren schon schlecht, die Arbeitsbedingungen. Es hat mir aber eigentlich Spaß gemacht. Ich bin ja alleinstehend, ich konnte arbeiten, wann ich wollte. Aber ich muss sagen, ich habe jedes Wochenende gearbeitet – also jedes, wie man das so sagt. Sie machen es ja auch jetzt. Also, es ist am Wochenende gearbeitet worden, es ist abends gearbeitet worden. Der Austausch war – wenn wir hier etwa gleichliefen, da hat man sich natürlich … Kilian und ich waren in etwa gleichlaufend, der ist schon mit dagewesen, das kann man nicht anders sagen. Und die Straube hat die Betreuung sehr ernst genommen: Montag ging ich immer gleich einmal im Monat zu ihr hin, da hat sie dann immer gesagt: Erst muss ich einen alten Film sehen – das war in der DDR so: Montags war immer der alte Film – dann reden wir darüber. Aber da hat sie sich schon sehr viel Mühe gegeben. Aber eigentlich, wenn ich selbständiger hätte sein wollen oder müssen, wäre es vielleicht besser gewesen insgesamt.

Traditionen in der Forschungstätigkeit haben sich aufgrund dieses Hin-und-Her nicht entwickelt. Die Biologiemethodik in Jena hatte vergleichsweise eben eine Tradition, das war durch die Personen schon so und das wurde dann fortgeführt. Das war bei uns nicht gegeben. Das ist auch an den anderen Einrichtungen besser gewesen.

M. D.: Wenn ich einhaken darf ... Für Ihre Dissertation – bei Ihrer Habilitation weiß ich das jetzt nicht ganz genau, aber für Ihre Dissertation haben Sie auch empirisch geforscht, sind in die Unterrichtsklassen gegangen, und diese Methode, die ist ja nun gerade in Jena ganz stark entwickelt worden. Wussten Sie darum, dass das von Peter Petersen herkommt?[2]

Kretschel: Nein, das wusste ich nicht. Wir haben das als Labormethode ... Es könnte sein, dass Straube etwas im Hinterkopf gehabt hat. Nun müssen Sie ja immer bedenken, dass damals Peter Petersen nicht gerade aktuell, also dass das im ideologischen Treiben war. Also das wäre nicht abwegig.

M. D.: Frau Straube hat ja unter Petersen noch angefangen ...

Kretschel: Ja, das ist möglich. Wissentlich wirklich nicht. Ich könnte vielleicht sagen, ich habe das mit ihr besprochen, wie ich das mache. Das ist richtig, aber ich glaube, dass ich da sogar wesentlich eigene Gedanken entwickelt hatte. Natürlich war das auch frivol, das mit den auserwählten Schülern zu machen und außerhalb des Klassenunterrichts. Aber es war auch wieder ganz interessant, wie weit man kommen kann. Aber nein, wissentlich nicht.

M. D.: Aber, dass Sie empirisch forschten und dass Sie diese Methode anwenden, das ist schon selbstverständlich gewesen? Man hätte sich ja auch anders nähern können.

Kretschel: Also, wenn die Sache so bedeutend gewesen wäre und das bekannt geworden wäre – nach oben, wie man so schön sagt –, ich glaube, das wäre nicht gestattet worden, weil das ja nicht der normale Schulbetrieb war. Aber mir ist kein Stein in den Weg gelegt worden. Und die Schulen sind mir alle sehr entgegengekommen. Da habe ich Anschreiben formuliert, wie das so gemacht wird, warum man das macht. Und wahrscheinlich war da der Schulrat auch sehr liberal. Mit der letzten Schulrätin wäre das überhaupt nicht möglich gewesen. Da wundere ich mich heute noch darüber, aus heutiger Sicht. Also, man muss tatsächlich sagen, in den Sechzigerjahren gab es in gewisser Weise liberale Bedingungen, liberalere

---

2 Demantowsky, Marko. „Geschichtsmethodik als anwendungsbezogene Erfahrungswissenschaft – Erscheinung und Herkunft". In *Methoden geschichtsdidaktischer Forschung*, herausgegeben von Saskia Handro und Bernd Schönemann, 51–60. Münster, 2002. Dazu auch Demantowsky 2003. *Die Geschichtsmethodik in der SBZ und DDR*: 99–106.

Bedingungen, also ab Anfang, Mitte der 60er. Aber bestimmt, wenn das an die große Glocke gekommen wäre, da hätte ich meine Bedenken gehabt. Aber darüber habe ich nicht nachgedacht damals, das ist natürlich eine andere Sache. Das ist klar.

M. D.: Kommen wir zu dem Verhältnis zu den anderen Geschichtsmethodikern. Würden Sie das als eines der Konkurrenz oder der Kooperation begreifen? Und wie gestaltete sich das Verhältnis konkret, wie war es organisiert?

Kretschel: Als eine Konkurrenz würde ich es nicht begreifen, also eigentlich mehr oder weniger eine Kooperation, die gewiss besser hätte sein können und Potenzen gehabt hätte, auch gedeihlich auf die Wissenschaft und auf den Fortschritt zu wirken. Also da habe ich eigentlich immer gute Erinnerungen gehabt. Jeder kannte jeden, kann man so sagen, bedingt durch die jährlichen Methodiker-Tagungen. Im Umgang war eine gewisse Lockerheit. Ich muss natürlich zugeben, wir waren fast zu 95 Prozent in der Partei, also Genossen untereinander, und das hat auch den Umgang geprägt – mit Du ansprechen und so weiter.

Dass es da auch persönliche Aversionen im Einzelnen gegeben haben mag, das ist dann eine Frage des Platzhirsches oder so, wer größer ist. Das hat sich dann aber nur bei den Führungskräften abgespielt. Da gab es auch Anmaßungen. Also ich habe immer empfunden – das mag nicht richtig sein –, dass also Gentner stark anmaßend war in der Richtung. Das war auch bedingt durch sein sehr preußisches Auftreten – also er hatte Wahrheit. Er sprach gar nicht, er hat nicht viel gesprochen; aber für mich war er so die graue Eminenz, und auch für Straube. Dann war es sicher bei manchen Sachen eine gewisse Verhaltenheit, sich nicht in die Karten gucken zu lassen. Aber nicht, „Ich mache jetzt was und will eher da sein" – sondern aus Jenaer Sicht auch aus … Komplexen, den Anforderungen nicht ganz zu genügen. Das würde ich sowohl bei Straube sehen, obwohl sie so gut in der Diskussion war. Das würde ich später auch bei mir mitunter gesehen haben wollen. Das hat sich dann ein bisschen fortgepflanzt. Also man musste erst veröffentlicht haben, im Gespräch sein und so weiter, dann hatte man eine andere Position, das ist ja auch ganz natürlich. Insofern wurde manchmal ein bisschen zurückgehalten.

Aber wie gesagt, der Kontakt und die Zusammenarbeit hätte ohne Zweifel besser sein können. Von uns aus gesehen hat sich da keine dauerhafte Kooperation entwickelt. Wir haben es mal mit Leipzig versucht. Also, das ging im Prinzip immer über den Strang: Wen gewinnen wir für eine Dissertation als Gutachter, als nämlich ab einem bestimmten Zeitpunkt auswärtige Gutachter sein mussten. Das ist ab einem bestimmten Datum – es war erst bei mir nicht. Aber dann ging es um den Drittgutachter, und auf jeden Fall einer, der nicht von Jena war. Und da haben wir eben Beziehungen gehabt zu Leipzig, aus geographischen Gründen, dass es nicht so weit war. Dann mussten ja auch Gutachten geschrieben werden für Beförderungen, also jetzt Vorschlag zur Dozentur und so weiter. Nun war das auch wichtig, wer einen vorschlug, also insofern war das damals Gentner – wenn man also sagte, jemand hat Gewicht mit seiner Meinung, dann war das damals schon Gentner, so Ende der Sechziger. Manchmal waren es auch Gefälligkeiten, das war die hauptsächliche Art der Beziehung. Und wenn einer nun wusste, mein Gutachter sitzt dort in Leipzig, der Herr Niemann, der hatte den Herrn Melzer als Gutachter, dann sind wir auch hingefahren, und dann haben sie an Tagungen teilgenommen und so. Das war vielleicht mal eine ganz kurze Zeit auch ganz gut.

Später nicht – aber das liegt jetzt alles später, was ich Ihnen erzähle –, in den Sechzigerjahren ist das nicht so gewesen. Na ja, Teilnahme an Forschungstagungen, das ist dann gemacht worden. Wenn die einzelnen Bereiche eine Forschungstagung, also nicht nur die Jahrestagung – es gab eben auch Forschungstagungen, etwa ab Ende der Siebzigerjahre. Dann sind wir so nach Dresden oder Leipzig gefahren, also was erreichbar war, da sind wir hingefahren. Wir selbst haben nur im Zusammenhang mit der Forschungsgemeinschaft eine gemacht, also eigenständig als Forschungstagung, nicht als Jahrestagung.

Ja, wie gesagt, die Höhepunkte waren die Jahrestagungen, das war schon so. Natürlich stand dann zunehmend die Ausbildung im Mittelpunkt der Diskussion, und das war ja ein gemeinsames Anliegen. Und da hatten wir uns auch so ein bisschen profiliert. Also, wenn wir jetzt auf der Grundlage eines neuen Lehrprogrammes Konzeptionen entwickelten. Wir hatten die schulpraktischen Übungen, andere hatten die Vorlesungen und so. Das war eigentlich schon eine ganz gute Zusammenarbeit. Und, wie Sie wissen, stehen wir ja mit vielen auch heute noch in Verbindung, das ist schon, ich würde nicht sagen eine Kampfgemeinschaft – das war sie auch nicht –, aber es war ein vertrauensvolles Verhältnis unter Gleichgesinnten und auch mitunter ... – die Methodiken hatten ja ein: Schicksal, sage ich. Das ist natürlich Quatsch. Ein bisschen ging es ja immer um die Anerkennung in den Sektionen, in den Sektionen Geschichte. Und das ist unterschiedlich gewesen in den Einrichtungen. Also, die Führungskräfte, die Lehrstuhlleiter, fühlten sich ja mitunter nicht immer so wohl. Dann haben wir uns auch gemeinsam ausgeweint. Die Stellung der Methodik, also das Ansehen, das die Methodik genoss. Das war natürlich an diesen Universitäten nicht so einfach.

Ich erinnere mich an die Aussage eines bedeutenden Kaderleiters an unserer Universität – er ist tot: „Methodik ist Dienstleistung." Und das war an der Spitze der Universität. Und das hat sich nach unten in die Sektion und dann auch entsprechend fortgepflanzt. Und als ich noch die B-Verteidigung hatte, sagte einer, ein Philosoph, der dort mit war, den ich auch gut kannte, schon von der FDJ, sagt er: „Was denkst Du, was wäre denn da, wenn die Methodik nicht da wäre? Geht die Welt auch weiter, nicht?" – Freilich geht sie weiter. Aber so war es auch. Nicht nur in Jena. Ja, das vielleicht zu dem Verhältnis.

M. D.: Welche Rolle kam zentralen Instanzen, also DPZI, Staatssekretariat, Ministerium, Verlag im Diskurs Ihrer Disziplin zu? Und vielleicht könnte man da auch differenzieren nach den einzelnen Gremien?

Kretschel: Ja. Also, ich muss mal sagen, in den Sechzigerjahren habe ich das natürlich noch nicht empfunden, weil ich da noch nicht hingefahren bin. Ich habe da eigentlich die Strukturen noch gar nicht so durchschaut. Also, Einfluss jetzt dieser Einrichtungen, nicht? Natürlich war der dann ... Ich war durchaus angepasst. Ich habe die als meine höheren weisungsgebenden Instanzen betrachtet. Bei der APW – ich habe sie nur als APW erlebt – waren es auch zunehmend inhaltliche Anregungen, und wir sind dort auch annähernd ernst genommen worden. Natürlich muss man das jetzt in dem Kontext sehen. Das war schon eben zentral geleitet und gesteuert, und wir haben uns mit als Rädchen gesehen. Und wenn es jetzt hieß: „Die schulpolitische Linie ist so und so, und das müssen wir umsetzen für unser Fach, und da habt ihr das zu machen!" – ich muss sagen, da habe ich es akzeptiert.

Mit der APW habe ich das nicht als unangenehm empfunden. Ich kenne nur Kruppa, der im Wesentlichen mit uns gearbeitet hat, und er war eigentlich immer ein kameradschaftlicher und auch offener, also kein diktatorischer Mensch. Also insofern habe ich sie nicht als repressiv empfunden, das kann ich nicht sagen. Na ja, wir wurden ja von denen auch ernst genommen, das war ja nun schon der Fall.

DPZI, APW: Also, wie gesagt, die habe ich als eine für uns wissenschaftlich richtungsgebende Institution aufgefasst und empfunden. Ich weiß allerdings, dass manche gesagt haben, wir würden von denen ausgenutzt, weil ja manchmal Zuarbeiten zu leisten waren und so weiter. Ja, aber manchmal haben wir uns auch geehrt gefühlt, dass wir das machen durften. Das habe ich nicht ganz so gesehen. Es mag auch unterschiedlich gelagert gewesen sein, je nachdem wie die wissenschaftlichen Ergebnisse der einzelnen Methodikabteilungen beachtet wurden.

M. D.: Stichwort: Ministerium.

Kretschel: Ja, das ist ein bisschen schwieriger, also das habe ich erst überhaupt nicht im Blick gehabt. Vielleicht mal so eine Episode: Als ich nun einstieg in die Verantwortung und nach Berlin fuhr mit in diese Geschichts- ... Zentrale Fachkommission, da sagt er [Horst Diere, M. D.]: „Hast Du das gelesen in der Lehrerzeitung, wie die Margot Honecker den Stohr fertiggemacht hat?" Erstens hatte ich die Lehrerzeitung überhaupt nie gelesen, das hatte ich gar nicht ernst genommen. Aber das war ja doch ein Zentralorgan für die Lehrer und so weiter. Und da ist mir das überhaupt erst einmal bewusst geworden, welche Bedeutung diese Institution hat und wie verbindlich das ist. Aber wahrscheinlich hat es dort auch verstärkt begonnen, nehme ich an, dass das erst gar nicht so schlimm gewesen ist. Das muss Anfang ...

Kassettenwechsel (57:06)

In der Sache Stohr ist Gegenstand gewesen, dass in seiner Methodik etwas im Zusammenhang mit der Kybernetik im Unterricht gewesen sein muss. Also, das war der Zusammenhang, aber den habe ich nicht durchschaut von außen. Da hat mich Diere darauf gestupst. Es war mir direkt peinlich, dass ich nicht auf dem Laufenden war bei der ganzen Geschichte. Aber das ist natürlich dann zunehmend stärker beeinflusst worden. Das war ja im Grunde genommen eben dann ... Über die Zentrale Fachkommission wurden wir angeleitet, was eben selbstverständlich war. Auch hier würde ich wieder sagen: Die Leute, die das gemacht haben, waren ja zum Teil ehemalige Kollegen, und ich habe sie eigentlich als sehr kameradschaftlich empfunden. Also, natürlich haben die die Order, die sie hatten, auch transportiert. Aber wie gesagt, wir waren ja dort in unserem Kreis, wir haben diskutiert.

Ich erinnere mich an Siegfried Wolf, der war aus der Geschichtsmethodik, der hat das eigentlich immer sehr locker und originell gemacht. Jetzt komme ich nicht auf den anderen Namen ... Sonnet und Sonnenfeld, das waren die Leute. Das waren eine Art Sekretäre, die wurden für eine Zeit ins Ministerium delegiert, um diese Sache zu machen. Da gab es schon bestimmte Order für die Ausbildung. Das Ministerium war im Wesentlichen für die Ausbildung verantwortlich, so sehe ich das. Und das andere, Forschung, war eben von der APW, tja ...

M. D.: Wie hat Herr Diere denn diesen Hinweis auf die Kontroverse mit Stohr kommentiert?

Kretschel: Ich würde sagen: nicht positiv. Er hat es als Eingriff empfunden, also ich meine jetzt das, was Honecker ... Nein, er sagte also so ungefähr: „Jetzt bedrängen die uns." Auf jeden Fall. Also, ich könnte noch die Stelle in Berlin nennen, wo er mir das offeriert hat. Naiv war ich eigentlich. Aber es ist, wie man so schön sagt, ein Schlüsselerlebnis für mich gewesen, ja, dass ich da so hinterher hing, dass ich die ganze Sache überhaupt nicht mitgekriegt habe.

Doch: Er war bestürzt. Dass das so möglich war, dass so auf die Sachen Einfluss genommen wurde ... Und Stohr war ja nun auch ein hochgeschätzter Mann. Ich glaube, Margot Honecker hat das dann auch zurückgenommen, also nicht von der Sache her. Ja, also gewiss sind wir gegängelt und geführt worden, das würde ich schon so sehen, aber direkt Widerstand haben wir auch nicht geleistet. Ich kann es nicht so sagen. Wir sind ja in dem Wahn gewesen, wir bilden sozialistische

Lehrer für die sozialistische Schule aus – oder in der Auffassung gewesen ... Ich will nicht sagen: Wahn.

Insofern gab es ja sicher in wesentlichen Dingen die Übereinstimmung. Wir haben vielleicht mal um Stunden gekämpft und um die Lage von Praktika und solche Sachen. Da hat es schon auch Streit gegeben, über die Studienorganisation auch. Da hatte man Kenntnisse und Erfahrungen, und das ist auch ins Gespräch gekommen. Vielleicht gibt es da Eckpunkte, die ich nicht mehr so in Erinnerung habe ...

M. D.: Könnte man das Verhältnis von Zentrale zu den einzelnen Wissenschaftlern als patriarchalisch bezeichnen?

Kretschel: Tja ... Das wäre ja väterlich sozusagen, fürsorglich ...

M. D.: ... und autoritativ.

Kretschel: In gewisser Weise, vielleicht ein bisschen in Abhängigkeit von Personen, die das gerade vertreten haben. Also der Letzte, muss ich sagen ... das Letzte ist natürlich mehr eine Erinnerung. Da habe ich ja mal eine böse Sache gehabt, die kann ich schon mal zum Besten geben. Das war Sonnenfeld, das war der Letzte, der die Fachkommission hatte, und mit ihm waren wir ja dann in Tallinn zu diesem internationalen Symposium. Und da war ja nun schon die Perestroika im Gange und so weiter. Und er musste also – sicher nicht von Margot Honecker persönlich, das würde man überschätzen – er musste unwahrscheinliche Order gekriegt haben, uns zusammenzuhalten und nicht einzuschwenken und dann auch gegenüber den sowjetischen Leuten unsere Position, also seine Position und die des Ministeriums, zu vertreten.

Und da weiß ich, dass er sagte, die sollen erst mal die Kinder anständig ernähren und ... Also das war sehr arrogant gegenüber der Sowjetunion. Die hatten ja damals schon Dinge zur Diskussion gebracht, zum Beispiel – wann ist denn das gewesen? '88 oder '87, das weiß ich jetzt selber nicht ... Und da ging es ja schon um die Reformpädagogik, welche Bedeutung ... Die Sowjets waren ja manchmal auch offener als wir. Er hat ja dann auch einen Vortrag gehalten, das war dann sehr von oben herab. Ich würde sagen, dass von uns keiner widersprochen hat, wobei das gar nicht so gefährlich war, aber so gut drauf waren wir da noch gar nicht. Das war dann schon ein bisschen schlimmer. Aber sonst ...

M. D.: Also, die Fachkommission war doch eigentlich das Kollektiv oder das Gremium, gemeinsame Gremium der Geschichtsmethodiker? Und er war vom Ministerium ein hauptamtlicher zugeordnet, der das Ganze führte?

Kretschel Ja, der das führte. Ja, genau. Diere war Vorsitzender; ich weiß gar nicht, die Vorsitzenden haben ja gewechselt. Gentner war es mal, und Diere. Ist er es bis zuletzt gewesen, oder war es dann Szalai?

M. D.: Zuletzt war es Herr Szalai, ja.

Kretschel: Nicht? Das wollte ich gerade sagen.

M. D.: Am Anfang war es Herr Stohr, 1960.

Kretschel: Man könnte schon so sagen, dass es in etwa immer vielleicht die führenden Leute so gewesen sind, nicht? Aber das Verhältnis war nicht schlecht. Es war vielleicht ... Zuletzt hat es nicht so gepasst, weil der Sonnenfeld vielleicht auch wenig Einblick hatte. Das ist klar.

M. D.: Ja. Die nächste Frage bezieht sich auf die SED. Als Mitglied der SED waren Sie der Parteidisziplin verpflichtet und im Sinne des Demokratischen Zentralismus auch den Beschlüssen der Parteizentrale. Führte Sie das in Konflikte mit den Anforderungen Ihres Berufes? Und sofern dieses der Fall war, welche Konflikte waren das konkret und welche Auswirkung hatten sie auf Ihre Tätigkeit?

Kretschel: Tja ...

M. D.: Also, zum Beispiel nehmen wir vielleicht mal so Knackpunkte, ja? 1968 Prag oder 1985 Perestroika oder 1961 Mauerbau – also, wo Beschlüsse der Parteizentrale sehr zentral in das tägliche Leben eingegriffen haben, und wo dann das Parteimitglied gefragt war. Hip oder Hop.

Kretschel: Ja. Das hat sich aber ja im Wesentlichen in den Parteiversammlungen abgespielt. Das würde ich schon so sagen. Da hat es auch scharfe Auseinandersetzungen gegeben, auch eben gerade an den Knackpunkten, das ist richtig. Also, ich glaube 1968, da kann ich mich gut erinnern an die Diskussion, auch an die Genossen – da waren wir ja mit dem Fach zusammen –, die sich dem widersetzt haben. Da war man natürlich zu feige. Ich glaube, ich habe ... Das habe ich auch nicht überblickt. Das war notwendig, um die Feinde des Sozialismus und so weiter ... Also, das habe ich nicht ganz durchschaut, obwohl das etwas kompliziert war. Das war ja nun im Sommer und zu Beginn des Studienjahres waren ja ... Es wurde mit den Studenten diskutiert. Immer, wenn die wiederkamen aus den Ferien, musste man sie ja wieder auf Vordermann bringen. Das war nun wirklich Gang und Gebe. Und da wurden wir ja in der Regel alle verdonnert, das zu machen und einen bestimmten Standpunkt eben zu vertreten und einzunehmen. Das haben wir nun versucht, mehr oder weniger, solche Diskussionen zu führen.

Ja, in Gewissenskonflikte? Also 1989, würde ich sagen. Da waren schlimme Sachen, auch bei uns hier in der Partei. Ist mir überhaupt unerklärlich, dass das ...

Na, wann war denn Honecker in Rumänien? Daran knüpft sich das. Es gab sicher zwei Stränge: die Parteiorganisation und dann doch schon Leute, die weitsichtiger waren. Auch in der staatlichen Leitung. Insofern in der Partei, also das war wirklich ... Da kam man schon in Gewissenskonflikte, weil dann eben im Grunde genommen solche Sachen auch immer über Personen und bestimmte Verdikte ausgetragen wurden. Also auch bei Meinungsstreit und bei allen Sachen: Mitunter wurden eben persönliche Aversionen oder eben Gerangel um Positionen über die Partei ausgetragen. Und das habe ich durchgehend als sehr unglücklich empfunden, also, das würde ich schon so sagen. Es hat mich weniger betroffen. Dann wurde hier die Machtfrage gestellt und solche Sachen. Und da gab es eben sehr geltungsbedürftige Menschen, die dazu versucht haben, alles über die Partei zu regeln. Das kann man eigentlich gar nicht immer der Partei anlasten – doch insofern, als es eben möglich war in dem Rahmen, das will ich jetzt nicht entschuldigen, das ist klar. Und auch mit dem demokratischen Zentralismus.

Also mein Mitarbeiter hier, der Dr. Hoffmann, der hat ja dann immer eine sehr ... Er war zwar ein bisschen sehr versponnen, aber er hatte eigentlich immer eine eigene Meinung, war auch Genosse und hat auch gerade in den letzten Sachen, also: „Warum muss ich der gleichen Meinung sein?" und so weiter – ja, er war mein Mitarbeiter, aber wir haben keine Widersprüche diesbezüglich gehabt. Ja, ich bin ihm vielleicht nicht immer zur Seite gesprungen, aber es ist ihm ... Na, wie soll ich mal so sagen? Also, er hat Mut gehabt. Es gab eben immer in einer Parteigrundorganisation oder in einer -gruppe, gab es eben immer zwei, drei, kaum eine Handvoll, die hatten die Courage und den Mut. Ich habe nicht dazu gehört, aber die gab es. Das wird auch bis jetzt anerkannt. In große Konflikte bin ich persönlich eben nicht gekommen: Das ist ja kein Wunder, wenn ich sage, ich war angepasst.

M. D.: Wie war das denn mit Frau Straube 1968?

Kretschel: Ja, da hat sie ja noch gelebt, das stimmt. Na, sie hatte schon ihre eigene Meinung, also so war sie nicht. Sie hatte ja auch Freundschaften hier in Jena, also zum Beispiel weiß ich, dass sie heimlich die Havemann-Schriften sich hat kommen lassen. Und da haben wir uns darüber unterhalten. Also wir haben schon auch Kreise gehabt, wo wir miteinander reden konnten. Und es ist da auch nichts gewesen. Also dass einer den anderen denunziert hat im engeren Kreis, das kann ich nicht sagen. Das hat es eben auch gegeben, aber in unserem Kreis würde ich es nicht sagen. Doch ich meine, sie war ... Havemann, wann ist denn der ... als er in Berlin die Vorlesungen hielt?

M. D.: Das war Mitte der Sechzigerjahre.

Kretschel: Ja. Also, das fand sie gut. Ich weiß nicht, wie das da so weitergegangen ist. Der ist ja dann auch erst später im Zusammenhang mit der Biermann-Sache ... Da war sie ja schon tot. 1968 ja, das kann ich Ihnen tatsächlich nicht sagen, das ist eigenartig. So einschneidend haben wir wahrscheinlich nicht darüber diskutiert, aber das ist mir echt nicht in Erinnerung geblieben.

M. D.: Die Frau Straube war ja von der Herkunft eine „Bürgerliche".

Kretschel: Nein, die war aus ganz armen Verhältnissen.

M. D.: Ach so?

Kretschel: Ja. Also wirklich wahr. Sie hatte nur im Grunde genommen einen, wenn Sie so wollen, etwas bürgerlichen Bildungsgang.

M. D.: Stimmt. Sie kam aus armen Verhältnissen, war dann in Düsseldorf und hat sich dann ... Ihre Mutter hat dann zu Hause gearbeitet, und sie ist auf das Gymnasium gegangen, hat dann aber noch im März '45 in Leipzig an der Uni promoviert.

Kretschel: Promoviert über die Ministerialen, irgendwas, eine historische ... Mittelalter.

M. D.: Wissen Sie, ob ihr das jemals zum Problem geworden ist, dass sie praktisch noch unter dem NS-Regime promoviert hat und Studienrätin war?

Kretschel: Nein, würde ich nicht sagen. Hier nicht. Ich kenne einige, die bei ihr noch Schüler waren; sie war ja in Jena Lehrerin vorher. Sie war sehr geachtet und respektiert als Lehrerin, aber da weiß ich, dass eine mal, mit der ich noch gut bekannt bin, sagt, sie hat dann eben mehr dem Bürgerlichen zugesprochen und so. Das waren doch noch ungefestigte Verhältnisse! Das ist vielleicht so die Zeit um 1948 herum gewesen, als noch nicht alle Messen gelesen waren und als sie auch noch geschwankt hat, auf welche Seite ... Aber da habe ich sie nicht gekannt. Wenn wir aber manchmal Gespräche haben, da kommt diese Sache immer wieder mal auf.

Nein, aber da ist nie darauf Bezug genommen worden. Das würde ich nicht sagen. Da hätten ja die Männer ... Da gab es schon manchmal Sachen, wo etwas aufgekratzt wurde. Ich weiß mal, der war nicht bei uns, der war vielleicht doch in der SS gewesen. Es wurde manchmal noch was gekratzt, aber der ist dann – also, er war Marx-Engels-Forscher. Dann hatten wir auch mal einen Mitarbeiter Holland. Das war auch ein faschistischer Offizier gewesen. Der natürlich nun, wie so das Schicksal der – na, wie sagt man? –, der Überläufer. Na, das ist jetzt der falsche Ausdruck. Aus der Religion gibt es den Ausdruck ...

M. D.: Konvertit.

Kretschel: ... besonders fanatisch sind. Das ist er bis zuletzt geblieben. Mit dem habe ich '89 noch mal im Frühjahr gesprochen. Und da war er auch ... Dessen Leute waren alle drüben, die ganze Zeit. Er hat aber die Wende nicht überlebt. Also er ist wirklich am Herzen gebrochen gewesen.

M. D.: Warum ist Frieder Kilian nicht in der Jenenser Geschichtsmethodik geblieben?

Kretschel: Ich glaube, das hat er von vornherein nicht gewollt. Er ist ja weggegangen, schon bevor er die Promotion direkt abgeschlossen hat. Er hat ja dann erst verteidigt, als Straube schon tot war. Ich glaube, das war – er hat in der Arbeit in der Staatssicherheit seine Zukunft gesehen. So sehe ich das. Ganz legal damals. Nein, er hat das nicht gewollt.

M. D.: Wie lief denn generell die Nachwuchsrekrutierung?

Kretschel: Das war schwierig, weil wir ja generell Wert darauf legten, dass sie Praxiserfahrung und Wissenschaftsinteresse hatten. Die Kombination zu finden, war nicht ganz einfach. In der Situation sind Sie ja auch. Und dann kam hinzu, und das hat sich gezeigt, wie wissenschaftsfeindlich die Volksbildung eigentlich letzten Endes war. Ehe die einen befähigten Mann oder eine Frau für diese Laufbahn herausgaben, waren das Torturen. Dort haben wir mitunter auf den Knien gelegen, um jemanden zu bekommen. Und das waren durchaus nicht immer persönliche Interessen, dass wir den haben wollten, aber wir hatten ja gesagt, wir wollen den Mann haben, der das eben vereint. Und da hatten wir ja auch Leute gefunden. Also das waren Bitt- und Bettelgänge, die sehr schwierig waren, und wo uns die Volksbildung hat abfahren lassen. Und die Betreffenden dann natürlich auch kein leichtes Brot hatten.

Also, da zeigte sich schon, dass die Volksbildung im Grunde genommen nicht sehr viel von der Wissenschaft hielt. Es mag unterschiedlich gewesen sein, aber gerade für die Methodiken war es sehr schwierig, jemanden zu bekommen. Und da konnte es eben passieren, dass man auch einen nicht so Fähigen bekommen hat. Das war dann natürlich ein bisschen leichter. Und da war der Herr Schneider; der war menschlich integer und so weiter. Und der hat sich auch sehr bemüht, aber er hatte einfach nicht die Voraussetzung für die Promotion; der ist dann wieder weggegangen, ist an die Schule gegangen. So hat das auch seine Ordnung gehabt. Aber das war wirklich schwierig.

Dann habe ich Niemann herausgekriegt. Der ist aus der Schule gekommen, der ist dann wieder weggegangen nach der Promotion. Das war der Einzige, der kein SED-Mitglied war. Ich glaube, er ist noch während der DDR-Zeiten in eine sogenannte Blockpartei eingetreten, in die LDPD, vielleicht. Aber trotzdem hat er bei uns arbeiten können und hat seine Promotion auch abgeschlossen; er war schon zielstrebig. Er hat später in anderen Bildungsinstitutionen gearbeitet.

Aber die Nachwuchssache war schwierig. Dann hatte ich ... Der Letzte war Köhler, auch ein Lehrer. Der hat noch promoviert, ich glaube im November '89. Na ja, das waren dann schon schwierige Sachen. Aber von denen, die wir hatten, von den jungen Leuten, ist später nach der Wende keiner in der Methodik übernommen worden oder geblieben. Ich weiß auch nicht, ob sie sich bemüht haben, das vermag ich nicht so genau einzuschätzen, weil ich dann schon weggegangen war.

M. D.: Ja, jetzt kommen wir zu der Frage, die wir vorhin schon mal angerissen haben: Wenn Sie an das Verhältnis der Methodiker und der Fachhistoriker denken, wie gestaltete es sich in Ihrem Erfahrungsbereich?

Kretschel: Also wir sind 1963 oder 1964 in die Sektion Philosophie/Geschichte aufgenommen worden. Ich würde sagen, das war zwar zentral geleitet, aber insgesamt wohlwollend. Wir haben ja auch, na ja, ich würde mal sagen, im Fach immer auch einen Teil unserer Grundlagen gesehen und Beziehungen bestanden auch vorher. Prof. Fricke legte damals, als wir aufgenommen wurden, sehr viel Wert auf uns, wobei ich natürlich auch sagen muss, das hatte sicher auch noch einen anderen Grund. Die Sektionen konnten ja nur dann noch von der Lehrerausbildung existieren. Jena hatte keine Diplomhistoriker. Insofern hing das Wohl und Wehe, vor allen Dingen die Stellenpläne, in starkem Maße von der Lehrerausbildung ab, und ich glaube, das war mit ein Grund, weshalb er uns sehr aufgeschlossen gegenüberstand, und im Besonderen war er sehr wohlwollend gegenüber Frau Straube. Das hatte ich ja schon mal genannt. Also sie hatten durchaus auch einen guten wissenschaftlichen Kontakt und ein wissenschaftliches Gespräch und so. Das war also insofern eigentlich ein persönlich gutes Verhältnis.

Was natürlich nun die wissenschaftlichen Kontakte anging – da war es auch so. Viel lief über die Dissertation, weil dann immer ein Fachgutachter mit dabei war, beziehungsweise bei dem Gegenstand musste man sich in die Historie richtig vertiefen. Die Grundvoraussetzung war ja immer: Wir betreiben keine historische Forschung, aber wir müssen bei den Arbeiten auf dem neuesten Stand der historischen Forschung stehen. Und das konnte man eigentlich auch nur, indem man eben den Kontakt hielt. Das traf eigentlich generell so zu. Was hier sicher ein bisschen schwierig war: Die Forschung zur Geschichte der bürgerlichen Parteien, die ist ja sehr befördert worden, da waren ja die meisten Historiker der Sektion integriert. Das war natürlich nun kein Gegenstand, der für die Schulgeschichte relevant war, es war immer ein bisschen schwierig, so gesehen immer die Zusammenarbeit zu finden. Aber insgesamt waren wir in Funktionen eingebunden, das war natürlich nicht immer wohlwollend, das war auch Ausnutzung – das war auch oft sichtbar. Und wir haben an allen Veranstaltungen teilgenommen. Wir haben uns als dazugehörig empfunden. Ich nehme an, das ist dann auch weitgehend beiderseitig gewesen.

Dass in Bezug auf unser wissenschaftliches Profil und überhaupt sozusagen auf dem Wissenschaftscharakter der Methodik da sicher sehr unterschiedliche und zum Teil auch überhebliche Meinungen da waren, das wird so gewesen sein, das ist also gar keine Frage. Hat manchmal auch auf Unwissenheit beruht. Es war sicher nicht immer schlecht gemeint. Im Grunde genommen haben wir immer gesagt, wir müssen ja auf so vielen Beinen stehen, also die Psychologie uns aneignen, die didaktischen Sachen, die allgemeinpädagogischen Sachen, das Fach, also diese Integration des Wissens aus vielen Gebieten, das haben sie eigentlich gar nicht so erfasst und eben mehr als Dilettantismus aufgefasst. Also insofern gab es immer ein bisschen Rappelei, aber das hat sich im Bereich des Normalen abgespielt. Ich würde auch sagen, das Verhältnis hat sich im Laufe der Jahre schon verbessert. Das kommt eben immer darauf an, inwieweit Historiker mit Lehrerbildung in diesem engeren Sinne damit beschäftigt waren. Dadurch ist ihnen im Grunde genommen dann auch die Wertschätzung für die Methodik ... oder überhaupt, dass sie mehr eingedrungen sind in die Angelegenheit. Das war sicher dann auch personell ein bisschen unterschiedlich. Mein letzter Gutachter, mit dem ich auch heute noch so in einem linken Bildungsverein bin, Weißbecker, der hat sich immer sehr um die Methodik bemüht. Dieses Verhältnis war für mich immer irgendwie Zeichen für gewachsenes Verständnis für die Angelegenheit.

Wenngleich eben in vielem auch darüber hinausgeschossen wurde, was in der Schule möglich ist. Das ist ja eben immer das Problem gewesen. Die hatten immer ihr Urteil über Schule. Da habe ich mich – ich meine es dann mehr emotional – darüber aufgeregt, dass sie eben ihr Urteil über Schule, Volksbildung und alles daraus abgeleitet haben: Wie kommen die Absolventen zu uns, von der EOS damals? Die haben eigentlich nur in der Kategorie gedacht, was macht die Schule für die Studienanfänger. Und das war mitunter ein bisschen einseitig, zum Teil elitär auch gedacht. Während ich eigentlich immer – das hängt sicher mit meinem Herkommen zusammen – eben doch, um im Honecker'schen Duktus zu bleiben, Schule für alle Kinder des Volkes im Blick hatte. Und das sollten insofern auch die Methodik und die ganzen Sachen. Also da gab es immer ein bisschen Auseinandersetzungen, aber – na ja, jetzt sieht man es wohlgefällig. Manchmal hat es einen da doch schon aufgeregt, also so dürfen ... Das machen eben die zehn Jahre aus, dass man das heute also doch schon ein bisschen nostalgisch sieht. Also, es war schon nicht immer einfach.

Wenn ich allerdings sagen wollte, worunter ich am meisten gelitten habe – darüber haben wir uns vorhin nicht ausgetauscht –, das war dann das Letzte: die letzten Jahre im Zusammenhang mit der Unterrichtshilfe von Volk und Wissen. Also, das waren wirklich repressive Verhältnisse, das muss ich mal so sagen.

M. D.: Vom Verlag?

Kretschel: Ja, vom Verlag. Wobei man das sicher auch nicht dem Verlag anhängen kann. Das ist natürlich jetzt das Ministerium und dann das Institut für Gesellschaftswissenschaften. Also, das war schlimm. Damit ist nichts anderes zu vergleichen. Ja, was war denn jetzt die Ausgangsfrage, Herr M. D.?

M. D.: Ja ... die Ausgangsfrage ...

Kretschel: Verhältnis zu den Geschichtswissenschaftlern.

M. D.: Genau.

Kretschel: Also, das war sicher schon ganz richtig, diese Integration in die Sektion. Aber in Hinblick auf die Entwicklung, vom Gegenstand her, vom historischen Stoff her die Methodik stärker zu bestimmen, das ist nicht gelungen, und ich glaube, es ist auch nirgends gelungen. In anderen Sektionen, meine ich jetzt. Weil da jeder sein Ding so für sich gemacht hat.

Kassettenwechsel (01:25:44)

M. D.: Was war denn das Schlimme am Verfahren bei dieser letzten Unterrichtshilfe?

Kretschel: Dass sie ihren Willen durchdrückten, bis in die einzelnen Formulierungen. Und da hat es natürlich dann auch wirkliche Diskussionen gegeben, auch bei der Klasse 10. Da ging es dann um Personenkult und die Sachen: Kommt es rein oder kommt es nicht rein? Da gab es schon von den Methodikern in den Gutachten Ernsthafteres ... Hora sich sehr dafür eingesetzt, dass eben solche Dialektik des historischen Prozesses in der Breite kommt. Aber es war eben in den Gesprächen, die geführt wurden, schon mal Druck, um mir so etwas sozusagen – mich hat das nicht so berührt, ich hatte ja nun nicht so eine Position –, aber die Lektorin sagte mir mal: „Wenn ihr eben nicht spurt, da werdet ihr nie eine Reisegenehmigung irgendwohin kriegen." Also so, auf dieser Linie. Es hatte mich nun nicht so berührt, weil ich gar nicht Ambitionen und Aussicht darauf hatte. Aber sie hatte schon gesagt, bei denen und denen haben sie das so gemacht. Also, das war an sich ziemlich bedrückend, die ganze Geschichte.

Na ja, es gab verschiedene Gutachten, Kommissionen, wo das durchging. Im Grunde genommen war das wirklich letzten Endes eine beschämende Sache. Das muss ich mal so sagen. 1989 habe ich ja dann noch mal hier einige Vorträge zu der Unterrichtshilfe gehalten. Die wurde ja 1989 faktisch eingeführt mit dem Schuljahr und, na ja, im September ging das noch. Die Lehrer waren ja auch wie wir sehr angepasst und duckmäuserisch. Da haben wir das eigentlich noch durchziehen können, die ganze Sache. Ja, also insofern habe ich aus dieser Sicht her den Verlag, also die bestimmten Leute, als sehr diktatorisch in ihrem Vorgehen empfunden. Dass sie dann auch unter Druck gestanden haben, das war klar.

M. D.: Aber bei der Zeitschriftenredaktion war das etwas gemäßigt.

Kretschel: Ja, ja, das war es auf jeden Fall. Aber selbst die hätten ja nun eben auch, wenn ... Radtke war wohl der Letzte?

M. D.: Ja. Heidler, Radtke.

Kretschel: Heidler und Radtke, mit denen konnte man gut reden. Das war überhaupt kein Problem. Die sind auch zu uns gekommen. Das Verhältnis war kameradschaftlich, das ist überhaupt keine Frage. Aber irgendwo hat dann immer noch eine Institution für meine Begriffe letztendlich entschieden und dann hatten sie es am Hals, den Ärger.

M. D.: Die Fachkollegen haben doch untereinander gegutachtet. Hat man sich da auch mal einen in den Kaffee getan?

Kretschel: Ja, na ja. An sich waren die gegenseitigen Gutachten kritisch, aber kameradschaftlich. Ich habe viele Gutachten noch da. Die politische Seite hat da nicht so eine Rolle gespielt. Das hat sich dann wirklich auf das Fachliche, auf den Stil, auf diese Sachen bezogen.

M. D.: Also das lag in den Händen des Verlages, die ideologische Reinheit?

Kretschel: Ja. Bei der Unterrichtshilfe, was drin war und was nicht, da haben sie sich schon verschiedentlich geäußert dazu, aber ... Tja, das könnte ich jetzt nicht im Einzelnen sagen. Aber ich habe es nicht so empfunden. Ich habe es als kameradschaftliche Kritik empfunden. Das ist klar.

M. D.: Zum Schluss würde ich noch gerne zwei umfassendere oder allgemeinere Fragen stellen, die auch vielleicht dazu geeignet sind, ein Resümee zu ziehen. Die Erste ist: Welche Berufs- und Wissenschaftserfahrungen würden Sie als die für Sie prägendsten bezeichnen?

Kretschel: Also Wissenschaftserfahrungen waren zweifellos die im Zusammenhang mit den Beiträgen zur Geschichtsmethodik, also zu dem Buch. Das würde ich schon so sehen. Im Übrigen hatten wir ja eine Neue begonnen. 1989 ist ja dann wieder ein Entwurf ... Doch an diesen großen kollektiven Veröffentlichungen, das würde ich eigentlich als prägend ansehen. Und das war auch eine gute Sache, also für einen wissenschaftlichen Austausch und auch für die Ausprägung der Lehrmeinungen, und auch um sich selbst messen zu können: Wie weit sind die anderen? Wo hinkt er hinterher? Also, das würde ich in Bezug auf die Wissenschaft sagen. Das andere war die Ausbildung?

M. D.: War die Berufserfahrung. War die berufliche Erfahrung.

Kretschel: Ja, wie soll ich das jetzt sagen? Prägend. Also ich fand es immer gut, dass wir die theoretische und die schulpraktische Ausbildung miteinander verbinden konnten. Und ich habe eigentlich auch immer Wert darauf gelegt, selbst mit schulpraktische Ausbildung zu betreiben. Das haben nicht alle gemacht. Aber ich habe es eigentlich fast durchgängig gemacht, so dass man eigentlich immer in der Vorlesung – die Vorlesung war ja nun immer der Problembereich, wo die Studenten immer gesagt haben: Brauche ich das oder brauche ich es nicht? Also, ich konnte immer auf die Praxis zurückgreifen. Wir hatten das dann auch sehr gut koordiniert und in den Seminaren vertieft. Also diese Einheit von Theorie und Praxis habe ich immer eigentlich als wohltuend empfunden, und man hat sich da sicher gefühlt, dass man eben den Studenten faktisch wirklich etwas für den Beruf vermittelt. Also ich hätte die Vorlesungen nie ... Ich war eigentlich immer davon beseelt, dass ein Mensch theoretisch an seine praktische Tätigkeit herangehen muss, und insofern habe ich eigentlich auch immer versucht, den Bezug zu halten. Das war zweifellos der Fall.

Freilich, rückblickend muss ich natürlich sagen, dass wir, na ja, die ideologische Ausrichtung ein bisschen sehr – na, ich will nicht sagen: sehr auf die Spitze getrieben –, sehr zum bestimmenden Faktor gemacht haben. Also, sozusagen von oben herab die sozialistische Persönlichkeit und so weiter, dann das sozialistische Geschichtsbewusstsein und das -wissen. Das war natürlich einerseits schon eine starke Instrumentalisierung der Geschichte, aber das ist sie und bleibt sie immer, aber vielleicht nicht in dieser Ausprägung. Andererseits gab es natürlich auch Spielraum. Na ja, das ist jetzt nicht die prägende Erfahrung in dem Sinne. Es gab auch innerhalb des Lehrplans Spielraum, so ist das nicht. Was im Unterricht geschehen ist, ist eine Sache, und was dort dringestanden hat, eine andere.

Aber die Zusammenarbeit mit der Praxis: Ich bin in eine Schule gegangen, hatte auch einen Lehrer, der ein Absolvent von uns war – das hat mich eigentlich immer beflügelt. Da konnte ich auch immer zurückgreifen: Wo liegen die Probleme und so weiter. Es ist vielleicht zu wenig in Bezug auf die Ausbildung, wo sie nun die Haupttätigkeit war. Aber als prägend: in dieser Einheit von Theorie und Praxis, ja ... aber eben ein bisschen linear. Da hatten wir ja noch so ein „sozialistisches Absolventenbild". Das haben wir auch selbst ausgeheckt. Das haben die anderen wahrscheinlich auch machen müssen. Das war schrecklich. Denn da wurden auch die anderen Fächer miteinbezogen, und da wurde nun dieser Absolvent aufgebaut. Und dann wurde wieder abgeleitet, was denn jeder zum Absolventenbild beizutragen hatte. Das war exzessiv formalistisch. Man hat manchmal auch daran geglaubt, obwohl es natürlich unklug war, das ist klar. Ja, ich weiß nun nicht, Herr Demantowsky, was bleibt.

M. D.: Eine Frage habe ich noch, und das ist dann tatsächlich die Abschlussfrage: Was verstanden Sie als den Zweck ihrer Tätigkeit, beruflichen Tätigkeit? Und der dürfte ja bleiben.

Kretschel: Ja, die Studenten zu befähigen, einen lebendigen Geschichtsunterricht für die Schüler zu geben. Das wäre der einfache Nenner: einen lebendigen, interessanten Geschichtsunterricht. Da würde ich gar nicht weiter gehen. Obwohl ... Früher hätte ich vielleicht noch gesagt, gebe ich zu, mit erzieherischen Sachen – dass sie Einsichten haben und so. Also, das könnte ich jetzt ausbreiten, es ist ja alles geschrieben. Nun, da straft uns sozusagen das Ergebnis lügen. Man hat eben – ich will jetzt nun schon gar nicht die antifaschistische Erziehung bemühen, aber es ist so – man hat doch erwartet, dass mehr Grund gelegt worden ist, dass das Wissen um die Vergangenheit eben doch gewisse Werte schafft: Was sein darf und was nicht sein darf. Da ist nichts als Enttäuschung geblieben, wenn das nun vielleicht auch nicht für jeden, der die Schule durchgangen hat, zutrifft.

Aber im Großen und Ganzen will ich es auch nicht ... Aber man sagt ja so: Die Generation der Eltern war es, und die hatten wir ja nun auf jeden Fall in der Schule gehabt. Das empfinde ich eigentlich als Niederlage, dass das doch nicht so gewirkt hat. Da haben wir Illusionen gehabt, natürlich. Ich will mich nicht über den Geschichtsunterricht äußern. Der ist auch ganz, ganz unterschiedlich gewesen. Aber das war nun die Position: Der Unterricht muss besser werden, er muss interessanter werden, vielseitiger. Und da haben wir auch an Materialbeschaffung und Kunstwerke und Literatur ... In der Hinsicht haben wir wirklich viel mit den Studenten gemacht und auch mitunter schöne Unterrichtsstunden gehabt. Die Studenten haben ja nun schon manchmal ein Praktikum erlebt: Also, das eine ist die Uni – und so ist es wirklich. Das ist ja auch ein Unterschied, ob man eine schöne Stunde in der Ausbildung macht oder als Lehrer vierundzwanzig Stunden in der Woche erteilen muss. Aber da war man vielleicht auch ein bisschen weltfremd. Aber trotzdem, es muss erst mal Grund gelegt werden.

M. D.: Ja ... Vielen Dank!

Mündliches Interview mit Prof. Dr. Heinrich Rühmann

Magdeburg, den 13.09.2000

Heinrich Rühmann, seit 1960 Hochschulangestellter (Magdeburg), Promotion 1966, Habilitation und Professur 1976.

Abb. 6: Heinrich Rühmann, 1967. Quelle: GS 9 (1967), S. 821.

M. D.: Prof. Rühmann, ich würde Sie zu Beginn unseres Gespräches zunächst bitten, Ihren Lebensweg zu skizzieren von Ihrer Geburt, Ihrem Herkommen bis zur Aufnahme Ihrer geschichtsmethodischen Tätigkeit.

Rühmann: Ich stamme aus einem Kleingewerbeunternehmen. Meine Eltern haben ihr Brot mit dem Verkauf von Milchprodukten verdient. Mein Vater stammte aus der Landwirtschaft und ich habe noch eine Visitenkarte von ihm, wo draufsteht: „Molkereibesitzer". Das bedeutet, die kriegten damals die Milch und die Milchprodukte noch von den ländlichen Molkereien, die musste er abholen, und dann wurden die im Laden verkauft oder mit Pferdewagen an bestimmte Restaurants und Hotels in der Stadt verkauft. Mein Vater starb dann aber 1935. Er hat sich da kaputt gemacht an der Schlepperei, war bloß ein kleiner Kerl, und die Milchkannen waren wahnsinnig schwer, und der Pferdewagen hatte so eine hohe Ladefläche. Er hat sich da kaputt gemacht. So, dann habe ich also doch unter begrenzten sozialen Familienwirklichkeiten nur die Mittelschule besucht und dann nach Abschluss der zehnten Klasse eine Tätigkeit aufgenommen in Richtung Ingenieurberuf. Es hing damit zusammen, dass mein eingesetzter Vormund selber Ingenieur war und da auch Verbindungen hatte und mir eben auch eine Praktikantenstelle besorgt hat, in der ich mich dann getummelt habe – aber so richtig war das für mich nichts.

Und ich bin dann nach dem Kriege eingestiegen in die Neulehrerausbildung. Während des Krieges war ich im Arbeitsdienst zunächst und dann auch als Soldat, als Kriegsfreiwilliger bei einer berittenen Einheit. Ich reite heute noch nach fast 70 Jahren. Als Kriegsfreiwilliger bin ich deswegen in die Sache eingestiegen, weil ich der offensichtlich vorgesehenen Einberufung zur Waffen-SS entgehen wollte. Und ich bin dann also zur normalen Wehrmacht eingezogen worden, und dann war ich auch später zur Infanterie versetzt nach Hameln, um dann allerdings wieder aufgegriffen zu werden für Höheres – als dann für Offiziersausbildung alle mit mindestens zehnjähriger Schulbildung zunächst mal sichergestellt wurden, das heißt, sie durften nicht zur Front abkommandiert werden. Dazu gehörte ich nun also auch.

Bin dann in Bergen-Belsen auch einberufen worden für solche Ausbildungen mit meinesgleichen. Und als dann die Angehörigen dieses Truppenteils da in Bergen – war ja ein Truppenübungsplatz – dann in Richtung Front in Marsch gesetzt wurden – mit der Lüge es sollte dort in Frontnähe der Lehrgang fortgesetzt werden –, bin ich dann, nachdem ich schon den Kanonendonner hörte, abgehauen und bin also dann zu Fuß Richtung Heimat marschiert mit noch jemandem aus Magdeburg. Ich habe jetzt eigentlich erst begriffen, was ich für ein wahnsinniges Glück hatte, dass mir das wirklich gelungen ist. Weil es ja damals, das wusste ich schon, Führerbefehle gab: Wer ohne Marschpapiere in Frontnähe angetroffen wird, wird standrechtlich erschossen ohne Verfahren. Aber ich habe das, wie gesagt, geschafft und bin nach dem Kriege eben – nachdem ich erst versucht hatte, so eine Aufnahmeprüfung zu machen an der Ingenieurschule, das hat aber nicht hingehauen –, dann in die Neulehrerausbildung gegangen. Da habe ich meine acht Monate absolviert und war dann als junger Lehrer in der Altmark tätig. 1946 in Dalchau, dazu gehörte der Ort Niedergörne.

Ich bin, wie ich vorhin schon erzählt habe, nachdem ich geheiratet hatte und in Walsleben als Lehrer und Schulleiter schließlich auch als Bezirksschulleiter (für vier Schulen) tätig war, und auch als Bezirksschulleiter, weil die anderen Schulleiter alle Nazis waren und einer gesucht wurde, der da so ein bisschen Räson reinbrachte in die Schulen der Umgebung ... Schließlich wurde ich an die Oberschule der Kreisstadt Osterburg berufen als Internatsleiter und stellvertretender Direktor sowie als Lehrer für alle möglichen Fächer, für die ich gar keine Voraussetzungen hatte. Und so bin ich dann dankbar gewesen für diese andere Variante: einen einjährigen Sonderlehrgang an der PH Potsdam zur Qualifizierung für die 12-jährige Schulbildung in einem Fach. Ich bin dann also zurückgekehrt nach Osterburg und habe dann dort die Funktion des Direktors übernommen, nachdem mein Vorgänger, dem ich sehr viel zu verdanken hatte, an Krebs verstorben war.

Ja, aber wie gesagt, dann begannen meine Querelen mit der SED. Da gab es Dinge, die ich nicht so automatisch machte: Darunter war eine Geschichte, die hängt mit der „Wische-Aktion" zusammen. Jetzt war mal ein Artikel in der Zeitung, dass also der eigentliche Urheber der „Wische-Aktion" hundert Jahre alt geworden ist. Es ging darum ... Sagt Ihnen der Name „Wische" etwas?

M. D.: Nein.

Rühmann: Sehen Sie, das habe ich mir gedacht. Das ist also ein Gebiet, das in der ganzen Breite auch seinerzeit von der Elbe in Anspruch genommen wurde, als sie noch gar keine Elbe war, und hatte einen sehr guten Boden. Und war allerdings dann nur mit schwerster Landtechnik zu bearbeiten. Um da die Bodenstruktur und das ganze landwirtschaftliche Umfeld ein bisschen aufzupolieren, wurden dann schon vorhandene, aber inzwischen längst nicht mehr benutzte und gekannte Entwässerungsgräben rekonstruiert. Die FDJ-Gruppe meiner Schule sollte nun auf jeden Fall die Jugend des Bezirkes Magdeburg zur „Wische-Aktion" aufrufen. Ich sagte: „Das lässt sich sicherlich machen, das müsste man dann mit der FDJ-Leitung besprechen. Aber dazu gehört in erster Linie, dass man den Jugendlichen auch sagen kann, worum es denn nun eigentlich konkret geht." Das wusste aber noch niemand. Das heißt, wir sollten zu einer Aktion aufrufen und konnten keinem sagen, wozu sie nun eigentlich aufgerufen sind, konkret und wie. Und da habe ich gesagt: „Nein, das tut mir leid. Also, ich hätte sicherlich den Einfluss, so etwas bei meiner FDJ-Leitung auch durchzusetzen, aber unter diesen Bedingungen halte ich das auch für politisch falsch." Und das wurde mir natürlich sehr übelgenommen.

Aber das war nicht der eigentliche offizielle Anlass, es gab mehrere Dinge. Hinterher, als ich gesagt habe: „Nein, das machen wir nicht", oder: „Wir machen das hier am besten doch ganz anders und so" – ja, das gefiel manchen Funktionären überhaupt nicht. Es gab ja manche Funktionäre auf der Kreisebene, die eben nicht so waren wie die Verantwortlichen anderswo. Aber hier war es eben so, dass vor allen Dingen, die nun mit Schule zu tun hatten, außerordentlich empfindlich waren. Ich musste mir also sagen lassen wegen der Republikflucht, die es bei uns auch gab: „Ihr erzieht die Kinder nicht für den Sozialismus, sondern für den Kapitalismus" und solche Scherze.

Aber ich traf dann eines Tages ... Wir hatten ein wunderschönes Ferienlager auf Rügen, wir hatten so einen alten Kollegen, der war auch Studienrat – der war sogar auf der NAPOLA Lehrer –, aber er war ein hervorragender Biologielehrer und der Jugend so zugewandt, dass er sich außerordentlicher Beliebtheit erfreute. Und der kam auf die Idee, wir müssten ein Ferienlager machen irgendwo, wo es denn auch schön ist. Und dann sind wir los und haben das auf Rügen installieren können unter sehr günstigen Bedingungen. Wir sind über Jahre hingefahren, es war wunderbar ... Ja, und als ich dann von einem solchen Lager zurückkam, traf ich meinen Elternbeiratsvorsitzenden, der zu mir sagte: „Du, ich habe gehört Du wirst als Direktor abgelöst?" Ich sagte: „Das ist ja das Neueste! Wer kommt denn auf solche Idee?" – „Ja, ich habe das gehört." Und dann bin ich natürlich zur Kreisleitung gegangen und habe gesagt: „Na, da werden solche Gerüchte ..." – „Ach, das ist doch alles großer Quatsch!" wurde gesagt.

In Wirklichkeit war da schon alles abgezirkelt mit mir. Und es wurde eine Kommission eingesetzt, die nun meine Schule einmal richtig unter die Lupe nehmen wollte. Nun gab es das ja öfter, dass Kommissionen vom Bezirk kamen. Ich hatte zunächst mal überhaupt nichts dagegen und es lief auch eigentlich alles. Aber es war denn auch ein Mitglied unseres Elternbeirates dabei, die hatte den ganzen Internatsbereich zu überprüfen, und meine verstorbene Frau war Internatsleiterin über längere Zeit. Und die konnten sich beide nicht leiden, weil sich meine verstorbene Frau auch nicht gerne kommandiert fühlte. Und dann hat die zum Schluss alleine diese Kommission gemacht. Und es kamen solche Dinge hinein in den offiziellen Abschlussbericht dieser Kommission, etwa dass wir uns schändlich auf Kosten des Internats und der Internatsschüler persönlich bereichert hätten. Wir wohnten da mit im Gebäude ...

Zum Beispiel hätten wir uns unsere Wohnung mit den schönsten Teppichen herrlich auslegen lassen und solche Dinge. Wir hatten überhaupt keinen Teppich, in der ganzen Wohnung gab es überhaupt keinen Teppich! Dann haben sie noch etwas gefunden: Ich war mit meinem Chor ... Ich war großer Chorleiter vor dem Herrn. Ich war früher auch als Kind im Magdeburger Domchor. Ich habe das vorhin schon angedeutet, machte auch Musikunterricht an der Schule ... Und da hätten sie gefunden, dass ich also mit irgendjemand von den Kollegen in einer Kneipe für 250 Mark schlimm gefeiert hätte. Es stellte sich raus, das waren gar keine 250 Mark, sondern 2,50 Mark. Der Leiter der Tanzgruppe war später gekommen, hatte übernachtet in irgendeiner Kneipe und hat für die Übernachtung 2 Mark 50 bezahlt, das natürlich dann auch abgerechnet. Aber es fand sich auch dieser Beleg nicht mehr.

Und das waren also wirklich meine übelsten Zeiten, es wurde dann auch ein Parteiverfahren gemacht gegen mich. Das wurde so elegant abgeschlossen mit einer Verwarnung, denn eine Verwarnung war gar keine offizielle Parteistrafe, gegen die konnte man nichts machen. Hier ging es gar nicht um Überprüfung, sondern hier sollte ein Schwein geschlachtet werden – sagte ich im Beisein der Kommission, im Beisein meiner Kollegen und das war natürlich das Übelste, was ich der offiziellen Leitung der Inspektion in meinem Schlusswort habe antun können. Meinem Antrag auf Disziplinarverfahren inklusive Beurlaubung wurde sofort stattgegeben. Mit Letzterem stand mir gesetzlich der Abschluss des Verfahrens innerhalb von 14 Tagen zu. Hingezogen hat es sich indessen über Monate. Offiziell abgelöst von meiner Funktion als Direktor wurde ich nun nicht wegen dieser Geschichten, sondern sie waren dahintergekommen, dass an meiner Erweiterten Oberschule der Anteil der Arbeiter- und Bauernkinder nicht die vom Urheber vorgesehen 50 Prozent beträgt, sondern nur 40 oder so, der Republiksdurchschnitt lag bei 12 Prozent. Diese Feststellung war der Hauptpunkt für den disziplinarischen Schuldspruch. Aber man gab mir eine Chance: Du kannst als Lehrer weiterarbeiten und, und, und, und … Aber ich wollte dann nicht mehr.

Und habe dann hier auch durch den Kontakt, den ich nun hatte, erreicht, dass ich nach Magdeburg versetzt wurde, und habe hier dann angefangen mit der Ausbildung von Lehrern für das Institut für Lehrerbildung und das nachher auch weitergeführt im Rahmen der Pädagogischen Hochschule. Die wissenschaftlichen Voraussetzungen hatte ich mir verschafft. Wie ich zum Fach Geschichte gekommen bin – so ein bisschen wie die Jungfrau zum Kind –, habe ich vorhin erwähnt. Aber es hat mir dann auch wirklich Spaß gemacht, das zu absolvieren. So lange bin ich auch in dieser Sache tätig gewesen, bis ich dann infolge einer Hauterkrankung invalidisiert worden bin. Heute wird man für diese Erkrankung überhaupt nicht mehr invalidisiert, und ich bin heilfroh, dass ich meiner Haut nicht zumuten muss, den ganzen Abwicklungsprozess da noch mit über mich ergehen zu lassen.

M. D.: Eine ganz banale Nachfrage: Wann sind Sie geboren?

Rühmann: Ich bin geboren am 18. April 1926. Ein Sonntagskind. Ich muss sagen, so unterm Strich habe ich in meinem Leben viel Glück gehabt. Ich habe erst mal das Glück gehabt, dass ich aus diesem Krieg herausgekommen bin, ohne überhaupt einen Schuss abgegeben zu haben. Und dann auch zu Fuß bis Magdeburg gekommen bin. In Gardelegen war ich für den Übergang einmal. Magdeburg war ja Festung, wo gekämpft wurde. Da war ich freiwillig zu den Amerikanern gegangen, zur Kommandantur, und habe darum gebeten, dass sie mir einen Ausweis ausstellen. Aber die brachten mich gleich rein in einen Raum, da hatten sie schon andere Landser geschnappt, die dort schon saßen. Und ich sagte: „Na hoi, da wollte ich nicht hin. Ich möchte was ganz anderes." Und damit habe ich den Verantwortlichen doch in höchstes Erstaunen versetzt, dass ich in einem wahrhaft stümperlichen Englisch gesagt habe, warum ich nun eigentlich das nicht beweisen kann, dass ich überhaupt nicht bei der Wehrmacht war. Und ich kriegte dann einen Ausweis: Den Text weiß ich noch, er war so groß wie ein Fahrschein und hat mir dann mächtig geholfen bei Beschaffung von Lebensmittelmarken und, und …

Bloß als dann die Rote Armee einrückte und ich das Plakat gelesen hatte, auf dem stand: „Ehemalige Soldaten haben sich binnen 24 Stunden in der Düppler Mühle zu melden", da bin ich auch hingefahren und habe mir das angeguckt. Es sind da wirklich etliche hineingegangen, bloß ist keiner wieder herausgekommen. Und da habe ich gedacht: „Hör mal, das ist nicht das Richtige, da gehst du nicht hin!" Und auch da hatte ich wieder Glück: Wir waren während des Krieges umgezogen und man kannte mich da in dem Dreh gar nicht so. Es hat bei solchen Geschichten ja auch Neid und Missgunst eine große Rolle gespielt. Und viele haben auch unter sehr unglücklichen Umständen ihren Ehemann verloren – und dann kommt so ein Hänfling, der sich so durchgeschummelt hat und nun mit einmal zu Hause ist. Aber es hat, wie gesagt, geklappt: Glückskind, Sonntagskind. Ja, das war die Antwort auf Ihre Frage.

M. D.: Ja, gut gehen wir weiter. Wenn Sie die Geschichte der Geschichtsmethodik schreiben würden, welche Zäsuren würden Sie setzen?

Rühmann: Sie meinen jetzt einfach von der Chronologie her? Ja, ich würde ungern die Zäsur nehmen, die seinerzeit gültig war. Sagen wir mal der Geschichtsunterricht oder die Geschichtsmethodik, die noch sehr stark auch von der Reformpädagogik beeinflusst war. Das müsste man sicherlich machen, aber diese ganze Periodisierung der sozialistischen Didaktik ist so sicherlich, wie sie war, nicht aufrechtzuerhalten. Aber ich könnte jetzt nicht auf Anhieb sagen, wie man es besser machen könnte.

M. D.: Gab es denn in der Geschichtsmethodik Phasen, wo Sie das Gefühl hatten, jetzt ändert sich der Ton, jetzt ändern sich die Bedingungen gravierend? Zum Beispiel könnte man ja an die Zeit um '68 denken, Hochschulreform, Prager Frühling … solche Dinge.

Rühmann: Wir hatten die Hoffnung. Wir hatten eigentlich die Hoffnung. Es ging natürlich immer darum, den Geschichtsunterricht eben mehr in die Nähe der Schüler zu rücken. Irgendwie doch mehr an sie heranzukommen. Deswegen auch – wie gesagt – meine Zuwendung zum Emotionalen. Wir hatten allerdings auch unsere Illusionen. Bei der Ausarbeitung neuer Lehrprogramme für die Methodik des Geschichtsunterrichts oder bei der Fixierung von Vorstellungen in von uns geforderten Beiträgen zu Entwürfen für neue Unterrichtslehrpläne gingen alle Kollegen davon aus, wirklich ihr Bestes zu geben. Dabei hatten wir es ja immer wieder erlebt, dass die Chefetage des MfV dann das letzte Wort hatte, das heißt, unsere Absichten ganz oder teilweise immer wieder zu vereiteln. Oder es wurden von „ganz oben" von vornherein Maßstäbe und Positionen gesetzt, die nicht zur Disposition standen.

Die Losung für die Mitwirkung unserer Gremien hieß zuletzt einmal „Nicht denken, sondern anwenden!" – Gentner. Und Waade sagte bei irgendeiner solcher Gelegenheit: „Wir würden doch gerne einen besseren Geschichtsunterricht machen. Und wir würden das auch können, wenn man uns ließe." Das heißt, es war einfach so, dass natürlich auch von bestimmten politischen Etappen her geprägt und vor allen Dingen in Verbindung mit der Weiterentwicklung der Lehrpläne dann immer auch bestimmte Aufgaben – die Tätigkeit in der Fachkommission, die Tätigkeit in der Forschung – dann entstanden, denen man sich nicht entziehen konnte. Ohne dass, das muss ich noch mal sagen, in den Gremien, die wir hatten, – also Fachkommission oder Forschungsbeirat oder wie das hieß – ohne dass da also kommandiert worden wäre. Diejenigen, die also verantwortlich waren, da fehlt auch der Name Sonneberg noch. Das war eigentlich der Letzte der vor der Wende da noch die Sache übernommen hatte ...

M. D.: Sonnenfeld.

Rühmann: Sonnenfeld, ja. Und dann ist auch Siegfried Wolf nicht darauf, der das auch gemacht hat. Der kam aber von der Geschichtsmethodik und gehörte auch mit zu der Truppe von Gentner. Er war ein sehr guter Geschichtsmethodiker und auch immer um einen kollegialen Umgang mit Fachvertretern anderer Einrichtungen bemüht. Es ist niemandem aufgezwungen worden, nun irgendwie ein Forschungsgebiet zu übernehmen. Das ging alles in kollegialer Abstimmung.

Kassettenwechsel (29:00)

Rühmann: Es war natürlich so, dass in unserem Kreis die Kollegen, die gewissermaßen Universitäten repräsentierten, sich mit bestimmten Dingen des Ministeriums für Volksbildung nun ohnehin nicht sofort mit fliegenden Fahnen einverstanden erklärten, sondern auch ihre persönlichen Vorbehalte hatten und das auch erklärt haben, mit irgendwelchen Festlegungen ihrer Einrichtung und was weiß ich. Aber das haben alle auch akzeptiert. Also, meine persönlichen Forschungsschwerpunkte waren: Emotionen und dann in Verbindung damit nachher auch Dinge wie die Herausbildung des Traditionsbewusstseins durch den Geschichtsunterricht – das im Zusammenhang mit der großen Diskussion stand, die es gab nun über die Erweiterung des sozialistischen Traditionsbegriffs. Solche Dinge gab es auch.

Also, ich kann auf der Basis auch nicht feststellen, dass also, jetzt mal unabhängig von den großen schulpolitischen Beschlüssen, die es gab und die natürlich dann auch die Schwerpunkte unserer Arbeit mitbestimmten, dass es dort irgendwelche kleinlichen Reglementierungen gegeben hätte. Auch nicht von Seiten der Partei; auch nicht im Bereich meiner Hochschultätigkeit. Denn der Witz war der, dass ja für den Bereich der Hochschule dann die hiesige Bezirksleitung überhaupt nicht mehr zuständig war. Und das hat natürlich auch Freiräume geschaffen.

M. D.: Und wie war das mit dem Verlag?

Rühmann: Beim Verlag hatte ich schlechtere Erfahrungen. Der Verlag war außerordentlich penibel, dass das genau alles politisch lupenrein dort aufgegriffen und berücksichtigt wurde. Und das betraf also auch bestimmte Publikationen von meiner Seite. Ich habe also auch zwei Artikel geschrieben über diese Sache mit der Traditionserziehung und was das eben für den Geschichtsunterricht bedeutete und wie da umgedacht werden musste, wo sich der Verlag sehr schwergetan hat, solche Dinge nun als Gedanken einer Publikation mitaufzunehmen. Das war also eine große Schwierigkeit. Was sich dann aber nachher auch wieder umgekehrt hat. Ich habe nachher auch die Zeitschrift „Staatsbürgerkunde, Geschichte, Politik" abbestellt. Ich hatte da noch einen Artikel gemacht und zwar mit großer Freude. Und da ging es also darum, dass ich gebeten wurde, alle Länder einmal vorzustellen in ihrem historischen Kolorit. Ich habe also einen solchen Artikel gemacht über die Geschichte Sachsen-Anhalts nach der Wende und hatte nun außerordentlich große Schwierigkeiten – mit denselben Redakteuren! –, neue Sichten hereinzubringen. Nein: Alte Sichten nach wie vor zu vertreten!

Zum Beispiel wollten sie einen Müntzer überhaupt nicht drin haben. Solche Dinge hat es gegeben! Und noch so ein paar Ecken mehr. Und dann ging es los: ein Kuhhandel! „Nimm doch das raus, dann kannst du vielleicht das, was du auch noch da mit drinnen hast, das würden wir dann bringen" und so. Also, das war dann schon richtig peinlich und hat mich dann auch dazu bewogen, den Herren und den Damen da meine Freundschaft zu kündigen. Ich habe dann nichts mehr publiziert. Aber wie gesagt, das waren genau die Umstände, es war also ein ausgesprochenes Obrigkeitsdenken dort ...

M. D.: Beim Verlag?

Rühmann: ... beim Verlag verbreitet.

M. D.: Woran lag das, dass es sich ausgerechnet beim Verlag so niederschlug?

Rühmann: Ich nehme an, das hat etwas mit dem Regime des gesamten Verlages Volk und Wissen zu tun, der ja doch eine Monopolstellung hatte. Es gab ja nur diesen Verlag, der irgendetwas für die Schule herausbrachte. Und sicherlich stand dieser Verlag auch schärfer unter Kontrolle des Zentralkomitees und speziell Kurt Hagers. Der ja doch eine große Aktie auch hatte an den großen Veränderungen, die sich dann nachher noch mit dem Lehrplan ergeben haben, wo wir dann auch alle unsere Schwierigkeiten hatten. Wir waren in Greifswald zusammen, da ging es um den neuen Lehrplan und um die Schnapsidee von Margot Honecker, die ganze zehnte Klasse für DDR-Geschichte zu nehmen. Und wir wussten, dass das nicht geht und haben auch diskutiert. Und als ich dann das nächste Mal in irgendeiner Sache im Ministerium zu tun hatte, wurde ich gefragt: „Stimmt es, die Geschichtsmethodiker haben in Greifswald den Aufstand geprobt?" Das war so eine beiläufige, halb scherzhafte Bemerkung, aber bloß halb scherzhaft, ja? Das war wirklich schlimm.

Zur Entwicklung neuer Unterrichtsmittel gab es beim Ministerium eine Arbeitsgruppe. Und dazu haben sie mich vorgeschlagen. Ich habe das auch ganz gerne gemacht. Dann hatten sie zur Geschichte der DDR eine wunderschöne Reihe konzipiert. Es ging also erstens darum, dass sie das Bild hatten, wieder von den bösen Amerikanern, noch vor der Mauer: Ein LKW voll mit Apfelsinen war umgekippt und es stürzten sich nun haufenweise die Menschen auf die Apfelsinen, um sie einzusammeln, für sich, für Weihnachten. Und ich habe dann zu dem Bild weiter nichts gesagt als: „Könnt ihr euch vorstellen, was passieren würde, wenn heute in Ost-Berlin so ein LKW umkippen würde?" Das Bild kam nicht rein und auch ein anderes kam nicht rein, wo gezeigt wurde, wie prächtig doch unsere Selbstbedienungshallen da mit einem Warenangebot ausgestattet sind, wo es schon gar nichts mehr zu kaufen gab. Das Bild hat die Arbeitsgruppe ebenfalls aus der geplanten Reihe eliminiert. Diese ist allerdings wahrscheinlich überhaupt nicht mehr produziert worden.

Aber solche Einwände habe ich eben vorgebracht, während andere gehorsam genickt haben. Deswegen haben sie mir das Genick brechen wollen da in Osterburg, weil ich eben doch entsprechend meiner Erfahrung das nicht alles wegsteckte. Damals auch unter dem Motiv: „Der sozialistische Geschichtsunterricht, der gut ist, kann sich solche Dinge überhaupt nicht leisten." Es war nicht so, dass ich nachher mit auf die Straße gegangen bin, muss ich auch sagen. Ich habe gedacht, wir machen das, wir brauchen für die DDR einen besseren Geschichtsunterricht. Und dazu hat mir der ganze Lehrplan nicht gefallen, der neue, der von Kurt Hager natürlich zunächst mal abgesegnet wurde und damit war. Das hatte dadurch natürlich – in Gänsefüßchen – „demokratische, legitime Mehrheit".

M. D.: Prof. Rühmann, wie kamen Sie eigentlich zu dem Forschungsschwerpunkt, den Sie dann vertreten haben, zur Emotion?

Rühmann: Das habe ich vorhin schon angedeutet. Ich war sehr für diesen emotionalen Unterricht ...

M. D.: ... und wenn ich noch kurz einhaken darf: Sie sind ja dazu gekommen, bevor das in der DDR überhaupt akzeptiert war ... oder?

Rühmann: Es hat natürlich immer auch eine Rolle gespielt. Und bei den Insidern war es auch so, dass jeder wusste – ich meine jetzt hier unsere Kollegen –, dass der Geschichtsunterricht auch unter den Bedingungen der DDR ohne die Emotionen auch nicht ein Minimum seiner Aufgaben erfüllen könnte. Und da gab es ja auch genügend Traditionen aus dem Geschichtsunterricht der Weimarer Zeit, die ganze Reformpädagogik. Nein, nein, es war auch nicht so, dass es nicht sein durfte. Auch in den alten Lehrplänen ist natürlich von dem lebendigen Geschehen ... Auch diese Sache, dass in den unteren Klassen nun der Unterricht in Geschichtsbildern erteilt werden sollte, was nachher ad acta gelegt wurde, hatte natürlich ihre Wurzel in dem Bedürfnis, in den Geschichtsunterricht etwas Emotionales zu bringen. Was die Geschichtsbilder betrifft, stammten die auch von der Idee her aus der Zeit der Reformpädagogik. Nein, nein, es ging eigentlich gar nicht so sehr um den emotionalen Geschichtsunterricht an sich, sondern um eine wirklich den Erfordernissen der Zeit entsprechende Einheit von Rationalem und Emotionalem. Ja, und darauf war auch meine B-Dissertation ausgerichtet.

M. D.: Wie empfanden Sie seinerzeit die Bedingungen für Forschung, zum Beispiel für die empirische Forschung, die Sie da betrieben haben?

Rühmann: Also erstmal war man natürlich in einer solchen kleinen Einrichtung, wie wir sie waren, sehr stark angewiesen auf seine eigene Initiative. Es waren alle meine Kollegen, die also ein Lehrgebiet vertraten, mehr oder weniger in dieser Qualifizierungsphase. Auch der Direktor des Pädagogischen Instituts hat dann noch seine Dissertation auf die Beine gebracht und andere, und insofern hat man sich also auch nicht so speziell interessiert für spezifische Seiten anderer Forschungsvorhaben. Obwohl man darüber natürlich in den Gremien auch hin und wieder gesprochen hat, und ich bin mir natürlich auch im Klaren darüber, dass es einfach nur ein Versuch war, mal in dieser Richtung wirklich etwas zu machen. Und ich habe, wie gesagt, auch natürlich kritische Anmerkungen dazu gehört. Ich denke jetzt an die Verteidigung meiner Arbeit, aber insgesamt wurde das doch als ein ernsthaftes Projekt angesehen, auf diesem Gebiet speziell einen Schritt weiter zu kommen.

Und es wurde mir natürlich auch sehr dabei geholfen, die materiellen Voraussetzungen dann zu schaffen. Was natürlich damals unter sehr primitiven Bedingungen noch gemacht wurde. Also, ich habe damals an Fragebögen gearbeitet für die Schüler, die gleichzeitig Lochkarten waren. Heute könnte man sich darüber amüsieren, damals ging das auch, und das musste dann entsprechend vervielfältigt werden mit primitiven Techniken. Aber wie gesagt, da hatte ich jede Unterstützung. Das wurde gemacht, das hat die Einrichtung auch bezahlt, und auch dann die Abteilung für Unterrichtsmittel am P. I. hat sich dann eingeschaltet, um auch die Unterrichtsstunden aufzunehmen, die dann ein bisschen Modellcharakter haben sollten.

Das war nicht so einfach, weil ja die Klasse – das war ja die Voraussetzung auch, um überhaupt emotionale Regungen hervorzurufen –, dass sie sich also wenig von der ganzen Atmosphäre nun individuell beeinträchtigt fühlten. Es wurden also zum Beispiel auch vom Protokoll her Meldehäufigkeiten oder so etwas aufgenommen. Und eine Schülerin äußerte mal kritisch, als wir fragten, „Was gefällt euch denn, was nicht?" – „Na ja, also nicht gefallen hatte uns, dass das aufgeschrieben wurde, obwohl das eigentlich nur Statistik war." Alles andere, das Tonbandgerät war draußen auf dem Flur. Und ich hatte hier so ein Mikroport und musste dann entsprechend dicht heran gehen an die Schüler, die sprachen – das war nicht so einfach. Aber wie gesagt, es ist gelaufen, und man hat natürlich dann auch sich gefreut über den Abschluss.

Und ich hatte dann auch noch Theater mit Bruno Gentner, bei der Verteidigung der ganzen Geschichte ... Dass der Potsdamer Dekan mich eingeladen hat zu einem Gespräch. Der nahm mich mit auf die Gartenbank, auf die Bank im Park – hinterher wurde mir gesagt: Kitzlige Gespräche würden da immer geführt. Ich weiß nicht, ob sie das gehört haben von anderen. Er hat mir gesagt, also dass Prof. Gentner doch sehr große Bedenken geäußert hatte, das also als B-Dissertation überhaupt anzunehmen, weil der Verlag sich geweigert habe, das Ganze überhaupt einmal für eine Publikation anzunehmen. Und sie hätten also vor einiger Zeit schon eine solche Sache gehabt, wo eine B-Dissertation beinahe gegen den Baum gegangen wäre. Und ich war in der glücklichen Lage, bei der Gelegenheit oder beim nächsten Gespräch dann einen Brief von Volk und Wissen zeigen zu können, wo ich aufgefordert wurde, doch in Bezug auf die geplante Publikation meine Termine auch einzuhalten – was praktisch der Gegenbeweis war.

Und dann kam bei Gentner noch dazu, dass ... ansonsten die Kollegen, die als Gutachter tätig waren, wenn sie ihren Kram fertig hatten, das war auch so üblich, dann ihren Kollegen das zuschickten. Der Einzige, der mir sein Gutachten nicht zuschickte, war Bruno Gentner. Offiziell durfte man es 48 Stunden vorher einsehen. Und dann bin ich hingefahren und habe mir das Gutachten abstenografiert. Er hat sich hinterher entschuldigt, das wäre ein Versehen gewesen, aber es gehörte eben dann auch noch dazu, dass er also auch verlangt hatte, dass ich irgendwie da noch eine zusätzliche Erläuterung meiner empirischen Erhebung ja mit zu den Materialien auslege. Und Waldemar Waade rief mich kurz vor der Verteidigung an und sagte: „Dazu wird Dich kein Mensch fragen, außer mir hat sich das hier überhaupt keiner angeguckt."

Solche Sachen waren eben bei Bruno Gentner auch dran. Er war der absolute König der Geschichtsmethodik. Und mit Siegfried Wolf habe ich jetzt auch Verbindung bekommen. Der hat mir auch geschrieben, wann er Geburtstag hat. Aber er sagte – als ich ihm sagte: „Du, ich habe Bruno Gentner angerufen und wir hätten auch sehr nett geplaudert" –, dann sagte er: „Hat er dir das denn auch erzählt, wie schäbig er damals seine Mitarbeiter behandelt hat?" So etwas hat es eben auch ... Aber wie gesagt, er hat mir hinterher gesagt, dass er immer mal wieder gerne in meine B-Dissertation hineinguckt. Es sind manchmal solche Allüren gewesen. Jeder Mensch hat Fehler.

M. D.: Was ich allerdings nicht verstehe, ist, was ein wissenschaftliches gutachterliches Urteil mit der Publikationspolitik eines Verlages zu tun hat?

Rühmann: Ja, das sagen Sie. Das sagen Sie. Aber es war eben so, dass natürlich der Verlag aufgrund dessen, dass also die Mitarbeiter nun parteipolitisch außerordentlich scharf ausgerichtet waren auf das einzig Richtige, deren Stimme eben unüberhörbar war und sein sollte, wenn es darum ging, auch solche Fragen der Wissenschaftsgeschichte nun unter Kontrolle zu nehmen. Und es war der einzige pädagogische Verlag. Heute wäre das lächerlich.

M. D.: Sie haben vorhin schon darüber geredet, an welchen inhaltlichen wissenschaftlichen Traditionen Sie sich orientiert haben bei den Forschungen zur Emotion. Sie haben die Reformpädagogik erwähnt, Sie haben Forschungen erwähnt, die zum Beispiel Herr Osburg zu den Geschichtsbildern gemacht hat.

Rühmann: Ja.

M. D.: Was waren denn innerhalb der Disziplin die Koryphäen, sage ich mal, an denen Sie sich orientiert haben ... in der Geschichtsmethodik?

Rühmann: Es gab keine. Es gab keine. Und was es an westlichen Publikationen gab, so waren die eben darauf ausgerichtet, im Grunde genommen das Emotionale an die Stelle des Rationalen zu setzen. Das sage ich jetzt und beziehe da nicht alle ein. Aber ich muss auch sagen, dass so ein Mann wie Rohlfes, der sich nach der Wende dann mal – er hatte aber auch schon vor der Wende mal ein bisschen etwas geschrieben und dabei den DDR-Geschichtsunterricht erwähnt, und der kam in seinem Urteil überhaupt nicht schlecht weg –, was sich nach der Wende aber in seiner Veröffentlichung ganz entscheidend ändern wird. Und gerade in Bezug auf das Emotionale. Da war er nun ... ach.

M. D.: Sie meinen den GWU Artikel von 1990 „Geschichtsdidaktik in der Zwangsjacke"?[1]

Rühmann: Ja, ja, genau.

M. D.: Okay. Wie würden Sie denn den Umgang innerhalb der geschichtsmethodischen Disziplin charakterisieren? War das konkurrenzgeprägt oder von Kooperation? Wie gestaltete sich das Verhältnis? Wie war es organisiert?

Rühmann: Also ich kann das mit einem Wort sagen: Es war wirklich nur kooperativ.

M. D.: Und hat man sich – damals waren die Kommunikationsmöglichkeiten nicht so wie heute – es gab Telefon, war aber schon schwierig, es gab die jährlichen Ta-

---

1 Rohlfes, Joachim. „Geschichtsdidaktik in der Zwangsjacke. Kritische Gedanken zum Geschichtsunterricht im SED-Staat". *Geschichte in Wissenschaft und Unterricht* 41 (1990): 705–719.

gungen, es gab sicher auch Briefwechsel. Dieses Verhältnis zwischen den Geschichtsmethodikern, wie hat sich das gestaltet, also wie lief das?

Rühmann: Ja, es reduzierte sich in Wirklichkeit erst mal bei den Chefs der Methodikeinrichtungen auf die Zusammenkünfte der Fachkommission oder des Forschungsrates. Es war aber identisch. Und der große Höhepunkt war dann in jeder Beziehung das Jahrestreffen. Wobei eben dort auch üblich war, die Dinge beim Namen zu nennen. Also es waren keine Feierstunden, wo alles vorneweg abgezirkelt war, sondern es kam dann auch wirklich zu echten Diskussionen in diesem größeren Kreis. Es haben ja dann im Grunde genommen alle Mitarbeiter der Geschichtsmethodik dann an diesen Beratungen teilgehabt. Da kann ich also persönlich überhaupt nichts Nachteiliges sagen.

Es hat innerhalb der einzelnen Einrichtungen manchmal so etwas gegeben wie Konkurrenzdenken, das ja. Ich habe das gehört wie gesagt von den Hallenser Kollegen mehrfach. Es ging damals auch um einen Mitarbeiter, den ich gerne gehabt hätte für meine Einrichtung, der aber dann nachher nach Halle gegangen ist, und wir hatten denn auch miteinander zu tun. Aber das habe ich vollkommen verstanden, da ging es um persönliche familiäre Dinge. Die waren da besser gegeben, warum soll ich dann nach Magdeburg fahren, meine Brötchen verdienen, wenn ich das da auch kann? Nein, nein, aber es mag so etwas gegeben haben, aber ich kann es, wie gesagt, nur sehen in Bezug auf meine Tätigkeit, und dazu muss ich sagen: Es gab hier eigentlich ein sehr enges und kollegiales Verhältnis auch der Geschichtsmethodiker zueinander.

Wozu noch hinzufügen ist: Ich war auch auffällig in unserem Kreise, besonders bei den Jahrestagungen, weil ich über Jahre die Geschichtsmethodik in Magdeburg ganz alleine gemacht habe. Ich konnte nie Mitarbeiter vorstellen und war glücklich, als ich es dann konnte. Ja, das musste damals auch gehen. Es hing dann auch von Stellenplänen ab, und was weiß ich noch. Aber ich habe mir dann auch wirklich die Besten aussuchen können, als es dann ging, und die haben dann auch eine Qualifizierung in Angriff genommen. Mein damaliger Oberassistent und Nachfolger macht bis jetzt auch noch weiter und ist bloß noch alleine auf weiter Flur. Und wir waren zehn Leute in der Methodik und wir haben dort wirklich eigentlich das gemacht, was ganz selbstverständlich ist: die theoretische Ausbildung und die praktische Ausbildung, und das lag möglichst in einer Hand, sodass man dann auch immer diese Verbindung zwischen Theorie und Praxis realisierte, ohne das nun als Religion neu zu erfinden.

M. D.: Nächster Schwerpunkt: Die Hauptkontroversen, jetzt vor allen Dingen auf die Sechzigerjahre konzentriert. Hat sich da jemand gestritten? Wer war das, worum ging es da?

Rühmann: Ich muss Sie enttäuschen. Aus meiner Sicht haben sich solche Dinge nicht ausgewirkt – bei uns. Im Grunde genommen und hinter der vorgehaltenen Hand war man sich auch völlig im Klaren über die Mängel, die uns gewissermaßen damit vorgegeben waren. Wie gesagt, Waldemar Waade: „Wir würden gerne einen besseren Geschichtsunterricht machen, wenn man uns lassen würde." Das war bei vielen auch ... Na ja, es gab natürlich andere, die auch besessen waren von ihren Forschungsschwerpunkten, zum Beispiel Wermes.

M. D.: Fähigkeitsentwicklung.

Rühmann: Ja ... Sicherlich ist da auch viel Positives gemacht worden, obwohl manche Dinge auch schöngeredet wurden, aber das ist überall so, das liegt auch ein bisschen in der Natur der Sache. Es tut mir leid, ich kann persönlich nicht sagen, da hätte es nun irgendwelche Einbrüche gegeben. Auch, wie gesagt, in der Beziehung zwischen dem Vertreter des Ministeriums, also auch hier Sonnenfeld und auch Reinhold Kruppa, die sind immer nur als Kollegen aufgetreten, wobei man natürlich wusste: Was er jetzt sagt, das ist auch die Meinung des Ministeriums.

Kassettenwechsel (57:50)

M. D.: Ihr Doktorvater war Friedrich Donath.

Rühmann: Donath war Gutachter bei mir, bei der A-Dissertation und bei der B-Dissertation. Donath war ein Original. Wenn wir zusammen waren und es war Abend, dann spendierte er eine Runde für alle und jeder hat dann sofort akzeptiert, dass er uns seine Lebensgeschichten erzählt, die ja alle schon dutzendmal gehört haben. Da ging es darum, dass ein Schneider ihm für sein ersten großen Auftritt in der Öffentlichkeit einen Anzug gemacht hatte, und er brauchte ihn nicht zu bezahlen, sondern er durfte ihn abstottern. Aber er hat sich das im Grunde genommen als Lebensmaxime übernommen.

Er hat mich praktisch dazu überredet, bei ihm zu promovieren. Ich wäre alleine überhaupt nicht auf solche größenwahnsinnigen Ideen gekommen. Er machte hier Weiterbildung in Magdeburg, und wir kamen ins Gespräch, und er sagte: „Warum willst Du denn nicht?" Und dann habe ich ihn mal besucht und wir haben einen wunderschönen Spaziergang gemacht.

M. D.: Noch in Leipzig oder schon in Rostock?

Rühmann: Da war er schon in Rostock. Das war genau der Übergang, er ging von Leipzig nach Rostock und hatte auch den Kollegen gesagt: „Wenn Sie mir mal schreiben wollen" – er hatte auch seine Eitelkeiten –, sagt er: „Dann schreiben Sie in Zukunft nur ‚Prof. Donath, Rostock'." Ja, aber er war eine Seele von Mensch. Ich

hatte damals einen Haufen Kinder – wenn er hier in Magdeburg war, er hat nie
vergessen für jedes Kind auch irgendwie eine Kleinigkeit mitzubringen. Er war
also sehr kollegial und hat sich da aufgeopfert. Wenn ich ihm was geschrieben hatte, ich hatte innerhalb von 48 Stunden die Antwort. Die war inhaltlich manchmal
mehr als dürftig, aber ich habe nie die Schwierigkeiten gehabt, dass ich mit meinem Doktorvater nicht in Kontakt gekommen wäre. Und manchmal war es natürlich auch so skurril, dass er, wenn ich nun Entwürfe eingereicht hatte, dass er mir
schrieb: „Zitiere nicht zu viel, sonst wird die Arbeit unselbständig, aber erwähne
doch noch ein paar Artikel von mir." Ja, das brachte er auch fertig. Aber er war
eine Seele von Mensch.

Aber er war auch eigentlich jemand, der es in seinen Publikationen liebte, die
Dinge sehr locker darzustellen. Es war auch seine Stärke bei Weiterbildungsveranstaltungen. Er machte es eigentlich nicht so sehr nun als Messias der pädagogischen Wissenschaft, sondern als einer, der sich eben mit Geschichtsunterricht ein
bisschen auskannte, auch aus seinem Leben, und dann das erzählt, und wie man
nun mit Quellen arbeitet, und welche man da nimmt. Das war eigentlich immer
solche, zur Hälfte mindestens, Lebenserfahrung oder Berufserfahrung, die er dort
ins Spiel brachte.

Das konnte man nachher gar nicht mehr machen, nachdem die Bandagen so
festgezurrt waren mit Lehrplan und neuem Lehrplan und Vorbereitung der Lehrer auf ganz bestimmte Zäsuren in der Entwicklung des Geschichtsunterrichts. Da
ging das überhaupt nicht mehr. Aber das waren eben auch noch die Zeiten, wo
dieses Reglementieren von Seiten der Partei, noch nicht ausgeprägt war. Das war
eigentlich eine ungemeine Motivation für mich auch, wo ich als Neulehrer angefangen habe. Da gab es so was überhaupt nicht. Und als ich in der Oberschule anfing, gab es das auch nicht. Und als es dann anfing, ja da bin ich denn öfter mal ins
Fettnäpfchen getreten, ja.

M. D.: Und wann fing das an?

Rühmann: Tja, wann soll ich sagen ... Wann fing das an? Na, sagen wir mal in der
zweiten Hälfte der Fünfzigerjahre. Da fing es dann langsam an. Ja, aber Donath
war ... Ich hatte auch einen sehr guten Kontakt zu Stohr. Ich habe ihn wirklich
gemocht, er hat sich nie irgendwie in den Vordergrund gespielt, auch in Diskussionen nicht. Aber die beiden haben sich natürlich immer mal beharkt, das stimmt.
Das war für uns immer so als ob zwei Titanen miteinander ringen würden, wir
waren alle noch so klein mit Hut. Und dann waren da zwei Leute, die so altgedient
waren und so viel Meriten schon angehäuft haben. Dann ging das von Donath los:
„Also, Bernhard, das wollte ich Dir schon immer mal sagen: Was Du da geschrieben hast auf dieser Seite, das versteht doch überhaupt keiner! Ich verstehe das
auch nicht!" Und dann sagte er: „Hör zu, das könnte so sein. Aber muss das unbe-

dingt an mir liegen?" Es war manchmal wirklich so, dass man über manche Dispute tatsächlich auch lachen konnte. Aber es war eben auch eine Portion Ernst dabei.

M. D.: Genau diesen Satz hat mir Herr Wermes auch zitiert.

Rühmann: Tatsächlich, ja?

M. D.: Genau diesen Satz, das muss eindrücklich gewesen sein.

Rühmann: Ja! Aber irgendwie war das typisch für die beiden. Aber Stohr hat sich dann leider selbst ein Bein gestellt, indem er der energischen Forderung des Ministeriums für Volksbildung nachgab, in die neue Auflage seines Lehrbuchs „Methodik des Geschichtsunterrichts" ein Kapitel über Kybernetik und Geschichtsunterricht aufzunehmen. Es bestand bei der Administration durchgängig ein gewisser Trend, vermeintlich Modernes der pädagogischen Theorie aufzupropfen. Zu der Zeit war dies die Rationalisierung der Arbeit in allen Fächern durch Anwendung von Kybernetik. Wenig später fühlte sich Stohr allerdings tief verletzt, dass er bei Namensnennung von Margot Honecker in einem offiziellen schulpolitischen Referat bei kritischen Ausführungen über Erscheinungen von rationalen Überhöhungen im Fach Geschichte zu einem Hauptschuldigen abgestempelt wurde. Das Frontmachen gegen besagte rationale Überhöhungen im Spektrum der Methodik des Geschichtsunterrichts brachte auch bestimmte Forschungsrichtungen in Schwierigkeiten, zum Beispiel Entwicklung von Arbeitsheften für den Umgang mit Lösungsalgorithmen (Hans Baer), führte aber auch gewissermaßen automatisch zu einer Aufwertung anderer Schwerpunkte, so ganz besonders in Sachen Theorie und Praxis der von mir seit Längerem untersuchten Thematik „Einheit des Rationalen und Emotionalen im Geschichtsunterricht".

M. D.: Ja, eine etwas diffizile Frage: Als Mitglied der SED waren Sie der Parteidisziplin verpflichtet und im Sinne des demokratischen Zentralismus auch den Beschlüssen der Parteizentrale. Führte Sie das in Konflikte mit den Anforderungen Ihres Berufes und, sofern dies der Fall war, welche Konflikte waren das konkret und welche Auswirkungen hatten die?

Rühmann: Die also mich betreffende besondere Sache habe ich schon erwähnt. Das bezog sich auf meine Tätigkeit als Lehrer und als Direktor der Oberschule in Osterburg. Wo man mich, einfach weil ich nun nicht mehr in die politische Landschaft passte – weil ich glaubte, der Sache zu dienen, indem man wirklich offen und ehrlich und auch kritisch sich mit allem auseinandersetzt, um an sich selber auch natürlich Kritik zu üben, wenn die Situation es war – aber das war Sozialismus, wie er nur in den Lehrbüchern existierte, ja.

M. D.: In welchem Jahr hat sich das zugetragen dort in Osterburg?

Rühmann: Das war ... Moment, wenn ich manchmal ein bisschen Schwierigkeit habe mit ... so, 1960. Das war genau da, ich war von 1954 bis 1960 da in Osterburg als Lehrer und stellvertretender Direktor. Ja, und 1960 habe ich hier in Magdeburg angefangen am IfL. Also angefangen hat das schon früher. Na ja, 1951 habe ich angefangen dort mit meiner Tätigkeit an der Osterburger Schule. Aber wie gesagt, die Sache mit dem stellvertretenden Direktor hatte eigentlich bloß Bedeutung, na ja, für bestimmte Detailsachen, Stundenplanbau oder so was.

M. D.: Aber 1954 waren Sie dann Direktor.

Rühmann: Ja, wobei ich gar kein richtiger Direktor war, man hatte vergessen mich zu installieren, ich war nur amtierend. Das wurde dann schnell noch gemacht, bevor das Disziplinarverfahren abgeschlossen wurde, damit ich nicht mich nun an dieser Sache noch hoch – für mich hat das überhaupt keine praktische Bedeutung gehabt. Ich dachte; es wäre ein Riesending, dass das über den Bezirk laufen müsste oder was. Aber so war das. Und ich muss natürlich sagen in Magdeburg im IfL, na ja, da hat man zunächst noch kaum was zu den Dingen gesagt, weil man sich erst da reindenken musste in das neue Arbeitsgebiet und die Anforderungen, die da gestellt waren. Man hat es erst mal auch als Wohltat empfunden, dass man denn auch wirklich innerhalb bestimmter Gremien mal Möglichkeiten hatte, sich zu verständigen, auch über theoretische Probleme – was ja bei der Hektik der Schule überhaupt nicht ging. Da war das nicht üblich, dass man nun großartig über theoretische Dinge ... Man hatte seine Sitzungen des – wie nannte sich das denn? – Pädagogischer Rat, aber solche grundsätzlichen Dinge mal ausführlich zu erörtern, weil man eben dann doch im IfL und später PI, auch in Bezug auf den Fachbereich, mehr Gelegenheit hatte, Gedanken auszutauschen und nicht so über die Einrichtung insgesamt. Ja, da hat es eigentlich angefangen. Das heißt, angefangen muss es schon früher haben, denn ich habe ja dann schon die Weichen so stellen können, dass ich ...

Ich war dann ja auch an der Grundschule Walsleben bis 1951 und dann Oberschule Osterburg ab 1951, ja bis 1953, und dann kommt das Jahr Potsdam von '53 bis '54 mit Hans Baer und Konsorten. Und dann in der Zeit von '54 bis '60. Ich sagte vorhin schon zweite Hälfte der Fünfzigerjahre, da wurde es dann ganz schlimm. Wie gesagt, in Magdeburg wurde auch über manche Dinge diskutiert, die nun nicht unbedingt mit den Studenten hätten erörtert werden müssen. Oder so wurden auch Fragen dazu gestellt, ohne dass man gleich als verkappter Konterrevolutionär dastand. Da gab es also doch auch immerhin die Möglichkeit, obwohl natürlich die Parteimeinung immer letztendlich als die einzig mögliche und gute, und was weiß ich, dann aufgegriffen wurde.

M. D.: Wenn Sie an das Verhältnis der Methodiker zu den Fachhistorikern denken, wie hat sich das in Ihrem Erfahrungsbereich gestaltet?

Rühmann: Eigentlich positiv, weil wir ja an den pädagogischen Einrichtungen bis zuletzt, wo ich da tätig war, zusammen mit den Fachhistorikern eine Sektion bildeten. Lehrstuhl war ein bisschen out als Begriff, aber da war man in einem Gremium, und da gab es eigentlich auch irgendwelche Differenzen nicht, sondern das hing natürlich auch damit zusammen, dass die Methodik sich ja doch – Fachmethodik im Unterschied zur Reformpädagogik –, sich doch stärker an die Fachdisziplin angelehnt hat. Es ging nicht um pädagogische Prozesse insgesamt oder ... Sondern hier ging es um pädagogische Prozesse bei der Vermittlung von Geschichte und insofern war das auch immer anerkannt, wenn man da etwas sagte zur Sache. Und ich bin auch von Fachhistorikern dann mal als Gutachter für Dissertationen herangezogen worden, wo es um solche Dinge geht, die auf der Grenze lagen zwischen Fach und Pädagogik oder Schulentwicklung. Also irgendetwas Nachteiliges kann ich da nicht sagen.

M. D.: Sie hatten als Hochschullehrer ganz verschiedene Aufgaben zu erfüllen. Sie waren in der Lehre engagiert, Sie hatten organisatorische Aufgaben, Sie waren gesellschaftlich aktiv und Sie haben geforscht. Welches quantitative Verhältnis, schätzen Sie mal über den Daumen, hatten die einzelnen Tätigkeiten im Rahmen Ihrer Arbeitszeit?

Rühmann: Na ja, absolut Vorrang hatte die Lehrtätigkeit unbedingt. Und es war also auch nicht so wie das an Universitäten üblich ist oder vielleicht auch in anderen größeren Einrichtungen, dass man sich dann einfach für bestimmte Dinge dann mal von der Lehre zurückziehen konnte, um in der Forschung dann auch außerhalb der Aspiranturen und dann mal da einen besonderen Schub zu machen. Das war die ganz große Ausnahme. Die Sache mit meinen Aufnahmen in der Schule und meine empirischen Untersuchungen, das fiel bei mir alles in die Zeit der Aspirantur. Ich gehörte zwar der Einrichtung nicht an, aber wie gesagt, was dann zu machen war, hat die Einrichtung natürlich für mich dann auch übernommen. Aber sonst war man eben in den allgemeinen Trott einbezogen. Und ich war ja auch mehrfach für Leitungsaufgaben immer mal eingesetzt. Also erstmal habe ich mein Wissenschaftsbereich und -team geleitet. Dann war ich eine Zeit lang auch stellvertretender Sektionsdirektor für Erziehung und Ausbildung. Das hing dann auch immer damit zusammen, dass einer dann ein Jahr in die Aspirantur ging oder Studienurlaub hatte oder so. Also besonders reizvoll fand ich solche Aufgaben nicht immer. Aber ich war auch eine Zeit lang amtierender Sektionsdirektor. Wobei ich von meiner Leitung erst richtig kritisiert worden bin wegen bestimmter Sachen. Das hing zusammen mit meinem Auftreten bei Weiterbildungsveranstaltungen. Da gab es doch die berühmte rote Woche ...

M. D.: Nach den Semesterferien?

Rühmann: Ja, und dann waren natürlich auch noch die Thesen des Zentralkomitees da. Und dann ging es eben darum, dass ich da auch zwischendurch mal eine etwas lockere Bemerkung gemacht habe, was nun doch gar nicht so zum Thema gehörte, und es war ja auch immer eine Pferdekur für die Studenten, sich das alles anzuhören, und es musste alles so lupenrein sein. Und da hatte ich manchmal Ärger, aber das legte sich mir einmal sehr schnell. Wie hieß der Mann der frühere stellvertretende Direktor des Ministers für Volksbildung?

M. D.: Rudolf Parr?

Rühmann: Nein, Parr nicht. Er war der erste Stellvertreter. Ach Gott, wenn ich doch ein besseres Namensverzeichnis hätte. Ich kannte den sehr gut, weil der zu der berühmten Truppe gehörte. Der war mit in Potsdam – Dr. Ernst Machacek. Und wir hatten jeden Tag den gemeinsamen Weg von der Gregor-Mendel-Straße. Es war immer eine außerordentlich interessante Sache, dann miteinander da den Schulweg zu absolvieren. Man hat da beinahe so viel gelernt wie bei der Lehrveranstaltung. Ich komme jetzt nicht auf den Namen. Aber der war einmal bei uns in der Hochschule und war in einem Gespräch mit meinem Rektor, der inzwischen verstorben ist, und er sieht mich mit einmal auf dem Flur und kam ein paar Schritte auf mich zu und sagt: „Mensch, das ist ja ein Ding, dass wir uns hier wiedersehen." Und sagte zu dem Rektor: „Das ist hier ein ganz alter Kumpel von mir." Seitdem hat sich manches zu meinen Gunsten verändert im allgemeinen Klima. Ich weiß bloß nicht mehr, wie er heißt. Na ja, er war das bis zuletzt. Wie heißt der denn? Er war auch ein guter Kumpel, bloß hinterher konnte man sich mit ihm natürlich über das Klima im Ministerium für Volksbildung nicht unterhalten. Man hat das dann besser nie getan. Aber wir haben gut miteinander gekramt, und er war auch bei meiner Berufung und hat die Sachen übergeben. Die Berufung war im Haus der Ministerien, ja, wo Frau Breugel nachher ihre Zelte aufgebaut hat. Ich musste da öfter mal hin.

M. D.: Und jetzt Herr Eichel.

Rühmann: Ach, Herr Eichel sitzt da auch?

M. D.: Jetzt ist das Finanzministerium drin.

Rühmann: Aha, aha, lange Tradition. Hermann Göring würde sich freuen.

M. D.: Zum Abschluss noch zwei allgemeinere Fragen: Welche Berufs- und Wissenschaftserfahrungen würden Sie als Ihre prägendsten bezeichnen?

Rühmann: Das klingt jetzt ganz blöde. Meine schönsten Berufsjahre habe ich als Landlehrer erlebt. Und an zweiter Stelle würde ich sagen, dass auch die durch äußere Einwirkungen hervorgerufene oder nur durch äußere Einwirkungen Zuwendung zur Geschichte. Das wirkt sich bis heute aus. Ich habe aus Kostengründen mein Abonnement beim ND abbestellt nach der Wende, aber etwas, was damals angeboten wurde, beibehalten. Abonniert habe ich die Wochenendausgabe, das ist die mit den historischen Beiträgen – wo die DDR-Historiker ihre Sachen bringen, und auch aus heutiger Sicht. Und ich lese sie immer noch gern, und für mich haben die wirklich auch sehr hohe Beweiskraft. Auch weil ich die Leute kenne und weiß, dass sie früher was anderes geschrieben haben. Aber das sind vielleicht wirklich die prägenden Dinge. Abgesehen natürlich von der Beschäftigung mit den Emotionen.

M. D.: Und zum Schluss die Schlüsselfrage: Was verstanden Sie als Sinn und Zweck Ihrer Tätigkeit als Geschichtsmethodiker?

Rühmann: Na ja, im Interesse der Gesellschaft, aber auch im Interesse eines jeden einzelnen mir anvertrauten Schülers für die Entwicklung insgesamt etwas beitragen zu können. Habe ich mich deutlich ausgedrückt?

M. D.: Prof. Rühmann, ich danke Ihnen für dieses Gespräch.

Mündliches Interview mit Dr. Reinhold Kruppa

Berlin, den 14.10.2000

Reinhold Kruppa, seit 1959 am Deutschen Pädagogischen Zentralinstitut (DPZI) tätig, aus dem 1970 die Akademie der Pädagogischen Wissenschaften der DDR entstand,[1] Promotion 1965, ab 1969 Fachgebietsleiter Geschichte.

M. D.: Dr. Kruppa, zu Beginn des Interviews möchte ich Sie bitten, dass Sie einen kurzen Abriss über Ihr Leben bis zur Aufnahme Ihrer Tätigkeit am DPZI geben.

Kruppa: Ich wurde 1933 in Berlin geboren. Mein Vater war Bauhilfsarbeiter – wo er herkam, weiß ich nicht. Meine Mutter kam aus der Lausitz, sie war in Berlin damals auf Stellung: Dienstmädchen, Mädchen für alles, Saubermachen. Als mein Vater starb, übernahm sie die Erziehung allein. Da war ich zwei Jahre alt. Bei der weiteren Erziehung half der Großvater. 1940 ging ich zur Schule zunächst in Berlin, dann zeitweilig in Österreich – Kinderlandverschickung –, zum Schluss in Trebbus, im damaligen Kreis Luckau. Das war die Zeit von 1941 bis '48. Und dann die Oberschule in Doberlug-Kirchhain mit dem Abschluss des Abiturs.

Es folgte das Studium in Berlin an der Humboldt-Universität: Geschichte mit dem Ziel, Lehrer zu werden für die Klassen 9 bis 12. Das Studium habe ich mit „Gut" absolviert. Meine Staatsexamensarbeit beschäftigte sich mit den Ereignissen um den Kapp-Putsch im Gebiet Cottbus/Senftenberg. Die Arbeit ist veröffentlicht worden, sodass sie mir auch für den Unterricht (die Schule befand sich im Bezirk Cottbus) und für die Lehrerweiterbildung zugutekam. Man konnte aus der Erfahrung des methodischen Herangehens an solche Fragen natürlich auch mit den Schülern etwas machen. So, dann war es mir allerdings nur vergönnt, zwei Jahre zu unterrichten. Das Kader-Karussell drehte sich, ich musste das Kreiskabinett übernehmen und war für die Weiterbildung aller möglicher Fachlehrer verantwortlich. Das fing mit der Unterstufe an und hörte bei der Berufsschule auf. Eine Arbeit, die mich wegen ihrer Breite überforderte und auch nicht allzu sehr bewegt hat.

Ich ergriff dann die Möglichkeit, in Berlin die Aspirantur beim damaligen DPZI zu machen, die ich 1962 abschloss. Meine Betreuer waren Friedrich Weitendorf und Friedrich Donath – beide sind vor längerer Zeit verstorben. Letzterer war damals als Geschichtsmethodiker gerade von Leipzig nach Rostock übergewechselt, dort blieb er bis zu seiner Emeritierung, Dr. Hans-Joachim Fiala war sein Nachfolger. In Leipzig wurde Dr. Hans Wermes Professor und Lehrstuhlleiter. Am

---

1 Demantowsky 2003. *Die Geschichtsmethodik in der SBZ und DDR*: 347–352.

DPZI hatte ich Lehrplan- und Stundentafelvergleiche zwischen der DDR und anderen, meist sozialistischen Ländern anzustellen, einige Blicke gingen auch in Richtung England, Frankreich und Amerika. Was aus dieser Arbeit eigentlich werden sollte, wusste da keiner so genau. Ich hatte allerdings nachher eine ganze Reihe von Zahlen auf dem Tisch. Man bastelte in dieser Zeit an einem Umbau des Systems der Allgemeinbildung. Das war so die Zeit um '59/'60 herum. Das wäre schon fast der Beginn eines Einschnittes – auch für die gesellschaftspolitische Entwicklung in dieser Zeit. Erstmals wurden für die Lehrer Handbücher herausgegeben, für jedes Fach und für jede Klassenstufe extra.

Diese Entwicklung musste ich in meiner Arbeit berücksichtigen. Dann nachher so mittenmang den Arbeiten zum Vergleich der Stundentafel begann dann die Lehrplanpräzisierung, und ich kam dann in die Abteilung gesellschaftswissenschaftlicher Unterricht, Fachgebiet Geschichte. Man muss wissen, dass es bis zu diesem Zeitpunkt ein bisschen turbulent zugegangen war im Geschichtsunterricht. 1958 war ganz plötzlich der polytechnische Unterricht eingeführt worden. Eigentlich keine schlechte Sache. Man hat daraus nachher eine ganze Menge auch für die Schüler machen können. Sie haben viel gelernt davon. Aber das ging so plötzlich: Als wir aus den großen Ferien kamen, fing das an. Ein ganzer Tag wurde dem theoretischen Unterricht entzogen und voll für die Produktion eingesetzt. Das war schon was, und die Unterrichtsfächer wurden gekürzt, ohne dass bereits bestimmte Lehrplankonsequenzen gezogen worden waren. Konnte auch gar nicht, denn vorher wusste gar keiner davon Bescheid.

So und jetzt musste ganz schnell ein neuer Lehrplan gemacht werden. Es wurden Lehrer nach Berlin zusammengezogen für alle möglichen Fächer. Denn in allen Fächern standen sie vor der gleichen Frage. Als Ergebnis intensiver Arbeit entstand bis 1959/60 zunächst als Provisorium ein zusammenhängendes Werk zur Unterrichtsführung im ganzen Bereich der nunmehr „allgemeinbildenden polytechnischen Oberschule" (Klassen 1 bis 10, als „erweiterte Oberschule" – Klassen 9 bis 12). Aber man war froh, dass man irgendwas hatte. Dann kam 1961 der Mauerbau. Das MfV gab Anweisung, den Unterricht in den gesellschaftswissenschaftlichen Fächern auf die neue politische Situation einzustellen. Für die oberen Klassen galt vorläufig ein gleicher Lehrplan. Er blieb so lange gültig, bis man so ab 1962/63 daranging, den Geschichtsunterricht wieder linear aufzubauen. Dazu wurde alles Lehrmaterial durchgemustert und auf seine politische und pädagogische Aktualität hin überprüft.

In dieser Zeit kam ich in Weitendorfs „Gewi-Abteilung", speziell in das Fachgebiet Geschichte, das vor Dr. Heinz Höhn geleitet wurde. Nach seinem Tod 1969 wurde ich sein Nachfolger. Mit den damals so genannten „präzisierten Lehrplänen" und den als Folgematerialien bezeichneten Lehrbüchern und Unterrichtshilfen entstand in breiter Gemeinschaftsarbeit, an der viele Lehrer als Mitautoren,

Gutachter und Berater beteiligt waren, für den Geschichtsunterricht eine relativ stabile Lösung, was für Beständigkeit sorgte und einen auf lange Sicht angelegten Erfahrungsaustausch ermöglichte. Daraus entstand unter anderem die Bewegung der „Pädagogischen Lesungen", die besten davon wurden in Kreis- und Bezirksausscheiden ermittelt. Für die Endverteidigung solcher Lesungen im Institut für Lehrerweiterbildung in Ludwigsfelde wirkten wir als Betreuer mit.

Die Langlebigkeit unserer Geschichtslehrpläne hatte aber auch viele Nachteile. Besonders kompliziert war es, wissenschaftlich veraltetes durch neues Fachwissen zu ersetzen. Der Lehrplan war ja „Gesetz" – dagegen kam so leicht kein Fachwissenschaftler an. In den Abschlussklassen fiel besonders schwer ins Gewicht, dass immer bis zum jeweiligen Endpunkt der Geschichte unterrichtet werden sollte. Ich hatte das vormals in meinem eigenen Unterricht nicht geschafft – kam immer nur bis zur „Volkskongressbewegung". Obwohl wir schon lange in den Fünfzigerjahren waren. Lehrer, die interessant unterrichtet haben, hatten damit ohnehin Schwierigkeiten – mit dem Stoff klar zu kommen, die Ziele zu schaffen, falls man Ziele überhaupt schaffen kann. Man kann sie mehr oder weniger erreichen, meines Erachtens.

Na, jedenfalls war das immer so ein Zankpunkt: Die Zäsuren standen fest zwischen den Klassen, an denen durfte nicht gerüttelt werden. So dass es vor allem in den oberen Klassen immer komplizierter wurde. Dennoch hielten diese Pläne bis in die Achtzigerjahre hinein, abgesehen von ein paar Korrekturen an Unterrichtshilfen. Der Vorteil bestand darin, dass in dieser Zeit in der Methodik viel gearbeitet und auch viel diskutiert werden konnte. In dieser Zeit profilierten sich auch die Lehrstühle, indem sie sich bestimmten Forschungsthemen zuwandten. Das ging natürlich nicht ohne gegenseitige Verständigung. Wir waren ein kleines Land und hatten nur wenig Forschungskapazität, so dass es sich als günstig erwies, die Forschungsschwerpunkte, die Forschungsthemen zwischen den einzelnen Hochschul- und Universitätseinrichtungen gegeneinander ... Na, ich will nicht sagen: abzugrenzen, aber so eine gewisse Schwerpunktsetzung für jede Universität zu erreichen.

So hat sich beispielsweise die Uni Leipzig besonders gründlich mit der Könnensentwicklung der Schüler und deren Befähigung zum historischen Denken beschäftigt und mit dieser Thematik gute Ergebnisse erzielt. Oder denken wir an Jena. Der dortige Lehrstuhl hatte einst unter Dr. Edith Straube Fragen der Erziehung im Geschichtsunterricht bearbeitet. Dann kam Frau Kretschel, ganz anderer Typ, ganz andere Ambitionen, aber in der Verbindung mit dem Forschungsschwerpunkt, den die pädagogische Einrichtung, also die allgemeine Pädagogik und die Didaktik hatte, wurde dann daraus das Thema Festigung, Leistungskontrolle geboren. Damit hatte Jena einen Schwerpunkt, der zum Schluss auch durchhielt. Das war auch der Grund, weshalb auch Frau Kretschel an die zehnte Klasse

Unterrichtshilfe kam. In der zehnten Klasse sollte eben viel wiederholt, gefestigt werden. Also war das ein natürlich gegebenes Thema für Frau Kretschel, für die Gestaltung der Unterrichtshilfe dieses Kollektiv zu übernehmen. Das hat sie auch gemacht, leider ist sie nun mit der zehnten Klasse aus anderen Gründen dann in die Bredouille gekommen. Aber so war das natürlich nicht gedacht.

Auch die Verbindung in Leipzig mit der Könnensentwicklung ergab sich aus der Verbindung mit dem Didaktiklehrstuhl um Dr. Faust. Dann gab es Lehrstühle wie die an der Universität Halle, wo die Gruppe um Prof. Dr. Horst Diere mit der Arbeit über das Schulbuch für Geschichte befasst war, oder die Pädagogische Hochschule Leipzig, wo unter Leitung von Prof. Dr. Rolf Rackwitz vornehmlich die Entwicklung und der Einsatz visueller Unterrichtsmittel Arbeits- und Untersuchungsgegenstand waren. An den Universitäten Greifswald und Rostock wurden Tonbildreihen, Unterrichtsfilme und historische Kartenwerke entwickelt. In den letzten Jahren hatte sich Prof. Dr. Alfried Krause darüber hinaus der Einbeziehung der Heimatgeschichte zugewandt und Dr. Hans-Joachim Fiala war zum Spezialisten für Schülerarbeitsgemeinschaften historischen Inhalts und für fakultative Geschichtskurse geworden.

Auf diese Weise entwickelten sich inhaltliche und personelle Voraussetzungen für ein Methodikbuch, das 1975 in erster Auflage erschien. Prof. Dr. Bruno Gentner und ich hatten als Leiter des recht umfangreichen Autorenkollektivs über unsere eigenen Beiträge hinaus, komplizierte redaktionelle Aufgaben zu lösen – wir strebten ein hohes Maß an Einheitlichkeit an, wobei dennoch die persönlichen Handschriften der Autoren erkennbar bleiben sollten. Was die Schwerpunktverteilung angeht, könnte man sagen, wir hätten sie oktroyiert. Natürlich haben wir aufgepasst, dass bei knapper Kapazität nicht zu einem Gebiet doppelt geforscht wurde, obwohl wir uns konkurrierende Forschung durchaus als nützlich vorstellen konnten. Doch waren wir bei der Bestimmung der Forschungsschwerpunkte keinesfalls allein beteiligt. Alle Lehrstühle waren einbezogen, haben bei den Festlegungen mitgewirkt. Zudem hatten wir Arbeits- und Diskussionsgremien – für die Forschung später einen wissenschaftlichen Rat. Hier hatte jede Methodikeinrichtung Sitz und Stimme. Jährlich fanden wissenschaftliche Tagungen statt. Dort wurden nicht nur neue Orientierungen verkündet, sondern Forschungsergebnisse kritisch hinterfragt. In der Regel nahmen auch alle Aspiranten teil.

Objektiv hatte sich bei der Schwerpunktverteilung auch der Trend ausgewirkt, dass sich die Fächer seit den Sechzigerjahren stark an übergreifenden pädagogischen, speziell allgemeindidaktischen Entwicklungen orientierten, die vielfach in Richtung einer höheren Schüleraktivität im Unterricht liefen. Daraus ergab sich auch eine Veränderung der Beziehung innerhalb der Universitäten und Hochschulen. Waren bis dato die Lehrstühle Methodik mehr auf den Fachgegenstand konzentriert, wurde jetzt die Verbindung zu den Pädagogiklehrstühlen enger, so, wie sie schon in den Pädagogischen Hochschulen von Anfang an war. Eine Sache, eine Entwicklung, die natürlich auch sehr zwiespältig war. Damit wurde viel Fachfremdes in den Geschichtsunterricht mit hereingenommen und andererseits entfernten sich die Methodiklehrstühle ein bisschen von ihrem fachwissenschaftlichen Gegenstand. Es war schwer nachher, Methodiker zu gewinnen für die Mitarbeit an Lehrbüchern, weil das, was sie dann schrieben, oft nicht mehr stimmte.

M. D.: Ich hätte gern noch mal hier an dem Punkt nachfragen wollen. Sie haben an der Humboldt-Universität an der Pädagogischen Fakultät studiert?

Kruppa: Ich wollte Fachlehrer für die damalige Oberschule (Klassen 9 bis 12) werden. Es gelang mir, in die Philosophische Fakultät aufgenommen zu werden. Von der Arbeit mit älteren Schülern versprach ich mir mehr – mit denen kann man diskutieren – und außerdem lag mir viel an der Verbindung zur Fachwissenschaft.

M. D.: Wann haben Sie das Studium aufgenommen in Berlin?

Kruppa: Wann war denn das? 1952.

M. D.: Aber geschichtsmethodische Veranstaltungen haben Sie ja auch besucht?

Kruppa: Jein.

M. D.: Haben Sie sich gedrückt?

Kruppa: Nein! Die Methodikausbildung in der Zeit war mitunter recht eigenartig. Unser Methodiklehrer war Prof. Strauss. Ein lieber netter Mensch, älterer Herr, Hauptmann im Ersten Weltkrieg in Ostpreußen. Die Hälfte der Zeit, wo wir hätten bei ihm Methodik hören sollen, demonstrierte er Planquadratschießen an der Wandtafel. Ja, die Studenten bemühten sich dann, nein: also die Assistenten, da ein bisschen etwas daraus zu machen. Ja, also dann in den Seminaren wurde dann vieles nachgeholt. Osburg war ja damals schon Assistent bei Strauss, Raasch und Trzcionka. Die haben auch viel Handwerkliches vermittelt und uns Theoretisches handhabbar gemacht. Methodisches, Didaktisches und Fachliches mussten vor allem in praktischen Unterrichtsversuchen und Lehrproben synthetisiert werden. Dabei halfen uns neben den Assistenten der Uni auch Lehrer als Tutoren. Als besonders nützlich erwies sich die gegenseitige Hilfe unter den Studenten.

M. D.: Die Kollegen Raasch und Strauss, denen ist ja dann 1957/58 einiges widerfahren. Wie haben Sie das erlebt?

Kruppa: Ja, das habe ich damals eigentlich aus der Ferne so mitgekriegt. Bloß denn hinterher irgendwie, dass da irgendwie etwas nicht in Ordnung war. Tja, das mit Strauss betrachte ich als eine große Tragik. Der war wirklich ... Der hätte keinem etwas getan, weder hier noch drüben. Also, man hätte mit ihm ganz normal umgehen können, der wäre wahrscheinlich hiergeblieben. Raasch kenne ich nicht so sehr. Wenn man da etwas sagt, muss man auch mit dem Menschen also irgendwie befreundet sein. So ein Verhältnis hatten wir zu Raasch nicht. Er war auch ein bisschen kalt, abweisend. Während Trzcionka, da waren noch ein paar andere, Seyer damals, mit denen konnte man reden, wie mit einem Kumpel, ohne dass sie da irgendwas zurückgenommen haben, eine weiche Linie gefahren ... Aber sie sahen natürlich auch bestimmte Eigenheiten bei Studenten, die man ausprägen muss, die man erkennen und ausprägen muss. Das war bei Raasch nicht der Fall. Der hatte seine Linie – zack, und die muss eingehalten werden.

M. D.: Horst Seyer ist ja dann auch nicht in der DDR geblieben. Der hat in Westberlin gewohnt.

Kruppa: Ja, wie viele; das war doch damals nicht ungewöhnlich.

M. D.: Noch eine andere Nachfrage ... die ich jetzt leider vergessen habe. Aber ... 1960, bleiben wir mal in dieser Zeit: Sie waren dann ja schon im DPZI, und Ihr Vorgesetzter war Dr. Weitendorf. Könnten Sie mal beschreiben, was das für ein Arbeitsklima und Verhältnis war? Und auch diesen Menschen Dr. Weitendorf beschreiben?

Kruppa: Mit Dr. Weitendorf war es nicht so einfach. Als Aspirant hatte man den Eindruck, dass er keine klare Linie einhalten konnte. Was an einem Termin besprochen worden war, konnte er am nächsten widerrufen. Donath war da hilfreicher – er ließ begründen, diskutieren und sich überzeugen. Mit Höhn war das Arbeiten dann besser – er vergab exakte Aufträge, urteilte streng, aber fördernd. Er sorgte dafür, dass man Vorträge halten und publizieren durfte. Da man an den Beratungen, die er einberief oder besuchte, teilnehmen musste, bekam man schnell Kontakt zu den Methodiklehrstühlen außerhalb, zumeist zu den Dozenten, Assistenten und Lektoren. Professoren waren zunächst noch selten. Die ersten waren Bernhard Stohr und Friedrich Donath. Es folgte Friedrich Weitendorf, der allerdings Anfang der Siebzigerjahre das DPZI verlassen musste – wegen einer ganz blöden Sache.

M. D.: Ja. Und ... und es war aber kein Vorwand? Es ging ja da sozusagen um „Sittlichkeitsvergehen", wie man damals vielleicht gesagt hätte ...

Kruppa: Ja.

M. D.: ... oder nicht parteigemäßes Verhalten.

Kruppa: Ja.

M. D.: Hat man bei jedem gleich streng geurteilt in solchen Dingen oder war das auch ein Vorwand, um Weitendorf wegzukriegen?

Kruppa: Ach, das will ich nicht sagen. Der war eigentlich ziemlich fest im Sattel – das kann ich nicht beurteilen. Das kann ich nicht beurteilen. Ich weiß, dass er eine braune Vergangenheit hatte, aber die hatten manch andere auch.

M. D.: Wann haben Sie am DPZI genau angefangen? Wann war das, in welchem Jahr?

Kruppa: Nun, zum 1. September 1959.

M. D.: Sie waren ja dann ordentlicher Aspirant. Waren aber nebenbei auch noch mit Lehrplanarbeit beschäftigt?

Kruppa: Nein, zu der Zeit nicht.

M. D.: Also Sie haben nur geforscht?

Kruppa: Man hatte ein Jahr Grundstudium: Pädagogik, Geschichte der Pädagogik. Um das Fachwissenschaftliche hatte man sich selber zu kümmern. Für die Ausbildung wurden Aspiranten-Seminargruppen gebildet – sowohl für die ganze Truppe als auch jahrgangsweise. Untersuchungskonzeptionen, Thesen und Forschungsergebnisse wurden sowohl im Kleinen als auch im großen Kreis zur Diskussion gestellt. Die APW hat das bis zum Schluss eigentlich auch durchgehalten. Man wurde da auch ganz schön gefordert. Chef war zu meiner Zeit Prof. Karl-Heinz Günther, einer der späteren Vizepräsidenten. Bei dem haben wir auch vieles gelernt. Der war auch konsequent, aber mit einem großen Hang, strittige Fragen wirklich zu diskutieren. Auch mit offenen Ergebnissen. Dafür wurde er hochgeachtet. Auch später, wenn man als Mitarbeiter beim Präsidenten etwas unbürokratisch durchsetzen wollte, fand man in ihm – wenn es begründet war – einen Fürsprecher. Zum Beispiel als es uns einmal darum ging, in Klasse 5 den Feldzug des Arminius gegen Varus nicht mehr nach Lenins Lehre von den gerechten und ungerechten Kriegen werten lassen zu wollen.

M. D.: Sie haben für Ihre Dissertation ja auch empirisch gearbeitet in der sechsten und zehnten Klasse. Wie kamen Sie dazu? War das klar, dass man da in die Klasse gehen muss und empirisch forschen, oder war das Ihre eigene Idee?

Kruppa: Das waren Ideen, die ergaben sich aus dem Thema. Wenn man ein Fach richtig behandeln will, muss man natürlich auch in den Unterricht gehen.

M. D.: Nun, man kann sie ja auch theoretisch machen.

Kruppa: Man kann es auch theoretisch machen, ja. Aber im Unterricht muss sich Theoretisches praktisch bewähren. Die Arbeiten waren meist theoretisch-empirisch, also hatten diese zwei Teile. Die einen manchmal mehr theoretisch, die anderen mehr empirisch. Ich hatte zum Beispiel einen ziemlich großen Teil empirisch. Aber wie gesagt, das fing in dieser Zeit an. Es wurde auch dann irgendwann mal registriert drüben. War es Riesenberger oder wer? Der meine und die Arbeit eines anderen Kollegen aus dem gleichen Jahrgang nahm und sagte: „Aha, in der DDR fängt man an, empirisch zu arbeiten – mal zu gucken, was ist in der Schule eigentlich los?"

M. D.: Und wie kam es dazu?

Kruppa: Wie es dazu kam? Ja, wie gesagt ...

M. D.: Denn in den Fünfzigerjahren hat man ja nicht so viel empirisch gearbeitet.

Kruppa: Das hat man angefangen damals.

M. D.: Ja, also der Erste war Donath, glaube ich, mit seinem Habilprojekt.

Kruppa: Ja, Donath war einer der Vorreiter. Er hatte als erster unserer Hochschullehrer Protokolle von Unterrichtsstunden mit Tonband aufgenommen und theoretisch ausgewertet. Mit empirischen Arbeiten waren dabei längst die Fachberater betraut. Deren Berichte dienten dem Erfahrungsaustausch in den pädagogischen Zeitschriften und in der Weiterbildung. Da solche Berichte auch auf Probleme aufmerksam machten, enthielten sie auch Anregungen für wissenschaftliche Fragestellungen. Von uns aufgegriffen, halfen sie, Akzente für Untersuchungen von – unter anderem von Aspiranten – zu setzen. Ich kenne keine Aspiranten bei uns, die nicht auch empirisch zu arbeiten hatten. Zum Beispiel untersuchte Gerd Sonnenfeld Fragen der Schwerpunktbildung im Geschichtsunterricht. Er wollte feststellen, wie sich diesbezügliche Lehrplanorientierungen und UH-Empfehlungen in der Schulwirklichkeit umsetzen ließen – unter Berücksichtigung aktueller, örtlicher und regionaler Bedingungen, auch des Vorwissens, der Fähigkeiten und der Schülerinteressen. Neue Vorschläge wurden ausprobiert und Hypothesen überprüft. Aber es durfte eigentlich kaum etwas schief gehen. Das war das Problem. Also hat sich jeder bemüht, die Sache auch möglichst erfolgreich zu machen, was natürlich auch nicht immer so gerade der Wahrheit letzter Schluss ist. Man scheute sich davor, Misserfolg zu haben.

M. D.: Gut, dann kommen wir zur nächsten Frage: Wenn Sie die Hauptkontroversen in der Geschichte der Geschichtsmethodik benennen wollten, welche wären das, bis 1970?

Kruppa: Hauptkontroversen? Tja, diese Frage ist aus den schon besprochenen Dingen etwas kompliziert zu beantworten. Da ja an und für sich jede Forschungseinrichtung die Papstkrone für ihr Thema aufhatte, kam es zu Diskussionen dann so mehr aus den Fragen heraus, die man an diese Forschung hatte. Natürlich gab es dann auch Gegenmeinungen. Zum Beispiel zwischen Leipzig und Berlin. Wir waren immer gegen eine etwas isolierte, zu sehr isolierte Forschung zu Fragen der Könnensentwicklung. Wir hätten ganz gern Wissensvermittlung und Könnensentwicklung, na ja, in Kooperation oder in Koordinierung miteinander etwas stärker behandelt. Das ging leider nicht so richtig, denn wir hatten eigentlich kein spezielles Forschungspotential.

Es ist auch die Frage: Woran orientiert man sich oder wie baut man die Geschichtsmethodik überhaupt auf, nach welchen Schwerpunkten? Die Frage wurde bei uns auch bis zum Schluss innerhalb der Fachwissenschaft, also der Fachmethodik kontrovers diskutiert. Die 75er Methodik ergab sich tatsächlich aus diesen Schwerpunkten. Aber bald kam die Frage auf, ob denn diese Schwerpunktbildung ewig das A und O bleiben sollte: Hätte man da nicht etwas anders herankommen können? Mit der Zeit kamen neue Fragestellungen auf. Bekannt ist hier die Dresdener Forschung, die dann diese Wermes'schen Prinzipien zum Ergebnis hatte, nicht wahr, also diese Lehrergemäßheit, Schülergemäßheit und so weiter, nicht?

M. D.: Diese Szalaische ...

Kruppa: Ja, diese Szalaische Schule. Ich nenne das jetzt bloß mal als Signalwörter hierbei. Diese Geschichte hätte auch, wie alle, etwas stärker noch hinterfragt werden müssen. Wie kombiniert man das? Was ist nun Lehrergemäßheit? Schülerzentriertheit? Auf welchen Schüler zentriert sich das? All solche Dinge blieben immer so ein bisschen im Ansatz stecken und führten eigentlich immer ... Sie blieben dann stehen und daraus gab sich eigentlich auch noch kein Ganzes. 1989 hatten wir ja begonnen, die Geschichtsmethodik neu zu konzipieren, ein neues Buch zu machen. Szalai war mit in der Leitung des Autorenkollektivs beauftragt worden. Wir hätten wahrscheinlich auch, dann mit Hannelore Iffert, da mitgemacht. Ich hatte an und für sich den Auftrag, das mit zu koordinieren dabei. Aber leider ist diese Sache nicht ... Da ist nichts mehr daraus geworden. Das hätte sicherlich noch zwei Jahre der Diskussion um bestimmte Fragen bedeutet. Das fängt jetzt schon an bei der Gliederung. Wir wollten eigentlich ab von dieser strengen ... Verschachtelung bestimmter Dinge.

M. D.: Als Vorgänger ... Gerade Stohrs Methodik war ja nicht so verschachtelt. Die war ja integraler.

Kruppa: Nein! Die war noch ... ja, ja.

M. D.: Und warum hat man nach Stohr noch ein neues Handbuch vorgelegt?

Kruppa: Inzwischen galten andere Lehrpläne als zu seiner Zeit. Deren Umsetzung erforderte ein neues Handbuch. Zudem ließen Erfahrungen aus der Praxis erkennen, dass manches fachgerechter anzugehen war. So erwies sich bisheriges Herangehen an Erkenntnisgewinnung als zu abstrakt und abgehoben. Man hätte den Geschichtsunterricht fast mit einem Soziologielehrgang verwechseln können. Darunter litt das Interesse der Schüler, was nach unserer Auffassung besonders die Erziehungswirksamkeit des Faches minderte.

Kassettenwechsel (29:05)

M. D.: Also mehr Erziehung, weniger formale Bildung?

Kruppa: Das sahen wir nicht so. Uns kam es darauf an, das historische Geschehen wieder stärker ins Blickfeld zu rücken. Die Schüler sollten gründlichere Kenntnisse über Abläufe und Geschehnisse, über Persönlichkeiten und deren Handeln gewinnen. Ich hielt dies für besser, als den Schülern mit für sie nicht verständlichen Abstraktionen zu kommen. Dazu war bei Stohr immer noch mehr zu holen als bei Weitendorf; wäre man diesem gefolgt, hätte man den Geschichtsunterricht in ein nach marxistischen Kategorien ausgerichtetes Begriffssystem zwängen müssen.

M. D.: Also Ihr Punkt war: Man sollte lieber auf bestimmte Daten verzichten, dafür das Wesen der Geschichte vermitteln und darüber Erziehung hervorrufen oder ...

Kruppa: Eben nicht! Es ging um Wissen über konkrete, das heißt auch zu datierende historische Abläufe und die in ihnen wirkenden Akteure. Die Schüler sollten mehr über das Handeln gesellschaftlicher Akteure und deren Wirkungen erfahren – auch über Motivationen und Wirkungen dieses Handelns –, ohne letztendlich immer gleich zu Verallgemeinerungen auf der Ebene PK/PV vordringen zu müssen. Leider fiel Bernhard Stohr Anfang der Siebzigerjahre höheren Orts in Ungnade. Sein Problem war, dass er in der dritten Auflage seines Methodikbuches versucht hatte, Erkenntnisse der Kybernetik für den Geschichtsunterricht nutzbar zu machen. Er wollte halt mit der Zeit gehen. Das nahm man ihm übel, und da ist ihm ein Riegel vorgeschoben worden.

M. D.: Ja, auch ziemlich ... ziemlich rüde.

Kruppa: Ja, ja!

M. D.: Wenn ich an diesen Meixner-Artikel denke in „Geschichtsunterricht und Staatsbürgerkunde". Das hat mich gewundert. Stohr war ja bis dahin so der ...

Kruppa: Ja, ja!

M. D.: ... der Doyen der Geschichtsmethodik und nun ...

Kruppa: Ja, ja, natürlich, ja, sicher.

M. D.: ... zieht man ihm einen drüber.

Kruppa: Ja! Ja, das konnte passieren.

M. D.: Wie hat das gewirkt unter den Kollegen?

Kruppa: Tja, wie das nun auf jeden Einzelnen gewirkt hat, weiß ich auch nicht. Ich weiß ... Er hat mir noch einen Brief geschrieben, kurz vor seinem Tode noch. Den habe ich irgendwo auch noch. Er wünschte uns damals viel Glück und warnte vor bestimmten Dingen, die noch passieren konnten.

M. D.: Welche?

Kruppa: Na ja, dass man auch in Ungnade fallen kann.

M. D.: Ach so.

Kruppa: Und er hoffe, dass man auch bestimmte Dinge von ihm noch weiterführt – auch im Streit mit Donath, der stärker empirisch an didaktisch-methodische Probleme heranging. Was nun eigentlich das Ziel dieses Streites war, habe ich damals auch nicht begriffen, wahrscheinlich ... es war noch so die alte Eigenart, dass man mit dem Streit noch zu stark immer ins Persönliche ging. Auch zwischen Stohr und Donath. Und da geht eigentlich das eigentliche Anliegen des Streites verloren. Schade darum. Die bekriegen sich, die begiften sich, man kann mit ihnen nicht mehr zusammen reden, nicht?

M. D.: Waren das vielleicht auch Rangkämpfe?

Kruppa: Ja, wahrscheinlich auch. Obwohl sie das eigentlich gar nicht nötig hatten. Stohr saß in Dresden. Donath dann in Rostock. Die hätten ja beide ganz gut zusammenwirken können. Na gut, das hat sich allerdings nachher dann auch ein bisschen gegeben. Als die Spitze da weg war, die nächste Generation, die Nachwuchsleute – Wermes, Behrendt ... Gentner – hatte sich aus diesem Streit weitgehend herausgehalten.

M. D.: Und wer hat sich ..., also hat sich schon Stohr dann durchgesetzt gegenüber Donath, was jetzt die Deutungsmacht anging?

Kruppa: Ja, durchsetzen ... Es kann auch sein, dass er sich gegen Donath durchgesetzt hätte. Doch beide waren nicht mehr die Jüngsten, und die nächste Reihe – wie Behrendt, Diere, Fiala, Krause, Kretschel, Osburg, Rackwitz, Rühmann und Wermes – rückte nach. All die Genannten gewannen in den Siebzigerjahren deutlich an Profil. Leider gab es zu wenig Publikationsmöglichkeiten. Die einzige Fachzeitschrift „Geschichte und Staatsbürgerkunde" reichte bei Weitem nicht und in den Hochschulblättern blieb man zu sehr unter sich. Auch die Buchproduktion war nur ein Tropfen auf dem heißen Stein. Dauerbrenner waren Osburgs „Tafelbilder" und Mühlstädts „Der Geschichtslehrer erzählt". Andere hatten nicht nur wegen der Papierknappheit wenig Chancen.

M. D.: '68 hat ja nicht nur Stohr ... eine herbe Kritik einstecken müssen, sondern auch Dieter Behrendt, der nun eigentlich als der „Shooting-Star" galt, soweit ich das sehe. Er hat ja nun auch mit Kybernetik angefangen in Dresden und von einer Woche auf die andere war Kybernetik unmodern.

Kruppa: Ja. Doch behielt er den Lehrstuhl in Dresden, dessen Aufgaben er umsichtig wahrnahm. Er blieb streitbar. Unter den Geschichtsmethodikern hatte er nach wie vor einen guten Stand. Im Wissenschaftlichen Rat ging nichts ohne Dieter Behrendt. Maßgeblichen Anteil hatte er am bereits erwähnten Handbuch, dessen Erscheinen er leider nicht mehr erlebte. Sein Weggang von Potsdam sollte nicht dramatisiert werden, in Dresden wurde er immerhin Chef.

M. D.: War ... Also es scheint mir dann: Wenn Stohr einen drüber bekommen hat, hat Behrendt auch einen drüber bekommen ... Ich stelle mir vor, das muss doch erst mal lähmen – auch die anderen Wissenschaftler.

Kruppa: Versuchen Sie das doch mal in den Zusammenhang der Zeit einzusetzen, '68.

M. D.: Prager Frühling. Niederschlagung.

Kruppa: Auch Prager Frühling, aber auch Erstarken der Opposition gegen Ulbrichts Ökonomiereformansätze. Wo ja schon so ein bisschen der Blick auf Kybernetik und auf Mikroelektronik und so weiter und Weltniveau gerichtet wurde, was dann erst mal abgedreht wurde. Und das fing '68 an, nicht? Also ich will damit nicht Ulbricht glorifizieren, aber in dieser Zeit versuchte er einiges – sicher auch mit vielen ungeeigneten Mitteln. So dass also auch Kybernetik zum Unthema wurde.

M. D.: Ja, aber diese Warnung ... diese quasi testamentarische Warnung Stohrs ... Ich kann mir schon vorstellen, dass das denn auch einen Wissenschaftler prägt, also dass man vorsichtiger ist.

Kruppa: Ja sicher!

M. D.: Und sich stärker absichert.

Kruppa: Gewiss!

M. D.: Und wurden Sie dann beim DPZI in Berlin die Stelle, wo man sich dann abgesichert hat, also so dass man gefragt hat: „Kollege Kruppa, wie ..." – oder Sie haben sich wahrscheinlich damals geduzt ...

Kruppa: Zum Teil, ja, natürlich. Manches haben wir untereinander geregelt.

M. D.: Na ja, so mit Telefonanruf da und einer Tasse Kaffee hier?

Kruppa: Ja. Wir hatten unsere Beratung immer, nannte sich Arbeitsgruppe des Wissenschaftlichen Rats. Nachher kriegten wir sogar den Rang eines Wissenschaftlichen Rates dann in den letzten, in den Achtzigerjahren. Hier wurde viel diskutiert. Aber da müsste man die Protokolle einsehen können, das lässt sich jetzt kaum mehr rekonstruieren. Es ging viel um Lehrpläne, wobei aber didaktisch-methodische Fragen nicht ausgespart blieben. Letztere wurden vor allem auf den regelmäßigen Jahrestagungen behandelt.

M. D.: Das waren so die Plätze, wo man diskutiert hat?

Kruppa: Ja, da konnte man diskutieren. Da hat sich auch merkwürdigerweise das Ministerium etwas zurückgehalten. Ja, sonst waren sie bei jedem Dings da. Also bei den offiziellen Materialien, die vorgelegt werden mussten, die publiziert wurden und einen offiziösen Anstrich hatten, wurde kontrolliert. Das ist klar. Aber so mal, was diskutiert wurde, was man auch mit Lehrern diskutierte: das nicht. Also wir hatten grünes Licht mit der Frage: Geschichtsunterricht konkreter machen – immer mit den Lehrern. Sobald das aber in offizielle Dokumente kam, wurde es kompliziert. Oft genug wurde sogar Neuner von Margot Honecker zurückgepfiffen – einmal, als er gegen ein gewisses Aufleben der Erkenntnisdominanz in Lehrplänen polemisierte. Mit der Frage, was dieses „Bla-Bla" denn solle, sprach er sich eindeutig gegen das Hervorheben der sogenannten Erkenntnisziele aus. Das musste er zurücknehmen.

M. D.: Aber Ihre Funktion im DPZI für die Geschichtsmethodik: Wie war die? Und wie hat die sich verändert, also seit '59, seitdem Sie da sind? Hat die sich verändert?

Kruppa: Ja, sicher. Wenn man ein Fachgebietsleiter wird, hat man eine gewisse Stellung, die muss man sich allerdings auch erkämpfen. Man muss auch einen gewissen Ruf dabei haben. Man kann da nicht einfach mit Losungen regieren. Das geht nicht. Also man musste sich auch selbst einbringen, mitarbeiten, mitdiskutieren und etwas vorweisen.

M. D.: Und was Sie vorhin erzählt haben: Es gab ja auch bestimmte Arbeitsschwerpunkte, nicht? Und das war offensichtlich '59, '61, '64 und so weiter die Lehrpläne ...

Kruppa: Ja, an den Lehrplänen und was mit diesen zusammenhing, hatten alle Lehrstühle Anteil. Dem kam entgegen, dass sie sich mit ihren Forschungsgegenständen vornehmlich auf eine Klassenstufe konzentrierten. Auf diese bezogen, lieferten sie Vorschläge beziehungsweise Teilentwürfe für Pläne und Bücher, verfassten sie Unterrichtshilfen und andere Materialien. Aus einer gewissen Entwicklung hatte sich ergeben, dass die Dresdner mit Klasse 5 befasst waren, die Uni Leipzig mit Klasse 6, die Uni Halle mit Klasse 7, Berlin zusammen mit der PH Leipzig mit Klasse 8. Die Klassen 9 und 10 lagen meist bei uns, wir teilten uns in den letzten Jahren die Arbeit mit Greifswald und Jena. Potsdam war seit langem der Abiturstufe zugewandt. So ergab sich für jeden eine gewisse Doppelgleisigkeit: Jede Einrichtung bearbeitete einen Gegenstand vom Inhalt her – für alle Stufen, und gleichzeitig spezielle Probleme einer Klassenstufe. Manchmal kam es zu Ausweitungen. Prof. Osburg, der lange Zeit Unterrichtsmittelforschung betrieben und anerkanntermaßen Tafelbilder entwickelt hat, wurde in den Achtzigern auf Wehrerziehung gelenkt.

M. D.: Das hat denen ja nicht so geschmeckt.

Kruppa: Nein, das hat denen nicht geschmeckt, mir auch nicht. Ich hielt Wehrerziehung für ein allgemein-pädagogisches Problem. Es hätte nicht schwerpunktmäßig einen ganzen Lehrstuhl zu beschäftigen brauchen. Viel lieber hätten wir Fragen der Effektivitätserhöhung bei der Wissensvermittlung untersuchen lassen. Wir selbst hatten dafür zu wenig Möglichkeiten.

M. D.: Also ... Ich sehe, die Mitarbeiter am DPZI, die waren in bestimmten Jahren schwer beschäftigt mit neuen Lehrplänen und Lehrmitteln und Lehrbucherstellung. Dann gibt es wiederum Phasen, wo da ein bisschen Ruhe an der Front war, wo man sich offensichtlich wieder stärker um die Koordination der Forschung bemüht hat.

Kruppa: Ja!

M. D.: Und ... wo man auch versucht hat Akzente zu setzen.

Kruppa: Ja.

M. D.: Wie würden Sie diesen Wechsel sehen? Wann war das DPZI so weit, dass es sozusagen aktiv wieder in die Forschungstätigkeit der Universitäten eingreifen konnte, versuchen konnte zu koordinieren? Der Anspruch war immer da?

Kruppa: Ja, der Anspruch war da. In den Siebzigerjahren war das an und für sich etwas stärker, obwohl Arbeiten zur Korrektur von Lehrplänen (Klasse 10 und Abiturstufe), Lehrbüchern und Orientierungen für die Lehrerweiterbildung (inzwischen war ein sogenanntes Kurssystem eingeführt worden) immer präsent waren. Die restliche Zeit reichte gerade aus, um wichtige Tendenzen fachwissenschaftlicher und fachmethodischer Entwicklung im Groben zu verfolgen. Für speziellere Aufgaben konnten wir hin und wieder Aspiranten gewinnen.

M. D.: Gut ... Kommen wir zur Frage: Welches waren die für Sie maßgeblichen Wissenschaftstraditionen in der Geschichtsmethodik?

Kruppa: Traditionen?

M. D.: Ja, intern, da haben wir schon drüber geredet, wer da die Akzente gesetzt hat. Aber auch extern: Also worauf hat man sich gestützt?

Kruppa: Wir waren in ein vielfältiges Geflecht wissenschaftlicher Entwicklung eingebunden. Entscheidend waren die Beziehungen zu den Facheinrichtungen. Unsere unmittelbaren Partner waren die adäquaten Abteilungen des Instituts für Marxismus-Leninismus und der Akademie für Gesellschaftswissenschaften. Die Kollegen an den Universitäten und Hochschulen pflegten ihre Kontakte mit ihren hauseigenen Fachgremien. Von Fachhistorikern erhielten wir Zuarbeiten und Stellungnahmen für alle Lehrplan- und Lehrbuchentwürfe. Über deren Verwendung entschied allerdings letztlich die Ministerdienstbesprechung. Darüber hinaus traten Historiker als Referenten in den Veranstaltungen der Lehrerweiterbildung auf. Als nützlich erwiesen sich die nicht bei Volk und Wissen – und somit weniger kontrollierten – „Illustrierten Hefte" zu ausgewählten historischen Ereignissen.

Um in Pädagogik, Didaktik und Psychologie auf dem Laufenden zu bleiben, konnten wir auf APW-Interna zurückgreifen. Besonders dienlich war für uns, was Gerhart Neuner und Oskar Mader zur Allgemeinbildung und Edgar Drefenstedt zu Problemen der Unterrichtsgestaltung herausgegeben haben. Prof. Dr. Günther und andere Vertreter seines Metiers halfen uns, historisches pädagogisches Erbe nutzbar zu machen. Unter anderem fühlten wir uns der Tradition Diesterwegs stärker verbunden als der Herbarts. Joachim Lompscher tat viel zur Verbreitung sowjetischer Psychologie (Landa[2], Elkonin[3] unter anderem). Zur Geschichtsmethodik selbst lehnten wir uns stark an sowjetische Autoren an – ich selbst habe Arbeiten F. P. Korowkins für die Fachzeitschrift übersetzt und für unser Handbuch ausgewertet.

Seit den Sechzigerjahren fanden regelmäßige Treffen sowohl auf bilateraler Ebene wie auch im Kreis der Kollegen aller damaligen Ostblockstaaten statt. Diese waren nicht nur von Einmütigkeit, sondern auch von Meinungsstreit geprägt. In den Achtzigerjahren wurden in der SU und der DDR in zunehmendem Maße theoretische Auffassungen propagiert, die uns in der Absicht bestärkten, den Geschichtsunterricht konkreter zu konzipieren, ohne ihn dabei faktologisch zu ver-

---

2 Landa, Lev N. *Algorithmierung im Unterricht.* Berlin (DDR): Volk und Wissen, 1969.
3 Elkonin, Daniil B. *Psychologie des Spiels.* 1. Aufl. Berlin: Volk und Wissen. 1980.

engen. Stellvertretend seien W. W. Iwanow[4], S. G. Shukow und Wolfgang Küttler[5] zu nennen. Anfang der Achtzigerjahre hatte ich Gelegenheit, in Moskau entsprechende Arbeiten einzusehen und Diskussionen zu führen. Sowjetische Wissenschaftler, wie Bogoljubow,[6] wären bereit gewesen, uns auch ihrerseits zu unterstützen, jedoch konnten sie wegen der Schwierigkeiten, die sie bei sich zu Hause hatten, nicht mehr zum Zuge kommen. So blieb uns nur zu versuchen, auf jene zu bauen, die bereits in der DDR erfolgreich auf neue Art publizierten, von denen wir auch direkte Hilfe erhielten, unter anderem von Ingrid Mittenzwei und Adolf Laube in Berlin, Rigobert Günther und Wolfgang Schröder in Leipzig. Wie weit wir dabei gehen konnten und wie weit nicht, hat Heike Mätzing in ihrer Dissertation dargelegt.[7]

M. D.: Wie würden Sie den Umgang – das war auch schon angerissen –, aber wie würden sie den Umgang der Geschichtsmethodiker …

Kruppa: Innerhalb der Disziplin?

M. D.: Ja.

Kruppa: Ach, ich muss sagen, der war mitunter rau, aber herzlich. Also wir waren ehrlich zueinander, und hielten – auch mit Kritik – nicht hinterm Berg. Davon war keiner ausgenommen. Die Kritik war manchmal ein wenig grob. Wenn wir mit bestimmten Dingen, Ausarbeitungen, von der Sache her nicht einverstanden waren, haben wir das auch so gesagt, geschrieben. Es wurde akzeptiert beziehungsweise auch versucht, dem entgegen zu halten. Ich würde sagen, das sind unbenommene Rechte, die jeder hat. Das betraf Unterrichtshilfen, das betraf Lehrbücher und andere Ausarbeitungen.

M. D.: Aber es war immer nicht-öffentlich?

---

4 Iwanow, Wjatscheslaw W. *Einführung in allgemeine Probleme der Semiotik.* Tübingen: Narr, 1985.

5 Einer der maßgeblichen historisch-materialistischen Geschichtstheoretiker in der späten DDR. Siehe z. B. Küttler, Wolfgang, Hrsg. *Gesellschaftstheorie und geschichtswissenschaftliche Erklärung.* Berlin: Akademie-Verlag, 1985.

6 Bogoljubow, L. N. „Die Nutzung früher angeeigneter theoretischer Kenntnisse bei der Behandlung der neuesten Geschichte". In *Zum Studium der Methodik des Geschichtsunterrichts,* herausgegeben von Waldemar Waade, Friedrich Hora, und Rolf Rönz, 107–125. Lehrmaterial zur Ausbildung von Diplomlehrern Geschichte. Berlin (DDR): Hauptabteilung Lehrerbildung des Ministeriums für Volksbildung, 1984.

7 Mätzing, Heike Christina. *Geschichte im Zeichen des historischen Materialismus. Untersuchungen zu Geschichtswissenschaft und Geschichtsunterricht in der DDR.* Hannover: Hahn'sche Buchhandlung, 1999.

Kruppa: Das war nicht-öffentlich, nein. Na ja, Gutachten posaunt man nicht in die Welt hinaus.

M. D.: Gut, aber Kontroversen können auch öffentlich ausgetragen werden ...

Kruppa: Das stimmt. Aber es waren dann meistens keine Kontroversen, meist sachliche Dinge dann. Ja, Kontroversen – das ist noch das Problem. Es wäre günstig gewesen, man hätte Kontroversen auch in der Öffentlichkeit ausgetragen. Kontroversen. Aber es bestand die Weisung oder die Orientierung: Keine ungelösten Probleme in die Praxis, denn die könnte fehlorientiert werden!

M. D.: Das war vom Ministerium?

Kruppa: Ja.

M. D.: Wie frei war denn die Fachzeitschrift? War das sozusagen eine kleine Abteilung des Ministeriums oder?

Kruppa: Nun fast. Fast. Ich glaube, die waren doch stärker dran an der Kontrolle als wir.

M. D.: Welche Rolle kam den zentralen Instanzen im Diskurs der Geschichtsmethodik zu? Zentrale Instanzen, das heißt DPZI, DZL, solange es das noch gab, Verlag?

Kruppa: Ebenso wie der ‚Volk und Wissen Verlag‘ waren DPZI und DZL eigenständige Einrichtungen, allerdings dem Ministerium für Volksbildung direkt unterstellt. In dessen Auftrag hatten wir an zentralen Aufgaben, wie der Gestaltung der Lehrerweiterbildung, mitzuwirken und dafür zu sorgen, dass Forschungsaufgaben unserer Partner termingerecht abgerechnet wurden. Gegenüber den Partnern an den Universitäten und Hochschulen hatten wir zwar eine koordinierende und anleitende Funktion, besaßen aber keine Weisungsbefugnisse. Wir konnten mit ihnen zwar Vereinbarungen treffen oder gemeinsame Vorschläge erarbeiten (dazu saßen wir auch in einer Kommission zusammen, die sowohl vom Volksbildungs- als auch vom Hochschulministerium angeleitet und kontrolliert wurde). Aber damit aus Vorschlägen Festlegungen werden konnten, mussten die Leitungsspitzen beider Ministerien bemüht werden.

Unsere Koordinierungsaufgaben betrafen sowohl Inhaltliches als auch Formales und Organisatorisches. Um manche Wege abzukürzen, haben wir natürlich auch Absprachen getroffen, wofür sich Möglichkeiten fanden, sie auf Zwischenebenen absegnen zu lassen. Doch konnte man dabei auch Pech haben. So kam es, dass wir uns in einer Ministerdienstbesprechung einmal vergeblich auf die Aussage eines leitenden Verlagsmitarbeiters beriefen. Dieser hatte uns in der Auffassung bestärkt, dass man in einem Lehrbuchtext durchaus die Bezeichnung „Friedrich der Große" verwenden könne – Erich Honecker würde den Preußenkönig ebenfalls so nennen. Erbost wies uns die Ministerin zurecht und sprach die Erwartung aus, dass „er" sich da korrigieren werde.

M. D.: Ah, da merkt man gleich, wer in dieser Beziehung die Hosen anhatte.

Kruppa: Ja, ja.

M. D.: Als Mitglied der SED waren Sie der Parteidisziplin verpflichtet und im Sinne des demokratischen Zentralismus auch den Beschlüssen der Parteizentrale. Führte Sie das in Konflikte mit den Anforderungen Ihres Berufes?

Kruppa: Im Prinzip nicht. Wir waren ja wohl davon überzeugt, für eine gerechte Gesellschaftsordnung zu kämpfen – auch angesichts der Tatsache, dass in der alten Bundesrepublik lange Zeit noch viele alte Nazis in einflussreichen Stellungen saßen. Demzufolge akzeptierten wir die zentralen Beschlüsse.

M. D.: Aber die Beschlusslage konnte sich ja auch plötzlich ändern.

Kruppa: Die Beschlusslage konnte sich ändern. Aber eine Änderung von Beschlüssen kann man auch begründen, nicht nur damals, vorher, heute auch. Daraus kann man Schlussfolgerungen ableiten. So, was die Beschlusslage im Kleineren anging, hatte man natürlich ein gewisses Mitspracherecht. Parteiversammlungen waren auch Schulen in gewisser Weise auch der Demokratie, wie wir sie verstanden. Es war nicht so, dass der Parteisekretär immer mit einer Sache durchkam. Er war wählbar und konnte auch abgewählt werden – nicht nur von oben. Auch er musste akzeptieren, wenn die Versammlung seiner Gruppe anders entschied, als er vorgeschlagen hatte. Auch war er Mitglied eines Leitungskollektivs, das über Beschlussvorlagen vorzuentscheiden hatte. Darin war er eingebunden. Die Beschlüsse der Parteileitung konnten auch aufgehoben werden, innerhalb der APW. Ja, also da konnte auch diskutiert werden bestimmte Dinge. Natürlich ging es um die Frage, wie macht man das am besten, wie kommt man zentralen Beschlüssen am besten nach? Das war natürlich drin. Wir hatten auch keine Ängste, mitunter Funktionäre einzuladen aus der Bezirksleitung Berlin und Fragen zu stellen, und den Fragen wurde mitunter auch nachgegangen, man kriegte auch Antwort.

M. D.: Fachhistorie und Geschichtsmethodik. Wie war das Verhältnis? Hatte sich das entwickelt, hat sich das verändert?

Kruppa: Das hat entwickelt, ist wieder enger geworden mit der Lehrplanarbeit in den Achtzigerjahren. Während die Siebzigerjahre mehr auf die Pädagogik orientiert haben, haben sich die Achtzigerjahre wieder mehr an der Fachwissenschaft orientiert, schon deshalb, weil ja in der Geschichte die Erbe-, Traditions-, die Nationalfrage da diskutiert wurde und auch beträchtliche Auswirkungen auf das Fach hatte. Und wenn wir es erneuern wollten, dann war dies hauptsächlich unsere

Quelle. Und daraus ergaben sich natürlich dann auch Differenzen mit Fachmethodikern, wobei manche fürchteten, dass man heilige Kühe schlachten wolle. Da dachten sie nicht einmal falsch.

Daher habe ich die Lehrplanentwürfe zuerst mit den Chefs beziehungsweise den Spezialisten abgestimmt – auch hinsichtlich dessen, was uns für den Schulunterricht notwendig, aber auch machbar erschien. Fachwissenschaftler mussten dabei auch für die didaktischen Vereinfachungen gewonnen werden. Das alles ging nicht ohne Reibereien. So haben wir beispielsweise versucht und auch erreicht, den Preußenkönig Friedrich II. im Sinne von Ingrid Mittenzwei ins rechte Licht zu rücken, seiner Stellung gemäß, so weit man gehen konnte, ohne zu weit vorzupreschen. Womit wir uns allerdings auch ein bisschen in die Nesseln gesetzt haben mit unseren polnischen Kollegen, die ja in Friedrich dem Zweiten immer noch einen der Mörder Polens gesehen haben ...

M. D.: Klar! Nicht zu Unrecht.

Kruppa: Mit August dem Starken hätten wir wahrscheinlich nicht diese Probleme gehabt. Aber wir haben den Lehrplan nun tatsächlich auch in Preußen gemacht. Das nur nebenbei.

M. D.: Zum Schluss noch zwei allgemeinere und summierende Fragen: Welche Berufs- und Wissenschaftserfahrungen würden Sie als Ihre prägendsten bezeichnen?

Kruppa: Ich würde sagen, meine Arbeit als Lehrer. Das hat viel gegeben. Man hat praktisch das ganze Studium noch mal durchgearbeitet, umgearbeitet, umgebaut. Die Arbeit mit den Kindern, mit den Schülern – es waren ja Jugendliche –, mit denen zu diskutieren damals. Ich hatte damals einen ziemlich streitbaren Unterricht versucht zu machen. Da kam also auch die Frage mit Kirche und Junge Gemeinde, die eine Rolle gespielt hat. Wir hatten keine Scheu, Mitglieder der Jungen Gemeinde auch in die FDJ-Leitung mitzunehmen und sie mit an den Tisch zu setzen.

M. D.: Das war aber ungewöhnlich.

Kruppa: Zu der Zeit hatten wir ein gutes Verhältnis. Und das hat auch gegenseitig bereichert. So, dann die Aspirantur natürlich auch. Man hat gelernt, exakt wissenschaftlich zu arbeiten. Das prägt natürlich auch für das Weitere. Und auch das mit der Lehrplanarbeit in den Achtzigerjahren, das tiefere Eindringen in das, was sich so in der Entwicklung der Geschichte, der Historiographie in dieser Zeit vollzogen hat. Also ein bisschen Gespür zu kriegen für Dinge, die man auch jetzt stärker hinterfragen muss. Die Sucht danach, Neues, Altes zu prüfen an neuen Erkenntnissen, auch wiederum zu hinterfragen. Das ist das, was ich zurzeit auch so ein bisschen praktiziere: Was Geschichtsunterricht angeht. Und ich mische mich auch ein in Diskussionen zur Fachwissenschaft.

M. D.: Und zum Schluss: Was verstanden Sie als den Zweck Ihrer Tätigkeit?

Kruppa: An der Bildung und Erziehung von Kindern und Jugendlichen teilzuhaben. In einem ganz bestimmten Sinne, einer ganz bestimmten Richtung, die steht im Artikel von 1993 noch drin.

M. D.: Dr. Kruppa, ich danke Ihnen für das Gespräch.

Mündliches Interview mit Prof. Dr. Hans Treichel

Potsdam, den 03.11.2000

Hans Treichel, seit 1960 im Hochschuldienst (Potsdam), Promotion 1967, Habilitation 1974, 1970–80 Leiter der Abteilung Gesellschaftswissenschaftliche Fächer der Akademie der pädagogischen Wissenschaften der DDR, 1980 Leiter Zentralinstitut für Schulfunk und Schulfernsehen (Potsdam).

M. D.: Prof. Treichel, ich würde Sie zunächst bitten, einen kurzen biographischen Abriss zu geben von Ihrer Geburt, Ihren Eltern, bis zur Aufnahme Ihrer geschichtsmethodischen Tätigkeit.

Treichel: Gut. Ich bin Jahrgang '32. Meine Eltern sind Landarbeiter. Ich bin groß geworden in einem kleinen Dorf in der Uckermark. Nach dem Krieg habe ich den Beruf des Maurers gelernt, 1946 bis 1949 – gehöre zu den wenigen, die mit 16 Jahren schon einen richtigen Gesellenbrief hatten. 1950 begann eine kurze Ausbildung als Lehrer, als Unterstufenlehrer: sieben Monate. Ab 1. September 1950 war ich Lehrer in Finow. 1952 die erste Lehrerprüfung, 1953 die zweite Lehrerprüfung, wie das damals üblich war: kombiniertes Fernstudium und Betreuung. Ich habe dann in oberen Klassen unterrichtet, Geschichte und Politik – Staatsbürgerkunde hieß das damals noch nicht. In Finow gab es eine Grundschule mit einer Erweiterten Oberschule im Aufbau. Ich habe bis zur elften Klasse unterrichtet, meine Schüler waren 18 und ich war 19. Aber es war eine interessante Zeit.

Einige Zeit habe ich gearbeitet als stellvertretender Direktor der Schule in Joachimsthal. Über ein Jahr habe ich als politischer Mitarbeiter (genau hieß das „Instrukteur") für Bildung und Kultur bei der Kreisleitung der SED in Eberswalde gearbeitet. Von dort bin ich dann 1955 zum Studium nach Potsdam gegangen. Ohne Abitur, mit einer Sonderreifeprüfung aufgrund der praktischen Erfahrung. Das heißt, die Sonderreifeprüfung war nur für ein bestimmtes Fach angelegt. Angefangen habe ich, vier Jahre Geschichte zu studieren. Nach einem Jahr gab es Diskussionen: Ein Fach sei für die Schule zu wenig. Ich habe dann als zweites Fach Germanistik dazu genommen. Und fünf Jahre, also 1955 bis 1960, habe ich hier an der damaligen Pädagogischen Hochschule in Potsdam studiert.

Aufgrund meiner praktischen Erfahrung, fünf Jahre in der Schule, wurde mir das Angebot gemacht, als Wissenschaftlicher Mitarbeiter im Bereich Geschichtsmethodik tätig zu werden, bei Prof. Gentner. Von 1960 bis 1970 war ich hier in der Geschichtsmethodik in Potsdam tätig. Im Januar 1967 habe ich promoviert zum Thema „Pädagogische Aspekte bei der Entwicklung des Marx-Engels-Bildes im Geschichtsunterricht". Und im Juni '67 wurde ich dann Leiter der Abteilung Geschichtsmethodik, wie das damals hieß. Wissenschaftlicher Leiter war Prof. Bruno Gentner, aber staatlicher Leiter war ich. Hier habe ich bis 1970 gearbeitet.

Von 1970 bis 1980 ging ich dann zur Akademie der Pädagogischen Wissenschaften, war dort einige Zeit Abteilungsleiter für gesellschaftswissenschaftliche Fächer. Ich nutzte aber die Gelegenheit und das Angebot zum Sprachenlernen und war sieben Monate in Moskau mit Abstechern nach St. Petersburg während der Zeit an der APW in Berlin. Und lernte dann Französisch dazu und war von 1977 bis 1980 als pädagogischer Berater des Ministers für Bildungswesen in Guinea. Das war mehr als ein Urlaub, hier wurden die Sichten geweitet, es war interessant.

Danach wollte ich eigentlich nicht wieder an der APW beginnen, das war geklärt. Ich wollte zurück zur Pädagogischen Hochschule, dahin kam ich auch, aber mit einem Spezialauftrag und Spezialgebiet. 1980 bis zum Ende meiner Tätigkeit 1991 beziehungsweise 1992 war ich Leiter des Zentralinstituts für Schulfunk und Schulfernsehen an der Pädagogischen Hochschule in Potsdam. 1974 kam die Habilitation, habe den Dr. s. c. gemacht, nach dem Aufenthalt in der Sowjetunion, weil Auslandsaufenthalt war eine Bedingung. 1978 wurde ich Dozent und 1982 erhielt ich die Professur.

M. D.: Wie ist denn Prof. Gentner auf Sie aufmerksam geworden?

Treichel: Aufmerksam ist er wohl geworden, dass ich erstens zu keiner Phase, früher und später auch nicht, einfach alles so einfach hingenommen habe, sondern mich immer beteiligt an Diskussionen habe. Und zweitens mussten auch praktische Lehrbeispiele, also Unterrichtsstunden als Probestunden, gegeben werden, Examensstunden, Theorie dazu, und da war ich wohl auch nicht so schlecht, so dass er dann sagte: „Den würde ich gern haben."

M. D.: Sie waren eine schlagkräftige Truppe damals in Potsdam.

Treichel: Ja, das ist richtig. Wir waren ein gutes Team, sagt man heute. Wir haben damals gesagt: Wir haben ein gutes Kollektiv. Ganz zweifellos inhaltlich geprägt durch Prof. Gentner, aber da waren so engagierte Leute – das waren alles engagierte Leute –, die alle was von der Schule verstanden, von der Geschichte, von der Geschichtsmethodik. Besonders nennen möchte ich hier den leider viel zu früh verstorbenen Dieter Behrendt, der dann später ja nach Dresden ging, aber auch Waldemar Waade, Hans Baer, der nach Magdeburg ging, dann Rosi Preuss, Siegfried Wolf, Klaus Montag: Also es war ein ziemlich großes Team.

Und wir waren bei den Diskussionen innerhalb des Instituts für Geschichte mit den Fachabteilungen als Geschichtsmethodiker dabei, um die Sicht der Methodik einzubringen. Auch da ging es heiß her, aber ich sag mal: Wir waren gut vorbereitet auf diese Diskussionen, wenn sie geführt wurden. Es gab einen hohen Anspruch innerhalb des Teams. Es gab regelmäßige wissenschaftliche Veranstaltungen, die sogenannten Doktorandenseminare, wo auch Leute von anderen Einrichtungen kamen, aus Dresden oder aus Rostock oder aus Magdeburg, um hier ihre Konzepte zur Diskussion zu stellen. Durchaus nicht etwas Selbstverständliches, aber wir waren eben in guten Zeiten sechs, sieben, acht Mitarbeiter und dann noch ein paar, Helmut Drechsel aus Dresden zum Beispiel, ein Didaktiker, aber wollte unbedingt hier bei uns das machen und hat es auch. Und da gab es eben echte Diskussionen und Auseinandersetzungen zu den Themen.

Immer ging es um inhaltliche Fragen, es ging nie darum, einen kaputt zu machen, sondern versucht wurde immer, auch ein bisschen Optimismus zu geben. Was nicht so einfach war, weil meist war das erste Doktorandenseminar doch, na ja ... Also, da gingen dann nicht alle Blütenträume auf. Aber diese kritische Sicht im Interesse der Sache, um die es uns ging, die war eben stark ausgeprägt in Potsdam.

M. D.: Es sind ja einige regelrecht mit „Beineschlackern" nach Potsdam gegangen, wenn ich da an Erich Hänel denke zum Beispiel?

Treichel: Ja.

M. D.: Also, da hatte Potsdam schon einen Ruf. Wie sind denn in Ihrem Team die Probleme von Hans Baer mit seiner Dissertation aufgenommen worden? Die ist ja Ende der Fünfzigerjahre auf große Ungnade gestoßen.

Treichel: Ja, also, konkret kann ich dazu nichts sagen, das war vor meiner Zeit. Da habe ich bewusst nichts von ... Also, da war ich bewusst nicht beteiligt bei dieser Sache. Ich weiß nur, er hat in der Gruppe der Geschichtsmethodiker in Potsdam einen Platz gehabt, Platz gefunden. Er war außerordentlich stark in der Praxis, konnte Studenten begeistern, Unterricht machen und zeigen, welche Wege man gehen kann. Er war bei uns anerkannt. Aber zu Problemen im Zusammenhang mit seiner Dissertation, tut mir leid, kann ich nichts sagen.

M. D.: Wenn Sie die Hauptkontroversen in der Geschichte der Methodik des Geschichtsunterrichts benennen wollten und charakterisieren wollten, wie wäre das?

Treichel: Das ist eine gute Frage, aber auch eine schwere Frage. Auch deshalb schwer, weil das ja doch schon, na ja, über dreißig Jahre her ist. Und vieles ist seitdem geschehen und manches ist vielleicht auch nicht mehr so da. Aber vielleicht ein Versuch: Also, ein Problem, mit dem ich selbst und das Potsdamer Team, die Potsdamer Schule, wie es dann später hieß auch – und ich glaube, diese Bezeichnung trifft schon zu –, ein Problem, was es gab: Im Mittelpunkt der Tätigkeit stand zweifellos die Lehre. Eine gute Lehre konnte aber nur auf der Grundlage einer soliden, regelmäßig von allen geforderten und durchgeführten Forschung gemacht werden. Die Schwerpunkte der Forschung entstanden hier, nach den Anliegen, die hier als Schwerpunkt gesetzt wurden.

Darin war zugleich ein Problem. Eigentlich hatten, so sehe ich das heute noch, hatten ja die einzelnen Abteilungen Geschichtsmethodik an Universitäten und Hochschulen inhaltliche Komplexe, die stimmten aber nicht immer überein, mit dem was von der Zentrale erforderlich war, erst DPZI, später, aber erst ab 1970, dann Akademie. Die Pläne der pädagogischen Forschung für alle Einrichtungen gab es ja erst mit der Akademie, aber vorher gab es Vergleichbares, Ähnliches. Und hier gab es Diskussionen, wo der Schwerpunkt gesetzt wird. Hier für Potsdam: Vorstellungsbildung, Denkentwicklung. Wieweit philosophische Fragen da eine Rolle spielten. So, das wurde hier diskutiert und entschieden und – das will ich mal sagen – auch durchgesetzt gegenüber zentralen Forderungen wie zum Beispiel Verstärkung der politischen Bildung im Geschichtsunterricht. Das war auch für uns ein Anliegen. Eine Dissertation in diesen Jahren beschäftigt sich zum Beispiel mit dem Problem der politischen Aktualisierung im Geschichtsunterricht: Horst Schalk. Oder Rosi Preuss: Probleme der immanenten Wiederholung.

Das waren für uns nicht nur technische Anliegen, sondern auch Anliegen, um Bildung und Erziehung im Unterricht zu machen; aber nicht vordergründig, wie es sicherlich stärker von der Zentrale gewünscht war. Also, Festlegung der inhaltlichen Schwerpunkte der Forschung. Für die Lehre, die waren ja im Prinzip vorgegeben. Und da gab es auch keine Kontroversen, weil, was ich in der Vorlesung oder im Seminar gemacht habe – natürlich orientiert an dem großen Plan, den es gab –, das wurde hier entschieden, letztlich hatte ich dafür gerade zu stehen. Wir haben gegenseitig hospitiert, um zu sagen: „Also, da kannst du noch besser hier oder da" und so weiter.

Also, das Verhältnis von Lehre und Forschung – erstens inhaltlicher Ausrichtung, zweitens das Verhältnis von Lehre und Forschung bei Mitarbeitern – hat sich außerordentlich gerade in dieser Zeit gewandelt. Als ich anfing 1960, da waren die Mitarbeiter fast alles engagierte oder erfahrene Praktiker. Gut, wir hatten einen promovierten, habilitierten Professor, dann gab es den Hans Baer, der dann auch Promotion machte, aber alle anderen waren nicht promoviert. Aber jedem war klar: Auf die Dauer geht das nicht. Es geht nicht um den Titel in erster Linie, der da eine Rolle spielte. Sondern es ging darum: Hier musst du echte Qualifikation nachweisen; also es ging um qualitative Verbesserung der Arbeit. So, und dieses Verhältnis von Lehre und Forschung war häufig Diskussionsgegenstand, weil wir waren dann zeitweilig auch eine große Abteilung und haben das auch genutzt, um nacheinander Einzelne für eine bestimmte Zeit freizustellen für wissenschaftliche Denkarbeit. Wenn man 20 Stunden zu machen hat, na, dann bleibt nicht viel Zeit dafür übrig.

So, und inhaltliche Kontroversen, das war bisher hochschulintern. Ich habe sie erlebt seit 1960 in Leipzig. Ich glaube, das war die erste Jahrestagung der Geschichtsmethodiker überhaupt in der DDR, wenn ich mich recht erinnere, jedenfalls in Leipzig. Vorher gab es immer schon Kontakte und einzelne Treffen, aber wo alle vertreten waren, die Alten und auch die Jungen, die ganz Jungen – das begann hier. Da war zum Beispiel bei uns festgelegt, die ganz Jungen müssen auf der Tagung etwas sagen: „Du hast dich vorzubereiten und hast einen Beitrag zu bringen." Wer es nicht gemacht hat, wurde hinterher dann doch, ja, das wurde kritisch diskutiert. Und die Forderung war ja nicht, um den kaputt zu machen, sondern daran sollst du dich ja entwickeln: In so einer Tagung, wenn da 40 Geschichtsmethodiker sitzen.

Und da gab es die Auseinandersetzung vor allen Dingen mit Leipzig. Weil dort eine ähnliche inhaltliche Problematik diskutiert wurde, wissenschaftlich untersucht wurde, und die Potsdamer glaubten, wir Potsdamer glaubten, wir hätten den richtigen Weg. Und Hans Wermes mit seinen guten Leuten und solider Arbeit und Empirie und Theorie und so weiter meinten, sie hätten dort den richtigen Ansatz, was das Denken angeht, die Entwicklung des Denkens im Geschichtsunterricht. Also das waren so Kontroversen. Und da waren so zwei- oder dreitägige – weiß ich nicht mehr ganz genau –, also mehrtägige Diskussionsrunden in diesem Kreis waren dann nicht nur in den Referaten, und die wurden ja wohl auch selten in der Zeitschrift publiziert, sondern in den internen Diskussionen, sage ich mal. Da wurde dann heftig gestritten. Immer – das behaupte ich, und das habe ich so erlebt und so empfunden, und so sehe ich das heute noch –, unter Respektierung der Persönlichkeit. Das heißt, durchaus auch ruhig, dass man sich mal kräftig angehen konnte, aber ohne zu beleidigen oder ohne zu kränken. Also so in diesen Ebenen sehe ich das.

Die Fragen, die dann auftauchten im Zusammenhang mit der ersten Geschichtsmethodik von Stohr: Wie soll denn eine Geschichtsmethodik, wenn man sie schreibt für die DDR, wie soll sie denn aussehen? Um diese Konzepte, da gab es von der ersten, die – na, wie heißt sie, die Bernhard Stohr geschrieben hat? – bis zur letzten, die erschienen ist, immer heftige Auseinandersetzungen. Und zwar in zweifacher Hinsicht Auseinandersetzungen ... Deshalb ist das Ergebnis das eine, aber wie es dazu gekommen ist, ist immer das andere. Die Erste hat Stohr gemacht, nachdem zu bestimmten Fragen hier der Leipziger Fritze Donath etwas gemacht hat. Aber sonst entstanden ja dann sogenannte Kollektivarbeiten. Das Problem dabei war eigentlich: Es konnte immer nur eine Geschichtsmethodik geschrieben werden und sonst gab es Hefte von den einzelnen Einrichtungen. Zum großen Erstaunen muss ich sagen, aber das ist dann etwas später gewesen: Es hieß, auch in der Sowjetunion ist das so, und da stellt sich dann raus, da hatten dann die Moskauer eine Geschichtsmethodik und innerhalb von Moskau gab es wieder zwei verschiedene oder drei, und die Leningrader hatten eine ganz andere und so weiter. Also, das wurde dann begründet mit Papier und Druckkapazität und so weiter. Ideen gab es genug.

M. D.: Also, zur Frage der Hauptkontroversen haben Sie jetzt drei Hauptpunkte genannt: Erstens die internen – quasi natürlich, wenn man einen Lehrstuhl zu organisieren hat –, zweitens Leipzig/Potsdam und drittens Stohr/Donath, wobei der stärkste Streit wahrscheinlich darum ging, wer jetzt die Deutungsmacht hat ...

Treichel: Richtig.

M. D.: ... wer die Koryphäe ist.

Treichel: Richtig.

M. D.: Also, die einzige sozusagen „klassische" wissenschaftliche Hauptkontroverse, die Sie jetzt genannt haben, wäre jetzt Leipzig/Potsdam?

Treichel: Ja.

M. D.: Gab es da noch andere oder war das tatsächlich die einzige „klassische" Hauptkontroverse?

Treichel: Also, das ist schwierig. Ich will nicht ausweichen, aber ... es ist schwierig. Ich mach es mal am Beispiel Potsdam. Gentner, Behrendt, Treichel – das waren so in einer bestimmten Zeit, die hier von Belang ist. Fiala, erst Berlin, später Rostock, wobei ich gar nicht genau weiß, ob das 1970 war ...

M. D.: Der ist 1966 nach Rostock.

Treichel: Ja, gut. Also Rostock: Spezialist in Karten. Fiala ... Karten spielten bei uns auch eine Rolle, natürlich. Geschichte ist in Zeit und Raum – Karten. Die Diskussionen dort, also dass er sich zum Spezialisten für Karten, historische Karten entwickelte, da gab es, denke ich, bei keinem Geschichtsmethodiker Zweifel. Wie seine dann aussahen, wie sie konkret – und die wurden dann ja auch häufig den Schulen zur Verfügung gestellt –, da gab es schon Diskussionen. Aber das waren, ich will das nicht abwerten, aber ich denke mal: Kontroversen zweiten Grades.

Um ein Beispiel zu sagen: Vielleicht nicht allein, weil er es so wollte, aber weil nicht so sehr viele Karten für den Unterricht hergestellt wurden, waren die Karten häufig überladen. Und wir haben den Standpunkt vertreten, für Schüler einer fünften Klasse, einer siebenten Klasse und so weiter, neunten Klasse, ist es günstiger, mit klaren, eindeutigen, dafür aber wenigen Aussagen enthaltene Karten zu haben. Wir haben einfache Karten genommen, und dann sie mit Symbolen angereichert, selbst angefertigt oder so. Deshalb kam uns sehr viel näher, was von Florian Osburg mit seinen Tafelbildern gemacht wurde: so dynamische Skizzen zum

Beispiel. Das war für uns etwas. Da hat Osburg viel Vorarbeit und viele Entwürfe und Beispiele, die man ja beliebig variieren konnte, geliefert. Und das kam uns dann näher als die Geschichte mit Fiala. Aber dazu gab es Diskussionen, dazu gab es unterschiedliche Meinungen am konkreten Objekt. Aber nicht so generell, so grundsätzlicher Art, denke ich mal heute. Also sonst? An Bernhard Stohr und seiner Lebensleistung – der war der Primus, also da wurde nichts ... darüber wurde nicht gestritten. Gestritten wurde dann über das Hauptwerk, Stohrs Hauptwerk. Gestritten wurde dann – na, wie heißt denn das jetzt, was er eingebracht hat?

M. D.: Die Kybernetik.

Treichel: Ja, die Kybernetik und Geschichte. Darüber wurde dann gestritten: Geht das überhaupt oder kann das gehen?

M. D.: Wurde da schon gestritten, bevor dieser Brandartikel von Meixner und noch einem in „Geschichtsunterricht und Staatsbürgerkunde" erschien, oder wurde auch schon vorher intern gestritten?

Treichel: Also, soweit ich mich erinnere – mit Vorbehalt, ja? – ist der Meixner-Artikel danach erschienen. Ich habe in Erinnerung, dass es Gespräche nach Veröffentlichung der Position von Stohr, Gespräche sowohl im Wissenschaftsbereich der Geschichtsmethodiker in Potsdam gab, als auch Gespräche in Dresden zwischen den beiden Abteilungen. Ich denke mal, dass es so war. Dass nicht der Meixner-Artikel der Auslöser war. Das war so ganz neu, das war so ganz anders, das Herangehen. So ähnlich, wie wir hier bis vor Kurzem auch einen Professor an der Hochschule hatten, der die Mathematik und Geschichte zusammenbringen wollte, und in der Verteidigung seiner Dissertation sich hinreißen lassen hat, einen altehrwürdigen Professor der Geschichte zu fragen: „Verstehen Sie überhaupt was von der Mathematik oder nicht? Wer nichts von Mathematik versteht, mit dem diskutiere ich gar nicht." Also nicht auf diese Weise, ja? Tut mir leid, aber mehr weiß ich dazu nicht.

Kassettenwechsel (28:46)

M. D.: Prof. Treichel, ein anderer Schwerpunkt: Wie kam eigentlich die Potsdamer Gruppe zu ihrem Forschungsschwerpunkt „Historisches Denken und seine Entwicklung im Geschichtsunterricht"?

Treichel: Also, zunächst muss ich sagen, dass das nicht einfach so von einem Tag auf den anderen dagewesen ist. Es wurde ja Verschiedenes versucht, verschiedene Herangehensweisen. Also ich nehme mal als Beispiel die Habilitation von Bruno Gentner, dem damaligen wissenschaftlichen Leiter der Abteilung. Sie beschäftigte sich mit ‚Diesterweg und Geschichtsunterricht', ich sage es mal so allgemein, also die Geschichte zurückgehend. Oder es ging in meiner – wobei ich die nun besser kenne als jede andere – um Vorstellungsbildung, Erhöhung der Erziehungswirksamkeit mit Hilfe von Persönlichkeiten im Geschichtsunterricht. Und da hatte ich mir die Klassiker eben ausgesucht. So, es gab wie schon gesagt also auch andere inhaltliche Akzente, aber das bindende Glied …

Ach so, vielleicht muss ich vorher noch sagen: Die anderen Akzente außer ‚historisches Denken' waren ja wichtig für die Lehre. Während der Lehre sollte ja versucht werden, die Gesamtheit der Probleme zu verdeutlichen und Konkretes zu sagen und zu zeigen und zu machen. Aber das Bindeglied hat nach Versuchen, nach Diskussionen … Also: Geschichte des Geschichtsunterrichts – na ja, also das ist wichtig. Aber das war uns dann nicht aktuell genug. ‚Politik und Geschichtsunterricht', das war uns dann wieder zu vordergründig, zu aktuell. Weil man dort zu stark abhängig ist von konkreten Gegebenheiten, konkreten Bedingungen, also das wollten wir auch nicht. Und wenn ich mich recht erinnere, ist in Gesprächen zwischen Einzelnen – drei, vier Leuten zunächst – so dieser Gedanke, dieser Schwerpunkt, dass wir da herankamen an diesen Schwerpunkt – ist das zunächst entstanden.

Und dann die großen Fragen: Wie machen wir denn das? Wie gehen wir heran an diese Fragen, um da irgend etwas auch belegen und beweisen zu können? Und da kam neben inhaltlicher Akzentsetzung, die für den Einzelnen über einen längeren Zeitraum immer gültig war, nie vorgegeben … also vorgegeben die große Richtung, aber sonst musste jeder sich schon selbst sein spezifisches Thema suchen, wo er auch eine innere Beziehung dazu hatte. Und diese inhaltlichen Differenzierungen, die es dann gab, die fanden ihren gemeinsamen Bezug dann aber in dem großen und nicht eng gesehenen Rahmen ‚Historisches Denken nach Potsdamer Sicht', sage ich mal, ‚Entwicklung des historischen Denkens'.

Und es kam eins hinzu: Neben inhaltlichen Schwerpunkten, neben diesem inhaltlichen Rahmen, hatten wir die Chance und die Möglichkeit, dass sich die einzelnen Mitarbeiter zu ‚Spezialisten' – in Anführungszeichen –, für einzelne Klassenstufen entwickelten. Also für Bruno Gentner war es wichtig … Der hat lange Jahre, viele Jahre ausschließlich seine empirischen Untersuchungen in der fünften Klasse gemacht. Unter dem Gesichtspunkt, da kommt etwas – keine tabula rasa, die Schüler nicht völlig geschichtslos – daher, ohne systematisches Wissen, um von daher dann zu sehen, was hat sich denn entwickelt, welche Zusammenhänge, welche Bezüge und so weiter. Und mein Gebiet war dann immer die achte Klasse. Das hatte dann Folgen für die Lehrplandiskussion und so weiter und so fort. Worüber wir bei diesen Diskussionen, im Vergleich zu Möglichkeiten, wie wir sie heute haben, eigentlich sehr traurig waren, aber nicht so, dass es uns nun niedergedrückt hätte: Es gab wenig Möglichkeiten, solche Spezialfragen zu diskutieren, also in Zeitschriften oder in Buchform oder so.

Dann haben wir einen Lehrbrief für die Fernstudenten gemacht mit solchen Akzenten: ‚Historisches Denken im Geschichtsunterricht'. Aber der hatte dann eine Auflage von 200 oder 500 Exemplaren. Das schien uns damals wenig, heute ist es vielleicht gar nicht so wenig. Doch die begrenzten Möglichkeiten, da zu publizieren zu diesen speziellen Fragen, wenngleich auch die anderen Formen, wie sie dann genutzt wurden, auch zum Austausch zwischen den Universitäten und Pädagogischen Hochschulen, also in DIN A4-Form und kopiert mit den damaligen Möglichkeiten. Also da wurden diese Materialien noch ausgetauscht und zur Diskussion gestellt. Obwohl es schlecht zu lesen war von der Qualität, aber es war einfach eine Möglichkeit, um dem anderen etwas zu sagen, auch mitzuteilen und herauszufordern zur Diskussion.

M. D.: Sie hatten angedeutet, dass die Durchsetzung dieses Forschungsschwerpunktes für Potsdam nicht völlig konfliktfrei verlief im Verhältnis zum DPZI. Oder habe ich das ...

Treichel: Ja, ja.

M. D.: Es saß ja Weitendorf in Berlin und hat darüber befunden und Heinz Höhn. Was hat die konkret an dieser Idee gestört?

Treichel: Also über Tote soll man nichts Schlechtes sagen, das will ich erst mal sagen, und Fritz Weitendorf war später ein Mitarbeiter bei mir am Institut. So. Die Diskussion, die es gab in diesem Bereich war: Wir wollten Konkretes, den konkreten Geschichtsunterricht in den einzelnen Klassenstufen, mit differenzierten Grundwegen, um da heranzugehen, unter Beachtung psychologischer Faktoren – das war für Potsdam immer eine fundamentale Bank. Also, wer hier angefangen hat, der musste erst noch Psychologie nachholen, also nicht in Form eines Diploms oder etwas, aber mehr wissen, als im ‚Kornilow' oder im ‚Rubinstein' oder so geschrieben war.

Und die Sicht dort in Berlin war immer die Gesellschaft als Ganzes, war der nach häufigen Diskussionen aufgetretene Widerspruch, dass unsere Auffassung zu wenig ideologieträchtig war. Wobei wir ... Also einen politisch und ideologisch neutralen Geschichtsunterricht konnte ich persönlich mir schwer vorstellen. Irgendeine Position vertritt man dabei wohl immer. Hier die Sicht auf ein Abstraktionsniveau zu weltanschaulichen Grundpositionen, das von dort eingefordert, angefordert wurde, und wo wir diesen Weg so nicht mitgehen wollten. Das Beispiel dafür – und ich glaube, das war auch in dieser Zeit, wo das dann so richtig, so richtig hart und grundsätzlich wurde – war die Habilschrift von Fritz Weitendorf, die hier in Potsdam verteidigt wurde. Und so eine lange Diskussion, ob ‚Ja' oder ‚Nein' dann hinterher, wie in dieser Arbeit, habe ich vor dem und nach dem nicht kennengelernt.

M. D.: Also Annahme oder Ablehnung?

Treichel: Richtig. Ja. Ich kann das Jahr jetzt nicht genau mehr sagen.

M. D.: 1965/66.

Treichel: Also, so muss das gewesen sein. Aber da ging es um weltanschauliche Verallgemeinerungen. Geschichtsunterricht, Staatsbürgerkunde – sage ich mal, egal wie das Fach da jeweils hieß – und Geographie und weltanschauliche Verallgemeinerungen. Er wollte ein System von weltanschaulichen Verallgemeinerungen, und da hat der Geschichtsunterricht einen bestimmten Beitrag zu leisten, und wir haben gesagt: „So hoch bis zu dieser Ebene bringen wir den Geschichtsunterricht weder von der Praxis her," – und jeder kannte die Praxis mit konkreten Schülern, mit unterschiedlichen Schülern in unterschiedlichen Klassen und Schulen – „soweit bringen wir ihn nicht." Die Arbeit ist dann letztlich angenommen worden, aber dahinter steckte die von dort angestrebte – und das ist eben auch sehr stark durch Personen gebrochen, vielleicht wären andere, hätten das ein bisschen anders gesehen. Aber Fritz Weitendorf wollte diese drei gesellschaftswissenschaftlichen Fächer immer bis zur weltanschaulichen Verallgemeinerung führen. Und da haben wir gesagt: „Nein. Wir gehen konkrete Schritte, wir leisten einen Beitrag, wir wissen, worauf das letztlich hinauslaufen soll." Aber die Formulierung solcher Dinge wird zur Phrase, wird zu einer Aussage, die die Schüler letztlich nachher gar nicht verstehen. Und das wollten wir nicht. Und das, denke ich, sowohl aus praktischer also auch aus theoretischer Sicht. Das war so eine Kontroverse in dieser Zeit.

M. D.: Und Fritz Weitendorf in seiner Funktion als Abteilungsleiter im DPZI hatte nicht die Macht, Ihnen seine Auffassung aufzudrücken?

Treichel: Nein. Also, das muss ich nun deutlich sagen. Also, wir betrachteten seine Meinung, seine Position als eine Meinung, die von der Zentrale – und die Zentrale spielte in der DDR eine große Rolle, auf allen Ebenen, in allen Bereichen – wir betrachteten das als eine Position, als eine Meinung. Aber ich glaube, dahinter steckte dann auch, dass wir sagten: „Der Fritz mag ein lieber, guter Kerl sein, aber von Geschichte und Geschichtsunterricht versteht er nicht genug, um da was zu sagen." Und kraft seines Amtes – also, das ging nicht, das ging auch später nicht. Gut, später ist aber eine andere Geschichte.

Als ich dann – das will ich mal noch nachschieben –, als ich dann diese Funktion übernahm, 1970, war das ja, da wurde mir dann, na ja, also ich kam ja nun, ich sage mal, von unten, von einer Einrichtung nicht von oben, sondern von unten, und da wurde mir dann manchmal gesagt, dass ich nicht genügend durchsetze. Aber ich wusste, wie die Diskussionen im Bereich der Geschichtsmethodik sind, was hinter diesen Positionen steckt, dass das nicht irgendetwas vom Staat Abstrahiertes oder von der Gesellschaft, in der wir lebten Abstrahiertes war, sondern einfach realer war bei diesen Sachen.

M. D.: Ja, kommen wir zu der Frage nach den Bedingungen für die Forschungstätigkeit an der Hochschule. Sie waren eingeklemmt zwischen Lehre, Organisation, gesellschaftlicher Tätigkeit. Was blieb für Forschung übrig? Was hat Sie gehemmt, ja so ganz allgemein – vielleicht könnten Sie das charakterisieren?

Treichel: Also, alle Mitarbeiter hier in Potsdam – und ich rede jetzt nur von Potsdam – waren eingespannt, und wollten sich auch einspannen, in der Lehre. Da haben wir uns auch schöne Sachen geleistet, also dass unsere Übungsgruppen, mit denen wir in die Schulen gingen, nicht so groß waren. Da sind wir eben mit vier Studenten in die Schule gegangen oder mit fünf, manchmal waren es auch sieben, aber mit kleinen Gruppen. Diskussion, Vorbereitung, Nachbereitung – Lehre. Dann waren alle irgendwie und irgendwo engagiert im gesellschaftlichen Bereich, ob das in der Fakultät war oder in politischen Organisationen.

Ja, und dann der Wunsch und die Forderung nach wissenschaftlicher Qualifikation, nach wissenschaftlicher Leistung, nach Forschung, die sich dann irgendwann dokumentierte – nicht in Büchern, Bücher haben wir damals kaum geschrieben, sondern dann in der Dissertation, wo das geschrieben wurde. Grundsätzlich hatte jeder erst mal die gleichen Voraussetzungen, die gleichen Bedingungen: „Also kümmere Dich drum, überlege Dir ein Thema, überlege Dir einen Schwerpunkt, der dem Gesamtkonzept entspricht, Gesamtkonzept der Abteilung und Gesamtkonzept aber auch – wir wissen ja, wo der Gesamtunterricht hingeht. Leg da was vor und zeige die ersten Ergebnisse. Mach dazu empirische Untersuchungen, mach dazu theoretische Untersuchungen" und so weiter. Und das wurde auch von jedem erwartet. Also, wir hatten Mitarbeiter ... In einem Falle war dem das zu anstrengend.

M. D.: Der wollte, dass man ihm genau sagt, was er machen sollte?

Treichel: Ja, dem war das zu anstrengend, sich dann noch ... Der sagte: „Ich habe eigentlich ganz gut zu tun." Und die ersten Schritte bis etwas Konkretes da lag, die musste jeder unter den normalen Bedingungen, sprich bei normalem Arbeitsprozess, machen. Und dann gab es so eine Atmosphäre und so eine Bereitschaft, die sagte: „So, jetzt bin ich so weit, jetzt müsste ich es zusammenschreiben, jetzt müsste ich es machen." – „Wie lange brauchst du? Na, ein halbes Jahr können wir dir geben." Und das war denn eine ganz interne Regelung in der Abteilung: „Du lässt dich ein halbes Jahr hier nicht sehen." Oder, na gut, zur Parteiversammlung musste er kommen, aber im Prinzip, ja? Und es hielt auch keiner aus, also, man guckte schon mal vorbei, aber ein halbes Jahr, wenn es länger war, habe ich gesagt: Wir beantragen eine Teilaspirantur. Da kam uns entgegen: Eine längere Zeit – ich weiß nicht genau, wie viele Jahre – war Bruno Gentner auch in diesen Jahren Prorektor für wissenschaftlichen Nachwuchs. So und der kannte natürlich alle Spielregeln und hat gesagt: „Jetzt ist eine günstige Gelegenheit, ja, stell einen Antrag, dann ist das genehmigt. Unter günstigen Bedingungen." Aber sonst haben wir es intern gemacht. Allerdings mit der Erwartung: Wenn du ein halbes Jahr weg bist, da musst du etwas auf den Tisch legen. Und die Atmosphäre war, da ist keiner in Urlaub gefahren dann in der Zeit, so mit diesen Bedingungen.

Was zu Hemmnissen, und das sage ich jetzt mal aus heutiger Sicht und mit heutigem Wissen, damals haben wir das vielleicht gar nicht so empfunden – also, ich habe auch zum Beispiel empirische Untersuchungen gemacht in zwanzig Klassen und so weiter. Und es gab keinen Computer und ich hatte eine mechanische Reiseschreibmaschine und musste alles mit der Hand machen, ich hatte auch keinen Taschenrechner. So, und dieses manuelle Tun, das war das Eine. Und das Zweite, was wir sehr bedauert haben, weil wir nur gelegentlich dahin kamen, war, dass wir im Grunde genommen nur die wissenschaftlichen Arbeiten und die Probleme also vor allen Dingen aus der Sowjetunion kannten, aus dem Osten kannten. Auch in Polen gab es interessante Geschichten, interessante Leute auch. Aber, es war schon bisschen schade, dass wir wussten: „Da drüben im Westen, die tun ja auch was!" Aber die Möglichkeiten gab es nicht, faktisch nicht. Ich sage das mal, die gab es bis zum Schluss nicht, um an Westliteratur ranzukommen.

Das ist jetzt ein bisschen später, aber da kann man sehen, wie sich das entwickelt hat: Elf Jahre lang war ich Direktor eines arbeitsfähigen Instituts ‚Schulfunk und Schulfernsehen' und da hatten wir ein Westkonto auch, von Anfang an. Und das hat sich in all den Jahren nicht geändert. Dieses Westkonto betrug pro Jahr 80 Mark. Und da konnten wir nun entscheiden, was wir dafür beschaffen. Also, das haben wir schon als … Aber wir sagten: „Es ist so, wir jammern nicht darüber." Wir waren uns bewusst, dass gelegentlich bei einer Tagung mal, dann hat einer ein Buch mitgebracht und gesagt: „Na ja, die machen da auch was." Also, wir haben gesagt: „Das ist so, und dann machen wir das Beste daraus." Das war so unser Anliegen. Da ist aber niemand auf die Barrikaden gestiegen und hat gesagt: „Jetzt müssen wir hier fordern und so." Haben gesagt: „Es ist lächerlich, mit 80 Mark für ein Institut, ja, Westkonto oder so." Also, das gehörte auch, diese einseitig nach Osten orientierte Sicht, gehörte ganz zweifellos auch mit zu dem, was der Forschungsarbeit, der theoretischen Arbeit auch nicht so sehr förderlich war. Das muss ich mal sagen.

M. D.: Und in den Semesterferien nach Leipzig in die DB zu fahren, wäre ja auch möglich gewesen? Also war es nur ein materielles Problem oder wollte man gar nicht so, war das …

Treichel: Also, erstens Semesterferien in dem Sinne hatten wir ja nicht. So, es hieß auch Semester, aber da war wenig Zeit dazwischen. Und ich glaube, dahintersteckt – das sage ich heute –, dahinter steckt auch: Wir hatten uns eigentlich damit abgefunden. Wir haben gesagt: „Gott, die leben sowieso in einer anderen Welt und die haben andere Probleme." Ja, es wäre durchaus möglich gewesen, aber es hat im Grunde genommen kaum einer gemacht. Haben gesagt: „Das ist so." Wir machen hier und die machen ihres. Heute kann man sich darüber wundern oder sonst was, aber die Zeiten … Wir hatten zu tun mit Russisch und Russisch lernen und Russisch und da gab es auch – und so weiter. Enge Sicht, ja. Aber es war so.

M. D.: Und Sie haben Russisch original gelesen, war das üblich in Potsdam? Oder haben Sie Übersetzungsteams genutzt?

Treichel: Nein, nein, ich habe das schon … Also, in die SU bin ich ja erst 1972 gegangen, also das war ja danach. Und davor, ja, reichte Russisch so viel, um die Zeitschriften zu verfolgen und um auch Bücher zu lesen, weniger für Diskussionen dann, die waren dann bei internationalen Tagungen immer mit Dolmetscher einfach. Aber sonst, also so weit ging es dann. Später war es dann noch günstiger.

M. D.: Welches waren die für Sie maßgeblichen Wissenschaftstraditionen und welchen Einfluss hatten diese auf Ihre Forschung?

Treichel: Tja, vorhin schon bei der Vorstellung der Schwerpunkte, da habe ich gesagt, ‚Wissenschaftstradition' – Sie meinen damit ja nicht die hier selbst geschaffenen?

M. D.: Auch die.

Treichel: So. Also eine Geschichte der Geschichtsmethodik, die gab es in Deutschland zum Beispiel, also die gab es zu den Zeiten nicht. Es gab einzelne Aspekte, einzelne Seiten mit historischem Rückblick, aber wir haben immer davon geredet und haben gesagt: „Wir müssten mal eine Geschichte der Geschichtsmethodik und da gibt es Traditionen …" Wenn einer einen tollen Beitrag mal entdeckt hatte, dann … Also, ich persönlich fand Traditionen – und sehr viel mehr waren es denn aber auch schon nicht mehr –, fand lesens-, bedenkenswerte, zum Nachdenken anregende Positionen eigentlich bei Leopold Ranke als Geschichtswissenschaftler und bei Diesterweg. Das war ein Schulpolitiker und seiner Zeit voraus mit außerordentlichen Gedanken und Ideen, ich habe sicherlich dann auch noch was anderes gefunden, aber Traditionen, wo ich sag: „Da kannst du dir wirklich was abgucken"? Wobei Diesterweg, ich glaube, in Potsdam insgesamt eine große Rolle spielte. Da hat einfach der Professor auch seinen Vorsprung, den er hatte, durch seine Habilschrift, hat er einfach auch genutzt, um zu sagen: „Na, und hast du nicht gelesen dazu? Es gab vor uns schon kluge Leute, die was gemacht haben und gesagt haben und gedacht haben" und so weiter.

M. D.: Und das war der Diesterweg.

Treichel: Ja. Aber sonst, natürlich die allgemeine Geschichte der Erziehungswissenschaften, aber die für unsere Arbeit bedeutsamen? Also, ich will es mal auf zwei Sätze bringen: Das war einmal, wodurch wir uns verpflichtet fühlten und uns darangehalten haben, das war einmal also von Ranke diese Grundauffassung. „Wir wollen es zeigen und sagen, wie es wirklich gewesen ist." Ich weiß, Ranke hat mehr, ja, aber das war für uns im Geschichtsunterricht – da kann im Lehrplan stehen, was will, und im Buch stehen, was will – wir müssen selbst etwas tun, um zu versuchen, deutlich zu machen, wie es wirklich gewesen ist. Diese strenge Anforderung auch an geschichtswissenschaftliche Grundlagen.

Kassettenwechsel (56:96)

M. D.: Ihren Äußerungen habe ich jetzt entnommen, dass Sie den Unterschied zwischen einer Geschichtsschreibung nach Rankescher Maxime und dem, was im Geschichtslehrbuch der DDR stand, gewisse Brüche sahen? Und die zweite Nachfrage: Sie haben empirisch geforscht. Wie sind Sie überhaupt dazu gekommen? Es ist ja nicht selbstverständlich, dass ein Geschichtsmethodiker empirisch forscht.

Treichel: Gut, also zunächst, ich möchte kein falsches Bild hier geben, dass wir uns gegen, öffentlich und lauthals gegen die gültigen Geschichtslehrbücher der DDR gewandt hätten. Wir haben in der Phase, wo sie erarbeitet wurden, da waren wir bei allen im Grunde genommen irgendwie beteiligt, weil Gentner war fünfte Klasse, sechste Klasse war zeitweilig Behrendt, dann kam Waade siebte Klasse und so weiter. Da waren wir beteiligt, haben versucht, etwas daraus zu machen, dass es keine abstrakten Darstellungen gibt, wie zum Beispiel dort in der sowjetischen Weltgeschichte, sondern so wie in der „Illustrierten" oder in „Schlossers Weltgeschichte" oder so. Also da haben wir durchaus versucht, das durch Gutachten, durch Vorschläge zu machen, aber dann waren sie da und dann galten sie auch so. Aber wir haben sie benutzt als Grundlage, als eine Grundlage, aber haben uns zu allen immer einen eigenen Kopf gemacht, haben ergänzt.

Und das wurde akzeptiert auch von den Schulen, die Schüler haben nicht weniger gelernt, wenn wir ein Jahr mal unterrichtet haben, als beim Lehrer, auch mit unterschiedlicher Akzent-, also inhaltlicher Schwerpunktsetzung. Nicht gegen den Lehrplan, das wäre völlig falsch, und das will ich hiermit also auf keinem Fall sagen, aber auch der Lehrplan der DDR war interpretierbar. So. Und die Lehrbücher der DDR sind eine Grundlage, viele fand ich nicht schlecht, aber mit Lücken und Ergänzungen. Diese Freiheit haben wir uns genommen. Wir haben dazu keine Artikel geschrieben, wir haben dazu keinen Aufstand gemacht, sondern haben gesagt: „Leute, das Buch ist Kohl in dieser Phase, also da haben wir bessere Materialien." Wir haben dann hier mit diesen Blaupausen dann Dinge gegeben oder Zeichnungen oder so was, Ergänzungen gemacht. Und wir wurden akzeptiert auch in der Schule als wissenschaftliche Mitarbeiter, die sagten: „Na, die werden schon wissen, was sie machen." Zu uns kam auch kein Inspektor hospitieren oder so etwas.

Mir ist in Erinnerung, ich habe immer wieder im Geschichtsunterricht der achten Klasse unterrichtet, das war meine Spezialklasse, das war mein Spezialgebiet, da wunderte sich dann eine von mir hochgeschätzte Lehrerin dann häufig und immer wieder, dass sie sagte: „Über eins staune ich, wenn Sie unterrichten: Sie haben immer so viel Zeit im Geschichtsunterricht. Ich schaff das immer kaum!" Also, ich will damit nur sagen, die Freiheiten, die haben wir uns genommen, und wir haben den Lehrplan anders und die Lehrbücher anders interpretiert, als das so ist. Nicht, dass wir eine neue Generation von Lehrbüchern da in der Tasche gehabt hätten, das ist Unsinn. So, und die zweite Frage?

M. D.: Knüpfte noch mal an die Frage der Wissenschaftstradition an, und da ging es um den empirischen, methodologischen Zuschnitt Ihrer Forschung und die Frage, wo das dann anknüpfte?

Treichel: Ja. Also, wir haben hier sicherlich, mein Gott, ganz einfach unbedarft, ja, empirische Untersuchungen gemacht, Fragebögen entwickelt, für die Schüler, für die Lehrer, und Vergleichsfragebögen und so weiter gemacht. Alles schlicht und einfach, aber mit einer Grundlage, um doch zu Aussagen zu kommen: Was ist angekommen, wie ist es angekommen, warum ist es angekommen bei den Schülern. Also, Vorbilder in dieser Hinsicht könnte ich nicht nennen, muss ich sagen. Wir wussten, die Leipziger machen so was, wir wussten, die Dresdner machen so etwas und auch Fiala in Rostock machte Ähnliches immer Untersuchungen irgendwelcher Art. Also, die Art und Weise des Herangehens ist ... Na, das ist 35 Jahre her, also heute würde ich das natürlich anders machen, aber wenn man versucht, die Praxis einzufangen, ob das in Form von Aufsätzen, die wir die Schüler haben schreiben lassen, oder in einem Frage- also Wissenskatalog abfragen, also sehr unterschiedliche Varianten da genutzt haben. Weil wir sagten: „Wir müssen paar Aussagen haben!" Ganz schwierig war dann immer die Auswertung und der Vergleich und das In-Beziehung-Setzen und so, weil es eben ohne Technik – da waren eben hundert Blätter hier, ja?

M. D.: Aber das war von Anfang an klar, dass Sie empirisch arbeiten werden für Ihre Forschung, denn bis Ende der Fünfzigerjahre hat man ja weitestgehend historisch gearbeitet?

Treichel: Ja, aber für uns war klar... Ja, nun muss ich noch eins sagen, also nicht nur für die Forschung. Das ist ja das Besondere in der DDR, dass der Schwerpunkt ja eigentlich auf Lehre, der Ausbildung lag. Forschung? „Ja, ja, macht mal Forschung, aber wichtig ist Lehre!" Und uns waren die empirischen Untersuchungen auch wichtig für die Forschungsergebnisse, die dann irgendwo irgendwie dargestellt wurden in Dissertationen, Habilitationen oder in Heftchen. „Potsdamer Forschungen" zum Beispiel gab es ja als Reihe – so, also für die Forschung. Aber vor allen Dingen auch für die Lehre. Da haben wir nämlich Varianten erprobt, mit Studenten und ohne Studenten. Wenn die Studenten schon bisschen etwas konnten, dann haben wir sie gern auch da mitmachen lassen. Um nicht einfach zu sagen: „Hundert Lehrer machen es so und deshalb machen wir es auch so!" Also auch für die Lehre. Also, ich meine empirischen Untersuchungen im damaligen Verständnis: Auffangen der Ergebnisse, Auffangen der Wege, Beschreibung und so weiter, Analyse dieser Wege und Ergebnisse und Bewertung dann – das war auch für die Lehre. Und deshalb war das eine Grundvoraussetzung.

Also, eine Position in Potsdam war: „Du fängst hier jetzt an, dann such dir mal als Erstes eine Klasse, wo Du den Unterricht machst." Das hatte noch nichts mit Forschung zu tun. „Aber da wirst du schon draufkommen, welche Probleme es denn dabei gibt. Was ist deine Klasse, was soll sie werden?" Also, ich finde das nach wie vor einen guten Grundsatz, dass das dazugehört: Ich gehe zum ersten Mal mit Studenten im Rahmen der Ausbildung in die Schule, nachdem sie ein bisschen Theorie gehört haben, die Meinungen sind unterschiedlich – soll der Ausbilder zuerst eine Stunde mal zeigen und denen einen Schock versetzen, wenn es klappt oder, wenn es nicht klappt, auch nicht? Oder soll er sagen: „Wir bereden alles und mach mal, und dann hinterher ..." Aber du musst deinen Studenten zeigen, dass du nicht nur eine Stunde auseinandernehmen kannst und kritisieren kannst, sondern dass du es auch selbst kannst. Also: Beziehung zur Praxis, empirische Untersuchung in den Schulen – Grundsatz.

M. D.: Alles klar. War das Verhältnis zu den Geschichtsmethodikern anderer Hochschulen, die zu ähnlichen Problemen arbeiteten wie Sie, sprich Leipzig, eines der Konkurrenz oder der Kooperation, bei allem Streit?

Treichel: Also, erst einmal – bei allen Diskussionen, die es innerhalb der geschichtsmethodischen Zunft der DDR gab: Es fühlten sich alle auch einer Sache ... Also, wir alle wollten besseren Geschichtsunterricht, bessere Pläne, bessere Programme, bessere Ausbildung und so weiter. Das war bei allen das Gemeinsame.

Zweitens, ich glaube, sagen zu können, dass die Beziehungen auch durch Respekt voreinander gekennzeichnet waren. Also bitte: Der hat das rausgekriegt, er kann das belegen, wir haben was anderes rausgekriegt, wir können es auch belegen. Also Respekt voreinander. Ja, auch Konkurrenten, Konkurrenzbeziehungen waren es auch: Also historisches Denken, ja: Welcher Weg ist es denn nun, der richtige? Wer kann denn nun sagen: „Hallo, ich habe es, ja? Heureka, ich habe es!" Keiner konnte es sagen.

Und wurde nach meiner Auffassung auch so aufgefasst: als Konkurrenten, aber ohne den anderen in den Dreck zu stoßen ... das ging auch gar nicht, dass man da so. Aber da wurden dann für die Fassung – na, das ist wohl wieder etwas später dann – für die Fassung der Geschichtsmethodik, da wurden zwei Versionen vorgelegt, für die Diskussion. Zum Schluss steht nachher eine drin, weil dahinter stand der Gedanke der Zentrale: „Wir können die Lehrer nicht verunsichern!" – dass die Wissenschaftler sich selbst nicht einig sind, was denn nun richtig ist.

M. D.: Das war ja wohl auch der Grund für das Aussehen der Fachzeitschrift?

Treichel: Ja. Also, und dann wurde da auch in dem Kreis noch mal diskutiert, in Anwesenheit von anderen auch. Es war schon, wobei ich mich nicht erinnern kann, dass es, na, Sieger und Verlierer da gegeben hat. Wir haben es denen gezeigt, wir haben gesagt: „Wir machen es ganz anders." Aber zu sagen, also: „Ihr könnt jetzt abtreten"? Nein.

M. D.: Das wäre meine nächste Frage gewesen, aber wenn ich die in anderer Fassung doch noch stelle: Wenn Sie sich die Unterrichtshilfen, die Lehrbücher, die Lehrpläne anschauen der späten Siebzigerjahre, der vorletzten Generation, welche Gruppe hat denn sich da durchgesetzt, mehr durchgesetzt – es kann ja nicht beides gewesen sein –, nach Ihrer Meinung?

Treichel: Ja, dieser Nachsatz war schon wichtig. Also, das ist ganz schwierig für mich. Ich denke, dass es richtig ist, zu sagen, bei diesen konkreten Materialien, um die es dann ging, da hat sich durchgesetzt, wer die Hauptautoren waren. Also, dass Potsdam in der fünften Klasse etwas zu sagen hatte, sprich Gentner, was zu sagen hatte, das war klar. Leipzig hat es in der sechsten Klasse gemacht, die haben auch in anderen Klassen natürlich, aber Schwerpunkt. Wer hatte denn siebente Klasse, weiß ich gar nicht mehr? Egal, ich glaube ...

M. D.: PI Leipzig.

Treichel: Ja, das kann sein. So, aber jedenfalls so. Und die wurden dann auch als Hauptautoren da genommen, und da zeichnet sich das dann immer wieder ab. Dort, wo es denn um konkrete Dinge ging, dass das dann dort doch stärker Berücksichtigung fand.

M. D.: Aber wenn man jetzt als Außenstehender darauf guckt: Potsdam schafft es, einen seiner Hauptvertreter an einen wichtigen Hebel zu bringen, an die APW. Potsdam entsendet einen wichtigen Vertreter nach Dresden, wo die Unterrichtshilfenforschung dann ganz groß einsetzt ...

Treichel: Ja.

M. D.: Was mir gerade einfällt, Behrendt hat ja auch einen – wie sagt man so schön? – über den Deckel bekommen wegen der Kybernetik, nicht?

Treichel: Ja, ja. Ja, aber es war nicht ... Das hat man so hingenommen.

M. D.: Klar, aber das scheint schon, dass Potsdam dadurch schon, durch diese personellen Zufälle oder Entwicklungen da ...

Treichel: Ja. Ja, aber trotzdem ... Ja, trotzdem widerstrebt es mir, zu sagen: Die Potsdamer haben das Bild in der DDR geprägt, in der Geschichtsmethodik. Das möchte ich nicht so hinnehmen, also nicht so sagen. Das habe ich nicht so gesehen. Ja, hier und da und dies und das. Also, ich sage es auch noch anders: Es war schon spannend, erste Geschichtsmethodikertagung 1960 in Leipzig. Traditionell stellt immer der Gastgeber seine Konzepte, seine Überlegungen vor. Das ist immer so gewesen, wenn es in Jena war, dann waren die Jenenser und so weiter. Also, die machen das und bekommen genügend Zeit und Professor und Assistenten und Oberassistenten und so weiter. Die machen das, und da war es schon spannend: Wie reagiert denn nun darauf Potsdam? Oder umgekehrt, ja? Und trotzdem ist nach meiner Auffassung da keiner als Sieger oder Verlierer vom Platz gegangen.

M. D.: Das ist auch nicht so eine wichtige Sache, aber es wirft dann doch ein Licht ... Wir haben zu dem Problem der Rolle der zentralen Instanzen, also DPZI, DZL, Staatssekretariat, Ministerium, Verlag, im Diskurs der Disziplin schon gesprochen bei verschiedenen Gelegenheiten. Aber könnten Sie das noch mal auf den Punkt bringen? Einerseits der interne wissenschaftliche Diskurs, andererseits die staatlichen zentralen Instanzen. Wie war dieses Verhältnis?

Treichel: Also, die DDR war ein zentral geführtes Land. Auch zentral geführte Wissenschaftspolitik mit verschiedenen Ebenen und Strukturen. Also, ich habe ja gearbeitet von 1960 bis 1990, mit Unterbrechungen, an der Pädagogischen Hochschule. Und das hatte neben manchen Nachteilen auch einen Vorteil: Von den zentralen politischen Führungen her unterstanden ja die Universitäten, die Geschichtsmethodiker an den Universitäten dem Ministerium für Hoch- und Fachschulwesen oder Staatssekretariat, später dann Ministerium für Hoch- und Fachschulwesen. Während die Pädagogischen Hochschulen dem Ministerium für Hoch- und Fachschulen nur ein bisschen unterstanden, in ein paar Fragen, zum

Beispiel Berufung, die konnte nur dieser Minister dort aussprechen. Während die inhaltliche Orientierung, Führung und Forderung, die war bei uns eigentlich durch die Abteilung Wissenschaften des Ministeriums für Volksbildung gegeben. Und an den Universitäten, da wollte dieses Ministerium aber auch einen Einfluss ausüben, will sagen: Da geht es um Schule und da geht es um Lehrer und die Lehrer unterstehen hier und so. So dass es da manchmal auch Kontroversen zwischen den beiden Ministerien für die Geschichtsmethodiker an den Universitäten gab. Insofern ist das also für uns an der Pädagogischen Hochschule eine gewisse Erleichterung gewesen.

Das Problem, wie ich es in meiner Zeit als Geschichtsmethodiker – und jetzt sage ich mal, und auch danach – gesehen habe, besteht in erster Linie darin: Hier wurden Vorgaben entwickelt von diesem Ministerium, im anderen Falle von dem anderen und diesem. Vorgaben, Orientierungen, Festlegungen, also unterschiedliche Grade von Vorgaben, wurden hier entwickelt von Allgemeinpolitikern, von Leuten, die natürlich auch mal eine Universität oder Ähnliches besucht hatten, die meisten jedenfalls. Aber die keine Wissenschaftler waren, und manche konnten sich auch ganz schwer da überhaupt hineindenken – und manche wollten es auch nicht. Also, das krasseste Beispiel für Antiwissenschaftshaltung ist der langjährige, jahrzehntelange Staatssekretär bei uns im Ministerium gewesen, im Ministerium für Volksbildung. Es ist nicht beschreibbar, aber das steht ja hier nicht zur Diskussion. Es gab erst in der Endphase der DDR, nur damit das auch gesagt wird, also einen richtigen Professor, der von der Hochschule kam, zufällig auch wieder von Potsdam, der dort stellvertretender Minister war. Und alles andere waren abhängige, subalterne Beamte, obwohl sie keinen Beamtenstatus hatten.

So, und die redeten jetzt in Wissenschaft rein. Und da war unsere Position immer: Sie haben das Recht, das ist so. Sie haben die Führung. Sie geben die Orientierung. Und wir werden mal sehen, wie wir es bei uns denn machen. Lass sie reden. Kein offener Aufstand, kein Widerstand, aber man muss es so sagen. Und wenn die zuständigen Leute für den Geschichtsunterricht klug waren im Ministerium, und da gab es einige Kluge, auch zu der Zeit, die hier zur Diskussion steht, dann haben sie in Wissenschaftsarbeiten, in Forschungsarbeiten nicht reingeredet. Sie haben gesagt: „Ihr kennt die Orientierung des Ministers, der stellvertretende Minister sagt ... So." Auch das gab es, auch das haben wir erlebt, dass dort Freiräume waren. So würde ich diesen Zentralpunkt sehen.

M. D.: Dieser Staatssekretär, den Sie zuerst genannt haben, war das Machacek oder?

Treichel: Nein, Machacek war einer der stellvertretenden Minister. Und als der starb, oder verunglückte, nicht mehr machen konnte, da kam Günter Fuchs von der Hochschule dorthin. Mit tiefem Widerwillen. Nein, das war der Lorenz.

M. D.: Alles klar. Das ist nicht so wesentlich, das war nur eine Neugierfrage.

Treichel: Das Problem ist da und da wird es deutlich.

M. D.: Gut. Als Mitglied der SED waren Sie der Parteidisziplin verpflichtet und im Sinne des demokratischen Zentralismus auch den Beschlüssen der Parteizentrale. Führte Sie das in Konflikte mit den Anforderungen Ihres Berufes? Sofern dies der Fall war, welche Konflikte waren das konkret, und welche Auswirkungen hatten sie auf Ihre Tätigkeit?

Treichel: Also, Sie stellen wirklich Fragen, die wesentliche Probleme berühren. Also, ich war Mitglied der SED, hatte auch Funktionen, war lange Zeit im Fachbereich Geschichte auch Sekretär dort, hatte in dem Bereich also auch Einfluss auf die inhaltliche Gestaltung bestimmter Dinge. Also, ich muss sagen, ich persönlich habe in der Zeit, die hier vor allem zur Diskussion steht, die Widersprüche zwischen Parteiführung, Parteiorientierung und inhaltlich-wissenschaftlicher Tätigkeit an der damaligen Pädagogischen Hochschule nicht empfunden. Dass aber dennoch welche da waren, wird zum Beispiel deutlich ... 1970, glaube ich, kam Erich Honecker oder ... 1971. Und da hat dann zwar – der Parteitag war kurz vor einer Jahrestagung der Geschichtsmethodiker – die wir in Graal-Müritz hatten, woran ich mich erinnere.

Kassettenwechsel (01:25:42)

Und da war der Grundtenor der Diskussion, nachdem alle die Reden da zur Kenntnis genommen hatten: „Also, jetzt haben wir mehr Möglichkeiten. Jetzt kommt ein Jüngerer, und haben wir mehr Möglichkeiten, mehr Freiräume, zur Gestaltung der Prozesse, für die wir uns verantwortlich fühlen."

Obwohl ich mich in den Jahren davor, sprich 1960 bis 1970, nicht als blinder und tauber und stummer Parteisoldat gefühlt habe. Über bestimmte Dinge wurde nicht geredet, zum Beispiel über die Widersprüche, die es bei der ökonomischen Entwicklung gab, die hat jeder gespürt. In unserer inhaltlichen Arbeit, da fühlten wir uns schon in manchem durch Pläne und Programme zur Ausbildung von Geschichtslehrern gegängelt und zu stark reglementiert. Sie haben gesagt: Programm ist das eine – konnten dabei Lenin zitieren, ja – das Programm ist gut, kann gut sein, aber es ist gar nichts wert, wenn die Leute das nicht machen, oder wenn sie es anders machen. Das war dort so und das haben wir dort so gemacht, und höchstwahrscheinlich deshalb auch nicht so empfunden. Und dennoch, das ist mir noch nie so bewusst geworden, als durch diese Frage, also zu sagen: „Jetzt haben wir mehr Möglichkeiten!" Also voller Hoffnung: „Jetzt wird ein bisschen was anderes sein." Das hat sich dann ja nicht so erfüllt. So weit würde ich dazu jetzt hier zunächst sagen, diesen Widerspruch auch. Nein, wir haben das gemacht. Ja, wir haben auch das gemacht, was wir wollten, im Rahmen der großen Linien, im Kleinen hat keiner herein geredet. Und so weiter.

Bei uns waren die Mehrzahl, ja, Mitglieder der SED, da gab es auch Diskussionen, aber die waren ganz spezifischer Art. Wenn wir dort Parteidiskussionen hatten, bei uns im Bereich. Sicherlich nicht Ihr Anliegen hier aber, ich will es mal trotzdem sagen: Es gab eigentlich dort so zwei Komplexe. Das Eine war: Wir haben vorgegebene politisch-inhaltliche Themen diskutiert, abgehandelt. Da fand ein Parteitag statt oder eine ZK-Tagung, dann haben wir gesagt: „Was ist denn da Neues, was gibt es denn da, was wurde denn geredet, und wie sehen wir das" und so weiter. Und das Zweite war, wir haben diese Sache immer verstanden, also: „Du bist hier Mitglied der SED, Du darfst Dir keine miese Leistung erlauben." Also, wir haben das immer verstanden als zusätzliche Stimulierung, Motivierung: Es ist manches schwierig, jawohl, aber wir machen es. Auch um sich gegenseitig zu helfen dabei. Da hat der eine eben eine Studentengruppe von dem anderen mit übernommen noch und gesagt: „Ich habe zwar alle schon, aber damit du Zeit hast" und so weiter. Also so war das in etwa. So sehe ich das.

M. D.: Politische Großereignisse, wie 1968 der Prager Frühling, hatten ja auch ihre Rückwirkung auf die Situation in der DDR. Haben Sie davon etwas gespürt im Nachgang zu 1968, eine Veränderung des politischen Klimas?

Treichel: Also, wir wussten davon, jeder wusste davon, ich behaupte, sagen zu können, jeder hatte kein gutes Gefühl dabei, so nach dem Motto: „Mein Gott, soll der Dubcek doch den Sozialismus entwickeln, vielleicht ist es eine neue Variante?" Aber es gab in dem Bereich, wo ich tätig war, keine Erklärungen, keine Aktivitäten dagegen, die mir bekannt waren. Also, ich hätte es sonst schon gewusst, wenn etwas gewesen wäre, so groß war ja unser Historisches Institut auch nicht. Diskussionen ja, aber dann doch sehr schnell wohl auch ... Na ja, ein Abfinden damit.

Hinterher in dem Bereich, ich rede jetzt nicht von irgendwelchen anderen Sachen, aber an der Hochschule, am Historischen Institut, gab es meines Wissens auch hinterher keine ... Also, ich habe nicht empfunden, dass irgendwo die Zügel strenger angezogen wurden, oder dass jetzt ein härterer Kurs gefahren wurde oder so. Nein, ich habe das nicht empfunden. Ich weiß davon nicht, und ich habe auch nicht, also, ich kenne auch nicht – dass hier eventuelle Studentenproteste zu irgendwelchen Verhaftungen, das ist mir nicht bekannt. Ich glaube sogar, es gab so etwas nicht, ich weiß es aber nicht genau. Vielleicht hat hier doch etwas gewirkt: Die Potsdamer Hochschule galt ja als „rote Hochschule" insgesamt. Ich weiß es nicht, ich habe nichts gemerkt, nichts gespürt, es ist mir nichts bekannt.

M. D.: Alles klar. An der Potsdamer Hochschule hat seit 1956 auch ein Walther Eckermann gelehrt.

Treichel: Richtig. Walther Eckermann.

M. D.: Der bis Ende der Fünfzigerjahre auch einer der führenden Geschichtsmethodiker gewesen ist, und seitdem er in Potsdam war, sich vorwiegend der Fachgeschichte zugewendet hat.

Treichel: Richtig.

M. D.: Hat der Eckermann in Potsdam noch Einfluss auf die Geschichtsmethodik genommen?

Treichel: Also, er kam ja, ich denke, aus Greifswald. Als ich anfing, ich glaube, da war er schon da. Ja, richtig, ich habe nämlich bei ihm Vorlesung noch gehört, mit wunderschönen Stories. Wollen Sie eine hören, über Walther Eckermann? Wir hatten eine Vorlesung über den Befreiungskrieg – so viel Zeit muss sein –, über den Befreiungskrieg. Einer meldet sich und sagt: „Herr Prof. Eckermann, diese Vorlesung, die hatten wir im letzten Jahr schon. Das ist genau das gleiche Manuskript." – „Ach," sagt er, „Wissen Sie, meine Vorlesung ist wie die Neunte Sinfonie, können Sie immer wieder hören!" So, also Eckermann. Ich weiß, er hat seinen Artikel …

M. D.: „Die Einheit von Konkretem und Abstraktem".

Treichel: Ja, so, der spielte auch danach … In der Diskussion in der Potsdamer Geschichtsmethodik und bei anderen Geschichtsmethodikern spielte das eine Rolle. Interessant ist dabei nur, dass Eckermann und Weitendorf in den Positionen – ich rede nicht von Personen –, in den Positionen, die da geäußert wurden, und Weitendorf hier, der hat es dann konkreter gemacht, aufgeschlüsselt: Also, die kommen ja aus einem Stall, sage ich mal.

M. D.: Weitendorf war sein Schüler in Rostock.

Treichel: Also, das ist so. Aber hier war er in der Geschichtsmethodik nicht, er war uns nur bekannt als in der Geschichtswissenschaft tätig. Inzwischen zunehmend älter und, gut …

M. D.: Wenn Sie an das Verhältnis der Methodiker und der Fachhistoriker denken, wie gestaltete es sich in Ihrem Erfahrungsbereich?

Treichel: Ja. Also eine Einheit, wie das jetzt der Fall ist – wo es ja nur noch wenige Fachdidaktiker als Professuren, auch an dieser Universität hier in Potsdam, gibt, sollen auch ganz abgeschafft werden, wenn die ausgestorben sind, glaube ich – die gab es nicht. Aber die Geschichtsmethodiker waren, wie alle anderen Fachmethodiker, Teile der Fachinstitute. Es gab mal Diskussionen, alle Methodiker, Erziehungstheoretiker, Allgemeindidaktiker zu Pädagogen zusammenzubringen zu einer eigenen Fakultät. Auch wir haben dagegen protestiert und letztlich, das war eine Diskussion, kann man vergessen. Wir legten Wert darauf, dass diese enge Verbindung von Fach und Methodik da ist.

Also, ich sage es mal konkret am Beispiel: Bruno Gentner hat meine Dissertation betreut, beraten, und da es um Marx und Engels ging, sagte er: „Du, da musst Du Dir einen Spezialisten suchen." Dann habe ich mir den führenden Fachhistoriker, den es in der DDR auf diesem Gebiet gab, habe ich mir den gesucht und der hat dann die Beratung und Betreuung des fachlichen Teils übernommen. Und dass ich dann zwei Gutachter hatte, einer von der Methodik und einer vom Fach her. Heinrich Gemkow, der mehrere Biographien geschrieben hat über Marx und Engels – also der ausgewiesene Mann. Und so war es in allen Bereichen: „Du willst über den Unterricht in der Römischen Geschichte da Untersuchungen machen? Such dir den Fachmann, der das ist." Das war grundsätzlich – so, auch ein Pädagoge, Allgemeinpädagoge reichte da nach unserer Auffassung nicht aus. Es wurde auch von den Fachhistorikern, die damals tätig waren, nicht der Standpunkt vertreten: „Hauptsache ist, dass Du Dein Fach beherrschst, und wer das Lehrersein in sich hat ... Das andere kommt dann von allein." Sondern sie haben gesagt: „Das ist eine notwendige, richtige Seite." So war das hier bei uns an dieser Einrichtung. Und ich glaube fast, dass diese Zuordnung zu den Fächern auch an anderen Universitäten – aber da bin ich nicht so ganz sicher, wie das so ist.

M. D.: Das war halt eine sehr konfliktreiche Entwicklung an den Universitäten. Gab es denn in Potsdam auch das, was es an den alten Universitäten nicht selten gab, nämlich so ein „Naserümpfen" der Fachhistoriker über die Fachmethodiker?

Treichel: Also, ich sag da klar Nein. Das kann ich nicht nur erklären und begründen, dass das auch eine Menge damals junger Leute waren, sondern wir hatten ja auch in der Anfangszeit, ich denke da an meine eigene Studentenzeit: 1955 zum Beispiel hatten wir auch alte Fachhistoriker, Mäxchen Dieckhoff ... Na gut, also mehr fallen mir im Augenblick nicht ein – Hubert Mohr gehört dazu, Mittelalterspezialist. Das gab es nicht, wir wurden auch nicht als Schmalspurwissenschaft bezeichnet, sondern ich glaube sogar bei vielen, dass sie gesagt haben: „Also im Fach ist es einfacher, da was zu machen. Weil hier musst Du Deine Methodik und die Psychologie und die Allgemeine Didaktik und die Theorie der Erziehung, also die Pädagogik dazu haben, und dann noch das Fach dazu, auf der Strecke, wo das ist." Also, ich glaube, bei Jüngeren und auch bei Älteren war Akzeptanz da.

M. D.: Zum Schluss noch zwei allgemeinere Fragen. Die Erste: Welche Berufs- und Wissenschaftserfahrungen würden Sie als Ihre prägendsten bezeichnen und warum?

Treichel: Berufs- und Wissenschaftserfahrungen – also von Berufserfahrungen her: Für mich war – na, ich möchte nicht Diesterweg zitieren, aber der Grundsatz, den man bei ihm findet, von dem Lehrer, der sagt: „Du, wenn du Geschichtsunterricht machst und Deine Schüler notieren kaltblütig ein paar Notizen in ihr Heft, dann lege Dein Amt als Lehrer nieder." Das war so eine Geschichte. Wobei Geschichtslehrer war für mich immer Lehrer. Und da ist durch die eigene Schule und durch das eigene Unterrichten – selbst, wenn es nur ein paar Jahre waren – ja, so ist da eine Menge an Grundlagen gemacht worden. Und auch die Erfahrung, die ich machen durfte, weil ich nun mal in der Unterstufe angefangen habe, in der Grundschule, in der ersten, in der zweiten und in der dritten Klasse. Prägend, denke ich, die Einstellung zum Beruf: Wenn du nur Geld verdienen willst damit, halte ich nicht viel davon. Obwohl es natürlich wichtig ist, aber die Einstellung zu Kindern, zu Schülern. Du musst die Schüler, auch wenn es dir manchmal schwerfällt und sie dir das nicht leicht machen, du musst sie mögen, du musst ein richtiges inneres Verhältnis haben. Für die Studenten – also das ist ja dann der zweite Teil, Berufserfahrung aus der studentischen Ausbildung. Ich habe also als wesentlich angesehen: Wenn du hohe Forderungen stellst, dann stelle sie zuerst bei dir. Und wenn du Engagement im Unterricht forderst, dann zeig es zuerst bei dir.

Und was die wissenschaftliche Seite angeht, um da ein Wort zu sagen: Wie immer ein Fremder Ergebnisse oder aus heutiger Sicht einer bestimmte Ergebnisse, die Niederschlag gefunden haben, irgendwo sieht: Ich war bereit, du musst bereit sein, für die Wissenschaft also mehr zu machen, als ... nur so ein bisschen etwas zu lesen und aufzuschreiben und dann fertig. Also auch so ein inneres Verhältnis: Ich wollte gern so in ganz kleinen Schritten, einen ganz kleinen Beitrag machen, und weil ich aus der Geschichte Historiker und Lehrer und Neulehrer und alte Lehrer und so kenne, also das Verhältnis: Schreibe nicht einfach irgendwas auf, sondern versuche, es zu sichern, und wenn es dann steht, dann möchte es doch bitte auch stimmen, müsstest es versucht haben. Also hohe Anforderungen an sich selbst stellen, das würde sich so als wichtig ansehen.

M. D.: Gut und zum Schluss dann die basale Frage: Was verstanden Sie als den Zweck Ihrer beruflichen Tätigkeit?

Treichel: Also, in meinem ersten Beruf als Maurer, da habe ich etwas ganz Elementares mitbekommen: Du musst dir so viel Mühe geben und so viel lernen, dass es jederzeit anschaubar ist, und dass es dich selbst freut. Also, wenn wir eine Ecke gemauert haben, Fenster gemauert haben oder eine Wand geputzt haben, dann hat – da bin ich sehr dankbar für die alten Lehrmeister, also für die Lehrgesellen, haben gesagt: „Komm mal her, komm mal her, guck Dir das mal an, gefällt Dir das, würdest Du darin wohnen wollen? Ja, das ist gut geworden, können wir stehen lassen." So und dieses Grundsätzliche, also: Engagiere dich, versuche und habe Freude daran. So. Das war dann eigentlich auch für die zweite Phase in der Lehrertätigkeit so für mich ganz wesentlich. Und das Dritte dann, ich wollte eigentlich einen Beitrag leisten, sagen wir so, zu interessierten, zu engagierten, zu wissenden und auch Leute, die wissen, wie man es macht, ein Beitrag zu solchen Lehrern leisten, in der Lehrerausbildung. Das war mir letztlich wichtiger als noch ein Artikel oder noch ein Buch – habe ich auch gezählt und auch gemacht, das ist klar. Ja … Ordentliche Lehrer auszubilden, das halte ich für eine wichtige, also für eine Grundanforderung, mit allem dann, was dazu gehört.

M. D.: Prof. Treichel, ich danke Ihnen für das Gespräch.

Mündliches Interview mit Prof. Dr. Helmut Meier

Leipzig, den 27.02.2001

Helmut Meier, seit 1958 im Hochschuldienst (Halle/Saale), Promotion 1966, seit 1967 Leiter der For-
schungsgruppe ,Sozialistisches Geschichtsbewusstsein' beim ZK der SED, 1976 Habilitation und Pro-
fessur an der Akademie für Gesellschaftswissenschaften beim ZK der SED.[1]

M. D.: Ja, Prof. Meier, ich begrüße Sie zu dem Gespräch und beginne mit der ersten
Frage: Also, ich glaube nicht, dass es eine Art Determinismus der Herkunft in einem Leben gibt, und auch nicht in den Projekten eines Wissenschaftler. Und
trotzdem glaube ich, dass man bestimmte Triebfedern im Nachhinein besser erklären kann, wenn man um die unterschiedlichen Herkünfte weiß. Und deshalb
möchte ich Sie bitten, dass Sie zum Anfang kurz Ihr Leben schildern, Ihre Herkunft, regional, sozial, bis zu Ihrem Eintritt in die Wissenschaft.

Meier: Also, ich bin erst einmal Jahrgang 1934, das ist ja auch nicht ganz unwichtig, ich war also 1945 elf Jahre alt. Das ist ein Alter, wo man noch nicht allzu tief-
greifende Überlegungen anstellt. Meine Entwicklung ist im Grunde genommen
nach 1945 vor sich gegangen. Ich stamme aus einer Arbeiterfamilie, die über mehrere Generationen zum Arbeitermilieu gehörte. Und gleichzeitig bin ich auch Um-
siedlerkind. Wir sind 1946 aus Schlesien nach Halle umgesiedelt worden. Ich bin
dann in Halle weiter zur Grundschule gegangen und dort auch zum ersten Mal
mit der Pionierorganisation in Berührung gekommen durch einen guten Schul-
freund, der selber aus einem kommunistischen Elternhaus stammte und einfach
gesagt hat: „Komm doch mal mit!" Da bin ich mit hingegangen und so eigentlich
mehr durch Zufall in die Pionierorganisation gelangt.

  Wobei es noch ein Kuriosum gibt, ich wurde dann auch noch kurz vor Schul-
abschluss zum ersten Freundschaftsratsvorsitzenden der Pionierfreundschaft gewählt. Sicherlich zu genau der gleichen Überraschung, die ich dabeihatte, für die
anwesenden Funktionäre der Kreisleitung der FDJ. Und das hing – anekdotenhaft
vielleicht angemerkt – damit zusammen: Diese Pionierfreundschaft hat später
„Dynamo" geheißen, aber ich habe mich damals energisch gegen diesen Namen
ausgesprochen, weil ich ihn eigentlich als Namen für eine Pionierfreundschaft für

---

1 Das vorliegende Interview sowie eines mit Rolf Döhring (Berlin), von dem leider nur noch eine
ausführliche Aktennotiz existiert, gehören in einen Projektkontext, dessen Ergebnisse hier publiziert worden sind: Demantowsky, Marko. „Der Beginn demoskopischer Geschichtsbewußtseins-
Forschung in Deutschland. Begründung, Aufbau und Wirken der Forschungsgruppe ‚Sozialistisches Geschichtsbewußtsein' am Institut für Gesellschaftswissenschaften beim Zentralkomitee
der SED". *Zeitschrift für Geschichtsdidaktik* 4 (2005): 146–175.

ungeeignet ansah. Und das hat irgendwie dazu geführt, dass die Mehrheit der Wählerstimmen der Anwesenden schließlich auf mich fiel. Aber es war zugleich keine ganz zufällige Entscheidung.

Ich wurde dort auch wesentlich durch zwei Lehrer geprägt. Der Eine war ein alter kommunistischer Pädagoge, der auch in der Nazizeit Repressalien unterworfen war. Der Andere war mein Klassenlehrer, der namentlich durch die Kriegserlebnisse sozusagen ein politisches Umdenken vollzogen hatte und mich sehr beeindruckt hat. Er ist übrigens gegenüber meinen Eltern dafür eingetreten, dass ich die Oberschule besuchte. Mein Vater war dafür, dass ich natürlich einen anständigen Beruf lernte. Man muss ja sagen, ich kam 1949 aus der Schule, da war es für eine Familie nicht ganz ohne Bedeutung, was man für einen Beruf ergriff. Der Klassenlehrer hat also meine Eltern überzeugt, mich auf die Oberschule zu schicken. Ich habe dann in Halle die Oberschule besucht, und zwar die Adolf-Reichwein-Oberschule.

Dazu will ich nur anmerken, dass ich dort sehr stark die FDJ-Arbeit mitbetrieben habe. Ich war FDJ-Sekretär der Schulorganisation. Das war damals noch eine rein ehrenamtliche Funktion. Dort hat mich sehr stark die Direktorin der Schule beeinflusst, das ist Frau Gertrud Sasse gewesen, sowohl in der DDR-Pädagogik als auch in der DDR-Geschichte nicht unbekannt. Sie war auch Volkskammerabgeordnete und „Verdiente Lehrerin des Volkes". Eine sehr interessante Frau, Mitglied der LDPD. Von der ich auch, sagen wir mal, in politischer Hinsicht allerhand gelernt habe. Und dann hatte ich einen wirklich bürgerlichen Studienrat als Klassenlehrer, der mich, wie sicherlich viele meiner Mitschüler, durch seine absolute Korrektheit geprägt hat und auch, wie ich fand, durch seinen hohen Gerechtigkeitssinn. Das hat bleibende Einflüsse auf mich ausgeübt. Das war kein Linker, stammte übrigens auch aus Schlesien, war aus Breslau ausgesiedelt worden, aber er hat mich sehr beeindruckt, unter anderem auch dadurch, dass er die ganzen vier Jahre, die er uns unterrichtet hat, nicht ein einziges Mal gebrüllt hat, obwohl wir sicherlich keine Musterschüler waren. Er hatte eine solche Autorität und auch ein solches Einfühlungsvermögen, dass er immer mit Normallautstärke ausgekommen ist, das habe ich sehr bewundert.

Ich habe dann 1953 Abitur gemacht, genau um den 17. Juni übrigens herum, der ja in Halle sehr dramatisch verlief. Das Abitur hatte ich in der Tasche, und war sozusagen „Mulus", also weder Pferd noch Esel, also kein Schüler mehr, aber auch noch kein Student. Wir, das heißt, mein engster Freund und ich, hatten also Zeit, wir haben das ganze Geschehen dort verfolgt. Und deswegen unterscheidet sich meine Vorstellung vom 17. Juni aus der eigenen Anschauung in vieler Hinsicht von den heutigen Darstellungen eklatant. Sie hat sich allerdings auch unterschieden von den früheren DDR-Darstellungen, aber von den heutigen auch deutlich.

Ich will nur einen Punkt erwähnen, der übrigens ja literarische Gestalt angenommen hat. Stefan Hermlin hat darüber eine Novelle geschrieben. Es wurde bei diesen Ereignissen unter anderem auch eine Angestellte aus dem KZ Ravensbrück von denjenigen, die das Gefängnis stürmten, freigelassen. Und als ich dann abends bei der großen Kundgebung auf dem Halleschen Markt diese Frau dort reden hörte, die übrigens sicherlich auch sehr beschränkt war, aber eben ihre faschistische Gesinnung beinahe ungeschminkt zum Besten gab, war für mich eine Einschätzung, dass das was mit faschistischen Elementen zu tun hat, eben nicht etwas ist, das nur Propaganda war. Wie ich übrigens von vielen anderen auch weiß, dass es solche Erscheinungen gab. Trotzdem ist natürlich die plakative Darstellung, dass das ein faschistischer Putsch war, unzutreffend, das ist klar.

Ich habe dann ab 1953 an der Martin-Luther-Universität Geschichte studiert. Zunächst gab es nur das Einfachstudium, aber im Laufe des Studiums wurde dann die Möglichkeit gegeben, ein zweites Fach aufzunehmen, und mein ursprüngliches Ziel war Latein – ich war ein begeisterter Lateiner –, aber man machte da eine Aufnahmeprüfung: Von den 21 Bewerbern wurden 19 durchfallen gelassen, zu denen gehörte auch ich. Da habe ich mich dann umentschieden und Germanistik studiert.

M. D.: Im Diplomstudiengang?

Meier: Nein, ich hatte also ohnehin ein Lehrerstudium vor ...

M. D.: Aha.

Meier: Natürlich Oberstufe. Und weil das Germanistikstudium verkürzt war, hieß das also dann Mittelstufe. Ich habe das auch nicht bereut, weil Germanistik natürlich für Historiker auch nicht gerade unpassend ist. Am Ende meines Studiums bekam ich dann das Angebot bei Prof. Ahrbeck, dem Erziehungshistoriker, eine Assistentur aufzunehmen, und deswegen habe ich auch meine Staatsexamensarbeit über die Geschichte der Erziehung geschrieben. Aber ich hatte meine Arbeit noch nicht ganz fertig, da fielen die Würfel anders. Ich war seit 1955 Kandidat der SED und bin 1957 Mitglied geworden, habe 1958 Examen gemacht – da wurde mir also nahegelegt, zu Leo Stern zu gehen, der suche zwei persönliche Assistenten für Geschichte der Geschichtswissenschaft. Mein Freund und ich waren dafür ausersehen. Da ich natürlich der Geschichte mehr Sympathien entgegenbrachte als dem Spezialgebiet Geschichte der Erziehung habe ich mich natürlich umstimmen lassen und bin also seit 1958 bis zu meiner Promotion – oder bis zur Emeritierung von Leo Stern, muss ich richtiger sagen – Assistent bei ihm gewesen. In dieser Zeit habe ich auf unterschiedlichen Gebieten gearbeitet, je nachdem, welche Aufträge und Interessen Leo Stern hatte. Also, ich habe nicht immer nur an der Geschichte der Geschichtswissenschaft gesessen. Überdies ist dann mein Freund ausgeschieden, bekam die Möglichkeit an der Werkausgabe von Wilhelm Pieck zu arbeiten und ging nach Berlin, sodass ich alleine übrigblieb. So war dann das begonnene Projekt ohnehin nicht zu schaffen. Außerdem hatte Leo Stern auch andere Projekte in Arbeit, für die er uns heranzog.

So habe ich unterschiedliche Dinge gemacht, unter anderem war ich zum Beispiel auch Sekretär des Melanchthon-Komitees der DDR, Leo Stern war stellvertretender Vorsitzender, Vorsitzender war August Bach. Da habe ich mich also eine Zeit lang mit Philipp Melanchthon und mit Reformationsgeschichte und so weiter beschäftigt. Aber ich bin immer wieder zu der Geschichte der Geschichtsschreibung oder der Ideologiegeschichte zurückgekehrt und habe dann, Anregungen von Leo Stern folgend, mich mit der Mitteleuropa-Idee in der deutschen Geschichte befasst und einen der Urväter dieser Ideologie etwas näher beleuchtet, aber, wie es den Ambitionen von Leo Stern entsprach, aus der Blickrichtung, wie er in der Geschichtsschreibung, der politischen Ideologie der Bundesrepublik behandelt wurde, welche Rolle man ihm beimaß. Und das ist Constantin Frantz gewesen, einer der ideologischen Hauptgegner von Bismarck, aber nicht von links, sondern von rechts, ein Konservativer. Ich will das jetzt hier nicht weiter ausführen.

Jedenfalls habe ich darüber eine Dissertation geschrieben, die ich dann 1965 abgeschlossen habe und Anfang 1966 war die öffentliche Verteidigung. Da war also Leo Stern bereits emeritiert, aber er hat das Verfahren noch abgewickelt. Danach stand für mich dann die Frage: Was mache ich? Eigentlich gab es für diese Gebiete an der Universität Halle keine Lehrveranstaltungen. Ich habe dann vor der Frage gestanden, irgendwie wieder umzusteigen, und aus der Tatsache, dass Leo Stern eine Zeit lang auch die Arbeitsgemeinschaft „Geschichte der Geschichtsschreibung und Auseinandersetzung mit der bürgerlichen Geschichtsschreibung" in der Historiker-Gesellschaft leitete und ich dort auch als Sekretär von ihm eingesetzt war, war ich in Verbindung geraten mit namhaften DDR-Historikern, die sich wirklich langfristig mit der Geschichte der Geschichtswissenschaft befassten, das war der heute emeritierte Prof. Dr. Werner Berthold in Leipzig und das war Prof. Dr. Gerhard Lozek in Berlin. Und die hatten, weil ich mit ihnen an diesem Projekt gemeinsam gearbeitet hatte, ein Interesse daran, dass ich auf diesem Gebiet eventuell doch weiterarbeiten könnte. Und da das an der Universität Halle nicht mehr möglich war, bin ich übergewechselt an das Institut für Gesellschaftswissenschaften beim ZK der SED.

Gerhard Lozek war dort am Lehrstuhl Geschichte stellvertretender Lehrstuhlleiter und hatte damals die Aufgabe, eine neue Forschungsrichtung aufzubauen, nämlich Forschungen zum Geschichtsbewusstsein. Und da ich, wie gesagt, ohnehin vor der Frage stand, mich neu zu profilieren, fragte er mich – und Werner Berthold hat mich auch bestärkt darin, das anzunehmen – ob ich diese Sache übernehmen würde. Und wie das so ist, wenn man von einer Sache gar keine Ahnung hat, sagte ich Ja. Wenn man eine Aufgabe interessant dargelegt bekommt, ist man sehr schnell bereit, sich darauf einzulassen. Ich habe also diese Chance genutzt, was ich übrigens nicht bereut habe. Es ist ein interessantes Gebiet gewesen, und ich habe dieses Projekt von 1967, seitdem war ich dann in Berlin, bis 1989 forschungsmäßig betrieben, teilweise mit einem relativ großen Potenzial, also fünf, sechs, sieben, acht Leuten, also Aspiranten, die dort empirische Untersuchungen durchgeführt haben, und die dann auf der Grundlage des Materials dieser Untersuchungen ihre Dissertationen angefertigt haben.

M. D.: Bevor ich da weiter frage, hätte ich noch eine Rückfrage, und zwar zu Ihrem Studium in Halle: Wenn Sie Geschichte im Lehramt studiert haben, hatten Sie ja auch geschichtsmethodische Ausbildungsanteile. Bei wem haben Sie denn die Seminare gemacht?

Meier: Na ja, wir hatten eine sehr umfangreiche pädagogische Ausbildung, also vom Stundenumfang her. Systematische Pädagogik habe ich bei Prof. Hans Herbert Becker gehört, der dann übrigens, kurz nachdem diese Lehrveranstaltungen unseres Jahrgangs ausliefen, in die Bundesrepublik gegangen ist; Psychologie bei Prof. Friedrich Winnefeld. Die Methodik-Ausbildung leitete damals in Halle Prof. Walter Lindemann. Die Seminare dazu und auch die Lehrprobenarbeiten und so weiter haben Assistenten von ihm betreut. Er hat also außer der Vorlesung und der Abnahme der Examenslehrproben nichts weiter mit uns zu tun gehabt. Eine derjenigen, die unmittelbare Betreuung von Studentengruppen übernommen hatte, war zum Beispiel seine Frau, aber auch eine Reihe anderer, darunter auch der spätere Professor Diere, der damals als Assistent dort tätig war.

M. D.: Welchen Stellenwert haben Sie in Ihrem Ausbildungsprogramm der Geschichtsmethodik zugemessen? War das eher so notwendiges Übel?

Meier: Also, ich muss ehrlich sagen, ich habe damals teilweise die Methodikausbildung nicht so sonderlich als einen sehr großen Gewinn angesehen. Ich muss allerdings dazu sagen, dass ich da vielleicht keine Ausnahme bin, dass das vielleicht auch überhaupt bei pädagogischer Ausbildung häufig der Fall ist. Die Meinung ändert sich, wenn man mit der Schule in Berührung gekommen ist. Und ich habe, übrigens auf Anregung der schon genannten Frau Prof. Gertrud Sasse, die Schuldirektorin der Reichweinschule war, an der ich das Abitur abgelegt hatte, ein halbes Jahr zwei Klassen unterrichtet, weil ein Lehrer ausgefallen war. Sie erinnerte sich an uns, die wir sowohl bei ihr zur Schule gegangen waren, als auch Lehrproben gemacht hatten und wandte sich also an unsere Einrichtung, ob wir nicht die Genehmigung erhalten würden, einzuspringen, weil ein Lehrer ausgefallen war.

Da habe ich also eine zehnte und eine elfte Klasse lange unterrichtet, mindestens ein halbes Jahr, die damals noch die mittlere Reifeprüfung nach der zehnten

Klasse zu absolvieren hatten, also zumindest die Schüler, die aufhören wollten. Und da muss ich dann sagen, da habe ich natürlich neben Erfolgen, über die man sich freute, auch eine ganze Reihe von Niederlagen einstecken müssen, weil man plötzlich mit Problemen konfrontiert wurde, auf die man nicht so recht vorbereitet war. Und da kam natürlich dann die Erinnerung, dass da doch einige Dinge nicht ganz unwichtig gewesen wären, wenn man sie intensiver betrieben hätte während der Methodikausbildung, aber auch der Systematischen Pädagogikausbildung. So dass man sich dann manchen Dingen auf einer neuen Stufe doch wieder zugewandt hat. Und ich muss sagen, aus dieser Sicht glaube ich eben, dass eine gute Methodikausbildung, eine sehr solide Methodikausbildung schon sehr wichtig ist.

Vielleicht muss ich auch noch dazu sagen, dass es im Hochschulwesen der DDR damals noch nicht entschieden war, wo die Methodikausbildung platziert werden sollte: näher an der Fachausbildung für die Lehrerstudenten oder näher an der pädagogischen Grundausbildung. Das ist dann später zugunsten der Fachausbildung weitgehend entschieden worden, und ich glaube, dass das wahrscheinlich auch die richtige Entscheidung war. Wenn nämlich die Methodikausbildung vollständig eingebunden ist und untergeordnet der Pädagogikausbildung, das heißt ja dann, der Didaktikausbildung, werden oft die fachlichen Probleme nicht so sichtbar für den Studenten, wie sie es werden, wenn er zum Beispiel in den Lehrproben unmittelbar sieht, dass fachliches Wissen, was er sich angeeignet hat, in irgendeiner Weise mit seiner Vermittlung in Einklang gebracht werden muss.

Ich muss aber sagen, dass ich dann, da ich ja nach dem Examen nicht mehr in die Schule gekommen bin, weiterer Erfahrungsbildung auf diesem Gebiete enthoben wurde. Ich möchte jedoch sagen, ich wäre auch gerne in die Schule gegangen. Es ist nicht so gewesen, dass ich von vornherein darauf aus war, in die Wissenschaft zu gehen. Es war ja übrigens in der DDR durchaus nicht üblich, dass man als Lehrerstudent letztlich nicht an die Schule ging, denn man musste ja vom Volksbildungsministerium freigegeben werden. Und im Allgemeinen hat das Volksbildungsministerium ungern das Personal freigegeben, was sozusagen für es ausgebildet worden war. Für die wissenschaftliche Ausbildung oder Entwicklungsrichtung gab es ja extra die Diplomausbildung. Also ich war aber kein Diplomand, sondern ich war Lehrerstudent. Also, ich habe das Lehrerstudium bewusst gewählt, weil ich Lehrer werden wollte. Natürlich ist es in dem Moment, wenn man sich mit Geschichte intensiv befasst hat, durchaus reizvoll, dabei zu bleiben.

Vielleicht darf ich das hier anmerken, dass ich interessante Lehrer hatte. Ich habe noch bei Prof. Lintzel Vorlesungen gehört und Seminare bei ihm gehabt. Es gab auch erste Schritte zu persönlichen Kontakten, bis zu seinem tragischen Selbstmord. Ich habe Vorlesungen, Seminare bei Prof. Hans Haussherr gehabt, das waren – wie man damals zu sagen pflegte – „bürgerliche" Professoren. Also, sagen wir, nichtmarxistische Fachvertreter. Aber wir haben dort, glaube ich, auch sehr viel gelernt, und diese Herren haben auch sehr sachlich mit den Studenten gearbeitet und haben auch mit Lächeln manchen jugendlichen Überschwang zur Kenntnis genommen, wo man aus heutiger Sicht vielleicht sagt, das war überflüssig. Ich habe auch bei Prof. Mühlpfordt Seminare und Vorlesung gehabt.

Ich habe mir übrigens damals, solange nur das Einfachstudium möglich war, vorgenommen gehabt, aus der Sicht, an einer Universität – universitas litterarum – zu studieren, auch andere Fachvorlesungen zu besuchen. So habe ich also zum Beispiel bei Prof. Martin Jahn semesterweise Vorlesungen über Kunstgeschichte gehört. Ich bin zu den namhaftesten Fachvertretern der Chemie, wie Langenbeck oder wie dem Physiker Messerschmidt und so weiter gegangen, oder ich war bei Klemperer in der Vorlesung, weil ich mir sagte: „Auch wenn du nichts davon verstehst, du musst mal diese Leute gesehen haben. Das sind berühmte Leute, hast in Halle studiert und es fragt Dich dann einer, da ist doch der und der gewesen, dann kannst du wenigstens sagen: Ja, ich habe ihn zu sehen bekommen." Ich wollte auch mal hören, wie sie ihre Vorlesungen halten, und dabei machte ich damals dieselbe Erfahrung, die jeder Student machen wird und die jeder Wissenschaftler kennt: Nicht jeder große Wissenschaftler ist auch ein hervorragender Vortragender. Ich habe also sehr berühmte Leute gehört, wo ich wirklich Mühe hatte, die anderthalb Stunden durchzuhalten und nicht früher zu gehen, und ich habe Leute erlebt, die faszinierende Vorträge gehalten haben. So wie eben die unterschiedlichen Begabungen sind bei Menschen, manche können eben hervorragend schreiben, aber sie sind keine Redner. So viel vielleicht dazu.

M. D.: Kommen wir zum engeren Thema: 1967 wurde eine Gruppe von Wissenschaftlern am damaligen Institut für Gesellschaftswissenschaften mit der Erforschung des Geschichtsbewusstseins beauftragt. Wer war das, zum Zeitpunkt 1967 vielleicht bis 1970, also in der Anfangsphase? Woher kamen die Einzelnen, soweit Sie das wissen? Welche materiellen Möglichkeiten wurden Ihrer Arbeitsgruppe zur Verfügung gestellt? Wie war diese Gruppe organisiert, wem war sie unterstellt?[2]

Meier: Na ja, zunächst erstmal nannte sich das eine ‚Forschungsgruppe', das war sozusagen die unterste oder die kleinste Einheit gewesen, die etwas größeren Einheiten hießen ‚Fachrichtung'. Und meine Forschungsgruppe gehörte der Fachrichtung von Prof. Lozek an, der eigentlich Geschichte der Geschichtsschreibung in Auseinandersetzung mit der bürgerlichen Geschichtsschreibung machte. Also wel-

---

2 Demantowsky 2005. Der Beginn demoskopischer Geschichtsbewußtseins-Forschung in Deutschland. Begründung, Aufbau und Wirken der Forschungsgruppe ‚Sozialistisches Geschichtsbewußtsein' am Institut für Gesellschaftswissenschaften beim Zentralkomitee der SED.

che Gründe diese Zuordnung nun genau hatte, weiß ich nicht, ob er sich erboten hatte, oder ob das daran lag, dass er mich kannte oder so etwas. Oder ob es einfach darum ging: Irgendwo muss diese Anfangssache angelagert werden, ja. Also wir gehörten dieser Fachrichtung an, das war auch übrigens ganz nützlich, weil ich ja auch keine Erfahrungen in der Leitung von Forschung hatte.

M. D.: Sie waren ja 30 Jahre jung, nicht?

Meier: 33 Jahre. Ich war ja bisher Assistent gewesen und hatte an meiner eigenen Dissertation gearbeitet und hatte zwar mehr oder weniger selbständig arbeiten müssen. Leo Stern war ja auch viel unterwegs und außerdem hatte er natürlich eine große Anzahl von Doktoranden. Wer also nicht selbständig gearbeitet hat, ist gescheitert. Und er legte auch Wert darauf, dass man Selbständigkeit an den Tag legt. Also, ich hatte keine Erfahrung in der Organisation von Forschung. Ich wurde von einem Tag zum anderen dazu veranlasst, einen Forschungsplan zu machen, Finanzplanung zu machen, Finanzmittel zu beantragen und so weiter, wofür ich also kaum irgendwelche Erfahrungen hatte. All das wurde auch dort vorausgesetzt, ich war ja Doktor, also ging man davon aus, das müsse man als solcher wissen. Es gehörten meinem Kollektiv vier Aspiranten an. Drei Aspiranten waren, wie das dort üblich war, regulär aus der Praxis.

Kassettenwechsel (28:51)

Sie hatten dann irgendwie eine Parteifunktion bekommen, etwa in der Kreisleitung oder als Mitarbeiter in der Bezirksleitung und so weiter, und waren delegiert worden zur Qualifizierung. Zwei davon hatten bisher überhaupt noch nichts mit Wissenschaft zu tun gehabt. Die waren auch noch nicht mal Lehrer gewesen, sondern die waren Propagandisten gewesen, wie man bei uns sagte. Sie hatten Lehrgänge geleitet und waren sozusagen im operativen Dienst gewesen. Einer, der dann allerdings ein Jahr später hinzu kam, der vierte, war Offizier, war Lehrstuhlleiter an der Offiziershochschule der Landstreitkräfte „Ernst Thälmann" in Löbau gewesen und sollte also promovieren. Der hatte bereits auch Erfahrung in der wissenschaftlichen Arbeit und vor allen Dingen brachte er etwas für uns Unersetzliches mit: Organisationswissen.

M. D.: Das war Wolfgang Nawroth.

Meier: Das war Wolfgang Nawroth, ja.

M. D.: Und die anderen drei?

Meier: Die anderen drei waren: Rolf Döhring, das ist derjenige, der auch Geschichte studiert hatte, in Potsdam übrigens, und in Stendal Oberschuldirektor gewesen war. Der andere hieß Joachim Siebelt, der kam aus Meißen. Dann Hans-Joachim Kunze, der kam aus Genthin, also aus dem Bezirk Magdeburg. Alle waren übrigens älter als ich. Der Jüngste war Rolf Döhring, der nur zwei Jahre älter war als ich. Nawroth und Siebelt hatten schon im Krieg Dienst in der Wehrmacht getan. Siebelt war einige Jahre in sowjetischer Kriegsgefangenschaft. Nawroth stammte aus einer kommunistischen Familie; er war gebürtiger Dresdner, kurz vor Kriegsende desertiert und hat sich da in den Gartenlauben in Dresden verborgen bis zum Kriegsende.

Mit diesen Vier habe ich gewissermaßen angefangen, und das Problem bestand darin, dass wir uns ja erst überhaupt einmal klar werden mussten: Wenn wir das Geschichtsbewusstsein erforschen, was wollen wir denn überhaupt erforschen? Was ist denn das überhaupt, wie ist es denn greifbar? Da muss ich sagen, dass wir große Unterstützung bekamen von Prof. Walter Schmidt, zuletzt noch Direktor des Zentralinstituts für Geschichte an der Akademie der Wissenschaften, der damals Lehrstuhlleiter, später Institutsdirektor an der Gewi-Akademie, Institut für Geschichte der deutschen Arbeiterbewegung, war. Ein theoretisch sehr interessierter und sehr hochgebildeter Wissenschaftler, von außergewöhnlichen charakterlichen Eigenschaften. Also, ich will das nur mal beiläufig sagen: Er war äußerst kritisch, scharf, konnte unnachsichtig kritisieren, aber er war auch gegenüber Kritik, die man an ihm übte, aufgeschlossen, also absolut integer.

Es bestand eine sehr offene Atmosphäre, die gerade in der Anfangsphase wichtig ist, wo man sowieso in der Gefahr steht, sich auch mal zu vergaloppieren. Und wir haben uns sicherlich auch in manchen Fragen vergaloppiert, wir haben also auch Lehrgeld zahlen müssen. Aber da das eine zentrale Parteieinrichtung war, waren die materiellen und die organisatorischen Voraussetzungen wahrscheinlich – da ich Universität kannte, glaube ich, das auch sagen zu können – günstiger als in einem Universitätsinstitut. Wenn festgelegt war, dass das ein Bestandteil des Forschungsplans war, dann wurden auch dafür die erforderlichen Möglichkeiten geschaffen. Damals gab es zum Beispiel an unserer Einrichtung noch keine elektronische Datenverarbeitung. Da wurde eben dann dafür gesorgt, dass die Kapazitäten, die im ZK der SED waren, von uns genutzt werden konnten, für die Auswertung der empirischen Untersuchungen. Wir haben dann sofort angefangen.

Ich will übrigens noch mal dazu sagen, weil es oft auch falsche Auffassungen gibt: Da wir gewissermaßen zum Schluss eine Monopolstellung bei den Forschungen zum Geschichtsbewusstsein hatten, wird oft angenommen, das sei von Anfang an so gewesen. Das ist es aber nicht, sondern es gab Vorläufer, und es gab auch parallel zu uns andere Einrichtungen, die solche Forschungen aufnehmen wollten. Aber das hängt nun wieder zusammen mit dem Hochschulwesen und der Wissenschaftspolitik in der DDR, es wurden ja dann Profilierungen vorgenommen, Einrichtungen bekamen bestimmte Schwerpunkte zugeteilt und bei dieser Gelegenheit sind alle die Einrichtungen, die auch mit diesen Fragen sich zunächst beschäftigt haben, teilweise anders profiliert worden.

M. D.: Das heißt: Leipzig ...

Meier: Das gilt auch für Leipzig, unter Prof. Kurt Schneider. Dort sind also sehr verdienstvolle Untersuchungen auch eingeleitet worden, es fand auch eine Konferenz damals statt, an der wir übrigens auch teilgenommen haben, wo also zu diesen Fragen breite Diskussionen entfaltet wurden, wo auch erste Ergebnisse vorgelegt wurden. Aber es gab auch noch andere Einrichtungen, in denen Untersuchungen begonnen wurden, so an der Humboldt-Universität. Es gab auch an einigen Hochschulen, zum Beispiel origineller Weise an der Bauhochschule in Cottbus, jemanden, aber auch an der Bauhochschule in Leipzig eine Gruppe, die anfingen mit solchen Untersuchungen. Die haben dann also das Geschichtsbewusstsein von Ingenieurstudenten untersucht. Oder wie sieht das Geschichtsbewusstsein bei der wissenschaftlich-technischen Intelligenz oder bei der Betriebsintelligenz aus?

M. D.: Dazu hätte ich jetzt zwei Zwischenfragen. Die Erste: War es ein Zufall, dass die empirischen Forschungen zum Geschichtsbewusstsein am Institut für Gesellschaftswissenschaften beim ZK der SED konzentriert worden sind? Zweite Frage: Wie kam denn das, dass Mitte der Sechzigerjahre sich so viele Leute in der DDR auf empirische Forschung zum Geschichtsbewusstsein stürzten?

Meier: Dazu muss man Folgendes sagen: Ich habe darüber auch schon mal geschrieben, an anderer Stelle, zu DDR-Zeiten als auch danach. Die Forschungssituation Mitte der Sechzigerjahre oder, sagen wir mal, überhaupt in den Sechzigerjahren, hing natürlich auch zusammen mit Reformansätzen, die es in der DDR gab, die ja bis in die Staats- und Parteiführung hinein reichten. Es gab das Bedürfnis, sich Neuem zuzuwenden. Fraglos haben davon auch die Sozialwissenschaften profitiert. Also die Soziologie, die ein Schattendasein führte, wurde eben langsam hoffähig. Allerdings gab es auch überhöhte Erwartungen an solche empirischen Untersuchungen. Man hatte die Erwartung, man würde damit bisher schwer durchschaubare Prozesse völlig durchdringen können und würde also besser führen und leiten können. Nachdem eine Weile Untersuchungen durchgeführt worden waren, stellte man natürlich fest, wie begrenzt auch solche Ergebnisse waren, und da gab es auch einen Enttäuschungseffekt, der eben unter anderem auch dazu führte, dass die Meinungsforschung in der DDR wieder eingestellt wurde. Aber die Soziologie oder sozialwissenschaftliche Forschungen haben seither auf jeden Fall einen festen Platz behalten, und deswegen gab es da auch einen gewissen Boom, und sicherlich gab es da auch einen gewissen Wildwuchs.

Aber ich würde auf jeden Fall auch sagen: Zufall, dass die Forschungen bei uns geblieben und am kontinuierlichsten betrieben worden sind, war das natürlich nicht. Ich meine, es gab schon ein Interesse der Parteieinrichtungen, bestimmte Forschungen bei sich anzulagern, zumal natürlich jeder auch davon ausging, dass solche Untersuchungen auch teilweise zu brisanten Ergebnissen führen würden. Es gab ja Fälle, wo an den Universitäten, etwa bei soziologischen Untersuchungen, bestimmte Dinge aufgeworfen wurden und wo man dann glaubte, da einen Riegel vorschieben zu müssen. Und insofern gab es für das Gewi-Institut ja nicht ganz ohne Grund den Leumund, dass dort manche Dinge etwas flexibler gehandhabt wurden, was – wie ich übrigens sagen möchte – nicht nur positiv anzusehen ist. Denn es blieb ja in dem internen Kreis. Die Order war: „Unter uns können wir alles diskutieren, aber draußen wird die Linie vertreten." Und insofern wurden da Dinge, die diskussionsfähiges Material brachten, eben dann doch nicht in einen öffentlichen Diskurs eingebracht.

Das gilt übrigens auch für unsere Ergebnisse. Wir haben sehr interessante Ergebnisse erzielt, aber wir hatten kaum die Möglichkeit, diese Ergebnisse öffentlich zu machen. Wir haben immer mal einen Versuchsballon steigen lassen ... Ich kann von uns sagen, wir sind niemals irgendwo mal in eine Fallgrube gefallen, das kann aber auch ebenso gut ein Zufall sein. Außerdem war es ja ein Randgebiet, was auch eine Rolle gespielt haben kann. Aber anderen, also den Soziologen im Hause, den Meinungsforschern übrigens auch und so weiter, ist es durchaus passiert, dass es solche Aufregung gab, dass sie sich rechtfertigen mussten, warum sie solche Ergebnisse öffentlich publik gemacht hatten.

M. D.: Das suchte man natürlich zu vermeiden.

Meier: Das suchte man generell zu vermeiden, wobei da natürlich eine gewisse Selbstdisziplinierung griff. Alle unsere Untersuchungen kriegten den Stempel ‚VVS' und waren also dann nur noch mit Genehmigung zugänglich. Das war sicherlich sehr bedauerlich. Das hat übrigens auch dann zu der nur für den Sachkenner der DDR erschließbaren Tatsache geführt, dass eben die Publikationen, die bei uns oft entstanden sind, von denen manche sagen: „Na ja, das ist doch eigentlich alles beinah selbstverständlich", eben anders gelesen werden mussten. Dinge, die wir sozusagen als Aufgaben formuliert haben, was man machen müsste, das ist im Grunde genommen die verdeckte Formulierung dafür gewesen: Da liegt es im Argen.

M. D.: Klar.

Meier: Eine andere Möglichkeit bestand leider nicht, und ich glaube auch, dass das ein schwerwiegender Fehler war, weil dadurch unsere Ergebnisse nicht diejenigen unserer Leute erreichten, für die sie besonders interessant gewesen wären. Journalisten beispielsweise oder Lehrer oder Jugendfunktionäre und so weiter.

M. D.: Ich möchte den Blick noch mal von diesen konzeptionellen Fragen auf so ganz Alltägliches zurücklenken: Sie saßen nun '67 da; junger, frisch promovierter Mann mit drei älteren Mitarbeitern, die wissenschaftlich noch relativ unbeleckt gewesen sind: Wie haben Sie das gemacht, was waren die ersten Schritte?

Meier: Na ja, das ist auf jeden Fall auch nicht so ganz einfach gewesen. Ich musste schon einiges einstecken, denn den älteren Herren, denen ich gegenübersaß, gegenüber war ich ja in der Minderzahl. Also, sie konnten mir schon ab und an etwas stecken, ohne dass ich sehr viel dagegen sagen konnte. Sie waren auch vor allen Dingen lebenserfahrener und hatten natürlich auch schon in der politischen Arbeit Höhen und Tiefen durchlaufen. Sie waren also vor manchen Naivitäten, die bei mir sicherlich damals noch vorhanden waren, gefeit. Ich befand mich ja damals auch in so einer Art Begeisterungsphase. Ein neues Thema, für das man mich mit dem Hinweis geworben hatte: „Du kannst etwas erforschen, das ganz wichtig ist" und so weiter. Da setzt man sich gewissermaßen unter Druck, den zweiten Schritt vor dem ersten zu tun. Insofern kam mir die außerordentlich glückliche Zusammensetzung meiner Forschungsgruppe zustatten.

Selbst die beiden Kollegen, die wenig wissenschaftliche Erfahrung hatten, denen also alles von der Pike auf beigebracht werden musste, vom Zitieren bis zum Bibliographieren und wie man eine Gliederung macht und so weiter und so fort, waren ausgesprochen reife Menschen. Sie hatten Familie, teilweise schon große Kinder, die zumindest im Jugendweihealter waren, schon kurz vor der Berufswahl standen. Ihre Frauen waren auch beruflich tätig. Sie selber hatten meist mehrere Tätigkeiten durchlaufen. Selbst der Jüngste wie Rolf Döhring hatte eben zum Beispiel Bonbon-Kocher, also Konfektmacher, gelernt, hatte einen Beruf, bevor er an die ABF ging und zum Studium. Die anderen hatten noch weit mehr unterschiedliche Tätigkeiten ausgeübt. Da unsere Aufgabe ja lautete, das Geschichtsbewusstsein der Arbeiterklasse zu erforschen, wie das damals formuliert wurde – wir haben dann später treffender von Bevölkerung in industriellen Ballungsgebieten gesprochen –, war es schon wichtig, konkrete Vorstellungen über die Lebensbedingungen dieses Personenkreises zu haben.

Ich hatte sozusagen oftmals den wissenschaftlichen Knalleffekt schärfer im Auge als meine Aspiranten, aber sie hatten bei der Formulierung von Fragen oftmals ein besseres Gespür. Von ihnen kam häufig der Einwand: „Also, das können wir den nicht fragen, also wenn mich das einer fragen würde, wüsste ich nicht, was ich antworten sollte." Das ist ja die große Gefahr, wenn man neu beginnt mit empirischen Untersuchungen. Die Ausarbeitung des Fragebogens hängt ja sehr davon ab, ob man in der Lage ist, möglichst eindeutige Fragen zu stellen. Es geht darum, Missverständnisse, die niemals ganz auszuschalten sind, Steuerungseffekte, die niemals ganz zu vermeiden sind, wenigstens auf ein erträgliches Minimum zu reduzieren. Und da gehört eben nicht nur wissenschaftliche Fachkenntnis dazu, sondern da gehört auch ein bisschen dazu, den Duktus zu kennen, den umgangssprachlichen Umgang mit vielen Fragen. Und ich habe in der Beziehung sehr viel gelernt, auch von diesen Aspiranten. Das war ein gegenseitiges Lernen. Ich glaube, sie werden das auch so einschätzen. Wir haben bis heute ein sehr gutes, vertrauensvolles Verhältnis, das jetzt durch die Ereignisse nicht mehr ganz so eng ist, aber dennoch vorhanden. Es ist klar für uns, das ist ein Lebensabschnitt gewesen, wo wir uns gegenseitig sehr viel gegeben haben.

Und natürlich muss ich dazu sagen, dass die Unterstützung auch anderer Einrichtungen eine große Rolle gespielt hat. Wir waren zum Beispiel in Leipzig bei Prof. Walter Friedrich im Zentralinstitut für Jugendforschung und haben ihn gebeten, da er ja schon längere Erfahrung bei empirischen Untersuchungen hatte, gerade auch mit Jugendlichen, uns methodisch, theoretisch, konzeptionell aber auch organisatorisch zu beraten. So erhielten wir Hinweise, welche Fehler man unbedingt vermeiden muss am Anfang, worauf man Wert legen muss. Er hat sich damals einen ganzen Tag Zeit genommen für uns. Wir haben uns also den ganzen Tag bei ihm aufgehalten. Er hat selber einen Vortrag gehalten, Mitarbeiter von ihm haben Dinge erläutert. Das war für uns eine wesentliche Zeitersparnis. Die Aspiranten hatten ja nur vier Jahre Zeit. In diesen vier Jahren mussten sie verteidigen, es gab keine Verlängerung.

Genau dasselbe galt für die Soziologen bei uns am Gewi-Institut. Prof. Erich Hahn war damals noch Lehrstuhlleiter, später Rudi Weidig, und auch Mitarbeiter von ihnen, also Methodiker und so weiter, haben uns da sehr unterstützt. Sie haben uns auch immer bei der Begutachtung der Fragebögen unterstützt. Und was mich da am meisten beeindruckt hat – das war eine wichtige Lehre für mich –, dass die alle gesagt haben: „Ihr seid die Fachleute auf dem Gebiet der Geschichte, da können wir euch keine Hilfe geben, wir können euch nur sagen, was ihr für Fragen stellt: Sind das Suggestivfragen, sind das Entscheidungsfragen, sind das Auswahlfragen und so weiter. Da gibt es bestimmte Gesetzmäßigkeiten, denen man folgen muss. Aber wie ihr die formuliert, das müsst ihr machen. Es kommt darauf an, was ihr herausholen wollt."

Ich glaube, das hat uns in die Lage versetzt, relativ rasch den Anteil derjenigen Fragen, die nichts bringen, die jedem am Anfang unterlaufen, wenn er ganz neu anfängt, zu vermeiden. Wenn man in einem etablierten System wirkt, wo schon eine methodische Abteilung besteht, kann man das vermeiden, aber wer gänzlich neu anfängt und alles machen muss, macht viele Fehler, weil er glaubt: „Also, die Frage muss etwas bringen" – um dann hinterher festzustellen, sie bringt gar nichts. Und manche Frage, von der man denkt: Die nehmen wir mal auf als

Einführungsfrage – von der stellt sich heraus, dass die plötzlich in einer Weise ergiebig ist, wie man nicht erwartet hat. Daraus lernt man natürlich. Insofern haben wir, glaube ich, durch die Unterstützung von Partnern erreicht, dass einiges beschleunigt werden konnte.

Allerdings muss ich sagen, dass die erste empirische Untersuchung aus heutiger Sicht betrachtet, natürlich mehrere Mängel aufweist. Da sind Mängel, die generell unsere Untersuchungen aufweisen mussten, weil unser Grundkonzept, das ich im Prinzip noch immer für richtig halte, zu einseitig angelegt war. Dass das Geschichtsbewusstsein ohne ein System von Kenntnissen, also ohne geordnete und zusammenhängende Kenntnisse nicht denkbar ist, halte ich für unverzichtbar. Aber bei uns wurde das nur auf das marxistisch-leninistische Geschichtsbild eingeengt. Also das war sicherlich ein genereller Mangel, den wir bis zum Ende selbstverständlich nicht überwunden haben, daran lässt sich nicht rütteln.

Ein weiterer Mangel, der generell nicht überwunden wurde, bestand darin, dass wir zwar immer bei geschlossenen Fragen Antwortmöglichkeiten von positiv bis negativ und indifferent vorgegeben haben, aber wir haben natürlich unser eigenes System niemals infrage gestellt. Und die Fragen, die wir in etwa in dieser Richtung formuliert haben, sind übrigens so verblüffend beantwortet worden, dass wir auch nicht ermutigt wurden, weiter darüber nachzudenken. Ehrlicherweise muss man sagen, wir haben sie uns deswegen nie gestellt, weil es uns überhaupt gar nicht in den Sinn kam, zu fragen: Was wäre, wenn es keinen Sozialismus mehr gäbe? Wir hatten übrigens durchaus einmal die Frage gestellt, welche Meinung die Befragten dazu hätten, dass der Sozialismus keine Zukunft habe. Lediglich drei Prozent der Befragten haben das für möglich gehalten. Das war übrigens für uns auch eine Lehre, ganz sozusagen zugespitzte Fragen nicht zu stellen, weil die Leute sie mit Misstrauen betrachteten.

M. D.: Das ist ja auch nicht ganz zufällig, die wussten ja auch, wo Sie herkommen, nicht?

Meier: Also, das muss ich unbedingt dazu sagen und da bin ich nicht bereit, einen Deut abzuweichen: Es wird die Frage immer wieder gestellt, ob denn die Leute nicht Angst hatten, Fragen zu beantworten ... Es mag den einen oder anderen gegeben haben, es ist aber generell nicht der Fall gewesen. Wir haben dafür eine schöne Anekdote zu bieten, die der Kollege Döhring im SKET erlebt hat. Wir haben ja unsere Fragebögen immer in Klausur beantworten lassen, das war ein Vorteil, den nur wir hatten, andere natürlich nicht. Das wurde über die Betriebsleitungen bewerkstelligt. Erstmal war klar, wer nicht mitmachen wollte, musste nicht mitmachen – es haben auch nie alle mitgemacht. Aber die, die hinkamen, haben wir mit der Frage konfrontiert: „Also, es geht um folgende Sache, es wird alles anonym gemacht und ist völlig freiwillig; wer nicht an dieser Befragung teilnehmen will, kann gehen." Und da ist dann auch immer noch der eine oder andere gegangen. Wir haben dann zum Schluss gesagt: „Fragebogen zusammenklappen und hier in die Mappe ablegen." Und da hat einer erklärt: „Na, dann wissen Sie doch, wer ich bin!" Und Döhring hat darauf geantwortet: „Also, wenn hier 15 oder 20 Leute sitzen, die das hier ablegen, kann ich mir das nicht merken, von wem der einzelne Bogen stammt." – „Ja, da ist aber vielleicht eine Nummer drauf ... Ich schicke Ihnen das zu!" Nun haben schon die anderen zu ihm gesagt: „Aber wenn du als Einziger das schickst, dann wissen sie doch das erst recht!" Er ließ sich aber nicht abhalten und hat übrigens den ausgefüllten Bogen wirklich geschickt, anonym selbstverständlich. Es interessierte uns ja auch gar nicht, es ging ja um Massenuntersuchungen.

Das ist das eigentliche Problem, es gibt für uns eindeutige Indizien, dass die Leute ehrlich geantwortet haben. Wir haben zum Beispiel in der ersten Untersuchung noch die Frage gestellt, wie sie zum Westsender-Hören stehen! Und das Ergebnis war ganz eindeutig: 85 Prozent haben mehr oder weniger auf unterschiedliche Weise eindeutig gesagt, sie sehen Westfernsehen. Und die 15 Prozent, die erklärten, keine westlichen Sender zu hören und zu sehen, das waren überwiegend Befragte aus Dresden. Wir hatten ja mehrere Untersuchungsorte, dazu gehörte unter anderem auch ein Kombinat aus Dresden – Robotron –, und da war für uns klar, dass wir diese Frage nicht mehr zu stellen brauchten. Wenn wir gefragt haben: „Welche Quellen für Ihr Geschichtswissen würden Sie nennen? Also, wo wissen Sie vor allen Dingen etwas her aus der Geschichte?", da war uns klar, wenn das Fernsehen an der Spitze stand, dass das also nicht nur für das DDR-Fernsehen galt. Das haben wir auch in der Auswertung immer ungeschminkt formuliert.

Alle anderen hatten übrigens dieselben Ergebnisse. Es war witzlos, diese Frage irgendwie noch stellen zu müssen, zumal man ja doch auch angewiesen war, den Fragebogen nicht allzu umfangreich werden zu lassen. Wir haben große Untersuchungen gemacht, teilweise bis zu 9.000 Leute in einer Untersuchung in sechs Kombinaten der DDR, in Stralsund, Berlin, Brandenburg, Magdeburg, Leuna und Dresden. Man kann schon davon ausgehen, dass damit Repräsentativität vorhanden war.

M. D.: Das können Sie aber doch nicht zu fünft gemacht haben?

Meier: Ja ja, das ist eben das, was die meisten Leute nicht für möglich halten. Ja, das ist tatsächlich der Fall gewesen. Man muss allerdings dazu sagen, dass dann natürlich die Betriebe angeschrieben und ihnen mitgeteilt wurde, dass wir, wenn möglich, eine ganze Betriebsabteilung befragen wollen. Weil da alle Personengruppen enthalten waren, die uns interessierten. Da waren Produktionsarbeiter dabei, aber auch die produktionsvorbereitenden Abteilungen, Sekretärinnen und so weiter, aufgeteilt nach Brigaden. Das wurde natürlich von den Betrieben organisiert, das war unser Vorteil. Aber wir sind dann wirklich hingefahren und tagelang unterwegs gewesen. Das ging also früh bis spät, von Abteilung zu Abteilung vor sich. Allerdings hatte ich, als die erste Untersuchung anlief, bereits einen Assistenten, den ich aus Halle als Studenten kannte …

M. D.: Wer war das?

Meier: Das ist Werner Gahrig gewesen, den Namen kann ich ruhig nennen, er war bis 1989 der Direktor des Berliner Stadtarchivs, also in Ostberlin. Und er hat mit Unterstützung natürlich auch von anderen, aber im Wesentlichen allein, die Untersuchung gemacht zum Geschichtsbewusstsein bei den Genossenschaftsbauern. Das ist ja ein Unikat, diese Untersuchung. Aber er war dann auch einer, der teilweise eine Woche oder vierzehn Tage irgendwo hingefahren ist und dann jeden Tag Absprachen getroffen hat, und dann sind die anderen Kollegen gekommen. Wir sind dann natürlich zu dritt oder viert in ein solches Kombinat gefahren und haben die Befragung dort an ein, zwei Tagen abgewickelt. Ich bin da auch selber mitgefahren, also nicht nur die Aspiranten.

Kassettenwechsel (57:04)

M. D.: In dieser allerersten Phase ab 1967 wird es ja nicht so gewesen sein, dass man Ihnen sagte: „Hier haben Sie die Aspiranten, hier haben Sie meinetwegen drei Räume, eine Sekretärin, drei Tonbänder, drei Kilogramm Papier und zehn Stifte, machen Sie mal!" Sondern Ihnen werden ja sicherlich auch konzeptionelle Grundlinien vorgegeben worden sein. Wer hat das gemacht, und was waren das für Linien?

Meier: Natürlich war ich eingebunden in den Lehrstuhl und in die Lehrstuhlleitung, ich gehörte dann auch der Dienstbesprechung an als Forschungsgruppenleiter. Und dort wurden selbstverständlich die Konzepte von allen Forschungsrichtungen diskutiert. Ich bin dann später auch Direktor für Forschung gewesen im Institut, daher weiß ich, dass das natürlich auch an das Rektorat weitergeleitet wurde, und da wurden natürlich auch die letzten Entscheidungen getroffen: Also, das Thema nehmen wir auf, an dem Thema arbeiten wir nicht weiter, oder in dem und dem Umfange oder dieser oder jener Akzent wird anders gesetzt.

Ich muss allerdings sagen, das habe ich auch schon immer gesagt, wenn wir ausländische Gäste hatten, zum Beispiel aus den USA, die dann fragten: „Ja, wie ist denn das mit der Planung, mit der Selbständigkeit der Forscher?" Ich glaube, da gibt es eben auch furchtbare Unsinnigkeiten, die so herumgeistern. Es hat natürlich Eingriffe gegeben, ja, die gibt es immer von Obrigkeiten in bestimmte Dinge, egal in welcher Weise. Bei uns gab es natürlich auch politische Eingriffe, also wenn ich hätte jetzt eine Untersuchung machen wollen, ob es noch faschistische Geschichtsrelikte gibt, hätte man wahrscheinlich gesagt: „Also, das kann man höchstens irgendwo einordnen, aber ganz so für sich ... Das wäre verfehlt." Ich wäre übrigens auch nicht auf die Idee gekommen, muss ich ganz ehrlich dazu sagen. Wir haben eher aus den Ergebnissen, die wir hatten, die Schlussfolgerung gezogen: Hier wirken traditionelle oder andere Auffassungen nach, auch ältere Auffassungen oder Einflüsse meinetwegen aus dem Westfernsehen. Ob wir das immer richtig eingeschätzt haben, ist eine andere Frage. Aber generell hatte die Auffassung der Fachleute ausschlaggebendes Gewicht, wenn es um Konzeption und Durchführung der Forschung ging. Wichtig war, durchzusetzen, dass ein Thema in den Plan aufgenommen wurde. Auch für uns galt, dass wir zunehmend Kompetenz erlangten.

M. D.: Aber nicht am Anfang.

Meier: Na, nicht am Anfang. Bloß am Anfang – es wusste ja niemand so recht, was mit dem Begriff Geschichtsbewusstsein gemeint war. Es ist ja übrigens interessant, dass man sich in der Bundesrepublik und auch in anderen Ländern mit dem Geschichtsbewusstsein relativ spät beschäftigt hat. Ja, der Begriff wurde immer mal wieder gebraucht, aber er wurde ganz unterschiedlich gebraucht. In der früheren deutschen Geschichtsschreibung war Geschichtsbewusstsein das, was sozusagen in der offiziellen oder offiziösen Geschichtsschreibung als Geschichte angesehen wurde.

M. D.: Es gab schon den Kurt Sonntag 1932 mit seinem Buch.

Meier: Ja, natürlich gab es immer schon mal Vorstöße, bloß dass man sich also gesondert damit auseinandergesetzt und es ständig verfolgt hätte, die Annäherung und das Verfeinern, das ist doch eigentlich nicht der Fall gewesen. Man ging relativ unbefangen vor: Also, Geschichtsbewusstsein ist eben das, was man weiß über die Festtage und so weiter. Auch bei uns ist es ja so gewesen. Wir haben also ein Konzept entwickelt, das sicherlich am Anfang auch relativ flachbrüstig war. Da gab es eben auch eine Diskussion in der DDR in der Zeitschrift für Geschichtswissenschaft, wo sozusagen die beiden Pole – obwohl die Bezeichnung nicht ganz gerechtfertigt ist –, aber zunächst mal für die Debatte war es so, als ob zwei Pole da gewesen wären: Streisand vertrat die Meinung, das weltanschauliche, das historische Herangehen ist Geschichtsbewusstsein, während wir – unser Sprecher zunächst war Walter Schmidt – sagten: „Geschichtsbewusstsein ist das, was sozusagen an wirklichem Umgang mit geschichtlichen Kenntnissen und beruhend auf geschichtlichen Kenntnissen vorzufinden ist, Argumentationen mit Geschichte, also in Beziehung zu Traditionen, zu Entwicklungslinien, was gewissermaßen das geistige Erfassen des Zusammenhangs von Vergangenheit, Gegenwart und Zukunft, aber an einer konkreten historischen Substanz ist." Was wir dann später mit dem Begriff Geschichtsbild substantiiert haben. Also da gab es zunächst eine Debatte, keiner konnte natürlich zunächst sagen: „Damit haben wir alles erfasst." Es hat sich ja letztlich im Grunde genommen herausgestellt, dass beide Zugriffe etwas für sich haben.

Für die empirische Untersuchung und auch für das Pädagogische war natürlich unser Konzept mit dem konkret-substantiellen Zugriff auf jeden Fall unerlässlich. Aber gleichzeitig war klar, dass das eigentlich Bedeutsame am Geschichtsbewusstsein ist, dass es in gewisser Weise hineinreicht generell in alle Verästelungen der geistigen Auseinandersetzung mit der den Menschen umgebenden Welt, weil im Grunde genommen etwas ganz Wesentliches damit substantiiert wird – nämlich, dass alles im Fluss und in Bewegung ist; dass alles eine Ursache hat; dass Folgen eintreten. Ja, dass alles einen Zusammenhang hat, aber auch gleichzeitig im Widerspruch mit sich steht, dass Widersprüche ausgetragen werden, Neues entsteht oder ein Rückfall in Altes passiert. Und insofern hat für uns, je weiter wir uns wirklich dann mit dieser Sache beschäftigt haben, sagen wir mal: eine gewisse Synthese Platz gegriffen, wobei wir natürlich für die konkrete Untersuchung und Bewertung immer wieder auch etwas Handfestes zu Grunde legen mussten. Ich kann nicht über Geschichtsbewusstsein sprechen, wenn ich nicht die Frage stelle: Interessieren sich die Leute überhaupt für Geschichte? Und was ist denn das, die Geschichte, für die sie sich interessieren?

Wir haben ja dann auch eine Untersuchung direkt zum Geschichtsinteresse gemacht, die halte ich auch für sehr ertragreich. Da gibt es auch viele Übereinstimmungen mit den Untersuchungen, die dann Schörken und andere gemacht haben in der Bundesrepublik –, wo eben ersichtlich wird, dass das mit dem Geschichtsinteresse doch nicht so einfach ist. Die meisten Kollegen waren der Meinung: Leute, die sich für Geschichte interessieren, machen nichts anderes als historische Romane zu lesen, gehen in Ausstellungen, kaufen nur historische Literatur, nehmen an Zirkeln teil und so weiter. Und da stellten wir natürlich fest, dass das ja ein verschwindender Teil der Bevölkerung ist, der unter ein solches Kategorienschema passen würde. Und nun kommt die Frage: Interessieren sich die anderen nicht für Geschichte? Und so gelangten wir zu der Meinung, dass natürlich wichtig ist für ein bestimmtes Geschichtsinteresse, ob man sich überhaupt und auch für Geschichte interessiert. Selbstverständlich auch neben anderem. Und noch nicht mal vornehmlich für Geschichte. Für uns war wichtiger, die Frage zu beantworten: Gibt es Leute, die sich ganz und gar nicht für Geschichte interessieren?

Und insofern kamen wir eben zu der Meinung, Geschichtsinteresse ist sozusagen generell nur die Aufgeschlossenheit, auch Geschichte wahrzunehmen, und das als ein Aspekt des Lebens, die Lebensumwelt zu erfassen. Darin gibt es natürlich unterschiedliche Intensitäten, unter anderem auch Leute, die sich dann eben wirklich hobbymäßig direkt damit beschäftigen, genau wie das bei anderen Gebieten der Fall ist. Aber es reicht schon aus, ob sich jemand auch passiv der Geschichte gegenüber als aufgeschlossen erweist. Das hatte natürlich auch wieder sehr praktische Bedeutung, weil das natürlich dann auch die Frage anbetraf: Muss unser Ziel sein, alle möglichst zu veranlassen, in Arbeitsgemeinschaften zu gehen, oder in irgendeiner Form Wandzeitungen zu machen oder so was oder wie ist das? Das hatte natürlich auch Auswirkungen auf andere Fragestellungen. Wenn wir diese Auffassung vertraten, dann hieß das auch für andere Fragestellungen, man muss ein wesentlich flexibleres Herangehen haben, nicht wahr? Oder dass wir natürlich auch die Frage gestellt haben: „Was betrachten Sie denn nun an der Geschichte für sich als bedeutsam?" Dann stellte sich eben heraus, dass für manche ganz persönliche Erlebnisse bedeutsam waren, andere haben also mehr spektakuläre Ereignisse als bedeutsam angesehen. Nun kommt wieder die Frage der Wertigkeit: Ist das eine höherwertiger als das andere? Oder hat beides nicht eine gleichberechtigte Stellung? Und ist nicht beides vielleicht auch eine Voraussetzung wiederum für das andere?

Ich will damit an diesem Beispiel nur deutlich machen: Zu solchen differenzierten Sichten waren wir am Anfang natürlich nicht gekommen, sondern da waren wir relativ grobschlächtig. Es kam noch hinzu, weil es hieß, die Arbeiterklasse als Hauptuntersuchungsfeld anzugehen, dass es vor allen Dingen Geschichte der Arbeiterbewegung sein müsste, um deren Aneignung es ging. Da muss ich sagen, das war natürlich eine meiner Ambitionen als Fachhistoriker, das auf jeden Fall nicht auf Dauer beizubehalten. Unsere letzte Untersuchung beginnt sozusagen bei der Schlacht im Teutoburger Wald und endet bei dem letzten Parteitag, um das jetzt mal zu persiflieren. Es ging mir darum: Geschichte ist ein langer Prozess, longue durée, nicht wahr? Ich betrachtete es sowieso als einen Mangel unserer Geschichtspropaganda, dass sie das Augenmerk nur auf die neueste Zeit richtete, teilweise die Meinung erzeugte, nur an der neuesten Zeit könne man eine richtige Einstellung zur Geschichte erzielen.

M. D.: Das schreiben Sie ja selbst in einem Ihrer Artikel ...

Meier: Natürlich, da gilt es aber, etwas anderes zu berücksichtigen. Das hat natürlich mit der Haltung gegenüber der DDR-Geschichte zu tun, die wir in den Untersuchungen vorfanden. Weder Interesse noch Kenntnisse waren da berauschend. Deshalb erhoben wir die Forderung als ein Synonym dafür, dass man mehr tun muss, damit die jüngste Geschichte für die Bürger und vor allem die jungen Leute interessanter und damit attraktiver würde.

M. D.: Das heißt, am Anfang gab es diese konzeptionellen Vorstellungen bei Walter Schmidt und ansonsten hatten die Ihnen schon gesagt: „Setzt euch mal hin, macht was, zeigt es uns, und dann sehen wir mal zu, was dann daraus wird." Oder?

Meier: Wir haben im Grunde genommen sehr viel Papier vollgeschrieben über das, was wir diskutiert haben, und das meiste wieder verworfen. Aber letzten Endes lief alles darauf hinaus: Mit welchem Fragebogen sollen wir in die Untersuchung gehen? Und der wurde natürlich begutachtet. Da gab es ein festes Ritual am Gewi-Institut für die Begutachtung der Fragebögen, ob also der Rektor sein Ja gab dafür, dass sie dann gedruckt werden konnten und also verwandt werden konnten.

Ein Gutachter war das Institut für Soziologie oder damals der Lehrstuhl für Soziologie. Dort waren Methodiker vorhanden, die beauftragt wurden, das Gutachten anzufertigen. Und dieses Gutachten lautete nie so: „Das kann alles unverändert bleiben." Sondern es ging im Prinzip um die Frage: Welche Ziele sind mit welchen Methoden am besten zu erreichen? Und da war es zu unserer Überraschung so, dass die Soziologen kaum inhaltliche Veränderungen verlangt haben. Sie sind immer davon ausgegangen: „Die inhaltlichen Dinge müsst ihr selber entscheiden, wir lassen uns auch bei uns nicht reinreden. Bei euren Untersuchungen müsst ihr entscheiden, was ihr wollt. Als Gutachter geht es uns darum, welche Fragetechnik ihr anwenden solltet, um eure Absichten am besten zu verwirklichen." Das war für uns eine große Hilfe.

Und der zweite Gutachter, der im Grunde genommen das politische Plazet gab, das war das Institut für Meinungsforschung, solange es existierte. Nun muss man natürlich wissen, dass die Leute, die dort arbeiteten, zu einem gewichtigen Teil Absolventen der Gewi-Akademie waren. Die kannten wir auch ziemlich gut, und natürlich hatten die auch nicht das Bedürfnis, unsere Forschungen zu verhindern. Wir waren für sie eine zusätzliche Quelle. Und da ja das alles immer unter VVS, also als vertrauliche Verschlusssache lief, war natürlich die Gefahr, sich in die Nesseln zu setzen, gering. Man konnte immer noch sagen, wenn die Ergebnisse vorlagen: „Die Daten darf man auf keinen Fall gucken lassen!" Sonst könnte eventuell bei uns nachgefragt werden: „Sagt mal, habt ihr diese Fragestellung durchgehen lassen?"

M. D.: Ja, die Freiheiten eines dunklen Zimmers, nicht? Da kann man sich frei bewegen.

Meier: Ja, ja und nein. Und dann muss man eben dazu sagen, gab es auch natürlich situationsbedingte Dinge, wenn irgendwo, zum Beispiel in einer Westzeitung, irgendeine Untersuchung aus der DDR ruchbar geworden war, und es hatte irgendeiner da was hoch geleiert, und es gab also nun eine Debatte oder Auseinandersetzung. Dann kam natürlich, sagen wir mal, vom Rektorat die Mahnung: „Also, ihr habt doch auch solche Untersuchungen vor, habt ihr etwa auch solche Fragen drin? Wenn ja, dann müssen sie unter Verschluss bleiben."

M. D.: Klar.

Meier: Das wurde uns gegenüber begründet, dem Gegner keine Munition gegen die DDR zu liefern. Das haben wir auch akzeptiert, wobei man darüber streiten kann, ob das wirklich gerechtfertigt war. Heute würde ich auch sagen: Es war nicht sinnvoll.

M. D.: Vielleicht noch ein paar kurze Fragen: Wie war Ihr Selbstverständnis, seitdem Sie am Gewi-Institut tätig waren? Verstanden Sie sich als Soziologe, verstanden Sie sich als Fachhistoriker, als was verstanden Sie sich?

Meier: Ja, da könnte ich auch auf eine Veröffentlichung von mir verweisen. Also ich verstand mich natürlich schon als Historiker. Ich verstand mich auch als einer, der zu denjenigen gehörte, die darum gerungen haben, die Anwendung soziologischer oder sozialwissenschaftlicher Methoden in der Geschichtswissenschaft als Erweiterung des methodischen Instrumentariums durchzusetzen. Denn es gab natürlich bei vielen Historikern Bedenken, mündlichen Befragungen Quellencharakter zuzugestehen. Da kamen alle möglichen Argumente. Und da ich ja nun Historiker vom Fach war und eigentlich ursprünglich Mittelalterhistoriker werden wollte, und dadurch natürlich auch mit der Urkundenlehre und so weiter vertraut war, wusste ich, dass es keine Quellen gibt, die absolut objektiv sind. Die meisten Quellen werden immer zu bestimmten Zwecken hergestellt und werden aber trotzdem von den Historikern für andere Zwecke ausgewertet, durchaus legitim, aber natürlich auch mit der Gefahr, dass man sich auch mal irrt.

Und genauso ist es bei soziologischen Quellen. Das Quellenmaterial, das durch empirische mündliche Befragung zustande kommt, hat dieselben Fußangeln: Es sind Subjektivismen drin. Man kann dann darüber streiten, ob hier mehr und da weniger sind, bitteschön. Ich glaube es übrigens nicht. Nachdem wir die Akten der Gauck-Behörde schon in vieler Hinsicht haben zur Kenntnis nehmen müssen, kann das jeder nachvollziehen, nicht wahr? Also, der Subjektivismus ist, glaube ich, bei den Akten auch nicht geringer. Und das gehört eben auch zum Fach, gehört zur Fachausbildung des Historikers oder jedes Wissenschaftlers, dass er sein Untersuchungsmaterial möglichst kritisch hinterfragt. Und das bleibt auch die Aufgabe bei den Ergebnissen der Befragung. Man muss eben offenlegen, nicht wahr, dass man die und die Methoden angewendet hat.

Deswegen haben wir also auch immer Konzepte angefertigt, wo wir genau gesagt haben: Die Frage haben wir mit dieser Fragemethode aufgeworfen. Das begründen wir darauf und so weiter – wegen der Vorteile dieser Frage, wir wissen aber auch um diese Nachteile. Aber diese Nachteile lassen sich auch nicht in jedem Falle anschaulich machen. Zum Beispiel wurde oft gefordert: „Ihr müsst mehr offene Fragen stellen!" Offene Fragen können sehr schön sein, bloß dann verlagere ich das Problem des Missverständnisses und der Steuerung auf den Auswerter, nicht wahr? Das ist doch klar. Ich kann nicht dafür bürgen, dass ich das wirklich richtig verstehe, was derjenige auf eine offene Frage als Antwort hinschreibt, oder dass er sich richtig ausgedrückt hat. Genauso wie ich, wenn ich jetzt eine geschlossene Frage habe, nicht hundertprozentig dafür die Hand ins Feuer legen kann, dass der, dem ich die Frage vorlege, sie so versteht, wie ich sie verstanden wissen wollte. Aber dafür gibt es Eichprozesse: Man lässt dann die Fragen eichen, also die Eindeutigkeit prüfen. Und die Fragen, die nicht einen gewissen Grad von Eindeutigkeit haben, die muss man ersatzlos streichen.

Das ist übrigens auch eine Frage der wissenschaftlichen Moral. Wir haben oft dagesessen und haben gesagt: „Nein, die Frage ist so schön, die können wir nicht streichen! Da haben wir so lange dran geknobelt!" Aber die Gutachter, die haben dann gesagt: „Ihr könnt sie drin lassen, aber wir garantieren euch, das bringt nichts. Wir raten euch, schmeißt sie raus!" Und wie gesagt, beim ersten Mal haben wir noch manchmal geschummelt, haben es doch gemacht, aber von Untersuchung zu Untersuchung sind wir da rigoroser geworden. Der Eichprozess läuft so, dass man so und so viel Eicher hat und die sollen sagen, ob die Frage für sie eindeutig ist: Es soll das und das beabsichtigt werden, ist das eindeutig, ja oder nein? Und da vergeben sie Noten, daraus ergibt sich ein bestimmter Quotient. Wenn der Quotient nicht erreicht wird, muss man die Frage ersatzlos streichen, auch wenn sie noch so schön klingt.

Wie gesagt, jeder, der mehrere Untersuchungen gemacht hat, lernt es, sich von diesen selbst erfundenen Dingen zu trennen. Und das ist kein Heroismus, sondern das ist einfach die Erkenntnis. Wenn schon die Eicher, die ja Fachleute sind, denen ich sogar noch sage, wie die Frage gedeutet werden soll, welchen Zielpunkt ich setze, wenn die sich schon nicht sicher sind, dass das treffend ist, kann ich das von mehreren hundert Leuten nicht verlangen. Und wenn, sagen wir mal, 50 Prozent der Leute eine völlig andere Deutung haben, sind die Ergebnisse wertlos.

M. D.: Gut, ich möchte noch eine Frage stellen: In der Geschichtsmethodik ist ja auch empirisch geforscht worden. Und man hat auch die Konzepte des Geschichtsbewusstseins aufgegriffen, sowohl Stohr in seinem Handbuch, als auch dann für konkrete Forschung, auch für empirische Forschung, allerdings wurde da eben keine quantitative empirische Forschung betrieben, sondern qualitative, in der Schule. Hatten Sie mit den Leuten Austausch, hatten Sie irgendeinen Kontakt?

Meier: Na ja, das ist eben ein Mangel, wenn man so eine Monopolstellung oder so eine vereinzelte Stellung hat. Ich will das mal hier an dieser Stelle sagen, wir hatten wirklich keine Diskussionspartner, die ähnliche Erfahrungsgehalte hatten in der praktischen Forschung wie wir. Die Ebenen trafen sich eben nicht zwischen den Methodikern und uns – Sie haben auch schon auf einen Unterschied hingewiesen. Und dann – ich will es nur noch mal ganz eindeutig sagen – haben wir ja nur eine einzige Untersuchung unter Schülern gemacht, weil wir dort in diesem Untersuchungsfeld ... Da gab es eine Einmischung, die kam aber nicht von unserer Parteiobrigkeit oder unserer Akademie, sondern die kam aus dem Ministerium für Volksbildung. Ja, und zwar nicht nur von der Spitze, sondern eben von allen Stufen, mit denen wir gearbeitet haben. Das fing an bei den Lehrern, ging über die Schulleitung, über die Kreisschulräte, Bezirksschulräte. Sodass wir dann im Grunde genommen gesagt haben: „Das tun wir uns nicht mehr an."

Also wir kriegten die Fragebögen genehmigt, ja? Und jetzt kommen wir zum Schulleiter, der sagt: „Das könnt ihr auf keinen Fall fragen." Wobei bei den unteren Organen die Angst war, sie könnten sich blamieren, dass die Schüler was nicht wissen, was wir meinen, dass sie wissen sollen, da wollten die also vorbauen: „Wegen der Stofffülle kommt das immer nicht dran, das ist ganz hinten, und das könnt ihr nicht abfragen!" Während bei den anderen Organen die Sorge wieder war, wir könnten durch unsere Fragen die Schüler auf irgendetwas aufmerksam machen, was sie nicht gerne hatten, beziehungsweise ihr Kreis könnte in einen schlechten Ruf geraten. Und da haben wir dann gesagt, das hat keinen Zweck, wir können nicht während der Untersuchung ständige Debatten darüber führen: „Sollen wir nun die Frage drin lassen oder nicht?" Da ist die Vergleichbarkeit nicht mehr da. Und das war eben auch unterschiedlich, in manchen Kreisen, Bezirken lief das, die hörten, wir kommen vom ZK, also war die Sache erledigt. Für manche war das aber gerade der Grund, sich zu sträuben, weil sie sagten: „Wer weiß, was die da oben damit bezwecken" – ja?

M. D.: Das meinte ich vorhin.

Meier: Ja. Aber das betraf nicht die Schüler. Also nicht die Befragten, sondern es betraf die, die in den Untersuchungsfeldern Verantwortung trugen. Wobei da eben auch eine Fehlmeinung da war, die natürlich auch Gründe hatte – die hatte die Gründe, dass, wenn die Untersuchungsergebnisse vorlagen, teilweise von Führungsorganen so umgegangen wurde, dass dann die Leute zur Bank gehauen wurden. Es war aber ein Irrtum. Es ist nicht so, dass ein guter Lehrer deswegen ein besonders hohes Geschichtsbewusstsein erzeugt, ein schlechter Lehrer ein besonders schlechtes – ich will mal die Extreme nennen. Sondern, je mehr wir dahinter stiegen, dass das Geschichtsbewusstsein eine solche komplexe Erscheinung ist, war klar, dass die unterschiedlichsten Faktoren wirkten, nicht nur der Lehrer und der Unterricht alleine, sondern die Elternhäuser, die Umgebung, die Neigungen der Schüler, die Interessen, die Zusammensetzung der Klasse, die Region – alles konnte eine Rolle spielen. Sodass es eigentlich nie so ein Spiegelbild war, ob der Lehrer gut oder schlecht war, sondern nur die Frage war: Inwieweit unterscheiden sich trotz einheitlichem Unterrichtsplans die Regionen, beziehungsweise: Warum ist manches, obwohl ja sicherlich die Lehrer unterschiedlich sind, so einheitlich? Nicht?

Und das wurde aber verwechselt, aber da waren die Lehrer nicht alleine schuld, sondern das war die Erfahrung, die sie gemacht hatten. Da ist eine Einschätzung gemacht worden, und da hieß es also: „In der Untersuchung hat meinetwegen die Schule Sowieso oder der Kreis Sowieso besonders viele negative Ergebnisse – da müssen wir mal die Lehrer fragen, ob sie eine richtige Arbeit leisten", ja? Und da kann man sich natürlich vorstellen, dass diese zurückhaltend agierten. Zum Beispiel haben wir die geringsten Schwierigkeiten bei der Armee gehabt. Die hatten immer eine Ausrede: „Wir kriegen ja die Leute von draußen. Wir können die in den anderthalb Jahren nicht umkrempeln." Insofern waren die fein raus. Also die haben am wenigsten reingeredet. Das muss man alles natürlich auch im Auge behalten. Ich wollte nur sagen, deswegen haben wir unsere Ergebnisse nur in den Gremien der allgemeineren Volksbildung dargelegt. Wir sind auch oft zur APW oder nach Ludwigsfelde oder in pädagogische Bezirks- und Kreiskabinette eingeladen worden und haben unsere Ergebnisse dargelegt. Das wurde dann dankend zur Kenntnis genommen, aber wir haben eben später über Ergebnisse des Bevölkerungsdurchschnitts berichtet, der schon durch die Schule durchgegangen war, und hatten auf die Schule immer nur den Blick, dass wir sagten: „Also, die sind alle durch unsere Schule durchgegangen, trotzdem ist das und das da." Oder: „Es ist das und das da, man kann vermuten, das ist so, weil alle durch die Schule durchgegangen sind." Und das war weniger schmerzhaft für die Volksbildung, das haben die hingenommen.

Kassettenwechsel (01:26:08)

Die Volksbildung war ja doch ein relativ geschlossenes System, das eben ängstlich darauf achtete, sein Prestige aufrechtzuerhalten und nicht durch irgendwelche Einflüsse von außen mit Diskussionen konfrontiert zu werden, die man nicht wollte.

Und nun zur Geschichtsmethodik! Da ich ja Diere gut kannte, habe ich schon natürlich immer auch deren Diskussionen verfolgt. Ich war mal mit Gentner und mit Behrendt bei einer Geschichtsunterrichtskonferenz der sozialistischen Länder in Bulgarien in Trnovo und Sofia. Und da haben wir natürlich intensive Diskussionen geführt, aber es wurde dabei auch klar, die Geschichtsmethodik hatte eine andere Aufgabenstellung als wir. Am Anfang hatten wir die Illusion, dass wir einen Schwerpunkt setzen auf die Untersuchung des Geschichtsbewusstseins der Jugendlichen, auch schon wegen der jungen Arbeiter. Aber davon sind wir rasch abgekommen. Wenn wir speziell Jugendliche ins Visier nahmen, haben wir Lehrlinge ausgewählt. Die unterstanden nicht der Volksbildung. So haben wir zum Beispiel in Leipzig mal eine spezielle Untersuchung zum antifaschistischen Widerstandskampf im Bewusstsein junger Arbeiter gemacht. Da sind wir aber nur in die Betriebe gegangen, haben also keine Schüler einbezogen.

M. D.: Gut, aber Sie kannten die führenden Vertreter der Geschichtsmethodik. Haben Sie eigentlich auch deren Werke rezipiert?

Meier: Ja, wir haben natürlich alles, was mit unserer Thematik in irgendeiner Weise zu tun hatte, wo wir irgendwie Anregungen entnehmen konnten herangezogen, gerade weil es keine anderen Einrichtungen gab, die sich sozusagen langfristig forschungsmäßig damit beschäftigten. Wir mussten aber natürlich feststellen: Da sind die und die Spezifika und manche Dinge müssen wir in einer Weise für uns umdenken, aber nicht unmittelbar rezipieren. Dagegen haben wir natürlich sehr aufmerksam die Geschichtsdidaktik verfolgt, nachdem sie sich in der Bundesrepublik formiert hatte. Wir hatten ja auch so eine kleine Gruppe, die Dokumentation/Information machten, also regelrecht Bulletins für unsere Zwecke. Da wurde also alles durchgesehen und die wichtigsten Kerngedanken herausgezogen, und das kriegten wir auf den Tisch, damit man dann wusste: Also, das muss man lesen; oder: Hier weißt du zumindest, dass in dieser Richtung gearbeitet wird. Also, das, was Jeismann gemacht hat, das haben wir, würde ich sagen, vollständig rezipiert, aber eben auch Arbeiten anderer, wie Oskar Anweiler, Jörn Rüsen selbstverständlich, der ja nun kein Methodiker ist, aber Geschichtstheoretiker – und dann der, der über Medien gearbeitet hat, zusammen mit dem ZDF: Quandt. Das hat uns sehr interessiert.

Wenn Sie unsere erste Veröffentlichung nehmen, die ist ja so breit angelegt, versuchte alle Einflussmöglichkeiten abzuklopfen, natürlich mit der Erwartung, wir würden alles vielleicht schrittweise aufarbeiten können. Da war natürlich bei uns auch die Hoffnung, dass man dann an anderen Einrichtungen sich dieser oder jener Sache annimmt, nicht alles bei uns konzentriert bleiben würde. Aber das hat sich zerschlagen. Andere Einrichtungen haben dafür keine Kapazitäten frei gekriegt, die unterlagen dann eben Profilfestlegungen, die sie an bestimmte Themenkomplexe banden und hobbymäßig ließ sich das ja nicht machen. Und dadurch ist auch diese ganze Breite bei uns nicht mehr abgeklopft worden, während sie in der Bundesrepublik durch die Vielfalt der Einrichtungen natürlich in einem ganz anderen Umfange bearbeitet werden konnte. Vor allen Dingen, was auch das Medienproblem anbetraf. Und dann auch Alltagsphänomene: Die Unterscheidung zwischen dem veröffentlichten Geschichtsbewusstsein und dem Alltagsbewusstsein und so weiter. Da sind natürlich weitergehende Untersuchungen angestellt worden, als wir das vermochten.

M. D.: Ja, zum Schluss lassen Sie mich auf eine andere Frage noch kommen, so eine sehr allgemeine Frage: Wenn Sie so zurückblicken, was würden Sie als den Sinn und Zweck Ihrer Tätigkeit, Ihrer Forschung betrachten?

Meier: Na ja, ich glaube, es gibt keinen Wissenschaftler, der nicht irgendwie seine Arbeit macht und dabei einen Zweck verfolgt. Mein Anliegen war … Ich hatte die Überzeugung und habe sie heute auch noch, dass der Mensch das einzige Wesen ist, das dank seiner Erinnerungsfähigkeit sozusagen hinausgreifen kann über seinen eigenen Lebenszeitraum. Das ist sozusagen ein spezifisches Humanum. Und deswegen hat auch nur der Mensch Geschichtsbewusstsein. Und für mich war und ist auch Geschichtsbewusstsein eine wesentliche Voraussetzung dafür, sich in der Gesellschaft zu orientieren und auch seinem Handeln einen Sinn zu unterlegen. Die Entscheidungen können da unterschiedlich sein.

Früher war unsere Meinung eng, also nur im Sinne des Fortschritts. Wir wissen aber – das wusste ich als Historiker übrigens damals schon –, dass man natürlich nicht nur im Sinne des Fortschritts Geschichte mobilisieren kann, sondern man kann sie auch für sehr verderbliche Zwecke in Anwendung bringen. Aber es war meine Absicht, dahinter zu steigen, wie der Umgang mit dieser Tatsache erfolgt, dass der einzelne Mensch in einen langen Zeitenhorizont eingebunden ist, ohne ihn je selber erlebt zu haben, weil er ihn eben erinnern kann, und wie man diese Erinnerungsfähigkeit qualifizieren kann, welche Bedingungen es dafür gibt. Und natürlich auch darüber nachzudenken, welche Negativwirkungen davon ausgehen können, wenn das nicht qualifiziert vor sich geht. Das heißt nicht, dass der, der kein besonders entwickeltes Geschichtsbewusstsein hat, unbedingt ein Blödian sein muss oder ein schlechter Mensch. Aber es wäre genauso abwegig zu bestreiten, dass Menschen, die also, sagen wir mal, mit der Geschichte sehr lax umgehen, in der Gefahr stehen, dass man mit ihnen lax umgeht, nicht wahr? Dass sie missbrauchbar sind für bestimmte Dinge.

Ich habe das ja in der einen Broschüre, wo ich unsere Forschungen noch mal versucht habe, im Rückblick zu überdenken, auch gesagt: dass unsere Art und Weise der Vermittlung von Geschichte sicherlich auch begünstigt hat, ein relativ rasches Umsteigen auf andere, sogar gegenteilige Positionen nach der Vereinigung. Wenn man Leuten nur große Zusammenhänge, Verallgemeinerungen und Begriffe vermittelt und die Bindung zwischen diesen Verallgemeinerungen und Erklärungen und der Realität sehr dürftig ist, dann kann ich sie jederzeit austauschen. Wenn der Begründungszusammenhang dürftig ist, kann ich ihn mit neuen Argumenten auch sofort wieder aushöhlen. Das ist bei uns der Fall gewesen. Die Leute haben Dinge erfahren, die sie früher nicht erfahren haben. Dabei wäre es gar nicht darum gegangen, ob sie sie in Erinnerung behalten, sondern nur, dass sie ihnen einmal begegnet wären, dass sie darum gewusst hätten, das wäre das Entscheidende gewesen. So brachen vorher aufgebaute Zusammenhänge ohne weiteres zusammen. Ob da an deren Stelle Richtige getreten sind, das ist noch die zweite Frage.

Insofern glaube ich eben, dass es schon sehr sinnvoll wäre, das, was an Forschung in der DDR war, mit den Forschungen, die überall in der Welt gemacht worden sind, abzugleichen. Es ist ja nicht nur in der Bundesrepublik und in der DDR geforscht worden, es gibt ja auch eine Internationale Gesellschaft für Geschichtsdidaktik, die gibt interessante Dinge heraus aus anderen Ländern. Alles dies auszutauschen und sich darüber Gedanken zu machen, was da so an Erkenntnissen zustande gekommen ist, hielte ich schon für ergiebig, weil die Frage natürlich bestehen bleibt: Wie muss derjenige, der mit Geschichte vertraut ist, nämlich der Historiker, wie muss der sich einstellen, dass mit Geschichte vernünftig umgegangen wird? Wie kann er dafür Sorge tragen, dass mit der Geschichte nicht umgegangen wird wie – wie man so schön sagt – mit einer Hure, ja? Und das muss ja noch nicht mal subjektives Versagen sein.

Es ist ja oftmals die Gefahr des Fachmannes, dass er vergisst, dass er Hintergrundvorstellungen hat. Wenn er manche Dinge verkürzt von sich gibt, weiß er um das, was dahintersteht. Aber er berücksichtigt oft nicht, dass demjenigen, an den er das weitergibt, diese Dinge nicht zu Gebote stehen. Und das ist schon eine wichtige Erkenntnis, wenn man sich dies ständig vor Augen führt und vielleicht etwas vorsichtiger mit manchen Dingen umgeht. Und darüber lernt man allerhand, wenn man solche Untersuchungen macht. Und ich meine, für die Fachhistoriker, die nie Untersuchungen zum Geschichtsbewusstsein machen, ist es nicht ganz unwichtig, zu wissen: Was wird eventuell mal aus dem, was Wissenschaft produziert?

M. D.: Ja, also Ihre Forschungen begreifen Sie als eine Art Reflexionsinstanz der Geschichtswissenschaft?

Meier: Das ist ein wichtiger Gedanke. Darum wurden übrigens die Historiker von anderen Gesellschaftswissenschaften in der DDR auch beneidet. Ich weiß, dass andere gesagt haben: „Wir brauchen auch solche Untersuchungen." Zum Beispiel Kulturwissenschaftler haben das geäußert. Da gab es Zweige, wo das auch gemacht wurde, übrigens mit großem Nutzen. Aber für den Gesamtbereich gab es das nicht, aber es gab das auch bei anderen Wissenschaften nicht. Und ich glaube schon, dass nicht alles unsinnig war, was wir gemacht haben – man würde heute manches anders machen und mit den heutigen Möglichkeiten kann man natürlich auch vieles anders machen. Man könnte mit diesen Ergebnissen, die da sind, sicherlich noch mehr machen, wenn man jetzt die modernen Verfahren darauf anwendet, Clusterbildung und so weiter. Die ganzen Differenzierungen sind ja teilweise da, die konnten aber nicht gegengerechnet werden, weil damals die Computertechnik bei uns gar nicht zur Verfügung stand. Wir waren froh, wenn wir einfache Korrelationen herstellen konnten und auch mal Koeffizienten berechnen.

M. D.: Tja, vielleicht wird das ja noch mal gemacht.

Meier: Das ist eben das, was ich bedaure, dass das mit der Art und Weise der Abwicklung der DDR-Wissenschaft in Gefahr steht, eventuell zu unterbleiben. Ich meine, es ist ja im sozialwissenschaftlichen Archiv in Köln alles, was irgendwie noch an Primärmaterial da war, mittlerweile eingespeichert worden. Das ist bei Weitem noch nicht ausgeschöpft. Gerade was die Mikrountersuchungen anbetrifft und so weiter. Man begnügt sich häufig mit den Akten in den zentralen Archiven, wo Einschätzungen gemacht und Einzelbeispiele genannt werden. Aber die Untersuchungsreihen – gerade hier beim Zentralinstitut für Jugendforschung sind ja Untersuchungsreihen gemacht worden – bleiben bislang weitgehend unberücksichtigt.

M. D.: Herr Meier, ich danke Ihnen für das Gespräch.

Mündliches Interview mit Dr. Werner Folde

Pesterwitz, den 17.03.2001

Werner Folde war seit 1962 im Hochschuldienst (Dresden), Promotion 1976.

M. D.: Herr Dr. Folde, ich begrüße Sie zu unserem Gespräch. Heute ist der 17. März 2001 und zu Beginn möchte ich Ihnen eine Frage stellen, die sich auf Ihre Biographie richtet, und zwar unabhängig von der geschichtsmethodischen Tätigkeit. Könnten Sie kurz berichten, aus welcher sozialen, regionalen Herkunft Sie stammen, was Ihr Vater gemacht hat, wie Ihr Lebensweg war bis in die Geschichtsmethodik, also bis zu den Sechzigerjahren, welche Schulen Sie besucht haben? Was hat Sie geprägt und welche Zufälle und welche möglicherweise tieferen Gründe haben Sie zur Geschichtsmethodik geführt?

Folde: Ich bin Jahrgang 1928. Ich bin das fünfte Kind eines Amtsgehilfen bei der Reichsbahn. Ich komme aus bescheidenen Verhältnissen. Fünf Minuten nach mir wurde noch einer geboren, ich bin Zwilling. Das war für diese Zeit eine schlimme Sache im Grunde genommen – sechs Kinder hatten unsere Eltern zu versorgen. Ich frage mich heute noch, wie die das überhaupt fertig gekriegt haben in dieser Zeit. Mein Vater hatte lediglich eine Dorfschule besucht. Wir sechs Geschwister sind weit auseinander gewesen, mit der ältesten Schwester fast zwanzig Jahre. Mein Vater war – ich kenne ihn nur so – mit einem Bein aus dem Ersten Weltkrieg gekommen, meine Mutter hatte ihn trotzdem geheiratet. Sie hatten schon ein Kind, geboren 1909 geboren – wir Zwillinge 1928. Wir waren zwei Schwestern und vier Jungs also.

Ich bin acht Jahre in die Volksschule gegangen in Dresden, bin Dresdner. Ich hatte das große Glück – ich war technisch völlig unbegabt mit den Händen, auch naturwissenschaftlich – hatte das große Glück, Lehrer gehabt zu haben in der Volksschule, die den Gedanken formulierten: „Du solltest Lehrer werden. Du hast da Geschick, du kannst reden, du kannst den anderen was erklären." Man hat mich so weit gebracht, obwohl das mein Vater nicht wollte. Der musste nämlich dafür etwas bezahlen, das war ja schwierig bei sechs Kindern, auch wenn die älter waren, mich für den Besuch einer Lehrerbildungsanstalt, einer sogenannten ‚LBA' in der Zeit des Faschismus, zu interessieren. Das hat mich auch wirklich begeistert. Ich bin zu einer Prüfung gefahren 1942, eine ganz tolle Sache, die wir später nie wieder gemacht haben, dass man versucht, Fähigkeiten zu entdecken, auch mit vierzehn Jahren schon, ob der Kandidat pädagogisch befähigt ist. Ich habe das oft in der Hochschule kritisiert, dass wir jeden nehmen, ohne danach zu fragen oder mal zu schauen.

Ich war acht Tage in Zschopau bei Chemnitz zu einer Prüfung. Ich habe acht Tage dort gewohnt, in der LBA, wir wurden auf alles beobachtet – ich kann das nicht allzu weit ausschmücken. Aber das war schon toll. Ich habe die Prüfung bestanden und bin nach der achten Klasse in die Lehrerbildungsanstalt nach Frankenberg in Sachsen bei Chemnitz gezogen. Das ging natürlich dort nach strengem System der damaligen Jugendbewegung. Ich war hier Pimpf gewesen, ich war dort Hitlerjunge. Das war auch alles militärisch organisiert vom Aufstehen bis zum Schlafengehen über das Essen, da wurde angetreten auch zum Unterricht. Aber ansonsten ist das in meiner Erinnerung eine sehr schöne Zeit gewesen. Wir treffen uns übrigens noch heute, obwohl wir bloß anderthalb Jahre zusammen waren. Zumal es keine Schwierigkeiten gab, es war ja nur eine Jungenanstalt, also gab es da keine Rivalitäten mit Mädchen in diesem Alter und so. Wir sehen uns heute noch gern.

Ja, es war eine Erziehung, die muss ich nicht länger ausbreiten, die war natürlich nationalsozialistisch geprägt. Und ich war ein eifriger Hitlerjunge, gläubig wie Millionen andere auch. Sich kriegsfreiwillig zu melden, wobei die Gefahr ... Nachdem wir ja anfangs in der Schule noch die Fähnchen gesteckt hatten in die Landkarten, was man alles für Städte erobert hatte in ganz Europa. Als die Sache schwierig wurde und sich eine Niederlage anbahnte, wollten wir ja auch damals nicht daran glauben. Dann habe ich mich natürlich mit einer Selbstverständlichkeit kriegsfreiwillig gemeldet. Sie werden staunen, ich war ... Im Oktober gingen wir zur Musterung, im November wurde ich eingezogen, '44, am 9. Dezember wurde ich vereidigt und am 17. Dezember wurde ich sechzehn! Wurde ich sechzehn und hatte bereits eine Knarre in der Hand in Pommern.

Also kurz, ich bin von November an in Pommern ausgebildet worden. Wir brauchten ja keine militärische Ausbildung, das hatten wir ja gelernt. Man brauchte mit uns nicht zu exerzieren, das konnten wir doch alles, man brauchte bloß ernsthafte Übungen mit dem Gewehr. Ich bin nicht in den eigentlichen Einsatz gekommen, das war nicht nötig. Ich war im Reichsarbeitsdienst dort und eigenartigerweise behielt man eine ganze Anzahl von Leuten da, die befähigt waren, anderen etwas beizubringen, für den nächsten Ausbildungskurs. Ich fuhr also nicht nach Hause wie die anderen, mit anderen zusammen natürlich. Wir wurden da Vormänner, das war der Gefreite im militärischen Dienst. Ich bin auf die Flucht gekommen in Pommern, bin durch ganz Pommern marschiert, habe Tote genug gesehen und Elend von Flüchtlingen, die nicht wussten, wie es weitergeht. Habe Leute Pferdefleisch essen sehen, an das ich mich später wieder erinnert habe.

Und bin schließlich in Gefangenschaft gekommen in Schwerin; habe dort kennengelernt, was Hunger ist. Hunger ist ja nicht, wenn man sagt: „Ich habe Hunger, möchte was zu essen haben." Sondern wenn es wirklich weh tut, wenn man tagelang nichts zu essen kriegt. War dann in Schleswig-Holstein mit dem Bekanntwerden der Festlegung der Zonengrenzen. Als bekannt wurde, dass Schwerin dann zur sowjetisch besetzten Zone gehören würde, haben uns die Amerikaner, bei denen war ich in Gefangenschaft geraten, verlegt nach Schleswig-Holstein. Die hatten ein ganzes Gebiet in Schleswig-Holstein abgesperrt, und da haben sie eben alles untergebracht, was sie da gefangen genommen hatten. Ja, da bin ich im September '45 entlassen worden. Oder ich habe mich entlassen lassen zum Bauern, das war damals so, dass die Jugendlichen bevorzugt zu Bauern entlassen worden sind.

Ich kam in den Kreis Hameln, habe dort ein Vierteljahr bei einem Bauern Ställe gemistet, Feldarbeit gemacht und so. Ich hätte auch die Chance gehabt, dort zu bleiben. Keiner wusste damals, wie es weitergeht, natürlich. Als die Post wieder eröffnet wurde mit der Ostzone, erfuhr ich, dass unser Haus – ein Siedlungshaus am Rande der Stadt hier in Dresden – kaputt gegangen war. Das heißt nicht völlig, aber die Wand, das Dach abgehoben. Ich erfuhr auch noch, dass der zweite Bruder auch gefallen war. Ich hatte vorher schon einen Bruder eingebüßt, der liegt vor Stalingrad. Und da war der Gedanke: „Ich muss nach Hause, meine Eltern brauchen mich." Hatte dann übrigens meinen Bruder auch wieder gefunden, eigenartigerweise im Westen damals. Der war auch noch eingezogen worden. Und da waren wir eigentlich die zwei Überlebenden von den Jungs, und da musste ich nach Hause.

Ich bin am 2. Dezember 1945 wieder in Dresden angekommen. Ich wusste nicht, was ich machen sollte. Ich war auf der LBA. In meinem primitiven politischen Denken dachte ich damals: Jede Regierungsstelle, die sich hier bildet – ich wusste ja, dass die Nazilehrer rausflogen –, jede Regierungsstelle wird sagen, die alten Lehrer, die bleiben drin. Die sind alt, die haben dem Kaiser gedient, die haben in der Weimarer Republik ihren Dienst versehen, das haben die bis jetzt gemacht, das sollen die auch weiterhin tun. Aber einen jungen Mann, dem sie das so eingepflanzt haben von klein auf, den werden sie nicht nehmen. Dass es genau umgekehrt war, dass ich das nicht erwartet habe, war meinem primitiven politischen Denken damals geschuldet.

Ich bin noch mal kurz auf die Freiherr-von-Fletcher-Schule gegangen, da waren die anderen Dresdner von der LBA auch. Das machte keinen Spaß, damals. Das war ja kaum Unterricht, es gab kein Papier und kein Schreibzeug. Und da gab es das Angebot: „Ein Geschichtslehrerlehrgang läuft in Dresden-Wachwitz, an dem und dem, können Sie sich melden." Und da ich unbedingt Lehrer werden wollte, da ich auch Empfinden hatte von der Schule her ... Da nahmen mich Lehrer also für eine Pausenaufsicht oder wenn die Konferenz hatten, klingelte das zweimal und dann sind die ja ins Rektorzimmer gegangen, und dann wurden die Klassen allein gelassen. Die haben ja ihre Konferenzen auch zum Teil während der Unterrichtszeit gemacht, da wurde ich immer beauftragt, nach unten zu steigen irgendwo in kleinere Klassen. Und ich habe auch das Empfinden gehabt, ich interessiere die. Ich habe denen etwas erzählt – ich kann Ihnen jetzt nicht mehr sagen was –, aber die haben mir zugehört. Also irgendwie hatte ich das Empfinden auch: „Dafür könntest du tauglich sein." Da habe ich mich also gemeldet.

Dass es ein Geschichtslehrerlehrgang war, hat mich überhaupt nicht gestört – im Gegenteil. Geschichte interessierte mich, schon damals. Da habe ich einen elf-monatigen Kursus mitgemacht, und nach diesen elf Monaten gab es Möglichkeiten des Einsatzes. Ich war also damals sehr froh, dass ein Ministerialdirektor an der Landesregierung, der mich zu diesem Kursus dann also annahm, auf meine Frage: Ich war doch auf der LBA und so weiter, gesagt hat: „Ja, ja, das kriegen Sie ja auch raus, das werden Sie ja irgendwann mal vergessen, nicht? Das werden Sie ja verarbeiten." Also es war umgekehrt, man nahm die Nazilehrer raus und ließ die jungen Leute herein.

Ja, und nach diesen elf Monaten mit Prüfungen und so weiter folgte der Einsatz. Ich war natürlich ledig, ich war ja '47 als der Lehrgang zu Ende war noch nicht einmal 19. 1947 im September war das zu Ende. Und da habe ich, als man mir sagte: „Wissen Sie, wir brauchen ja überall Lehrer" – es gab ja keine, es war ja ein Mangel da, – „Wir brauchen Lehrer zum Beispiel im Erzgebirge, in Marienberg." Da habe ich gar nicht lange überlegt. Jawohl zu sagen, war mir ja angeboren oder war ja eingefleischt. Ich habe zwar keine Hacken mehr zusammengerissen, aber ich habe natürlich gesagt: „Jawohl, das mache ich, ich bin alleine, geh ich dahin." Das war schlimm!

In der Zentralschule Marienberg habe ich angefangen als Lehrer und nicht nur für Geschichte, auch mehrere Klassen Geschichte, aber da musste man ja alles geben. Es gab ja noch kein Fachlehrersystem. Also, ich habe dann also auch Mathematik, Erdkunde und so weitergegeben. Da habe ich noch mal weiter gehungert. Das war ja schwierig, nicht? Das war ja schwierig. Aber da sind auch Erlebnisse geblieben, die ich später im Unterricht verwendet habe und genutzt habe, sogar in Veröffentlichungen zum Teil. Weil da haften geblieben ist, was denn eigentlich beispielsweise später zur Trennung führte oder nicht zur Einheit führte. Wenn ich daran denke, dass ich dort erlebt habe, wie die Bundesrepublik sich gründete, im Vorfeld plötzlich eine Währungsreform separat durchführte, wir in größte Schwierigkeiten kamen in der Ostzone, weil wir gar nicht darauf eingestellt waren, weil es ja Überlegungen gab, das gemeinsam zu machen. Wie wir als Lehrer für den Staat, der noch gar nicht da war, aber für die Organe hier, einspringen mussten und nachts geweckt wurden. Da musste man auf die Geldscheine, die es damals im ganzen Deutschen Reich gab, Coupons aufkleben, damit man sie unterschied von dem, was eventuell morgen über die Grenze kommen konnte. Also, das war schon bedeutsam, wir kommen vielleicht nochmal, wenn wir den 13. August zu sprechen kommen, darauf zurück.

Also kurzum, ich habe dort ein Jahr gearbeitet, habe meine Versetzung beantragt. Es ging schlecht mit Wäsche, man hat gehungert – es war also nicht gerade eine günstige Sache. Ich bin dann hier nach Pesterwitz gekommen als Lehrer, 1948. Hier habe ich an der Grundschule in Pesterwitz gearbeitet als Lehrer. Ich bin mit den Schülern immer zurechtgekommen und bin derjenige gewesen, der – mit sehr viel Vorbehalten zwar, aber mit leichtem Druck, dem ich nicht standgehalten oder den ich ertragen habe –, bin ich derjenige gewesen, der in Pesterwitz die Pioniere gegründet hat. Die Vorbehalte waren: Wieder ein Halstuch, wieder eine Uniform! Da war ich noch nicht Mitglied der SED. Aber ich habe das auch mit Freuden gemacht, weil ich mich erinnerte: „Mensch, das hat dich doch auch begeistert, ins Gelände zu gehen und zu wissen, was das für Bäume sind, wie man die Karte einnordet und so weiter, und wie man auch draußen mal was kocht, das war doch romantisch!" Und ich war doch bloß ein paar Jahre älter als die siebente Klasse, die ich dann übernahm. Wir haben übrigens voriges Jahr fünfzigstes Entlassungsjahr gefeiert. Zumal ich mit der Klasse meine Frau kennengelernt habe. Das war dann noch ein zusätzliches Motiv.

Also, ich habe hier oben gearbeitet. Ich hatte eigentlich in der Schule Erfolg mit meinem Unterricht, der sich dann fast nur noch auf Geschichte konzentrierte, als man mich in die EOS holte als Lehrer, in die EOS – Sie wissen, was das ist? – nach Freital. Und da fing ich 1953 an ... Ach so, zwischendurch war ich nochmal in Berlin. Da war ich abgeordnet, um Lichtbilder und Lichtbildreihen für den Geschichtsunterricht herzustellen.

M. D.: Wo?

Folde: Im Zentralinstitut für Film und Bild auf der Krausenstraße, unmittelbar dahinter hat dann Springer gebaut, der Check Point Charlie ist gleich in der Nähe, ist ja jetzt noch so, der Standort der Krausenstraße. Das wurde aber später angegliedert dem Deutschen Pädagogischen Zentralinstitut. War aber bis dahin, und auch als ich dort war, ein eigenständiges Institut.

M. D.: Unter Hortzschansky.

Folde: Bitte?

M. D.: Unter Hortzschansky.

Folde: Richtig, unter Hortzschansky.[1] Sie sind sehr gut informiert, ich wusste das schon von unserem Gespräch her und habe es auch gesehen. Ja, aber das war Abordnung, das war nur ein Auftrag, weil die bestimmte Reihen eben fertig machen

---

1 Werner Hortzschansky war eine zentrale und oftmals noch zu wenig beachtete Figur in der didaktischen, insbesondere auch der geschichtspropagandistischen Medienentwicklung der DDR. Zahlreiche Es gibt zahlreiche Pulikationen, z. B. Publikationen z. B. Hortzschansky, Werner. *Das*

wollten. Übrigens habe ich da drei Thälmannreihen gemacht. Das war damals gerade in. Da liefen dann auch dann später die Thälmannfilme, da brauchte man so etwas in der Schule. Ich habe das nicht vom Fototechnischen gemacht, sondern vom Pädagogischen – oder wenn Sie schon jetzt wollen: vom Methodisch-Didaktischen her – die Lichtbildreihen zu gestalten. Und zu fordern, was fotografiert wird, was genommen wird oder nicht genommen wird. Immer mit Blick auf die Unterrichtspraxis natürlich.

Ja, und ich kam dann am 1. Januar 1953 an die EOS. Da habe ich dann im September eine neunte Klasse übernommen als Klassenlehrer. Die kamen mit ihren Erfahrungen vom 17. Juni an, als Vierzehn-, Fünfzehnjährige. Die habe ich als Klassenlehrer geführt bis 1957, bis zur zwölften Klasse. Und um es vielleicht abzurunden bis dahin: Da gab es natürlich in der DDR damals immer Weiterbildungen. Weiterbildungen für Lehrer waren obligatorisch während der Ferien. Die habe ich besucht, zum Teil auch im Kreisrahmen auch selber etwas zum Besten gegeben, und da wollte es der Zufall, dass im Bezirkskabinett Wachwitz, die den Hut aufhatten für solche Weiterbildungen im Bezirksmaßstab, da Vorträge gehalten wurden. Und da war ich auch daran beteiligt und habe mich dazu in der Diskussion geäußert und aus dem Stegreif heraus Längeres aus meiner Unterrichtspraxis berichtet.

Und dort war Dr. Stohr dabei und der ist, nachdem das zu Ende war, zu mir gekommen und hat gesagt: „Also das eine, was Sie hier gesagt haben, das wollen wir mal vergessen, das war nicht so besonders. Aber was Sie anderes hier geäußert haben, wie meinen Sie das? Ja, wie meinen Sie das?" Und da hat er nachgefragt und da haben wir uns eine Stunde unterhalten. Und dann hat er nach einer Stunde zu mir gesagt: „Wollen Sie nicht bei mir anfangen?" Und da habe ich gesagt: „Ich bin im Fernstudium, ich habe ein Mittelstufen-Fernstudium gemacht in Potsdam, ein Hochschulstudium gemacht, alles im Fernstudium." Das war eine große geistige Schinderei für mich gewesen, alles neben dem Unterricht. Ich weiß, was Nachtarbeit ist – habe später junge Doktoranden gefragt: „Wie oft hast du denn nachts durchgemacht jetzt, damit du das geschafft hast?" Da haben die mich groß angeguckt. Und ich sagte denen: „Wenn du das jetzt noch nicht gemacht hast, hast du noch keinen Druck gehabt." Das hat nichts mit Großkotzigkeit zu tun, das war tatsächlich so.

Hatte also das Hochschulfernstudium auch abgeschlossen. Das heißt, das hatte ich noch nicht abgeschlossen, als mich Stohr fragte, da sagte ich: „Nein, das mache ich erst zu Ende." Und der brauchte kein Kaderleiter, der hat das selber sich gemerkt, wen er haben wollte, musste er beobachten und zur rechten Zeit hat er wie-

---

deutsche Zentralinstitut für Lehrmittel – seine Aufgaben, Organisation und Arbeitsweise. Bd. 11. Schriftenreihe des Deutschen Zentralinstituts für Lehrmittel. Berlin (DDR): Volk und Wissen, 1957.

der angefragt: „Sie müssten jetzt doch fertig sein und so weiter?" Und da habe ich 1962 am Pädagogischen Institut angefangen. Und er war Methodiker, das sagte mir ja zu. Das war ja alles im Werden, das war ja noch das Pädagogische Institut, noch keine Hochschule. Das muss ich korrigieren: Damals war es noch Pädagogisches Institut. Und da bin ich aus der Schule weggegangen, weil ich einfach jetzt an einem Punkt war, da ich mir sagte: „Du hast in allen Klassen unterrichtet." Der Einzige, der sich, wenn Stundenausfall drohte, traute, in die ersten Klassen zu gehen vom Pädagogischen und Methodischen und vom Psychologischen her, nicht vom Fachwissen her, war eigentlich ich. Ich wusste am besten Bescheid, wie man das ungefähr macht, wie man die Sprache findet.

Ich habe also von der ersten bis zur zwölften Klasse in allen Klassen gearbeitet, in allen Klassenstufen habe ich irgendwann mal unterrichtet. Und da ich nun den Abiturienten kannte, auch über Jahre, reizte mich das Angebot, mit Studenten zu arbeiten. Es reizte mich auch das Angebot, was ich bisher wusste und konnte, anderen weiterzugeben. Und das Zweite war: Ich wollte das, was ich nicht erklären konnte, warum ich es richtig gemacht hatte, wollte ich mal erforschen, oder wollte ich mal theoretisch untersetzt oder untermauert wissen. Also mich interessierte die Theorie. Und ich bildete mir ein, einen gewissen Schatz an praktischen Erfahrungen zu haben.

Ja, so bin ich zur Methodik, zu Stohr gekommen. Stohr hatte natürlich gesagt: „Sie können bei mir promovieren." Aber das hat dann ja ewig gedauert, weil das eben erst Einarbeitung erfordern musste, und dann kam ja auch sein Tod dazwischen später. Ja, vielleicht das bis dahin, jetzt mal nur zu dem, was zur Geschichtsmethodik eventuell führt. Stohr, das hat er mir sofort gesagt ... Wir haben das auch in irgendeinem Beitrag geschrieben – ich weiß nicht, ob Sie das gelesen haben. Ich würde Ihnen dann auch mal ein paar Dinge zeigen, wo ich mich an diese Dinge erinnert habe.

Ich habe damals geschrieben: „Stohr hat mich nicht belehrt. Das ist seine große Stärke gewesen." Er hat mir das zum Durchdenken aufgegeben. Das war etwas ganz anderes. Und der selbst brauchte als Mann, der nie Geschichte unterrichtet hat, weil er Kommunist war – als der fertig war mit der Lehramtsprüfung, haben sie ihn nicht zugelassen. Das schreibe ich auch irgendwo in seinem Lebensbild und Szalai auch. Und nach dem Krieg brauchte man ihn an zentralen Stellen, schon bei der Ausarbeitung von Lehrplänen und so weiter. Sodass der keine praktischen Erfahrungen hatte. Der gierte geradezu, jemanden zu finden, der seine theoretischen Thesen praktisch belegen konnte. Oder brauchte praktische Beispiele, die er dann verallgemeinern konnte – also, das theoretisch zu begründen. Der brauchte also solche Leute, und die hat er um sich gesammelt. So ist zu erklären, dass ich zur Geschichtsmethodik gekommen bin. Es ging mir nicht um die Geschichtswissenschaft, da wäre ich nie hingegangen. Also, das hätte ich nie gemacht.

M. D.: Ja, vielen Dank erst einmal. Zwei, drei Nachfragen: Dieser Neulehrerkurs in Dresden-Wachwitz – bei wem hatten Sie da Unterricht, und was sind da Ihre Erfahrungen?

Folde: Ich erinnere mich an einen Mann, der Geschichte gab. Ein gewisser Herr Waigel. Ich kann über ihn keine anderen Angaben machen. Ich habe Geschichte gehabt – da hat ja von Methodik überhaupt keiner geredet. Die mussten ja das Alte aus unseren Köpfen herausbringen und etwas Neues reinbringen, das war ja schwer genug. Geschichte gelehrt hat der spätere Prof. Fritz Donath in Rostock. Deswegen fragen Sie wohl?

M. D.: Genau.

Folde: Ich bin mit Fritz immer... Na, er war ja wesentlich älter und so weiter. Später waren wir per Du und da haben wir uns auch drüber unterhalten. Er hat sich an mich nicht mehr erinnern können, wie ich mich an manche Schüler oder Studenten nicht mehr erinnern kann, die bei mir eine Vorlesung oder ein Seminar gehabt haben. Fritz Donath war damals dort, kam aus dem Krieg mit einem Arm wieder. Fritz Donath hat dort Geschichte unterrichtet. Eigentlich weiß ich jetzt keinen anderen ...

Vielleicht darf ich das noch ergänzen, weil mir das auch wichtig ist: Als der Krieg zu Ende ging, brach doch für uns damals schon mal eine Welt zusammen. Wir sind doch eine Generation, die zwei Sozialismen aufgesessen ist, wenn Sie das mal so nehmen wollen. Und ich habe damals gedacht: „Mensch, wie ist denn das möglich gewesen? Wir waren doch siegreich!" Dass uns das dann ein bisschen zu weit ging, hatten manche schon mit 15 Jahren begriffen. „Wirst du denn dort mal Besatzungssoldat?" – so ein Gedanke ist schon einmal gekommen.

Übrigens bin ich in Frankenberg mit der Orientierung ausgebildet worden, einmal Lehrer im Ostland zu werden, nicht? Mal Lehrer im Ostland zu werden ... Das war für uns furchtbar! Das war furchtbar die Niederlage und der Zusammenbruch. Wir haben damals ... Ich weiß nicht, ob ich geweint habe, aber zerknirscht und niedergeschlagen, deprimiert war ich schon. Aber das führte mich natürlich zu der Frage: Wie konnte denn das passieren? Erstens: Warum bist du denn auch hinterhergelaufen? Und zweitens: Wie ist dem das überhaupt gelungen, dass auch du und Millionen anderer mitgemacht haben? Diese Fragen quälten dann nach dem Krieg, und die versuchte ich natürlich in dem Neulehrerkurs zu beantworten. Auf der Fletscher-Schule war das nicht möglich. Aber diese Frage wollten wir doch geklärt haben: Wie ist denn das möglich gewesen, nicht? Wenn Sie wollen, komme ich auch nachher noch einmal darauf zurück.

Ich habe später in der Hochschule einen fakultativen Kurs eingerichtet in zwei Semestern, mit Genehmigungen von allen: Nur über die Zeit des Faschismus, weil ich der Meinung war, es wird der Faschismus in der Geschichtswissenschaft – auch bei uns an der Hochschule und allgemein – immer nur als dunkle Zeit dargestellt. Also, es wurde Nacht. Und ich habe immer gesagt: „Mensch, ich habe doch eine schöne Jugend gehabt, bei mir hat doch die Sonne geschienen! Ich habe doch herrliche Erlebnisse gehabt, natürlich unterm Hakenkreuz." Und dann habe ich angefangen: Wie war denn das möglich? Mensch, die haben uns doch was geboten! Was die alles gemacht haben. Den Studenten musste ich das mal vermitteln, war mein eigener Eindruck, weil die das nicht wussten. Die wussten darauf keine Antwort. Da habe ich denen erklärt, was KdF war, wie das gelaufen ist. Da habe ich denen erzählt – plaudernd erzählt –, das haben die mit hoher Aufmerksamkeit aufgenommen! Und eben das war Beweis dafür, dass sie es woanders nie erfahren haben. Dass meine Mutter mit sechs Kindern ein silbernes Mutterkreuz kriegte. Und ich habe da mehr noch dazu gesagt – und dass die stolz darauf war! Dass sie sagte, das ist der erste Staatsmann, der an die Mutter denkt. Da sind die bald nicht mehr geworden da unten, die dagesessen haben. Das ging hin bis zu Schulgelderlassen und so weiter. Also auch soziale Dinge, die tatsächlich da waren.

Kassettenwechsel (28:55)

M. D.: Ja, ich hätte da noch eine Nachfrage. Und zwar zu dieser Tätigkeit in Berlin 1952/53. Wie sind Sie dahin gekommen, wer hat Sie da delegiert, unter welchen Bedingungen haben Sie da gearbeitet, mit wem? Und nicht zuletzt: Sie waren ja dann auch am 17. Juni 1953 in Berlin.

Folde: Nein, nein.

M. D.: Ach, da waren Sie nicht mehr in Berlin?

Folde: Nein, 1952. Es sollte ein Vierteljahr sein, September bis November. Es wurden dann vier Monate draus, weil mich Hortzschansky bat, angefangene Projekte zu Ende zu bringen, weil das auslief mit der Haushaltszahlung, also noch bis Ende Dezember zu bleiben. Ich habe also aus den drei Monaten vier Monate gemacht. Will nicht verschweigen, dass Hortzschansky gesagt hat: „Du kannst hier bleiben." Dem hat das gefallen, was ich da gemacht hab. Das war mir aber zu wenig. Das wäre keine Weiterentwicklung gewesen für mich, nur Lichtbildreihen zu machen oder auch Filme ... Da wollte ich doch wieder weg.

Hingebracht hat mich Folgendes, um es ganz konkret zu sagen: Innerhalb des Fernstudiums, das ich ja in Potsdam machte, gab es einen Lektor, der später oder damals schon, glaube ich, beim Neuen Deutschland arbeitete: Werner Kroll. Der hat mich durch diese Seminare und Veranstaltungen kennengelernt, und der hat dem Hortzschansky mal gesagt, als der ihm sagte, er brauche mal einen von der Praxis. Da hat er gesagt: „Mensch, du, ich habe da einen in Pesterwitz wohnen, Werner Folde. Den musst du dir mal angucken." Das ist so schlimm oder so toll gewesen: Wir waren in Tabarz im Urlaub, meine Frau und ich, da erschien Werner Hortzschansky mit dem Auto – der ist sicher nicht wegen uns dahin gekommen, aber der hat die Gelegenheit genutzt. Der hat das gewusst, hat mich dort in Tabarz gefragt: „Hören Sie mal, wollen Sie nicht einmal, wenn sie nach Berlin kommen mit mir reden? Ich brauche Sie" – oder so, „Ich könnte Sie gebrauchen" – und so weiter.

Und da bin ich dann tatsächlich dort hingefahren. Das mit dem Schulrat hat er dann ... Das ging dann über ministerielle Stellen, da musste ich mich nicht drum kümmern, dass die mich für ein Vierteljahr frei gaben. Das haben die so begründet, dass der Schulrat hier gesagt hat: „Na, dann geh mal." Und da bin ich von Pesterwitz weg und da wurden eben vier Monate daraus. Und dann kam ich zurück und da hat der Schulrat gesagt: „Nein, geh nicht nach Pesterwitz, komm hier an die Oberschule nach Freital."

M. D.: Was mich noch interessieren würde: Wann sind Sie in die SED eingetreten? Und wie ist das vor sich gegangen, was war da prägend?

Folde: Eingetreten bin ich im April '49. Aber das Eintrittsdatum zählte ab April '51. Es gab die Kandidatenzeit. Und das führte nun auf meine Biographie zurück, dass die Genossen in Pesterwitz gesagt haben: „Also hör mal, du warst da ja ganz schön engagiert, Hitlerjugendführer, und du warst auf einer nazistischen Anstalt" – da wurde auch manches überspitzt, das war ja unsere große Schwäche, nicht tolerant zu sein; das habe ich auch schon länger begriffen, aber das ist mir jetzt nun noch deutlicher geworden – „Du kriegst zwei Jahre Kandidatenzeit." Man konnte das ja mit einem Jahr abgelten. Und ich, das habe ich sogar eingesehen! Meine Mitgliedschaft läuft seit April 1951. Das wären also jetzt 50 Jahre in diesem Jahr. Und ich habe immer auch Funktionen gehabt. Ich war in der EOS eine Zeit lang Parteisekretär. Habe mich immer eingesetzt, wovon ich überzeugt war, dafür habe ich mich immer eingesetzt. Immer. Und wenn man das an einen nicht als Anspruch stellen kann, dann ist er eben nicht ehrlich! Dann kann ich ihn eigentlich auch nicht gebrauchen. Dann nützt er eigentlich auch keiner Sache – höchstens als Ballast zum Mitschleppen oder so. Also, wenn ich schon mal was eingesehen habe, dann habe ich das auch konsequent gemacht.

Wobei ich allerdings auch – das hat nichts mit anderer Sicht zu tun – oft genug gerügt worden bin, doch nicht so zu formulieren, oder das noch mal zu überlegen, oder Zwischenrufe, die ich manchmal machte. Ich bin eben auch spontan und emotional und leidenschaftlich und auch manchmal unbeherrscht, dass man eben auch Bemerkungen macht. Aber ich habe das immer ehrlich auch gemeint, was ich dazwischengerufen habe. Ja, aber jedenfalls, das ist nicht ... Sa sehen Sie in mir keinen Widerständler. Ich erzähle es, weil es auch den Tatsachen entspricht.

M. D.: Ja, wir sind ausgegangen von Ihrer SED-Mitgliedschaft. Was hat Sie eigentlich dazu jetzt bewegt '49 zu sagen: „Okay, dieser Sozialismus ist jetzt der meinige." Ist das ein Mensch gewesen, der ... ein Vorbild?

Folde: Nein, einer nicht. Es ist einfach die Tatsache gewesen, dass man selber anfing, darüber nachzugrübeln, wissen wollte, Fragen sich selber stellte, manche Antwort fand. Es war ja für uns etwas Überraschendes, dass es Leute gab, die eingesperrt waren, die manchmal zehn Jahre gesessen hatten und die unter anderem auch erklären konnten, ob der 30. Januar zu verhindern gewesen wäre oder nicht. Ich denke da an Kommunisten auch an Sozialdemokraten, die ich kennen lernte. Und dann hat man sich einfach auch mit Schriftgut beschäftigt, nicht? Und man kam natürlich notgedrungen auch auf sowjetische Dinge zurück. Es hat ja im Westen Deutschlands nie den Begriff der Befreiung gegeben. Es hat ja immer nur die Niederlage gegeben. Und das hatte man ja mitgekriegt, schon damals in jungen Jahren. Was ist denn nun, was stimmt denn? Und „befreien" kann man eigentlich nur den, der wirklich unterdrückt ist, obwohl wir das ja gar nicht so gespürt haben. Wir selber – bis auf diejenigen, die aus dem Gefängnis kamen.

Nun, was mich dazu bewogen hat: die Suche nach einer Antwort: Wie ist das überhaupt zu erklären? Wer hat denn nun eigentlich recht in der Welt? Und da musste man notgedrungen auf die Kommunisten stoßen. Und die Erklärung der fehlenden Aktionseinheit der Arbeiterklasse 1933 – über die redet heute kein Mensch mehr, ich finde das in keinem Lehrbuch mehr. Das kann nicht Fantasie gewesen sein! Denn die Fakten, die gab es ja, die das alles belegt haben. Ich habe mich schwer getan mit diesem Schritt, eben weil ich gebrannt war. Das ist eben dann so. Aber habe es dann gemacht voller Überzeugung: „Jetzt musst du. Das ist das Richtige." Das ist das Richtige: Also, eine Welt ohne Kapital und sozial gerecht. Und soziales, gerechtes Empfinden brauchte man mir nicht anzuerziehen. Weder theoretisch zu erläutern, noch mir beizubringen. Das hatte ich mitgebracht von der Familienerziehung her und von der Gegend, in der ich groß geworden war. Auch die LBA hat das damals gemacht.

Deswegen hat es mir durchaus aufgestoßen, als Ulbricht von der „sozialistischen Menschengemeinschaft" sprach, nicht? Da habe ich an die Volksgemeinschaft gedacht. Da hatten wir ja Parallelen, die waren manchmal erschreckend! Ich habe das immer abgetan: Das ist ja ein anderer Inhalt, das ist nur der Begriff. Und ich kann ja auch ... Macht – nehmen Sie den Begriff: Kommt darauf an, wer es macht! Und Standpunkt beziehen, was man da so forderte ... Aber im Grunde stimmt natürlich: Es ist alles eine Frage des Standpunktes. Und da ich so wackelig gewesen war ... Ich brauchte einfach wieder Boden unter den Füßen! Ich wollte an etwas – ich wollte wissen, dass ich etwas richtig machte. Ich wollte nicht in den Tag hineinleben. Da brauchte ich auch eine politische Orientierung, einen politischen Halt, um das Vergangene zu erklären von dieser Basis aus. Und ich konnte es immer besser, je mehr man dann eben las, das war ja am Anfang noch kein Studium. Aber dann hat man ja auch sich wirklich hineingelesen, man hat eben dann einmal Marx gelesen oder andere Dinge. Und übrigens ... sind wir ja nicht 40 Jahre bergab gegangen. Auf welchem Berg hätten wir denn als DDR stehen müssen, um 40 Jahre bergab zu gehen? Bei uns ging es doch mal vorwärts. Wir sind doch vorangekommen! Also das muss ich ja Ihnen auch nicht alles erklären, entschuldigen Sie, wenn ich solche banalen Dinge hier sage.

Dass ich empfunden habe, dass wir manches eben dogmatisch machen, das kann ich Ihnen an mehreren Beispielen belegen. Also, die Grenzziehung, die Mauer ... die hielt ich für völlig normal und für völlig richtig. Ich hatte in Berlin bei Hortzschansky auf der Krausenstraße erlebt, wie unten der Bäcker für mich um 10 Uhr keine Brötchen mehr hatte, weil die Westberliner mit Rucksäcken kamen. Die zahlten für die Semmel einen Pfennig! Ich einen Fünfer! Wir haben dann ja mal eingeführt, dass man den Personalausweis vorzeigen musste, da wurde mit Personalausweisen geschachert. Also das wäre nicht gegangen! Den hielt ich für folgerichtig. Ich will es kurz machen: Wir wären ausgepowert worden. Ein Staat, der sich behaupten wollte ...

Es gab in der ganzen Welt nicht ein anderes Phänomen irgendwo, wo eine Hauptstadt geteilt war und sich so gegensätzlich und widersprüchlich unterschied. Nirgendwo gab es das. Da konnte einer hier 10.000 Mark in die Tasche stecken, der stieg in Dresden in den Zug, stieg in Berlin aus, ging über die Grenze an der Friedrichstraße und war mit dem Geld weg. Ungestraft wurden Kinder hinterlassen! Wir haben es doch erlebt in der Schule! Kinder hinterlassen, die hatten ab morgen keine Eltern mehr. Da hielt ich das für völlig normal, dass man das macht. Ich konnte mir es nie vorstellen, dass man da eine Mauer bauen kann, dass das überhaupt geht! Wir hatten hinterher bessere Bedingungen für unsere Entwicklung, daran gibt es überhaupt keinen Zweifel für mich. Also, man musste da einen Riegel vorschieben, darüber redet heute kein Mensch mehr!

Nur wir haben gesagt, das bleibt so lange, wie, wie sich die Verhältnisse nicht geändert haben, die Gründe nicht verändert haben, weswegen wir sie geschaffen. Und dafür haben wir zu wenig gemacht, um diese Gründe zu beseitigen. Die Parteiführung hat sich gesonnt, da sind wir abgesichert. Und dann wurde sie eben zur Belastung, und da haben wir auch dogmatisch gehandelt. Aber ich habe das verstanden, dass diese Mauer dann in so einer langen, langen Dauer bleibt und wir also damit hätten leben müssen bis ans Lebensende. Ich will Ihnen das an dieser

Stelle gleich sagen: Ich will die DDR nicht wiederhaben. Aber so wie sie gegenwärtig dargestellt wird, so war die DDR nicht.

Wenn wir noch mal zurückkommen wollen auf die Frage: Seitdem ich dabei war, habe ich immer auch mit einer ganz bestimmten kritischen Sicht – ich bin so ein Geist, der gerne widerspricht – nachgefragt. Ich weiß nicht, ob Sie meine Dissertation gelesen haben; ich habe mich ja mit der Problemhaftigkeit des Geschichtsunterrichts beschäftigt. Ich kann es eben einfach nicht ertragen, wenn man sagt: „Ihr seid ja gar nicht erzogen worden nachzudenken, ihr habt ja immer nur Anweisungen ausgeführt! In der Schule habt ihr sie ja nur belatschert." Ich habe geradezu gefordert, dass man Widersprüche entdeckt im Geschichtlichen! Dass der Lehrer Widersprüche erzeugt am geschichtlichen Material. Das könnte ich Ihnen ja an einigen Veröffentlichungen belegen; wenn Sie das interessiert, können Sie das ja auch lesen.

Das ist einfach nicht wahr! Aber wir waren immer darauf aus, sie bei allen kritischen Auseinandersetzungen – die ich wollte, die andere auch wollten –, immer auf unseren Standpunkt zu heben. Immer auf unseren Standpunkt. Wir haben also etwas anderes nicht zugelassen. Das ist mir klar geworden! Und was hätte uns eigentlich das geschadet? Ich habe das nie richtig begriffen, warum wir das machen. Ich habe da aber mitgemacht. Weil man immer wieder zurückgeführt wurde: Das ist eine Frage des Klassenstandpunkts. Die einen sagen Fluchthelfer, die anderen sagen, das ist ein Menschenhändler. Der eine sagte Spion und der andere sagte Spitzel. Das ist eine Frage des Standpunktes. Und alles, was an der DDR als einigermaßen brauchbar und gut angesehen wird, wird sofort verunglimpft, indem man sagt: „Das war ein Vorzeigeobjekt." Wird sofort wieder negativ gelegt, nicht? Aber zurück will ich auch nicht wieder. In der Beziehung habe ich aufgegeben, zu versuchen, die Welt mit zu verändern. Aber ich wollte sie.

M. D.: Ja, das war wohl das Gemeinsame aller jungen und enthusiastischen Leute nach 1945, nicht? Ich würde jetzt mal zu den Fragen übergehen, die ein bisschen von Ihrer biographischen Herkunft weggehen. Zunächst, wenn Sie die Geschichte der Methodik des Geschichtsunterrichts in der DDR schreiben und periodisieren wollten, welche Zäsuren würden Sie setzen?

Folde: Also, für mich beginnt, so wie ich sie erlebt habe, Geschichtsmethodik als ein theoretisches Gebilde oder System mit Bernhard Stohr. Es ist ja auch der Erste, der darüber überhaupt unter marxistischer Sicht geschrieben hat und versucht hat, vom alten Geschichtsunterricht bürgerlicher Schule wegzukommen, bei kritischer Betrachtung – nach meiner Auffassung – sowjetischen Vorgehens. Wobei er es berücksichtigen musste, das war einfach eine Existenzfrage auch für ihn und sicher auch ehrlich von ihm gemeint. Er ist schnell dazu gekommen, dass wir was Eigenständiges brauchen, dass wir nicht die Vergangenheit russischer Schule haben. Die Sowjetpädagogik war das Erste, was gedruckt vorlag und wir auch studiert und übernommen haben, und das hat Bernhard natürlich auch gemacht. Aber er ist immer davon ausgegangen: Wir müssen etwas Eigenes für uns schaffen, für unsere Verhältnisse, für unsere vergiftete Vergangenheit und für das, wohin wir eigentlich wollen. Da gibt es sicher Berührungspunkte, wenn es um den großen Sozialismus geht.

Wann hat Bernhard Stohr dies denn herausgebracht? Anfang der Sechzigerjahre ist seine Methodik erschienen, die erste. Dann später noch eine. Nun würde ich für die Geschichtsmethodik eigentlich nirgendwo eine echte Zäsur im strengen Sinne sehen. Wir haben eigentlich immer darauf geachtet, dass wir den luftleeren Raum ausfüllen mit neuen Erkenntnissen, die wir eben selber erforschen, über die Art und Weise, dass die Wissenschaftsbereiche an unterschiedlichen Objekten gearbeitet haben. Das halte ich für sehr vernünftig, und das entsprach zumindest sozialistischer Planwirtschaft, die Mittel nicht zu verschleudern, sondern Einzelne forschen zu lassen und das dann zum Ganzen zusammenzufügen.

Also eine Zäsur ... Wann käme denn die nächste? Wer hat denn noch eine Methodik geschrieben in der DDR? Da gab es noch Veröffentlichungen ... Aber geschichtsmethodischer Art? Wer ist da noch hervorgetreten? Die haben sich profiliert über ihre eigenen Forschungsgegenstände wie eben Gentner oder Osburg oder so. Aber im Grunde genommen haben sie beispielsweise einen der Grundgedanken Bernhard Stohrs, dass der Unterrichtsprozess in Geschichte im Wesentlichen Erkenntnisprozess sein soll, übernommen und haben von daher alles andere herumgruppiert und theoretisch zu begründen versucht. Ich weiß nicht, ob Ihnen die Antwort genügt?

M. D.: Ich glaube, ich gebe mal noch so einen Impuls: Bernhard Stohrs Wissenschaftslaufbahn in der DDR war ja nicht ohne Brüche. Ende der Sechzigerjahre ist er ja in Schwierigkeiten gekommen, und diese Schwierigkeiten haben ja auch dazu geführt, dass seine Methodik eben nicht mehr als der Weisheit letzter Schluss galt und dass man begann, eine neue Methodik auszuarbeiten, die dann Kruppa und Gentner veröffentlicht haben, 1974 ... Wie haben Sie das denn erlebt, diese Problematik? Hat Herr Stohr darüber geredet, oder war das eher so Tabu?

Folde: Also, das hat Bernhard Stohr weitgehend für sich behalten. Ich könnte Ihnen nicht mal mehr sagen, was eigentlich der Anlass war ... Ach ja, ich müsste noch mal drüber nachdenken. Es ging um die Kybernetik damals ... Da habe ich zehn Jahre nicht drangedacht, was Sie jetzt aufwärmen. Ich bitte meine Stotterei jetzt zu verstehen. Es ging darum, dass Bernhard nicht zurechtkam mit diesem Hochspielen der Kybernetik. Vor allen Dingen nicht in dem Bereich, den er bearbeitete. Und da hat er sich in irgendeiner Weise, na, ablehnend, zurückhaltend geäußert, ja: doch ablehnend geäußert. Und das war im Ministerium bei Margot genauso ins falsche … Nach meiner Auffassung haben die das nicht richtig verstanden, was er gesagt hat. Und er hat auch gemeint, dass er recht hat, das nicht zu übertragen, nicht zu übernehmen. Obwohl wir es ja mit Erkenntnissystem auch irgendwie versucht haben. Aber weiter wollte er auch nicht gehen.

Wir haben dann auch selber gemerkt, wo die Grenzen sind, wie weit man das da das System nach unten aufschlüsseln müsste. Ich will es mal ganz einfach sagen: Ich glaube, er hat gemerkt, dass, wenn wir uns auf diese Schiene begeben, das Eigentliche der Geschichte völlig verloren geht. Das ist die Lebendigkeit, das ist das Menschliche, dass Geschichte von Menschen gemacht wird mit allen Widersprüchen. Er war ja darauf aus, Geschichte nacherlebbar zu machen, rekonstruierbar zu machen, damit man sich hineindenken kann, und da kam er mit dem mit der Kybernetik einfach nicht zurecht. Die passte da auch nicht hinein. Ich glaube, die Gefahr eines überstrapazierten intellektualisierten Geschichtsunterrichts, der trocken wird, der einfach auch dadurch an Lebenskraft, an Beweiskraft also auch verliert, verlieren muss, zu vorschnell zu Erkenntnissen, zu Verallgemeinerungen geführt wird, die nicht untersetzt sind mit Fakten, die dann höchstens geglaubt werden müssen, aber nicht zu eigentlichem Wissen führen. Ich glaube, das war, das war sein … sein eigentliches Anliegen.

Es gab Diskussionen, ja, aber Sie sehen alleine daran, wie ich mir Mühe geben muss, mich daran zu erinnern, dass die nicht von langer Dauer gewesen sind. Er ist ja dann emeritiert worden … Kennen Sie das Schreiben Honeckers, ja? Sie könnten woanders andere Auskünfte kriegen, aber wir haben in Dresden nie das Empfinden gehabt, dass – für unsere Ausbildung traf das ohnehin nicht zu –, dass Gentner und Kruppa nun ihn abgelöst hätten. Das gehörte zum Literaturangebot selbstverständlich. Aber wir haben weiterhin auf dieser Basis unsere Position vertreten, die Sie ja auch in den Lehrmaterialien finden können.

Kassettenwechsel (58:01)

Ich will nicht verschweigen, dass natürlich die Professoren in den Einrichtungen gerne bei der Methodik ihr eigenes – na, wie soll ich sagen? – Konzept als das Gültige ausgegeben haben. Ich habe das ja bei Gentner erlebt: Ehe ich an die Hochschule ging, hatte ich ja bei ihm Methodik in Potsdam studiert. Aber er kam schon damals eben nicht an Stohr vorbei … Also, ich kann es nur von mir aus sagen, ich kann jetzt nicht im Nachhinein etwas erfinden, wo ich Ihnen Abschnitte nenne, die ich gar nicht erlebt habe, die ich auch nicht sehe.

M. D.: Die Diskussion, die Sie erwähnt haben, die es gegeben hat zur dritten Auflage seines Handbuches: Haben die am Pädagogischen Institut stattgefunden oder eher in einer zentraleren Öffentlichkeit?

Folde: Also, das kann ich Ihnen nun mit gutem Gewissen sagen; das ist eben dann auch DDR-typisch: Danach wurden wir eigentlich gar nicht gefragt. Das war eben eine Regel: Wenn die Ministerin so etwas sagte oder sich sagen ließ und dann selber ausspuckte – denn es kam ja nicht alles von ihr –, dann war das eben im Grunde genommen Linie. Von jetzt an war das Linie. Sie kennen den Begriff noch? Das war ja regelrecht ein Begriff: Linie. Wie muss man diskutieren. Wir sind nie danach für eine Stellungnahme gefragt worden ... Und vielleicht haben wir auch deshalb, weil es ihn so mitgenommen hat – das wurde ja immer auch gleich politisch gefärbt, nicht? Da war ja der Schritt nicht allzu weit dazu, dass man dem Klassengegner zuarbeite ... Das hat ihn auch so bewegt, und da haben wir vielleicht deshalb keine größeren Auseinandersetzungen weitergeführt unter uns. Also, es wurde dann im Wesentlichen, sagen wir mal: abgetan. Ich will nicht sagen, dass es verschwiegen wurde, aber ich weiß persönlich, weil ich mit ihm auch Kontakt hatte. Ich bin ja der Letzte gewesen, der mit ihm zusammen war, bevor er starb. An dem Abend war ich ja bei ihm, da hat er mit mir noch über meine Arbeit geredet –, dass ihn das sehr mitgenommen hat, also, gekränkt war er schon. Das kommt aber jetzt erst wieder hoch, nachdem Sie mich danach fragen nach der Kybernetik!

M. D.: Wie hat er das für sich interpretiert? Wie hat er für sich diesen Verriss oder diesen Angriff interpretiert?

Folde: Als unsachlich, er hat es im Grunde genommen nicht eingesehen. Er hat das, den Vorwurf nicht verstanden, den man ihm macht. Er hat darauf bestanden, dass die Kybernetik der Geschichtsmethodik nichts liefern kann, nichts nützen kann im Grunde genommen. Aber es gab eben Neuerer, die auch in der Schule draußen anfingen, nach kybernetischen Systemen ein Unterrichtsablauf für sich mit Frage und Antworten und so zu planen. Aber er selbst hat das – ja, wie soll ich sagen? – immer als Kränkung empfunden, als Zurechtweisung empfunden, die nicht gerechtfertigt gewesen ist.

M. D.: Und jetzt hat ja nicht nur Stohr in diesem Zusammenhang Probleme bekommen, Behrendt hat ja auch Probleme bekommen, seine Habil musste er ja abbrechen, sich ein neues Thema suchen. Deswegen hat das auch so lange gedauert mit seiner Habil dann. Auch Szalai musste sein Promotionsprojekt umgestalten – also, es hat doch in Dresden ganz schön eingeschlagen? Aber darüber wurde jetzt im Kollegenkreis nicht viel geredet? Also, Behrendt ist nach Berlin zitiert worden, zur Ministerin.

Folde: Herr Demantowsky! Jetzt reden Sie von Dingen, die Sie als Quellen haben, die ich nicht kenne. Ich sage Ihnen hier, am 17. März 2001, dass weder ein Behrendt noch ein Szalai mit mir darüber gesprochen haben, dass sie in irgendeiner Weise bei ihren wissenschaftlichen Arbeiten zentral da so beeinflusst worden sind, dass das zur Veränderung von Themen oder von Thesen geführt oder Hypothesen geführt hätte. Das ist mir neu! Ich bin nicht senil! Wenn ich mich an einiges nicht erinnern kann, aber das wüsste ich!

M. D.: Okay.

Folde: Und ich überlege mir sogar ... Szalai mal zu fragen: „Sag mal, war damals was bei Dir?" Und Behrendt kann ich ja nicht mehr fragen, nicht?

M. D.: Also, das kann ich vielleicht auch noch kurz erklären, woher ich das habe.

[*Tonbandunterbrechung*]

M. D.: Wenn Sie die Hauptkontroversen in der Geschichte der Geschichtsmethodik benennen wollten, vor allem in den Sechzigerjahren, welche wären das? Sie haben vorhin schon mal angedeutet, Gentner – Stohr, dass es da also auch Ambitionen gab: Wer hat nun das wahre Konzept.

Folde: Ich bin ... Ich müsste jetzt nachdenken: Hat es da wirklich Kontroversen gegeben? Natürlich hat Gentner häufig an dem Erkenntnissystem und dieser Grundthese von Stohr gerüttelt. Aber mir ist aus Erlebbarem heraus nicht erinnerlich, dass es da wirklich Kontroversen gegeben hat. Also bis auf unterschiedliche Auffassungen zu bestimmten Fragen in der Theorie oder auch, was die Schulpraxis betrifft. Aber es gibt auch mal Streit bei der Ausarbeitung des Ausbildungsprogramms für die Geschichtsmethodikstudenten. Da war ich auch stellenweise dabei, ohne Ihnen jetzt sagen zu können, wo der eine das prononciert haben wollte, mit Stundenzahl und Thematik oder der andere jenes. Das kann ich Ihnen nicht benennen.

M. D.: Gab es bei den Jahrestagungen vielleicht so kleinere Fronten, die sich so rauskristallisiert haben?

Folde: Ja, ja, ich weiß schon was Sie meinen, aber ich habe ja auch gelesen ... Und habe mich gefragt, was sollst du ihm dazu sagen?

M. D.: Und diese Sache zwischen Leipzig und Potsdam? Die hatten ja nun in den Sechzigerjahren so phasenweise parallel gearbeitet. Wermes mit seiner Fähigkeitsentwicklung, hatte auch so ein Denksystem denn entwickelt ...

Folde: Jeder Forschungsgegenstand der einzelnen Wissenschaftsbereiche und Hochschulen und Universitäten wurde ja gemessen an dem, was er da mitbrachte. Er legte es an den anderen Forschungsgegenstand an – was konnte er einbringen, was konnte er kritisieren, was konnte er bestreiten regelrecht? Da gab es schon Dinge, ohne dass ich jetzt Einzelheiten nennen kann. Das war ja aber das Fruchtbare dieser Methodikertagungen, dass wir raus gingen und mehr Meinungen kannten als bloß unsere oder bloß die von der einen Institution. Aber ich könnte Ihnen … Vielleicht lasse ich nach, aber mir ist das nicht erlebbar geworden.

M. D.: Also die Szalaische These von einer „Schulbildung" könnten Sie auch nicht bestätigen?[2]

Folde: Ach, Schulbildung, das hat er gerne gemacht. Ja, ich glaube schon, also bis zu einem gewissen Grade. Wir haben den Begriff nie gebraucht, aber so, wie ich Ihnen das erzählt hab, wie ich zu Stohr gekommen bin und wie ich natürlich die Stohrsche Geschichtsmethodik vom Buch her auch verbreitet habe in Lehrerweiterbildungsveranstaltungen, die wir ja verpflichtet waren zu machen von der Hochschule aus in den großen Ferien – oder Weiterbildungsveranstaltungen, wo mich eben Fachkommissionen einluden von Freital oder von irgendwo in Bautzen oder so: „Können Sie nicht mal über das und das sprechen?" – oder so. Da habe ich Stohr immer vertreten. Insofern fühlte ich mich als Schüler von Stohr. Wir haben nie begrifflich gebraucht, „Die Schule Stohr" vertreten zu wollen oder vertreten zu haben. Ich weiß nicht, aber es kann sein, dass die Wissenschaftsbereichsleiter unter sich möglicherweise da anders geredet haben, auch andere Differenzen hatten, die nicht zurückschlugen auf die Kollegen. Oder nur mal angedeutet wurden, aber keine Bedeutung erlangten. Jedenfalls nicht eine solche, dass es mir erinnerlich geblieben wäre. Ich muss Sie enttäuschen.

M. D.: Das ist keine Enttäuschung. Wie empfanden Sie seinerzeit die Bedingungen für Forschung? Also neben der Lehre, die Sie hatten, neben der organisatorischen Tätigkeit, den gesellschaftlichen Verpflichtungen: Wieviel Zeit hatten Sie, und waren Sie zufrieden mit Ihren Forschungsbedingungen? Sie mussten ja auch eine Dissertation ausarbeiten.

Folde: Als ich promovierte, war ich fast 48. Das ist der Entwicklung geschuldet. Ich hätte nie daran gedacht, dass ich das mal mache. Stohr holte mich also an das Institut, da ging das nicht sofort los. Aber er hat immer darauf geachtet, dass seine Mitarbeiter nicht nur am Tisch in der Hochschule oder im Institut klebten, sondern dass sie in das, was unser Forschungsgegenstand war, eingebunden wurden mit konkreten Aufträgen. Das war gar nicht mal immer Dissertation das Ziel. Er immer darauf geachtet, dass er auch mindestens einen Tag in der Woche einmal zu Hause blieb oder einmal in aller Ruhe arbeitete. Das wusste er ja, kannte der ja auch. Insofern beschränkte gerade Stohr in seiner Zeit, als er das leitete, Sitzungen

---

2 Szalai, Wendelin. „Überlegungen zur Geschichte von Geschichtsunterricht und Geschichtsmethodik in der DDR". In *Historisches Lernen im vereinten Deutschland. Nation – Europa – Welt*, herausgegeben von Uwe Uffelmann, 30–60. Weinheim: Juventa, 1994.

auf ein Minimum. Ihm ging es darum, mit den Studenten zu arbeiten, theoretisch und praktisch ... korrekt und ergiebig, dass er etwas davon hatte, also auch Zeit für die Forschung zu haben. Und da gab es eben auch Termine, Vorbereitungen schriftlicher Art, dass man Thesen vorlegte, worüber man reden wollte und so weiter, was also Gegenstand war, da konnte sich jeder drauf einstellen.

Und dann gab es regelmäßig mindestens einmal im Monat – das haben Szalai und Behrendt dann auch fortgesetzt. Das hatte sich einfach so eingelebt –, gab es regelmäßig die Forschungsseminare, wo wir als Wissenschaftsbereich zusammenkamen. Und da ging es nicht um Organisatorisches, um keine schulpraktische Ausbildung. Es ging rein um das, was theoretisch hier war und ob da Gehalt dahinter steckte. Und da wurde auch kein Blatt vor den Mund genommen, das wurde ernsthaft kritisiert. Dann hat sich das in Dresden auch unter Szalai – Behrendt hatte damit schon begonnen – soweit ausgedehnt, dass er zu unseren eigenen Forschungsseminaren oder Besprechungen andere dazu nahm, die ihm interessant waren: Didaktiker, Pädagogen, Psychologen, je nachdem, wie das Thema gelagert war. Geschichtswissenschaftler, wenn es um Inhalte ging.

Was mich persönlich betraf, ich habe ja bei Stohr angefangen ... Stohr starb, da war ich noch nicht in der Hälfte, wenn ich es mal so abschätzen darf. Ich war am letzten Abend bei ihm, da hatte er ein Manuskript von mir gelesen, einen bestimmten Abschnitt, den ich geschrieben hatte. Da freute er sich, hat gesagt: „Das hier kannst du nicht, das ist nichts, da kannst du nicht weitermachen. Hier musst du noch mal den Seitenarm nehmen, hier musst du noch mal nachhalten." Aber immer ermunternd, immer ermunternd. Ich hätte nie gedacht, dass das mein letztes Wort mit ihm ist. Am nächsten Tag komme ich in die Hochschule, und da heißt es: Stohr ist tot. Da habe ich aufgehört und habe jahrelang nichts gemacht auf diesem Gebiet – also forschend, in dem Sinne, dass ich sowohl Literaturstudium als auch praktische Dinge gemacht hätte.

Da kam Behrendt. Behrendt hatte neue Überlegungen. Von Potsdam auch beeinflusst, ist doch ganz klar. Neue theoretische Ansätze. Die Zeit war weitergegangen – zwei, drei Jahre weg. Da habe ich – ich will nicht sagen, neu angefangen, aber fast neu angefangen. Sodass ich also fast zehn Jahre gebraucht habe. Die Bedingungen waren so, dass ich mir auch Freiraum schaffen konnte in der Zeit, wenn wir ins Praktikum gingen. Ich hatte meinetwegen eine Gruppe in Hoyerswerda und noch eine Gruppe im Kreis Kamenz. Das konnte ich mir selber einteilen, das geht ja gar nicht anders. Die schickten die Stundenpläne, Sie kennen das, und ich machte mir meinen Hospitationsplan. Da bin ich im Hotel geblieben und da bin ich eben eine Woche lang draußen geblieben. Es waren keine Lehrveranstaltungen hier. Die anderen Semester wurden von anderen betreut, ich hatte also frei. Und da konnte ich es so machen, dass ich sagte, ich gehe die ganze Woche raus und bleibe Montag, Dienstag, Mittwoch der nächsten Woche zu Hause. Damit habe ich nichts verbrochen gehabt, ich habe meine Arbeit erfüllt und konnte mir das selber planen. Das haben sie auch gewollt, sowohl Stohr als auch Behrendt. Dennoch, wenn ich weg musste, also … Bibliothek nach Leipzig oder so, dann musste man ein Studientag dafür nehmen, den wir für jeden ausgebaut hatten, an dem er wirklich auch Ruhe hatte. Das war dann aber schon zu Szalais Zeiten.

M. D.: Das heißt einen Tag in der Woche.

Folde: Einen Tag, wo ich zu Hause blieb. Das konnte kein Tag sein, an dem Versammlungen waren, zu Parteiversammlungen musste man natürlich da sein, aber die waren ja abends, dann ging man abends hin, wenn man montags meinetwegen frei nahm. Das war im Plan ausgebaut. Jeder hatte einen Plan auf dem Schreibtisch liegen, wo eingetragen wurde, wo er sein würde. Das hielt ich nicht für schlecht. Man konnte jeden Kollegen erreichen, wusste, heute kommt der nicht rein. Da kommt ein Anruf, und man konnte sagen: „Der kommt heute gar nicht." Da konnte der dort denken, was er wollte, aber der kam an diesem Tag nicht. Insofern waren die Bedingungen schon so, dass man dankbar sein konnte, zu arbeiten.

Wenn ich etwas vorlegen musste, ein Kapitel oder ein Teil oder Thesen oder was weiß ich, dann habe ich manchmal unter Druck gestanden. Da habe ich eben nachts durchgearbeitet. Das habe ich wirklich gemacht. Und dann kam am nächsten Tag das Seminar, da bin ich mittags fast eingeschlafen. Insofern habe ich mir vielleicht auch Bedingungen erschwert. Mir ist da nichts in den Schoß gefallen. Die Dissertation war in diesem schon doch fortgeschrittenen Alter, wenn man das so sagen darf, eine geistige Schinderei. Nach Bedingungen hatten Sie gefragt, ja, das habe ich, glaube ich, geschildert, oder nicht?

M. D.: Genau, das haben wir, ja. Die nächste Frage würde sich auf die Wissenschaftstradition richten. Also, an wen haben Sie angeknüpft, bewusst, sowohl innerhalb der geschichtsmethodischen Zunft als auch davor liegend?

Folde: Also, das kann ich ganz kurz machen. Ich habe mich an Stohr gehalten und was mein spezifisches Thema der Problemarbeit oder des problemhaften Geschichtsunterrichts betraf, an Siegfried Wolf. Auf den Sie sicher auch gestoßen: Potsdamer Mann, bei Gentner. Der hat ja auch über ein ähnliches Thema promoviert. Mit dem habe ich auch persönlichen Kontakt gehabt, aber nicht im Sinne von Vorbild oder Traditionspflege. Sondern einfach in Anlehnung, in Aussagen und in Abgrenzung und Bestimmung von spezifischen Thesen.

Ich freue mich heute, wenn ich – um auf Ihren Begriff Tradition zu kommen, vielleicht hängt das damit zusammen –, wenn eben einer meiner ehemaligen Studenten, der heute in Berlin noch unterrichtet, mich trifft im Zwinger zufällig und Dinge sagt, die ich gesagt habe und die ich geschrieben habe, die der heute noch aus dem Kopf sagt. Also: „Ihr müsst den Geschichtsunterricht nacherlebbar machen, ihr müsst am Anfang Aufmerksamkeit erzeugen und Interesse wecken!" Wenn der das so sagt und das kommt von mir, dann freue ich mich schon, dass die das behalten haben. Aber ich selber kann nicht anders antworten, als ich es jetzt gemacht habe. Das wird Ihnen wieder nichts nützen ...

M. D.: Doch, ist doch insofern klar, als dass das eben wirklich noch eine Anfangszeit war, wo nicht viel da war. Insofern ist auch ein Verneinen oder eine weitgehend verneinende Antwort auch eine interessante Antwort. In diesem Sinne: Welche Rolle kam den zentralen Instanzen im Diskurs Ihrer Disziplin zu? Also DPZI, DZL, Staatssekretariat, Volksbildungsministerium, Verlag?

Folde: Also, die stärkste Beziehung zu diesen Institutionen hatte natürlich immer bloß der Leiter. Und wir spürten lediglich, was weitergegeben werden musste, oder was da los gewesen ist. Natürlich ging alles, was in der Geschichtsmethodik in Dresden passierte, über die Sektion Geschichte. Das musste abgestimmt sein, natürlich auch nach oben, was die Geschichtsmethodik betrifft als spezifische Säule. Dazu habe ich nie Beziehung, nie Verbindung dazu gehabt. Wir haben nur Verbindung zu den anderen gehabt, wenn wir uns eben trafen. Und da wurde übrigens auch Hochdeutsch gesprochen, also klar Deutsch gesprochen, dass man nicht denkt, wir haben da alle immer Linie gewahrt. Das konnte man auch gar nicht.

Also ich erinnere mich mit Freuden daran, als die Honecker die fünfjährige Lehrerausbildung einführte und kaum einer Verständnis dafür hatte. Da erinnere ich mich, als wir in Berlin tagten, dass Osburg sagte, ganz laut – im Ministerium, da haben wir im Ministerium getagt – ganz laut sagte: „Also det ist das Ungereimteste, wat ick hier seit '45 auf dem Gebiet der Pädagogik erlebt habe." Wissen Sie, da ... wurde ja kein Hehl daraus gemacht, ob da einer dabei war – da waren ja immer welche dabei, vom DPZI oder vielleicht auch vom ZK, was man wusste oder nicht wusste, manchmal wurden sie auch vorgestellt. Aber über die eigentlichen Beziehungen, den Einfluss ... Das DPZI gab eben eine Direktive aus und sagte: „Ja, wir setzen jetzt eine Personenzahl zusammen, die arbeiten an einem neuen Lehrplan oder an einer Lehrplanveränderung, weil die Kritik von unten kam." Das gab es. Das war ja auch notwendig. Wenn Sie darauf ausgehen, etwa zu fragen, ob ich mich gegängelt gefühlt habe in irgendeiner Weise von übergeordneten Instanzen, dann vom Empfinden her: Nein! Ich hatte meine Aufgaben und die habe ich gerne gemacht, vor allen Dingen, wenn ich sie innerlich akzeptiert habe, und die habe ich immer versucht, ordentlich zu erfüllen.

M. D.: Welche Erfahrung haben Sie gemacht mit dem Volkseigenen Verlag Volk und Wissen, also sprich auch mit der Redaktion von „Geschichtsunterricht und Staatsbürgerkunde"?

Folde: Ich habe gestern noch mal nachgeguckt, ich habe das nicht gefunden, aber irgendwo habe ich das noch liegen … Eigentlich waren es gute Erfahrungen … Es gab Artikel, die man selber hingeschickt hat oder in denen man gefragt hat. Oder es gab es auch Dinge, dass Heidler – oder vorher Schenderlein und Mühlstädt – gefragt haben: „Könntet ihr in Dresden nicht mal dazu was schreiben?" Oder: „Es erscheint das Bedürfnis aus der Praxis zu kommen, wie wir hören, mal dazu etwas zu sagen" – oder wie man das verstehen oder erläutern muss aus den Parteitagsmaterialien, also, Dinge, die für den Geschichtsunterricht zutrafen, noch einmal zu breitzutreten. Da gab es Aufträge oder Bitten wie auch eben Angebote von uns.

Und, na ja, wer lange nichts von seinem eingeschickten Artikel gehört hat, hat dann eben doch gemeckert. Und wenn er gar nicht kam, noch mehr, weil er das für vergeudete Zeit hielt. Gestern habe ich gesucht, ich habe es aber nicht gefunden: Ich habe einmal einen Artikel geschrieben, Ende der Achtzigerjahre, zum 13. August, zur Mauer. Da hat der Wolfgang Heidler mir immer wieder geschrieben: „Die Obrigkeit will keinen Artikel," – das war wörtlich – „will keinen Artikel zur Mauerproblematik." Ich wollte aber erklären, wie man das behandeln müsste, nach meiner Meinung, im Unterricht. Das war zur Standpunktfrage. Und weil er den nicht gebracht hat und nicht bringen durfte – aber bitte, das ist da kein Widerstand, dass Sie das nicht so aufbauschen, ich mag das nicht wie Szalai. Also, ordnen Sie das bitte richtig ein!

M. D.: Ja.

Folde: Aber da habe ich mich damals geärgert und gesagt: „Mensch, der Wolfgang, da hätte der doch mal auf den Tisch hauen können und sagen: ‚Der sagt eben Mauer, weil es eine Mauer ist, es ist doch eine Mauer, nicht? Es sieht ja jeder.'" Die mochten das nicht, da hat er sich nicht durchgesetzt, da hatte er auch seine Grenzen, und da habe ich das dann innerhalb der Hochschule publiziert. Wir hatten doch so Veröffentlichungen innerhalb der Hochschule, wissenschaftliche Zeitschrift, und die haben das ohne Weiteres gedruckt. Da war ich damit dann zufrieden, aber ohne Honorar, mir fehlte dann das Honorar, das war alles. Ansonsten gab es mit Heidler und so eine ordentliche Zusammenarbeit.

M. D.: Wie viel Honorar gab es eigentlich bei der Zeitschrift?

Folde: Also, es gab für die Seite 30 Mark. 30 Mark, zehn Prozent Steuer, also 27. Ach, es waren auch so die Honorare von 40 Mark ungefähr, wenn wir Weiterbildung machten in den Kreisen. Ja, manchmal waren das 50, 60 Mark und immer zehn Prozent Steuer. Das heißt, wir haben ja damals wenig nebenbei gemacht, da habe ich mir eine Nullbescheinigung besorgt, da brauchte ich keine Steuern zu zahlen. Da haben die das gleich vollständig bezahlt. Also kriegte ich für 50 Mark eben 50 Mark.

M. D.: Aber das war ja relativ lukrativ dann, wenn man so einen zehnseitigen Artikel hat dann in der „Geschichtsunterricht und Staatsbürgerkunde", konnte man ja 300 Mark, ergo fast ein Viertel seines Gehaltes, so erwirtschaften.

Folde: 300 Mark für ein ordentlichen Artikel mit zehn Seiten ungefähr oder zwölf Seiten, das brachte so ungefähr 300 Mark, ja. Reines Geld.

M. D.: Das war ja zu DDR-Zeiten ...

Folde: Das war durchaus, nein, das war tatsächlich – da freute man sich. Deswegen habe ich ja gesagt, das ärgerte mich, dass die das nicht brachten. Ich habe es dann untergebracht, aber ohne Honorar, denn die Hochschule zahlt dir natürlich im eigenen Haus kein Honorar. Aber bitte, das ist keine Schwierigkeit gewesen mit der Zeitschrift!

M. D.: Ja, ja, mir geht es nur um die Publikationsbedingungen.

Folde: Das war auch so, dass Heidler sich umsah in der Republik. Heidler ging selbstverständlich zu allen Methodikertagungen, mit seinen Leuten. Er nahm daran teil, weil er wissen musste, wie die Lage denn und der Stand der Dinge ist. Die haben sich schon darum gekümmert. Aber mehr kann ich Ihnen dazu auch nicht sagen.

M. D.: Gut. Dann die nächste Frage: Als Mitglied der SED waren Sie der Parteidisziplin verpflichtet.

Folde: Richtig.

M. D.: Und im Sinne des demokratischen Zentralismus auch den Beschlüssen der Parteizentrale.

Folde: Richtig.

M. D.: Führte Sie das in Konflikte mit den Anforderungen Ihres Berufes und sofern dies der Fall war, welche Konflikte waren das, und welche Auswirkung hatten die?

Folde: Es ist tatsächlich so, dass man als Individuum an einen Punkt kommt – je nach dem, was gerade anlag –, innerlich zu widersprechen, obwohl das eben offiziell nicht gewünscht war. Ich will das als Beispiel nehmen: Ich habe 1975 nach der Helsinkikonferenz tatsächlich die Hoffnung gehabt, dass sich eine Änderung anbahnt im deutsch-deutschen Verhältnis vor allen Dingen. Ich war der Meinung der „Korb 3" – Tourismus, ja? Austausch –, wir müssen den erfüllen, sonst hätten wir nicht unterschreiben dürfen. Honecker saß ja neben Ford damals, dieses klassische Bild. Da habe ich zu meiner Frau gesagt: „Wir werden demnächst mal in den Schwarzwald fahren, zu Manfred Kühn." Manfred Kühn ist ein Schüler aus der achten Klasse, die ich hier oben '50 herausgebracht hat, die voriges Jahr Jubiläum hatte. Der war danach in den Westen gegangen, zu seinem Onkel und drüben geblieben. Zu ihm habe ich auch fortwährend Kontakt gehabt, das heißt immer nur Weihnachten, Sylvester haben wir uns gegrüßt, Schluss. Und dem hatte ich immer geschrieben. Und da hatte ich dann gesagt: „Also, wir kommen bald, 1975, Sylvester. Irgendwann wird das bald klappen." Meine Frau hat mich damals gefragt: „Wie denkst du das, wie stellst du dir das vor?"– Ganz einfach, die Partei wird sagen: „Folde, willst du mit deiner Frau mal acht Tage in den Schwarzwald fahren? Das kostet das und das, wir wissen ja, dass du wiederkommst." Und da hat die gelacht, nicht? Ja, die hat jedes Jahr wieder gelacht, weil sie mich gefragt hat: „Wann fahren wir nun in den Schwarzwald?" Dem Kühn hatte ich das übrigens geschrieben. Und 1989, um das fortzuführen – die Wende war ja eingeleitet –, habe ich ihm eine Silvesterkarte geschrieben. Und da hat er mir wieder geantwortet: „Also, nun kannst du aber bald kommen, nicht?" Wir sind da übrigens als Erstes nach Stuttgart gefahren zu ihm, in den Schwarzwald.

Kassettenwechsel (01:27:04)

M. D.: Ja, also hatten Sie zu dem – wie hieß das? –, hatten Sie zu dem Phänomen der sogenannten Republikflucht, dem Verrätertum, dann schon auch ein differenzierteres Verhältnis?

Folde: Das kommt darauf an, wer es war! Es kommt drauf an, wer es war, was der hier für Chancen hatte, gemacht hatte, gesagt hatte, geleitet hatte ... gewürdigt wurde und plötzlich abhaute oder blieb. Oder ob es einer aus dem Umkreis war, von dem ich wusste, dass er eben nichts mit der DDR am Hut hatte und dann beispielsweise einen Ausreiseantrag stellte. Im Rahmen von Wahlvorbereitung war ich ja manchmal angehalten – siehe Parteidisziplin – zu dem und dem zu gehen und mit dem zu reden, dass der zur Wahl kam. Ich habe das immer für Quatsch gehalten, aber ich habe es gemacht! Ich habe es gemacht, unwillig, wirklich! Aber ich habe auch kaum einen dazu gekriegt, dann doch zu kommen, wenn man mit mir geredet hatte. Im Gegenteil dann habe ich ihm dann auch gesagt: „Na ja, bis zu einem gewissen Grade kann ich das verstehen, Ihre Lage."

Aber ich sage das etwa ganz ohne Pathos, ich habe mich an die Parteidisziplin gehalten. Die These stimmt ja: Wenn du deine eigene Linie, Sache, dein eigenes Haus, dein eigenes Nest kritisierst oder beschmutzt, nützt das den anderen. Also wir haben doch gemeint: Öffentlich dürfen wir das nicht sagen, damit es nicht der Gegner ausnützt gegen uns! Das war doch die große, große These. Die stimmt ja, schauen Sie doch an, Gorbatschow ist doch das beste Beispiel, mit seiner Perestroika und Glasnost. Das war nicht mehr zu beherrschen, übrigens weil das System auch nicht reformierbar war – das brauchen wir jetzt nicht lange zu erörtern. Nein, ich bin diszipliniert gewesen.

Ich habe auch mal Dinge nicht so gemacht, das ist eine andere Frage. Ich habe lediglich an meinem Geburtstag 1989, am 17. Dezember, schriftlich meinen Austritt erklärt. Nachdem ich vorher, Wochen vorher, an Modrow geschrieben hatte, dass man die Dinge in den Griff kriegen muss, die auf der Straße passieren, und dass man da auch nachgeben muss. Ich habe nie darauf eine Antwort gekriegt, wie tausend andere auch nicht. Er wäre da auch nicht dazu gekommen, aber ich habe am 17. Dezember '89 meinen Austritt erklärt; meine Frau eher. Das habe ich abgegeben bei der Parteileitung, habe mein Parteibuch hingelegt mit der Begründung: Nicht ich verlasse die Partei, die Partei hat mich verlassen.

M. D.: Als das ruchbar wurde mit den Privilegien?

Folde: Auch! Ja.

M. D.: Und der Staatssicherheit.

Folde: Ja, ja, wobei die Privilegien nicht so hoch angebunden sind. Da lebt jeder Minister im heutigen Deutschland anders als die in Wandlitz.

M. D.: Ja, man hat es vielleicht damals anders empfunden.

Folde: Nein, der Betrug an sich. Der Betrug. Das man ... ja, heimlich Wein trank ...

M. D.: Wie würden Sie das quantitative Verhältnis von Lehre, Verwaltung, Forschung und gesellschaftliche Tätigkeit während der Dienstzeit gewichten?

Folde: Für mich?

M. D.: Ja, so in Prozenten vielleicht.

Folde: Ich bin immer gesellschaftlich tätig gewesen. Wir wohnen seit 01. Januar 1950 hier in Pesterwitz. Ich habe nie Privilegien gehabt, bis auf die Tatsache, dass ich mal gesagt habe: „Dahinten ist ein Grundstück frei, das ist nicht bebaut – was ist denn mit dem Grundstück?" Und der Bürgermeister hat damals gesagt: „Das hat ein Österreicher in Pacht, das läuft nächstes Jahr aus, wenn du das haben willst, schreiben wir das auf dich, aber du musst dann bauen! Das ist Bauland." Und da habe ich gesagt: „Ja, da werde ich fertig, da würde ich bauen." Jetzt vereinfacht gesagt.

Heute sagen wir, meine Frau und ich manchmal ... Es hat alles nichts genützt, was wir gemacht haben. In ehrlicher Absicht haben wir uns hingestellt und haben die Straße mit repariert, weil es keine Mittel gab. Es war ja alles umsonst. Es war nicht umsonst, es war vergeblich, ja, aber ... Wir waren eigentlich immer ausgefüllt mit dem, was wir beruflich gemacht haben. Wir gehörten nicht zu den SVK-

Leuten, die dann sagten: „Ich habe dieses Jahr noch keine sechs Wochen gemacht." Wenn wir krank waren, waren wir krank. Sonst haben wir alle unsere Pflichten erfüllt. Meine Frau war Fachberaterin für Unterstufe, über zwölf Jahre, die ist länger im Schuldienst. Wir haben eben einfach immer alles gemacht, wir haben das Berufliche erfüllt, wir haben gesellschaftliche Arbeit gemacht, auch gern – manchmal unwillig, weil es zu viel war. Wir haben unsere Kinder gehabt, manchmal bedauert, dass wir zu wenig Zeit für sie hatten. Aber es ist trotzdem etwas aus ihnen geworden. Ich bereue mein Leben nicht, ich habe kein anderes. Und das lief eben so. Ich habe daran Befriedigung gefunden.

Deswegen war ich auch so ernüchtert. Das konnte ja keiner ahnen! Wer hat denn geahnt, dass das so kommt? Wer? Selbst ein Kohl hat das doch nicht gemerkt im November. Der hat das genauso wenig gewusst, wie ein Adenauer den 13. August verschlafen hat. Die sollen doch nicht so den Mund aufreißen! Kanzler der Einheit – ich weiß nicht, ob das ein Verdienst ist. Abgesehen davon, dass ich zur Einheit eine andere Auffassung habe. Zur Einheit nicht, aber zur Wiedervereinigung. Die historischen Wahrheiten, die jetzt verbreitet werden – vielleicht ist das ein guter Abschluss von meiner Seite her –, die sind ebenso anfechtbar wie manches von dem, was wir gesagt haben. Und ich habe nicht mehr viel Zeit, danach zu fragen, wer denn nun eigentlich auf dieser Welt Recht hat. Es zählt eigentlich, und das hat mit Egoismus noch gar nichts zu tun, die Jahre zu nützen, die wir beide noch haben.

M. D.: Herr Folde, ich danke Ihnen für das Gespräch.

Mündliches Interview mit Prof. Dr. Bruno Gentner
Potsdam, den 12.04.2001

Bruno Gentner, seit 1952 im Hochschuldienst (Potsdam), ab 1953 Doktorand an der Humboldt-Universität, Promotion 1955, 1961 Habilitation und ordentliche Professur, Mitglied zahlreicher zentraler Gremien.

Abb. 7: Bruno Gentner, 1967. Quelle: GS 9 (1967), S. 340.

M. D.: Herr Gentner, wenn Sie die Geschichte der Methodik des Geschichtsunterrichts in der DDR periodisieren wollten, welche Zäsuren würden Sie setzen?

Gentner: Meiner Meinung nach war ein Einschnitt um 1963. Vorher konnte man diskutieren. Jetzt konnte man nicht mehr diskutieren: Margot Honecker hat es so gesagt und so wurde es gemacht.

M. D.: War das schon so, als sie noch stellvertretende Ministerin war, oder erst mit ihrem Amtsantritt 1963?

Gentner: Als sie stellvertretende Ministerin war, war das schon so. Ich habe das sehr stark gemerkt. Dann und wann habe ich einen Artikel in der „Geschichte in der Schule" geschrieben. Der wurde in der Redaktion grundsätzlich diskutiert und damit ideologisch abgesegnet. Wenn man sich auf sowjetische Literatur stützen konnte, dann war man ein bisschen abgesichert. Nicht immer, aber ein bisschen schon. Frau Honecker hat alles ganz krass klassenmäßig gesehen. Und wo sie glaubte, dass man gegen dieses Prinzip verstoßen hat, wurde man unter Umständen hart gestoppt.

M. D.: Also, die eine Zäsur würden Sie mit Amtsantritt Honecker setzen. Und vorher? In der Zeit, gerade so Anfang der Fünfzigerjahre? War das...

Gentner: Wer war denn da alles? Wandel unter anderem. Die waren nicht so stur. Außerdem kamen sie aus der Weimarer Zeit und hatten meistens in der Weimarer Zeit selber unterrichtet. Sie hatten daher auch ein bisschen Ahnung von der Schule. Honecker kam von der FDJ und die FDJ – na ja, das wissen Sie ja, wie es da zuging. Da und dort konnte man diskutieren!

M. D.: Ja, die zweite Frage war: Wenn Sie die Hauptkontroversen in der Geschichte der Geschichtsmethodik benennen wollten, welche wären das in diesen Fünfziger- und Sechzigerjahren?

Gentner: Die Hauptkontroversen? Ja, dann würde ich fragen: Nach innen oder nach außen?

M. D.: Beides, wir können das ja differenzieren.

Gentner: Nach innen kenne ich keine. Man hat immer alles Mögliche diskutiert. Aber nicht so, dass sich die Dinge verhärtet haben und sich ‚Schulen‘ oder ‚Lager‘ oder so etwas bildeten. Das nicht! Nach außen hin war das zunächst mal die Sache Stohr/Behrendt mit der Kybernetik. Das hat aber in den Kreisen der Geschichtsmethodiker nie eine dominierende Rolle gespielt. Das war Dresdner Sache. Wir haben alle zur Kenntnis genommen, dass sie zurechtgewiesen wurden, aber das war auch alles. Dann kam die Sache mit Strauss und Raasch. Aber das war eine interne Angelegenheit.

Na ja, da müsste ich etwas über Strauss sagen. Was nicht dazugehört, aber ich sage es trotzdem: Strauss war ein Lebemensch! Und Strauss musste man Zeit geben, wenn wir zusammenkamen, damit er alles, was ihn bewegte und betrübte, von sich geben konnte. Dann hat er geredet und war glücklich, dass er das konnte. Wir waren seine Kinder sozusagen. Wir trafen uns, so vielleicht einmal im Monat, manchmal nach längerer Zeit. Und da hat jeder, von sich aus, die Probleme genannt, mit denen er es zu tun hatte. Strauss hat mir persönlich in meiner eigentlichen Sache kaum geholfen. Aber was ich sagte, prüfte er, und dann stand er hinter mir! Darauf konnte ich mich verlassen. Aber die Literatur oder das Problem, das interessierte ihn kaum. Und wenn er keine Lust hatte, dann kam er mit einer Flasche Schnaps an und mit einer langen Salami. Dann haben wir eben den Schnaps getrunken und Salami gegessen. Und wenn er Schnupfen hatte, dann hat er uns nach Hause eingeladen – seiner Frau war das überhaupt nicht recht. Dann saß er im Bett wie Buddha, mit verschränkten Beinen, und dann haben wir über alles Mögliche gesprochen. Jeder konnte die Probleme, mit denen er es zu tun hatte, zur Debatte stellen. Dann wurden sie geprüft, von allen. Und dann wusste man Bescheid: Aha! So kann es gehen.

Ich stand anfangs etwas hilflos da. Dann sagte er: „Wo hast du etwas, auf das du dich stützen kannst?" Da fand ich den Kohlrausch. Und wie glücklich ich war!

Der war nirgends bekannt! Und das war mein Glück. Dadurch kam ich auch mit den Didaktikern der Fakultät, zum Beispiel bei der Verteidigung der Dissertation, nie in Konflikt. Denn Kohlrausch war für sie neu, und was ich ihnen von Kohlrausch gesagt habe, das konnte ich belegen, konnten sie nichts einwenden. Aber Kohlrausch ist nie der große Methodiker geworden – als Leitbild. Er war eben kein Kommunist.

Im Übrigen kenne ich keine anderen Probleme. Ich hatte mit Berlin, nachdem Strauss gegangen war, keinen inhaltlichen Kontakt mehr. Osburg hatte seine Tafelbilder. Ich war auf die Geschichte der Geschichtsmethodik ausgerichtet.

M. D.: Osburg war zu der Zeit im Staatssekretariat.

Gentner: Ja. Als ich bei Strauss war und teilgenommen habe an den sogenannten Seminaren, da war er immer da. Er war auch damit beschäftigt, seine Dissertation zu schreiben. Wann er im Staatssekretariat war, weiß ich gar nicht mehr. Wenn ich mich nicht irre, war Osburg zeitweise Mitglied der Parteileitung der Fakultät. Es ist keine Besonderheit, wenn es als Mitarbeiter im Staatssekretariat für das Hochschulwesen an den Seminaren bei Strauss teilnahm. Auf jeden Fall wusste er Bescheid, wie es um Strauss und Raasch ideologisch stand. Dennoch wurde er befördert.

M. D.: Aber dieser Konflikt mit Strauss, was war das für einer? Sie haben ja eigentlich bisher nur angenehme Sachen geschildert. Dieses Doktorandenkolloquium, diese vertrauensvolle Atmosphäre. Wo war der Konflikt mit Strauss und Raasch?

Gentner: Zwischen den beiden? Da gab es keinen!

M. D.: Nein, das ist klar, nein. Aber zwischen der Partei, der Universitätsleitung und Strauss?

Gentner: Ja, wie soll ich sagen? Die waren einfach mit der Linie der Partei nicht einverstanden! Was Ulbricht sagte, das kritisierten sie. Strauss war ein Mann, der aus der Weimarer Zeit kam, und war ein demokratischer Sozialist. Und damit war er eben gegen die offizielle Linie, und reden ließ er sowieso nicht mit sich und mit der Honecker wollte er nichts zu tun haben. Es war nur eine Frage der Zeit, bis die Sache ans Tageslicht kam. Er schimpfte auf die Dinge, wenn wir zusammen waren. Da hatte er keine Hemmungen. Und eines Tages muss es … Ich weiß nicht, wer es rausgetragen hat. Heute weiß ich, dass es überall Spitzel gab, aber wer die nun wirklich waren, kann ich nicht beweisen.

M. D.: Wie war das für Sie? Also, Sie waren ja auch loyaler Sozialist und SED-Mitglied, und hatten sicher eine andere Linie als Strauss.

Gentner: Ja, aber wir waren keine Feinde.

M. D.: Sie hatten diese vertrauensvolle Atmosphäre. Wie haben Sie denn den Bruch empfunden? Ich meine, das war ja persönlich auch ein hartes Schicksal für Strauss, '58.

Gentner: Also, in der Zeit habe ich ihn ja nicht mehr gesehen. Als die Sache ans Tageslicht kam, fanden die Seminare nicht mehr statt. Und ich habe Strauss nie mehr gesehen, auch nicht Raasch. Außerdem – das interessierte mich auch nicht. Ich hatte eine andere Auffassung, ich hatte meine Position, und wenn ich sie vorgetragen habe, nahm er sie lächelnd hin. Und im Übrigen war die Sache nicht so dramatisch, wie man sich das wohl vorstellen kann. Wirklich nicht.

M. D.: Raasch ist im Frühjahr '57 ... hat er die Grenze gewechselt. Wie ist das diskutiert worden?

Gentner Überhaupt nicht.

M. D.: War das nicht ein Eklat?

Gentner Nein, überhaupt nicht. Also nicht mit mir.

M. D.: Na, ich meine, aber hat man nicht so darüber geredet unter Geschichtsmethodikern?

Gentner: Das war ja, nachdem ich meine Dissertation erledigt hatte. Da hatte ich keine Kontakte nach Berlin.

M. D.: Und hatte sich das angedeutet bei Rudolf Raasch?

Gentner: Natürlich.

M. D.: Denn wenn man seine Dissertation liest, kommt man nicht sofort auf den Gedanken ...

Gentner: Ja, er musste sich ja anpassen. Und das war es ja! Deswegen hat es sich aus meiner Ansicht überhaupt nicht gelohnt, sich daran die Finger zu verbrennen. Man wusste bei ihm nämlich nicht: Was sagt der, wenn es darauf ankommt? Was er sagte, wenn wir im engen Kreis zusammen waren, das hat man ja gehört. Aber was würde er sagen, wenn er, sagen wir, Maß genommen wird, richtig? Was er dann gesagt hätte, das wusste man nicht. Aber eines wusste man: Sie waren gegen die Linie. Sie wollten diskutieren. Und nicht einfach das, was Honecker sagt, für bare Münze nehmen. Das war das Problem. Also, er war renitent gegenüber der offiziellen Meinung. Außerdem ist die Situation vor der Dissertation eine andere als danach. Raasch war auch auf seinen Vorteil bedacht!

M. D.: Aber diese renitente Haltung konnten Sie damals durchaus respektieren?

Gentner: Ja. Wir haben ja in Potsdam auch nicht alles gebilligt. Bloß ist unsere Sache nicht ans Tageslicht gekommen.

M. D.: Warum schoss Eckermann gegen Sie?

Gentner Na ja, warum? Eckermann war als Historiker schwach. Er lebte gewissermaßen von seinen Assistenten, die ihm das Material für seine Vorlesungen beschafften. Eckermann gebrauchte gerne seine Ellbogen gegenüber anderen, von denen er glaubte, dass sie ihm nichts anhaben können. Das versuchte er auch mit mir, indem er ohne zwingenden Grund darauf einging, wie man bestimmte Stoffe, die er gerade in der Vorlesung behandelte, im Unterricht darstellen sollte. Das geschah in einem kritischen Tonfall. Aber damit kam er bei den Studenten nicht an. So ließ er es sein und wurde freundlich mir gegenüber. Ich hatte nichts dagegen, zumal ich ihn nicht brauchte. Er wollte sich also auf meine Kosten in einem günstigen Licht präsentieren. Aber sagen Sie mal, Sie haben da vorhin ein Protokoll erwähnt, das ich nicht kenne. Was steht denn da drin?

M. D.: Also 1958/59 findet ja die große schulpolitische Wende statt, sozialistische Umgestaltung. Und da gibt es also 1958 die Hochschulkonferenz für alle Wissenschaften, wo übrigens Rudolf Raasch das Paradebeispiel ist von Revisionismus, im Referat von Kurt Hager. Und da gibt es dann zu jeder Einzelwissenschaft Extratagungen, und für die Pädagogik gibt es die '59, im Juni, glaube ich. Es heißt „Arbeitstagung pädagogischer Wissenschaftler", findet in Berlin statt, in einer Betriebskantine. Und ich nehme an, dass Sie da gewesen sind, weil da eigentlich alle wichtigen Leute da waren.

Gentner: Nein, da erinnere ich mich nicht.

M. D.: Es war also eine SED-Aktivtagung. Ja, und da geht es einfach darum, dass es einen Redebeitrag von Hans Wermes gibt, den ich übrigens auch kenne und schätze, der dort die Dissertation von Hans Baer nutzt, um nun seinerseits Revisionismus zu brandmarken. Hans Baer ist ja schon vorher in die Schusslinie geraten durch Herbert Mühlstädt, in der „Geschichte in der Schule", und auch durch Eckermann ... ein paar Monate später. Wie war das? Hans Baer war ja Ihr Mitarbeiter hier in Potsdam. Wenn nun ein Mitarbeiter politisch unter Beschuss gerät – wie war das in der DDR für den Leiter? Hat man da erst mal so eine Art Schutzfunktion entwickelt? Hat man erst mal geguckt: Wer schießt jetzt? – Wie war das?

Gentner: Ich kann mich nicht erinnern, dass wir auf diese Fakten eingegangen sind.

Kassettenwechsel (28:51)

Gentner: Niemand von uns kam auf den Gedanken, dass die Berliner mit ihrem Forschungsthema schief liegen könnten. Dass Hans Baer sich bei den Berlinern etablieren konnte, betrachteten wir als Glücksfall. Nachdem das Forschungsthema der Berliner zurückgewiesen wurde, hatte auch Baer seine wissenschaftliche Basis verloren. Nun gehörte Hans Baer wieder ganz zu Potsdam. Niemand nahm die Beschuldigung ab, er könnte ein Revisionist sein. Er war ein außerordentlich fleißiger Kollege und darüber hinaus ein sehr aktives Mitglied der Kampfgruppe. Politische Feindschaft war bei der Bereinigung dieser Sache gewiss nicht im Spiel. Der Leiter musste nun allerdings eine feste Position haben. Sonst lief nichts. Diese ideologische Bereinigung spielte sich natürlich vorwiegend in der Parteigruppe und Parteileitung ab. Wenn man in der DDR groß geworden ist, wusste man schon, wie man in solch bezüglichen Fällen vorgehen muss. Die Genossen waren auch nur Menschen.

M. D.: Wussten Sie, dass es Mitte der Fünfzigerjahre Kontakte gab, relativ intensive Kontakte, zwischen Strauss und Georg Eckert in Braunschweig?

Gentner: Ja, das wusste ich. Das wusste ich, dass es die gab. Aber gesprochen hat er darüber nicht.

M. D.: Sie haben 1956 eine Einladung bekommen. Zu einem gemeinsamen Treffen westdeutscher Geschichtsdidaktiker und ostdeutscher Geschichtsmethodiker. Ich habe diese Einladung in den Akten gefunden. Ist daraus was geworden aus diesem Treffen?

Gentner: Nein, daraus ist nichts geworden.

M. D.: Und warum? Wissen Sie das noch?

Gentner: Das weiß ich nicht, ich wäre auch nicht gegangen!

M. D.: In dem Schreiben bitten Sie den Rektor um Genehmigung der Dienstreise.

Gentner: Ja? Das weiß ich gar nicht mehr.

M. D.: Warum wären Sie nicht gegangen?

Gentner: Weil ich Schwierigkeiten gekriegt hätte.

M. D.: Und wenn das abgesegnet gewesen wäre von oben?

Gentner: Was heißt „abgesegnet"? Das hätte nichts gebracht. In dem Punkte war ich konsequent. Ich habe zwar das Parteiabzeichen nicht getragen. Manchmal wurde ich deshalb angepflaumt, aber ich habe es trotzdem nicht gemacht. Ich wollte meine Gesinnung nicht nach außen tragen. Wo man die Partei ärgern konnte, das wusste ich. Und das habe ich nicht gemacht. Das brachte nichts! Außerdem wäre es mir nicht erlaubt worden, vor den Studenten darüber zu sprechen. Ich wollte meine bisherige erfolgreiche Arbeit beim Aufbau der Abteilung Geschichtsmethodik nicht aufs Spiel setzen. Das war ich auch meinen Kollegen schuldig!

M. D.: Ja, ist klar, verstehe. Vielleicht machen wir mal einen kleinen Exkurs, und ich würde Sie bitten, dass Sie etwas aus ihrer Kindheit und Jugend erzählen.

Gentner: Am 27. September 1920 wurde ich geboren aber wahrscheinlich wissen Sie das schon, und zwar in Lichtental. Das wissen Sie auch schon, nicht? Das ist in Bessarabien. Und was Bessarabien ist, das wissen Sie wahrscheinlich nicht.

M. D.: Na ja, Kischinew, Moldawien.

Gentner: Meine Urgroßeltern kamen aus Württemberg. Der Zar hat Deutsche gerufen. Sie sollten nach Russland kommen und in wenig besiedelten Gebieten eine ertragreiche Landwirtschaft aufbauen. Das waren arme Leute aus Württemberg. Sie sind über Polen ans Schwarze Meer gezogen. Und haben sich dort angesiedelt. Lichtental ist 1836 gegründet worden. Wir hatten viel Land vom Zaren gekriegt. Jede Familie bekam rund 60 Hektar Land und den Leuten ging es nicht schlecht. Mein Vater hat in Odessa eine Fachschule absolviert und war dann Buchhalter im Konsum in Lichtental. Meine Mutter war Hausfrau.

Zur Zeit der Aussiedlung war Bessarabien russisch. Nach dem Ersten Weltkrieg wurde es rumänisch, und nach dem Zweiten Weltkrieg wurde es wieder russisch. Bevor Hitler die Sowjetunion überfallen hat, wurden die Nachkommen der ehemaligen Kolonisten auf der Grundlage des Hitler-Stalin-Vertrages „Heim ins Reich" wieder ausgesiedelt und kamen über die Donau, Österreich und Sudetengau zurück nach Deutschland, das heißt in den Warthegau, wo sie in ebensolchen enteigneten Höfen polnischer Bürger untergebracht wurden. Bis dahin ging es für die Kolonisten ganz gut, denn sie waren einer sicheren sowjetischen Deportation entgangen.

Was sie gegen Ende des Zweiten Weltkrieges im Zusammenhang mit der Vertreibung noch alles erleben würden, das wussten sie allerdings noch nicht. Wir Kinder gingen in Lichtental in eine voll ausgebaute deutsche Schule. Nach der fünften Klasse schickten mich meine Eltern nach Saratu an die dortige Lehrerbildungsanstalt, die ich bis zur Aussiedlung besuchte (sieben von acht Klassen). In Deutschland holte ich dann die achten Klasse nach, machte die Abschlussprüfung und war damit ausgebildeter Lehrer. Jetzt hing alles davon ab, ob ich zur Wehrmacht eingezogen wurde, denn ich war damals schon 20 Jahre alt.

M. D.: Waren Sie an der Front dann?

Gentner: Zunächst wurden die jungen Männer aus dem Osten nicht zur Wehrmacht eingezogen. Man hatte wohl Angst, dass sie überlaufen könnten. Das Gegenteil war der Fall, sie kämpften tapfer! Ich wurde 1941 in das Regiment „Groß-deutschland" eingezogen, das in der Fontane-Stadt Neuruppin stationiert war. Nach der Rekrutenzeit schickte man mich und andere „Ostler" nicht an die Front, sondern nach Berlin in das Wachbataillon „Großdeutschland", das neben der Eh-renwache am Ehrenmal auch die Wache im gesamten OKW-Bereich stellte. Zwei-mal in der Woche zogen die einzelnen Kompanien in Hochglanz und Stechschritt mit Pauken und Trompeten, flankiert von vielen Schaulustigen, die Linden entlang zum Ehrenmal, wo die Vergatterung stattfand.

Ende 1941, Anfang 1942 war dann für mich die Zeit gekommen, wo ich an die Ostfront geschickt wurde. An der Front war ich im Ganzen nur ein Jahr, denn ich wurde im Laufe dieser Zeit dreimal verwundet, einmal ganz schwer, sodass meine aktive Dienstzeit damit zu Ende war. Ich kam ins Lazarett nach Breslau (später nach Posen), wo ich der Dinge harrte, die auf mich zukommen würden. Da mir die Verwundung keine Schwierigkeiten bereitete, wurde ich schließlich auf unbe-stimmte Zeit in den Genesungsurlaub nach Hause (Hohensalza, Warthegau) ge-schickt. Dort blieb ich, bis die Russen Anfang 1945 kamen und wir fliehen mussten.

M. D.: Strauss hat eine ganze Reihe von disziplinhistorischen Arbeiten auf die Wege gebracht. War denn Ihre Arbeit so eine Art Auslöser?

Gentner: Ich war der Erste jedenfalls, der bei ihm promovierte. Strauss war nur gezwungenermaßen Geschichtsmethodiker. Er schleppte immer ein Manuskript von mindestens 1.000 Seiten mit sich herum, über den Ersten Weltkrieg. Davon erzählte der dauernd. Aber die Fachhistoriker haben ihm dieses Manuskript nicht abgenommen. Darunter litt er. Er wollte Historiker sein und fühlte sich auch im-mer als Historiker. Mit der Geschichtsmethodik, das war bloß ein Übergang. Mei-nes Erachtens kamen Strauss und ich deshalb miteinander so gut aus, weil mein Dissertationsthema dem Charakter nach ein historisches war. Ich kann mir nicht vorstellen, dass sich Strauss mit solchen Fragen wie „Tafelbilder", „Lehrervortrag" und Ähnlichem ernsthaft beschäftigt hätte. Dieses Dilemma, das für ihn nicht lös-bar war, der damit verbundene Frust, war auch die Ursache für seine politische Kontrahaltung, so glaube ich jedenfalls.

Kassettenwechsel (56:59)

M. D.: Gab es ein Konkurrenzverhältnis zwischen Ihrem Lehrstuhl in Potsdam und dem Lehrstuhl von Hans Wermes in Leipzig?

Gentner: Dazu kann ich nur sagen, dass ich Hans Wermes nie als Konkurrenten empfand. Die Abteilungen, die wir leiteten, waren zu unserer Zeit die erfolgreichs-ten. Aber Hans Wermes stand uns nie im Wege bei der Erfüllung unserer gleichartigen Aufgaben. Es gab während der ganzen Zeit keine wissenschaftliche Veranstaltung zwischen unseren Abteilungen. Wir erfuhren voneinander über die Zeitschrift und über zentrale Veranstaltungen. Wenn wir uns trafen, waren wir freundlich zueinander. Aber Busenfreunde waren wir nicht.

M. D.: Eine andere Frage. Wie empfanden Sie seinerzeit die Bedingungen für Forschung an der Hochschule? War die Stelle für Forschung prädestiniert oder hat man das eher so nebenbei betrieben? Gab es beispielsweise Probleme mit dem Zeitlimit?

Gentner: Dazu muss ich einiges sagen zu meinen persönlichen Voraussetzungen, an der Hochschule zu arbeiten. Gleich nach Kriegsende ging ich zum Kreisschulrat in Cottbus und stellte mich als Junglehrer vor. Er gab mir eine Liste mit den freien Schulen des Kreises und überließ mir die Auswahl. Ich entschied mich für Limberg – ein Dorf, das meine Frau gut kannte. Nach vier Jahren bekam ich eine Anfrage vom Ministerium für Volksbildung in Potsdam, ob ich Interesse hätte an der Leitung der Erweiterten Oberschule in Luckenwalde. Trotz Bedenken stimmte ich zu.

In der Zwischenzeit wurde die Hochschule in Potsdam gegründet, die Kader suchte. Man bot mir eine Stelle als Assistent im Historischen Institut an, die ich annahm. Aber schon nach kurzer Zeit wurde der Charakter der Hochschule von einer fachwissenschaftlichen Einrichtung in eine vor allem pädagogisch ausgerichtete Ausbildungsstätte umgewandelt. Damit schlug sozusagen meine Stunde. Es wurde am Historischen Institut eine methodische Abteilung gegründet und ich war der erste Mitarbeiter.

Mit meiner Entscheidung für die Methodik war mir auch klar, dass ich mich entsprechend qualifizieren müsste. Ohne Promotion und Habilitation war meine wissenschaftliche Zukunft verstellt. Ich suchte jetzt einen Doktorvater und fand ihn in Strauss. Von Anfang an hat er mich freundlich aufgenommen und unterstützt. Die Begegnung mit ihm war für mich immer Ermunterung. Der Aufbau der Methodikabteilung war für mich und meine Mitarbeiter eine außerordentlich schwere Zeit. Es waren nicht nur die Direktstudenten, die zu betreuen waren. Es kamen die Fernstudenten dazu, die immer dann kamen, wenn die Schüler Ferien hatten. Wir arbeiteten rund um die Uhr und das Jahr.

Es war kein Wunder, dass mein Körper bei dieser Belastung scheiterte: Ich bekam Magengeschwüre und wurde operiert. Die Hochschule hatte allergrößtes Interesse daran, dass die Forschung nicht vernachlässigt wurde. Es war durchaus möglich, dass man Forschungsurlaub erhielt, wenn die Situation es erlaubt. Aber die Bedingungen dafür musste man selbst schaffen.

M. D.: Wissenschaftstradition – das wäre eine nächste Frage – aus der Sie geschöpft haben, ist Kohlrausch und Diesterweg. Wie ist es mit westdeutscher Fachliteratur. Haben Sie daraus geschöpft?

Gentner: Kaum – nichts, null.

M. D.: Wollten Sie nicht, oder war die Literaturlage so schlecht?

Gentner: Die Literaturlage war schlecht. Ich kannte auch nichts. Soviel ich weiß, musste die Geschichtsmethodik drüben meistens sehr stark damit ringen, als Wissenschaft anerkannt zu werden. Und das war kein Anreiz. Eher schon Stepanow in Leningrad,[1] oder Mejstrik in Prag.[2]

M. D.: Welche Rolle kam den Zentralinstanzen im Diskurs Ihrer Disziplin zu? Also, dem DPZI zum Beispiel?

Gentner: Über das DPZI erfuhr man, was das Ministerium will. Und das DPZI war auch dazu da, das, was das Ministerium wollte, zu erläutern. Und insofern war es leitend. Ohne das DPZI hätte jeder von uns wahrscheinlich irgendwie anders gedacht.

M. D.: Sie haben mit Reinhold Kruppa 1974 das Handbuch zur Geschichtsmethodik herausgegeben. War das – jetzt im Verhältnis zu Stohrs Handbuch – etwas ganz anderes? Sollte das den Stohr ablösen als Referenzbuch?

Gentner: Ergänzen. Gegen Bernhard Stohr war mit uns nichts zu machen. Der Mann war zu ehrlich und zu solide, um gegen ihn zu sein.

M. D.: Eine Frage zu einem anderen Komplex. Wie sind Sie eigentlich Sozialist geworden? Und wodurch?

Gentner: Das war in Limberg. Ich habe schon gesagt, dass ich gleich nach dem Kriege Lehrer in Limberg war. Dort hatte ich engen Kontakt zu den Bauern und Arbeitern, von denen einige Mitglied in der SPD waren. Deren Argumentation und Haltung hat mich überzeugt. So wurde ich Sozialist, das heißt: Mitglied der SPD. Zwischen der Mitgliedschaft und meinem Berufsethos gab es keine Differenz. Im Gegenteil.

---

1 Stepanow, A. A. „Psychologische Probleme des Unterrichtsfernsehens". In *Fernsehen in der Schule*, herausgegeben vom Zentraler Beirat für Unterrichtsfernsehen, Wissenschaftliches Forschungsinstitut für Schulausstattung und Technische Unterrichtsmittel der Akademie der Pädagogischen Wissenschaften der UdSSR, Leitung: M. P. Kaschin, 84–98. Berlin: Volk und Wissen, 1968.
2 Vaclav Mejstrik, langjähriger Professor an der Pädagogischen Hochschule in Prag, trat mit einigen Texten in DDR-Zeitschriften auf, siehe hier die Premiere: „Die Aufgaben der Geschichtsmethodik als Studienfach an den Höheren Pädagogischen Schulen und Pädagogischen Hochschulen der CSR". *Geschichte in der Schule* 10 (1957): 486–491.

M. D.: Sie sind in die SPD eingetreten?

Gentner: Ja, das würde ich heute noch tun. Aber das kam ja alles dann anders, nicht?

M. D.: Sie sind dann mitvereinigt worden und waren so in der SED.

Gentner: Natürlich. Aber davon wurde nicht die Überzeugung berührt, dass es einen demokratischen Sozialismus gibt. Nur dass eben nicht öffentlich darüber gesprochen wurde. Nach 1953 sowieso nicht. Das konnte Kopf und Kragen kosten. Das setzte ein Vertrauensverhältnis voraus.

M. D.: Jetzt schließt sich daran eine andere Frage an: Als Mitglied der SED waren Sie der Parteidisziplin verpflichtet und im Sinne des demokratischen Zentralismus auch den Beschlüssen der Parteizentrale. Führte Sie das in Konflikte mit den Anforderungen Ihres Berufes?

Gentner: Die Grundpositionen des Kommunistischen Sozialismus waren interpretierbar. Man musste nur die Grenzen des Nicht-Erlaubten kennen!

M. D.: Es hatten ja auch andere Geschichtsmethodiker eine Nachkriegs-SPD-Erfahrung. Konnte man sich darüber austauschen? Gab es denn unter den Geschichtsmethodikern auch Leute, die weniger differenziert politisch gedacht haben und da eher so eine Art Reinheitswacht übernommen haben?

Gentner: Es gab solche Typen. Die hatten nichts anderes zu tun, als darüber nachzudenken, ob wir gegen Beschlüsse verstoßen. Damit musste man leben.

M. D.: Friedrich Weitendorf ist 1970 als Leiter am DPZI abgelöst worden. Warum?

Gentner: Ja nun, warum? Im Einzelnen weiß ich das nicht, kann es mir aber denken.

M. D.: Gab es fachliche Gründe?

Gentner: Weitendorf fehlte es vor allem an Kreativität und Ausstrahlung. Er wirkte kalt. Seine Hörer wollten auch emotional angesprochen werden. Wenn er einen Vordenker hatte, oder wenn sein Kontrahent öffentlich Fehler begangen hatte, so dass man auf ihn losgehen konnte, dann fühlte er sich sicher. So ein Mann konnte nicht alt werden im DPZI. Das war übrigens auch sein Hauptproblem in Potsdam. Politisch war Weitendorf immer brav! So hielt er sich.

M. D.: Es gab 1968 den Prager Frühling, und dann im Sommer die Niederschlagung. 1967 war in Prag das Internationale Symposium für den Geschichtsunterricht sozialistischer Länder, wo man ja als Geschichtsmethodiker ja auch sehr intensiv in Berührung kam mit den politischen Veränderungen in der ČSSR. Spürten

Sie nach 1968 in der Wissenschaft so eine Art Klimawechsel? Wurde politisch schärfer aufgepasst?

Gentner: Es ist immer aufgepasst worden.

M. D.: Ja, aber es kann ja sein, dass dadurch ein größeres Misstrauen entstanden ist gegen die Intellektuellen.

Gentner: Auch Misstrauen gab es immer. Wenn ich an unsere Gäste denke, die uns öfter besucht haben (Stepanow aus Leningrad, Mejstrik und Teichova aus Prag), so kann ich einen solchen Klimawechsel nicht bestätigen. Mit diesen Kollegen war es schon immer kaum möglich in ein Gespräch politischen Charakters zu kommen. Wir versuchten es schließlich auch nicht mehr. Im Übrigen waren wir es gewöhnt, dass es immer wieder ideologische Probleme gab, die man durchstehen musste. Wir wussten, was wir in solchen Fällen zu tun hatten.

Schriftliches Interview mit Georg Uhlmann

Berlin, erhalten am 13.12.1997[1]

Georg Uhlmann, Promotion 1961, gehörte dem paradigmatischen FDJ-Geschichtslehrerkollektiv ‚Fritz Scheffler' Neuwürschnitz an, 1951 Wechsel nach Berlin zur Ausarbeitung der ersten DDR-Geschichtsschulbücher, seit 1954 für die Geschichtspolitik im ZK der SED und seinen Einrichtungen tätig.

M. D./H. S.: Wann und wodurch kam es zur Kollektivbildung?

Uhlmann: In Sachsen wurde der Geschichtsunterricht erst mit dem Schuljahr 1946 eingeführt. Nur Geschichtslehrer, die vom Ministerium ein Dokument erhielten, durften Geschichtsunterricht erteilen. Ein Riesenproblem stand vor uns: Es gab keine Geschichtslehrbücher, die für unseren Unterricht geeignet waren. Als die ersten aktuellen Bücher antifaschistischen und sozialistischen Inhalts erschienen (zum Beispiel Albert Norden: Lehren deutscher Geschichte, Niekisch: Deutsche Daseinsverfehlung), waren sie für uns Lehrer eine wahre Fundgrube. In der Grundschule II von Neuwürschnitz waren wir zwei Geschichtslehrer: Ich, Schulleiter seit März 1946, und Ehrenfried Schenderlein. Bei irgendeinem Anlass trafen wir zwei Geschichtslehrer der Grundschule I: Rudi König und Werner Rentsch. Es war keine organisierte, sondern eine spontane Zusammenkunft. Es kam wie selbstverständlich zum Erfahrungsaustausch „Geschichte". Das Gespräch fand in meiner Wohnung in der Schule statt. Es blieb nicht bei dem einen Gespräch, sondern wir kamen fast regelmäßig zum Meinungsaustausch zusammen. Vielleicht kann man diese „Viererclique" als Vorstadium des Kollektivs bezeichnen. (Leider leben von den vieren nur noch zwei.) Wann das FDJ-Geschichtslehrerkollektiv „Fritz Scheffler" entstand, weiß Helmut Scheibner besser als ich (ich schätze etwa 1950). Der „Firmenname" stammt von ihm. Auch die folgende Entwicklung des Kollektivs· wurde von ihm maßgeblich beeinflusst.

M. D./H. S.: Wer gab von außen [*Anm.: handschriftlich eingefügt:* den Anstoß] sowohl zur Kollektivbildung als auch für unsere Publikationen in der Zeitschrift?

Uhlmann: Etwa 1950 hatte Helmut Scheibner einen Kontakt mit Inge Lösche, Mitarbeiterin der Zeitschrift der Geschichtslehrer. Sie wünschte von uns einen Artikel

---

1 Die Antworten übermittelte Helmut Scheibner, nachdem Georg Uhlmann ursprünglich aus gesundheitlichen Gründen die Beantwortung der Fragen abgelehnt hatte. Helmut Scheibner schrieb am 13.12.1997 an Marko Demantowsky: „Lieber Marko! Meine Interpellation bei Dr. Georg Uhlmann war erfolgreich. Dieser Tage erhielt ich von ihm folgende Antworten auf Fragen, die ich in Ihrem Sinne formuliert hatte. [...]"

über die Geschichtsbücher, die damals stückweise erschienen. Im Kollektiv wurde ich beauftragt, gemeinsam mit Ehrenfried Schenderlein den Entwurf eines Artikels zu schreiben. Das alles geschah meines Erachtens im Januar 1951. Der Artikel erschien im Februar 1951.

M. D./H. S.: Wann kamst Du nach Berlin? Durch wen wurde das veranlasst? Was genau hast Du in diesen ersten Monaten gemacht?

Uhlmann: Der erwähnte Artikel fand in Berlin Anklang. Das hatte zwei Folgen:

In der Zeitschrift erschienen zahlreiche weitere Artikel vom Kollektiv.

Ich wurde im Februar (oder März) von Becher nach Berlin eingeladen zu einer Beratung der Autoren des Lehrbuches, das in Einzelteilen broschiert erschien.

Es fehlte noch ein Autor für den Abschnitt „Weimarer Republik". Ich nahm den Auftrag an; denn 1949 hatte ich an einem Kurzlehrgang zum Thema „Weimarer Republik" an der Berliner Uni teilgenommen. Leiter und Einlader war ebenfalls Becher (befreundet mit Minister Paul Wandel). Ich wurde als Lehrer beurlaubt und im ‚Volk und Wissen Verlag' angesiedelt. Von April bis August 1951 schrieb ich im Verlag das „Lehrbuch für den Geschichtsunterricht 8. Schuljahr, Teil III". Es erschien noch 1951. Ich blieb anschließend im Verlag, gemeinsam mit Helmut Scheibner und Ehrenfried Schenderlein.

Kurzer Lebenslauf

- 1922 geboren
- Vater Bergarbeiter
- 1929–1933 Volksschule
- 1933–1941 Oberschule, Abitur
- 1941–1945 Wehrmacht, Krieg
- 1945–1951 Neulehrer
- 1951–1954 ‚Volk und Wissen Verlag' (Berlin, DDR)
- 1954–1958 Institut für Gesellschaftswissenschaften beim ZK der SED
- 1958–1970 ZK der SED, Abt. Wissenschaften
- 1961 Dr. phil.
- seit 1970 Institut für Marxismus-Leninismus, Geschichte der Arbeiterbewegung
- seit 1988 Rentner

Schriftliches Interview mit Dr. Rudolf Raasch

Stadtprozelten, den 27.3./25.6.2000

Rudolf Raasch, seit 1953 wissenschaftlicher Assistent an der Humboldt-Universität, Promotion 1956, dramatische Flucht in die Bundesrepublik 1957. Raasch war Assistent von Walter Strauss (Flucht in die Bundesrepublik 1959).

Brief vom 27. März 2000

Lieber Herr Demantowsky,

schönen Dank für Ihren Brief vom 20. März. Beiliegend schicke ich Ihnen den ausgefüllten Fragebogen. Es fällt mir auf, dass Sie mit den Begriffen „Unterrichtsmethode" und „Methodik" arbeiten, nicht aber mit der Didaktik. Aber vielleicht ist die Didaktik in Ihrer Begrifflichkeit einbezogen.

    Mit freundlichen Grüßen Ihr
    Rudolf Raasch

Frage: Wenn Sie die Geschichte der Methodik des Geschichtsunterrichts in der DDR periodisieren wollten, welche Zäsuren würden Sie setzen?

Raasch: Zu meiner Zeit, 1950–57, gab es in Berlin innerhalb des Bereiches Methodik und Didaktik des Geschichtsunterrichts keine Perioden. Es war eine sich gleichbleibende Zeit mit undogmatischer marxistischer Parteilichkeit. Maßgeblich war der Abteilungsleiter. Zur Methodik: Wir arbeiteten in der Lehre mit dem heuristischen Prinzip und den Herbart-Zillerschen Formalstufen. Dies sollte zum eigenständigen Denken beitragen. Den Lehrervortrag als oktroyierendes Verfahren mieden wir. Zur Didaktik: Im Mittelpunkt stand die Rolle der Persönlichkeit in der Geschichte (Engels, Plechanow). Die ökonomistische Betrachtungsweise vernachlässigten wir bewusst.

Frage: Wenn Sie die Hauptkontroversen in der Geschichte der Methodik des Geschichtsunterrichts in der DDR benennen wollten, welche wären das?

Raasch: Es gab zu meiner Zeit keine Kontroversen.

Frage: Wie kamen Sie beziehungsweise Ihre Abteilung zu Ihrem Forschungsschwerpunkt?

Raasch: Wir wollten eine Geschichte der Methodik und Didaktik des Geschichtsunterrichts erarbeiten.

Frage: Wie empfanden Sie seinerzeit die Bedingungen für Forschungstätigkeit an Ihrer Hochschule? Was förderte, was hemmte Sie?

Raasch: Für mich waren die Bedingungen sehr gut. Gefördert wurde meine Arbeit durch das Staatssekretariat für Hochschulwesen. Für meine Dissertation bekam ich eine Genehmigung zum Lesen von NS-Literatur. Da das Dissertationsthema „Methodische und didaktische Strömungen im deutschen Geschichtsunterricht seit 1945" das ganze Deutschland meinte, bekam ich Westreisen genehmigt und finanziert. Unsere Kontaktstelle in Westdeutschland war das Schulbuchinstitut an der Kant-Hochschule in Braunschweig unter Leitung von Prof. Dr. Eckert.

Frage: Welches waren für Sie maßgebliche Wissenschaftstraditionen und welchen Einfluss hatten diese auf Ihre Forschung? An wem orientierten Sie sich innerhalb Ihrer Disziplin?

Raasch: Maßgeblich war die empirische Wissenschaftstradition. Einen Orientierungspunkt innerhalb meiner Disziplin hatte ich nicht.

Frage: War das Verhältnis zu den Geschichtsmethodikern anderer Hochschulen, die zu ähnlichen Problemen arbeiteten wie Sie, eines der Konkurrenz oder der Kooperation? Wie gestaltete sich das Verhältnis konkret, wie war es organisiert? Wie würden Sie den Umgang innerhalb Ihrer Disziplin überhaupt beschreiben?

Raasch: Das Verhältnis zu Geschichtsmethodikern anderer Hochschulen war kooperativ und freundlich-kollegial. Ein besonders gutes Verhältnis hatten wir zur Abteilung Methodik und Didaktik des Geschichtsunterrichts an der Universität Leipzig (Donath).

Frage: Welche Rolle kam zentralen Instanzen (DPZI, DZL, Staatssekretariat, MfV, VWV und so weiter) im Diskurs Ihrer Disziplin zu?

Raasch: Wir hatten ein gutes Verhältnis zum Staatssekretariat für Hochschulwesen. Zu anderen Institutionen hatten wir keinen Kontakt.

Frage: Als Mitglied der SED waren Sie der Parteidisziplin verpflichtet und im Sinne des demokratischen Zentralismus auch den Beschlüssen der Parteizentrale. Führte Sie das in Konflikte mit den Anforderungen Ihres Berufes? Sofern dies der Fall war: Welche Konflikte waren das konkret und welche Auswirkungen hatten sie auf Ihre Tätigkeit?

Raasch: Die Parteidisziplin war für die Methodik und Didaktik des Geschichtsunterrichts irrelevant. Wir waren keine Parteisoldaten, so dass es durch die Parteidisziplin keine Konflikte mit der Sacharbeit gab. Man muss dabei auch bedenken, dass nicht alle Wissenschaftler (Professoren und Assistenten) SED-Mitglieder waren. Hier konnte die Parteidisziplin sowieso nicht fassen. Zur Rolle des ‚Volk und Wissen Verlages' und des Chefideologen Kurt Hager schreibe ich im Nachtrag.

Frage: Wie würden Sie das qualitative und quantitative Verhältnis von Lehre, Verwaltung, Forschung und gesellschaftlicher Tätigkeit während Ihrer Dienstzeit beschreiben?

Raasch: Wir hatten in Berlin keine Dienstzeit und auch keine gesellschaftliche Tätigkeit. Bezogen auf die Dienstzeit ist anzumerken, dass wir wöchentlich ein Seminar abzuhalten und eine Lehrprobe abzunehmen hatten. In der übrigen Zeit waren wir nicht institutsgebunden. So war ich mehr in Bibliotheken als im Institut. Mit der Verwaltung hatten wir nichts zu tun. Im Verhältnis von Lehre und Forschung überwog die Lehre.

Frage: Wenn Sie an das Verhältnis von Methodiker und der Fachhistoriker denken, wie gestaltete es sich in Ihrem Erfahrungsbereich?

Raasch: Es gab keinen Kontakt zwischen Methodikern und Fachhistorikern. Beide lebten in getrennten Fakultäten.

Frage: Welche Berufs- und Wissenschaftserfahrung würden Sie als Ihre prägendsten bezeichnen?

Raasch: Die akademische Freiheit. Sie ist die angemessene Form für Lehre und Forschung.

Frage: Was verstanden Sie als den Zweck Ihrer beruflichen Tätigkeit?

Raasch: Die Schüler sollten zu eigenständigem Denken geführt werden. Ich wollte Hochschullehrer werden.

Nachtrag über das Verhalten des ‚Volk und Wissen Verlages' und des Chefideologen Kurt Hager

Der ‚Volk und Wissen Verlag' (heute als Stasi-Verlag bekannt) forderte (1957) meine Dissertation zur Drucklegung an. Es kam zu einer Redaktionssitzung. Dort wurde festgestellt, dass meine Dissertation zwar nicht antimarxistisch, wohl aber unmarxistisch war. Ich müsse sie für den Druck umarbeiten. Gestärkt durch die „Mit Auszeichnung" versehene Promotion (erstmalig seit Bestehen der Pädagogischen

Fakultät) lehnte ich eine Neufassung ab. Es war klar, dass die Publikation SED-Niveau haben sollte. Die Redaktionssitzung endete mit meinem Standpunkt: Die Dissertation (1956) wird so gedruckt, wie sie ist, oder sie wird nicht gedruckt.

Zur gleichen Zeit wurde ich vom Staatssekretariat für Hochschulwesen im Einvernehmen mit der Pädagogischen Fakultät als Dozent für Methodik und Didaktik des Geschichtsunterrichtes an der Universität Rostock vorgesehen. Inzwischen hatte der ‚Volk und Wissen Verlag' den Chefideologen Kurt Hager eingeschaltet (1957). Hager beurteilte die Dissertation als klassenfeindlich und kam persönlich in die Pädagogische Fakultät. Er sprach vom Klassenfeind an der Fakultät und forderte die Herabsetzung der Dissertationsnote auf „Ungenügend". Soweit ich weiß, haben die beiden Gutachter dieses Ansinnen Hagers abgelehnt. Ich war zu dieser Zeit nicht mehr in Berlin. Ein mit der Dissertation zusammenhängendes Verhalten der Volkspolizei hatte meine Flucht ausgelöst. Ich weiß nur, dass Hager den Zwist in die Fakultät gebracht hatte. Darunter hatte besonders der Abteilungsleiter und Doktorvater, Prof. Dr. Walter Strauss, zu leiden. Zu meiner Zeit war dies der erste SED-Eingriff.

Die Sache hat eine Fortsetzung. Als ich 1970 zum ersten Mal wieder in Berlin (Ost) war, bekam ich Besuch vom Staatssicherheitsdienst. Es wurde Fehlverhalten eingestanden, und es wurde mir vorgeschlagen, wieder in die DDR zurückzukehren. Einen entsprechenden Arbeitsplatz würde ich erhalten. Man würde wissen, dass das Angebot zur Zeit illusorisch sei, das Angebot würde jedoch lebenslänglich gelten. Zur Abrundung noch dies: Der Dekan der Pädagogischen Fakultät, Prof. Dr. Heinrich Deiters, hatte seine Memoiren geschrieben und sie dem ‚Volk und Wissen Verlag' zur Drucklegung angeboten. Der ‚Volk und Wissen Verlag' lehnte einen Druck ab. Daraufhin gab Deiters seine Memoiren einem Freund im Westen. Über seinen Westfreund, Deiters war inzwischen gestorben, kamen die Deiters-Memoiren in unser Frankfurter Institut.

Wir veröffentlichten sie beim Böhlau-Verlag. So wurde der Dekan der Pädagogischen Fakultät noch im Tode zum Republikflüchtling.

Brief vom 25. Juni 2000

Lieber Herr Demantowsky,

schönen Dank für Ihren Brief vom 20. Juni. Sie gehen gleich zu Anfang auf die Begriffe Didaktik und Methodik ein. Unsere Abteilung hieß auch nach 1951 „Didaktik und Methodik des Geschichtsunterrichts". Diese Bezeichnung kann Strauss nicht allein beibehalten haben. Er muss mindestens die Zustimmung der Leiterin des Instituts für praktische Pädagogik (Frau Prof. Dr. Rosenow) oder gar des Dekans gehabt haben. Deiters und Rosenow gingen ständig an unserer Tür mit der Abteilungsbenennung vorbei, ohne dass sie die Benennung beanstandeten. Auch das Staatssekretariat für Hochschulwesen billigte die Abteilungsbezeichnung.

Vielleicht war die Humboldt-Universität ein Sonderfall. Das kann damit zu tun haben, dass Berlin eine Viermächte-Stadt war, und die Humboldt-Universität als Viermächte-Universität mit Eduard Spranger als Rektor gegründet wurde. Davon kann etwas übriggeblieben sein. Das aber sind Vermutungen.

Ich glaube nicht, dass unsere „Sonderrolle" in der Strauss-Abteilung die tiefere Ursache für unsere Vertreibung war. In all den Jahren vor der Vertreibung hat niemand Kritik an unserer Arbeit geübt. Alles war in guter Ordnung, bis Hager meine Promotion zu einer ideologisch-politischen Sache machte. Es gab keine andere Ursache für die Vertreibung.

Korrigierend möchte ich anmerken, dass ich in meinem Brief vom 27.03.00 mein Dissertationsthema nicht korrekt angegeben habe. Es darf nicht heißen „Methodische und didaktische Strömungen...". Das Thema heißt: „Didaktische und methodische Strömungen im deutschen Geschichtsunterricht von 1945–1955." Ich besitze leider kein Dissertationsexemplar mehr, so dass ich Ihnen kein Exemplar schicken kann.

Sagen möchte ich Ihnen gerne noch etwas zur Atmosphäre an der Berliner Fakultät so als Hintergrundwissen.

Ich wollte bei meiner Promotion das Fach „Systematische Pädagogik" als mündliches Prüfungsfach haben. Es wurde von Deiters vertreten. Deiters was als Prüfer gefürchtet, weil er nur „gut" oder „schlecht" kannte; es gab bei ihm keine Zwischenstufen. Weil mir sehr viel an der „Systematischen Pädagogik" gelegen war, musste ich Deiters als Prüfer wählen. Ich meldete mich schriftlich bei ihm an. Nach einiger Zeit rief Deiters an und bestellte mich zu einem Gespräch. Wir sprachen über Schulreformen in der Weimarer Republik und über die Schulreform in der DDR. Dann kam der Prüfungstag. Die beiden Dissertations-Gutachter und ich gingen zu Deiters. Deiters war sehr freundlich und sagte: Er brauche nicht mehr zu prüfen. Er habe sich sein Urteil schon gemacht. Ich soll in ein Café gehen und mich für die öffentliche Verteidigung stärken. Das habe ich dann auch getan. -

Ein anderes Beispiel: Unsere Abteilung ging geschlossen nach West-Berlin, um Filme anzusehen. Natürlich mussten es schon Qualitätsfilme sein, wie z. B. „Canaris", „Verdammt in alle Ewigkeit" oder „Ludwig II.". Wir machten unsere Filmbesuche mit gutem Gewissen.

Ein letztes Beispiel: Die FDJ-Gruppe hatte es sich einfallen lassen, Anwesenheitslisten für Vorlesungen und Seminare einzuführen. Prof. Dr. Robert Alt (er vertrat Geschichte der Pädagogik, war Mitglied des Zentralkomitees der SED und jüdischer Herkunft) ließ sich eine solche Anwesenheitsliste geben und zerriss sie öffentlich. -

Sie fragen nach meiner Gesundheit. Leider habe ich Schwierigkeiten. Aber mich mit Ihnen schriftlich zu unterhalten ist gut für mich. Es interessiert mich.

In Ihrem ersten Fragebogen fragen Sie auch nach Biographischem. Ich bin auf diese Frage nicht eingegangen und hole es jetzt nach. Ihre Zusatzfragen beantworte ich auf einem gesonderten Blatt.

Dass Fiala verstorben ist, wusste ich nicht. Fiala war ein Kamerad. Nach meiner Flucht hatte ich zu ihm keinen Kontakt mehr.

Mit freundlichen Grüßen
Ihr Rudolf Raasch

Zusatzfragen

Frage: Zum Internationalen Schulbuchinstitut in Braunschweig.

1955 arbeitete ich im Rahmen meiner Dissertation zwei Wochen im Braunschweiger Schulbuchinstitut. Es ging um westdeutsche Geschichtsschulbücher (Didaktik). 1956 war ich zu einem Kurzbesuch dort. Auch Walter Strauss besuchte das Schulbuchinstitut und hielt an der Pädagogischen Hochschule einen Vortrag. Bei meinem ersten Besuch überbrachte ich dem Institutsleiter, Prof Dr. Eckert, eine Einladung des Staatssekretariats für Hochschulwesen zum Besuch der Pädagogischen Fakultät in Berlin. Aber Eckert kam nicht.

Nach meiner Flucht wurde ich vom Schulbuchinstitut aufgefangen. Das Schulbuchinstitut finanzierte uns den Flug von Berlin nach Hannover (3 Personen). Wir wurden zunächst im Braunschweiger Studentenwohnheim untergebracht, das ersparte uns das Flüchtlingslager. Ich wurde Freier Mitarbeiter im Schulbuchinstitut.

Frage: Zur empirischen Wissenschaftstradition

Ich war bestimmt von der erfahrungswissenschaftlichen (Tatsachenforschung) Geschichtswissenschaft. Auch Strauss war Empiriker.

Frage: Zu Friedrich Donath

Es überrascht mich, was Sie zu Donath schreiben. Für Strauss war Donath „sein Mann in Leipzig". Spannungen gab es zwischen beiden nicht. Man kann das Verhältnis als freundschaftlich bezeichnen. Donath besuchte Strauss in seinem Hause. Strauss und ich übernachteten bei Donath. Es wurde frei und offen gesprochen.

Aber es kann sein, dass Donath ein ängstlicher und deshalb sehr vorsichtiger Mensch war. Ich habe dafür einen Hinweis. Donath wollte bei Strauss habilitieren. Sein Habilitationsthema war später das Thema meiner Dissertation. Was war geschehen? Donath hatte wegen des Themas Bedenken bekommen. Er gab das Thema zurück, und ich nahm es. Angesichts der Vorgänge 1957/58 in Berlin wird sich Donath in seiner Thema-Rückgabe bestätigt gesehen haben.

Frage: Zur Parteigruppe an der Pädagogischen Fakultät (H. Gute)

Die Parteigruppe war keine Arena, auf der man gegen missliebige Wissenschaftler vorging. Richtig ist, dass Gute sich als ideologischer Tugendwächter fühlte. Aber weder er noch die Parteigruppe war vor meiner Promotion gegen Wissenschaftler vorgegangen. Die Arena der Parteigruppe waren die Parteiversammlungen (Professoren waren dort selten anwesend). In der Lehre und Forschung war die Parteigruppe nicht vertreten. Als nun Hager meine Promotion zu einem ideologisch-politischen Fall machte, war der unsympathische Gute natürlich zu Stelle.

Von einer Beton-Fraktion innerhalb der Parteigruppe würde ich nicht sprechen wollen. Es gab einzelne Beton-Köpfe.

Frage: Zum ‚Volk und Wissen Verlag'

Für den Geschichtsunterricht war ein Mann namens Mühlstädt (oder so ähnlich) zuständig. Dazu gab es ein Redaktionskollegium. In diesem Kollegium war ein besonderer Scharfmacher. Seinen Namen weiß ich nicht mehr. Er kam von Westdeutschland in die DDR und glaubte, andere dominieren zu können. Die „besondere Linientreue" des Verlages zeigt sich auch an den Deiters-Memoiren. Der Verlag lehnte den Druck ab.

Frage: Biographisches

Jahrgang 1925, soziale Herkunft: Arbeiterklasse, Wohnort in Ostpommern (Kreis Kolberg),

1932–1940 Volksschule,

1940–1943 Lehrerbildungsanstalt,

1943–1945 Panzersoldat,

1945/46 Amerikanische Gefangenschaft,

1946–1948 Landarbeiter,

1947 Vertreibung der Familie aus Ostpommern, neuer Wohnort: Bitterfeld,

1948/49 Lehrerausbildungslehrgang in Halle/Saale,

1949/50 Schuldienst in Sachsen-Anhalt (Burg),

1950–1953 Studium an der Humboldt-Universität (Hauptfach Geschichte),

1953–1957 Assistent an der Pädagogischen Fakultät (Abteilung Didaktik und Methodik des Geschichtsunterrichts),

1956 Promotion,

1957 Flucht und Anerkennung als politischer Flüchtling,

1957/58 Freier Mitarbeiter am Internationalen Schulbuchinstitut in Braunschweig,

1958–1990 Wissenschaftlicher Angestellter am Deutschen Institut für Internationale Pädagogische Forschung in Frankfurt.

Meine Arbeitsgebiete dort: Unterrichtsfragen zur Geschichte, zur Philosophie und zur Religion. Ein anderes Arbeitsgebiet war die „Deutsche Jugendbewegung von 1900 bis 1933 und westdeutsche Jugend".

Schriftliches Interview mit Prof. Dr. Martin Richter

Greifswald, den 3.12.1999

Martin Richter war seit 1958 im Hochschuldienst, Promotion 1963, Habilitation 1981, Berufung zum ordentlichen Professor an der Universität Greifswald 1987, Mitarbeit in zentralen Gremien und Expertenkommissionen der DDR.

Sehr geehrter Herr Demantowsky,

anbei schicke ich Ihnen die Antworten auf die von Ihnen gestellten Fragen, ... Manche Antworten lassen – auch nach meinem Verständnis – noch einiges offen. Sie können gern, falls es erforderlich ist, noch weiter nachfragen [...]

Vorbemerkung

Ich habe mich von 1953 bis 1957 als Student der Universität Leipzig mit methodischen Problemen des Geschichtsunterrichts befasst: In Vorlesungen (bei F. Donath), Seminaren (bei A. Krause und H. Wermes) und schulpraktischen Übungen (bei F. Donath und A. Krause). In einer Examensarbeit (offizieller Betreuer F. Donath, Defacto-Betreuer A. Krause) „Zur Geschichte und Problematik des historischen Unterrichtsfilms". Nach dem Studium war ich Lehrer an der Mittelschule Langenleuba-Oberhain, Kreis Geithain, Bezirk Leipzig. Von 1958 bis 1992 arbeitete ich als wissenschaftlicher Assistent, wissenschaftlicher Oberassistent, Lektor, wissenschaftlicher Sekretär, Dozent und o. Professor an der Ernst-Moritz-Arndt-Universität als Geschichtsdidaktiker in Lehre und Forschung. Diese Tätigkeit war – entsprechend den Festlegungen in meinem Perspektivplan – von 1964 bis 1966 (hauptamtliche Funktion in der Gewerkschaft der Universität Greifswald) und von 1966 bis 1968 (Geschichtslehrer an der EOS Greifswald) unterbrochen, im Unterschied zu den entsprechenden Abteilungen beziehungsweise Wissenschaftsbereichen an anderen Universitäten und Hochschulen, die die Bezeichnung „Methodik des Geschichtsunterrichts" trugen, nannten wir uns in Greifswald „Abteilung Geschichtsmethodik" (sowohl auf unserem Dienststempel als auch auf den offiziellen Schildern im Institutsgebäude).

Periodisierung

In den Vierziger- und Fünfzigerjahren lagen zunächst nur wenige Erfahrungen zur Gestaltung des Geschichtsunterrichts und für eine entsprechende Theorie vor. Die praktischen und theoretischen Ergebnisse aus der Sowjetpädagogik, die verstärkt propagiert wurden, waren hilfreich, für eine eigene Theoriebildung hatten sie jedoch Grenzen. Die Anfänge der DDR-Geschichtsmethodik wurden von Personen und Persönlichkeiten vertreten und geprägt, die ihre wissenschaftliche Qualifikation entweder im Fach Geschichte (zum Beispiel F. Donath) oder in Arbeiten zur Geschichte des Geschichtsunterrichts erworben hatten.

Die folgende Etappe war dadurch gekennzeichnet, dass Geschichtsmethodiker versuchten, in wissenschaftlichen Arbeiten Probleme der allgemeinen Didaktik auf den Geschichtsunterricht zu übertragen (zum Beispiel F. Donath mit Untersuchungen über die Erlangung maximaler Bildungsergebnisse). Erst als man in den Sechzigerjahren die Spezifik des Faches diskutierte und bis zu einem gewissen Grade manifestierte, wurden auch spezifische Forschungsmethoden für das Fach Geschichtsmethodik entwickelt und angewandt (zum Beispiel bei Untersuchungen über den historischen Unterrichtsdokumentar- und -spielfilm, über die politische Karikatur im Geschichtsunterricht).

Das war von großer Bedeutung da für die Theoriebildung aus der Greifswalder Schule von A. Krause (zum Beispiel Entwicklung eines Aufgabensystems für den Geschichtsunterricht, zum Beispiel Entwicklung eines Systems der Unterrichtsmittel im Geschichtsunterricht, zum Beispiel Positionen zur Struktur der Unterrichtsstunde im Geschichtsunterricht, zum Beispiel Erkenntnisprozess als Grundlage des Unterrichtsprozesses) ein wesentlicher Beitrag geleistet wurde. Vielfach stützten sich Untersuchungsergebnisse und die daraus resümierenden theoretischen Verallgemeinerungen zunächst noch auf Vergleiche von Prozentwerten. Durch die Nutzung soziologischer Forschungsmethoden, durch Laborversuche, offene und geschlossene Indikatoren, geeichte Polarisationsgefüge und statistische Erfassungs- und Interpretationsmethoden war es dann möglich, die Spezifik des Faches und theoretische Verallgemeinerungen wesentlich fundierter herauszuarbeiten.

Hauptkontroversen

Ich erinnere mich an konträre Auffassungen zwischen F. Donath und B. Stohr zu Formen des Lehrervortrags im Geschichtsunterricht. Auch zu F. Donaths „Stufen der Bildung historischer Begriffe" (Vorstellungsbildung, Abstraktion, Definition), die als formal angesehen wurden, gab es unterschiedliche Meinungen, ebenso zu den „Aktuellen Probleme der Denk- und Erkenntnisarbeit im Geschichtsunterricht", wobei die Struktur des Stoffes zum Zwecke der Programmierung untergliedert werden sollte.

Forschungsschwerpunkt

Auf der Grundlage der Untersuchungen von A. Krause zum historischen Unterrichtsdokumentarfilm, zur politischen Karikatur, zum System der Unterrichtsmittel – jeweils auf dem Erkenntnisprozess im Geschichtsunterricht fußend – war das Interesse der Greifswalder Geschichtsmethodiker vor allem auf Probleme der audiovisuellen Kommunikation im Geschichtsunterricht ausgerichtet. Alle weiterführenden wissenschaftlichen Untersuchungen, die sich in entsprechenden Qualifikationsarbeiten, wissenschaftlichen (auch populärwissenschaftlichen) Artikeln und Beiträgen, in Vorträgen und Diskussionsbeiträgen und so weiter niederschlugen, fußten auf diesen Grundlagen und entwickeln diese weiter. Den spezifischen Interessen und Intuitionen der einzelnen Mitarbeiter folgend, wurden der jeweiligen Forschungsleitstelle die Forschungsthemen vorgeschlagen. Die Forschungsvorhaben wurden dann an zentraler Stelle (DPZI) erläutert, diskutiert und später auch in einem größeren Gremium „verteidigt". Abgesehen von einigen zusätzlichen Wünschen kann ich mich nicht daran erinnern, dass ein von uns vorgeschlagenes Forschungsvorhaben im Zeitraum bis 1970 nicht bestätigt wurde.

Bedingungen für die Forschungsarbeit

Förderliche: in der „Sektion Geschichtsmethodik" (bis 1964 gebräuchliche Bezeichnung, nach 1964 „Abteilung Geschichtsmethodik") wurden alle Forschungsvorhaben und alle geplanten Untersuchungen gemeinsam und detailliert beraten; die geplanten Ergebnisse mussten vom jeweiligen Leiter der Untersuchung thesenartig fixiert und vorgestellt werden. Dadurch konnten Umwege weitgehend vermieden werden. Für die Promovenden bot sich die Möglichkeit, Ergebnisse ihrer Forschungsarbeit auf den periodischen Tagungen der Geschichtsmethodiker der DDR vorzulegen und zur Diskussion zu stellen. Ich hatte im Frühsommer 1963 die Möglichkeit, die Ergebnisse meiner Untersuchungen zum historischen Unterrichtsspielfilm diesem Gremium vorzutragen und konnte die in der Diskussion gewonnenen Erkenntnisse noch bis zur Verteidigung im Herbst 1963 in meiner Dissertation berücksichtigen.

Hemmnisse

Die Bedingungen für die Forschungsarbeit waren zunächst kompliziert. Es gab zwar im Institut für Pädagogik einen Forschungs- und Beobachtungsraum, der jedoch für die Forschungsarbeit der Geschichtsmethodik nicht genutzt werden konnte, da unsere Untersuchungen grundsätzlich im Rahmen des „normalen Klassenunterrichts", also in den entsprechenden Klassenzimmern beziehungsweise Fachunterrichtsräumen für Geschichte in den einzelnen Schulen durchgeführt wurden. Der Versuchsleiter musste mit seinen Helfern (Mitarbeiter, Schüler) – meist in der Pause – entsprechende Geräte (Filmapparatur, Tonaufzeichnungsgeräte für Stundenprotokolle, Fotoapparat etc.) im Klassenzimmer oder im Fachunterrichtsraum aufbauen und für eine Verdunkelung sorgen. Möglichkeiten der Beobachtung von Schülern während der Exposition audiovisueller Kommunikationsmittel, zum Beispiel mit Hilfe der Infrarot-Fotografie, waren nicht gegeben. Überall dort, wo solche Beobachtungen erforderlich waren, wurden sie mit „normalen" Blitzlicht-Geräten dokumentiert. Das konnte unter Umständen auch den Verlauf der Untersuchung beeinträchtigen.

E. Behling

E. Behling war als Lektor in der damaligen „Sektion Geschichtsmethodik", die zur „Abteilung Unterrichtsmethodik" des Instituts für Pädagogik gehörte, beschäftigt. Er war hauptsächlich mit der Durchführung schulpraktischer Übungen beauftragt. Er gehörte der SED an. Eines Tages wurde die Parteigruppe davon informiert, dass E. Behling Literatur aus dem westlichen Ausland weitergereicht hatte. Das war nach dem damaligen Verständnis ein politischer Fehler. In einer Zusammenkunft der SED-Grundorganisation wurde Behling deshalb aus der Partei ausgeschlossen. Danach wurde von einem Sekretär der Parteileitung der Universität weiterhin vorgeschlagen, das Arbeitsrechtsverhältnis mit E. Behling an der Universität zu beenden. Diesem Vorschlag stimmte auch der Rat der Philosophischen Fakultät zu. E. Behling wurde danach an einer Stralsunder Schule als Geschichtslehrer eingesetzt.[1]

---

1 Ekkehard Behling hat ein Exemplar Pasternaks „Doktor Schiwago" gelesen und im Kolleg:innenkreis verliehen. Siehe dazu Demantowsky 2003, *Die Geschichtsmethodik in der SBZ und DDR*: 204–205.

Wissenschaftstraditionen

Bei der Konzipierung der Ziele und Aufgaben des DDR-Geschichtsunterrichts, der den Schülern auf der Grundlage des dialektischen und historischen Materialismus sichere Kenntnisse vom historischen Geschehen vermitteln, historische Begriffe klären, wichtige gesellschaftliche Entwicklungsgesetze nachweisen, Kampferfahrungen der fortschrittlichen Kräfte, besonders der revolutionären Arbeiterklasse, überliefern sollte und sie befähigen sollte, Lehren aus der Geschichte für die Gegenwart zu ziehen, war auf vorhandenen Wissenschaftstraditionen – mit Ausnahme von gewissen Erfahrungen aus der sowjetischen Geschichtsmethodik – kaum zurückzugreifen. Eingeflossen sind in unsere Lehrveranstaltungen hier und dort Erkenntnisse aus der Reformpädagogik (zum Beispiel Auseinandersetzung mit Kerschensteiner über staatsbürgerliche Erziehung, zum Beispiel Geschichten des Bremer Lehrervereins).

Nachdem die damalige „Sektion Geschichtsmethodik" der „Abteilung Unterrichtsmethodik" des Instituts für Pädagogik der Ernst-Moritz-Arndt-Universität 1964 als „Abteilung Geschichtsmethodik" dem Historischen Institut angegliedert worden war, haben wir uns unter anderem auch mit den Auffassungen des Greifswalder Historikers Ernst Bernheim zur „historischen Methode" befasst und Fragen aufgeworfen wie: Ist die Geschichtsmethodik eine pädagogische Disziplin, die sich mit einem bestimmten – in unserem Fall historischen Stoff – produziert? Eine Fachdidaktik, die allgemeine Prinzipien und Regeln des Unterrichts am historischen Gegenstand exemplifiziert? (Adäquate Disziplinen an akademischen Einrichtungen der BRD bezeichneten sich bekanntlich als „Geschichtsdidaktik"; verstanden sich aber sonst (bis heute) als betont geschichtswissenschaftliche Disziplin), eine geschichtswissenschaftliche Disziplin, die Geschichte mit einem pädagogischen Anliegen verbindet? Wir haben diese Frage für uns – kurzgefasst – so beantwortet: Wie auch immer die Akzente gesetzt werden – ob sich die Geschichtsdidaktik als fachwissenschaftliche Disziplin oder die Geschichtsmethodik als pädagogische Disziplin versteht: Geschichtsmethodik ist in jedem Falle eine Verbindung von Geschichtswissenschaft und Pädagogik. Im Zusammenhang mit dem 125. Jahrestag der Gründung des Historischen Seminars der Universität Greifswald haben wir diese Überlegungen auch veröffentlicht (vgl. Krause, A.; Richter, M.: Historische Methode und Geschichtsmethodik – Überlegungen zum Verhältnis von Fach und Methodik. Wissenschaftliche Beiträge der Ernst-Moritz-Arndt-Universität Greifswald. Greifswald 1990, S. 146–155.) In der Greifswalder Schule von A. Krause haben wir uns in Lehre und Forschung auf Probleme des philosophischen und psychologischen Erkenntnisprozesses konzentriert.

Verhältnis zu Geschichtsmethodikern anderer Hochschulen

Grundsätzlich war das Verhältnis der Geschichtsmethodiker untereinander kollegial und kooperativ. Mit dem Dresdener Geschichtsmethodiker E. Hänel habe ich in den Sechzigerjahren zum Beispiel die Tonbandaufzeichnung einer „Muster"-Unterrichtsstunde ausgetauscht. Auf den Jahrestagungen der Geschichtsmethodiker wurden Erfahrungen über Probleme der Ausbildung und Forschung diskutiert, daraus resultierten stets Anregungen für die eigene Arbeit. Für die Promovenden waren die Forschungsmethoden und die mitgeteilten Formen der Auswertung der (zum Beispiel statistischen) Ergebnisse an anderen Hochschulen jeweils von besonderem Interesse. Auf den Jahrestagungen wurden auch interne Verabredungen über Zusammenkünfte in kleineren Kreisen getroffen.

In dem hier in Rede stehenden Zeitraum gab es in der Zeit, als F. Donath die Abteilung Geschichtsmethodik in Rostock leitete, mehrfach gemeinsame Arbeitsberatungen zur Ausbildung der Studenten und zu den Qualifizierungsarbeiten von A. Krause und M. Richter.

Unterrichtsfilm, Unterrichtsfernsehen, Tonbildreihe

Die Forschungsarbeit über audiovisuelle Kommunikationsmittel im Geschichtsunterricht erbrachte den Nachweis, dass es kein „bestes" oder „wirksamstes" Unterrichtsmittel für den Geschichtsunterricht gibt, mit dem man etwa das „meiste" erreichen kann. Nicht ein gerade vorhandenes Unterrichtsmittel kann – so unsere theoretisch fundierte Auffassung – die Ziele des Geschichtsunterrichts schlechthin beziehungsweise einer Unterrichtsstunde determinieren, sondern gerade umgekehrt: Die Ziele des Unterrichts bestimmen den Einsatz der Unterrichtsmittel. Dabei ist es im Prinzip belanglos, ob das Medium mit einer Filmapparatur, mit Bildwerfer und Tonbandgerät oder über den Fernsehschirm exponiert wird. Wenn es beispielsweise darauf ankommt, das originale historische Geschehen so authentisch wie möglich im Unterricht zu reproduzieren, dann kann das über den historischen Unterrichtsdokumentarfilm am wirkungsvollsten geschehen.

Gelegentlich geht es im Geschichtsunterricht auch darum, bestimmte Ereignisse oder ein bestimmtes Geschehen besonders eindrucksvoll darzustellen, also möglichst effektiver, als das beispielsweise über den Lehrervortrag möglich ist. Unter einer solchen Absicht ist der historische Unterrichtsspielfilm (wenn vorhanden) mit am wirkungsvollsten, denn er vermag historisches Geschehen durch seine konkrete Darstellung in einer geschlossenen Spielhandlung audiovisuell so zu rekonstruieren, wie das mit einem anderen Unterrichtsmittel kaum möglich ist. Die Historie wird hier eindrucksvoll dramatisch verdichtet und mit künstlerischen

Mitteln dargestellt, so dass eine emotionale Wirkung und Nachwirkung vom Lehrer einkalkuliert werden kann. Andere in Greifswald durchgeführte Untersuchungen haben gezeigt, dass beispielsweise kulturgeschichtliche Sachverhalte, historische Persönlichkeiten, funktionale Zusammenhänge und Sachverhalte, die nicht einer Darstellung in der Bewegung (wie beim Film) bedürfen, am wirkungsvollsten mit Hilfe der Tonbildreihe dargestellt werden können, einem audiovisuellen, in sich geschlossenen und künstlerisch gestalteten Medium, dessen Aussage sich durch die synchrone Kombination einer invariablen Folge statischer Lichtbilder mit einem Tonteil (Sprache, Musik, Geräusche) ergibt.

Die Tonbildreihe ist dem historischen Unterrichtsfilm gar überlegen, wenn zum Erfassen eines historischen Sachverhalts eine Dosierung des Bildinhalts notwendig ist, denn der suggestive Zwang des Stehbildes ermöglicht vor allem ein gründliches Erfassen der Einzelbilder und der dazugehörigen akustischen Aussage. Das Unterrichtsfernsehen, das heißt Sendungen, die speziell für die Schule, in unserem Fall für den Geschichtsunterricht gestattet wurden, vereinigt die Spezifika von Unterrichtsfilm und Tonbildreihe, es hat darüber hinaus den Vorzug, dass die hier wiedergegebenen Informationen der aktuellen Situation angemessen werden können beziehungsweise den aktuellen fachwissenschaftlichen Stand repräsentieren können.

Zentrale Instanzen

Im DPZI wurde die gesamte Forschungsarbeit koordiniert. Dadurch hatte man die Gewissheit, dass es keine Doppel- oder Paralleluntersuchungen gab. Man war genau informiert, welche Forschungen an anderen Hochschulen durchgeführt wurden. Das DZL war Leitinstitution für die Entwicklung von Unterrichtsmitteln. Die geplanten Unterrichtsmittel für den Geschichtsunterricht (oder auch für den Hochschulunterricht) wurden von den Autoren einer Expertenkommission (Fachhistoriker, Geschichtsmethodiker, Unterrichtsmittel-Experten, Vertreter des Ministeriums für Volksbildung, Geschichtslehrer, Fachberater) vorgestellt – meist mehrfach. Hier wurde der fachliche, pädagogische, methodische und politische Gehalt ausführlich diskutiert. Hatte das geplante Unterrichtsmittel das geforderte Niveau erreicht, so wurde es schließlich von einer staatlichen Abnahmekommission bestätigt, und es konnte die Kopierung und Auslieferung an die Kreisstellen für Unterrichtsmittel erfolgen. Unterrichtsmittel, wie zum Beispiel der T-F 893 „Das Nationalkomitee) Freies Deutschland" oder T-F 934 „Die Gründung der Deutschen Demokratischen Republik" wurden auch vor der endgültigen Bestätigung durch die staatliche Abnahmekommission – soweit ich mich erinnere – im ZK der SED

(„Büro Hager") und im Institut für Marxismus-Leninismus beim ZK der SED vorgestellt und begutachtet.

Es gab eine gute Zusammenarbeit mit der Redaktion „Geschichte in der Schule" beziehungsweise „Geschichtsunterricht und Staatsbürgerkunde" im Verlag Volk und Wissen. Mitarbeiter der Redaktion nahmen ständig an den Jahrestagungen der Geschichtsmethodiker der DDR teil. Alle Beiträge, die in der Zeitschrift veröffentlicht wurden, waren vorher von Fachexperten durchgesehen und begutachtet worden. Dazu kam eine fundierte redaktionelle Arbeit. Es konnte allerdings auch geschehen, dass eingereichte Beiträge nicht veröffentlicht wurden, so zum Beispiel ein Beitrag von A. Krause und M. Richter zur „Struktur der Unterrichtsstunde im Geschichtsunterricht", der nach Auffassung eines Gutachters die Lehrer zu stark auf die in Greifswald vertretenen Positionen (Erkenntnisprozess als Grundlage des Unterrichtsprozesses) orientierte.

Parteidisziplin

Ich musste mich im Zusammenhang mit meinen Untersuchungen zum historischen Unterrichtsfilm (ab 1958) und zur emotionalen Wirksamkeit audiovisueller Unterrichtsmittel (ab 1968) auch mit geschichtsdidaktischer und psychologischer Literatur aus dem westlichen Ausland befassen. Da diese Literatur in Greifswald nicht zur Verfügung stand, habe ich sie auf der Grundlage entsprechender Bescheinigungen in der Deutschen Bücherei in Leipzig eingesehen und gelesen. Eine Bezugnahme darauf in Lehrveranstaltungen war allerdings nicht erwünscht.

Lehre, Forschung, Verwaltung, gesellschaftliche Tätigkeit

Zur Fertigstellung meiner Dissertation A (Promotion 1963) waren in meinem „Perspektivplan" Arbeitsurlaub und zeitweilige Reduzierung von Lehrverpflichtungen (Seminare, schulpraktische Übungen) vorgesehen, dies wurde auch gewährt. Über Forschungsgelder konnte eine Schreibkraft 36 Stundenprotokolle (die für die Auswertung der empirischen Untersuchungen von Bedeutung waren), pro Protokoll ca. 15 Schreibmaschinenseiten, abschreiben. Der Aufwand für Lehrveranstaltungen, insbesondere für die Seminare im Fach Geschichtsmethodik und für eine Vorlesung zur Methodik des Staatsbürgerkunde-Unterrichts, war enorm. Dazu wurden monate- und jahrelang die Wochenenden genutzt. In den Fünfziger- bis Anfang der Sechzigerjahre waren Versammlungen der SED-Grundorganisation mit einer Dauer von fünf Stunden keine Seltenheit. In der Abteilung Geschichtsmethodik des Historischen Instituts hatte jeder Mitarbeiter außerhalb seiner Lehr- und

Forschungstätigkeit auch unterschiedliche staatliche Aufgaben und Aufträge zu erledigen. Ich war zeitweilig verantwortlich für die Organisierung schulpraktischer Übungen, die in Fünfergruppen durchgeführt wurden Dazu waren Gespräche mit den Direktoren (Zustimmung), mit den stellvertretenden Direktoren (Stundenpläne) und den jeweiligen Geschichtslehrern (Lehrplanabstimmung, Stundenthemen) erforderlich, die vor Beginn des Semesters mit viel Zeitaufwand verbunden waren. Ich war zeitweilig auch mit der Verwaltung der Abteilungsbibliothek und mit der Bestellung, Registrierung, Verwaltung und Ausleihe von Unterrichtsmitteln befasst. Das war ebenfalls mit einem beträchtlichen und regelmäßigen Zeitaufwand verbunden.

Im Zusammenhang mit unserer Forschungsarbeit zu audiovisuellen Unterrichtsmitteln wurden verschiedene Tonbildreihen (zum Beispiel im Zusammenhang mit „runden" Jahrestagen der DDR) oder Radiovisionssendungen (zum Beispiel über das Nationalkomitee „Freies Deutschland", über Ernst Moritz Arndt) in unserer „Abteilung Geschichtsmethodik", zum Teil auch gemeinsam mit Fachhistorikern und Studenten, erarbeitet. Das war mit zusätzlichen Literaturstudien, Bildauswahl, Tonaufnahmen, der Erarbeitung reproduktionsfähiger Vorlagen für eine Vervielfältigung der entsprechenden Projekte, zum Teil auch mit Vertrieb (bei Radiovisionssendungen) verbunden. Um im DZL die Experten für die Erarbeitung eines Unterrichtsfilms über den militärischen Verlauf des Ersten Weltkriegs zu gewinnen (der in den Sechzigerjahren als erster für den Geschichtsunterricht entwickelte historischer Unterrichtsfilm in einer Kombination von realer und symbolischer Darstellung als T-F 827 erschien), wurde von uns in Greifswald ein Pilotfilm angefertigt. Die komplizierten Vorlagen (zum Beispiel Karten), Applikationen (zum Beispiel Symbole zur Veranschaulichung der vorrückenden Armeen) und so weiter wurden von uns selbständig entwickelt und hergestellt. Die entsprechenden Filmtrick-Aufnahmen wurden in der Hochschulbildstelle mit einer AK 16 in Einzelbildschaltung in wochenlanger Tätigkeit erarbeitet.

Bis Ende der Sechzigerjahre reichten die den einzelnen Abteilungen zur Verfügung stehenden Schreibkräfte gerade noch aus. Durch Fluktuation technischer Mitarbeiter, die in anderen Betrieben des Territoriums (zum Beispiel KKW Greifswald-Lubmin, Reichsbahn) ein besseres Gehalt erhielten, durch Einsparung von Arbeitskräften und die Zunahme administrativer Aufgaben (Leistungen wurden oft nach den abgegebenen Berichten, weniger nach dem tatsächlichen Effekt bewertet) resultierte zwangsläufig die Übernahme von Schreibarbeiten durch Mitarbeiter, auch durch Hochschullehrer.

Einbindung der „Sektion Geschichtsmethodik" in das Historische Institut

In Greifswald gab es bis zum Beginn der Sechzigerjahre nur einen „Methodik-Be-reich", der bereits dem Fachinstitut angegliedert war. Das war die Abteilung „Me-thodik des Russischunterrichts". Anfang der Sechzigerjahre wurde, ministeriell angeregt, über die Einbindung der „Methodik-Bereiche", die bis dahin zur „Abtei-lung Unterrichtsmethodik" des Instituts für Pädagogik gehörten, in die jeweiligen Fachinstitute intensiv nachgedacht. Soweit ich mich erinnere, waren zunächst fast alle in der „Abteilung Unterrichtsmethodik" vereinigten „Methodik-Bereiche" ge-gen eine solche Einbindung. Unsere Argumente stützten sich auf unser Verständ-nis über das Verhältnis von Fach und Methodik (siehe dazu Punkt 5, letzte Ab-schnitte), und wir gingen davon aus, dass die Geschichtsmethodik – wie auch die Geographiemethodik, die Deutschmethodik, die Chemiemethodik und so weiter – eine pädagogische Disziplin sei, die erheblich von der allgemeinen Didaktik oder Psychologie (also von Disziplinen des Instituts für Pädagogik, zu dem wir gehör-ten) profitiert. Nach einer längeren Phase der Diskussion wurde die Einbindung in die jeweiligen Fachinstitute administrativ gelöst. Das war für uns zugleich auch mit einem Umzug in das Historische Institut verbunden.

Berufs- und Wissenschaftserfahrungen

Zu den wertvollsten Erfahrungen gehören für mich:
– die jahrelange, gemeinsam mit A. Krause realisierte selbständige Arbeit an sechs Unterrichtsfilmen, die speziell für den Geschichtsunterricht entwickelt wurden, sowie an einer größeren Anzahl von visuellen, auditiven und audio-visuellen Unterrichtsmitteln für den Geschichtsunterricht und für die Er-wachsenenbildung,
– die Publikation von Forschungsergebnissen in Monographien, wissenschaftli-chen und populärwissenschaftlichen Beiträgen,
– die Lehrtätigkeit an einer deutschen Hochschule,
– die Möglichkeit, sich wissenschaftlich zu qualifizieren.

Die genannten Faktoren waren in hohem Maße persönlichkeitsformend, sie tru-gen zum wissenschaftlichen und persönlichen Selbstverständnis bei. Man war fest davon überzeugt, dass man nach dem Ausscheiden aus der aktiven Berufstätigkeit noch um fachlichen und persönlichen Rat gefragt und integriert, als Mensch und Persönlichkeit geachtet würde, weil man sich sein ganzes Arbeitsleben, ohne auf materielle Vorteile oder Zeit zu achten, mit Liebe und Hingabe voll auf den Beruf konzentriert hatte. (1992 wurde mein Lehrstuhl im Rahmen der Erneuerung der

Hochschule gestrichen; die neuen Mitarbeiter kennen weder meinen Namen noch meine wissenschaftlichen Leistungen; meine Rente ist nicht im Entferntesten mit der eines Kollegen zu verglichen, der in den alten Bundesländern einen ähnlichen Lebenslauf hatte wie ich).

Zwecke der beruflichen Tätigkeit

Als Zweck meiner beruflichen Tätigkeit verstand ich vor allem: Heranbildung von fachlich und methodisch qualifizierten Geschichtslehrern, eigene Qualifikation, Publikation wissenschaftlicher Ergebnisse, Weitergabe wissenschaftlicher Erkenntnisse an nachfolgende Generationen.

Schriftliches Interview mit Kuno Radtke

Berlin, den 26.07.2001

Kuno Radtke, seit 1969 Ressortredakteur Geschichte und seit 1971 Chefredakteur der zentralen Fachzeitschrift „Geschichtsunterricht und Staatsbürgerkunde" (‚Volk und Wissen Verlag', Berlin/ DDR).

Werter Herr Demantowsky! Bevor ich im Folgenden auf einige Ihrer 14 gewichtigen Fragen eingehe, möchte ich Sie auf Grenzen meiner Sicht auf Ihren Gegenstand aufmerksam machen.

M. D.: Wenn Sie die Geschichte der Methodik des Geschichtsunterrichts in der DDR periodisieren wollten, welche Zäsuren würden Sie setzen?

II.) Wenn Sie die Hauptkontroversen in der Geschichte der Methodik des Geschichtsunterrichts in der DDR benennen wollten, welche wären das?

III.) Welches waren die für Sie maßgeblichen Wissenschaftstraditionen in der Geschichtsmethodik und welchen Einfluss hatten diese auf Ihre Tätigkeit? An wem orientierten Sie sich innerhalb der Disziplin?

Radtke: Von meiner ganzen beruflichen Entwicklung her – das wird in meinem biographischen Abriss wohl schon deutlich – habe ich mich immer als Geschichtslehrer empfunden, stand stets – auch als Fachberater, Mitarbeiter beim DPZI oder Redakteur – der Unterrichtspraxis in der Schule näher als der wissenschaftlich betriebenen Geschichtsmethodik an den Universitäten und Hochschulen. Die Entwicklung der Wissenschaftsdisziplin „Methodik des Geschichtsunterrichts" habe ich persönlich nicht erlebt, habe allerdings (vor allem seit 1969) mit vielen Vertretern der geschichtsmethodischen Einrichtungen der DDR auf Konferenzen, Weiterbildungsveranstaltungen, bei der Entstehung von Zeitschriftenbeiträgen und Ähnlichem zusammengearbeitet. Insofern fühle ich mich in keiner Weise kompetent, auf so grundsätzliche Fragen, wie Sie sie unter 1. bis 3. ansprechen, einzugehen. Sicherlich sind andere ehemalige Mitarbeiter des Verlages Volk und Wissen viel eher in der Lage, sich dazu zu äußern, die durch die Arbeit an Lehrbüchern Unterrichtshilfen und methodischer Literatur ein intensiveres Verhältnis zu den geschichtsmethodischen Einrichtungen hatten (ich denke dabei an Frau Breyer, Frau Steinbrück, Herrn Dr. Jander oder Herrn Ziegler).

Es ist jetzt ein Jahrzehnt her, dass ich meine Tätigkeit als Redakteur in der Redaktion der Geschichtszeitschrift aufgeben musste und in den Vorruhestand geschickt wurde. Sie können sich vielleicht vorstellen, dass ich mich in den letzten zehn Lebensjahren anderen Interessensgebieten und Lebenszielen zugewandt habe als der Geschichtsmethodik, die für mich in immer weitere Ferne rückt. Aufzeichnungen, und Materialien aus meiner aktiven Tätigkeit im Verlag stehen mir kaum noch zur Verfügung. Das war vor zehn Jahren noch anders. Damals wandte sich Herr Rudolf Bonna, den Sie vielleicht auch kennen werden, mit ähnlichen Fragen wie Sie an mich, und ich konnte ihm manches mehr mitteilen, als mir das heute möglich ist. ... Nun zu einigen Ihrer weiteren Fragen.

M. D.: Welchen Charakter hatte das Verhältnis zu den Geschichtsmethodikern an den Universitäten und Hochschulen? Wie gestaltete sich das Verhältnis konkret, wie war es organisiert? Wie würden Sie den Umgang innerhalb der Disziplin überhaupt beschreiben?

Radtke: Ich kann hier nur auf das Verhältnis unserer Redaktion zu den geschichtsmethodischen Einrichtungen eingehen. Die Beziehungen zu den einzelnen Einrichtungen waren von unterschiedlicher Intensität. Entwickeltere Beziehungen gab es jeweils zu den Einrichtungen, deren Vertreter im Redaktionskollegium von GS („Geschichtsunterricht und Staatsbürgerkunde") vertreten waren. So waren zum Beispiel Prof. Gentner (PH Potsdam), Prof. Osburg (Humboldt-Uni Berlin), Prof. Diere (Uni Halle), Dr. Szalai (PH Dresden) über lange Jahre Mitglieder des Redaktionskollegiums und sorgten dafür, dass ihre Forschungsergebnisse und Angebote für die Unterrichtspraxis kontinuierlich in die Publikationspläne der Zeitschrift einbezogen wurden. Regelmäßige Informationen über die Arbeit der Methodiker erhielten wir auch durch unsere Teilnahme an den jährlich von wechselnden Einrichtungen organisierten Tagungen der Geschichtsmethodiker. Von den Tagungsthemen ausgehend, gab es hier in der Regel konkrete Verabredungen über bestimmte Veröffentlichungen in der Zeitschrift. Darüber hinaus gab es auch immer wieder Besuche von GS-Redakteuren in einzelnen Methodikeinrichtungen, wobei einzelne Mitarbeiter ihre Forschungsergebnisse vorstellten und Möglichkeiten ihrer praxiswirksamen Publikation erörtert und verabredet wurden. Auf jeden Fall war unser Verhältnis zu den Methodikeinrichtungen der Universitäten und Hochschulen ungleich entwickelter als das zu den Fachhistorikern.

M. D.: Welche Rolle kam zentralen Instanzen (DPZI, DZL, Staatssekretariat, MfV, VWV und so weiter) im Diskurs der Geschichtsmethodik zu?

Radtke: Welch steuernde und kontrollierende Rolle zentrale Institutionen, vor allem das MfV, hatten, können Sie weitgehend meinen Ausführungen auf S. 3 im Brief an Herrn Bonna vom 8. 10. 91 entnehmen. Die Fachvertreter des MfV, des DPZI (später der APW), des ZIW (Zentralinstitut für Weiterbildung in Ludwigsfelde) und der Abteilung Geschichte (Buch) von VWV waren sämtlich Mitglieder des Redaktionskollegiums von GS. Das brachte es mit sich, dass alle Themen, Trends und Probleme der Geschichtsmethodik, die sich schon in den Publikationsplänen abzeichneten, auf den etwa vierteljährlich stattfindenden Beratungen dieses Gremiums kritisch beleuchtet wurden. Bestimmte Artikel, die uns Redakteuren schon problematisch oder von wesentlicher Bedeutung für die Orientierung der Unterrichtspraxis erschienen, stellten wir im Redaktionskollegium direkt zur Diskussion, um Argumente in der Auseinandersetzung mit den Autoren zu gewinnen. So wurde erreicht, dass nur „ideologisch geläuterte" Beiträge, die in jeder Beziehung der zentral vorgegebenen Linie entsprachen, veröffentlicht wurden, die Zeitschrift damit also zum „Sprachrohr" der zentralen Institutionen wurde.

M. D.: Als Mitglied der SED waren Sie der Parteidisziplin verpflichtet und im Sinne des demokratischen Zentralismus auch den Beschlüssen der Parteizentrale. Führte Sie das in Konflikte mit den Anforderungen Ihres Berufes? Sofern dies der Fall war: Welche Konflikte waren das konkret und welche Auswirkungen hatten sie auf Ihre weitere Tätigkeit?

Radtke: Bei aller „Anpassung" an die Parteilinie war auch unter uns SED-Mitgliedern eine kritische Sicht auf bestimmte zentrale Positionen verbreitet. In Parteiversammlungen wurde darüber auch offen diskutiert. In der zweiten Hälfte der Achtzigerjahre gab es zum Beispiel großes Unverständnis für den neuen Geschichtslehrplan Klasse 10 und die entsprechenden Folgematerialien (Lehrbuch, Unterrichtshilfen). Aus der Unterrichtspraxis erreichten uns dazu zahlreiche kritische Zuschriften. Aber unsere Aufgabe war es, in der Zeitschrift dazu ein optimistisch-positives Bild zu vermitteln. Das führte zu manchem „Verbiegen" der Realität in unserer Arbeit.

M. D.: Wie würden Sie das qualitative und quantitative Verhältnis von Verwaltung, Organisation und gesellschaftlicher Tätigkeit während ihrer Dienstzeit am Verlag beschreiben?

Radtke: Mitunter überwog ideologisch-gesellschaftliche Tätigkeit in einem Maße, dass die Dienstzeit für die eigentliche Redaktionsarbeit nicht ausreichte und vieles in der Freizeit erledigt werden musste. Insbesondere nach Parteitagen der SED, ZK-Plenartagungen, Pädagogischen Kongressen und Ähnlichem mussten die Reden und Beschlüsse „studiert" werden. Es gab umfangreiche Auswertungsseminare dazu. Auch die Erarbeitung der Jahresanalysen und Publikationspläne, die ja im Ministerium vorgelegt und bestätigt werden mussten, erforderte viel Zeit. So ist es erklärlich, dass unsere monatlich mit nur 90 Druckseiten erscheinende Zeitschrift von fünf Mitarbeitern (Chefredakteur, stellvertretender Chefredakteur, je ein Redakteur für Geschichte und Staatsbürgerkunde, Sekretärin) erarbeitet wurde – eine „Traumbesetzung", wie man sie sich heute gar nicht mehr vorstellen kann. Die eigentliche Redaktionsarbeit hätte unter anderen Bedingungen auch gut von zwei Mitarbeitern geleistet werden können.

M. D.: Wenn Sie an das Verhältnis der Methodiker und der Fachhistoriker denken, wie gestaltete es sich in ihrem Erfahrungsbereich?

Radtke: Unsere Hauptpartner, Leser und Abonnenten waren neben den Geschichts- und Staatsbürgerkundelehrern (für diesen Personenkreis bot die „Fachzeitschrift" die notwendige fachliche Information und Orientierung, und ihr Abonnement wurde durch die Fachberater in den Kreisen stringent gefordert) vor allem die Geschichts- und Staatsbürgerkundemethodiker. Die Fachhistoriker nahmen GS kaum zur Kenntnis, Fachhistoriker waren auch im Redaktionskollegium der Zeitschrift nur gering vertreten, erschienen auch nur selten zu den Beratungen. Fachwissenschaftliche Beiträge zu in der Unterrichtspraxis gewünschten Themen wurden selten speziell für unsere Zeitschrift verfasst, sondern ergaben sich, oft aus ohnehin vorhandenen Diskussionsbeiträgen von Kongressen, Konferenzen etc. oder aus Lehrbuchzuarbeiten. Über die Methodiker kamen Kontakte zu Fachhistorikern nur selten zustande, nach meinen Erinnerungen waren die Beziehungen zwischen Fachhistorikern und Geschichtsmethodikern an den meisten Einrichtungen auch kaum entwickelt. Lediglich dann, wenn bestimmte „Umbewertungen" im in der DDR vermittelten Geschichtsbild vorgenommen wurden (zum Beispiel in der Sicht auf Friedrich II. oder auf Martin Luther), die auch im Geschichtsunterricht nicht übersehen werden konnten, kamen intensivere und gezieltere Beiträge von Historikern zustande, die auch die Schulsituation stärker berücksichtigten.

M. D.: Welche Berufs- und Wissenschaftserfahrungen würden Sie als Ihre prägendsten bezeichnen? Warum?

Radtke: Ich habe schon oben erklärt, dass ich mich vor allem als Geschichtslehrer empfand und vor allem von meinen persönlichen Erfahrungen in den zwanzig Berufsjahren an der „pädagogischen Front" (wie Schulfunktionäre damals zu sagen pflegten) zehrte, die unterrichtspraktische Wirkung und Umsetzbarkeit auch zum vordergründigen Maßstab meiner Redakteurstätigkeit machte. Darin unterschied ich mich durchaus von anderen Mitarbeitern im Verlag Volk und Wissen, der APW oder dem MfV, die keine so langjährige oder gar keine Erfahrung im unmittelbaren Geschichtsunterricht hatten und direkt aus einem Hochschulstudium in ihre Funktion gelangt waren.

M. D.: Was verstanden Sie als den Zweck Ihrer beruflichen Tätigkeit?

Radtke: Insofern waren die Geschichtslehrer „vor Ort" nach meinen Vorstellungen die entscheidende Zielgruppe der Zeitschrift, betrachtete ich als mein hauptsächlichstes Anliegen als Redakteur von GS, den Geschichtslehrern möglichst praktikable Hilfen für ihren Unterricht (natürlich auf der Grundlage der Lehrplanvorgaben) in die Hand zu geben, den Erfahrungsaustausch der Geschichtslehrer auf möglichst hohem Niveau zu organisieren und allen Tendenzen einer abgehobenen „Verwissenschaftlichung" der Zeitschrift, die es seitens einiger Geschichtsmethodiker durchaus gab, entgegenzusteuern.

M. D.: Welche Erinnerungen haben Sie an Ihre Mitarbeit bei der „Ständigen Fachkommission für den Geschichtsunterricht beim DPZI" um 1957 und Ihre Teilnahme an den „Wissenschaftlichen Sonnabendkonferenzen" im DPZI? Was für ein Diskussionsklima herrschte dort? Welche Personen und Positionen haben sich Ihnen eingeprägt?

Radtke: Hierzu kann ich keine Aussagen machen. Ich bin erst zehn Jahre später als abgeordneter Lehrer bei der Lehrplanpräzisierung zum DPZI gestoßen. Die von Ihnen angesprochenen Kommunikationsformen habe ich nicht kennengelernt.

M. D.: 1969 veröffentlichte Harald Meixner vom VWV in der GS einen Verriss der dritten Auflage von Stohrs Methodik-Buch. Kennen Sie die Hintergründe und Reaktionen?

Radtke: Soweit ich mich erinnere, war Bernhard Stohr in der dritten Auflage seiner Geschichtsmethodik, den der Entwicklung aus den Naturwissenschaften herrührenden gesellschaftlichen „Trends" jener Jahre in der DDR folgend, hinsichtlich der Einbeziehung kybernetischer Elemente in die Geschichtsmethodik sehr weit gegangen – zu weit, wie bestimmte Schulfunktionäre in MfV und DPZI fanden. Dem sollte Meixners Artikel entgegensteuern und damit wohl dem „Nestor" der DDR-Geschichtsmethodik gegenüber den „Führungsanspruch" von MfV, DPZI und VWV betonen, deren Auffassungen ja dann später in der „Methodik Geschichtsunterricht" (Ersterscheinung 1975) niedergelegt wurden, und die Arbeit daran hatte damals wohl schon begonnen.

M. D.: Sie waren lange Jahre praktizierender Geschichtslehrer und in den Sechzigerjahren Fachberater und Mitarbeiter am Pädagogischen Kabinett Berlin-Friedrichshain: Wie nahmen Sie die akademische Geschichtsmethodik wahr? Was für ein Bild hatten Sie von Ihr?
    Bei wem haben Sie Geschichtsmethodik studiert? Gibt es da einen prägenden Einfluss?

Radtke: Als Schulhelfer 1949 direkt von der Schulbank in die Unterrichtspraxis „geworfener" Lehrer, in den Fünfzigerjahren durch Fernstudium zum Fachlehrer ausgebildet, spielte für mich die unmittelbare Unterrichtspraxis die entscheidende Rolle für meine Entwicklung. Was ich in der Fachkommission Geschichte meines Stadtbezirks Berlin-Friedrichshain (damals unter Leitung von Wolfram Paschmann, später von Käthe Schmidt) bei Weiterbildungsveranstaltungen, Gruppen-hospitationen, im Erfahrungsaustausch mit Fachkollegen, später als Fachberater auch in der Zusammenarbeit mit anderen Fachberatern (unter anderem Manfred Granzow – Berlin-Mitte, Hans Rudolph – Berlin-Pankow, Hilde Eisenhuth – Berlin-Prenzlauer Berg) aufnahm und lernte, zählte für mich mehr als die akademische Geschichtsmethodik. Im Rahmen des Fernstudiums spielte die Geschichtsmethodik ohnehin eine völlig untergeordnete Rolle, die fachwissenschaftlichen Inhalte stan-den hier absolut im Vordergrund. Zusammenarbeit mit Geschichtsmethodikern gab es vor allem im Zusammenhang mit den Fachpraktika der Lehrerstudenten und bei Sommerkursen im Rahmen der Lehrerweiterbildung, allerdings nur in re-gional begrenztem Rahmen, hier in Berlin also nur mit den Geschichtsmethodi-kern der Berliner Humboldt-Universität.

Natürlich wurde die Geschichtsmethodik von uns Lehrern über ihre Veröf-fentlichungen wahrgenommen. Die Fachzeitschrift „Geschichte in der Schule" (später GS) spielte dabei eine wichtige Rolle. Besonders unterrichtsnahe Beiträge fanden ein positives Echo (Beispiele für die Gestaltung von Unterrichtsstunden oder -einheiten, Lehrererzählungen, Hinweise auf die Selbstgestaltung von Unter-richtsmitteln und ihren Einsatz und Ähnliches), solche Publikationen wurden aber viel häufiger von Geschichtslehrern verfasst als von Methodikern. An geschichts-methodischer Literatur stand in meinen Lehrerjahren noch nicht sehr viel zur Verfügung. Von den sowjetischen Übersetzungen, die der ‚Verlag Volk und Wissen' herausbrachte, gab mir Karzows Geschichtsmethodik noch die wertvollsten Anre-gungen. Gern wurde in den Sechzigerjahren auch mit F. Osburgs „Tafelbilder im Geschichtsunterricht" und natürlich mit H. Mühlstädts „Der Geschichtslehrer er-zählt" gearbeitet. ...

Auf eine Erfahrung mit den geschichtsmethodischen Einrichtungen, die ich als Fachberater gewann, will ich abschließend noch verweisen. Wir waren aufge-fordert, uns in besonderer Weise um die Geschichtslehrerabsolventen zu küm-mern, die von den verschiedenen Universitäten und Hochschulen kommend, ih-ren Unterricht an den Schulen aufgenommen hatten. Dabei fiel mir immer wieder auf, dass die Absolventen der Pädagogischen Hochschulen Dresden und Potsdam mit der Unterrichtspraxis weit besser zurechtkamen, die Palette geschichtsmetho-discher Verfahrensweisen sicherer beherrschten als die Absolventen anderer Ein-richtungen. Absolventen der Universitäten Jena und Leipzig hatten dagegen fun-diertere fachwissenschaftliche Kenntnisse.

Kurzbiographie

1930	geb. in Berlin-Spandau, Vater: selbständiger Kleinunternehmer
1949	Abitur in Berlin-Spandau
1949–1951	Schulhelfer im Ostberliner Stadtbezirk Berlin-Friedrichshain (Unterricht in Unterstufenklassen bei gleichzeitiger Lehrerausbildung)
1951/52	Studium am Institut für Lehrerbildung Berlin
1952	Lehrerexamen
1952–1969	Lehrer im Stadtbezirk Berlin-Friedrichshain, Unterricht vorwiegend in den Fächern Deutsch, Geschichte, Gegenwartskunde
1954–1957	Fernstudium Fachlehrer für Geschichte
1957	Staatsexamen als Fachlehrer für Geschichte
	Fachberater für Geschichte im Stadtbezirk Berlin-Friedrichshain bei gleichzeitigem Geschichtsunterricht (keine volle Pflichtstundenzahl)
1967–1969	Mitarbeit als abgeordneter Lehrer bei der Lehrplanpräzisierung am DPZI bei gleichzeitiger Weiterführung der Fachberaterfunktion und wenigen Stunden Geschichtsunterricht im Stadtbezirk Berlin-Friedrichshain
seit 1969	Ressortredakteur für Geschichte in der Redaktion der Zeitschrift „Geschichtsunterricht und Staatsbürgerkunde"
1971/72	Zusatzstudium am Institut für Leitung und Organisation des Volksbildungswesens der APW Verleihung des akademischen Grades „Diplompädagoge" auch stellvertretender Chefredakteur der Zeitschrift „Geschichtsunterricht und Staatsbürgerkunde"

So, verehrter Herr Demantowsky! Mehr kann ich Ihnen nicht bieten. Ich hoffe, es bringt Sie bei der schwierigen Aufarbeitung unserer Vergangenheit ein kleines Stückchen weiter. Ich wünsche Ihnen für Ihre weitere Arbeit viel Erfolg und würde mich freuen, zu gegebener Zeit weitere Ergebnisse kennenzulernen.

Marko Demantowsky
Nachwort

Wie wird man, was man dann gegen Ende seines Lebens ist oder darstellt? Was führt uns, gelegentlich auch lange vor dem Ende, genau an den Abschnitt des Weges, an dessen Rand wir uns stellen, wenn wir uns neu orientieren müssen? Niemandem der großen Gruppe von Systemträgern der DDR war es in die Wiege gelegt, ein solcher zu werden, sie waren lange vor der Staatsgründung geboren worden, Kinder der Weimarer Republik und des NS-Staates – ebenso wie die ihnen Gleichaltrigen in der BRD. Wie und in welchen Kontexten („Disziplin") wird man also, was man ist, dieser Frage gehen die Interviews nach, und zwar an diesem interessanten, gleichsam labormäßigen Fall der DDR (und ihrer pädagogischen Geschichtspropagandisten).

Menschen ganz ähnlicher Ausgangslagen und ähnlicher sozialer Erfahrungen gehen in unterschiedliche Richtungen, gerade in Zeiten violenter gesellschaftlicher Konfliktlagen. Karl Mannheim hat das mit Blick auf seine Zeit untersucht, in der miteinander älter gewordene Kameraden des Welt- und Grabenkrieges sich in politisch-kulturell gegensätzlich aufgestellten Kampfverbänden eines latenten Bürgerkrieges wiederfanden, und er hat seine Analyse auf die glückliche Unterscheidung von Generationslagerung, Generationszusammenhang und Generationseinheit gebracht.[1] Das 1918 Mannheims war das 1945 der Interviewpartner dieser Edition, das sie in der Regel als junge Soldaten, als Flakhelfer oder als end-mobilisierte Hitlerjungen erlebt hatten. Sie stammten aus vielen Teilen des untergegangenen Deutschen Reiches, fanden sich früher oder auch später in der sowjetischen Besatzungszone wieder und trafen für ihre Leben völlig andere Weichenstellungen als die biographisch formal und sozial ebenso erfolgreichen Genossen ihrer Generationslagerung in den westlichen Besatzungszonen.[2] Eine ähnliche Konstellation, die sich in Deutschland innerhalb von ca. 30 Jahren wiederholte: Aus einer Generationslagerung entstehen antagonistische Generationseinheiten. Wie und aus welchen Gründen trafen also die Interviewten dieser Edition ihre Entscheidungen, die sie alle zu operativen Hauptakteuren der pädagogischen Geschichtspropaganda der DDR machte? Eine Geschichtspropaganda, die zwar nicht so spektakulär wie Kinofilme, Radio- und Fernsehprogramme oder ritualisierte Feiertagsdemonstrationen war, die aber wegen ihrer Bestimmungsmacht und vielfachen

---

1 Mannheim, Karl. „Das Problem der Generationen (1928)". In *Wissenssoziologie. Auswahl aus dem Werk*, herausgegeben von Kurt H. Wolff, 509–565. Berlin (West), Neuwied: Luchterhand, 1964.
2 Bude, Heinz. *Deutsche Karrieren. Lebenskonstruktionen sozialer Aufsteiger aus der Flakhelfer-Generation*. Frankfurt am Main: Suhrkamp, 1987.

https://doi.org/10.1515/9783110787726-003

Multiplikation im staatlichen Bildungswesen eine wesentliche und kaum zu überschätzende Bedeutung für die Durchschlagskraft des neuen historisch-materialistischen Geschichtsbildes hatte.

Zum Begriff der Propaganda muss hier noch in der angeratenen Kürze etwas Klärendes gesagt werden, mindestens für diesen Band, in dem er mit dem Zusatz der ‚Geschichte' eine zentrale Rolle spielt. Es gibt diverse Vorschläge für begriffliche Definitionen oder Klärungen, Benno Nietzel hat das in seiner in diesem Frühjahr 2023 im Druck vorgelegten Habilitationsschrift hervorragend aufgearbeitet und in den diskutierten Fällen demonstriert. Seine Schlussfolgerung, dass das Phänomen ‚Propaganda' kaum theoretisier- und abgrenzbar sei, überzeugt allerdings nicht unmittelbar, auch wenn seine methodologische Konsequenz, die Untersuchung auf einen „erweiterten" historischen Begriff fußen zu lassen, funktioniert und auf Basis der Prämisse nachvollziehbar ist. Sehr informativ ist seine Beschreibung und Beurteilung der vorlaufenden Forschung, die die Kohärenz eines „Forschungsstandes" aber noch nicht erreicht habe.[3]

Nietzel stützt sich stark auf den englischsprachigen Diskurs, möglicherweise ist ihm deshalb eine historisch-terminologische Arbeit entgangen, die mir noch aufschlussreicher erscheint als die allseits bekannte der *Geschichtlichen Grundbegriffe*, die nun per definitionem ebenfalls als eine Art terminologische Phänomenologie verfasst ist.[4] Immer wieder ist zu bemerken, das nur als eine Randnotiz, wie einflussreich diese *Grundbegriffe* in den deutschsprachigen Kultur- und Geisteswissenschaften geworden sind.

Sabine Doering-Manteuffel verfährt 2005 anders,[5] denn sie geht mit dem Vorteil der Evidenz davon aus, dass es gesellschaftliche Phänomene, deren Analogizität oder mindestens hervorragende Vergleichbarkeit mit denen des katholisch-protestantischen Glaubenskonflikts, also bevor im Vatikan die berühmte Behörde geschaffen wurde, jeder Betrachtung einleuchten muss. Es gibt das Phänomen schlicht vor seiner spätlateinischen Bezeichnung, es existiert avant la lettre. Die Autorin geht dem seit der europäischen Antike differenziert nach; man interessierte sich nur auch, heutzutage ist der Blick geschärft, in dieser Hinsicht für nicht-abendländische Kulturen. Für diesen weniger wort-, als konzeptgeschichtlichen Ansatz ist es notwendig, das Phänomen abstrakt zu definieren, wofür sich Doering-Manteuffel viel Raum nimmt.[6]

---

3 Nietzel 2023. *Die Massen lenken*, 4–13.
4 Schieder und Dipper 1984. Propaganda.
5 Doering-Manteuffel, Sabine, und Alexander Kirchner. „Propaganda". In *Historisches Wörterbuch der Rhetorik. Band 7*, herausgegeben von Gert Ueding, 266–290. Darmstadt: WBG, 2005.
6 Ebd., 266–268.

In Anlehnung an diese Arbeit soll hier eine kurze, weiter abstrahierte Arbeits-definition vorgeschlagen werden, die aber immer noch dafür hilfreich sein kann, Phänomene diverser historischer Denomination konzeptuell zu erfassen. Das ist nicht nur transepochal wichtig, sondern auch transkulturell. Im Falle der vorliegenden Thematik befreit sie uns darüber hinaus etwas davon, dem willkürlichen Mäandrieren marxistisch-leninistischer Orthodoxie und ihren alltagsweltlichen Schattierungen hinterherzutapsen, was nur einen sehr begrenzten Erkenntnisgewinn verspricht und die Phänomene ihrer Vergleichbarkeit entzieht.

Die Arbeitsdefinition würde also lauten: Als religiöse und/oder politische Propaganda lassen sich alle Unternehmungen (intentionale und systematisch angelegte Handlungen) begreifen, die Wissens- und Glaubensinhalte einer durch sie konstituierten Gruppe auf andere Individuen oder Gruppen zu übertragen und für sie Anerkennung zu erhalten versuchen, um damit eine Integration der letzteren in erstere zu erreichen. Public Relation (PR) dagegen wendet Methoden der Propaganda an, um Konsumenten von Produkten zu überzeugen. Hier soll man zum Teil einer Kundengemeinschaft gemacht werden.

Über die Sowjetische Besatzungszone in Deutschland und die im Oktober 1949 auf ihrem Territorium gegründete Deutsche Demokratische Republik ist in den 1990er und den 2000er sehr viel detaillierte und meistenteils professionelle Forschung betrieben und sehr viel Forschungstext publiziert worden.[7] Anschließend dünnten die Forschungsbemühungen etwas aus, der Trend wendete sich anderen Sachgebieten zu. Es folgte noch grundlegende Forschung zum Transformationsprozess im deutschen Beitrittsgebiet.[8] Was nahtlos und zusätzlich von Jubiläen immer wieder neu angefacht weiter- und durchlief, war allerdings der nicht-wissenschaftliche, der geschichtspolitische Diskurs über den untergegangenen SED-Staat und sein Land und dessen Bewohnerinnen und Bewohner mit DDR-Staatsbürgerschaft.[9] Beide Diskurse folgten unterschiedlichen Rhythmen, waren angetrieben

---

7 Eine erste Bestandsaufnahme von 2003 bei Eppelmann, Rainer, Bernd Faulenbach, Ulrich Mählert im Auftrag der Bundesstiftung zur Aufarbeitung der SED-Diktatur, Hrsg. *Bilanz und Perspektiven der DDR-Forschung*. Paderborn u. a.: Schöningh.
8 Böick, Marcus. *Die Treuhand. Idee – Praxis – Erfahrung 1990–1994*. Göttingen: Wallstein Verlag, 2018; Kowalczuk, Ilko-Sascha. *Die Übernahme. Wie Ostdeutschland Teil der Bundesrepublik wurde.* 1. Auflage. München: C. H. Beck, 2019; Böick, Marcus. „Die Erforschung der Transformation Ostdeutschlands seit 1989/90. Ansätze, Voraussetzungen, Wandel. Version 1.0". *Docupedia-Zeitgeschichte*, 2022. https://docupedia.de/zg/Boeick_transformation_v1_de_2022 (zuletzt am 25. März 2023).
9 Einen ersten Einblick liefern Handro, Saskia, und Thomas Schaarschmidt, Hrsg. *Aufarbeitung der Aufarbeitung: Die DDR im geschichtskulturellen Diskurs*. Schwalbach/Ts: Wochenschau Verlag, 2011.

von unterschiedlichen Interessen, wiesen aber (im Ganzen allerdings minimal) teilweise die gleichen Teilnehmerinnen und Teilnehmer auf.

Dem hier vorliegenden Buch schreiben wir keine geschichtspolitische Aufgabe zu oder irgendeine Rolle in der geschichtspolitischen Auseinandersetzung um die heutige Bewertung der DDR oder ihr inzwischen so unerwartet langes politisch-kulturelles Nachleben wie auf speziellen Landkarten zur deutschen Ökonomie, Demographie, politischem Wahlverhalten usw. Letzteres, dieses Nachleben, das bald so lange währt wie die DDR selbst, hat vielleicht auch gar nicht so viel mit ihr, mehr aber mit den Weichenstellungen ab Frühjahr 1990 zu tun. Nun, hier befindet man sich leider noch auf dem Gebiet der informierten Spekulation; mir ist dazu keine verlässliche Forschung bekannt, die Variablen wären auch schwer zu separieren, und dieses Buch soll dazu jedenfalls nichts beitragen.

Was diese Edition erreichen soll, ist, historisches Material und Perspektiven zu liefern, einen weiteren kleinen Mosaikstein für die Muster der kollektiven Geschichtsbilder anzubieten, die in der Bundesrepublik Deutschland sowohl im wissenschaftlichen als auch im öffentlichen Diskurs bewusst oder unbewusst weiterhin abgerufen werden. Dieser kleine Mosaikstein vermag eine seltenere Farbe ins Bild zu bringen, und zwar aus zwei Gründen.

Der erste dieser Gründe ist vielleicht schneller erklärt als der zweite: Das historische Material, das hier präsentiert wird, die lebens- und berufsbiographischen Interviews, führen die Leserin und den Leser auf drei wesentlich unterschiedene Zeitebenen, die gerade schon angesprochen worden sind: das Arbeitsleben der Gesprächspartner spannt über die gesamte historische Zeit der DDR (mit u. a. der Ausnahme einer Flucht), zugleich sind die hier dokumentierten Erinnerungen ungefähr zehn Jahre nach dem Untergang des SED-Staates entstanden, in der Zeit des akuten Transformationsgeschehens, sie nehmen also gewollt oder ungewollt Teil an der Auseinandersetzung über die historische Bewertung dieses Staates in den langen 1990er Jahren. Schließlich erfolgte die Arbeit an der Edition dieses Materials wiederum mehr als zwanzig Jahre später, in völlig veränderten Umständen, mit großem Abstand, außerhalb Deutschlands und in transgenerationaler Zusammenarbeit, die mit Carina Siegl bewusst eine mehrfach biographisch unbetroffene Position miteinschloss. Drei Zeitebenen in diesem Buch, da dieses Nachwort Ende März 2023 in Wien verfasst wird und der Verfasser dieses Nachworts selbst Anteil an all diesen Zeitebenen hat, also eigentlich auch Material ist, was bei dieser Edition und auch den sonstigen Schriften zum Thema aber durch die Methodik der

Geschichtswissenschaft kontrolliert werden kann. Ich komme noch auf diese ,Standpunktreflexion‘[10] zurück.

Für den zweiten dieser Gründe, weshalb der vorliegende Band einen Anspruch darauf machen zu können glaubt, einen seltenfarbigen Mosaikstein ins Bild ergänzen zu können, darf an Friedrich Schiller erinnert werden, insbesondere an einen brieflichen Austausch mit seinem noch recht neuen Freund Goethe vom 27. Januar 1798. Es ging darin um das Wesen von ,Natur‘, und zwar, wie charakteristisch besonders für Schiller, der gerade an seinem ,Wallenstein‘ arbeitete, in seiner weitesten, vielfältigsten Bedeutung:

> Wenn nur jede individuelle Vorstellungs- und Empfindungsweise auch einer reinen und vollkommenen Mittheilung fähig wäre; denn die Sprache hat eine, der Individualität ganz entgegengesetzte Tendenz, und solche Naturen, die sich zur allgemeinen Mittheilung ausbilden, büßen gewöhnlich so viel von ihrer Individualität ein, und verlieren also sehr oft von jener sinnlichen Qualität zum Auffassen der Erscheinungen. Überhaupt ist mir das Verhältniß der allgemeinen Begriffe und der auf diesen erbauten Sprache zu den Sachen und Fällen und Intuitionen ein Abgrund, in den ich nicht ohne Schwindeln schauen kann.[11]

Nach dem großen Erfolg seiner notwendig abstrakt bleibenden *allgemeinen* Geschichte des Dreißigjährigen Krieges (1791–3), erlaubte es ihm nun die Arbeit an seinem gewaltigen Drama, die Individualitäten sprechen zu lassen, das spielt hier bei diesem Brief offenkundig mit hinein. Insofern bilden der ,Wallenstein‘ (1799) und die ,Geschichte des Dreißigjährigen Krieges‘ eine epistemische Einheit, stehen sich komplementär gegenüber. So, wie Schiller ob der Zeitdistanz zu seinem Gegenstand keine Interviews mit Tilly, Ferdinand, Gustav Adolf oder eben Wallenstein zu führen vermocht hat, so ist dieser vorliegende Band keine dramatische Dichtung. Und doch steht beides in einem geteilten Horizont hermeneutischer Überzeugung: Unsere Bilder von Realität, ob vergangen oder rezent, profitieren in ihrer Adäquatheit, wenn allgemeine Begriffe, Sprache und Analyse begleitet wird von individuellen Auskünften und Äußerungen, von idiosynkratischen Perspektiven – allerdings nur, wenn letztere in einem überprüfbaren Verhältnis zum Gegenstand der Forschung stehen, wenn sie also zweifellos einen Quellenwert beanspruchen können. Intervieweditionen und ihr historisch-epistemischer Wert basieren also keineswegs nur auf der technischen Qualität der Edition selbst, sondern auch auf ihrer klaren heuristischen Einordnung und Bestimmung.

In der zeithistorischen Forschung wird regelmäßig, methodisch mehr oder minder elaboriert mit Interviewmethoden gearbeitet, insofern relevante Zeitzeu-

---

10 Hockerts 2003. Zugänge zur Zeitgeschichte: Primärerfahrung, Erinnerungskultur, Geschichtswissenschaft, 26.

11 Schiller, Friedrich. *Schillers Werke: Nationalausgabe. Briefwechsel. Schillers Briefe 1.11.1796–31.10.1798*, 212. Hrsg. von Norbert Oellers und Frithjof Stock. Bd. 29. Weimar: Böhlau, 1977.

gen eben noch erreichbar sind. Häufig gehen diese Interviews in den Quellenkorpus eines größeren Projektes ein, ohne dass die Interviews eigens ediert und publiziert werden würden. Das ist verständlich, weil eine solche Edition erhebliche Arbeit macht – nachdem die eigentliche Studie schon publiziert worden ist. Man wendet sich neuen Themen zu, gerade für jüngere Forscherinnen und Forscher entspringt aus dieser Arbeit auch kein weiterer signifikanter Karrierenutzen (so war es damals bei mir). Die Transkripte gehen also bestenfalls ins Archiv, bleiben überprüfbar, sind aber für die interessierte normale Leserschaft außerhalb der Erreichbarkeit.

Seltener kommt es also zu Intervieweditionen und in aller Regel waren diese dann auch das eigentliche Ziel des Projektes, das dann als 'Oral History' ausgeflaggt war. In diesem Zusammenhang und dem Thema 'DDR' denkt man zuerst an das singuläre Projekt der „Volkseigenen Erfahrung" von 1991.[12] Am Ende dieses Jahrzehnts erschien der Interviewband mit führenden Vertretern der evangelischen Kirchen.[13] Beide Oral-History-Projekte wandten sich einem spezifischen Milieu zu, beide machten die kontingenten und doch musterhaften Verbindungen von Lebenserfahrung und Karriereverläufen deutlich; Findeis' und Pollacks Projekt und Edition (zeitlich übrigens parallel zum Erhebungszeitraum der hier vorgestellten Interviews) arbeitete wie die vorliegende im Sinne des historischen Experteninterviews,[14] das Quellen sichert, die anders nicht zu erhalten sind und die überhaupt nur befristet erhoben werden können.

Wenn man sich für das Milieu der Wissenschaften in der DDR interessiert und nach einer entsprechenden Interviewedition greifen möchte, kommt dafür v. a. Heydemann/Weil 2009 in Frage,[15] die wissenschaftliches Personal (vor allem Professoren) ganz unterschiedlicher Fachrichtungen und Fakultäten befragt haben, denn es ging in erster Linie um den großen Mikrokosmos der damaligen „Karl-Marx-Universität".

Insofern, um auf die Metapher des Mosaiksteins zurückzukommen, da die Gruppe der vorliegenden Interviews und ihre Personen durch ihren funktionalen und disziplinären Zusammenhang einer sich wissenschaftlich verstehenden, mar-

---

12 Niethammer, Lutz, Alexander von Plato, und Dorothee Wierling. *Die volkseigene Erfahrung. Eine Archäologie des Lebens in der Industrieprovinz der DDR. 30 biografische Eröffnungen.* 1. Aufl. Berlin: Rowohlt, 1991.

13 Findeis, Hagen, und Detlef Pollack, Hrsg. *Selbstbewahrung oder Selbstverlust: Bischöfe und Repräsentanten der evangelischen Kirchen in der DDR über ihr Leben: 17 Interviews.* Berlin: Ch. Links, 1999.

14 Starr 1985. Oral History in den USA. Probleme und Perspektiven.

15 Heydemann, Günther, und Francesca Weil, Hrsg. *„Zuerst wurde der Parteisekretär begrüßt, dann der Rektor ...": Zeitzeugenberichte von Angehörigen der Universität Leipzig (1945–1990).* Leipzig: Evangelische Verlagsanstalt., 2009.

xistisch-leninistischen pädagogischen Geschichtspropaganda (siehe Einleitung) und ihre leitende, operative Stellung darin konstituiert wird, die vorwiegend an den Hochschulen der DDR angesiedelt war, vermöchte sie dem Bisherigen vielleicht tatsächlich ein weiteres epistemisches Farbmotiv hinzuzufügen und relevante Individualitäten neben der allgemeinen Geschichte zur Sprache zu bringen.

„Ja, ich weiß nun nicht, Herr Demantowsky, was bleibt," sagte mir die damals 68-jährige Sigrid Kretschel gegen Ende unseres Interviews am 9. September 2000. Es klang etwas bang. Ich hatte darauf keine Antwort, im Gespräch, das am Ausklingen war, gab es eine Pause, was hätte ich auch sagen sollen? Geblieben sind am Ende meine Geschichten und die anderer, jedenfalls verfügbar in einigen Bibliotheken, aber Geschichten bleiben in einem emphatischen Sinne natürlich nur, wenn sie erzählt werden, wenn sie eine Rolle spielen, relevant in einem sozialen Wesen sind. Das sind diese Geschichten sicher nicht, und das ist ohne Bewertung gesagt, sie sind nur (noch) latent. Dadurch könnten sie aber immerhin frei von geschichtspolitischen Aufgeregtheiten betrachtet und bedacht werden.

Dr. Kretschel war die einzige Frau unter meinen Interviewpartnern, nicht, weil so viele abgesagt hätten (am Ende hatte nur Horst Diere nicht zur Verfügung stehen wollen, ironischerweise der einzige universitäre Reisekader der Disziplin), sondern weil es auf pädagogisch-geschichtspropagandistischer operativer Leitungsebene einfach keine weiteren gab. Ganz subjektiv war das zu bedauern, denn vielleicht war es auch diese weibliche Perspektive aus einer Erfahrung der positionalen Minorität, die zu einem Gespräch geführt hat, das mir, auch gerade im Nachhinein, mit dem Abstand von bald 23 Jahren, besonders aufrichtig erschien. Nicht im Sinne politisch-ideologischer Selbstbezichtigung und -verdammung, sondern im Sinne eines Unverstelltseins, in der Freiheit von Taktik und Lauern und den anderen sublimen Machtspielen in den Interviews. Ähnlich frei hatte sich vielleicht nur Helmut Scheibner am 10. Oktober 1997 geäußert, aus einer im DDR-Kontext ebenfalls ungewöhnlichen Erfahrung, der eines Karriereaussteigers.

Wenn ich meiner Behauptung des Unverstelltseins nachgehe, bemerke ich Präzisionsbedarf, denn auch in den anderen Interviews war an Klarheit kein Mangel. Unverstellt vielleicht in dem Sinne, dass dieses Interview mit Kretschel (und vielleicht auch das mit Scheibner) auch vor 1990 so geführt hätte werden können, wenn es dafür eine staatliche Lizenz gegeben hätte. In den anderen Interviews war in individueller Graduierung der Filter der Erfahrungen seit 1989/90 viel präsenter, auch das Bewusstsein, das in der Situation des Interviews Quellen produziert werden würden. Ich hatte es mit Profis der Geschichtspropaganda und – nicht zu vergessen – als Doktorand mit gerade noch sehr mächtigen Professoren und Funktionären zu tun. Das war v. a. bei Kretschel nicht so spürbar, hier sprach jemand zuweilen fast im Selbstgespräch, das meine Fragen nur evozierten. Hier sprach jemand auch, für den die DDR nicht einfach nur persönliche Siegergeschichte gewesen war: Ihre Erfahrungen als Vorsitzende der zentralen Frauenkommission der Universität Jena trugen gewiss zur Nüchternheit und erfahrungsgesättigten Demut bei.

Im Nachhinein mag man möglicherweise etwas staunen, wie es überhaupt gelang, die kürzlich noch unehrenhaft aus der Scientific Community verstoßenen und nun lebenspraktisch wie metaphorisch im öffentlichen Diskurs abgewickelten ehemaligen Professoren und Funktionäre des „unaufhaltsamen" realen Sozialismus für eine Zusammenarbeit zu gewinnen, die für sie keineswegs ganz unaufwändig war. Es war für diese Menschen so vieles zusammengebrochen, zusammen mit diesem SED-Staat, der Garant für alles gewesen war. Hier ging es nicht nur um Lebensleistung, sondern auch um eine politische Religion, einen Glauben an eine „historische Mission". Mag die Bindung an den zunehmend dysfunktionalen SED-Staat wie bei den meisten anderen (regimeloyalen) DDR-Bewohnern auch schon in den Jahren vor 1989/90 erodiert sein; diese innere Überzeugung erschüttert zu sehen, seinem Leben und seiner Arbeit eine Sinnstiftung gegeben zu haben, die sich in eine marxistisch-leninistische Eschatologie einspeiste, stellte alle Interviewpartner (z. B. explizit Werner Folde gegen Ende des Gesprächs) vor psychische und moralische Herausforderungen, auf die jeder unterschiedliche Antworten hatte, die meisten aber auch diese: Abspaltung. Man konnte von der Rente des neuen Staates solide leben, man las weiter die gewendete Presse, die man von jeher las, man pflegte seine Netzwerke untereinander, man sah „die Wende" mehr oder minder als einen Betriebsunfall der Weltgeschichte, der auf einen ungeschickten Machttechniker in Moskau und ein paar schwere Fehler Erich Honeckers, Günter Mittags und Kurt Hagers zurückzuführen war. Grundsätzlich hatte man selbst fast alles richtig gemacht und konnte sein eigenes Berufsleben ganz abgespalten von den Weltläuften erzählen, die an ihrem Ende zu ihrer Entwertung geführt hatten.

Dieses Muster, ob bewusst gepflegt oder schlicht internalisiert, begegnet einem in den Interviews mehr oder minder explizit oder unterschwellig: Der Ton in beruflichen Kontexten sei fast immer kameradschaftlich gewesen, Kommandos habe man keine erhalten, die Forschung und Lehre hätten keine Einschränkungen gekannt, politische Einflussnahme sei kaum spürbar gewesen (kein Wunder übrigens bei Experten, die für die historisch-politische Beeinflussung zuständig waren, man spürt nur das subjektiv Unnormale) und wer sich einigermaßen geschickt und schlau verhalten hätte, würde auch keine „Schwierigkeiten" bekommen haben. So konnten die bis zuletzt Erfolgreichen sprechen. Es waren Vertreter genau der Generationseinheit, die diesen Staat wesentlich getragen haben, Anfang und

Ende des Berufslebens dieser Menschen korrelierte grosso modo mit Anfang und Ende ihres Staatswesens.[16]

Gegen dieses Muster findet man auf einer Ebene anekdotischer Konkretion oder auf Nachfragen des Interviewers, der parallel seine Studien durch 14 Archive betrieben hatte, immer wieder Erzählungen willkürlicher politisch-ideologischer Disziplinierung – der eigenen Person oder anderer Personen im unmittelbaren Umfeld. Hier wird taktisches Sprechen besonders augenfällig, abhängig davon natürlich, inwieweit man selbst Objekt der Disziplinierung geworden war oder selbst zu den Instanzen der Disziplinierung gehörte oder gar von ihnen profitierte. Für tiefergehendes Interesse lohnt sich an diesen Stellen besonders eine parallele vergleichende Lektüre der korrespondierenden Forschungstexte, die alle als Digitalisat vorliegen.[17]

De facto waren die Disziplinierungsmechanismen dieser pädagogischen Diktatur der SED-Führung beständig und fast allerorten präsent. Diese Disziplinierungen wiesen ein breites Spektrum und eine unabsehbare Tiefe der Eskalation auf. Sie reichten von feinen Drohungen durch Vorgesetzte, über die halböffentlichen Verfahren von Kritik und Selbstkritik[18] (z. B. Heinrich Rühmann), zur öffentlichen Bloßstellung in Zeitschriften (z. B. Bernhard Stohr) und auf Konferenzen (z. B. Walter Strauss), bis hin zu beruflicher Degradierung (z. B. Rudolf Behling) und zu polizeilicher Verfolgung (z. B. Rudolf Raasch) und Inhaftierung. Letzteres v. a. in den 1950er Jahren mit der latenten Drohung des Verschwindens. Diese Kaskade stand jedem vor Augen, nicht zuletzt denen, die ihre berufliche Laufbahn um 1950 begonnen hatten. Als eine Art Brandgeruch lag sie aber bis in den Oktober 1989 in der Luft und bestimmte mit darüber, ob man selbst an gemäßigten Protesten teilnahm oder auch ob man die Teilnahme seiner Studierenden stillschweigend tolerierte oder meldete. Die willkürlichen Verhaftungen im September und Oktober 1989 („Zuführungen"), der Einsatz der Bereitschaftspolizei und die Mobilisierung von Militäreinheiten und die, wie man später erfuhr, vorbereiteten Internierungslager für den Fall einer „chinesischen Lösung" machten jedem bis zum Schluss und dann nochmals auch nachträglich die ganze Eskalationstiefe dieser Disziplinierung bewusst. Auch die Existenz und Tätigkeit von Spitzeln im vertrauten Um-

---

16 Siehe die kollektivbiographischen Synthesen in Demantowsky 2003. *Die Geschichtsmethodik in der SBZ und DDR*, 121–130, 245–255, 374–386.

17 Demantowsky 2000. *Geschichtspropaganda und Aktivistenbewegung in der SBZ und frühen DDR*: doi.org/10.17613/45pb-9e84; Demantowsky 2003. *Die Geschichtsmethodik in der SBZ und DDR*: doi.org/10.17613/yyd5-3797; Demantowsky 2005. „Der Beginn demoskopischer Geschichtsbewußtseins-Forschung in Deutschland": doi.org/10.17613/9h56-th89.

18 Man erinnere sich der plastischen Schilderung bei Leonhard, Wolfgang. *Die Revolution entlässt ihre Kinder*. Köln: Kiepenheuer & Witsch, 1990, 270–282.

feld war etwas mit dem man rechnete (siehe Interview Gentner). Die Drohkulisse war stets präsent.

Wie waren diese historischen Akteure dann nur ein paar Jahre später in einer Zeit (ab 1997) tiefgreifender Transformation, die nicht häufig von glücklichen politischen Rahmenentscheidungen geprägt gewesen war, und der sie begleitenden medial-öffentlichen Stasi- und Ossi-Wessi-Debatten für die Interviews gewinnen?

Da ging es zunächst um absolute Verfahrenstransparenz. Die erste Kontaktaufnahme geschah zunächst via Telefon, denn das war noch eine Zeit, in der jeder seine Telefonnummer in einem regionalen Telefonbuch öffentlich zu machen hatte. Die Deutsche Telekom hatte erst begonnen, diese Daten in einer allgemein zugänglichen Internetdatenbank zur Verfügung zu stellen, aber ich erinnere mich, dass ich für die ersten Recherchen ab Mitte der 1990er Jahre vom Leipziger Universitätshochhaus, in dem das Geschichtsinstitut ganz oben in den Etagen 24 und 25 untergebracht war, über den Augustusplatz hinüber zur Hauptpost ging, wo in einer langen Reihe hinter der Glasfront zum Ring hin alle deutschen regionalen Telefonbücher zum Nachschlagen hingen.

Auf das Telefonat folgte, sofern erfolgreich, ein Brief mit einer Darstellung des Projektes und seines Anliegens. Daraufhin wurde telefonisch oder brieflich ein erster Besuchstermin für ein Vorgespräch vereinbart. Mit dem alten Golf aus dritter Hand fuhr ich dann also ins Erzgebirge, nach Berlin oder an die Ostsee. Dieses Angebot eines Vorgesprächs war enorm aufwändig, aber die persönlichen Begegnungen schufen dann in jedem Fall das nötige Vertrauen für den Interviewtermin. Klar war von vornherein, dass die Interviewten ein Transkript zur Durchsicht, allfälligen Korrektur und Autorisierung „zum Gebrauch für wissenschaftliche Zwecke" erhalten würden. Die einen beschränkten sich dann nur auf Schreibfehlerkorrektur, andere strichen aus überlieferungstaktischen Kalkülen ganze Passagen oder schrieben sie erheblich um, wiederum andere ergänzten Erinnerungen, die ihnen erst beim Nachlesen gekommen waren. Die Eingriffe wurden in jedem Fall von mir akzeptiert und das resultierende Dokument im Anschluss autorisiert.

An dieses gesamte Verfahren hatte ich mich in jedem Fall gehalten, und das sprach sich offenkundig auch herum, weswegen die Ansprache möglicher Interviewpartner nach und nach einfacher wurde. Nur wenige lehnten von vornherein ab (der schon erwähnte Horst Diere), antworteten nicht (der 1960 in den Westen gegangene Walter Schöler in Klagenfurt) oder bevorzugten die schriftliche Befragung (wie z. B. Martin Richter). Der bedächtige und mir überaus sympathische Hans-Joachim Fiala starb zwischen dem Vorgespräch in Graal-Müritz und dem Interviewtermin. Ich bedaure das noch heute, ein beeindruckender Mann.

Neben dieser Verfahrenstransparenz gab es aber noch einen weiteren Gelingensfaktor dieser Interviews. Weniger in den Interviews selbst, mehr noch in den

Vorgesprächen konnte ich davon profitieren, dass ich die Sprache dieser Interviewees sprach. Und das gilt nicht unbedingt wegen meines sächsischen dialektalen Registers (ich bin nördlich von Leipzig aufgewachsen), denn meine Gesprächspartner kamen aus sehr verschiedenen dialektalen Regionen der DDR oder ihrer Abstammungsregion wie etwa Bessarabien oder Ostpreußen. Vielmehr war es der Soziolekt und die geteilte Erfahrung des DDR-Bewohnertums, der einen gemeinsamen Verständnishorizont herstellte. Ich wusste, wovon man sprach, wenn man sprach (in der Regel wusste ich wegen meines Aktenstudiums sogar mehr), und ich vermochte das gesamte Spektrum an Haltungen, das mir entgegentrat, nachzuvollziehen, es war mir vertraut.

Dieses Vertrautsein mit Codes, Regeln, Hoffnungen, Enttäuschungen, Darübersprechen und Darüberschweigen, Fragenausweichen und Fragenabwehren dieser operativen DDR-Elite fußte auf meiner eigenen Herkunft. Mein Vater war SED-Funktionär in einem der Kreise des Bezirkes Leipzig gewesen, nichts Großes, er war Agronom und zwei Jahrzehnte verantwortlich für die regionale Landwirtschaft. Er war etwas jünger als die meisten meiner Interviewpartner, aber er gehörte noch gerade zu dieser Generationseinheit. Er hat mich in seinem Sinne erzogen, und ich bin Ende der 80er Jahre hart gelandet. Ich saß also, wenn man so will, jedes Mal einer Persona meines Vaters gegenüber. Diese Konstellation ist mir erst sehr viel später bewusst geworden, aber sie war natürlich in mein Verhalten eingefurcht. Was mir damals während der Interviews bewusst war, was ich auch artikulierte und was eine Vertrauensbasis stärkte, das war die geteilte DDR-Erfahrung, der Umstand, dass ich kein Fremder war, kein „Wessi". Dass es also die Chance gab, dieses Segment von DDR-Geschichte „selbst" und nicht von „Missionaren im Ruderboot", die auch ich sehr gut kannte, erforschen zu lassen (wobei das mit dem Ruderboot immer für Erheiterung sorgte).

Meine Zusage war, ich würde die Geschichte, für die ich die Interviews führte, die Archive durchsuchte und sehr viel Literatur las, *sine ira et studio* betreiben, sogar noch etwas konsequenter als Tacitus selber. Ich zog mich also auf eine selbstverständliche geschichtswissenschaftliche Prämisse zurück, meine Herkunft verschaffte ihr aber offenkundig die nötige (und hoffentlich verdiente Glaubwürdigkeit). Denn allerdings meinte ich das sehr ernst, die Personae meines Vaters korrumpierten mich nicht, sondern schärften im Gegenteil Analyse, Fleiß und Urteile.

Das Erscheinen des Büchleins von 2000 hatten Schenderlein und Uhlmann nicht mehr erlebt, sie waren kurz nacheinander verstorben. Scheibner schickte mir, wenn ich mich recht erinnere, eine freundliche Karte. Als Ende 2003 die Dissertation mit ihren eng und kleingedruckt mehr als 500 Seiten erschien, bekam ich überraschend schnell eine ungute Reaktion von Florian Osburg. Das Buch hat ein Namensregister, man kann sich darin sehr schnell zu den Aussagen über einzelne

Arbeitsgruppen und Personen orientieren. Osburg, der auch nach 1990 sehr erfolgreich als Sachbuch- und Lehrbuchautor geblieben war, war mit den Passagen, die ihn betrafen, nicht ganz zufrieden, um es milde zu formulieren. Er schlug in seinem Brief einen gewissen DDR-Disziplinierungs-Ton an, der auch noch 2004 auf mich eine Wirkung hatte, wie ich beobachten musste. Osburg, Professor an der Humboldt-Universität zu Berlin, war vor und auch nach 1990 eine zentrale Figur im Netzwerk dieser Disziplin. Es half mir deshalb, als ich ihn 1999 für ein Interview gewinnen konnte. Er zeigte sich hilfsbereit. Offenbar erwartete er aber dafür eine Art von Gegenleistung, die ich ihm – sine ira et studio – nicht versprechen oder gar leisten konnte: eine gefällige Darstellung. Gerade bei ihm tat sich zwischen Aktenlage und Interview eine Diskrepanz auf, die sich vor allem mit dem Fall seines Doktorvaters Walter Strauss verbindet, die geradezu symptomatisch für die Konstituierung dieser pädagogischen Geschichtspropaganda in der DDR wurde. Im Buch musste berichtet werden, was der Fall gewesen war. Sein Kalkül mit mir war nicht aufgegangen, er wusste immer, wo der sprichwörtliche Hund begraben lag, und er hatte offenbar auch die Aussagekräftigkeit der archivalischen Überlieferung unterschätzt. Das kann passieren, wenn man sich als Geschichtspropagandist nur noch auf das effektive Wie der Dissemination konzentriert.

Auch alle anderen werden mit meinen Publikationen nicht immer zufrieden und froh gewesen sein, sofern sie sie überhaupt zur Kenntnis genommen haben, aber dann hätte der Autor als Historiker gegenüber den Zeitzeugen auch etwas falsch gemacht, selbst wenn er bei Kaffee und Kuchen in anderer Rolle eben auch Zeitzeuge und nicht (nur) Historiker ist.[19]

Trotz dieser notwendigen Verstimmungen zwischen den Zeitzeugen und ihrem Historiker schien es mir im Sinne Schillers immer wertvoll, neben dem historisch-analytischen Text auch die Selbsterzählungen der Zeitzeugen sichtbar zu machen. Sehr lange ist das liegengeblieben, vielleicht wären die zwei Leitzordner und der Karton mit den Mikrokassetten am Ende irgendwann mit dem Rest meiner Habseligkeiten entsorgt wurden, einige Male habe ich solche Entsorgungen schon erlebt. Es wäre jedoch vielleicht auch schade um diese „Zeitkapsel" gewesen. Ohne die Neugier, die Beharrlichkeit und den Fleiß der nachgeborenen österreichischen Kollegin Carina Siegl wäre das alles wohl im Vergessen gelandet, und dann hätte es auch die schöne Metapher der Zeitkapsel hierfür nicht gegeben.

---

19 Wolfgang Kraushaar (im Anschluss an Axel Schildt) hat diese quasi natürliche Problematik in der Überschrift eines Literaturberichts auf den prägnanten Begriff gebracht und im Resümee erläutert: Kraushaar, Wolfgang. „Der Zeitzeuge als Feind des Historikers? Neuerscheinungen zur 68er-Bewegung". *Mittelweg 36*, Nr. 6 (Dezember 1999 / Januar 2000): 49–72, hier 69–70.

Zitierte Literatur

Andrejewskaja, N. W., und W. M. Bernadskij. *Methodik des Geschichtsunterrichts in der Siebenjahresschule*. Moskau: Manuskript-Übersetzung aus dem Russischen ca. 1955, 1947.

Apel, Linde. „Oral History Reloaded: Zur Zweitauswertung von mündlichen Quellen". *Westfälische Forschungen – Zeitschrift des LWL-Instituts für westfälische Regionalgeschichte* 65 (2015): 243–254.

Bauer, Gisa. „‚Politische Religion' im Vollzug: Die Geschichtsschreibung in der DDR als Heilsgeschichte oder: Der heilsgeschichtliche Gehalt der historisch-materialistischen Geschichtsschreibung in der DDR als Indikator einer ‚politischen Religion'". *Mitteilungen zur Kirchlichen Zeitgeschichte* 9 (2015): 89–109.

Behrens, Heidi. *Deutsche Teilung, Repression und Alltagsleben: Erinnerungsorte der DDR-Geschichte. Konzepte und Angebote zum historisch-politischen Lernen*. 1. Aufl. Leipzig: Forum-Verl., 2004.

Bispinck, Henrik, Dierk Hoffmann, Michael Schwartz, Peter Skyba, Matthias Uhl, und Hermann Wentker. „Die Zukunft der DDR-Geschichte. Potentiale und Probleme zeithistorischer Forschung". *Vierteljahrshefte für Zeitgeschichte* 53, Nr. 4 (15. Oktober 2005): 547–570.

Bogoljubow, L. N. „Die Nutzung früher angeeigneter theoretischer Kenntnisse bei der Behandlung der neuesten Geschichte". In *Zum Studium der Methodik des Geschichtsunterrichts*, herausgegeben von Waldemar Waade, Friedrich Hora, und Rolf Rönz, 107–25. Lehrmaterial zur Ausbildung von Diplomlehrern Geschichte. Berlin (DDR): Hauptabteilung Lehrerbildung des Ministeriums für Volksbildung, 1984.

Böick, Marcus. „Die Erforschung der Transformation Ostdeutschlands seit 1989/90. Ansätze, Voraussetzungen, Wandel. Version 1.0". *Docupedia-Zeitgeschichte*, 2022. https://docupedia.de/zg/Boeick_transformation_v1_de_2022.

Böick, Marcus. *Die Treuhand. Idee – Praxis – Erfahrung 1990–1994*. Göttingen: Wallstein Verlag, 2018.

Bonna, Rudolf. *Die Erzählung in der Geschichtsmethodik von SBZ und DDR*. Bochum: Brockmeyer, 1995.

Bonna, Rudolf. *Die Erzählung in der Geschichtsmethodik von SBZ und DDR*. Bochum: Brockmeyer, 1996.

Borew, Jurij B. *Über das Komische*. Berlin: Aufbau-Verl., 1960.

Bude, Heinz. *Deutsche Karrieren. Lebenskonstruktionen sozialer Aufsteiger aus der Flakhelfer-Generation*. Frankfurt am Main: Suhrkamp, 1987.

Bunke, Florian. „‚Wir lernen und lehren im Geiste Lenins...' Ziele, Methoden und Wirksamkeit der politisch-ideologischen Erziehung in den Schulen der DDR." *Oldenburger Beiträge zur DDR- und DEFA-Forschung*. Oldenburg: Bibliotheks- u. Informationssystem d. Univ. Oldenburg, 2005.

Dairi, N. G. „Die Aktivität der Schüler und die Effektivität des Unterrichts: a) zu den Stundenvarianten, b) zum Problemerfassen und Problemlösen im Geschichtsunterricht". In *Schöpferische Aktivität der Schüler im sowjetischen Geschichtsunterricht. Aus den Erfah-rungen von Lehrern und Methodikern*, herausgegeben von Sieglinde Müller und Hans Wermes, 22–34. Berlin (DDR): Volk und Wissen, 1970.

Dairi, N. G. „Die schöpferische Aktivität der Schüler – ein Prinzip der sowjetischen Methodik des Geschichtsunterrichts". In *Schöpferische Aktivität der Schüler im sowjetischen Geschichtsunterricht. Aus den Erfah-rungen von Lehrern und Methodikern*, herausgegeben von Sieglinde Müller und Hans Wermes, 9–14. Berlin (DDR): Volk und Wissen, 1970.

Das Leben der Anderen (2006) – IMDb, 2006. https://www.imdb.com/title/tt0405094/.

Demantowsky, Marko. „Akademischer Ehrgeiz im politischen Mahlstrom. Walter Strauss (1898–1982)". In *Ketzer, Käuze, Querulanten. Außenseiter im akademischen Milieu*, herausgegeben von Matthias Steinbach und Michael Ploenus, 326–339. Jena: Bussert und Stadeler, 2008.

https://doi.org/10.1515/9783110787726-004

Demantowsky, Marko. *Das Geschichtsbewusstsein in der SBZ und DDR: historisch-didaktisches Denken und sein geistiges Bezugsfeld (unter besonderer Berücksichtigung der Sowjetpädagogik): Bibliographie und Bestandsverzeichnis 1946–1973*. Bestandsverzeichnisse zur Bildungsgeschichte 9. Berlin: Bibliothek für Bildungsgeschichtliche Forschung, 2000.

Demantowsky, Marko. „Der Beginn demoskopischer Geschichtsbewußtseins-Forschung in Deutschland. Begründung, Aufbau und Wirken der Forschungsgruppe ‚Sozialistisches Geschichtsbewußtsein' am Institut für Gesellschaftswissenschaften beim Zentralkomitee der SED". *Zeitschrift für Geschichtsdidaktik* 4 (2005): 146–175.

Demantowsky, Marko. *Die Geschichtsmethodik in der SBZ und DDR: ihre konzeptuelle, institutionelle und personelle Konstituierung als akademische Disziplin 1945–1970*. 1. Aufl. Bd. 15. Schriften zur Geschichtsdidaktik. Idstein: Schulz-Kirchner, 2003.

Demantowsky, Marko. „Geschichtsmethodik als anwendungsbezogene Erfahrungswissenschaft – Erscheinung und Herkunft". In *Methoden geschichtsdidaktischer Forschung*, herausgegeben von Saskia Handro und Bernd Schönemann, 10:51–60. Zeitgeschichte – Zeitverständnis. Münster, 2002.

Demantowsky, Marko. *Geschichtspropaganda und Aktivistenbewegung in der SBZ und frühen DDR: eine Fallstudie*. Bd. 9. Zeitgeschichte–Zeitverständnis. Münster: Lit, 2000.

Demantowsky, Marko. „What Is Public History". In *Public History and School*, 1–38. Berlin, Boston: De Gruyter Academic Publishers, 2018.

Deutscher Bundestag, Wissenschaftliche Dienste. „Ausarbeitung: Rechtsstaat und Unrechtsstaat: Begriffsdefinition, Begriffsgenese, aktuelle politische Debatten und Umfragen". Berlin: Deutscher Bundestag, 2018. https://www.bundestag.de/resource/blob/575580/dddea7babdd1088-b2e1e85b97f408ce2/WD-1-022-18-pdf-data.pdf.

Doering-Manteuffel, Sabine, und Alexander Kirchner. „Propaganda". In *Historisches Wörterbuch der Rhetorik. Band 7*, herausgegeben von Gert Ueding, 266–290. Darmstadt: WBG, 2005.

Elkonin, Daniil B. *Psychologie des Spiels*. 1. Aufl. Berlin: Volk und Wissen, VEB, 1980.

Eppelmann, Rainer, Bernd Faulenbach, Ulrich Mählert, und im Auftrag der Bundesstiftung zur Aufarbeitung der SED-Diktatur, Hrsg. *Bilanz und Perspektiven der DDR-Forschung: Hermann Weber zum 75. Geburtstag*. Paderborn u. a.: Schöningh, 2003.

FDJ-Geschichtslehrerkollektiv „Fritz Schaffler" Neuwürschnitz. „Was ist Objektivismus im Geschichtsunterricht, wie tritt er in Erscheinung und wie ist er zu beseitigen?" *Geschichte in der Schule* 4 (1951): 118–124.

Friedrich, Walter, und Adolf Kossakowski. *Zur Psychologie des Jugendalters*. Berlin (DDR): Volk und Wissen, 1962.

Gentner, Bruno. „Zur Schaffung einer Ausgangsposition für die Denkerziehung im Geschichtsunterricht". *Geschichte und Schule* 7 (1965): 522–533.

Gora, Pjotr V., Hrsg. *Wege zur Erhöhung der Erkenntnisaktivität der Schüler*. Übersetzt von Hans Wermes. 1. Aufl. Berlin (DDR): Volk und Wissen, 1976.

Gruner, Petra. *Die Neulehrer – ein Schlüsselsymbol der DDR-Gesellschaft. Biographische Konstruktionen von Lehrern zwischen Erfahrungen und gesellschaftlichen Erwartungen*. Dr. nach Typoskript. Weinheim: Dt. Studien-Verl., 2000.

Haefke, Fritz. *Das Karstphänomen am Südrande des Harzes*. UnIversität Berlin: Dissertation (Hochschulschrift), 1925.

Halbmayr, Brigitte. „Sekundäranalyse qualitativer Daten aus lebensgeschichtlichen Interviews:Reflexionen zu einigen zentralen Herausforderungen." *BIOS* – Zeitschrift für Biographieforschung, Oral History und Lebensverlaufsanalysen 21, Nr. 2 (2008): 256–267.

Handro, Saskia. *Geschichtsunterricht und historisch-politische Sozialisation in der SBZ und DDR (1945–1961). Eine Studie zur Region Sachsen-Anhalt*. Weinheim: Beltz, 2002.

Handro, Saskia, und Thomas Schaarschmidt, Hrsg. *Aufarbeitung der Aufarbeitung: Die DDR im geschichtskulturellen Diskurs*. Schwalbach/Ts: Wochenschau Verlag, 2011.

Hechler, Daniel, und Peer Pasternack, Hrsg. „Ein Vierteljahrhundert später: Zur politischen Geschichte der DDR-Wissenschaft". *Die Hochschule: Journal für Wissenschaft und Bildung* 1 (2015).

Heimann, Paul, Wolfgang Schulz, und Gunter Otto. *Unterricht. Analyse und Planung*. Hannover u. a.: Schroedel, 1965.

Heydemann, Günther, und Francesca Weil, Hrsg. *„Zuerst wurde der Parteisekretär begrüßt, dann der Rektor …": Zeitzeugenberichte von Angehörigen der Universität Leipzig (1945–1990)*. Beiträge zur Leipziger Universitäts- und Wissenschaftsgeschichte Reihe B 16. Leipzig: Evang. Verl.-Anst, 2009.

Hockerts, Hans Günter. „Zugänge zur Zeitgeschichte: Primärerfahrung, Erinnerungskultur, Geschichtswissenschaft". *Aus Politik und Zeitgeschichte* B 28 (2001): 15–30.

Hohls, Rüdiger, und Konrad Hugo Jarausch. *Versäumte Fragen: deutsche Historiker im Schatten des Nationalsozialismus*. Stuttgart: Deutsche Verlags-Anstalt, 2000.

Hortzschansky, Werner. *Das deutsche Zentralinstitut für Lehrmittel – seine Aufgaben, Organisation und Arbeitsweise*. Bd. 11. Schriftenreihe des Deutschen Zentralinstituts für Lehrmittel. Berlin (DDR): Volk und Wissen, 1957.

Jarausch, Konrad H., Stefanie Eisenhuth, und Hanno Hochmuth. „Alles andere als ausgeforscht. Aktuelle Erweiterungen der DDR-Forschung". *Deutschland Archiv*, 2016. https://www.bpb.de/themen/deutschlandarchiv/218370/alles-andere-als-ausgeforscht-aktuelle-erweiterungen-der-ddr-forschung/.

Jessen, Ralph. *Akademische Elite und kommunistische Diktatur. Die ostdeutsche Hochschullehrerschaft in der Ulbricht-Ära*. Göttingen: Vandenhoeck und Ruprecht, 1999.

Jessipow, Boris P., und Nikolai K. Gontscharow. *Pädagogik. Lehrbuch für pädagogische Lehranstalten. Nach der 3. vermehrten und verbesserten Ausgabe*. Berlin: Volk und Wissen, 1948.

Karzow, Wladimir G. *Beiträge zur Methodik des Geschichtsunterrichts*. 1.-10. Tsd. Berlin (DDR): Volk und Wissen, 1954.

Karzow, Wladimir G. *Skizzen der Methodik des Unterrichts der Geschichte der UdSSR in den 8.-10. Klassen. Aus den Erfahrungen der Arbeit*. Moskau: Manuskript-Übersetzung aus dem Russischen, ca. 1955, 1952.

Kaschin, M. P., und A. T. Kinkulkin. „Erziehung der Schüler zum proletarischen Internationalismus – eine der Hauptaufgaben der sowjetischen Schule". *Pädagogik* 27 (1972): 1101–1109.

Knopke, Lars. „Schulbuchanalyse Teil III: Instrumentalisierung der Geschichts- und Staatsbürgerkundeschulbücher". In *Schulbücher als Herrschaftssicherungsinstrumente der SED*, 231–64. Wiesbaden: VS Verlag für Sozialwissenschaften, 2011. https://doi.org/10.1007/978-3-531-93371-9_6.

Kocka, Jürgen. „Eine durchherrschte Gesellschaft". In *Sozialgeschichte der DDR*, von Hartmut Kaelble, 547–553. Stuttgart: Klett-Cotta, 1994.

Kocka, Jürgen. „Wissenschaft und Politik in der DDR". In *Wissenschaft und Wiedervereinigung. Disziplinen im Umbruch. Interdisziplinäre Arbeitsgruppe Wissenschaften und Wiedervereinigung*, von Jürgen Kocka und Renate Mayntz, Bd. 6. Interdisziplinäre Arbeitsgruppen. Berlin: Akademie Verlag, 1998.

Kornilov, Konstantin N. *Einführung in die Psychologie*. Berlin: Volk u. Wissen, 1949.

Korowkin, Fedor P. „50 Jahre Geschichtsunterricht in der Sowjetunion". *Geschichtsunterricht und Staatsbürgerkunde* 10 (1968): 392–400, 494–501.

Korowkin, Fedor P., Hrsg. *Methodik des Geschichtsunterrichts in den Klassen 5 und 6: Alte Welt und Mittelalter*. 1. Aufl. Berlin: Volk u. Wissen, 1973.

Kowalczuk, Ilko-Sascha. *Die Übernahme. Wie Ostdeutschland Teil der Bundesrepublik wurde*. München: C. H. Beck, 2019.

Kowalczuk, Ilko-Sascha. *Legitimation eines neuen Staates. Parteiarbeiter an der historischen Front. Geschichtswissenschaft in der SBZ/DDR 1945 bis 1961.* Berlin: Links, 1997.

Kraushaar, Wolfgang. „Der Zeitzeuge als Feind des Historikers? Neuerscheinungen zur 68er-Bewegung". *Mittelweg 36*, Nr. 6 (Dezember 1999/Januar 2000): 49–72.

Kusin, N. P. „Die Erziehung der Schüler im Geiste des Internationalismus und sozialistischen Patriotismus im Geschichtsunterricht der allgemeinbildenden Schulen in der UdSSR". *Geschichtsunterricht und Staatsbürgerkunde* 12 (1970): 898–907.

Kusin, N. P. „Eröffnungsansprache. Gemeinsames Kolloquium der Akademie der Pädagogischen Wissenschaften der UdSSR und der Akademie der Pädagogischen Wissenschaften der DDR zu Fragen der sozialistischen und kommunistischen Erziehung der Schuljugend". *Pädagogik* 28 (1973): 418–423.

Küttler, Wolfgang, Hrsg. *Gesellschaftstheorie und geschichtswissenschaftliche Erklärung.* Berlin: Akademie-Verlag, 1985.

Landa, Lev N. *Algorithmierung im Unterricht.* Berlin (DDR): Volk u. Wissen, 1969.

Lenin, Vladimir Il'ič. *Was tun? Brennende Fragen unserer Bewegung.* 8. Aufl. Bücherei des Marxismus-Leninismus. Berlin: Dietz, 1970.

Leonhard, Wolfgang. *Die Revolution entlässt ihre Kinder.* Köln: Kiepenheuer & Witsch, 1990.

Lindemann, Walter. „Um die Gestaltung des Geschichtsunterrichts in der Grundschule. Warnung vor Scheiblhuber". *die neue schule* 3 (1948): 346.

Lindenberger, Thomas. *Herrschaft und Eigen-Sinn in der Diktatur. Studien zur Gesellschaftsgeschichte der DDR.* Köln/Wien: Böhlau, 1999.

Lindenberger, Thomas. „Ist die DDR ausgeforscht? Phasen, Trends und ein optimistischer Ausblick". *Aus Politik und Zeitgeschichte* 24–26 (2014). https://www.bpb.de/shop/zeitschriften/apuz/185600/ist-die-ddr-ausgeforscht-phasen-trends-und-ein-optimistischer-ausblick/ (zuletzt am 23.3.2023).

Malycha, Andreas. „Das Verhältnis zwischen Wissenschaft und Politik in der SBZ/DDR von 1945 bis 1961". *Aus Politik und Zeitgeschichte* 30–31 (2001): 14–21.

Malycha, Andreas. „Wissenschaft und Politik. Die Akademie der Pädagogischen Wissenschaften der DDR und ihr Verhältnis zum Ministerium für Volksbildung". *Die Hochschule. Journal für Wissenschaft und Bildung* 18, Nr. 2 (2009): 168–189.

Mannheim, Karl. „Das Problem der Generationen (1928)". In *Wissenssoziologie. Auswahl aus dem Werk,* herausgegeben von Kurt H. Wolff, 509–565. Berlin (West), Neuwied: Luchterhand, 1964.

Mary Fulbrook und Andrew I. Port. *Becoming East German. Socialist Structures and Sensibilities After Hitler.* Specktrum: Publications of the German Studies Association. New York: Berghahn Books, 2013.

Mätzing, Heike Christina. *Geschichte im Zeichen des historischen Materialismus. Untersuchungen zu Geschichtswissenschaft und Geschichtsunterricht in der DDR.* Bd. 96. Studien zur internationalen Schulbuchforschung. Hannover: Hahn'sche Buchhandlung, 1999.

Mejstrik, Vaclav. „Die Aufgaben der Geschichtsmethodik als Studienfach an den Höheren Pädagogischen Schulen und Pädagogischen Hochschulen der CSR". *Geschichte in der Schule* 10 (1957): 486–491.

Mühlstädt, Herbert. *Der Geschichtslehrer erzählt. 3 Bände und ein Ergänzungsband.* Berlin (DDR): Volk und Wissen, 1962.

Niethammer, Lutz, Alexander von Plato, und Dorothee Wierling. *Die volkseigene Erfahrung. Eine Archäologie des Lebens in der Industrieprovinz der DDR. 30 biografische Eröffnungen.* Berlin: Rowohlt, 1991.

Nietzel, Benno. *Die Massen lenken: Propaganda, Experten und Kommunikationsforschung im Zeitalter der Extreme.* Bd. 135. Quellen und Darstellungen zur Zeitgeschichte. Berlin, Boston: De Gruyter Oldenbourg, 2023.

Ogorodnikov, Ivan T., und Pavel N. Schimbirjew. *Lehrbuch der Pädagogik*. Berlin: Volk u. Wissen, 1949.

Осёрский, И. С. „Исторический музей в школе (Das historische Museum in der Schule)". *Преподавание истории в школе (Geschichtsunterricht in der Schule)* 21, Nr. 2 (1956).

Pasternack, Peer. „Der Wandel an den Hochschulen seit 1990 in Ostdeutschland". Bundeszentrale für politische Bildung. Lange Wege der deutschen Einheit. Dossier, 28. Oktober 2020. https://www.bpb.de/themen/deutsche-einheit/lange-wege-der-deutschen-einheit/310338/der-wandel-an-den-hochschulen-seit-1990-in-ostdeutschland/ (zuletzt am 23.3.2023).

Pasternack, Peer. *Wissenschaft und Politik in der DDR. Rekonstruktion und Literaturbericht*. Bd. 10. HoF-Arbeitsbericht 4. Wittenberg, 2010.

Ploenus, Michael. „"...so wichtig wie das tägliche Brot": das Jenaer Institut für Marxismus-Leninismus 1945–1990*. Köln: Böhlau, 2007.

Port, Andrew I. „The Banalities of East German Historiography". In *Becoming East German. Socialist Structures and Sensibilities after Hitler*, von Mary Fulbrook und Andrew I. Port, 1–32. New York/Oxford: Berghahn Books, 2003.

Rohlfes, Joachim. „Geschichtsdidaktik in der Zwangsjacke. Kritische Gedanken zum Geschichtsunterricht im SED-Staat". *Geschichte in Wissenschaft und Unterricht* 41 (1990): 705–719.

Rubinstein, Sergej L. „Die struktur des psychischen (teil I)". *pädagogik* 3 (1948): 399–409.

Rubinstein, Sergej L. „Die struktur des psychischen (teil II)". *pädagogik* 4 (1949): 17–25.

Sabrow, Martin. *Das Diktat des Konsenses: Geschichtswissenschaft in der DDR 1949-1969. Das Diktat des Konsenses*. Bd. 8. Ordnungssysteme. Berlin/München/Boston: Walter de Gruyter GmbH, 2001.

Sabrow, Martin, Irmgard Zündorf, und Expertenkommission zur Schaffung eines Geschichtsverbundes Aufarbeitung der SED-Diktatur. *Wohin treibt die DDR-Erinnerung?: Dokumentation einer Debatte*. Göttingen: Vandenhoeck & Ruprecht, 2007.

Sandkühler, Thomas. *Historisches Lernen denken Gespräche mit Geschichtsdidaktikern der Jahrgänge 1928-1947. Mit einer Dokumentation zum Historikertag 1976*. Göttingen: Wallstein Verlag, 2014.

Schapowalenko, Sergej G. *Schule und wissenschaftlich-technischer Fortschritt*. Berlin (DDR): Volk und Wissen, 1962.

Scheiblhuber, Alois Clemens. *Beiträge zur Reform des Geschichtsunterrichtes mit Materialien für den Geschichtsunterricht*. Straubing: Attenkofer, 1901.

Scheiblhuber, Alois Clemens. *Präparationen für den Geschichts-Unterricht in der Volksschule mit achtzig ausführlichen Lehrproben*. Nürnberg: Korn, 1907.

Schieder, Wolfgang, und Christof Dipper. „Propaganda". In *Geschichtliche Grundbegriffe. Historisches Lexikon zur politisch-sozialen Sprache in Deutschland. Band 5*, herausgegeben von Otto Brunner, Werner Conze, und Reinhart Koselleck, 69–112. Stuttgart: Klett-Cotta, 2004.

Schroeder, Klaus. *Der SED-Staat: Geschichte und Strukturen der DDR 1949-1990*. 3., Vollst. überarb. Aufl. Köln: Böhlau, 2013.

Schwartz, Michael. „Transformationsgesellschaft: DDR-Geschichte im vereinigten Deutschland". *Vierteljahrshefte für Zeitgeschichte* 69, Nr. 2 (2021): 346–360. https://doi.org/10.1515/vfzg-2021-0022.

Solowjwowa, A. F. „Die selbständige Arbeit der Schüler mit dem Lehrbuch in der Unterrichtsstunde". *Pädagogik* 15 (1960): 985–999.

Starr, Louis M. „Oral History in den USA. Probleme und Perspektiven". In *Lebenserfahrung und kollektives Gedächtnis: die Praxis der Oral history*, hrsg. von Lutz Niethammer, 37–74. Frankfurt am Main: Suhrkamp, 1985.

Stepanow, A. A. „Psychologische Probleme des Unterrichtsfernsehens". In *Fernsehen in der Schule*, herausgegeben von Zentraler Beirat für Unterrichtsfernsehen Leitung: M. P. Kaschin Wissenschaftliches Forschungsinstitut für Schulausstattung und Technische Unterrichtsmittel der Akademie der Pädagogischen Wissenschaften der UdSSR, 84–98. Berlin: Volk und Wissen, 1968.

Stohr, Bernhard. *Methodik des Geschichtsunterrichts. Probleme der methodischen Gestaltung des Geschichtsunterrichts in der allgemeinbildenden polytechnischen Oberschule.* Berlin (DDR): Volk und Wissen, 1962.

Szalai, Wendelin. „Überlegungen zur Geschichte von Geschichtsunterricht und Geschichtsmethodik in der DDR". In *Historisches Lernen im vereinten Deutschland. Nation–Europa–Welt*, hrsg. von Uwe Uffelmann, 30–60. Weinheim: Juventa, 1994.

Terveen, Fritz. *Das Filmdokument in der historisch-politischen Bildungsarbeit.* Hamburg: Staatl. Landesbildstelle, 1961.

Wagin, A. A. *Wirtschaftsgeschichtliche Probleme im Geschichtsunterricht. Methodische Anleitung.* Berlin (DDR): Volk und Wissen, 1959.

Wagin, A. A. *Zur Vorbereitung des Lehrers auf den Geschichtsunterricht.* Berlin (DDR): Volk und Wissn, 1955.

Wagin, A. A., und N. W. Speranskaja. *Ausgewählte Kapitel zur Methodik des Geschichtsunterrichts der oberen Klassen.* Berlin (DDR): Volk und Wissen, 1962.

Wolf, Walter. „Objektivismus im Geschichtsunterricht". *die neue schule* 5 (1950): 892–893.

Zschietzschmann, Wolfgang. „Einige Erfahrungen zur Arbeit mit zeitweiligen Denkhilfen bei der Befähigung der Schüler, selbständig Wissen zu erwerben". In *Entwicklung des Könnens im Fachunterricht. Ausgewählte Beiträge zum III. Kolloquium der Forschungsgemeinschaft „Fähigkeitsentwicklung" der Karl-Marx-Universität Leipzig am 24. und 25. Oktober 1972*, herausgegeben von Helmut Faust, 152–157. Berlin (DDR): Volk und Wissen, 1974.

Sachregister

https://doi.org/10.1515/9783110787726-005

Personenregister

Abusch, Alexander 140
Ahrbeck, Hans 291
Alt, Robert 140, 361
Andrejewskaja, N. W. 129
Anweiler, Oskar 313
Arndt, Ernst Moritz 373
Bach, August 292
Baer, Hans 238, 264–266, 347–348
Bahr, Egon 31
Becher, Herbert 38–39, 42, 44–48, 50, 52,
    54, 71, 76–79, 356
Becker, Hans Herbert 170, 293
Behling, Eckart 116–117, 368
Behrendt, Dieter 135, 138, 160, 201, 253–
    254, 264, 268, 276, 280, 312, 332–333,
    335, 344
Bernheim, Ernst 369
Berthold, Werner 188, 292
Biermann, Wolf 215
Bismarck, Otto 292
Bogoljubow, X 258
Böhme, Hans-Joachim 192
Bollhagen, [Günther?] 109
Bonna, Rudolf 49–50, 78, 378
Borew, Jurij 109
Bräu, Richard 115
Breugel, X 241
Breyer, Emmy 184, 377
Dahlem, Franz 146
Dairi, N. G. 182
Deiters, Heinrich 140, 150, 360–361, 363
Dieckhoff, Max 285
Diere, Horst 142, 183, 211, 213, 246, 253,
    293, 312, 378
Diesterweg, F. A. W. 128, 257, 270, 275–276,
    286, 352
Dietze, Gerhard 161
Dimitroff, Georgi 98
Dittam, Olaf 154
Döhler, X 60
Döhring, Rolf 296, 300, 302
Donath, Friedrich 82, 87, 90, 92, 101, 110,
    134–135, 142, 154, 156, 166–167, 174,
    179–180, 183–185, 190, 193, 197, 203,

236–237, 243, 248, 250, 253, 267–268,
    324, 358, 362, 365–366, 370
Dorst, Werner 199
Drechsel, Helmut 265
Dreher, X 58
Ebeling, Hans 110
Eckermann, Walther 48, 83, 109, 127, 284,
    347
Eckert, Georg 348, 358, 362
Edgar Drefenstedt 257
Eichel, X 241
Eisenhuth, Hilde 382
Elkonin, D. B. 257
Engelberg, Ernst 77
Engelmann, Ernst 154
Engels, Friedrich 285, 357
Epikur 163
Faust, Helmut 171, 173, 180, 246
Feldmann, Klaus 106
Feuer, Johannes 54
Feuerbach, Ludwig 155
Fiala, Hans Joachim 128, 143, 161, 204, 243,
    246, 253, 268–269, 277, 362
Fischer, X 105
Frantz, Constantin 292
Fricke, Dieter 200, 217
Friedrich, Walter 35, 41, 43, 66, 301
Fuchs, Günter 281
Gahrig, Werner 304
Gauck, Joachim 309
Gemkow, Heinrich 285
Gentner, Bruno 105, 110, 128, 138, 160, 183,
    203–205, 208–209, 213, 228–229, 233,
    246, 253, 263–264, 268–270, 274, 276,
    279, 285, 312, 330–331, 333, 336, 378
Goethe, Johann Wolfgang von 82
Goldstein, Iris 39
Goldstein, Werner 39
Gontscharow, N. K. 50
Gora, X 162, 182, 185
Gorbatschow, Michail 148, 186, 340
Granzow, Manfred 382
Grotewohl, Otto 140
Günther, Joachim 206

https://doi.org/10.1515/9783110787726-006

Topographisches Register

https://doi.org/10.1515/9783110787726-007

www.ingramcontent.com/pod-product-compliance
Lightning Source LLC
Chambersburg PA
CBHW070407100426
42812CB00005B/1659